JN225436

関西大学東西学術研究所資料集刊三十九―二

平山省斎と岩瀬忠震

―開国初期の海外事情探索者たち（Ⅱ）―

陶　徳民　編著

関西大学出版部

序文

この度、東西学術研究所資料集刊三十九－二として陶徳民編著『平山省斎と岩瀬忠震―開国初期の海外事情探索者たち(Ⅱ)―』を刊行する運びとなった。

歴史における「貢献」を語るとき、しばしば勝者側にのみ目を向けがちであるが、一方で敗者側にも勝利者に勝とも劣らない歴史的貢献を見ることはよくあることである。

本書はまさに幕末から明治維新期における敗者側、つまり徳川幕府側にあった人達のその後の日本に果たした役割に光を当てた論考であり、編者の独自の視座がそこに反映されていると言うことができる。

本書で取り上げられた人物は二人である。一人は岩瀬忠震、いま一人は平山省斎である。前者は筆者の専門分野とも大いに関わる「西学東漸」の中で特に地理学の面で大きな影響のあった『海国図誌』・『瀛環志略』『地理全志』を元にした『輿地便覧』等の編纂者として地理研究に大きな貢献をした人物である。後者はペリー、羅森、ウィリアムズ等とのつながりの中で「孔孟の道」を世界に知らしめようとした人物である。また、両者は幕末の福井が生んだ偉人、橋本左内を媒介として繋がっている。この二人を通して、幕末明治期の敗者側からの日本近代化への貢献をダイナミックに考えようとした斬新な試みであると言うことができる。

氏はこれまでにも、例えば、ペリーと吉田松陰との関係等の新しい資料を発掘されてこられ、そうした資料の蓄積の上に文化交渉学の新しい知見を多く発信されてきた。本書もその延長線上にあるもので、学界に裨益すること大であると確信している。

二〇一八年二月

関西大学　東西学術研究所
所長　内田　慶市

自序

今年は明治維新一五〇周年という節目の年であり、本研究所の資料集刊として一昨年の『吉田松陰と佐久間象山―開国初期の海外事情探索者たち(Ⅰ)―』につづいて、本書を上梓できることを非常に幸いに感じています。というのは、この一冊を通じて、明治維新の勝者であった薩長側の人々と同じように、敗者であった徳川政権側の人々も幕末維新期において祖国の存立と発展に大きく貢献したことを明確に示すことができるからです。

本書が取り上げる二人の人物のなかで、岩瀬忠震（一八一八―一八六一）は横浜開港、香港・爪哇への出貿易の首唱者として比較的によく知られ、記念碑も二、三建立されています。「安政五か国条約」の調印者の一人として、その知性、視野と手腕も交渉相手であるアメリカのT・ハリス総領事やイギリスのR・エルギン伯爵などに高く評価されていました。林家の血筋をうけ、多才多芸で詩文書画に長じ、昌平坂学問所の教授でもあり、和歌に造詣の深い同僚川路聖謨より「東洋の蘇東坡」と称えられました。その岩瀬が十四代将軍をめぐる将軍継嗣問題で一橋慶喜擁立運動に活躍したため左遷され、蟄居中に私財を投じて一八五三、五四年上海で出版された、イギリス倫敦會の宣教師慕維廉（ミュアヘッド）（William Muirhead）が編纂した『地理全志』を和刻し、その抜粋『輿地便覧』を作成したばかりでなく、世界各国の国勢・物産・行政・宗教などを一目瞭然に調べられるように表形式の『瀛環表』を創製したのです。本書は、本学増田文庫所蔵の和刻本『地理全志』、香川大学神原文庫の岩瀬自筆本『輿地便覧』および静嘉堂文庫所蔵の『瀛環表』を網羅し、幕末の代表的日本人による世界地理研究の一標本として位置づけ、今後の研究者による追跡的研究に便宜を提供するつもりでいます。

一方、平山省斎（一八一五―一八九〇、通称謙二郎）は岩瀬の生誕三年前に生まれ、岩瀬の死後も約三〇年長生きしました。逝去翌年、樞密顧問官佐野常民によって書かれた墓表が「先生弱冠にして『伊洛淵源録』を読み、道学を以て自ら任ずるの意あり」とあり、激動する幕末期において外国総奉行・若年寄にまで昇進し、維新後は神儒融合の神道大成教を創立し、十四等に分けられた教導職階級の最上位大教正にまで至ったと伝えています。『明治百傑傳』（一九〇二年）の編著者干河貫一が、身を寒微に起こした平山の幕末における「栄達をして文政天保の間に在らしめば、殆ど新井白石にも比すべし」と激賞しています。この二つの文献に接したことにより、平山の来歴と思想背景に関する私の疑問がついに解けました。約二十年前、初めてペリー艦隊に随行した清国人羅森の『日本日記』により「平山謙二郎という学問にすぐれた立派な人物」を知り、その後、イェール大学において羅森の上司である首席通訳官S・W・ウィリアムズ（中国名は、衛三畏）が旧蔵の平山自筆による筆談記録も発見しました。とくに羅森に宛てた手紙において、平山が孔孟の天道人道・四海同胞思想を世界各国の為政者に宣伝するように羅森に依頼したという一節に触れる際、自分の目を疑ったことがありました。「道学自任」という平山の面目躍如といわねばなりません。このような平山に対する追慕の気持ちもあり、近年、私は『平山省斎と明治の神道』を著した鎌田東二京都大学教授、東京大学史料編纂所、国学院大学図書館および北海道大学図書館などを訪ね、東京都谷中霊園にある平山墓地を訪れ、そして幸いにも霊園管理事務所を通じてご遺族の平山浩一郎氏との連絡も取れました。そのお蔭で、多くの貴重史料を入手できましたので、その中の主たるものを全部この一冊に盛り込みました。

さて、平山省斎と岩瀬忠震との関係ですが、一般的な上司と部下の関係をはるかに超えた同志間の信頼関係がありました。その端的な証拠として、将軍継嗣問題で一橋慶喜擁立運動を展開する際、岩瀬は情報伝達と意思疎通のために度々秘密裏に平山を福井藩主松平春嶽のブレーン橋本左内のもとに遣わしたのでありました。そのため、「安政の大獄」の際に平山も失脚しました。本書でこの二人を一つのペアとして取り上げた主な理由は、ここにあると言えます。

勝敗で英雄を論じてはいけないというのが良識のある歴史家たちの共通認識です。なぜならば、歴史は複数の異なった意志や構想をもつ人々の切磋琢磨、ないしは対立抗争の中で作られてきたものであり、失敗した選択肢の提案者の苦心と功績をきちんと認めなければなりません。しかし、現実的には、公式の歴史は往々として政治的主導権争いで勝ち抜けた勝者の苦心と功績を過大評価し、敗者の苦心と功績を抹殺しようとしています。一つの例として、二〇一五年に出した『重野安繹における外交・漢文と国史―大阪大学懐徳堂文庫西村天囚旧蔵写本三種―』（本研究所資料集刊三十七）に関連する論考において、私は薩摩出身の重野の歴史観の問題点を次のように指摘したことがあります。すなわち、内閣制度が発足後の一八八〇年代後半の作と思われる「顯承述畧序」で重野は、日本の対外交渉史は二千年の長きにわたるが、三韓、隋唐、欧米との交渉時につねに「拒絶反応ではじめ、受容受益で終わる」というパターンが繰り返されているとし、「外人」に対しての「一切排斥」、これを「醜夷」・「黠虜」と貶したという徳川幕府の保守的態度とは違い、明治政府は西洋文明について「凡そ一技一芸の微より政体軍制学術の大に至るまで、悉くこれを師法して用いる」という進取的姿勢をとっていると論じています。しかし、本書に収録している平山・岩瀬関連史料を丁寧に読めば、西洋文明の吸収に並々ならぬ努力を払った二人の苦心をよく分かるはずです。

最近、町田明弘氏が『グローバル幕末史』（草思社　二〇一五年）において、薩長史観における最大のカラクリを次のように鋭く指摘しています。「岩瀬が結んだ通商条約は、決して不平等条約などではない。その後の攘夷運動によって、不平等に改変されたというのが真相である（四国連合艦隊下関砲撃事件の賠償金を減免するために結ばれた「改税約書」により、輸入税率は安政五か国条約で決めた20パーセントから清国並みの5パーセントに引き下げられたことを指す―筆者）。そして、その攘夷運動を推進した長州藩や薩摩藩の下級藩士たちは、明治の官僚となった。彼らは自身の行為を棚に上げ、ことさら幕府の外交政策を弱腰などと非難した。岩瀬らの功績を隠蔽し、否定しなければ彼らの立場がなかったのだ。こうして作られた薩長藩閥史観は、実は今でもまかり通っている節がある。攘夷の思想を持ちながら、日本の植民地化を阻止し、将来の世界への飛躍を期して武備充実など富国強兵を図るため、あえて開国に踏み切った岩瀬忠震をはじめとする幕閣たち。彼らの志を見誤ってはならない。（中略）幕府よりも日本国家が重要であると言い放った彼を、後世の我々はきちんと顕彰し、偉大な日本人として記憶に止めるべきであろう」と。この一喝は、確かに虚心坦懐に傾聴すべきものでありましょう。

最後、本書を形成する二つのきっかけに触れておきたい。まず、一九八〇年代前期に上海復旦大学で幕末・明治初期の日英関係に関する修士論文を執筆中、本学の故大庭脩教授の受け入れで来日して資料収集したことがありました。そして、二〇〇〇年以降、本学の同僚松浦章、内田慶市と沈国威諸教授が共編された『遐邇貫珍の研究』などのお仕事の刺激により、羅森と吉田松陰、S・W・ウィリアムズなどの繋がりを追跡するなかで、幕末における日清、とくに日米関係の研究を深めることができ、その過程で、幸いに津田梅子（藪田貫・大谷渡両教授との共同研究）、ウィリアムズ、リンカーン大統領に関する研究は、それぞれ科学研究費補助金を受け、国内外で広く資料を収集することができました。「開国初期の海外事情探索者たち」の姉妹編として『吉田松陰と佐久間象山』とこの『平山省斎と岩瀬忠震』という二つの集刊とともに、ウィリアムズ関連史料は『衛三畏在東亜―美日所蔵資料選編』上下二巻（衛三畏文集シリーズの一冊として、二〇一六年十二月に中国河南省開封市にある大象出版社より刊行）を纏めることができたわけです。その上、近年の学界や社会の趨勢に応じて、画像史料を精力的に発掘しました。本書は、百点以上のカラー図版を収録していますが、開国初期の時代背景に対する読者諸賢のご理解の一助となることができれば幸いに存じます。

二〇一八年一月二八日

陶　徳民

目次

扉絵（カラー図版集）

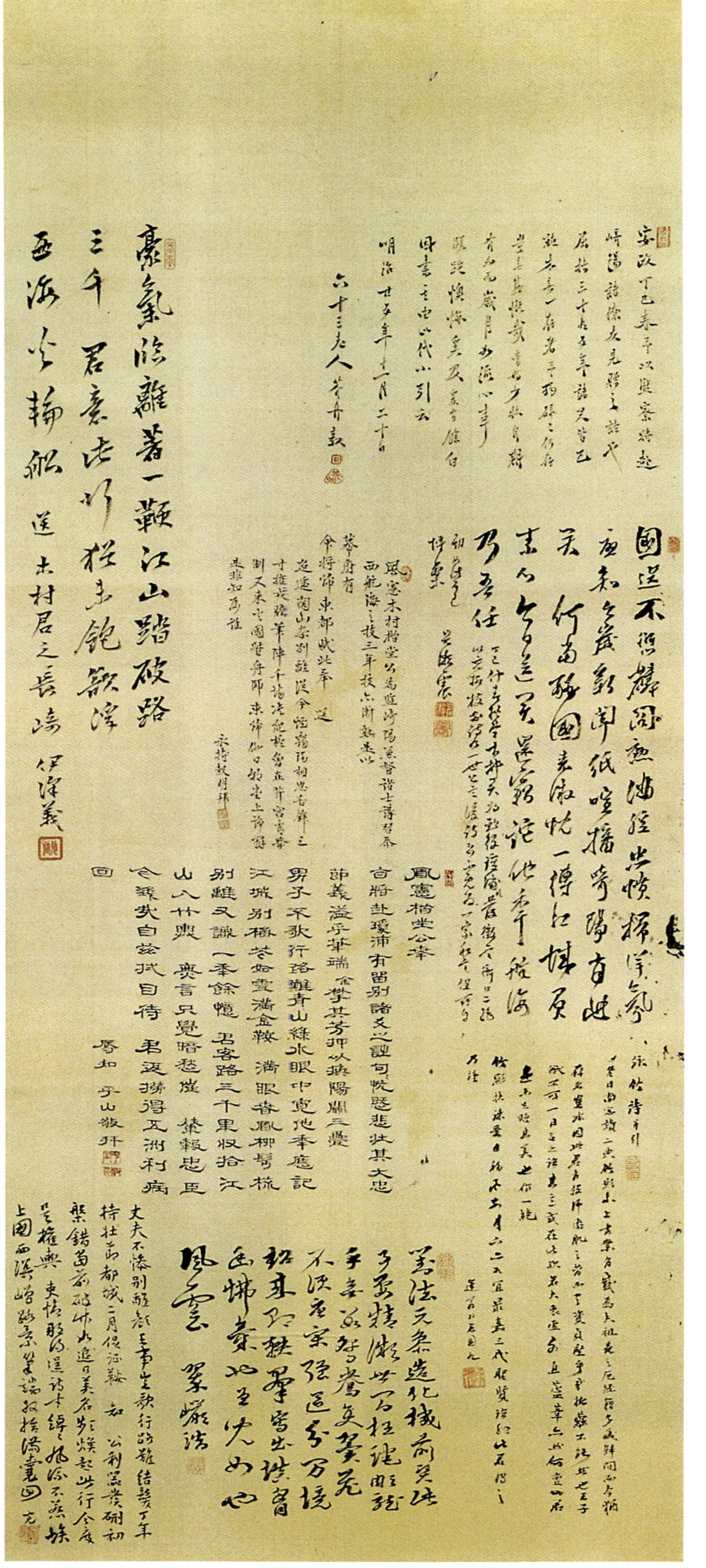

図1　丁巳崎陽送別詩　　横浜開港資料館蔵

省斎平山先生墓表

図３　省斎平山先生墓表拓本　東京大学史料編纂所蔵

図２　平山省斎真影(1867)
平山成信旧蔵

図４　東京都谷中霊園にある墓表
Bo Tao撮影

図５　平山省斎之墓　陶徳民撮影

図６　岩瀬忠震レリーフ　滝川正元製作

図７　岩瀬鴎所君之墓碑拓本　白鬚神社蔵

図８　東京都墨田区白鬚神社にある墓碑　白鬚神社蔵

図９　横浜開港首唱者顕彰碑　横浜郷土研究会建碑

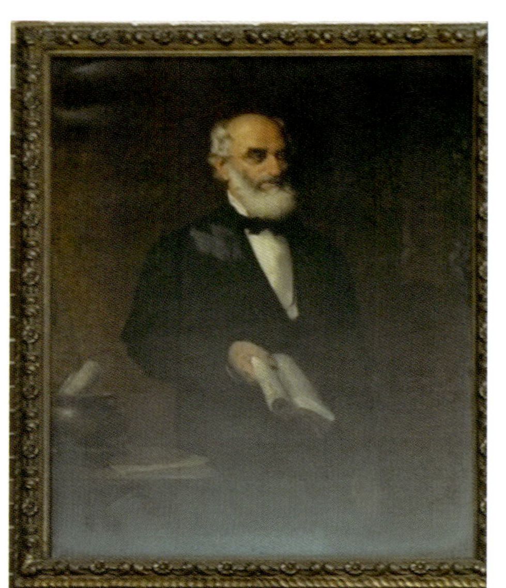

図11　イェール大学Commons Dining Hallに掲げてある
S. W. ウィリアムズの油絵（複製）　陶徳民撮影

清朝人羅森

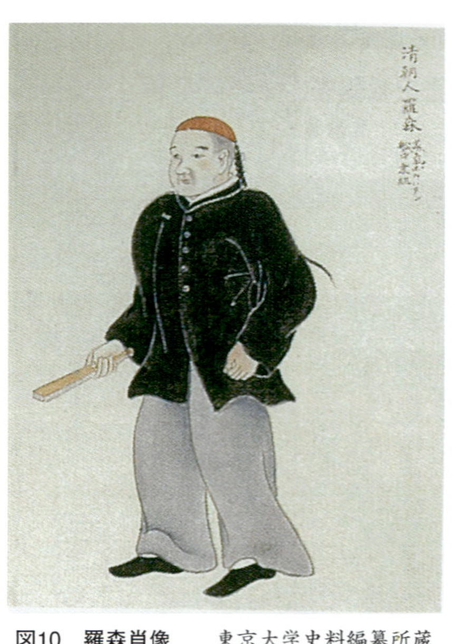

図10　羅森肖像　　東京大学史料編纂所蔵

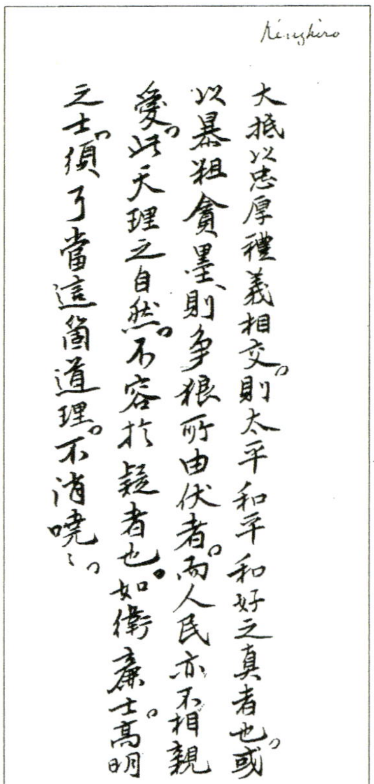

Kensyhiro
大抵以忠厚禮義相交。則太平和平和好之真者也。或以暴粗貪墨。則争根所由伏者。而人民亦不相親愛。此天理之自然。不容於疑者也。如衛廉士高明之士。須了當這箇道理。不消嘵々

図13　平山省斎の筆蹟
イェール大学 S.W. ウィリアムズ文書

四海之内皆兄弟也
若見亜墨理駕合衆国人
宜恭迎之
甲寅春日題於横濱公館
広東 向喬書

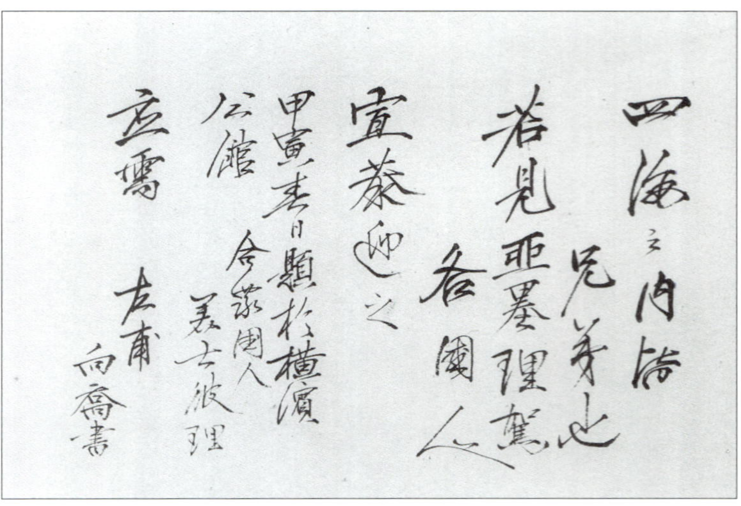

図12　ペルリ艦隊通詞清国人向喬（羅森）筆跡　　横浜市立中央図書館蔵

滿清紀事
滿清紀事 全

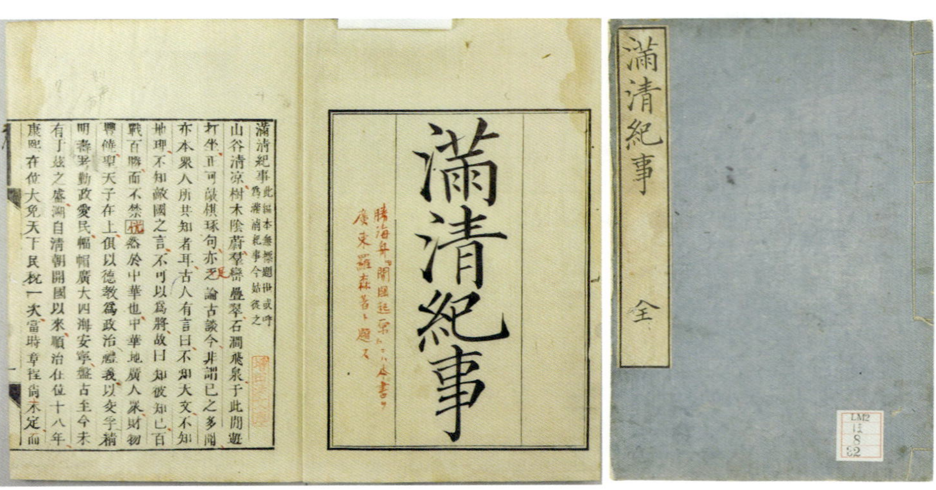

図14　羅森撰『満清紀事』　　関西大学増田文庫蔵

図15－1　ウィリアムズ・羅森合作扇面 表　　松前町郷土資料館蔵

図16　松前勘解由と従者像（銀板写真）
松前町郷土資料館蔵

図15－2　ウィリアムズ・羅森合作扇面 裏　　松前町郷土資料館蔵

図17　羅森筆扇面　　松前町郷土資料館蔵

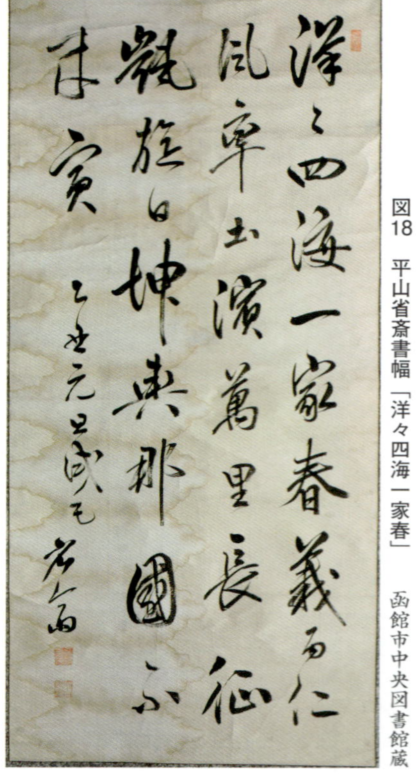

図18　平山省斎書幅「洋々四海一家春」　函館市中央図書館蔵

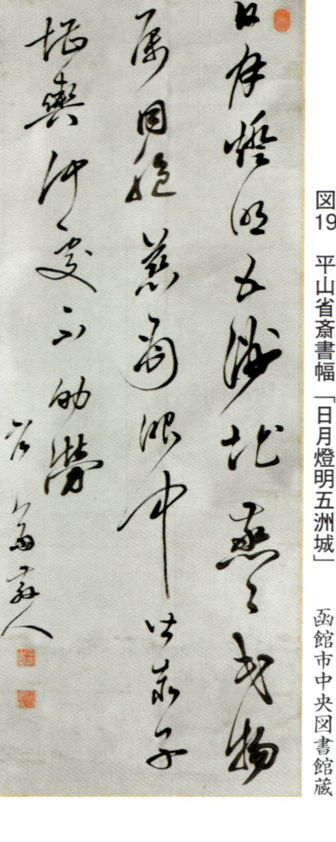

図19　平山省斎書幅「日月燈明五洲城」　函館市中央図書館蔵

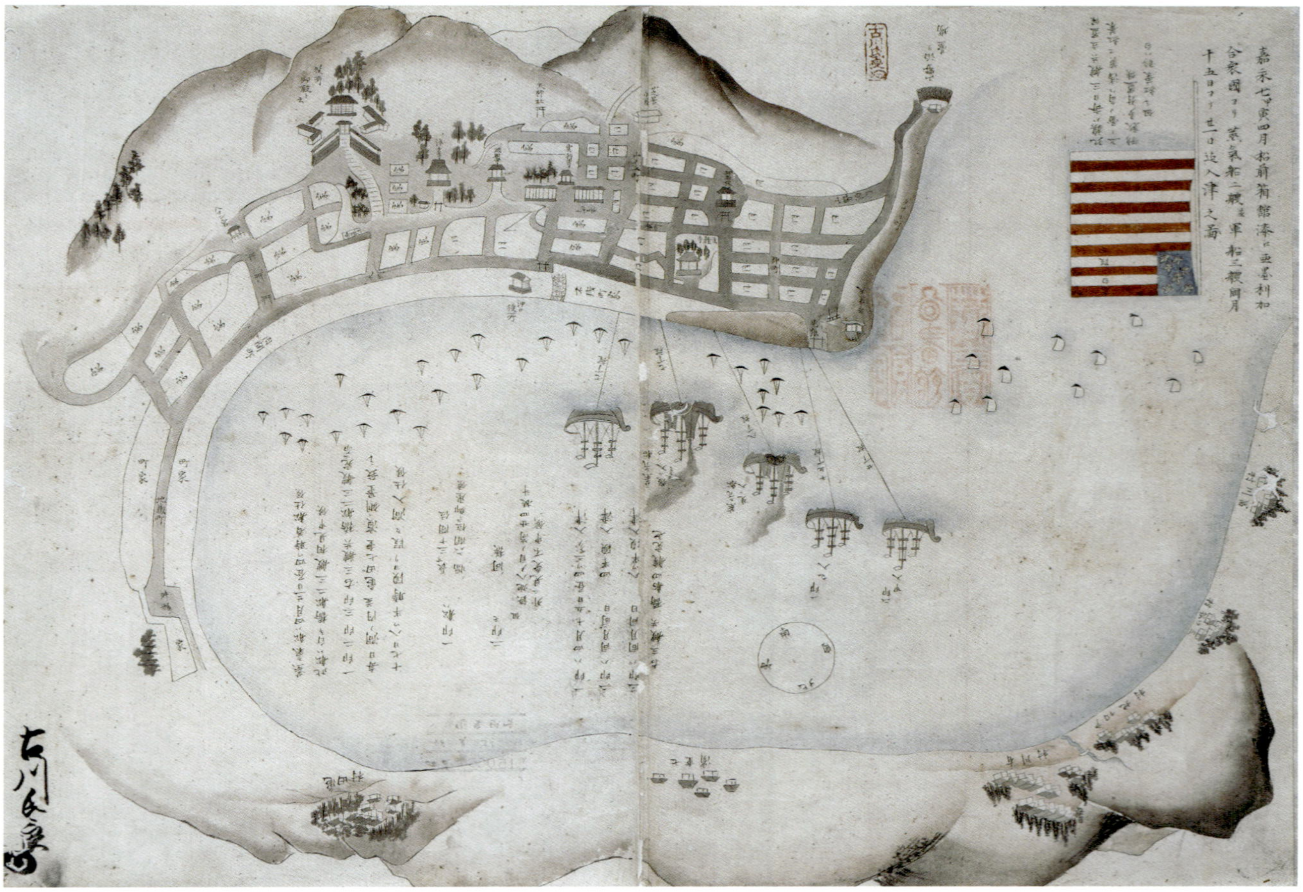

図20　亜墨利加（アメリカ）船松前箱館湊江入津の図　函館市中央図書館蔵

図21　箱館港図（部分）　　もりおか歴史文化館蔵

図22　箱館港図（部分）　　もりおか歴史文化館蔵

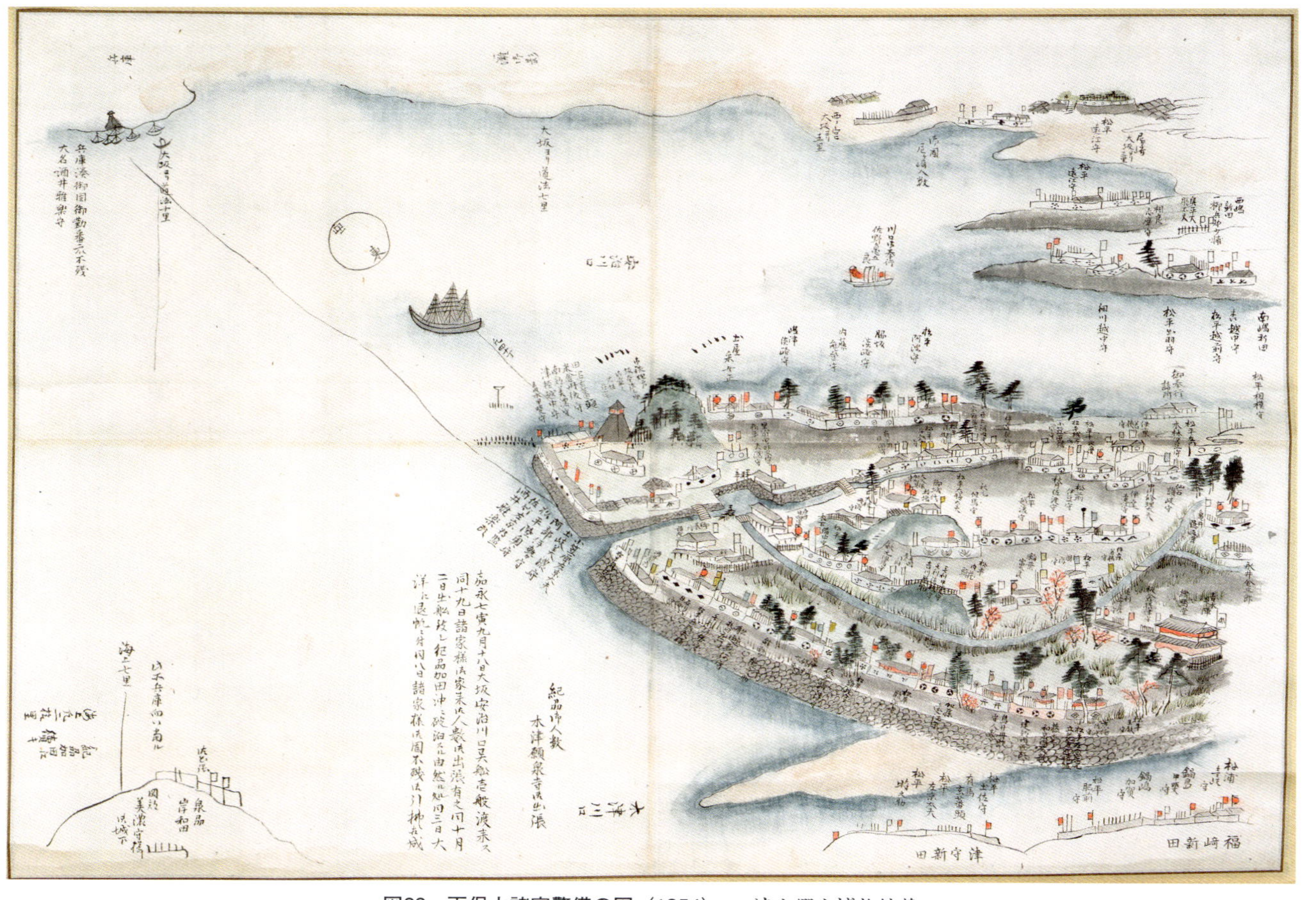
図23　天保山諸家警備の図（1854）　　津山郷土博物館蔵

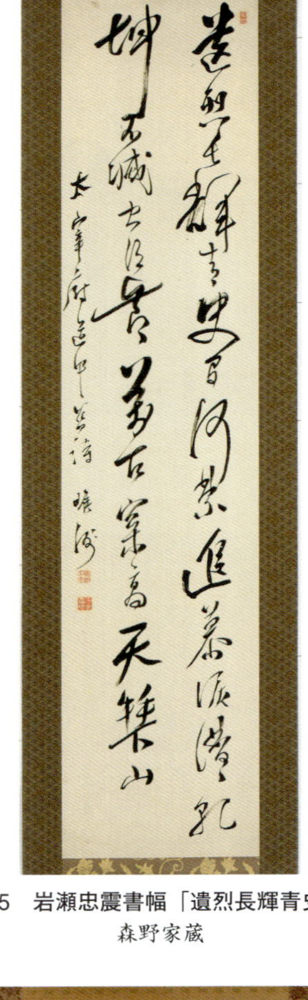

図25　岩瀬忠震書幅「遺烈長輝青史間」
森野家蔵

図24　岩瀬忠震筆山水画　古橋懐古館蔵

図27　岩瀬忠震筆「藤に芍薬」　新城市設楽原歴史資料館蔵

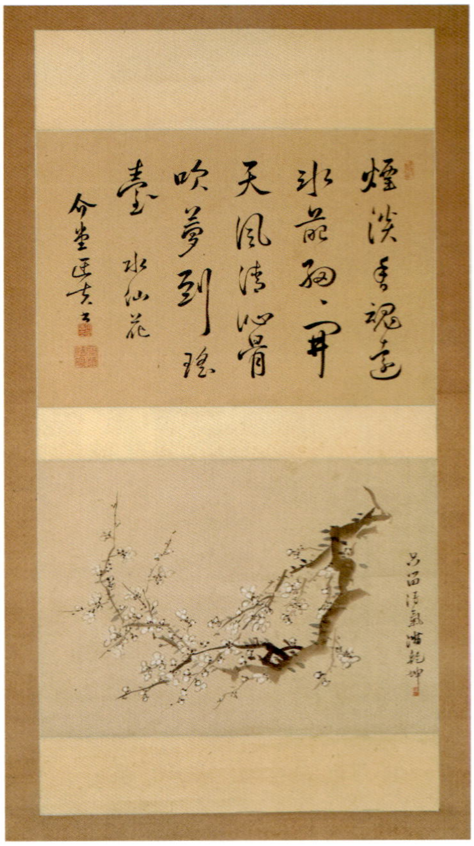

図26　永井尚志・岩瀬忠震詩画合璧　新城市設楽原歴史資料館蔵

図28　岩瀬忠震書「有懐投筆」　　滝川家蔵

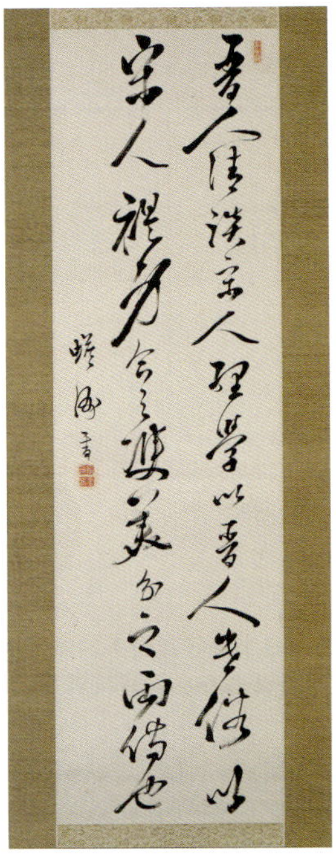

図29　岩瀬忠震書幅「晋人清談宋人理学」　湯浅大司氏蔵

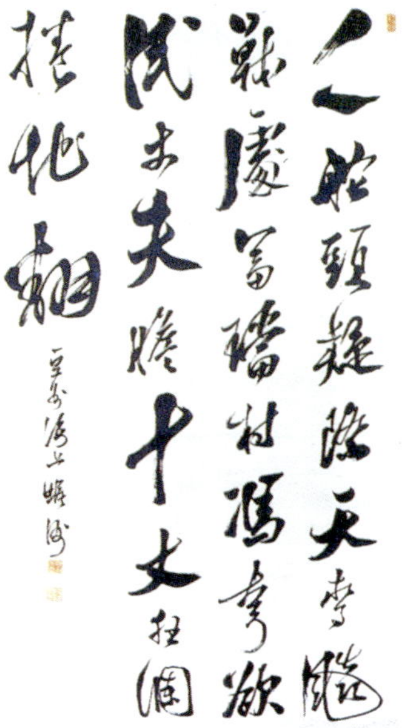

図30　岩瀬忠震書幅「豆州海上」　滝川一成氏蔵

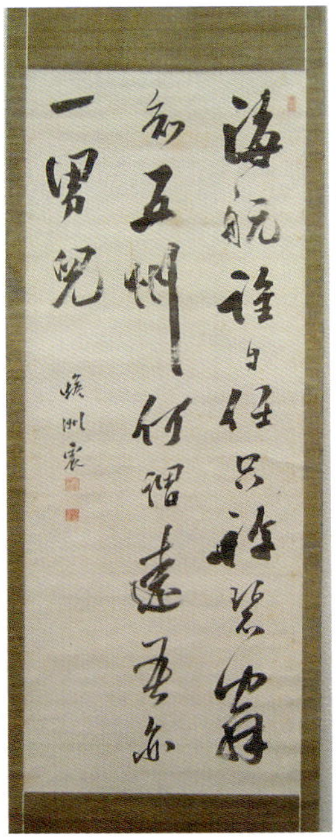

図31　岩瀬忠震書幅「海航誰自任」　今治市河野美術館蔵

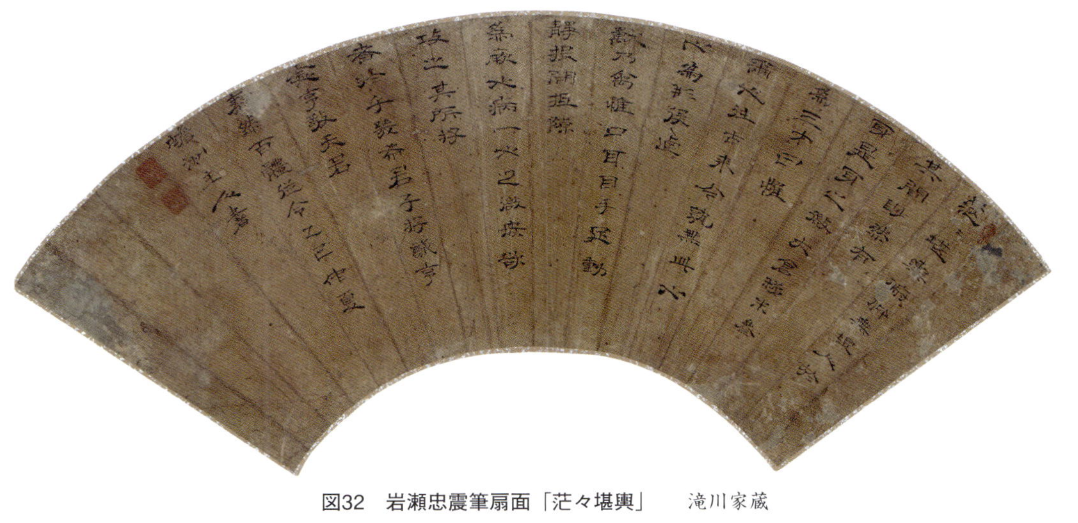

図32　岩瀬忠震筆扇面「茫々堪輿」　　滝川家蔵

図33　安政四年亜米利加（アメリカ）使節ハリス登城の図　黒船館蔵

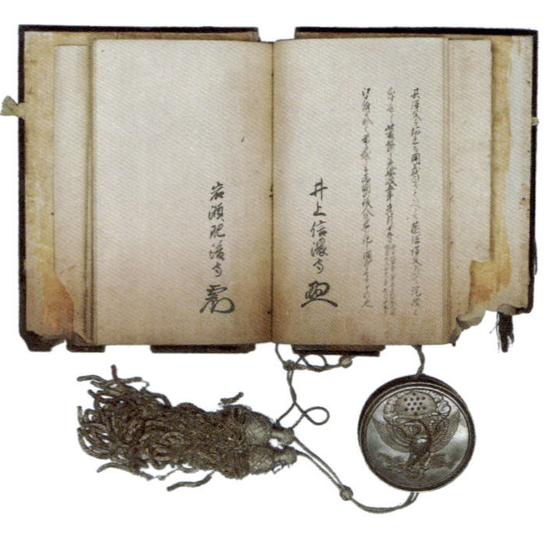

図36　日米修好通商条約調印書
外務省外交史料館蔵

図35　ハリス肖像（銀板写真）
ニューヨーク市立大学シテイ・カレッジ蔵

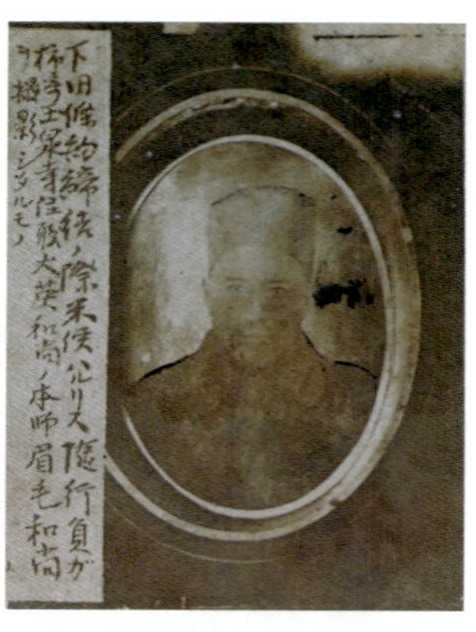

34　眉毛和尚（銀板写真）
玉泉寺蔵

図37　御用所における日米代表の交渉　『ヒュースケン「日本日記」』（校倉書房）より

図38　日英修好通商条約交渉の場面　　関西大学図書館蔵

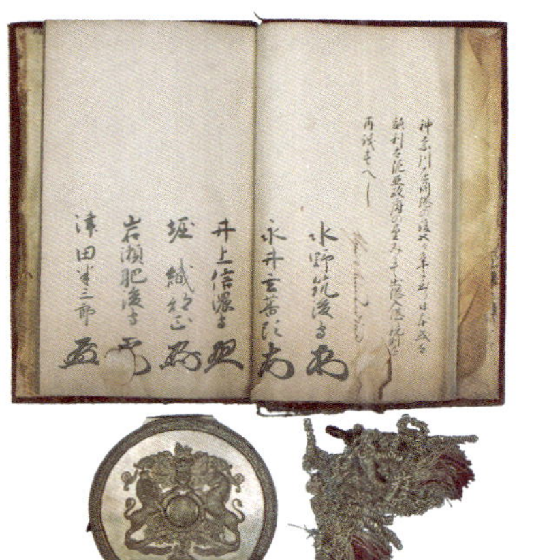

水野筑後守
永井玄蕃頭
井上信濃守
堀　織部正
岩瀬肥後守
津田半三郎

図40　日英修好通商条約調印書
外務省外交史料館蔵

図39　エルギン卿肖像　*Illustrated London News*
関西大学図書館蔵

図41　太田備後守資始の役宅における会見　関西大学図書館蔵

図42　西応寺で撮影された幕府の条約交渉代表団　　ヴィクトリア＆アルバード美術館蔵

図43　江戸麻布善福寺の人たち　　下田開国博物館蔵

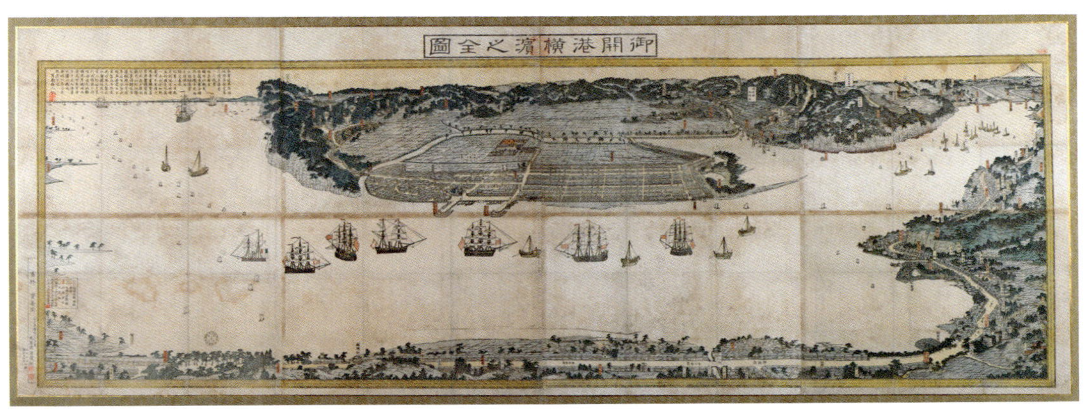

図44　御開港横浜之全図　　横浜市立中央図書館蔵

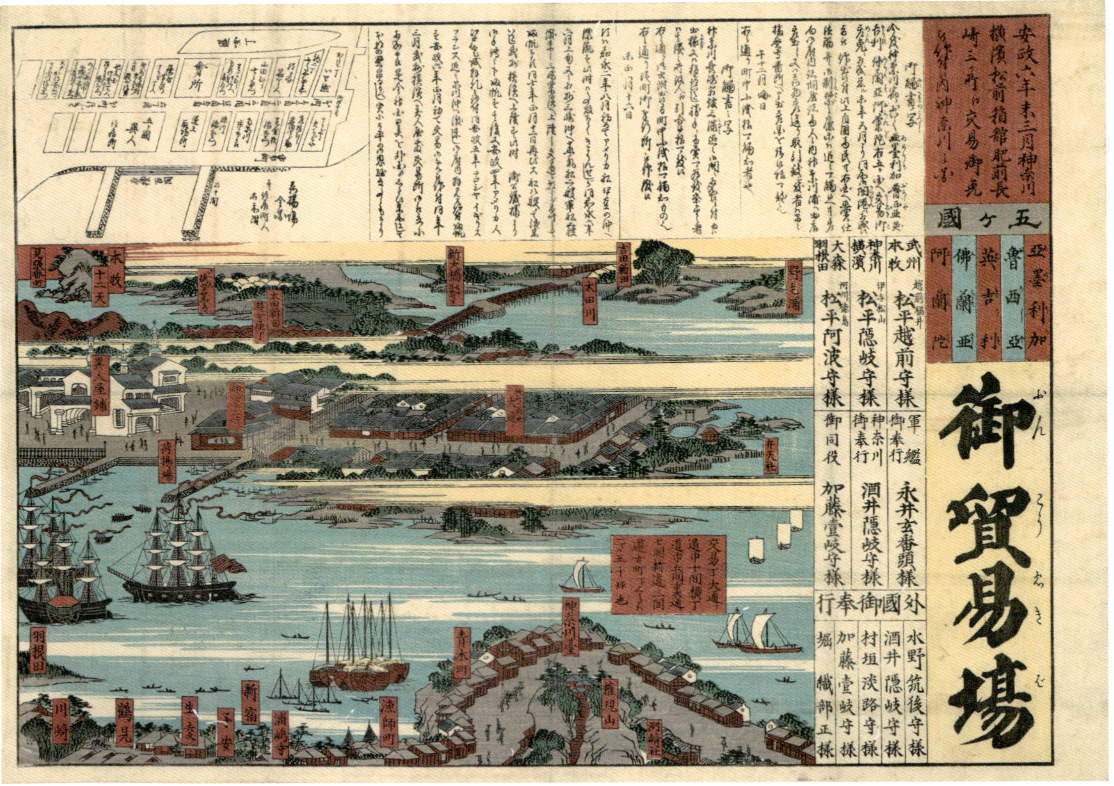

図45　御貿易場　　横浜市立中央図書館蔵

図46　神名川横浜新開港図　　横浜市立中央図書館蔵

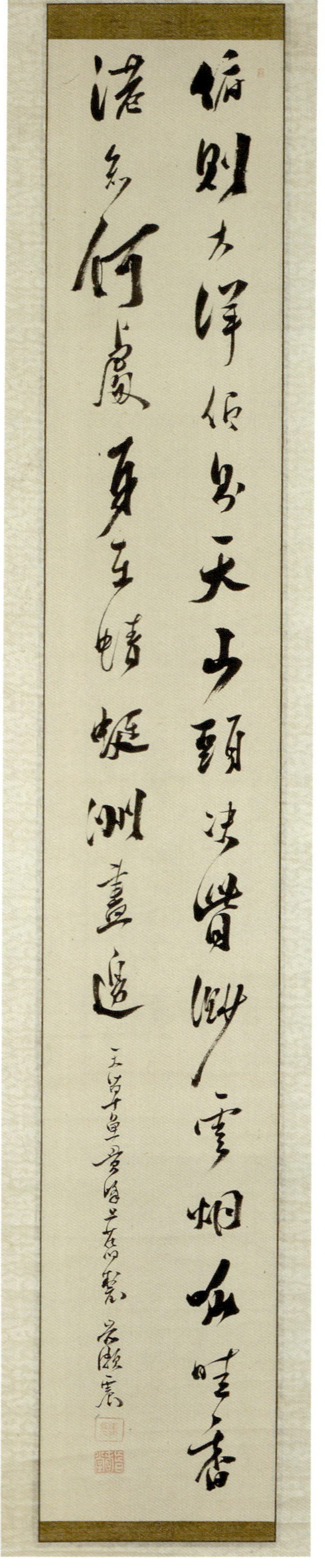

図49　岩瀬忠震書幅「俯則大洋仰則天」　塩瀬忠夫氏蔵

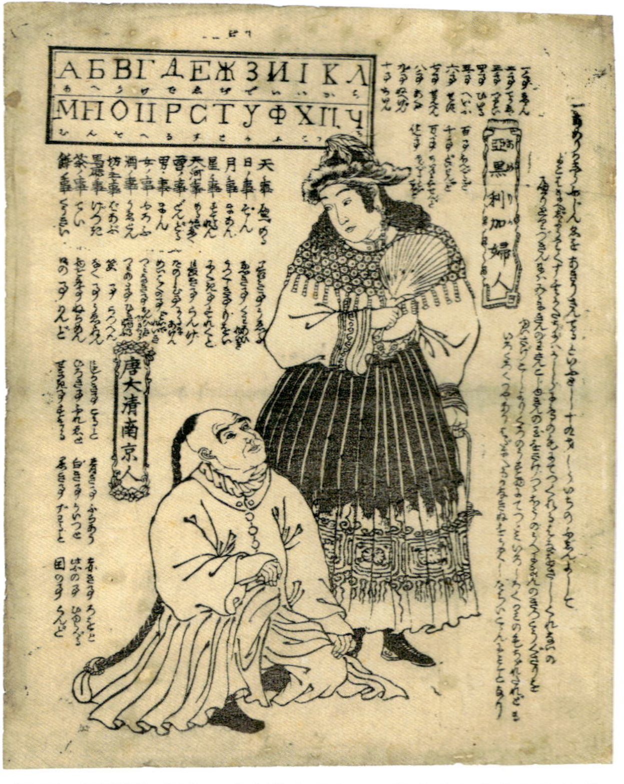

図47　亜墨利加婦人・唐大清南京人　　横浜市立中央図書館蔵

図48　五ヶ国之内英吉利人・南京人　　横浜市立中央図書館蔵

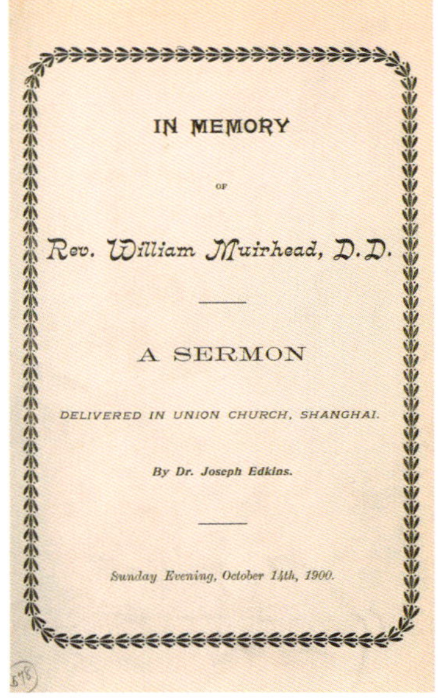

IN MEMORY

OF

Rev. William Muirhead, D.D.

A SERMON

DELIVERED IN UNION CHURCH, SHANGHAI.

By Dr. Joseph Edkins.

Sunday Evening, October 14th, 1900.

Funeral of Rev. William Muirhead, D.D.

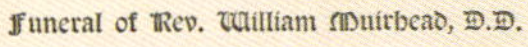

THE Cathedral was well filled on Friday evening, October 5th, by a very large concourse of sorrowing friends and fellow-workers and residents of every known persuasion, as well as a number of native Christians, to pay the last tribute of respect and affection to the remains of the late Dr. William Muirhead, who departed to that bourne whence no traveller returns, on the Wednesday previous, after having laboured in the vineyard of the Lord in this benighted land since the later forties. The coffin, which was literally covered with wreaths, was received at the porch of the Cathedral by the Right Rev. Bishop Moule, Rev. Mr. Hodges, and Rev. Dr. Edkins; the pall bearers being Mr. W. H. Poate, Mr. G. Matheson, Mr. J. P. Donovan, Rev. W. Nelson Bitton, Rev. J. W. Stevenson, Rev. C. J. F. S. Symons, Mr. J. F. Seaman, and Rev. Timothy Richard. The service, which was a fully choral one, was conducted by Bishop Moule, assisted by Rev. H. C. Hodges and Dr. Edkins, and was very impressive throughout. In the course of the service Dr. Edkins, a fellow-worker of the deceased, delivered the following address:—

"They that be wise shall shine as the brightness of the firmament, and they that turn many to righteousness as the stars for ever and ever." Our dear lost friend, Dr. William Muirhead, we shall see no more in the flesh. His soul has gone upward to the everlasting home of the saints of God. He was in his 79th year, and came to China in 1847 with Benjamin Southwell and with Alexander Wylie, the well known scholar. He had commenced studying for the law, but while in Edinburgh, his native city, his mind was drawn to missionary work in China. He felt that he was called by duty and as a high and holy privilege to preach Christ to the Chinese. He came direct to Shanghai, and in Shanghai remained during this period of fifty-three years. The Apostle

2

John says: "I heard a voice from heaven saying, Blessed are the dead which die in the Lord from henceforth." Our friend, who has now joined this company, always had strong faith in God. He believed in the fulfilment of the promises of Scripture. He believed in that power which changes the hearts of men. He had consciousness of God's presence throughout his missionary life. Had he preached in England as he has done in China he would have been a very successful minister. His exhortations would have turned many wanderers into the way of peace, for he knew well how to be the physician of souls. He aimed directly at the conversion and spiritual growth of those he taught. The assurance of everlasting rest for such men comes to us from the same Spirit who taught to the apostles the deep things of God. "Yea, saith the Spirit, for they rest from their labours and their works do follow them." Our departed friend was not easily wearied in his work. He preached and wrote incessantly. Yet the spirit in man needs rest, the rest that remains for the people of God. He who is all wise and provides in infinite pity and loving consideration for those who labour in his service knows just when to call the workman to lay down his tools and rest. How then do their works follow them? It is as the fruit grows on the tree. The diligent preacher and faithful missionary sows the seed. The seed springs up, becomes a growing plant, and produces fruit. The result stretches into the far future. There is a blessing wrapped up in the sown seed of the gospel, and the little one becomes a thousand. It is in this way that his works follow the preacher to his rest, and in coming generations many shall arise to call him blessed. So it will undoubtedly be with our brother who has gone to join the company of those who have won their crowns and now sing the song of victory. I was contemporary with him since the year 1848, and was a constant witness of his unflagging energy and evangelical fervour. Great readiness of utterance gave him an open door to the attention of crowds of listeners. He was the instrument of turning many into the Christian path of faith and hope in God. He was happy to act as their guide while he opened before them the Scripture teaching regarding Jesus Christ. A great advantage which he had in appealing to Chinese audiences was his transparent honesty of purpose. He had strong faith in the gospel he taught. To his mind the gospel is a message from God to a lost world, a message of rebuke, affectionate warning and earnest appeal. Here lay the secret of that power by which through his efforts many were led to lay down the weapons of their resistance to the authority of God and come and bow as penitents at the foot of the cross. God works by human instruments. Faith such as that of our friend, whose remains are committed to the tomb to-day, ensures the divine blessing. When we see religious fervour joined with a consistent life in any man we feel instinctively that God is

3

with him. It is also a fact that devoted men are like the patriarch Enoch in this that before their translation to another sphere they have had this testimony that they pleased God. It is a matter of extreme satisfaction to us, his friends who are left behind for a time in this changing world, that we see in him another eminent example now added to the long line of men who shine by their character as those who like Enoch walk with God. His voice, so persevering, so earnest in presenting to men the gospel appeal, will now be hushed for ever in the tomb. Younger men will come on stimulated by his example as subalterns in new regiments in the army of the champions of the cross. Like the navigator in distant oceans he came away long ago from England with special work to do. It was to pilot many wanderers in this country over the stormy waters of life's sorrowful sea to the haven of eternal rest. This he has done. Hope was the star to which he ever pointed. Faith in Jesus was the anchor on which he taught men to rely. A passion for converting men from darkness to light and from the power of Satan to God was an ever-burning fire in his breast. If he had a joy it was to hear tidings of the progress of the kingdom of Jesus amongst men. If he had a disappointment it was that more men did not believe in the gospel of salvation. If he had a fear it was that worldliness should draw away men's minds from the contemplation of soul-saving truths and mind-enlightening principles.

The interest he felt in passing events, in political changes, and in intelligence from the seat of war was keen and constant. His translations in Chinese of a historical and scientific nature have had an extensive circulation. If, however, we could hear him to-day sending his last message to the men and women of Shanghai, where he lived and laboured for so long a time, it would be this. The Christian hope is real. Our duty to obey God's commands in the Bible is plain. Safety is found in believing in Jesus. The secret of happiness is to enter on the life of communion with God. Here there is an infallible cure for all the restlessness of the sceptic and the guilty fears of the impenitent. Seek the Lord while he may be found. Call ye upon him while he is near. Let the wicked forsake his way and the unrighteous man his thoughts. Let him return unto the Lord and He will have mercy upon him; and to our God, for he will abundantly pardon. This is the message he would send to us. "Weep not for me; but be diligent in season and out of season, always abounding in the work of the Lord, forasmuch as ye know that your labour shall not be in vain in the Lord."

Almost every one who attended the service at the Cathedral followed the hearse to the old cemetery; and the cortege, with the chief mourners on foot, followed by a long

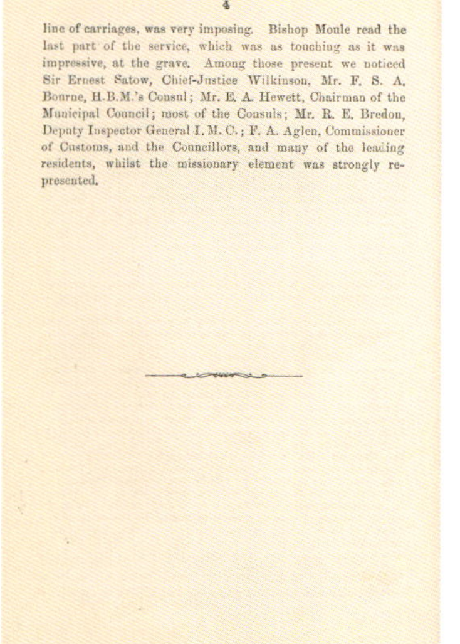

4

line of carriages, was very imposing. Bishop Moule read the last part of the service, which was as touching as it was impressive, at the grave. Among those present we noticed Sir Ernest Satow, Chief-Justice Wilkinson, Mr. F. S. A. Bourne, H.B.M.'s Consul; Mr. E. A. Hewett, Chairman of the Municipal Council; most of the Consuls; Mr. R. E. Bredon, Deputy Inspector General I. M. C.; F. A. Aglen, Commissioner of Customs, and the Councillors, and many of the leading residents, whilst the missionary element was strongly represented.

図50　『地理全志』の著者・在華イギリス人宣教師慕維廉への追悼文（1900年、上海）
北京外国語大学海外漢学研究センター蔵

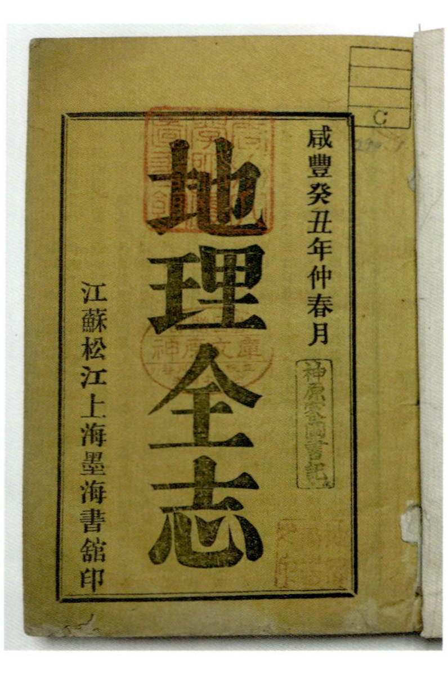

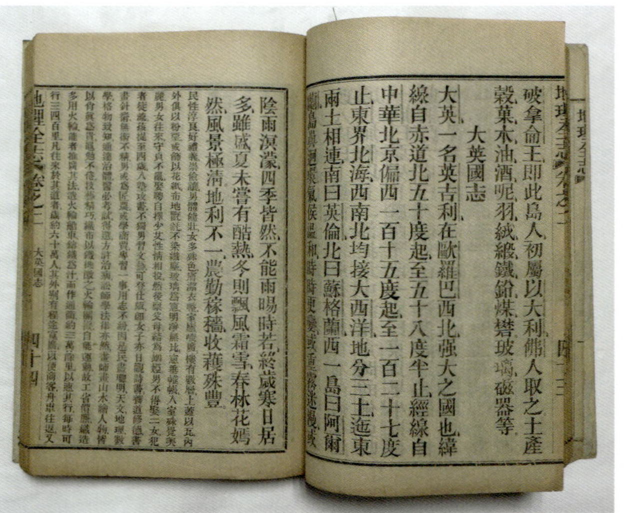

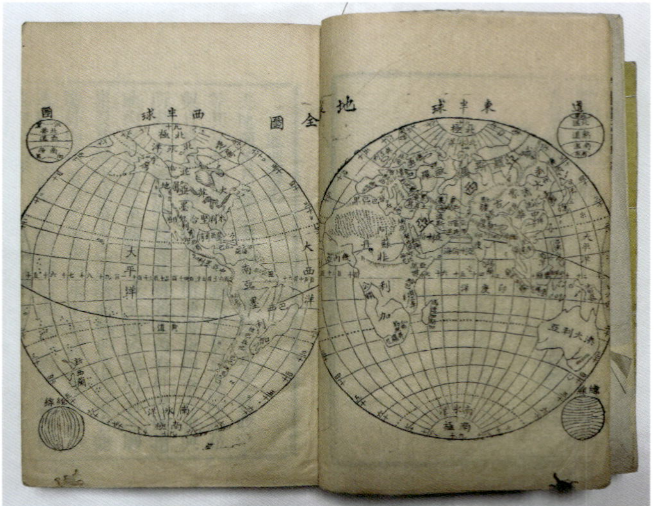

図51　慕維廉『地理全志』　香川大学神原文庫蔵

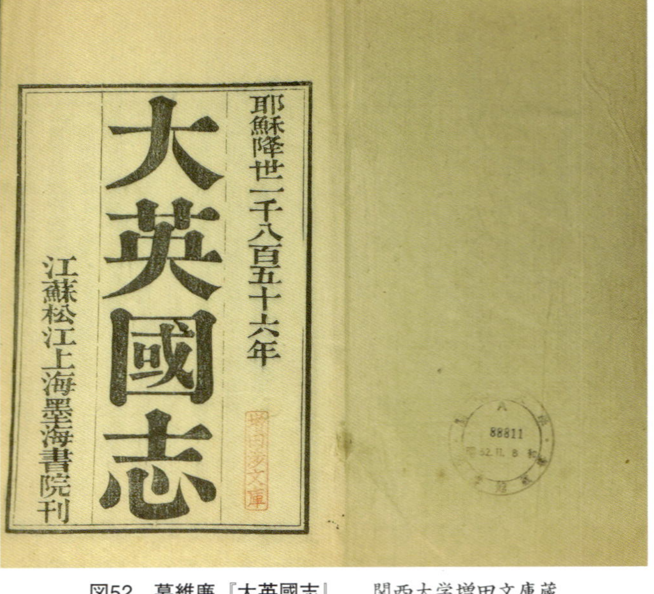

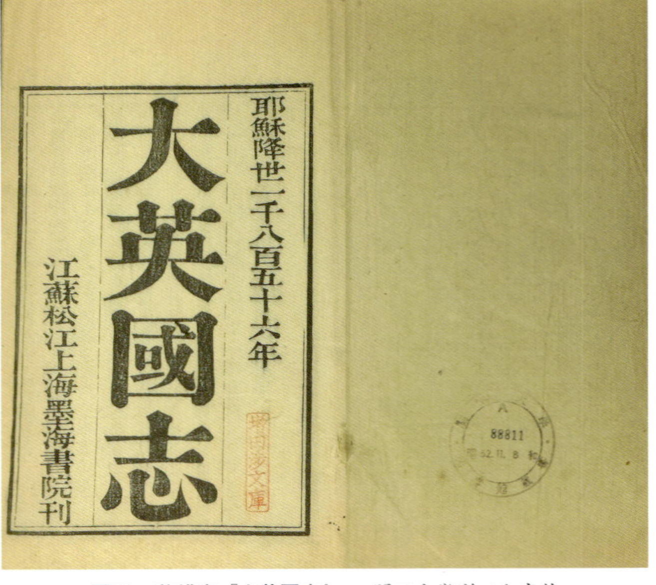

図53　和刻本『英國志』　田中助一旧蔵

図52　慕維廉『大英國志』　関西大学増田文庫蔵

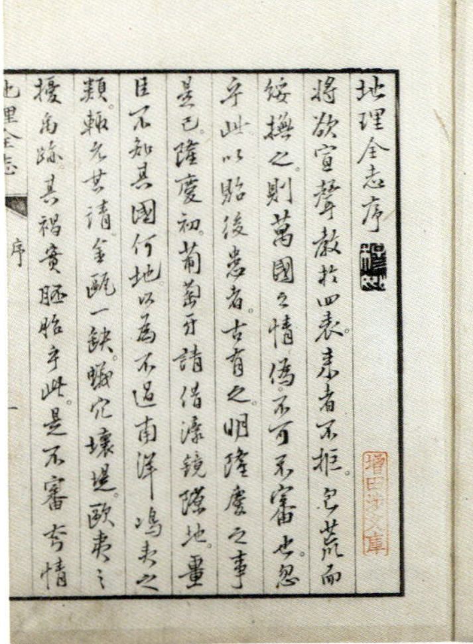

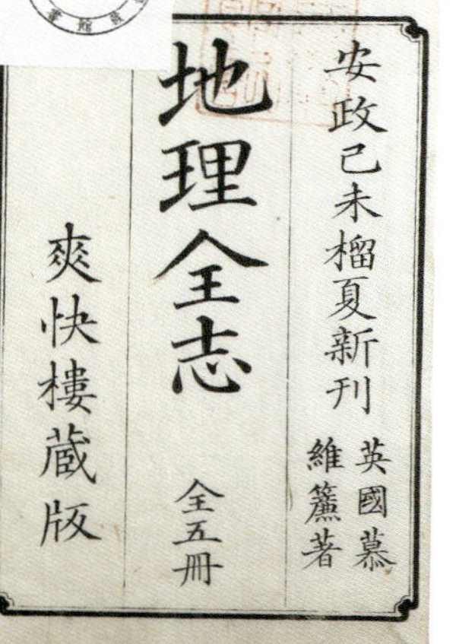
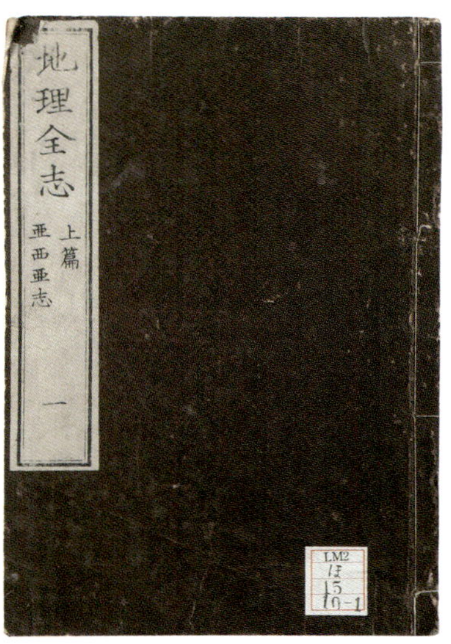

図54　和刻本『地理全志』　爽快楼蔵版（岩瀬忠震）　関西大学増田文庫蔵

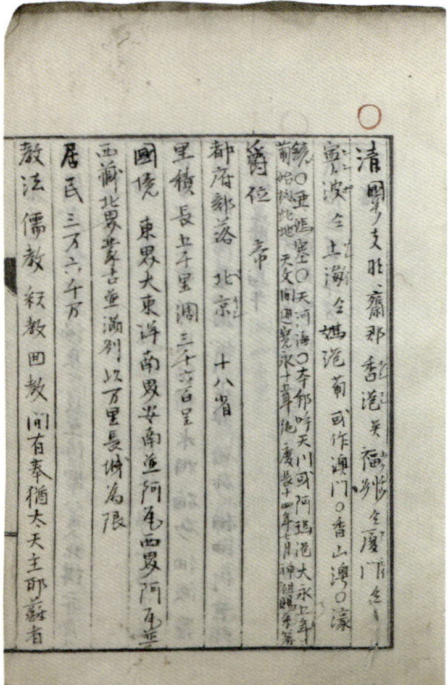
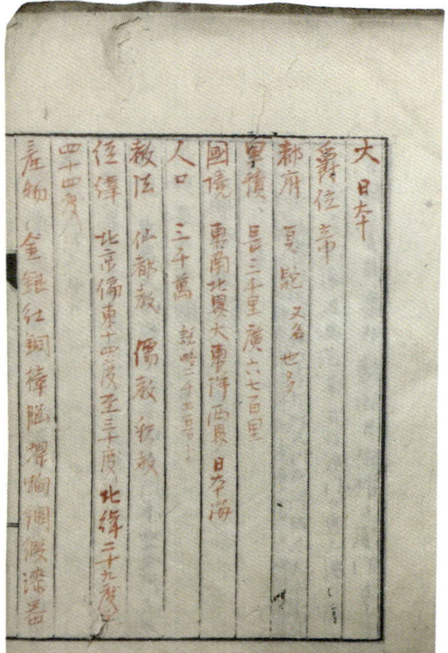
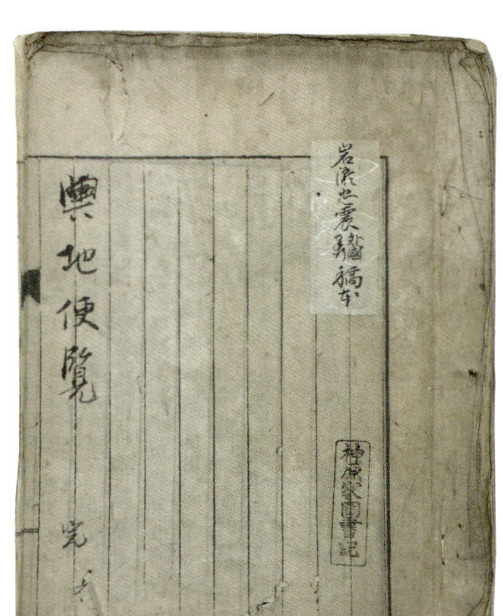

図55　岩瀬忠震稿本『輿地便覧』　香川大学神原文庫蔵

図57　内田正雄編訳『輿地志略』挿絵　陶徳民蔵

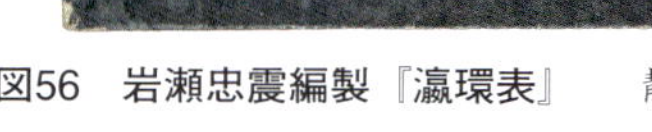

図56　岩瀬忠震編製『瀛環表』　静嘉堂文庫蔵

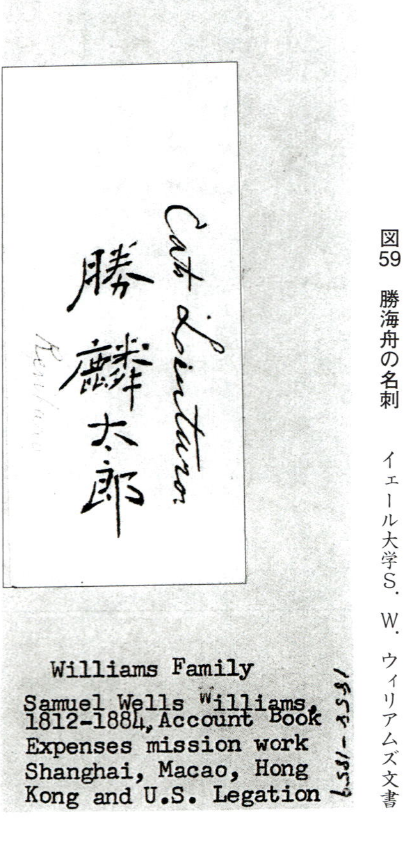

図59　勝海舟の名刺　イェール大学S．W．ウィリアムズ文書

図58　勝海舟（銀板写真 1860年）　東京都大田区立郷土博物館蔵

図60　長崎海軍伝習所絵図　鍋島報效会・徴古館蔵

図62　福澤諭吉写真（写真屋の少女と）
慶應義塾大学福澤研究センター蔵

図61　木村喜毅写真（ガラス板 1868年頃）　横浜開港資料館蔵

図63　咸臨丸難航図　鈴藤勇次郎画（複写）　横浜開港資料館蔵

図64　ホワイトハウスにおけるブカナン大統領主催の日本使節歓迎会（1860年）
東京都江戸東京博物館蔵『フランク・レスリーズ絵入り新聞』より

LANDING OF SIR RUTHERFORD ALCOCK, K.C.B., AT YOKOHAMA, JAPAN
– FROM A SKETCH BY OUR SPECIAL ARTIST

図66　横浜港に上陸したオールコック
Illustrated London News
関西大学図書館蔵

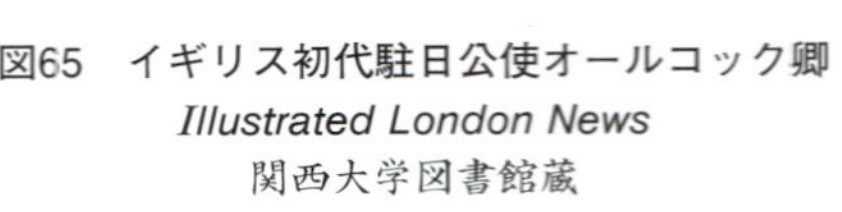

図65　イギリス初代駐日公使オールコック卿
Illustrated London News
関西大学図書館蔵

図68　五姓田芳柳筆「アーネスト・サトウ肖像」　霊山歴史館蔵

図67　アーネスト・サトウ写真　横浜開港資料館蔵

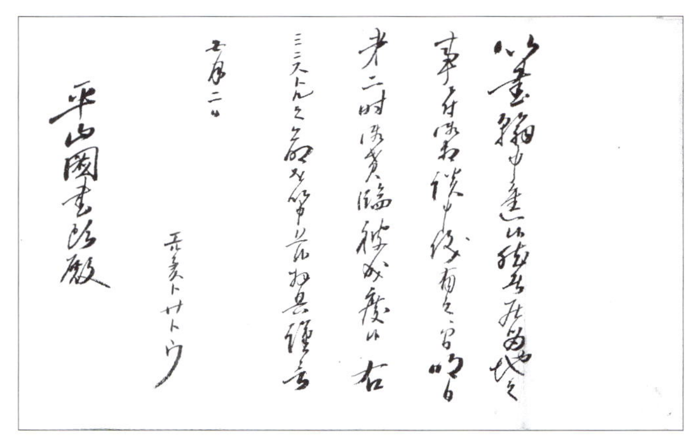

図69　平山省斎図書頭宛サトウ書簡　1867年5月2日　東京大学史料編纂所蔵

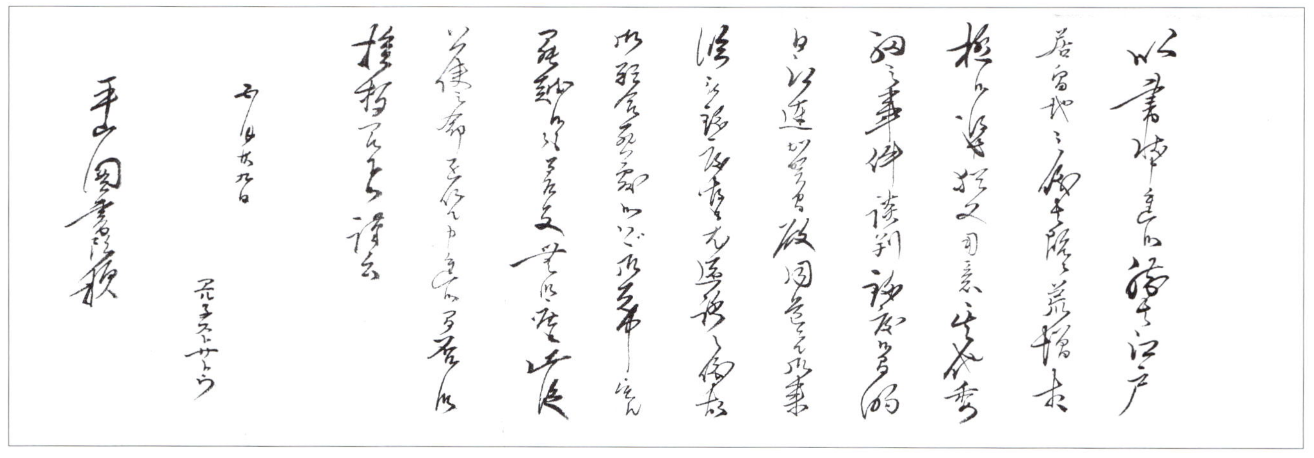

図70　平山省斎図書頭宛サトウ書簡　1867年5月29日　東京大学史料編纂所蔵

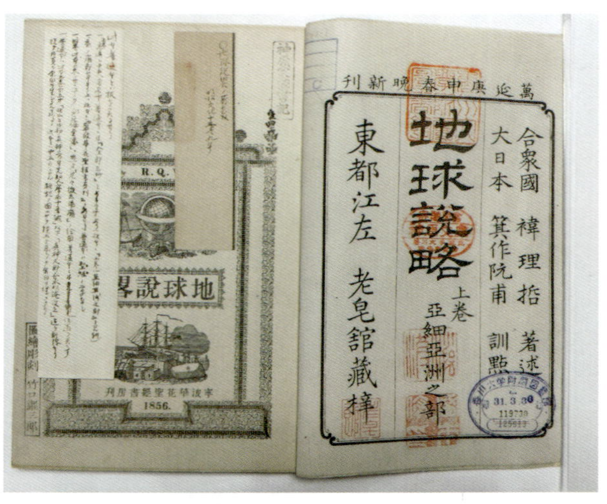

図72　和刻本『地球説略』　香川大学神原文庫蔵

図71－1　禕理哲『地球説略』　香川大学神原文庫蔵

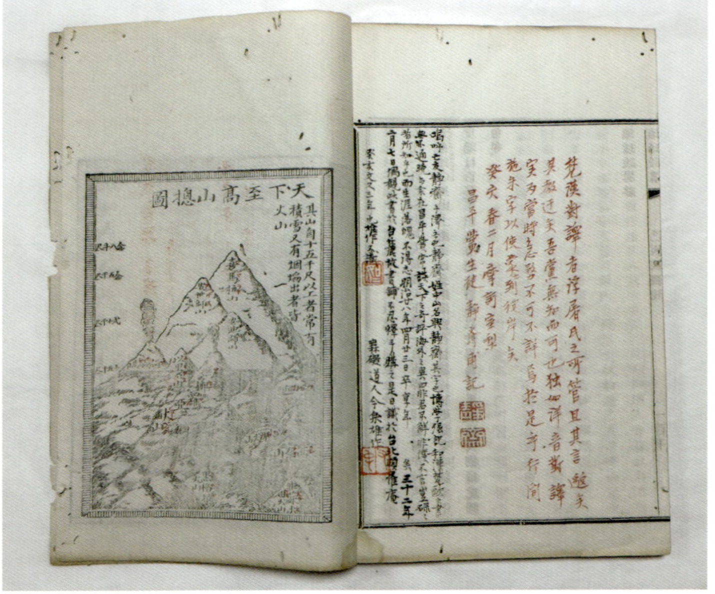

図71－2　昌平黌学生中山静斎・今泉雄作の書き入れ

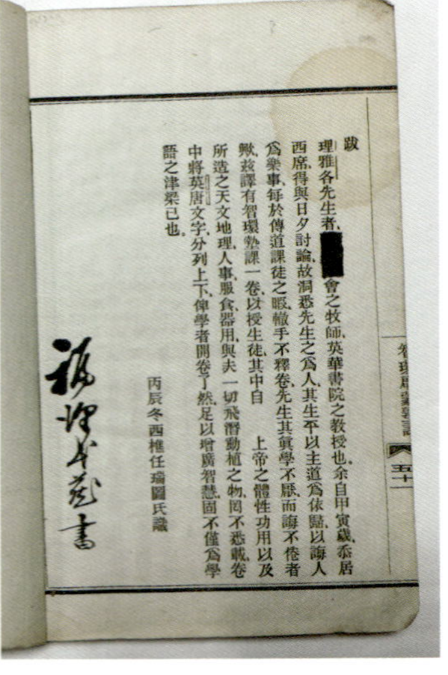

図73　慶應義塾旧蔵『智環啓蒙塾課』　香川大学神原文庫蔵

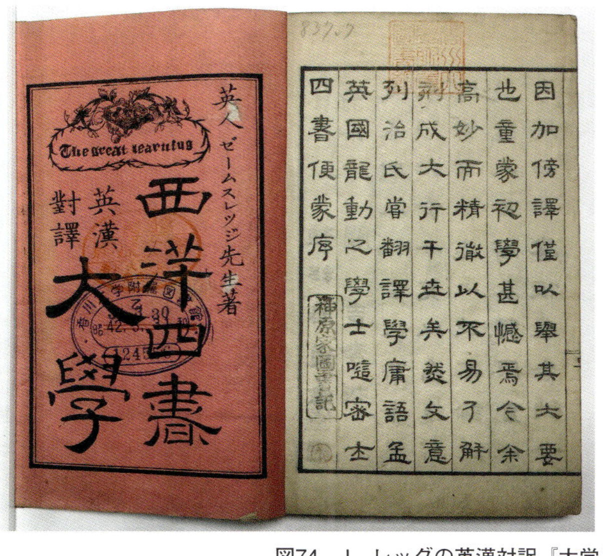

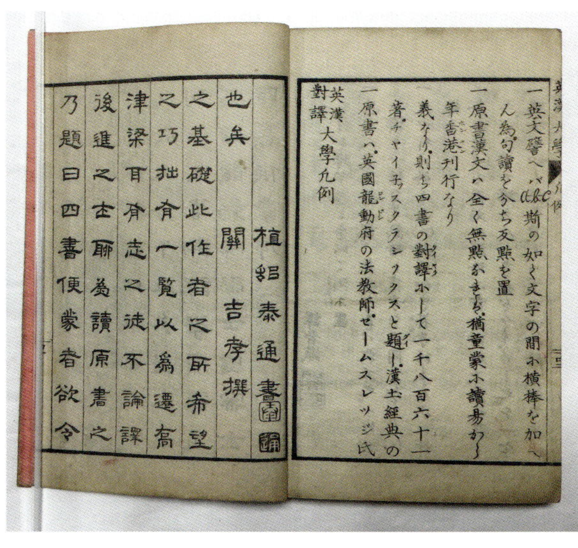

図74　J. レッグの英漢対訳『大学』の和刻本　　香川大学神原文庫蔵

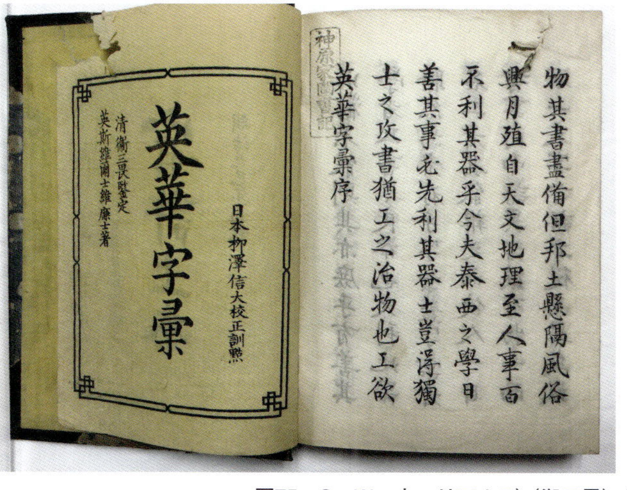

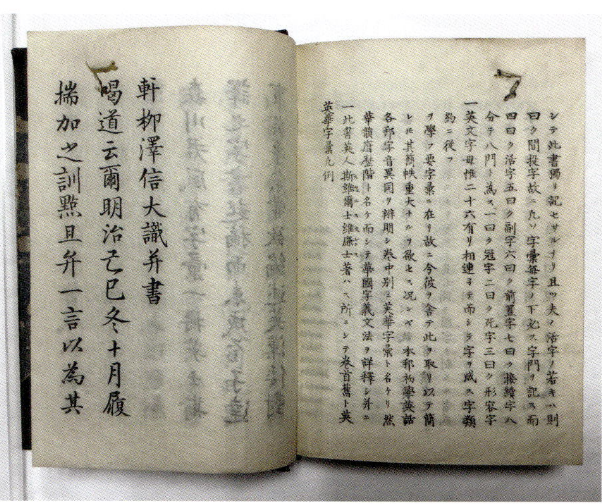

図75　S. W. ウィリアムズ（衛三畏）鑑定『英華字彙』　　香川大学神原文庫蔵

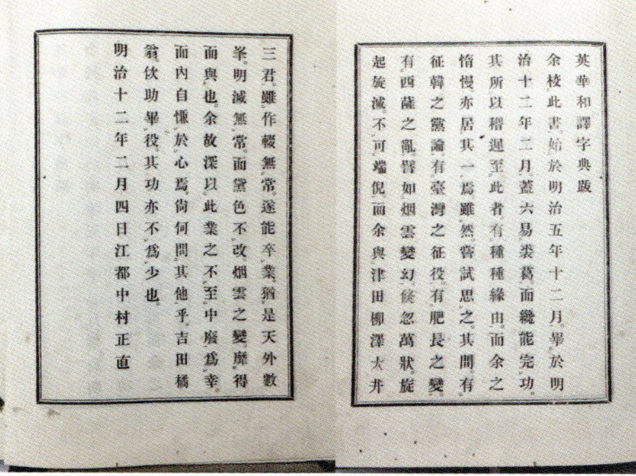

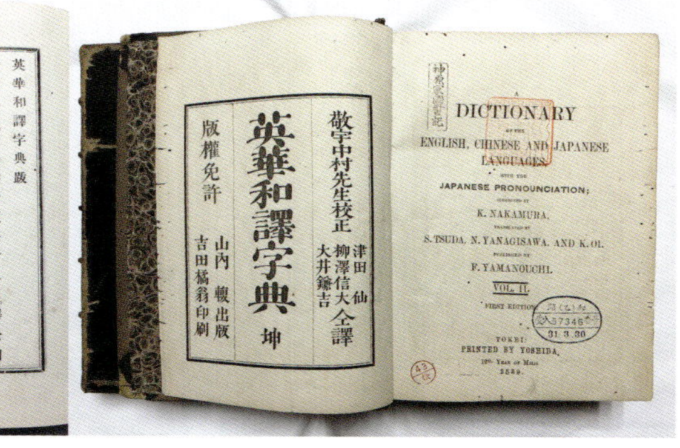

図77　中村敬宇校正『英華和譯字典』　　香川大学神原文庫蔵

図76　中村敬宇肖像
お茶の水女子大学
歴史資料館蔵

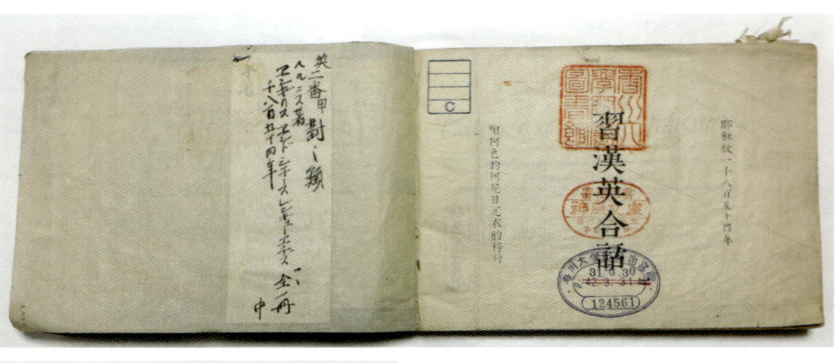

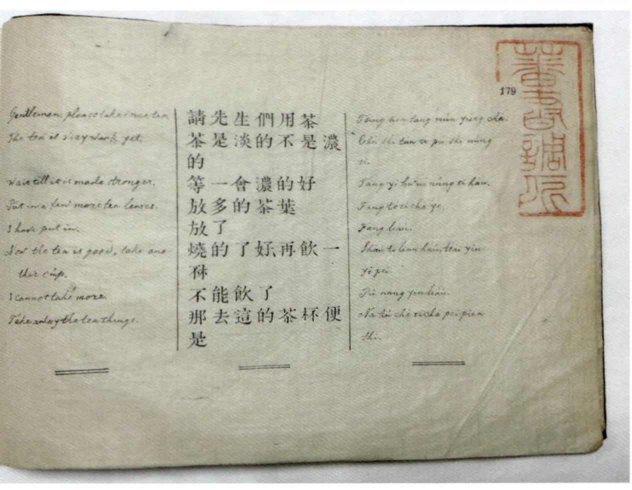

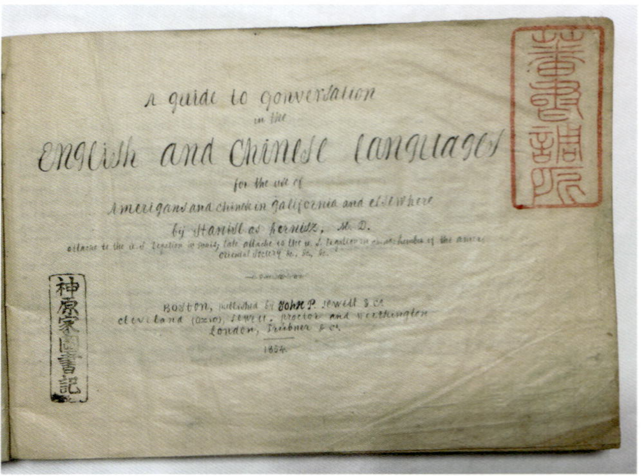

図78　蕃書調所旧蔵『習漢英合話』　香川大学神原文庫蔵

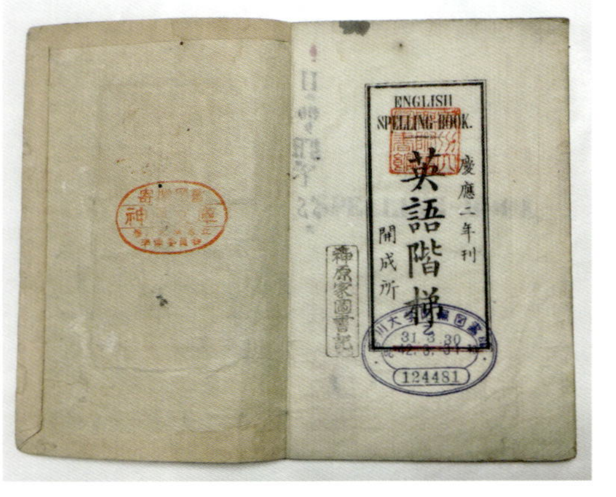

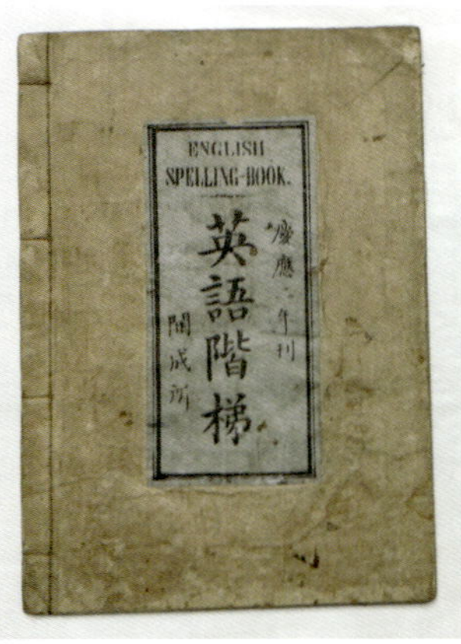

図79　開成所出版『英語階梯』　香川大学神原文庫蔵

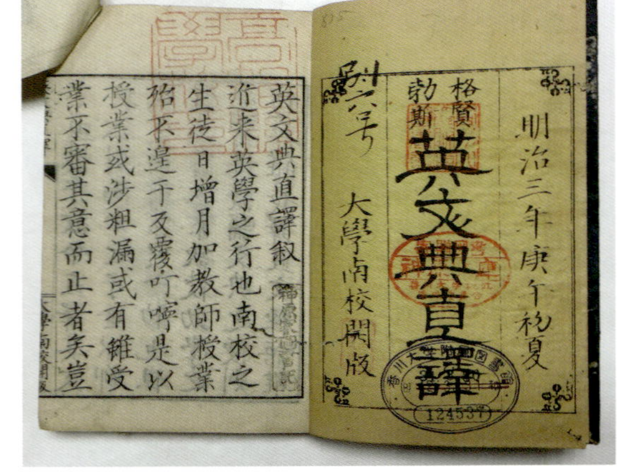

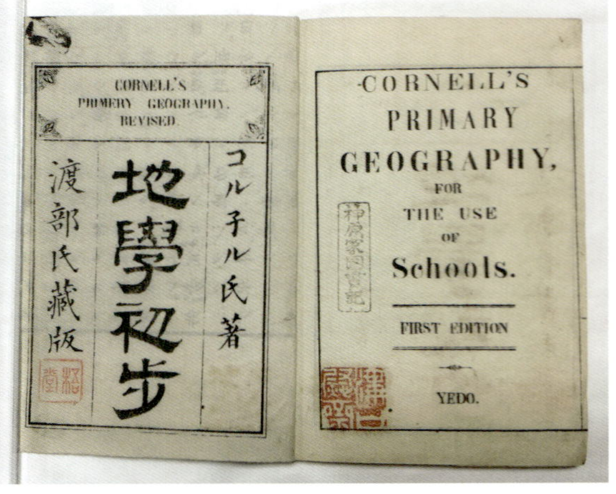

図81　大学南校出版『英文典直譯』　香川大学神原文庫蔵

図80　和訳本『地学初歩』　香川大学神原文庫蔵

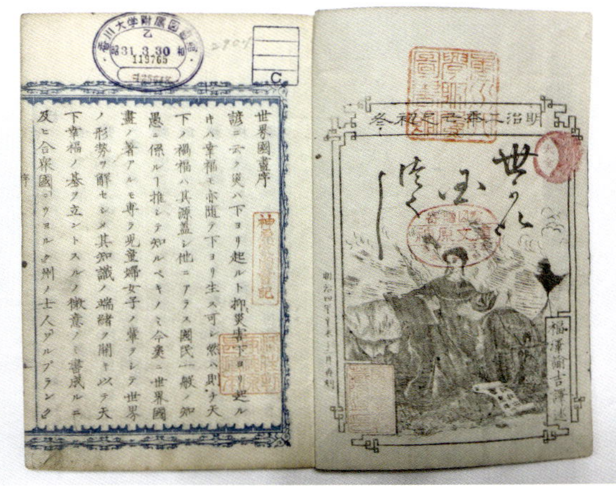

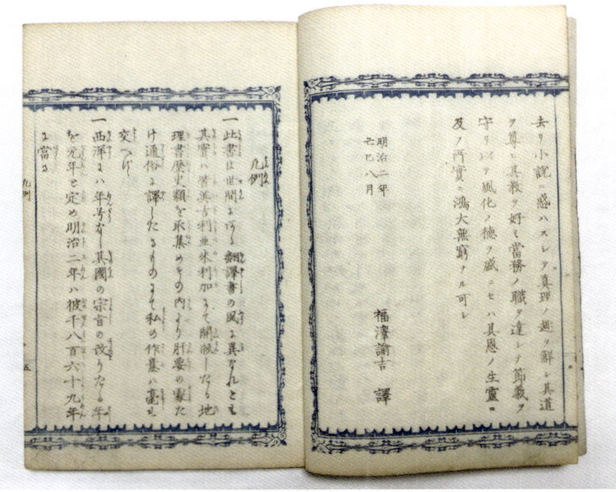

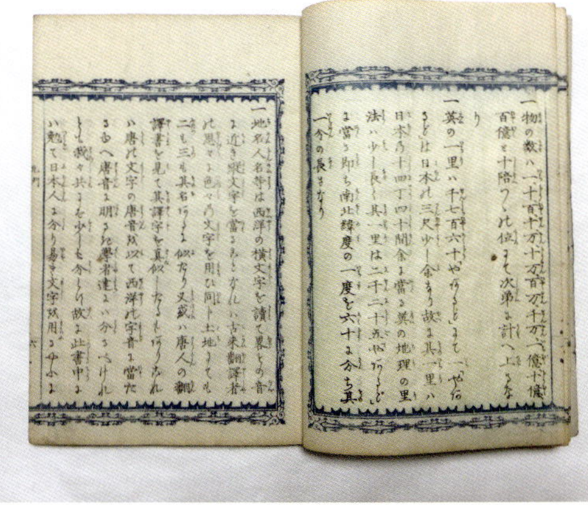

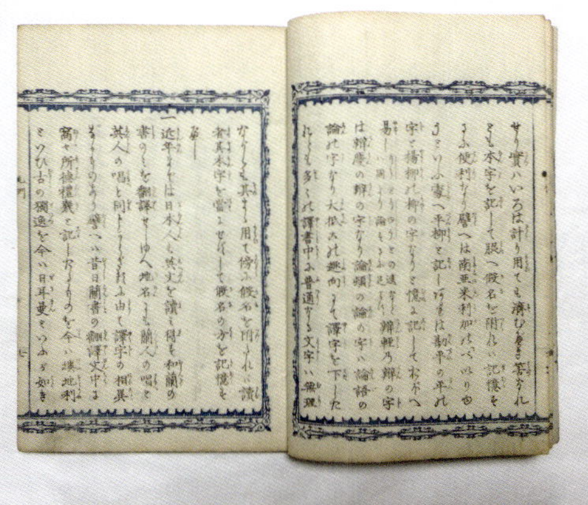

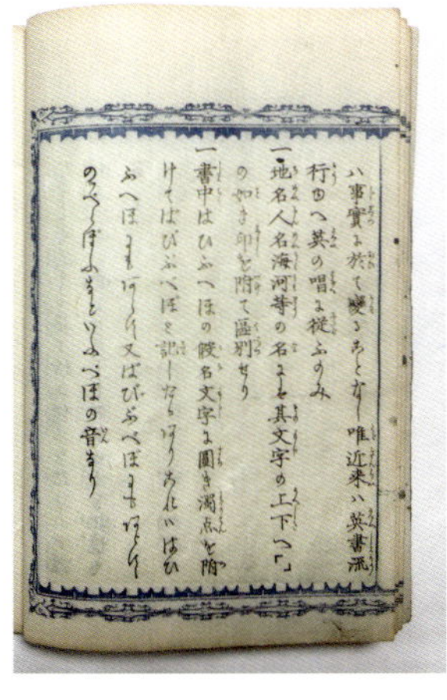

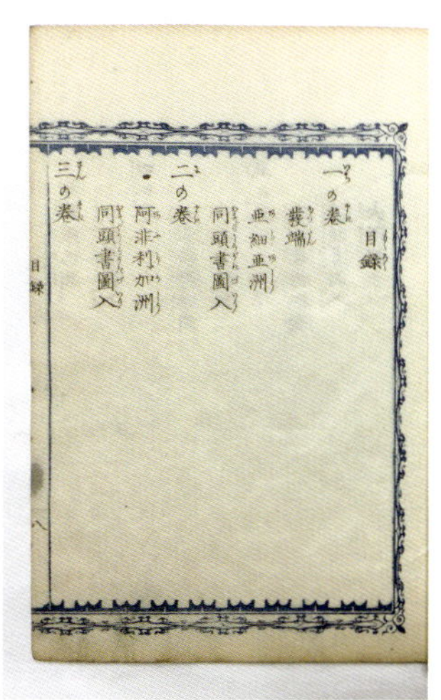

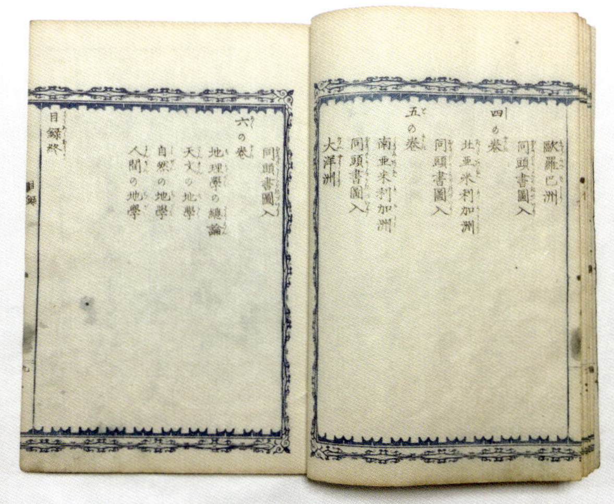

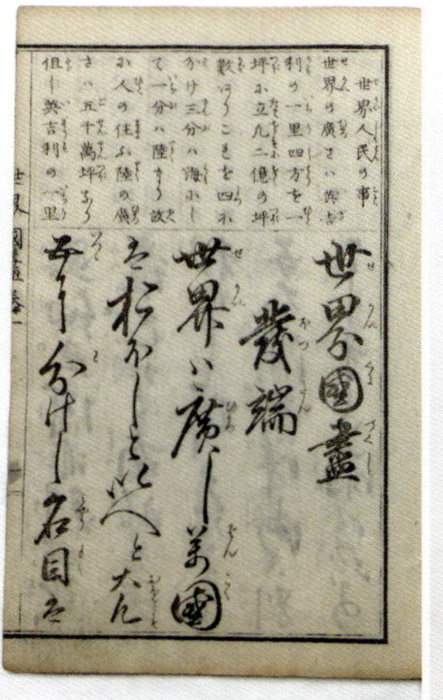

図82　福澤諭吉訳述『世界國盡』　香川大学神原文庫蔵

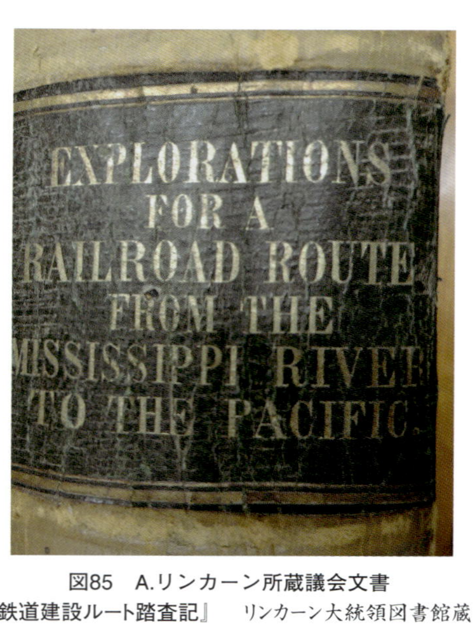

図85　A.リンカーン所蔵議会文書
『鉄道建設ルート踏査記』　リンカーン大統領図書館蔵

図84　A・リンカーン所蔵議会文書
『ペリー艦隊日本遠征記』第3巻
リンカーン大統領図書館蔵

図83　A.リンカーン墓地における銅像
陶徳民撮影

図87　A.リンカーンのゲティスバーグ演説
リンカーン大統領博物館蔵

図86　A.リンカーン生誕地国立史跡
『エイブラハム・リンカーン：自由という遺産』より

図89　A.リンカーンの霊柩を首都ワシントンからスプリングフィールド市に運ぶ蒸気機関車　リンカーン大統領図書館財団

図88　スプリングフィールド市にあるリンカーン・ホーム国立史跡
Ian Hunt 撮影

Abraham Lincoln,

PRESIDENT OF THE UNITED STATES OF AMERICA,

TO ALL WHO SHALL SEE THESE PRESENTS, GREETING:

Know Ye, That, reposing special trust and confidence in the Integrity and Ability of Joseph Heco of California I have nominated, and by and with the advice and consent of the Senate, do appoint him to be Interpreter to the Consulate of the United States at Kanagawa Japan, and do authorize and empower him to execute and fulfil the duties of that office according to Law; and TO HAVE and TO HOLD the said office, with all the powers, privileges and emoluments thereunto of right appertaining: unto him, the said Joseph Heco, during the pleasure of the President of the United States for the time being.

In Testimony Whereof, I have caused these Letters to be made Patent, and the Seal of the United States to be hereunto affixed.

GIVEN under my hand, at the CITY OF WASHINGTON, the Tenth day of February in the year of our Lord one thousand eight hundred and Sixty two, and, of the INDEPENDENCE OF THE UNITED STATES OF AMERICA, the Eighty-sixth.

Abraham Lincoln

BY THE PRESIDENT:

William H. Seward, SECRETARY OF STATE.

図91　ジョセフ彦に対するリンカーン大統領の任命状
米国国立公文書館蔵

図90　リンカーン大統領と握手したころの彦
早稲田大学出版『ジョセス彦　海外新聞』より

●南大将軍レキー（ママ）と北大将軍クラントー何れも戦の用意調ひし由。定て近き内に戦ひに及ぶならん○北部大領頭レンコロン此頃将軍グラントーの処に行かれ逢れし由。是に依て世間の噂には多分和睦なす相談に行れしならんと云合へり○此頃金の相場下落したりしに依て諸商買甚不競気になれり。夫故に損失なし家産を破る人多く有り○南部大頭領大評定所〻申出すに、北部と和睦なすことハ出来難き故に何国までも勝敗を決せずんハ成りがたしとぞ申ける○レチメント（南部の部なり）に於て黒人の兵揃ひを為せしに其様子随分用立ところの歩兵ともならんかと喜ひ居る由○或テレガラフの文通には北部大頭領并に時務宰相殺害せられし由。是ハ如何なることによりてのことや分明ならず。按するに南部の者か或ハ二心を抱きし者忍ひ入りて害せしものならん。又南部レチメントは北部に改取られ剰へ大将軍生捕られし由なれとも此事ハ何れも次の便りにあらされハ分明ならず。其故ハテレカラフの知らせ故聞取る時に殊によりてハ間違ふものなれば也○キヤラホーナキ（地名）にて日本と支那の両国〻出す飛脚船を大評定所〻願ひ出したりしに此事免しありて政府より手紙賃として年〻五十万トロ出すことに定りたり。按するに来年の頃ハ飛脚船全く出すやうに成ならん。然る時は日本横浜并支那の港〻は益繁昌に成らん。

図93　南北戦争とリンカーン暗殺を伝えた『海外新聞』の記事（翻字）
早稲田大学出版『ジョセフ彦　海外新聞』より

図92　『海外新聞』の表紙

図94　左より伊藤博文、木戸孝允（１人おいて）、彦
早稲田大学出版『ジョセフ彦　海外新聞』より

図97　渋沢栄一（フランスにて）
Shibusawa Memorial Museum *Guide to the Exhibits*より

図96　パリ万博に参列した徳川昭武一行
Shibusawa Memorial Museum *Guide to the Exhibits*より

図95　将軍徳川慶喜の弟昭武
Illustrated London News
関西大学図書館蔵

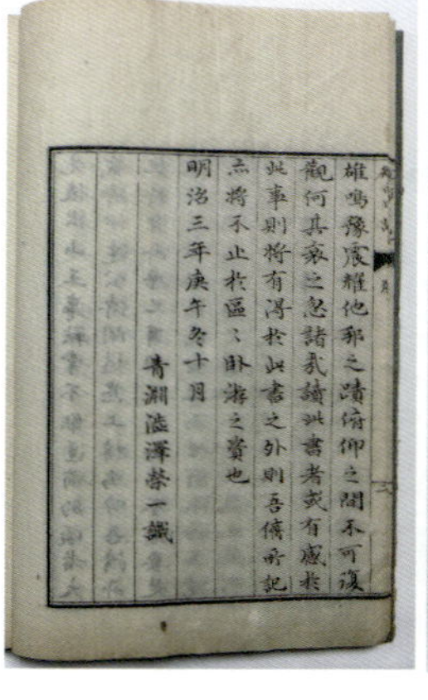

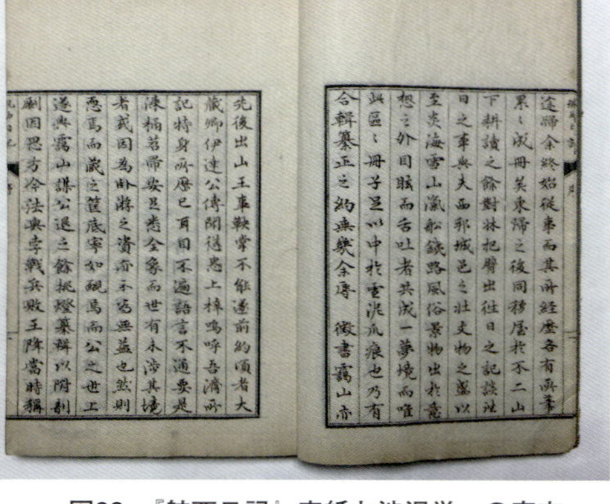

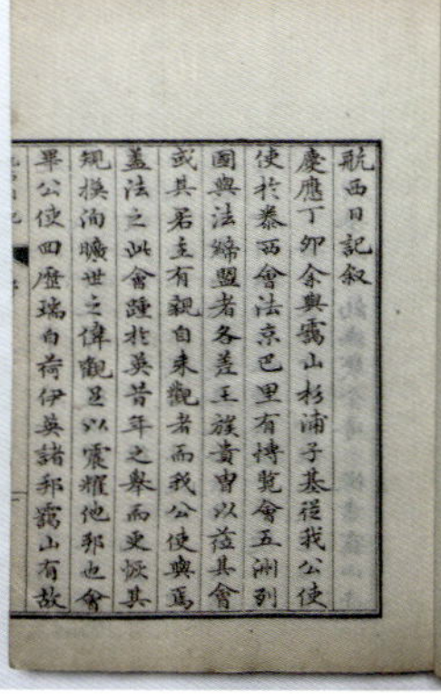

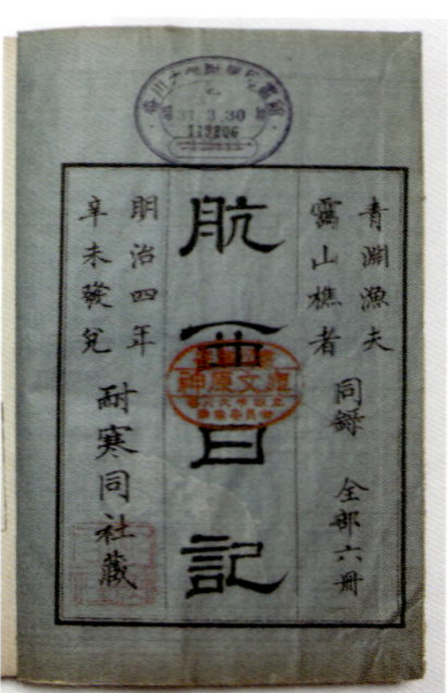

図98　『航西日記』表紙と渋沢栄一の序文　　香川大学神原文庫蔵

図101　西郷隆盛肖像
霊山歴史館蔵

図100　大阪で将軍慶喜に謁見する外国使節たち
Illustrated London News　　関西大学図書館蔵

図99　将軍徳川慶喜
Illustrated London News
関西大学図書館蔵

図103　岩倉使節団の主要メンバー（左より 木戸孝允、山口尚芳、岩倉具視、伊藤博文、大久保利通）　山口県文書館蔵

図102　五姓田芳柳筆「明治天皇御尊影」　明治神宮蔵

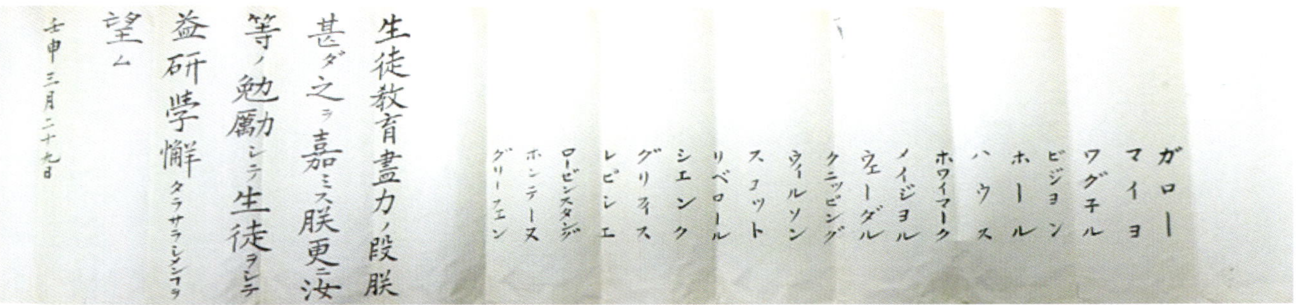

ガロー
マイヨ
ワグチル
ビジョン
ホール
ハウス
ホワイマーク
メイジョル
ウェーダル
クニッピング
ウィルソン
スコット
リベロール
シエンク
グリィス
レピシエ
ローピンスタジ
ホンテース
グリーフエン

生徒教育盡力ノ段朕
甚ダ之ヲ嘉ミス朕更ニ汝
等ノ勉勵シテ生徒ヲシテ
益研學懈タラサラシメンコトヲ
望ム

壬申三月二十九日

図104　お雇い外国人教師を励ます明治天皇の詔書（1872年）　ラトガース大学グリフィス文庫蔵

図105　新橋横浜間鉄道開通式に臨む明治天皇（1872年10月15日）　*Illustrated London News*　関西大学図書館蔵

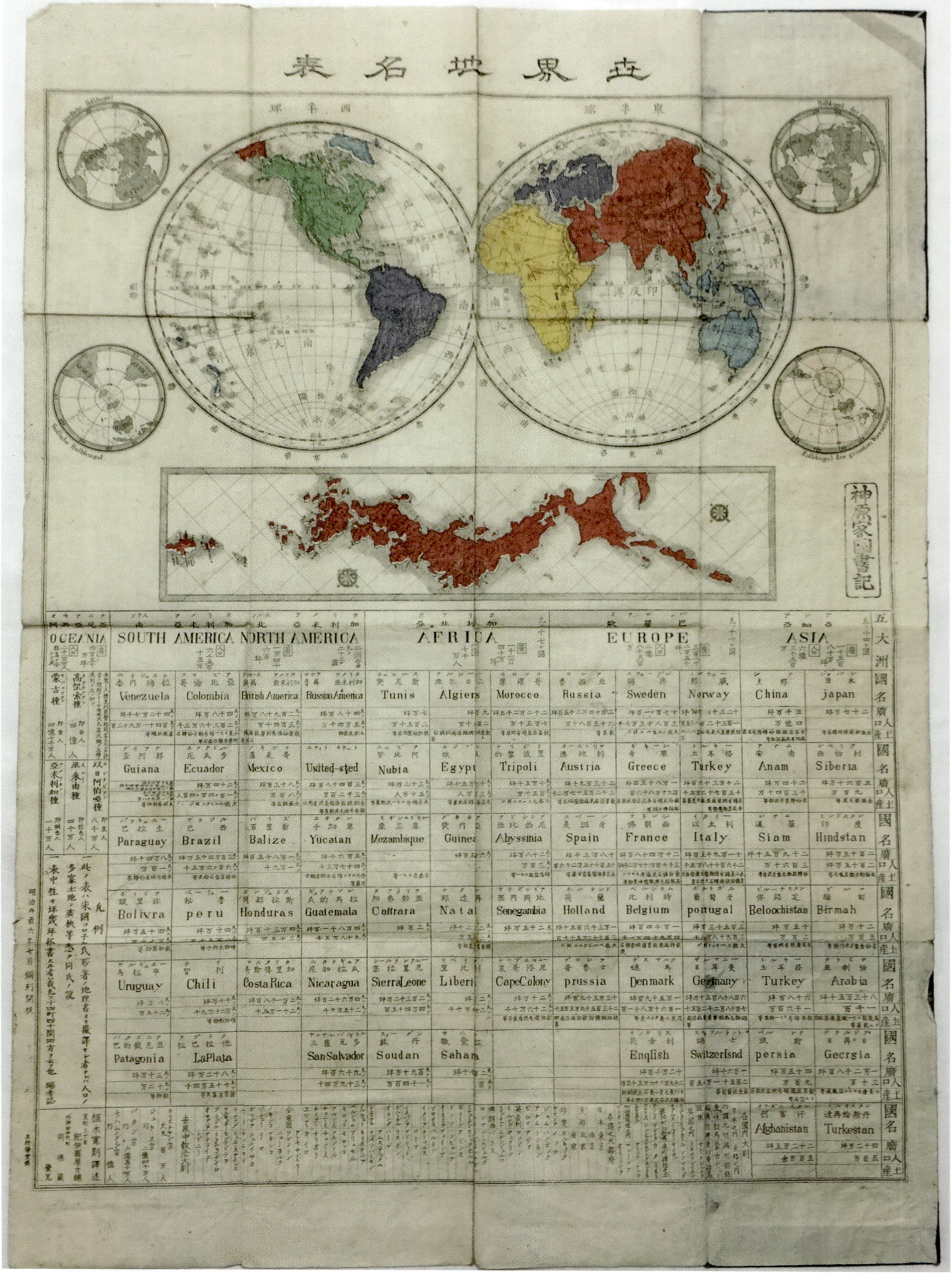

図106 『世界地名表』（明治6年）　香川大学神原文庫蔵

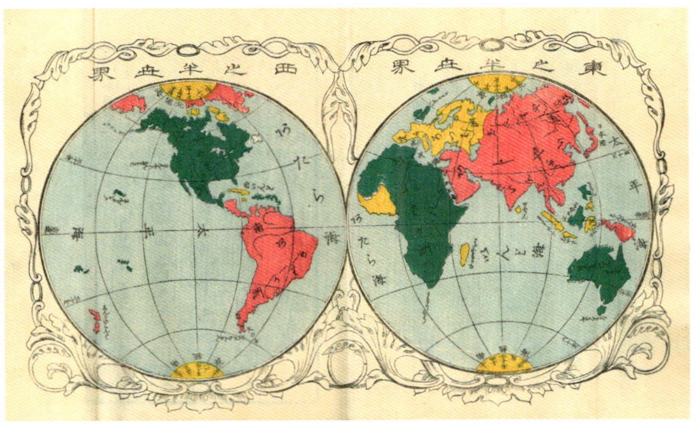

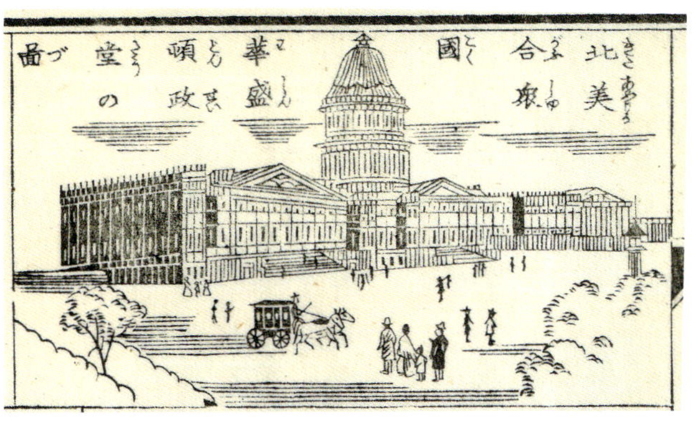

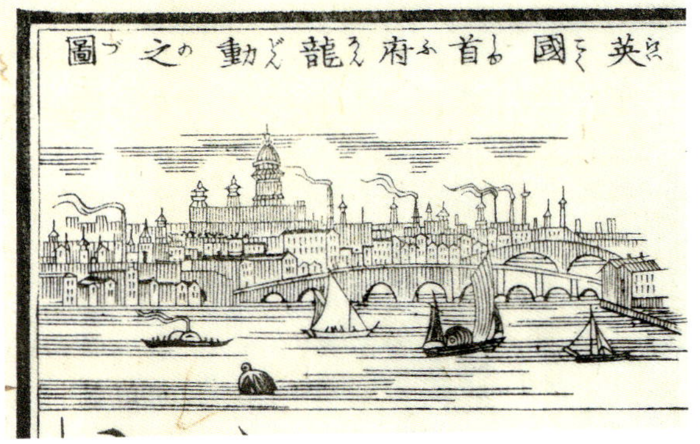

図107 『萬國地名往来』（明治６年） 陶徳民蔵

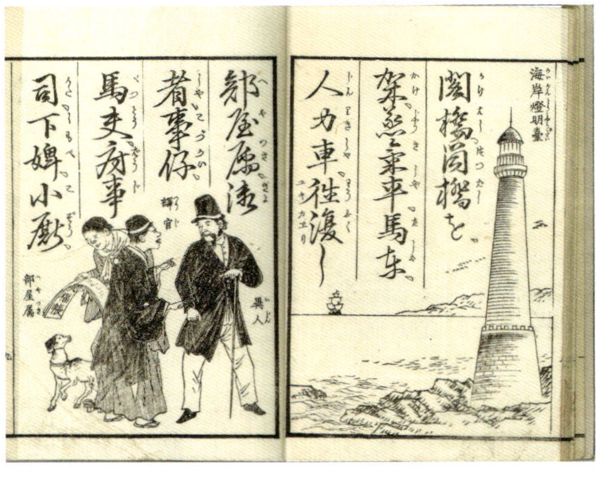

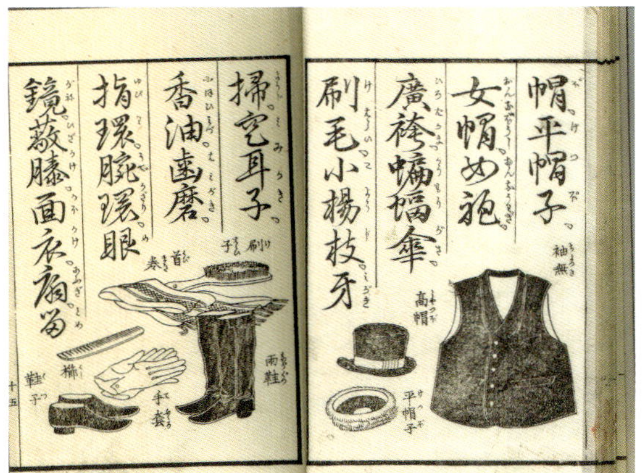

図108 『開化童子往来』（明治６年） 陶徳民蔵

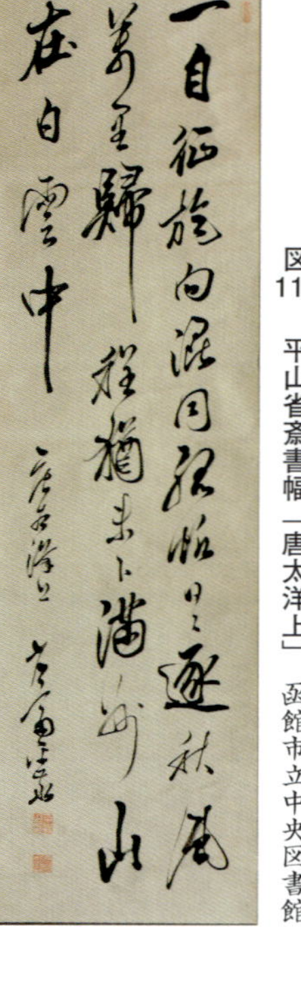

図110　平山省斎書幅「唐太洋上（からふと）」　函館市立中央図書館

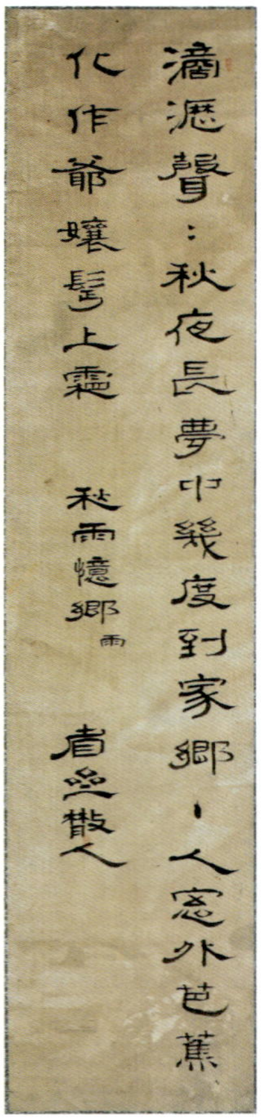

図109　神道大成教教祖平山省斎　　天照山神社蔵

図111　神奈川県奥湯河原に鎮座する神道大成教の奥宮「天照山神社」　　天照山神社蔵

図112　平山省斎書幅「秋雨憶郷」　函館市立中央図書館蔵

図113　東京都豊島区雑司ヶ谷霊園にある「従五位下肥後守爽恢岩瀬府君之墓」　崔鵬偉撮影

解説

陶　徳民

概要

（一）なぜ平山省斎と岩瀬忠震をペアとして取り上げたか。
（二）本書を通じて考えたい三つの問題
①歴史の記述や評価の公正性と公平性
②国際交易・交渉における利欲、道義心と権力政治
③情報や知識の更新と公開の重要性
（三）テキスト―本書所収主要文献の解題―
（四）コンテキスト―画像史料による可視的歴史背景の構築―

（一）なぜ平山省斎と岩瀬忠震をペアとして取り上げたか。

前編『吉田松陰と佐久間象山―開国初期の海外事情探索者たち（I）―』については、戦時中に武田勘治『松陰と象山』があり、戦後に信夫清三郎『象山と松陰―開国と攘夷の論理』もあったので、その師弟関係や下田密航共同画策という明確な事実から二人をペアとして取り上げたのは極自然なことであった。しかし、本続篇で平山省斎と岩瀬忠震をペアとして取り上げた理由については、やはり若干の説明が必要であろう。すでに本書の「自序」において、二人の関係は「一般的な上司と部下の関係を遥かに超えた同志間の信頼関係です。その端的な証拠は、将軍継嗣問題で一橋慶喜擁立運動を展開する際、岩瀬は意思疎通のために度々秘密裏に平山を福井藩主松平春嶽のブレーン橋本左内のもとに遣わしたのでありました」と述べているが、このことを裏付ける史料について、飯田虎男『岩瀬忠震の年譜的研究』（一九九〇年）が次のように紹介している。

安政五年・一八五八年

（一八五七年一〇月に岩瀬は肥後守となったため、文中の「肥」や「肥州」は岩瀬のことを指す）

〈四月十九日夕〉　橋本左内が訪ねる（岩瀬は慶喜継嗣での難事及び堀田帰府後ハリス應接継嗣決定、宰輔設置と事が運べると楽観）

〈四月二十三日〉　僚属平山謙次郎を橋本左内へ派遣（今日掃部頭殿〔井伊直弼〕へ大老を被命されたこと不服である）

〈五月二日〉　属僚平山謙二郎に内意を含めて橋本左内の許に遣す（直弼就任の当日営中の状況を密告させている）

〈六月十一日〉　岩瀬肥後守より橋本左内へ〈倶に江戸〉（閣老間の密談及び岩瀬肥後守の心事）

〈六月十八日〉　平山謙二郎より橋本左内へ〈倶に江戸〉（然る処只今より今朝肥より申上べき、亞船一條に付、観光船にて金川洋上へ出張仕候）

〈六月二十四日〉　福井藩士橋本左内・高知藩士小南五郎右衛門等ト互ニ大将軍継嗣決定ノ内情ニ関シ書信ヲ交換シテ、一橋家主徳川慶喜擁立失敗ノ善後策ヲ謀ル

〈六月二十四日〉　平山謙二郎より橋本左内へ〈倶に江戸〉（其節之一條早速肥州へ相話し、猶再考え旨も有之　一封君公へ同人より差上候）

〈六月二十八日〉　僚属平山謙二郎を橋本左内へ派遣（岩瀬肥州ノ建策ノコトヲ告グ）

僅か二か月余りの記録であるが、一橋慶喜擁立運動における岩瀬・平山の緊密な関係を余すところなく物語っている。

将軍継嗣問題だけでなく、開国通商問題においても、二人は歩調を合

わせていた。高村直助氏がその近著『永井尚志―皇国のため徳川家のため―』に次のように述べている。「有司、特に目付系海防掛のなかから、現実論として通商容認論が台頭してくるのは、一般にはハリスが通商条約締結を求めて江戸に出府することが問題となった安政三年九月頃からと言われている。それを先導したのが岩瀬忠震と永井尚志であった。安政元年一月尚志と同時に海防掛目付に任じられた岩瀬忠震は、二年二月以降下田・戸田（現沼津市）で筒井政憲や古賀謹堂らとともに、再三プチャーチンと日露和親条約修正交渉に当たってきた。英使節渡来が予想されるなか、三年七月、岩瀬は平山謙次郎（敬忠、徒目付）と連名で「大船御取締・産物会所之儀に付申上候書付」を上申した。謹堂年来の主張の具体化であったが、岩瀬自身に即して言えば、対露折衝の経験を通じて従来の考えを変えたのであった」と。なお、長崎海軍伝習所の日本人伝習生だけで操船して長崎から江戸まで辿り着いた快挙に関する記載、例えば勝海舟宛永井尚志書状に付した「海上略記」の「品川沖入帆、この夜岩瀬来り、徹夜劇談、甚だ興有り」という記述や、岩瀬が平山敬忠（謙次郎）を伴って訪れ、「玄（玄蕃頭永井）と放談一夜、遂に翌日相携えて登営。其壮驚くべし」と伝える勝宛ての矢田堀景所蔵書状なども、岩瀬・永井および平山など三者の親密関係を反映している（同書三八頁、六四―六五頁）。

　そして、戦時中に発表された松本順の論文「岩瀬忠震の思想的背景」が次のように指摘している。これは雑誌『江戸』第一号に掲載された「蟾影集」にもとづくもので、二人は安政四年（一八五七）のハリス出府を待たず、二人はその前年九月下田に入港したオランダ船長ファビユス（とくにその伝えたボーリング香港総督の見解）との対談を通じて波風の荒い下田の替りに横浜を開港することが不可避という認識に至ったと指摘している（京都帝国大学『経済論叢』第五四巻第四号所収。以下、松本論文と記す）。

　安政丙辰秋。予同平山敬忠奉旨。赴豆之下田。會喝蘭火船入港。予與其船將咈法皮斯語。所得不爲少。乃自録所問對爲一小冊子。敬忠書其尾曰。邂逅荷蘭客。匆匆扣路程。偶因一場話。粗（通）五洲情。況渉爪哇島。而遊龍動城。韙哉廟堂策。要拔萬邦精。

　すなわち、岩瀬のまとめたファビユスとの問答録に平山は次のような後書きを寄せ、オランダ東インド会社本部所在のインドネシア（「爪哇島」）、イギリスが中国から割譲した香港、ないし大英帝国の首都ロンドン（「龍動」）など世界の情勢（「五洲情」）におおむね把握できた、と述べている。したがって、ハリス出府の際、一定の余裕をもって対面交渉ができたわけである。

（二）本書を通じて考えたい三つの問題

「温故知新」。明治維新一五〇周年にあたる今年に本書を上梓することで、次のような三つの問題をめぐる史料と素材を提供し、読者諸賢とともに今日の世界も抱えているこれらの問題を考えたいと思う。

①歴史の記述や評価の公正性と公平性

「自序」にも触れたように、「歴史は複数の異なった意志や構想をもつ人々の切磋琢磨、ないしは対立抗争の中で作られてきたものであり、失敗した選択肢の提案者の苦心、苦労と功績をきちんと認めなければなりません。しかし、現実的には、官製の公式歴史は往々として政治的主導権争いで勝ち抜けた勝者の苦心、苦労と功績を過大評価し、敗者の苦心、苦労と功績を抹殺しようとしています」。事実、安政五か国条約の調印者の一人である岩瀬の知性、視野と手腕は交渉相手のアメリカ総領事ハリスおよびイギリスの伯爵エルギンにより高く評価されたのであって、幕府の役人たちを「保守」・「無能」として一概に否定してしまった「薩長史観」を覆す有力の証左となっている。

　まず、前者のハリスは一八七一年、ニューヨーク市四番街で岩倉使節団の田辺太一書記官長、福地源一郎一等書記官と会見した時に次のような回顧談を行った。福地『幕末政治家』によれば、ハリス（文中、「ハルリス」と記載）は「一面に米国の利益を謀ると与に、又一面には及ぶだけ日本の利益を謀り、刻苦して其草案を作りて提出し、是を議題として一々其条項を議したるに、岩瀬は、其条項に就きハルリスの説明を聴くと同時に其の得失を論じ、其中にも岩瀬の機敏なるや論難口を突て出で往々ハルリスをして答弁に苦しめたる而已ならず、岩瀬に論破せられて其説に更めたる条款も多かりし」という（森篤男『横浜開港の恩人岩瀬忠震』）。

一方、伯爵エルギンは、次のように岩瀬など日本側の交渉委員を称えている。「昨日の船で知り合った提督永井玄蕃頭 Nangai Gembano kami と、名を肥後守 Higono-kami と呼ぶ愉快な仲間とがいた。この男は私が日本で出会ったもっとも愛想のよい、また教養に富んだ人物である。」「われわれはいよいよ条約の主文に入ることができた。委員たちが、細目の要旨を論議するのに最大の英智を示し、提示されたあらゆる疑点の論理的説明を完全に理解するまでは決して了承しないことが、すぐにわかった。」「私は彼らがてきぱきとその仕事を処理していくのに感銘を受けました。すなわちきわめて鋭い観測を行ない、実に要領を得た質問を発し、しかもあらさがしをしたり、とがめ立てをするような気持は少しもなかったのです。もちろん彼らの批判には、外国事務についての知識が不十分の結果によることもありました。そしてときには彼らのためらいを取り除くために、原文を、改善するのではなく、変更することも必要でした。しかし、全体からみて、私は、これまでに交渉をもった相手で、彼らほど、その知識の及ぶかぎりで、道理をわきまえていると思われたものはなかったと断言できます。」（岡田章雄訳『エルギン卿遣日使節録』九七、一四六、二七三頁）。

岡目八目。岩瀬、永井など幕府の交渉委員の優秀さとその開国進取の精神に関するハリスとエルギンの証言は、「薩長史観」による前政権批判と比べてはるかに公正、公平の評価であったといえるだろう。

②国際交易・交渉における利欲、道義心と権力政治

これも「自序」で次のように触れた。「約二十年前、初めてペリー艦隊に随行した清国人羅森の『日本日記』により「平山謙二郎という学問にすぐれた立派な人物」を知り、その後、イェール大学図書館において羅森の上司である首席通訳官S・W・ウィリアムズ（中国名は衛三畏）旧蔵の平山自筆による筆談記録も発見しました。とくに羅森に宛てた手紙において、平山が孔孟の天道人道・四海同胞の思想を世界各国の為政者に宣伝するように羅森に依頼したという一節に触れた際、自分の目を疑ったことがありました。「道学自任」という平山の面目躍如といわねばなりません」と。では、平山はどのような背景のもとで羅森に依頼し、またその書状にどのような論理展開を見せているのだろうか。

一八五四年当時の平山は横浜で米艦応接にあたる徒目付であり、米艦随行の広東人羅森に、清朝で起きた太平天国の乱の様子について情報提供を打診している。その要求に応じて、羅森は『南京紀事』と『治安策』を書いて貸与した。会話できず筆談により意思疎通している二人の間では、思う存分に意見交換するため、書状の遣り取りをした。平山の依頼は、まさに『南京紀事』と『治安策』を羅森に返却する際に添付した書状のなかで書いたものである。またそこでは、次のような議論を展開しているのである。

圧政と賄賂が公に行われることは、「古代から現在まで、これは傾きつつある帝国に共通する病です。このような国の悪の根源は、欲の一語で表わせると思います。この欲はすべての人間にあり、これこそがすべての悪を育むのです。孔子は、欲を生じる心を戒めようと望み、利についてはほとんど語っていません。これも、われわれの先人たちが外国との交流を絶った理由の一つです。といいますのも、欲がありますと無知な人間は道を失い、道を踏み誤った人々には道を追求したせっかくのすばらしい学問も意味をなさず、彼らは集まって利益を得ようと争い、焦ってなにかすばらしいものを得よ

うとしたため、ついには子としての義務、謙遜、羞恥心を忘れてしまったのです。」「天の道は偉大です。宇宙全体のすべての物を育みます。氷の海の暗黒の国にさえ、天と地の子でない人間はいないのです。隣人を愛し、みなと仲良く暮らさねばならないのです。このため、賢人たちは、誰彼の区別なくすべての人々を同じ慈悲深さで抱擁したのです。相互交流という原則は、世界のどこでも共通です。大切なのは礼儀、親切、誠意、正義です。これを守るならば尊い調和が広がり、天地の心があますところなく現われるのです。これとは逆に、利益だけを求めて商売を行なえば、争いや訴訟が起こり、喜びではなく呪いとなります」。「あなたはいま、合衆国の船に乗って海を旅していらっしゃいます。（中略）あなたの行く先々で、その国と統治者にこの原則を説いてくださるようお願いいたします。そうすれば、孔子と孟子の願いが、何世紀も経過してやっと世界全体を明るく照らすようになるでしょう」（オフィス宮崎訳『ペリー艦隊日本遠征記』第二巻、三九八頁）。

ここに見えているのは、まさに利益よりも道義を重んじる孔子の思想、および北宋の張載『西銘』における「民胞物與」という名言に凝縮されている朱子学的世界観である。すなわち天下の民はすべてわが同胞であり、天下の物はすべてわが仲間であるという天人合一、人物同類の宇宙像である。その意味において、利欲に駆動される商売よりも、社会の調和と隣人愛を重んじる道義心の堅持が唱えられているのである。

若き日の平山は『伊洛淵源録』（朱子学の集大成者である朱熹が編纂した周敦頤、程顥、程頤、張載、邵雍および其弟子たちの行状、墓志銘と言行などをまとめた賢人記録）を熟読し、「天地神明」にもし将来大任を負う機会があれば、私利私欲のためではなく、必ず「天下蒼生」（＝万民）のために尽くすと誓ったことがあった（「幕府參政平山圖書頭としての平山省齋翁と維新當時の其文草（其二）」における「省齋自叙」、雑誌『江戸』第二号所収）。平山のこの誓いは一生貫いたが、羅森に対するこの依頼状もその強い意志を反映している。ちなみに、扉絵（カラー図版集）の図18平山省斎書幅「洋々四海一家春」（洋洋四海一家春。義靄仁風率土濱。萬里長征凱旋日。坤輿那國不休寅。）や図19平山省斎書幅「日月燈明五洲城」（日月燈明五洲城。蒸蒸世物属同胞。慈母眼中皆赤子。堪輿冲處不助劳。）なども、その同じ思想と胸襟を漢詩の形で表している。

一方、岩瀬も儒学の造詣深く、甲府の徽典館学頭と昌平黌の教授などをつとめた。扉絵（カラー図版集）の図32岩瀬忠震筆扇面「茫々堪輿」と図29岩瀬忠震書幅「晋人清談宋人理学」などは、儒教と道教に対するその理解と玩味のほどを現わしている。天下国家のためという思いが強い岩瀬は開国交易論を提唱していると同時に、急進的な開国交易政策がもたらす国内の混乱と人心の分離を警戒している。ハリスとの交渉時、彼は、「其方には利を主とし、此方は、人心居合を主とし候故、何分一決致し兼候」（十二月十四日）、「日本於而は、心和を貴ひ、人心え嚮応する処を以て、政治を施候事故、衆庶の不欲事は難致事に候」、更には、「一体日本の人気は、一致いたし候国風に付、万一之儀出来致し候節は、支那土人之如きに無之、衆心一同いたし、其末如何可相成哉、此処実に掛念之第一に有之」（十二月十六日）と、自分の心配事を再三表明している（前掲松本論文）。

面白いことに、アメリカ側の宥和政策を示す文面に、張載の「民胞物與」という名言も使われている。安政元年（一八五四）、ペリー艦隊の首席通訳官S・W・ウイリアムズが箱館で作り、その広東人秘書羅森の漢訳を経て、松前藩の家老松前勘解由に進呈した扇面で、その中の一節は「本艦即将揚帆別往。今有煩言陳子。如後亜国或有船至此。祈願臺駕以民胞物與之懐。盡心力以照保約行事」とあり、「民胞物與」の博愛心をもって今後やってくるアメリカの船に接し、条約の義務を履行するようにと要望している。この言葉遣いは、一体ウイリアムズの特別指示によるものか（ウイリアムズはペリー来航を同伴するまで二〇年間の中国滞在歴があり、名著『中国総論』の初版も出版している）、それとも羅森の翻訳時の修飾によるものかは知る由がないが、「民胞物與」という名言は当時東アジア諸国上層階級の共通教養と知識の一部となったため、自説の論理展開によく活用されていることが明らかであろう。

しかし、以上のような理想的国際関係像とは裏腹に、現実の一九世紀中葉の国際関係には砲艦外交が頻発する厳しいものであった。例えば、昌平黌教授で西洋事情と海防問題にも詳しい古賀侗庵が、弟子箕作省吾の名著『坤輿図識』（一八四五年）に寄せた序文に次のような冷静な国際観を示している。すなわち、世界の諸国には、二つの類型がある。一つは「確然として自守、士を養ひ民を字み、国勢をして金瓶の欠くること無きが如くせしむる」国であり、もう一つは、「遠略を是れ事し、貿易を務め交際を重んじ、敵国に釁有らば、襲ひて之れを取る」国である。前者は「崇義」「寡欲」であるのにたいして、後者は「貪林」「残暴」であって、「優劣枉直」の道義的な立場からすれば、前者が優位にあることは言を俟たない。にもかかわらず、現実の軍事力・経済力という立場から言えば、「確然として自守する者は、間く或は競はず。而れども遠略を是れ事とする者は往々盛強」である。（中略）「万国情形」を見ると、今この時点で、「隣交を締ばず、辺防を修めずして、確然として自守することは、断じて為すべからざる者有」る。それでは、どうすればよいのか。「蓋し必ず外夷を雷征するの勢有りて、然る後に一国を退保すべし。敵人を威懾するの略有りて、然る後に固く盟約を申ぬべし」と説いて、力を伴った道義を求めるのである（前田勉『江戸後期の思想空間』九六－九七頁）。

③情報や知識の更新と公開の重要性

周知のように、アヘン戦争敗北後の中国で編纂された世界地理書の代表作は魏源の『海国図志』である。源了圓氏によれば、日本における『海国図志』の「翻刻」は二三種を数え、そのうち二一種が嘉永七・安政元年から安政三年までの三年間に「集中的に出版されている」という（同「幕末・維新期における『海国図志』の受容―佐久間象山を中心として―」）。ペリー来航がもたらす未曾有の衝撃に対処するため、日本人がいかに世界の地理歴史知識や中国の経験教訓を貪欲に吸収しようとしていたかがよく分かる。しかし、無視できないのは、『海国図志』に盛り込まれたのは主として一八三〇年代の西洋に由来する世界地理知識であり、まさにペリー来航の一八五三年と一八五四年に、しかもペリー艦隊が経由した上海の地においてイギリス人宣教師ミュアヘッド（中国名は慕維廉）が編纂した最先端の世界地理書『地理全志』が刊行された、という事実である。しかも、そのなかの「東洋羣島志」には、ペリー来航の意図について、難破したアメリカ捕鯨船の船員を虐めた日本人に報復することにあり、日本側の対応次第で、戦争になる恐れがある（原文は「常有亞墨利加漁船至此。觸石遭險。船楫損壞時。遇買日用之資。日本人輒欺侮之。故亞墨利加人時存報復之念。現有數兵船将至。強令日本人敬重。否則恐有戰爭之虞」）と伝えているのである。

言うまでもなく、岩瀬は速やかにこの重要な情報をキャッチした。安政五年（一八五八）二月十三日京都にいた岩瀬らは、武家伝奏（武家と朝廷の意思疎通を担う役職者）に対する外国事情紹介の覚書に「昨巳年（一八五七年・丁巳―筆者）、唐船持越候英吉利人漢文之著述地理全志中、亞墨利加人御国を開候見込拒む時は、戰争に可及旨、認め有之候事」と述べている。しかも次のように英学の促進を唱道しているのである。「凡そ国家の志士たる者は英国の言語を学ばざるべからず、英語は米国の国語となれるのみならず、広く亞細亞の要地に通用せり。且英国は貿易は勿論、海軍も盛大にして文武百芸諸国に冠たり、和蘭の如きは萎靡不振、学ぶに足るものなし」と語り、自らは安政五年七月三日の橋本左内への書簡においては、Sanai様、Higoと綴っている（前掲松本論文）。おそらくこの時点から、情報と知識がアップデートされたこの『地理全志』の価値を認め、翌年の夏についに私財を投じて同書の和刻をしたのだろう。

高原泉氏が「幕末における幕府吏僚の出版―川路聖謨と岩瀬忠震の場合―」（二〇〇九年）によれば、蕃書調所（洋書調所、開成所）による出版活動を考察するための前提として、川路聖謨と岩瀬忠震という二人の幕府吏僚における出版に関わる事例を検討し、そこで次のような結論に至った。川路による『海国図志』の出版から分かることは、正確な知の公開と共有といった発想が川路にみられることとに加え、そこに佐久間象山の影響を読みとることができる。岩瀬についていては、条約書の刊行という幕府自身の手による情報の公開に「固陋之議論」の解消と「人心折合」（人々の意識に変化を生み出すこと）への期待が込められ、自費でおこなった『地理全志』については、それが自らの処分を予見しつつなされた可能性もある。いずれにせよ、両者とも「出版のもつ力」を強く意識していたとみることができる、と。参考に値する重要な見解と言えよう。

（三）テキスト―本書所収主要文献の解題―

第一部

○『地理全志』（爽快楼蔵版　関西大学図書館増田文庫蔵）

著者ミュアヘッド（William Muirhead 中国名慕維廉　一八二二年三月七日－一九〇〇年一月三日）は倫敦會 London Missionary Society の宣教師である。英國エディンバラに生れ Cheshunt College に学び、一八四七年に宣教師として上海へ赴任。『地理全志』は一八五三・五四年に上海で出版した。上編の巻一は地理總志、巻二は歐羅巴洲全志、巻三は阿非利加洲全志、巻四は亜墨利加洲全志、巻五は大洋群島全志。下編の巻一は地質論、巻二は地勢論、巻三は水論、巻四は氣論、巻五は光論、巻六は草木総論、巻七は生物總論、巻八は人類総論、巻九は地文論、巻十は地史論。巻頭に縁起と題するその宇宙論があるが、天主、造物主等耶蘇教に関する文字は、岩瀬忠震の私財で刊行された訓点翻刻の爽快楼蔵版では全部抹消されている（鮎沢信太郎・大久保利謙編『鎖国時代日本人の海外知識』）。

旧蔵者故増田渉によれば、その所蔵するものは爽快楼蔵版（安政己未（六年、一八五九）新刊、江戸山城屋左兵衛などが発兌）、上篇五冊、下篇五冊の計十冊本である。岩瀬に依頼された訓点者塩谷宕陰は漢学者で、また海外事情に関心をもち、海防に熱心であった。とくに中国のアヘン戦争の情報を収集して、わが国の危機を警告した『阿芙蓉彙聞』『隔鞾論』『籌海私議』などを著わした人である。宕陰の序文では『地理全志』を『海国図志』および『瀛環志略』に比べて、「『図志』は雑に失し、『志略』は事蹟を主とし、みな未だ方輿を悉す能わず」といい、此書は「国朝（日本）を記して、多く疎繆」はあるが、「蓋し簡にして括、瀏覧三日にして、ほぼ五州の大勢を瞭かにするに足る、地理を講じる者、安んぞこれを捷径となさざるを得んや」と述べている。なお、安政の大獄で幽禁中の橋本左内は岩瀬の寄贈した同書を読んだ後、「読『地理全誌』書其後」という漢詩を書き、また文久二年に幕府の貿易船千歳丸に乗組んで上海に渡った高杉晋作、中牟田倉之助（のちに海軍大学校長、軍令部長）などは、度々同書著者のミュアヘッドを訪ね、洋書を買い求めた（増田『西学東漸と中国事情』二五－三〇頁）。

ちなみに、橋本の漢詩の内容は以下の通りで、西洋の富強の原因はその科学を重んじる実測精神に由来するもので、中国の衰退も科学を講じないことにあると比較し、日本の為政者のために警鐘を鳴らしている。

九州之外有八埏　八埏之外有八紘　名山大川相通穴　此皆臆度論未精
弱水渺茫三萬里　飛廬何人達蓬瀛　赤県文儒多空誕　実測豈容欧人嬴
欧人芸術槩巧緻　就中最推長航行　艦大如城檣如塔　蹴破洶濤雄於鯨
所到風土仔細検　竟云地体円如橙　気水環繞如昼白　人獣禽鱗其中生
建洲維四別東西　四洲各自為政令　東西古今幾衰興　曩時東旺今西勃
於乎自方士誑秦政　漢唐天子尚餘酲　黄金丹砂亡是事　世間烏有芙蓉城
長生不死不可求　天道禍淫善降禎　又不聞綢繆未雨乃古訓
如今神州称泰平　凡百君子莫忘兵

そして、橋本の仕えた福井藩主松平慶永（春岳）がその手沢本『大英国志』（同じくミュアヘッドの著）の中国語序文の末尾に「序粗英国之興衰論之、且以風教礼義作史之大法。所以為慕維廉也矣」や、また巻二の、アングローサクソン朝におけるヨーロッパ文化の導入については「西洋数学之権輿、可仰可尊、識者可着眼也」、「英人遠渉輿地之始、胆略豪邁至今可知矣」など感慨を込めた評語を書いているという（吉田寅『中国プロテスタント伝道史研究』三七三－三七五頁）。

○『満清紀事』（関西大学図書館増田文庫蔵）

本書の扉に書名の「満清紀事」という四文字のみ、版元の関連情報がない。冒頭には、「此編本無標題。世或呼為満清紀事。今姑従之」という説明文がある。なお、扉に朱筆による次のような書き込みがあり、「勝海舟『開国起源』ニハ本書ヲ廣東羅森著と題ス」と。

しかし、旧蔵者増田渉の「『満清紀事』とその筆者─わが国に伝えられた「太平天国」について」という四〇ページにわたる綿密な考証論文によれば、この『満清紀事』はすなわち上述の、羅森が平山の依頼に応じて書いた『南京紀事』であり、次々と転写されている中で「満清紀事」と呼称されるようになったもので、しかも、吉田松陰がこの経緯を知らずに本書を翻訳し、「清国咸豊乱記」というタイトルを付けたという。その考証は以下の通りである。

「吉田松陰がペリー来航のとき、米艦に投じて海外への渡航を企てて果さず、捕えられたのは嘉永七年、即ち安政元年の三月で、この事情は松陰が捕われて後、野山獄中で記した『回顧録』（明治一九年、文求堂発兌）に詳しい。そして『清国咸豊乱記』を翻訳したのは、その翌安政二年で、前述の「はしかき」は五月に書かれている。羅森が所謂「南京紀事」を平山謙二郎、或は山本文之助に貸与したのは前年の二月であるから、一年後には既に筆者も書名もない（松陰の「例言」）この書が、一部の人の間には転写されて、読まれていたわけだ。だが松陰はこれが米艦に乗組んでいた羅森の書いたものであることは知らなかったようだ。ところが『回顧録』によると、彼がペリーの乗った旗艦「パウアタン」号の艦上で、アメリカへ連れて行けとペリーに歎願交渉したのは、同艦のウイリアムス（米人）の通訳によってであった。ウィリアムスは羅森と同じく広東で雇われて随行した日本語通訳（彼は漂流日本人を世話して、彼等から日本語を学んだ）であり、誠に早口にて一語も誤らず」と松陰も書いているが、そのウイリアムスを通じての交渉のとき、松陰は「余、広東人羅森と書き、此人に遇はせよと云ふ、ウイリアムス曰、遇て何の用かある、且今臥して牀にあり」と『回顧録』には書いている。これでみると、羅森については松陰も既に聞き知っていたわけで、そのとき羅森はやはり旗艦にいたようだが遇えなかったのである。遇っていれば、あるいは「清朝治乱のこと」も筆談で聞くところがあったのかも知れないが」（増田『西学東漸と中国事情』三一五頁）。

さて、孔孟の天道人道・四海同胞の思想を世界各国の為政者に宣伝せよという平山の依頼を受けた羅森は、次のように平山に返事していた。

> すばらしいお手紙をいただき、大変感動いたしました。私たちは水面を流れる葉のように出会い、あなたのご教示は私に光をなげかけてくれ感動いたしました。世界中のすべての人間は天地の子供であり、天理、礼儀、誠意、正義の原理にしたがって互いを遇するべきだというあなたの言葉はすばらしく、その通りだと思います。また、宇宙の寛大な意図とわれわれの賢人の教えにある平等の慈悲を十分に表わしていると思います。お手紙の一語一語に感謝しております。お言葉を常に心に刻みつけて忘れぬようにいたします。現代は古代とは非常に異なった時代です。それを知りながら心ある者が見て見ぬふりをすることができるでしょうか。凡才の私ではありますが、何年も世界の出来事に関わってまいりました。イギリスとの戦い（アヘン戦争を指す─陶）においても、勇敢な者たちを率いて、全力を尽くして故国のために戦ってまいりました。しかし、私腹を肥やすことだけに熱心な政府の役人は、私の貢献や努力を一顧だにしませんでした。このため私の心は外国に旅することに向けられ、この蒸気船に乗ってここまでやってきたのです。革命が起ころうとしています。権力と利益だけを求めることを取るに足らないような者が権力の座につき、志と大きな目的を持った者が彼らにより災難に追いやられ、破滅させられているのです。かの賢人の言葉を思い出さね

ばなりません。「国の政治が良いときには自分の考えを表わしてもよいが、国の政治が悪いときには隠れていよ」（「天下有道則現。無道則隠」という孔子『論語』の言葉の訳－陶）。しかし、私はこのような状態から目をそらすことはできませんでしたので、誰かが、その行動と考えで、民衆の良い部分を育て、祖国を永遠に繁栄へ導いてくれることを願って本を二冊（『南京紀事』と『治安策』を指す－陶）書きました。あなたがお読みになったのはその本です。（オフィス宮崎訳『ペリー艦隊日本遠征記』第二巻、三九九頁）。

実は、平山の儒教思想に共鳴しながらもその迂闊な依頼を婉曲に否定した羅森のこの書状に大変重要な秘密情報が含まれている。すなわち、彼がアヘン戦争後に故郷の広東省南海県から香港に出て、英米人に協力しながら己のビジネスに従事するようになった理由を述べているが、この理由に関する説明は、香港の雑誌『遐邇貫珍』における羅森『日本日記』にはない。掲載用に提供した原稿から意図的に削除されたと考えられる。それは要するに、香港在住の羅森は時々廣東の故郷に帰省することがあるため、「私腹を肥やすことだけに熱心な政府の役人は、私の（アヘン戦争中の－陶）貢献や努力を一顧だにしませんでした。このため私の心は外国に旅することに向けられ、この蒸気船に乗ってここまでやってきたのです」という、満清政府への不満の心境は政府の役人に知られたら大変なことになりかねない、という心配があったからである。しかし、この説明は英語原版の『ペリー艦隊日本遠征記』に収録されたウイリアムズ訳「羅森日本日記」（そこでは「ある中国人が記した日誌」というタイトルがつけられている）にはあったのである。言い換えれば、英語版の羅森「日本日記」はノーカットの完全版であり、『遐邇貫珍』における羅森「日本日記」は不完全版である。ただ、この二種類はいずれも活字版であり、羅森自筆の日本日記があるはずであって、それは、まだイェール大学図書館所蔵のS・W・ウィリアムズ文庫に残っている可能性があると思い、二〇〇三年以降、同大を数回訪ねたが、見つけることはできなかった。しかし、そのお蔭で、松陰の下田密航関連資料、平山の自筆による筆談記録および勝海舟の自筆名刺など、いくつかの貴重史料を発見できたのである。

第二部

○『省斎年譜草案』（東京大学史料編纂所蔵）

平山省斎の養嗣子平山成信が編纂。明治四十一年十月付の「緒言」があり、年譜の末尾に同じ日付の「省斎年譜ニ添ヘテ史談会ニ贈レル書簡」もあり、そのなかに次のような極めて重要な一節がある。

亡父ハ深ク岩瀬忠震ノ知遇ヲ得テ、喜憂ヲ同シウシ、其意見書等亡父ノ筆ニ成レルモノ亦尠カラス。共ニ安政ノ大獄ニ遭ヒテ、嚴譴ヲ蒙リ、甲府・江都東西離居ノ後モ、斷エス書簡ノ贈答詩篇ノ寄示アリ、交際親密ヲ極ノ候。忠震ニ次テ懇親ナリシハ、永井尚志・水野忠徳・堀利熙山・山口直亮・柴田剛中等ノ諸氏ニテ、大久保忠寛ハ親戚ノ間柄ニ有之、閣老ニ在リテハ、小笠原長行・板倉勝静・松平乘謨（今ノ伯爵　大給恒）等ニテ、殊ニ板倉ハ松叟ト改稱セシ後、亡父神道大成教會ヲ組織スルノ際モ、創立員ノ一人ト為リ、終生親密に致シ申候。

これにより、省斎の交友・同志関係と豊かな人脈を窺うことができる。同書簡の最後に自分のほかに、英三（省斎の実母の生家である塩田氏の末男）も省斎の養嗣子となったことの事由も述べられている。なお、省斎の事蹟の顕彰に生涯を通じて力を尽くした平山成信本人のキャリアは、第二部所収の「平山家三代略年譜」により知ることができる。

○『省斎遺稾』（東京大学史料編纂所蔵）

平山省斎の養嗣子平山成信が編輯した省斎の漢詩集、上下二巻。明治三十二年十二月に同氏が発行。巻頭に、徳川興山公すなわち徳川慶喜がかつて大書して省斎に下賜した「鬼神泣壮烈」という五文字の縮小版、神官服を着ている省斎の肖像および佐野雪津公（常民）が撰した省斎墓表などが飾られている。その経緯は、巻下の末尾に「門人三田信の識語」（明治三十二年十月付）によって伝えられている。本遺稿の出版は、三田や畑虎など省斎の弟子の提案によるものであり、おそらく省斎の漢詩の収集と整理には、これら弟子たちも助力したのであろう。

○平山成信述「平山省斎事蹟の概要」（平山浩一郎氏提供）

平山成信が大正十五年六月十七日、日本工業倶楽部に於て開催された維新史料編纂会第十六回顧問委員会で行った講演の記録。そこに、ご遺族による書き込みも若干あるが、それらは今日、事実関係の確認や省斎事蹟の理解の上で「画竜点睛」の効果をもつコメントだと考えられる。その貴重な記録をそのままの形で本書に収録することにした。

○『平山省斎略年譜』（鎌田東二著『平山省斎と明治の神道』より）

神道大成教立教百二十周年記念出版物として、二〇〇二年に春秋社より刊行された鎌田東二先生（現在、京都大学名誉教授）の著書。教派神道のひとつである神道大成教の創始者、平山省斎の生涯と神道思想を、幕末から明治の激動の時代のなかで、浮き彫りにする画期的論究。同書の参考文献一覧に、神道大成教に関する省斎の次の関係著書も含まれているので、参考されたい。

平山省斎『本教真訣』内篇・外篇　大教正平山省斎纂述出版　明治一五年刊、大成教館蔵。
平山省斎『修道真法』大教正平山省斎纂述出版　明治一八年述、明治四五年刊、大成教庁。
平山省斎『本教真訣略解』大教正平山省斎纂述出版　明治一五年刊、大成教館蔵。
平山省斎『大成教婚礼式』明治一七年、大成教本部。
平山省斎『大成教葬祭式』明治一七年、大成教本部。

第三部

○『輿地便覧』と『瀛環表』

『輿地便覧』は香川大学図書館神原文庫蔵、『国書総目録』には未収、同大の目録に「外国奉行岩瀬忠震稿本　罫紙　鴎所釣隠　安政六写（自筆）」と記し、『瀛環表』は静嘉堂文庫蔵（大槻文庫旧蔵）、『国書総目録』に「万国年表　一冊　岩瀬修理著　安政六年成書」と記している。

両者は一種の姉妹編であり、それぞれの巻頭に下記のようなほぼ同文の「凡例」（両書物自体にはなく、筆者の概括による）を有している。左記において、端正な清書による『瀛環表』の「凡例」を掲載し、『輿地便覧』の同一箇所における違う語句を【　】中の楷書体文字により、異同や増減の計四か所を示すことにする。

一　此編係乎某氏裒輯。今重修増補。仍原選體裁。
一　各國地名。以漢字填西音。脗合已不易。而漢字亦有正音土音之別。訛混展轉。譯者各殊字。殆不可辨識。今隨見標出。若海國圖志・瀛環志略・地理全志・地球說略・大英國志・遐邇貫珍・六合叢談・中外新報・華英對譯。諸書所載。亦皆採錄。以便于讀地史者。
一　國名有称呼不一者。若魯西亞之或称邏車【異：老察】、俄羅斯。荷蘭之或称法蘭、涅垤兒蘭甸之類。皆註于國名之下。
一　各國中受他國之管轄者。低書一字（國名下書所轄國名。施朱圈。便于披閱）。若其屬地。又低一字。以便於辨認。
一　各國沿革考拠。及事蹟之繫於本邦者。隨見錄出。附于國名之後。固無倫次。
一　東西經度。総以北京為標準。仍全志・說略之舊。
一　各國里積國境。及部落人口之多寡。諸書所載有不同。本【異：此】編率從全志【増：說略】。而間註異同。全志所闕者。他書補之。
一　各國里積。從全志・說略。然以　本邦及英國獨逸等里法推算之。皆不合。姑存疑。俟他日訂定。

己未歳杪【異：安政己未嘉平月】　鴎所釣隠　識

以上の凡例では、およそ次のような編輯方針が示されていると言えよう。

（1）『輿地便覧』の最初の編輯者は「某氏」（氏名不詳）であり、岩瀬がその体裁に従い、これを増補した。（2）各国の同一地名に対する漢字表記は、諸書においてそれぞれ違うが、みな採録することにより、読者の便利を図る。（3）同一の国に対する違う呼称も、全部収録する。（4）属国はその宗主国より一字下げて、属地はそれよりさらに一字下げて記述する。（5）各国の歴代に関する記述に本邦にかかわる内容があれば、随時記録する。（6）経度記載は北京を基準とし、地理全志・地球説略に従う。（7）各国の国土面積と国境、人口などは地理全志の記載に従う。（8）国土面積などの計算にあたり、日本・英国・ドイツなどが使用する尺度は違うため、数字が合わせないが、当面はそのままにし、問題の解決は将来に待ちたい。

なお、成書の期日について、『輿地便覧』は「嘉平月」すなわち旧暦一二月と、『瀛環表』は「歳杪」すなわち旧暦の歳末となっている。「己未」一二月は、西暦の一二月二四日から翌年正月の二二日までという期間にあたるので、表形式となっている『瀛環表』の創製は連続作業の集大成とも言えるだろう。

なお、この二書の実物を比較すれば、その大きな違いや共通点が見い出せる。まず、『輿地便覧』の冒頭に、朱筆で書かれた日本関係の記述が一頁あまりあるが、『瀛環表』にはそれがない。そして、『輿地便覧』が引用した「諸書」は海國圖志・瀛環志略・地理全志・地球説略・大英國志・遐邇貫珍・六合叢談・中外新報・華英對譯など洋学系の漢文書物であるが、『瀛環表』はこれらに加えて、天下郡国利病書・後漢書・元史・東西洋考・八紘通誌など中・日の関連書物をも参考しているようである。両者の共通点は、信憑性の高い慕維廉『地理全志』と禕理哲『地球説略』（一八五六年）の記述を最重要視していることである。最後に、もっとも重要なのは、『瀛環表』に採用、いやむしろ創製されたともいうべき表形式である。これにより、調べたい対象国についてその国情国勢に関するデータがスピーディに、しかも一目瞭然に引けるようになったのであった。なお、『輿地便覧』と『瀛環表』について、湯浅大司氏の先行研究があるので（「岩瀬忠震論の展開と課題」、新城市『設楽原歴史資料館・研究紀要』第9号、２００５年3月所収）、参照されたい。

○『岩瀬忠震略年譜』

本年譜は新城市設楽原歴史資料館編『開国の星　岩瀬忠震』（二〇〇四年）より採録したものであり、その際、紙幅の関係上、記載事項のない年次（二〇歳までの一三年や、二八、三〇、三一歳などの空欄）を省いた。なお、右記の『輿地便覧』と『瀛環表』の成書時期に関する考証により、「一八五九年　年末　『瀛環表』を出版する」という記載を、「西暦一八五九年一二月下旬より翌年正月下旬にかけて、『輿地便覧』を増補し、『瀛環表』を編製する」に改めた。

（四）コンテキスト―画像史料による可視的歴史背景の構築―

「図文並茂」のように編纂される書物は、読者にやさしいというのが児童文学のジャンルでは常識であるが、歴史書の多くは文字ばかりで「乾燥無味」になりやすい。私が感心して読んだ次の二冊は、その例外と言える。

一つは、日本英学史学会編『英語事始』（エンサイクロペディア ブリタニカ〔ジャパン〕、一九七六年）である。同学会の吉武好孝会長が「序」において、この書物は、近代日本の社会文化のいろいろな分野が「英語」という一外国語によってどのように変革され、近代化されてきたかを一目瞭然たらしめることを目的にして企画編集されたもので、各章の記事内容を読者にはっきり理解していただくのに必要な写真やさし絵や、それに関する解説が随所にたくさん挿入してある」と述べている。

もう一つは、金井円氏が訳編した『描かれた幕末明治―イラストレイテッド・ロンドン・ニュースの日本通信　一八五三―一九〇二』（雄松堂出版、一九八六年）である。一九八八年東方学会で発表する時に共同司会を賜った金井先生（もう一人は尾藤正英先生）は、この著名な『絵入りロンドンニュース』からペリー来航から日英同盟結成までの日本関係記事を余すところなく拾い集め、そのほとんどすべてを翻訳し、同紙におけるチャールズ・ワーグマンの挿絵を配置して編集した巨著である。

明治維新一五〇年後の現在、社会環境と世界事情は幕末維新当時と想像できないほどの変化や進化を遂げている。とくにビジュアル・データを重視する今のデジタル世代に過去のなにかを伝えようとする場合、画像史料という媒介が欠かせないに決まっている。したがって、本書についても、他の近著と同じように、相当のエネルギーを投入して画像史料を収集している。蒐集できたものを掲載したい場合は、所蔵者の許可をとらねばならぬ、そのためにもずいぶん苦労した。

本書の扉絵にカラー図版百十三種、計三二頁（第3頁から第34頁まで）を含んでいるが、それらはどのような意図で選択し編集されているだろうか。まず、これらの画像史料は第一、第二、第三部の中の文献資料の背景に対する理解に資するものである。そして、各ページには一つのテーマをめぐるものがまとめられている。また、開けた状態での左右二ページが互いに相関関係を持たせることにより、読む際の楽しさを増すように工夫している。なお、石碑や軸物にある漢詩文については、その釈文を「扉絵中の漢詩文についての解説」にまとめている。これらの意図は狙っている効果で達成できているかどうかは、読者諸賢の判断に任せたいと思う。

以下は、各ページのテーマと掲載画像のリストであり、一部の図版について小文字でそのポイントを説明している。

◆第3頁　木村芥舟に贈る岩瀬・平山の送別詩文

図1　丁巳崎陽送別詩

○安政四年（一八五七）春、木村芥舟（喜毅、一八三〇－一九〇一）が江戸から長崎海軍伝習所取締として赴任する際に贈られた同僚たちの送別の詩文を、木村が明治二五年（一八九二）、六三歳の時に張り交ぜたものである。岩瀬、平山の作品が同じ書幅に含まれていることは両者の親密関係の有力な証左であるため、二人をペアとして取り上げる本書にとって、この図は「画竜点睛」の役割を果たしていると言える。

◆第4頁　平山省斎の真影と墓所

図2　平山省斎真影（1867）　○幕府参政・図書頭当時の写真

図3　省斎平山先生墓表拓本

○一八九一年墓表落成直後に取った拓本を、平山の養嗣子で時の内閣書記官長である平山信成（一八五四－一九二九）が東京大学に寄贈したもの

図4　東京都谷中霊園にある墓表

図5　平山省斎之墓　○右記墓表の後方にある。

◆第5頁　岩瀬忠震の肖像、墓碑と顕彰碑

図6　岩瀬忠震レリーフ

図7　岩瀬鴎所君之墓碑拓本

図8　東京都墨田区白鬚神社にある墓碑

図9　横浜開港首唱者顕彰碑　○横浜市神奈川区本覚寺山門の右脇にある。

◆第6頁　羅森、ウィリアムズと平山省斎

図10　羅森肖像　○「米利堅人応接の図」模写（原蔵者松平康民子爵）より

図11　イェール大学にあるS・W・ウィリアムズの油絵（複製）

○同大Commons Dining Hallに掲げてある。ウィリアムズがアメリカ聖書協会会長となったのちの記念油絵。右手に取っているのは、プロテスタントの中国布教を解禁した一八五八年米中天津条約。

図12　ペルリ艦隊通詞清国人向喬（羅森）筆跡

○羅森が一八五四年横浜公館（幕府の応接所）で書いたもの。「四海の内、みな兄弟。アメリカなど諸外国の人々と出会う節、礼儀正しく迎えるべし」という内容。

図13　平山省斎の筆蹟

○平山が箱田でウィリアムズと筆談時に書いたもの。内容は「国々は互いに忠義、礼節で付き合えば、太平、平和となる：暴力や貪欲で交える場合、争いや衝突になる恐れがある」という内容。右上の「Kenjiro」（平山の号は謙二郎）はウィリアムズが書いた。

図14　羅森撰『満清紀事』
○平山の依頼で書かれた『南京紀事』（当時の清国に起きた太平天国の乱を伝えたという）の転写本の刻本。

◆第7頁　羅森、ウィリアムズと松前勘解由
図15　ウィリアムズ・羅森合作扇面
図16　松前勘解由と従者像（銀板写真）
図17　羅森筆扇面

◆第8頁　平山省斎の四海同胞観と箱館の米船
図18　平山省斎書幅「洋々四海一家春」
図19　平山省斎書幅「日月燈明五洲城」
図20　亜墨利加船松前箱館湊江入津の図

◆第9頁　一八五四年の箱館港と大阪港
図21　箱館港図（部分）
図22　箱館港図（部分）
図23　天保山諸家警備の図（１８５４）
○プチャーチンが率いるロシア船が天保山に現れ、大阪城代の要請により、八九藩、四旗本の総勢一万五千の兵が警備に当たったという。

◆第10頁　岩瀬忠震と永井尚志の書画
図24　岩瀬忠震筆山水画
図25　岩瀬忠震書幅「遺烈長輝青史間」
図26　永井尚志・岩瀬忠震詩画合璧
図27　岩瀬忠震筆「藤に芍薬」

◆第11頁　岩瀬忠震の漢学造詣と抱負
図28　岩瀬忠震書「有懐投筆」
図29　岩瀬忠震書幅「晋人清談宋人理学」
図30　岩瀬忠震書幅「豆州海上」
図31　岩瀬忠震書幅「海航誰自任」
図32　岩瀬忠震筆扇面「茫々堪輿」

◆第12頁　日米修好通商条約交渉
図33　安政四年亜米利加使節ハリス登城の図
図34　眉毛和尚（銀板写真）
図35　ハリス肖像（銀板写真）
図36　日米修好通商条約調印書
図37　御用所における日米代表の交渉

◆第13頁　日英修好通商条約交渉
図38　エルギン卿と日本側委員との全権交渉
図39　日英修好通商条約調印書
図40　エルギン卿肖像
図41　太田備後守資始の役宅における会見

◆第14頁　カメラで記録された日米の交渉担当者
図42　西応寺で撮影された幕府の条約交渉代表団
○写真の中に、岩瀬忠震がいるはずだが、特定できない。
図43　江戸麻布善福寺の人たち
○写真の中、破損により顔が一部見えない人がハリスだという。

◆第15頁　横浜開港の様子
図44　御開港横浜之全図
図45　御貿易場
図46　神名川横浜新開港図

◆第16頁　横浜の外人と出貿易を狙う岩瀬
図47　亜墨利加婦人・唐大清南京人
図48　五ヶ国之内英吉利人・南京人
図49　岩瀬忠震書幅「俯則大洋仰則天」

◆第17頁　『地理全志』著者慕維廉の生涯
図50　『地理全志』の著者・在華イギリス人宣教師慕維廉への追悼文（1900年、上海）

◆第18頁　『地理全志』と『大英國志』
図51　慕維廉『地理全志』
図52　慕維廉『大英國志』
図53　和刻本『英國志』

◆第19頁　岩瀬における『地理全志』の創造的受容
図54　和刻本『地理全志』（爽快楼蔵版）
図55　岩瀬忠震稿本『輿地便覧』
図56　岩瀬忠震編製『瀛環表』
図57　内田正雄編訳『輿地志略』挿絵

◆第20頁　勝海舟と長崎海軍伝習所
図58　勝海舟（銀板写真）
図59　勝海舟の名刺
図60　長崎海軍伝習所絵図

◆第21頁　木村芥舟、福沢諭吉と咸臨丸
図61　木村芥舟（ガラス板写真、1868年頃）
図62　福澤諭吉写真（写真屋の少女と）
図63　咸臨丸難航図　鈴藤勇次郎画（複写）

◆第22頁　幕末における英米の勢力交替
図64　ホワイトハウスにおけるブカナン大統領主催の日本使節歓迎会（1860年）
図65　イギリス初代駐日公使オールコック卿
図66　横浜港に上陸したオールコック

◆第23頁　アーネスト・サトウと平山省斎
図67　アーネスト・サトウ写真
図68　五姓田芳柳筆「アーネスト・サトウ肖像」
図69　平山省斎図書頭宛サトウ書簡　1867年5月2日
図70　平山省斎図書頭宛サトウ書簡　1867年5月29日

◆第24頁　地球説略と智環啟蒙塾課
図71　褘理哲『地球説略』と昌平黌学生の書き入れ
図72　和刻本『地球説略』
図73　慶應義塾旧蔵『智環啟蒙塾課』

◆第25頁　英訳四書と英華字書類
図74　J・レッグの英漢対訳『大学』の和刻本
図75　S・W・ウィリアムズ（衛三畏）鑑定『英華字彙』
図76　中村敬宇肖像
図77　中村敬宇校正『英華和譯字典』

◆第26頁　洋学諸機構とその出版物
図78　蕃書調所旧蔵『習漢英合話』
図79　開成所出版『英語階梯』
図80　和訳本『地学初歩』
図81　大学南校出版『英文典直譯』

◆第27頁　『世界國盡』を著す福沢諭吉の苦心

図82　福沢諭吉訳述『世界國盡』

○漢訳洋書における西洋人名・地名の漢字表現について、唐音が分かる漢学者にとって易しいが、一般の人々にとって難しいというのが、この世界地理の普及読本を訳述した理由の一つだと福沢はいう。

◆第28頁　リンカーンの生涯と対日関心

図83　A.リンカーン墓地における銅像

図84　A.リンカーン所蔵議会文書『ペリー艦隊日本遠征記』第3巻

○三巻揃いの本書は大統領執務室に置かれていたが、現存するのはこの1巻のみという。

図85　A.リンカーン所蔵議会文書『鉄道建設ルート踏査記』

図86　A.リンカーン生誕地国立史跡

図87　A.リンカーンのゲティスバーグ演説

図88　スプリングフィールド市にあるリンカーン・ホーム国立史跡

図89　A.リンカーンの霊柩を首都ワシントンからスプリングフィールド市に運ぶ蒸気機関車

○鉄道沿線で敬意をもってこの霊柩車の経過を見守る人々の数は一〇〇万以上という。

◆第29頁　ジョセフ彦、リンカーン大統領と『海外新聞』

図90　リンカーン大統領と握手したころの彦

図91　ジョセフ彦に対するリンカーン大統領の任命状

図92　『海外新聞』の表紙

図93　南北戦争とリンカーン暗殺を伝えた『海外新聞』の記事（翻字）

図94　左より伊藤博文、木戸孝允（1人おいて）、彦

◆第30頁　パリ万博と徳川政権

図95　将軍徳川慶喜の弟昭武

図96　パリ万博に参列した徳川昭武一行

図97　渋沢栄一（フランスにて）

図98　『航西日記』表紙と渋沢栄一の序文

○渋沢が明治三年秋に書かれたこの序文において、わずか数年前のパリ万博で見た繁盛なフランスは今や普仏戦争でドイツに負けている、という列強間の勢力交替の激しさに感嘆している。

図99　将軍徳川慶喜

図100　大阪で将軍慶喜に謁見する外国使節たち

図101　西郷隆盛肖像

◆第31頁　明治天皇と岩倉使節団

図102　五姓田芳柳筆「明治天皇御尊影」

図103　岩倉使節団の主要メンバー（左より 木戸孝允、山口尚芳、岩倉具視、伊藤博文、大久保利通）

図104　お雇い外国人教師を励ます明治天皇の詔書（1872）

図105　新橋横浜間鉄道開通式に臨む明治天皇（1872年10月15日）

◆第32頁　明治六年の世界認識

図106　『世界地名表』（明治6年）

◆第33頁　明治初期の文明開化

図107　『萬國地名往来』（明治6年）

図108　『開化童子往来』（明治6年）

◆第34頁　歴史に残る英名と精神

図109　神道大成教教祖平山省斎

図110　平山省斎書幅「唐太洋上」

図111　神奈川県奥湯河原に鎮座する神道大成教の奥宮「天照山神社」

図112　平山省斎書幅「秋雨憶郷」

図113　東京都豊島区雑司ヶ谷霊園にある「従五位下肥後守爽恢岩瀬府君之墓」

附1　扉絵（カラー図版集）中の漢詩文に関する釈文

図1　丁巳崎陽送別詩（送木邨拙堂之瓊浦）

安政四年（一八五七）二月、木村芥舟が長崎表取締役として赴任する際に同僚たちが作った送別詩の張り交ぜ一幅。　横浜開港資料館蔵

○明治廿五年（一八九二）、木村芥舟が本張り交ぜを作った際の題記（上段右）

安政丁巳春，予以監察将赴
崎陽，諸僚友見贈之诗也。
屈指三十有五年，諸兄皆已
就木，無一存者，予獨碌碌何存。
豈言感慨哉。當时少壮，自期
有為。而歳月如流，心事
蹉跎，懊悔奚及。爰存餘白，
因書其由以代小引云。
明治廿五年十一月二十日
六十三老人芥舟毅

○岩瀬忠震の七絶二首（中段右の行書）

国選不愆麟閣勲　満腔忠憤掃洋氛
應知今歳新聞紙　喧播崎陽有此君

何当酬国表微忱　一縛江城負素心
今日送君還竊詫　他季航海乃吾任

丁巳仲春　楷堂木邨君将赴役瓊浦　臨発儆言銜口二絶
以充柳枝　前詩乃一世公言　後詩恐不免爲一家私言
但所自期　如此而已　博粲　岩瀬震

○平山省斎の七絶三首（中段左の隷書）

風憲楷堂公奉
命将赴瓊浦　有留別諸友之诗　句句忧慨悲壮　其大忠
節義溢乎筆端　余攀其芳　押以換陽関三疊

男子不歌行路難
青山綠水眼中寛
他季應記江城別
梅花如雪滿金鞍

滿眼春風柳髩梳
別離又識一季餘
憶君客路三千里
收拾江山入竹輿

無言只覺暗愁催
輦轂忠臣今幾哉
自茲拭目待君返
撈得五洲利病回

辱知　平山敬　拝

図3　平山省齋先生墓表

從三位勳三位等徳川昭武篆額

參國家之機務而當外交之要衝。維持風教而誘掖後進。有一於此足以傳於千載。况并有之。如我省齋先生者乎。先生諱敬忠。字安民。稱謙二郎。省齋其號、後以為通稱。考曰黑岡活圓齋。以擊劍事三春藩。妣鹽田氏。先生弱冠讀伊洛淵源錄。有以道學自任之意。既而自謂。為儒教人。不得志於當世者。之所為大丈夫。應顯君澤民。以報國家爾。於是游江戸。繼幕臣平山氏後。嘉永四年辛亥。擢徒目付。六年癸丑五月。米利堅國使節彼理入浦賀港。物情騷然。先生受命。巡視房總相武沿海地形。安政元年甲寅春。米使再到金川港。二年又來下田港。先生往參應接之事。又與目付堀利忠等巡視蝦夷。窮唐太島。遂巡東北沿海而歸。四年丁巳。與勘定奉行水野忠德目付岩瀬忠震赴長崎。會露西亞和蘭二公使。議貿易事。廢歲輸丁銅之約。五年七月。補書物奉行。先是先生屢進秩加俸。至此又有斯命。盖異數也。當是時。幕府政衰。内憂外患並至。而大將軍溫恭公暴薨。昭德公襲職。井伊直弼為大老。大興黨獄。先生坐罷職。謫于甲府。居三年起。補函館奉行支配組頭。班布衣。慶應元年乙丑十一月。轉二九留守攝外國事務。尋改目付。會幕府奉勅討毛利氏。先生從老中小笠原長行。赴小倉監鎮西諸藩兵。二年八月。補外國奉行。敘從五位下。任圖書頭。三年丁卯四月。擢若年寄並外國總奉行。是冬。受命使朝鮮。到京師見大將軍内府公禀使事會公復政權。赴大坂。尋有伏見之變。乃從公東歸。補若年寄。移病不參衙。無幾罷職。明治元年戊辰四月。先生被朝譴。屛居于家。頃之移于靜岡從德川氏也先生為人沈毅堅忍最惡宴安奉身儉素而興公益救人急莫所顧惜。幼好讀書。亦無常師。其在甲府及靜岡也。集徒教授。諄諄不倦。雖在官日。弟子不絕跡。先生起於寒微。陞顯達。當外交始興議論鼎沸之際。常周旋于其間。拮据鞅掌解糾紛。理盤錯者不可勝數。其從長行監將軍于小倉也。諸藩兵概懷觀望。逗撓不進。而昭德公之訃。適至長行秉夜航于長崎。先生知事不可為。晝夜兼行到長崎。則長行既東歸矣。後先生常語人曰。余閱世故當難局多。然苦心焦慮。莫過此時。一念及此。爽然自失焉。三年正月。先生遇赦。歸東京。卜居于城北白山。號素山道人。自此絕意官途。以振張國教為己任。周游東西。述敬神愛國之道。遂立一派。稱神道大成教。信徒甚衆。嘗慨大宮氷川社頹敗。請官募資。再造殿宇。又奏請陞東京日枝社為官幣社。先是先生補權少教正。兼氷川神社宮司及日枝神社祠官。後累進大教正。敘從六位。二十三年五月二十二日病歿。壽七十有六。神宮祭主久邇宮賜謚。曰素山彦弘道命。葬于谷中之塋域。配桑原氏生二男。長成信嗣。次英三別成家。初余之遇先生于長崎也。在安政丁巳之歲。一見知其為名士。爾後海内多故。音問不通。唯聞幕府有平山謙二郎。明治中興。余官於朝。先生亦在東京。於是日夕過從。益悉其為人。而與成信君最親善。頃者君持狀來諗。曰先考小祥忌將至。知先考莫如公者。願不朽之。嗚呼。先生既竭力於國家。又翼贊名教。可謂克成初志者矣。因不辭而表也。

明治二十四年五月

樞密顧問官　正三位勳一等子爵　佐野常民撰

貴族院議員從四位勳三等　金井之恭書

井龜泉刻字

平山省齋先生墓表（和訳）

従三位勳三位等徳川昭武篆額

国家の機務に参じ、而して外交の要衝に當り、風教を維持し、而して後進を誘掖す。一を此に有せば、以て千載に傳ふるに足る。況んや之を并せ有すること、我が省齋先生の如き者をや。先生 諱 は敬忠、字 は安民、謙二郎と稱す。省齋は其の號、後に以て通稱と為す。

考は黒岡[1]活圓齋[2]と曰ひ、撃剣を以て三春藩に事ふ。妣は鹽田氏なり。先生弱冠にして自ら謂らく、儒教人と為るは志を當世に得ざる者の為す所、大丈夫は應に君を顕し民を澤し、以て国家に報ずべき爾と。是に於て、江戸に遊び、幕臣平山氏の後を継ぐ。

[3]嘉永四年辛亥、[4]徒目付に擢でらる。[5]六年 癸丑五月、米利堅國使節彼理浦賀港に入り、物情騒然たり。先生命を受け、房總相武沿海の地形を巡視す。[6]安政元年甲寅春、米使再び金川港に到り、二年又下田港に来る。先生往いて應接の事に参ず。又目付堀利熙等と蝦夷を巡視し、唐太島を窮め、遂に東北沿海を巡って歸る。

[7]四年丁巳、勘定奉行水野忠徳・目付岩瀬忠震と長崎に赴き、露西亜・和蘭の二公使と會し、貿易の事を議し、歳輸丁銅[8]の約を廢す。五年七月、書物奉行に補せらる。

是より先、先生 屢 秩[9]を進められ俸を加へられ、此に至って又斯の命あり。蓋し異数なり。是の時に當り、幕府の政衰へ、内憂外患並び至る。而して大将軍温恭公[10] 暴 に薨じ、昭徳公[11]職を襲ぐ。井伊直弼大老と為り、大いに黨獄を興す。先生坐して職を罷められ、甲府に謫せらる。居ること三年、起って函館奉行支配組頭に補せられ、布衣[12]に班せらる。[13]慶應元年乙丑十一月、二丸留守に轉じ、外國事務を摂る。尋いで目付に改めらる。 會 幕府勅を奉じて毛利氏を討つ。先生 老中小笠原長行[14]に従ひ、小倉に赴き、鎮西諸藩の兵を監す。[15]二年八月外國奉行に補せられ、従五位下に叙せられ、圖書頭に任ぜらる。

三年丁卯四月、[16]若年寄並びに外國總奉行に擢でらる。是の冬[17]命を受け朝鮮に使す。[18]京師に到り、大将軍内府公に見え、使事を稟す。 會 公政権を復して大坂に赴く。尋で伏見の變あり。乃ち公に従って東に歸り若年寄に補せらるるも、移病[19]して衙に參せず。幾もなくして職を罷めらる。[20]明治元年戊辰四月、先生朝譴を被り、家に屏居す。頃之静岡に移る。徳川氏に従ひし也。

先生 為人 沈毅堅忍、最も宴安を悪み、身を奉ずること儉素なり。而して公益を興し、人の急を救ひ、顧惜する所莫し。幼にして讀書を好むも亦常師なし。其の甲府及び静岡に在るや、徒を集めて教授し、諄諄として倦まず、官に在る日と雖も、弟子跡を絶たず。先生寒微[21]に起り、顕達に陞り、外交初めて興り議論鼎沸するの際に當り、常に其の間に周旋し、[22]拮据鞅掌、紛糾を解き、[23]盤錯を理むること勝げて數ふべからず。其の長行に従って軍を小倉に監するや、諸藩の兵は概ね觀望を懐ひ、逗撓[24]して進まず。而して昭徳公の訃 適 至り、長行夜に乗じて長崎に航す。先生事の爲すべからざるを知り、晝夜兼行して長崎に到る。則ち長行既に東に歸れり矣。後に先生常に人に語りて曰く、余世故を閲し、難局に當ること多し。然れども苦心焦慮此の時に過ぎたるはなし。一念此に及べば、爽然として自失す焉と。

三年正月、先生赦に遇ひて東京に歸り、居を城北白山にトし、素山道人と號し、此れより意を官途に絶ち、國教を振張するを以て己が任と爲し、 周 く東西に遊んで、敬神愛國の道を述べ、遂に一派を立て、神道大成教と稱し、信徒甚だ衆し。嘗て大宮の氷川社の頽敗を慨き、官に請ひ資を募り、殿宇を再造す。又東京日枝社を陞して官幣社と爲さんことを奏請す。是より先、先生權少教正、兼氷川神社宮司および日枝神社祠宮に補せらる。後大教正に累進し、従六位に叙せらる。[25]二十三年五月二十二日病没す。壽七十有六。神宮祭主久邇宮謚を賜ひ、素山彦弘道命と曰う。谷中の塋域に葬る。[26]配桑原氏[27]二男を生む。長は成信にして嗣なり。次は英三[28]別に家を成す。

初の余の先生に長崎に遇ふや、[29]安政丁巳之歳に在り。一見して其の名士たるを知る。爾後海内多故、音問通ぜず。唯幕府に平山謙二郎あるを聞く。明治の中興、余朝に官たり。先生も亦東京に在り。是に於て日夕過従し、益その爲人を悉す。而して成信君と最も親しみ善し。頃者君状を持し來り諗て曰く、先考の小祥忌[30]將に至らんとす。先考を知ること公に如く者莫し。願くは之を不朽にせよと。嗚呼先生既に力を國家に竭し、又名教を翼賛す。克く初志を成す者と謂ふべし。因って辭せずして之を表す。

明治二十四年五月

樞密顧問官正三位勳一等子爵　佐野常民　撰す

注

1　弱冠　二十才。
2　伊洛淵源録　朱熹の著十四巻。
3　嘉永四年（一八五一）。
4　徒目付　目付の指揮を受け警衛、探偵に当る職。
5　六年　嘉永六年（一八五三）「ペルリ来航」の年　注・この時には省齊はまだ関与していない。
6　安政元年（一八五四）。
7　四年（一八五七）。
8　歳輪丁銅の約　長崎の貿易改革の問題。アメリカに対し年々銅六十万斤を輸出する条約を廃止した。
9　秩　官職　官位。
10　温恭公　十三代将軍徳川家定（一八五八没）。
11　昭徳公　十四代将軍徳川家茂。
12　布衣　六位の者の称。
13　慶應元年（一八六五）。
14　小笠原長行　図書頭、壱岐守、後に侍従。長行の長男長生（ながなり）は海軍に入り、日清・日露戦役に功。
15　二年　慶応二年（一八六六）家茂没、慶喜将軍となる。
16　若年寄　老中に次ぐ重職で、老中支配以外の諸役人ことに旗本の士を支配、監督する職。
17　命を受けて云々　朝鮮江華島をフランス軍が砲撃した件につき日本が仲裁すべく、使節に省齊が命を受けた。
18　京師に到り　朝鮮出張の訓令を受けに上洛。然し伏見の変など情勢急変のため、朝鮮行きは取り止めた。
19　伏見の変　慶応四年（一八六八）一月、幕兵及び会津などの藩兵が将軍慶喜を奉じ京都に入ろうとしたが、薩長その他の兵と戦い、幕軍の大敗に終る。
20　明治元年（一八六八、慶応四年に同）。
21　寒微　貧しいこと。
22　拮据鞅掌　忙しく働いて暇のないこと。
23　盤錯　困難に入り組んだ（事務の）状況。
24　逗撓　敵を見て進まぬこと。
25　二十三年（一八九〇）
26　配桑原氏　桑原家から来た嫁　千代子夫人のこと。
27　二男を生む云々　事実は省齊に実子はなく、成信、英三ともに省齊の養子である。ただし明治中期の戸籍では、戸主成信の「弟」として、英三も含まれている。
28　英三別に家を成す　英三は所謂平山分家の祖、英三の子に平山復二郎・孝両氏（ともに故人）等がある。
29　安政丁巳　安政四年（一八五七）。
30　小祥忌　一周忌。

あとがき（平成元年五月）　この文章は谷中靈園の平山家墓地前に立つ「平山省齋先生墓表」（原漢文）を假名交り文に書き下したものである。假名交り文は昭和三十八年九月、平山孝氏の依頼に基き、舊鐵道省國際觀光局の先輩、觀光事業研究會會長であった井上萬壽蔵氏（故人）により作られた。原文にある漢字をなるべくそのまま残すべく、井上氏はルビを付けられた。原文には改行個所はないが、今回假名交り文をワープロに記憶させるにつき、（一）数個所で段落（改行）を施して讀み易くし、（二）脚注を付した。平山省齋命百年祭に當り、曾祖父の事績が永く理解されるよう願ってやまない。（平山　清）

注記：本資料集刊に収載する際に、便宜上、脚注を文末注に改めた。（編者）

図7　岩瀬鷗所君之墓碑

巖瀬鷗所君之舊臣白野夏雲。一日携其行状訪余。曰鷗所之死。距今二十三年。家道衰替。將無傳于後。因欲建石刻其遺行。請為之銘。嗚呼。余之與鷗所君。平生之舊。情義之敦。出處之同。有不宜以不文辭者。初余知君於茗溪學校。一見如舊。螢雪切磨。其誼則朋友。其情則兄弟。及就官。又同趨走殿廷。戮力服勤。乍榮乍悴。遭遇亦如合符。有不偶然者。而君獨一屈不伸。哀哉。君諱忠震。字善鳴。號蟾洲。後改鷗所。為林述齋先生外孫。好學。才識明敏。癸卯及第為教授。阿部閣老薦其才。擢徒頭。累遷監察。方此時。米國軍艦来浦賀。幕廷漸多事。革舊貫布新令。築砲墩鑄巨碩。製大艦創海軍。衝禦之業盛興。而君無不關。其事拮据不暇。又外國使船之来求交通者。無論港口遐迩。令君為之迎接。故以特旨叙五位。時幕議與朝旨有不相協者。隨堀田閣老到皇都。辯宇内之形勢。陳和戰之利害。欲以適時變全國威。而群議蜂起。遂不協同。還遷外國奉行。鈐英米佛魯蘭五國和親貿易條約。定其章程。轉作事奉行。君之在憲臺也。其所建議。析利害明是非。必盡其所見。不肯希旨曲從。又有藻鑑之明。常汲汲於養才取士之事。故幕末知名之士。多出于其識拔。其於國家。可謂勤且勞矣。既而以嘗所廷論有忤權貴之意。奪職廢錮。不許與人交通。於是絶意于人世。益讀書講文。時發憂欝于歌詩以自遣。不區區為子孫之計。殆若欲優游卒歳者。文久元年七月。天奪其壽。以病卒。享年四十有四。謚曰爽恢。葬白山蓮華寺先塋之次。君元設樂氏。岩瀬忠正養為嗣子。配其長女。後娶津田氏。三男皆早卒。六女其三適人。銘曰

於戯爽恢　其貌也揚　眉秀眼明　才敏氣昂　臨事勇往　曽不隄防

駭機忽發　垂翼臥牀　精意丹青　追倪慕黄　不怍不愧　爰歸其藏

明治十六年四月　濹東岐雲園居士　永井介堂撰篆額并書　白野夏雲建

岩瀬鷗所君之墓碑（和訳）

巌瀬鷗所君の旧臣白野夏雲、一日その行状[1]を携え、余を訪ねて曰く、鷗所の死は今を距ること二十三年、家道哀替[2]し、将に後に伝うること無からんとす。因りて石を建てその遺行を刻まんと欲す。請う、この銘をなさんことを、と。嗚呼、余鷗所君と平生これ旧く、情義これ敦く、出処これ同じうす。

初めて余君を茗溪学校[3]に知る。不文を以て辞するを宜しとせざるものあり。一見旧のごとし。蛍雪切磨[4]しその誼は則ち朋友その情は則ち兄弟、官に就くに及びまた同じく殿廷[5]に趨走[6]し、戮力[7]勤めに服し、乍栄乍悴[8]遭遇も亦符を合わすがごとし。偶然ならざるものあり。而るに君独り一たび屈して伸びず、哀しいかな。

君、諱は忠震、字は善鳴、蟾洲と号す。後、鷗所と改む。林述齋[9]先生の外孫たり。学を好み才識明敏、癸卯、及第し教授となる。阿部閣老[10]その才を薦め徒頭に擢んじ監察に累遷[11]す。方にこの時、米国軍艦浦賀に来る。幕廷漸く多事、旧貫[12]を革め新令を布き、砲墩[13]を築き巨碩[14]を鑄し、大艦を製し海軍を創り、衝禦の業盛んに興る。而して君その事に関わらざることなく拮据[15]暇あらず。また外国使船の来りて交通を求むるは港口の遐迩[16]を論ずることなし。君をしてこの迎接をなさしめんが故に特旨を以て五位に叙す。時に幕議朝旨と相協せざることあり[17]。堀田閣老に随い皇都に到り、宇内の形勢を弁じ和戦の利害を陳べ、以て時変に適い国威を全うせんと欲す。而るに群議蜂起し遂に協同せず。還り外国奉行に遷り、英・米・仏・魯・蘭五国の和親貿易条約を鈐[18]し、その章程を定む。作事奉行に転ず[19]。

君の憲台にあるや、その建議する所は利害を析し是非を明らかにし、その所見を尽し希旨曲従[20]するを肯ぜず。また藻鑑[21]の明あり。常に才を養い士を取るの事に汲々たり。故に幕末知名の士は、多くその識抜[22]に出ず。其は国家に於ける勤且つ労というべし。既にして、嘗て廷論する所　権貴に忤うことありしを以て奪職廃錮[23]せられ、人との交通も許されず。ここに於て意を人世に絶ち、益々書を読み文を講ず。時に憂欝を歌詩に発し以て自遣[24]す。区々たる子孫の計をなさず、殆んど優游[25]を欲するが若し。卒せし歳は文久元年七月[26]、天その寿を奪い病を以て卒す。享年四十有四。諡[27]は爽恢という。白山蓮華寺先塋の次に葬る。君、もと設樂氏。岩瀬忠正養い嗣子となし、その長女を配す。後、津田氏を娶る。三男皆早卒す。六女その三は人に適く。銘して曰く、

於戯爽恢　その貌や揚　眉秀で眼明らか　才敏にして気昂し
事に臨み勇往　曽ち隄防のみならず　駭機[28]忽ち発し　翼を臥牀に垂る
意を丹青に精し[29]　倪[30]を追い黄[31]を慕う　不怍不愧　ここにその蔵に帰す。

明治十六年四月　濹東岐雲園居士　永井介堂　撰篆額并びに書　白野夏雲建

注

1　行状　略歴。
2　哀替　哀頽、おとろえる。
3　茗溪学校　昌平坂学問所。
4　蛍雪切磨　苦心して学ぶ、切磋琢磨。
5　殿廷　殿中、宮殿。
6　趨走　走りまわって小役につく。
7　戮力　協力。乍栄乍枠＝栄ええが不安定で必ず変わる。
8　乍栄乍悴　栄えたり萎れたりして運命が浮沈する。
9　林述齋（一七六八－一八四一）、林家の聖堂学舎を幕府直轄の昌平坂学問所に立て直した。
10　阿部閣老　阿部正弘（一八一九～一八五七）、伊勢守。老中。備後福山城主。

11 累遷　昇進を重ねること。
12 旧貫　旧慣。古いしきたり。
13 砲墩　砲台。
14 巨礮　大砲。
15 拮据　せわしく働く。
16 遐迩　遐邇、遠近。「迩」は「邇」の略字。
17 堀田閣老　堀田正睦（一八一〇〜一八六四）、老中。佐倉藩主。
18 鈐　印をおす。
19 憲台　御史台の異名、政府の中枢機関をいう。
20 希旨曲従　人の気に入るように迎合し、自分の意志を曲げて従う。
21 藻鑑　人物や品物の鑑定。
22 識抜　人物を見わけて抜き上げる。
23 廃錮　官吏の資格を剥奪し、一生涯役人となることができないようにする。
24 自遣　自ら自分の心を慰める。
25 優游　ゆったりする。
26 文久元年　一八六一年（万延二年二月二十八日、文久と改元）。
27 謚　「諡」の別字。おくり名であるので「諡」が正しい。
28 駭機　不虞に発して人を驚ろかす所からいう。転じて、速かに替廃する譬え。
29 丹青　彩色画。
30 倪　倪瓚（一三〇一〜一三七四）、字は元鎮、雲林と号す。無錫の人。博学にして詩画に巧なり。
31 黄　黄公望。（一二六九〜一三五四）、字は子久、一峰と号す。聡敏絶倫、百般の学問に通じ、山水画に長じる。倪・黄はともに元代の画家で、王蒙・呉鎮と「元の四大家」とされる。

『墨田区文化財調査報告書Ⅸ』
（墨田区教育委員会社会教育課、一九八九年三月）

図15－1　ウィリアムズ撰・羅森訳の扇面の漢文

素企高風。殊深仰
慕。依恋
之誠。恒切肺腑間
也。茲将
揚帆。未卜何時而
再會。以
得追随几席。領承
教益哉。
聴高山流水以快
積懐。覩
各邦風景而増識
見。但恐
煩言鄙瑣。不堪為
臺駕談
耳。而姑勿論。再者。
本艦即
将揚帆別往。今有
煩言陳
子。如後亜国或有
船至此。
祈願臺駕以民胞
物與之
懐。盡心力以照保
約行事。
此則國家之福。而
遠近官
民之戴慕於臺駕
徳者深
也。甲寅五月書　為
大夫勘解由　政
三畏衛廉士

もともと貴下（松前勘解由）のすぐれた人柄にはまことに深く感じ入っていた。貴下を仰ぎ慕い、別れ難い心は、つねに心の中では切実であった。さて、我々は近く出航することになるのだが、まだいつかは決めていない。（しかし必ず別れの時はやってくる）。貴下には、いつの時にか、再会して宴席を共にし、多くのことを教えていただくことになるのだろうか。貴下との交流によって、すぐれた見識をうかがい、鬱々とした気持ちが晴れた。この地方の風俗を見ては、識見を増やそうとしたものだった。ただし、私のわずらわしい言葉が、貴下のお心を騒がしたのではないかと恐れるばかりである。どうぞ、そのことについては論ずることの無きように。

さらに付け加えれば、本艦はそろそろ出航して、日本と別れるのだが、いま、敢えて貴下に申し上げたいことがある。もしも、今後、我が国の船がこの地に来たるものがあれば、貴下におかれては、国際的な視野をもって心を尽くし、我らとの条約の通りに事を行ってもらいたいと願う次第である。このようなことをお願いするのは両国の幸福につながり、そして両国の多くの官民が、貴下の徳を深く敬い慕っているからなのだ。

一八五四年夏五月に書く。
大夫勘解由殿へ。ご批正願う。
サミュエル・ウィリアムス

注

安政元年（一八五四）、ペリー艦隊の首席通訳官S・W・ウィリアムズが箱館にて作り、その広東人秘書羅森に漢訳してもらい、松前藩の家老、松前勘解由に進呈した扇面である。

現代日本語訳は、鳴海雅哉氏によるもの（「羅森の扇面詩について－史料紹介－」『札幌国語研究』第一四号 二〇〇九年）である。その中において、「民胞物與」（張載『西銘』）と表現される儒教的天人合一の理念（天下の人々はすべて我が同胞であり、あらゆるものはすべて我が仲間である）が唱えられていることは注目すべきであろう。

図17　羅森の扇面の漢詩

火船駛向粤西東。
此日登程
霽色融。歴覧層山
情不盡。遙
看巨海目無穹。雙
輪飛出蒼
溟外。一舵軽浮浩
蕩中。勢若
騎鯨衝巨浪。快如
奮鶚振高
風。月明遠照琉球
島。雪白横
堆日本峰。身覚渺
然於天地。
唯與知音訴己衷。
両国横浜
會。欣情一類同。解
冠稱禮義。
佩剣羡英雄。共説
傳杯盞。和
懐奏鼓鐘。咸覗歓
楽徳被永
無窮。
　甲寅夏五書為
大夫勘解由　政
　　廣東羅森

　蒸気船が勢いよく私の住んでいた広東にやってきた。私が乗船する日、出航する日の空は、雲一つない晴天である。船上から中国の山々を目をこらして眺めれば、さまざまな感慨が尽きず、これから向かう先、日本に向かう海上を見やると、視界は窮まることがない。外輪を持つ蒸気船は、青い大海へと飛び出していくようで、梶を切れば、大海に軽々と浮いているように揺れる。まるで鯨に乗って大波にぶつかるような勢いであり、ミサゴを駆って強風のなかを羽ばたくように速い。船上から見上げれば、月は皓皓と、遠く琉球島を照らし、日本列島を見れば、真っ白な雪が日本で一番高い峰、富士山に積もっている。この天地に比べ、我が身がいかに小さいかを感じ、ただ同乗の友人に、自分の気持ちを語るのである。
　米日両国の、横浜における会合では、双方が歓びを共にした。宴にあたっては、帽子をぬいでくつろぎ、互いに礼儀正しさを称え合ったものだし、佩刀に目をやっては昔の英雄を羨んだものである。そして、喜んで杯を交わし、和やかに音楽を聞いたのだ。この場にいた皆は、歓楽や徳化が、長く続くことを感じとったのである。
　甲寅（一八五四年）夏五月に書く。
　大夫勘解由殿へ。ご批正願う。
　　　　　　　　　　広東羅森

注：羅森が松前勘解由に進呈した扇面の漢詩。現代日本語訳は、鳴海雅哉氏によるもの（「羅森の扇面詩について―史料紹介―」『札幌国語研究』第一四号 二〇〇九年）である。

図18　平山省斎書幅「洋々四海一家春」

洋洋四海一家春
義雨仁風率土濱。
萬里長征凱旋日
坤輿那國不休寅。
　乙丑元旦試毫　省斎

図19　平山省斎書幅「日月燈明五洲城」

日月燈明五洲城
蒸蒸世物属同胞
慈母眼中皆赤子
堪輿冲處不助労
省斎散人

図25　岩瀬忠震書幅「遺烈長輝青史間」

遺烈長輝青史間
何禁追慕涙満々
乾坤不滅忠臣貫
萬古松高天拝山
太宰府道中舊詩　蟾洲

図26　永井尚志・岩瀬忠震詩画合璧

○岩瀬忠震「白梅図」
　只留清気満乾坤
○永井尚志書幅「水仙花」
煙淡香魂遠
氷前細々開
天風清沁骨
吹夢到瑶台
水仙花　介堂迂夫書

図29　岩瀬忠震書幅「晋人清談宋人理学」

晋人清談　宋人理学
以晋人遺俗　以宋人禔身
合之雙美　分之両備也
　蟾洲書

図30　岩瀬忠震書幅「豆州海上」

撇捺舵頭疑際天
驚飈戦処富瑠村
馮夷欲試丈夫胆
十丈狂瀾捲地翻
　豆州海上　蟾州

図31　岩瀬忠震書幅「海航誰自任」

海航誰自任
只許碧霄知
五州何謂遠
吾亦一男児。
　蟾洲震

図32　岩瀬忠震筆扇面「茫々堪輿」

茫々堪輿　俯仰無垠
人於其間　眇然有身
是身之微　大倉秭米
参為三才　曰惟爾心
往古来今　孰無此心
心為形役　迺獣乃禽
惟口耳目　手足動静
投間抵隙　為厥心病
一心之微　衆欲攻之
其所好者　於乎幾希
君子存誠　克念克敬
天君泰然　百体従令
　乙巳仲夏　蟾洲主人書

図49　岩瀬忠震書幅「俯則大洋仰則天」

俯則大洋仰則天
山頭決眥渺雲烟
呱哇香港知何処
身在蜻蜓洲尽辺
　天草魚貫峯上旧製　岩瀬震

図110　平山省斎書幅「唐太洋上」

一自征旆向混同
孤帆日日逐秋風
萬里歸程猶未卜
満洲山在白雲中。
　省斎平山

図112　平山省斎書幅「秋雨憶郷」

滴瀝聲聲秋夜長
夢中幾度到家郷。
郷人窓外芭蕉（雨）
化作爺娘髩上霜。
　秋雨憶郷　省斎散人

附2　図版所蔵者・提供者リスト

	図版名	所蔵（出典）及び提供
図1	丁巳崎陽送別詩	横浜開港資料館
図2	平山省斎真影（1867）	平山成信旧蔵
図3	省斎平山先生墓表拓本	東京大学史料編纂所
図4	東京都谷中霊園にある墓表	Bo Tao 撮影
図5	平山省斎之墓	陶徳民撮影
図6	岩瀬忠震レリーフ	滝川正元製作 新城市設楽原歴史資料館提供
図7	岩瀬鴎所君之墓碑拓本	白鬚神社
図8	東京都墨田区白鬚神社にある墓碑	同　上
図9	横浜開港首唱者顕彰碑　横浜郷土研究会建碑	新城市設楽原歴史資料館提供
図10	羅森肖像	東京大学史料編纂所蔵
図11	イェール大学 Commons Dining Hall に掲げてある S.W. ウィリアムズの油絵（複製）	陶徳民撮影
図12	ペルリ艦隊通詞清国人向喬（羅森）筆跡	横浜市立中央図書館
図13	平山省斎の筆蹟	イェール大学図書館 S.W. ウィリアムズ文書
図14	羅森撰と伝わる『満清紀事』	関西大学図書館増田文庫
図15-1	ウィリアムズ・羅森合作扇面表	松前町郷土資料館
図15-2	ウィリアムズ・羅森合作扇面裏	同　上
図16	松前勘解由と従者像（銀板写真）	同　上
図17	羅森筆扇面	同　上
図18	平山省斎書幅「洋々四海一家春」	函館市中央図書館
図19	平山省斎書幅「日月燈明五洲城」	同　上
図20	亜墨利加（アメリカ）船松前箱館湊江入津の図	同　上
図21	箱館港図（部分）	もりおか歴史文化館
図22	箱館港図（部分）	同　上
図23	天保山諸家警備の図（1854）	津山郷土博物館
図24	岩瀬忠震筆山水画	古橋懐古館蔵　新城市設楽原歴史資料館提供
図25	岩瀬忠震書幅「遺烈長輝青史間」	森野家蔵　同　上
図26	永井尚志・岩瀬忠震詩画合璧	新城市設楽原歴史資料館蔵
図27	岩瀬忠震筆「藤に芍薬」	同　上
図28	岩瀬忠震書「有懐投筆」	滝川家蔵　新城市設楽原歴史資料館提供
図29	岩瀬忠震書幅「晋人清談宋人理学」	湯浅大司氏蔵　同　上
図30	岩瀬忠震書幅「豆州海上」	滝川一成氏蔵　同　上
図31	岩瀬忠震書幅「海航誰自任」	今治市河野美術館蔵　同　上
図32	岩瀬忠震筆扇面「茫々堪輿」	滝川家蔵　同　上
図33	安政四年亜米利加（アメリカ）使節ハリス登城の図	黒船館蔵 『ペリー＆ハリス—泰平の眠りを覚ました男たち』（東京都江戸東京博物館、2008年）より転載

	図版名	所蔵（出典）及び提供
図34	眉毛和尚（銀板写真）	下田市玉泉寺
図35	ハリス肖像（銀板写真）	ニューヨーク市立大学シテイカレッジ図書館蔵 『ペリー＆ハリス―泰平の眠りを覚ました男たち』（東京都江戸東京博物館、2008年）より転載
図36	日米修好通商条約調印書	外務省外交史料館
図37	御用所における日米代表の交渉	青木枝朗訳『ヒュースケン「日本日記」』（校倉書房、1971年）より
図38	日英修好通商条約交渉の場面	*LORD ELGIN'S MISSION TO CHINA & JAPAN*（邦訳：『エルギン卿遣日使節録』）関西大学図書館
図39	エルギン卿肖像　*Illustrated London News*	同　上
図40	日英修好通商条約調印書	外務省外交史料館
図41	太田備前守資始の役宅における会見	*LORD ELGIN'S MISSION TO CHINA & JAPAN*（邦訳：『エルギン卿遣日使節録』）関西大学図書館
図42	西応寺で撮影された幕府の条約交渉代表団	ヴィクトリア＆アルバード美術館蔵 『ペリー＆ハリス―泰平の眠りを覚ました男たち』（東京都江戸東京博物館、2008年）より転載
図43	江戸麻布善福寺の人たち	下田開国博物館
図44	御開港横浜之全図	横浜市立中央図書館
図45	御貿易場	同　上
図46	神名川横浜新開港図	同　上
図47	亜墨利加婦人・唐大清南京人	同　上
図48	五ヶ国之内英吉利人・南京人	同　上
図49	岩瀬忠震書幅「俯則大洋仰則天」	塩瀬忠夫氏蔵　新城市設楽原歴史資料館提供
図50	『地理全志』の著者・在華イギリス人宣教師慕維廉への追悼文（1900年、上海）	北京外国語大学海外漢学研究センター
図51	慕維廉『地理全志』	香川大学図書館神原文庫
図52	慕維廉『大英國志』	関西大学図書館増田文庫
図53	和刻本『英國志』	田中助一旧蔵 日本英学史学会編『英語事始』（エンサイクロペディア ブリタニカ・ジャパン1976年）より
図54	和刻本『地理全志』爽快楼蔵版（岩瀬忠震）	関西大学図書館増田文庫
図55	岩瀬忠震稿本『輿地便覧』	香川大学図書館神原文庫
図56	岩瀬忠震編製『瀛環表』	静嘉堂文庫
図57	内田正雄編訳『輿地志略』挿絵	陶徳民蔵
図58	勝海舟（銀板写真　1860年）	東京都大田区立郷土博物館
図59	勝海舟の名刺	イェール大学図書館 S.W. ウィリアムズ文書
図60	長崎海軍伝習所絵図	鍋島報效会・徴古館
図61	木村喜毅（ガラス板写真　1868年頃）	横浜開港資料館
図62	福澤諭吉写真（写真屋の少女と）	慶應義塾大学福澤研究センター
図63	咸臨丸難航図　鈴藤勇次郎画（複写）	横浜開港資料館
図64	ホワイトハウスにおけるブカナン大統領主催の日本使節歓迎会（1860年）	東京都江戸東京博物館蔵 『フランク・レスリーズ絵入り新聞』より　同館図録『ペリー＆ハリス―泰平の眠りを覚ました男たち』（2008年）より転載
図65	イギリス初代駐日公使オールコック卿　*Illustrated London News* より	関西大学図書館

図版名		所蔵（出典）及び提供
図66	横浜港に上陸したオールコック　*Illustrated London News* より	関西大学図書館
図67	アーネスト・サトウ写真	横浜開港資料館
図68	五姓田芳柳筆「アーネスト・サトウ肖像」	霊山歴史館
図69	平山省斎図書頭宛サトウ書簡　1867年５月２日	東京大学史料編纂所
図70	平山省斎図書頭宛サトウ書簡　1867年５月29日	同　上
図71-1	褘理哲『地球説略』	香川大学図書館神原文庫
図71-2	昌平黌学生中山静斎・今泉雄作の書き入れ	
図72	和刻本『地球説略』	香川大学図書館神原文庫
図73	慶應義塾旧蔵『智環啓蒙塾課』	同　上
図74	J. レッグの英漢対訳『大学』の和刻本	同　上
図75	S.W. ウィリアムズ（衛三畏）鑑定『英華字彙』	同　上
図76	中村敬宇肖像	お茶の水女子大学歴史資料館
図77	中村敬宇校正『英華和譯字典』	香川大学図書館神原文庫
図78	蕃書調所旧蔵『習漢英合話』	同　上
図79	開成所出版『英語階梯』	同　上
図80	和訳本『地学初歩』	同　上
図81	大学南校出版『英文典直譯』	同　上
図82	福沢諭吉訳述『世界國盡』	同　上
図83	A. リンカーン墓地における銅像	陶徳民撮影
図84	A. リンカーン所蔵議会文書『ペリー艦隊日本遠征記』第３巻	リンカーン大統領図書館
図85	A. リンカーン所蔵議会文書『鉄道建設ルート踏査記』	同　上
図86	リンカーン生誕地国立史跡	『エイブラハム・リンカーン：自由という遺産』（米国大使館レファレンス資料室編集・発行　2013年再版）より
図87	A. リンカーンのゲティスバーグ演説	リンカーン大統領博物館提供
図88	スプリングフィールド市にあるリンカーン・ホーム国立史跡	Ian Hunt 撮影
図89	A. リンカーンの霊柩を首都ワシントンからスプリングフィールド市に運ぶ蒸気機関車	リンカーン大統領図書館財団提供
図90	リンカーン大統領と握手したころの彦	ジョセフ彦記念会・早稲田大学編『ジョセフ彦　海外新聞』（早稲田大学出版部、1977年）
図91	ジョセフ彦に対する A. リンカーン大統領の任命状	米国国立公文書館蔵　リンカーン大統領図書館提供
図92	『海外新聞』の表紙	ジョセフ彦記念会・早稲田大学編『ジョセフ彦　海外新聞』（早稲田大学出版部、1977年）
図93	南北戦争とリンカーン暗殺を伝えた『海外新聞』の記事（翻字）	同　上
図94	左より伊藤博文、木戸孝允（１人おいて）、彦	同　上
図95	将軍徳川慶喜の弟昭武　*Illustrated London News* より	関西大学図書館蔵
図96	パリ万博に参列した徳川昭武一行	Shibusawa Memorial Museum *Guide to the Exhibits* 渋沢史料館
図97	渋沢栄一（フランスにて）	同　上

図版名		所蔵（出典）及び提供
図98	『航西日記』表紙と渋沢栄一の序文	香川大学図書館神原文庫
図99	将軍徳川慶喜　*Illustrated London News* より	関西大学図書館蔵
図100	大阪で将軍慶喜に謁見する外国使節たち　*Illustrated London News* より	同　上
図101	西郷隆盛肖像	霊山歴史館
図102	五姓田芳柳筆「明治天皇御尊影」	明治神宮
図103	岩倉使節団の主要メンバー（左より 木戸孝允、山口尚芳、岩倉具視、伊藤博文、大久保利通）	山口県文書館
図104	お雇い外国人教師を励ます明治天皇の詔書（1872年）	ラトガース大学図書館グリフィス文庫
図105	新橋横浜間鉄道開通式に臨む明治天皇（1872年10月15日）*Illustrated London News* より	関西大学図書館
図106	『世界地名表』（明治６年）	香川大学図書館神原文庫
図107	『萬國地名往来』（明治６年）	陶徳民
図108	『開化童子往来』（明治６年）	同　上
図109	神道大成教教祖平山省斎	天照山神社
図110	平山省斎書幅「唐太（からふと）洋上」	函館市中央図書館
図111	神奈川県奥湯河原に鎮座する神道大成教の奥宮「天照山神社」	天照山神社
図112	平山省斎書幅「秋雨憶郷」	函館市中央図書館
図113	東京都豊島区雑司ヶ谷霊園にある「従五位下肥後守爽恢岩瀬府君之墓」	崔鵬偉撮影

第一部

『地理全志』と『満清紀事』

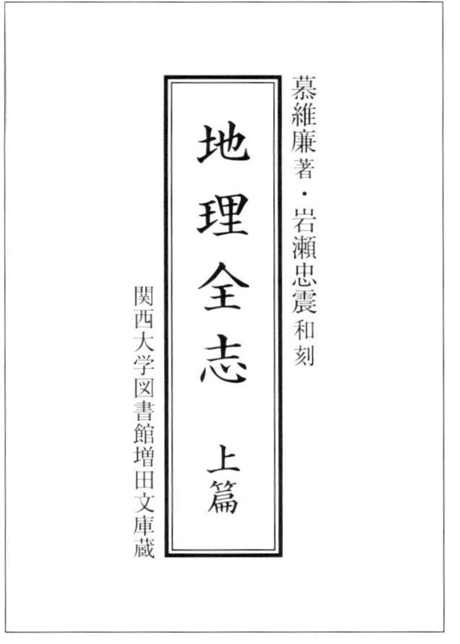
慕維廉著・岩瀬忠震和刻

地理全志 上篇

関西大学図書館増田文庫蔵

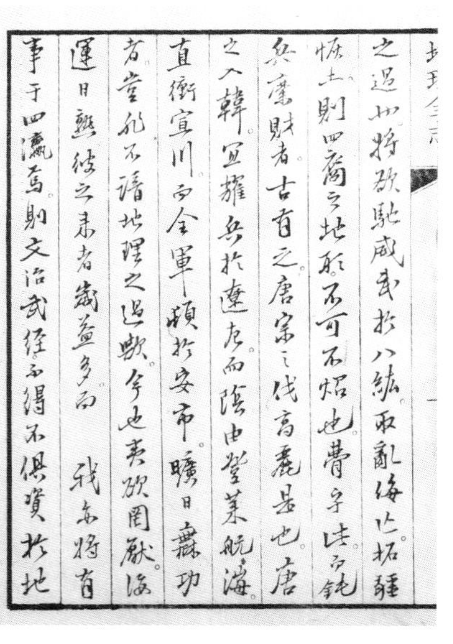

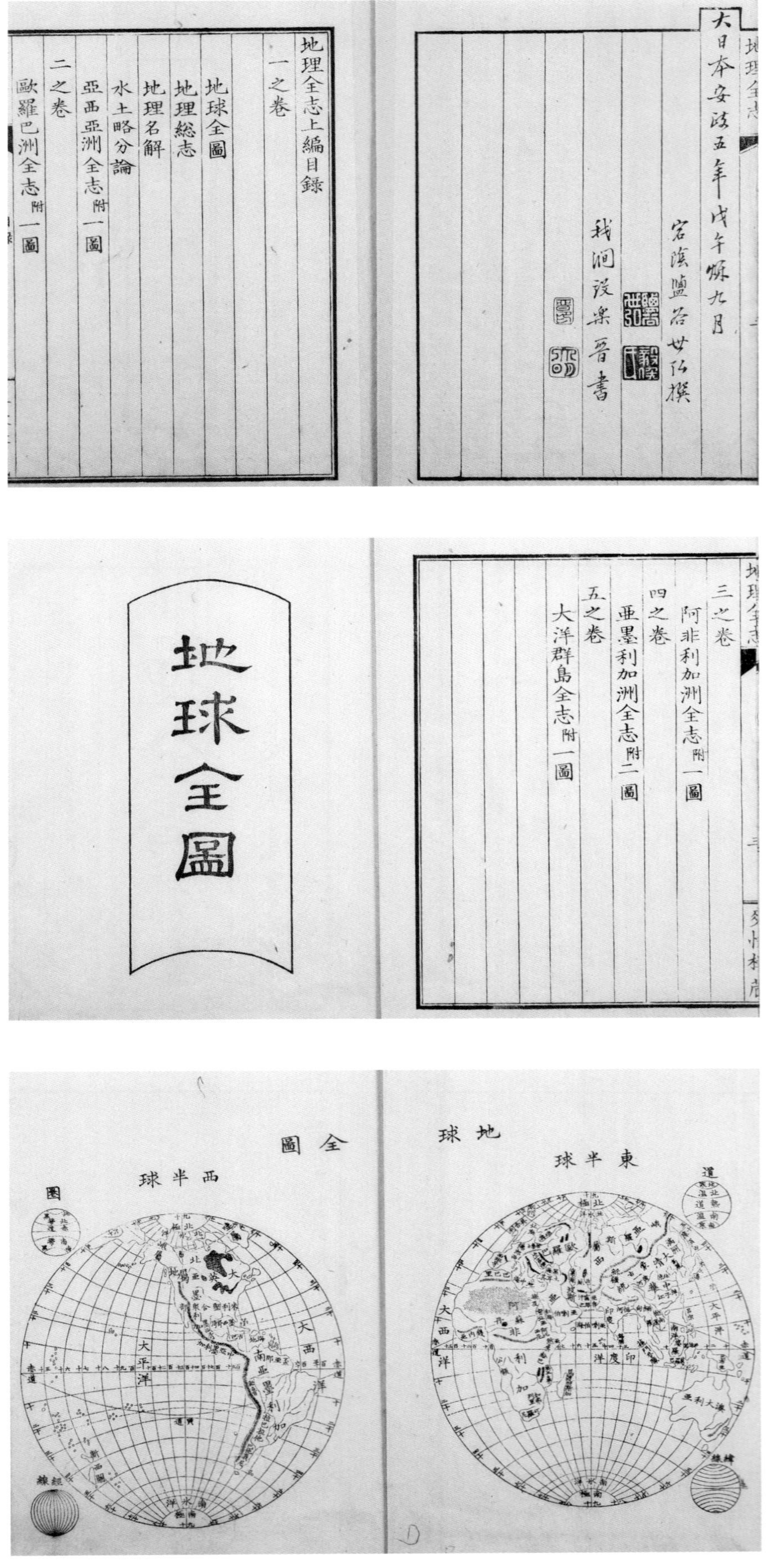
大日本安政五年戊午仲九月
宕陰塩谷世弘撰
我洞淺樂晉書

地理全志上編目錄
一之巻
地球全圖
地理総志
地理名解
水土略分論
亞西亞洲全志附一圖
二之巻
歐羅巴洲全志附一圖

三之巻
阿非利加洲全志附一圖
四之巻
亜墨利加洲全志附二圖
五之巻
大洋群島全志附一圖

地球全圖

夫地圖志載中國言之詳矣惟所講者不過山川形勢風土人情而已而言地理者以為天下惟中國有之外此皆不足論究之地理之說卒未能明西洋之講地理乃為獨得正宗今來通商傳教廣喻斯人中華為天下之一隅昔之文士不能深探其秘茲與我西人相習日久宜知斯理凡爾文士咸當童而習之詳加推闡不僅以詞章為務則可矣初學者急宜探究其理庶由愚而明不至為岐途所惑至于風水之説惑人不淺雖有志之士亦有起而闕之要之沿習已久至理不明終不能正其本而清其源也究地理者近著二書一名新釋地理備攷海山仙館西洋士瑪吉所輯一名瀛環志略五臺徐繼畬所輯詳明博證言地理者得所指歸輯是書者多本其意以發明之耳

地理總志

夫地理者乃地之理也察地理之士分文質政三等其文者指地形廣大旋動及其居於空際之位與日月星辰為比較并其所運晝夜四季之故与所晝之圈線推明此理其質者有內有外內則指地內之形質或至廣盤石或至細沙泥所有之層累及其載生物草木之遺跡而槁壤海底常有變遷外則指地面之形勢如水土支派長延或州島或山谷或高原或曠野或河湖与洋海天氣之性質流動各處之燥濕雷電嗆鐵之氣以及人民生物草木之種類其政者指地分為州國省府縣城以至戶口教門朝綱史冊風俗技藝土產此三者固地理之志也夫文也質也政也人皆當次第參究而政尤為綱領學者宜熟思之故宜先推詳其論而後質與文可遞講也已

地理名解

地面以水土分之水分為洋海灣岔峽河湖土分州島隅角其洋者水之支派最大者也海者洋之支派最大者也灣者海之支派繞於地濱也岔者海之大支或間於二海也峽者夾於二海之中小於岔也河者水流於海也湖者水滙於地面土環其外也其州者地之最大者也島者地於水中小於州也隅者地大半環於水也角者彈丸之地突起於海中也

水土略分論

地面之水分為五洋一曰大平洋一曰大西洋一曰印度洋一曰南氷洋一曰北氷洋土分為五州一曰亞西亞一曰歐羅巴一曰阿非利加皆為東土一曰南亜墨利加北亜墨利加皆為西土其外大洋島嶼甚多推之即一州總名大洋群島

至於大地度數以經線緯線縱横晝之四周得三百六十度每度得二百三十里

昔西地理之士至中國以一百九十二里半為一度後

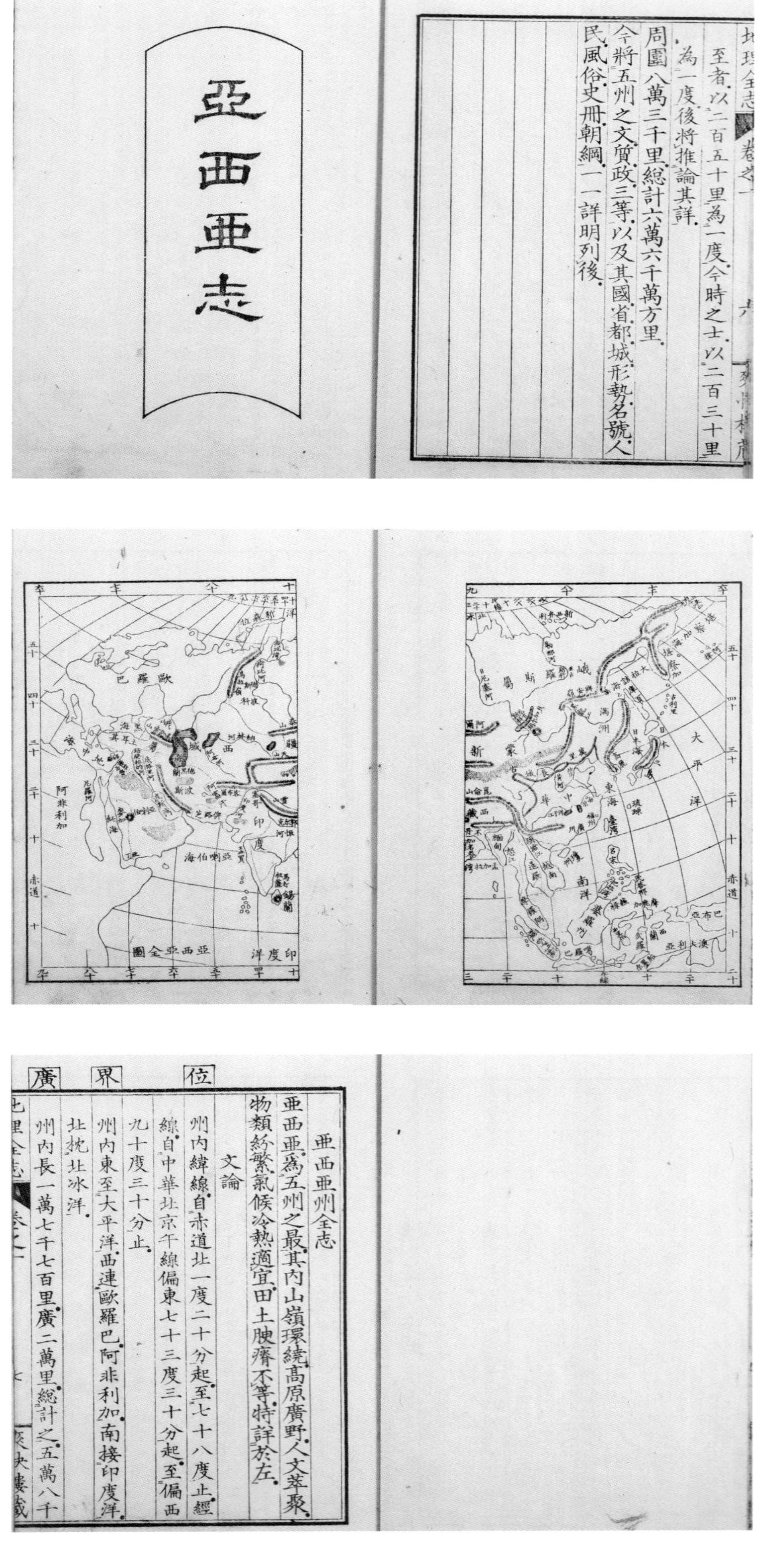
地理全志　巻之一

至者以二百五十里為一度今時之士以二百三十里
為一度後将推論其詳
周圍八萬三千里総計六萬六千萬方里
今將五州之文質政三等以及其國省都城形勢名號人
民風俗史冊朝綱一一詳明列後

亜西亜志

亜西亜州全志
亜西亜為五州之最其内山嶺環繞高原廣野人文萃聚
物類紛繁氣候冷熱適宜田土腴瘠不等特詳於左
文論
位　州内緯線自赤道北一度二十分起至七十八度止經
線自中華北京午線偏東七十三度三十分起至偏西
九十度三十分止
界　州内東至大平洋西連歐羅巴阿非利加南接印度洋
北枕北冰洋
廣　州内長一萬七千七百里廣二萬里総計之五萬八千

地理全志　巻之一　七

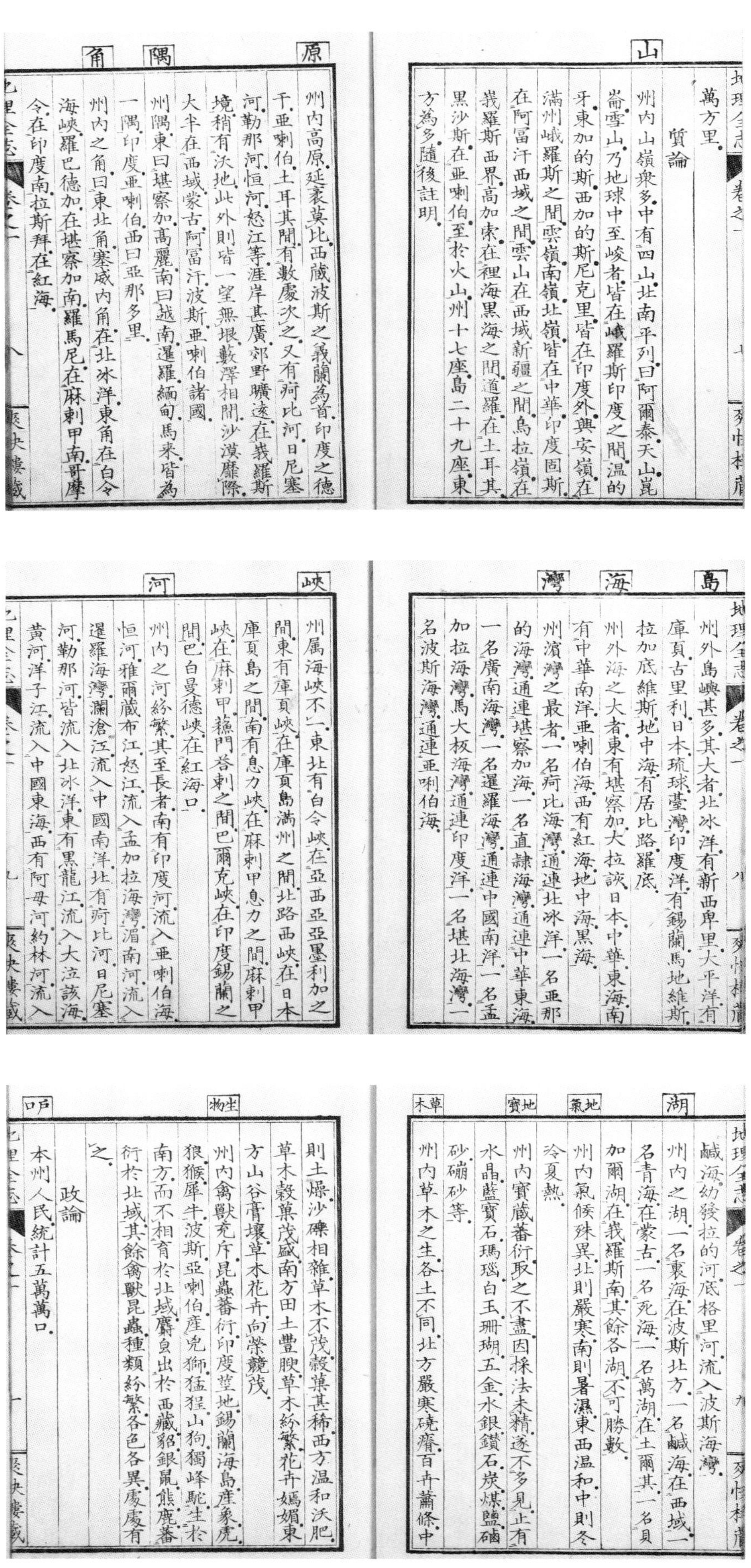

山
萬方里。
質論
州內山嶺衆多中有四山北南平列曰阿爾泰天山崑崙雪山乃地球中至峻者皆在峨羅斯印度之間温的牙東加的斯西加的斯尼克里皆在印度外興安嶺在滿州峨羅斯之間雲嶺南嶺北嶺皆在中華印度回斯在阿富汗西域之間雲山在西域新疆之間烏拉嶺在峩羅斯西界高加索在裡海黑海之間道羅在土耳其黑沙斯在亞喇伯至於火山州十七座島二十九座東方為多隨後註明。

原
州內高原延袤莫比西藏波斯之峩蘭為首印度之德干亞喇伯土耳其間有數處次之又有痾比河日尼塞河勒那河恒河怒江等涯岸甚廣郊野曠遠在峩羅斯境稍有沃地此外則皆一望無垠藪澤相間沙漠靡際大半在西域蒙古阿富汗波斯亞喇伯諸國。

隅
州隅東曰堪察加高麗南曰越南暹羅緬甸馬來皆為一隅印度亞喇伯西曰亞那多里。

角
州內之角曰東北角塞威內角在北冰洋東角在白令海峽羅巴德加在堪察加南羅馬尼在麻剌甲南哥摩令在印度南拉斯拜在紅海。

島
州外島嶼甚多其大者北冰洋有新西卑里大平洋有庫頁古里利日本琉球臺灣印度洋有錫蘭馬地維斯拉加底維斯地中海有居比路羅底。

海
州外海之大者東有堪察加大拉該日本中華東海南有中華南洋亞喇伯海西有紅海地中海黑海。

灣
州濱灣之最者一名痾比海灣通連北冰洋一名亞那的海灣通連堪察加海一名直隸海灣通連中華東海一名廣南海灣一名暹羅海灣通連中國南洋一名孟加拉海灣馬大板海灣通連印度洋一名堪北海灣一名波斯海灣通連亞喇伯海。

峽
州屬海峽不一東北有白令峽在亞西亞亞墨利加之間東有庫頁峽在庫頁島滿州之間北路西峽在日本庫頁島之間南有息力峽在麻剌甲息力之間麻剌甲峽在麻剌甲蘇門答剌之間巴爾克峽在印度錫蘭之間巴白曼德峽在紅海口。

河
州內之河紛繁其至長者南有印度河流入亞喇伯海恒河雅爾藏布江怒江流入孟加拉海灣湄南河流入暹羅海灣瀾滄江流入中國南洋北有痾比河日尼塞河勒那河皆流入北冰洋東有黑龍江流入大泣該海黃河洋子江流入中國東海西有阿母河約林河流入鹹海幼發拉的河底格里河流入波斯海灣。

湖
州內之湖一名裏海在波斯北方一名鹹海在西域一名青海在蒙古一名死海一名萬湖在土爾其一名貝加爾湖在峩羅斯南其餘各湖不可勝數。

地氣
州內氣候殊異北則嚴寒南則暑濕東西温和中則冬冷夏熱。

地寶
州內寶藏蕃衍取之不盡因採法未精遂不多見土有水晶藍寶石瑪瑙白玉珊瑚五金水銀鑽石炭煤鹽硝砂硼砂等。

草木
州內草木之生各土不同北方嚴寒磽瘠百卉蕭條中則土燥沙磧相雜草木不茂穀菓甚稀西方温和沃肥草木穀菓茂盛南方田土豐腴草木紛繁花卉嫣娟東方山谷膏壤草木花卉向榮蕃茂。

生物
州內禽獸充斥昆蟲蕃衍印度埜地錫蘭海島產象虎狼猴犀牛波斯亞喇伯產兕獅猛狸山狗獨峰駝生於南方而不相育於北域麝貝出於西藏貂銀鼠熊鹿蕃衍於北域其餘禽獸昆蟲種類紛繁各色各異處處有之。

戶口
政論
本州人民統計五萬萬口。

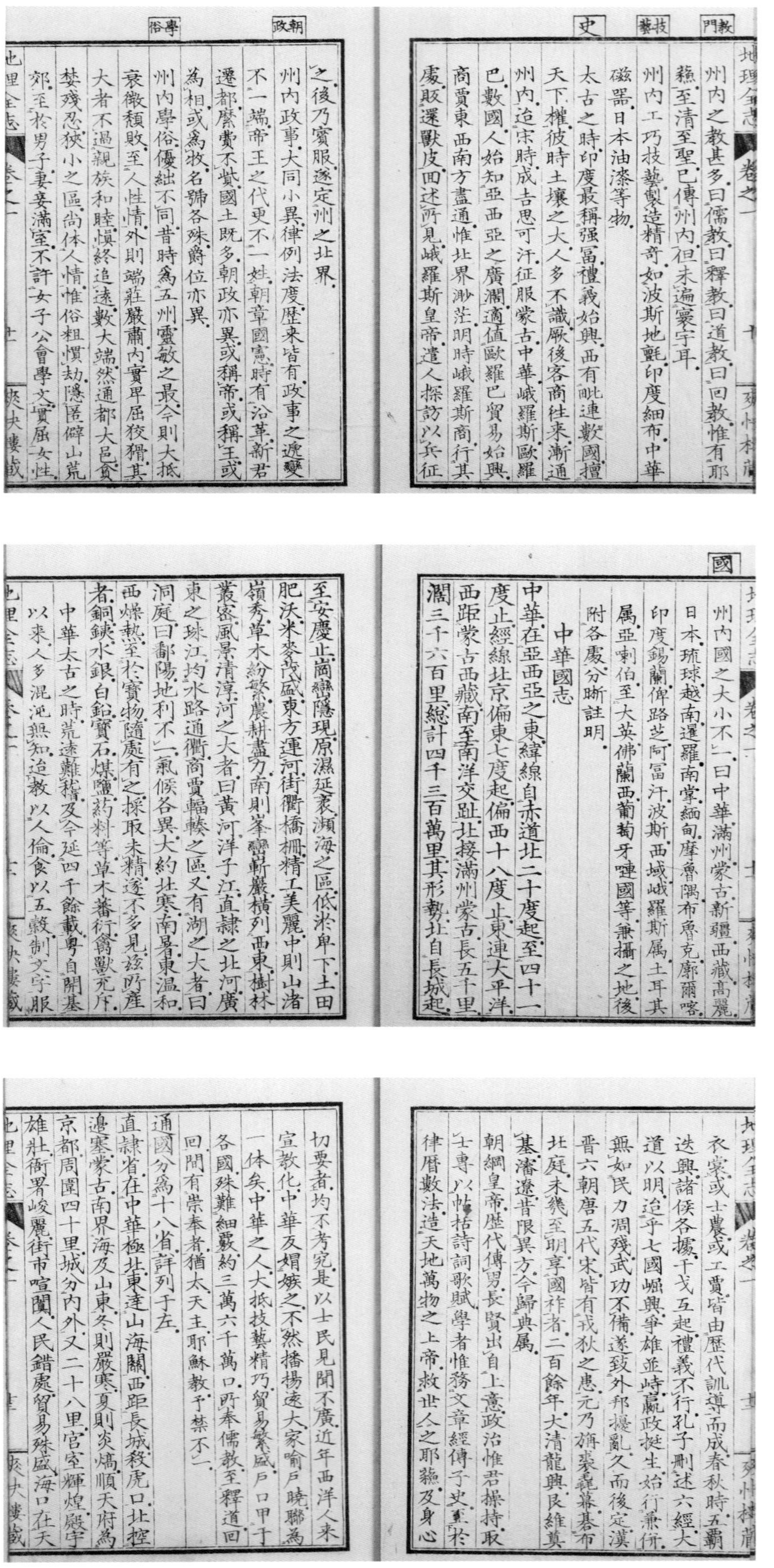

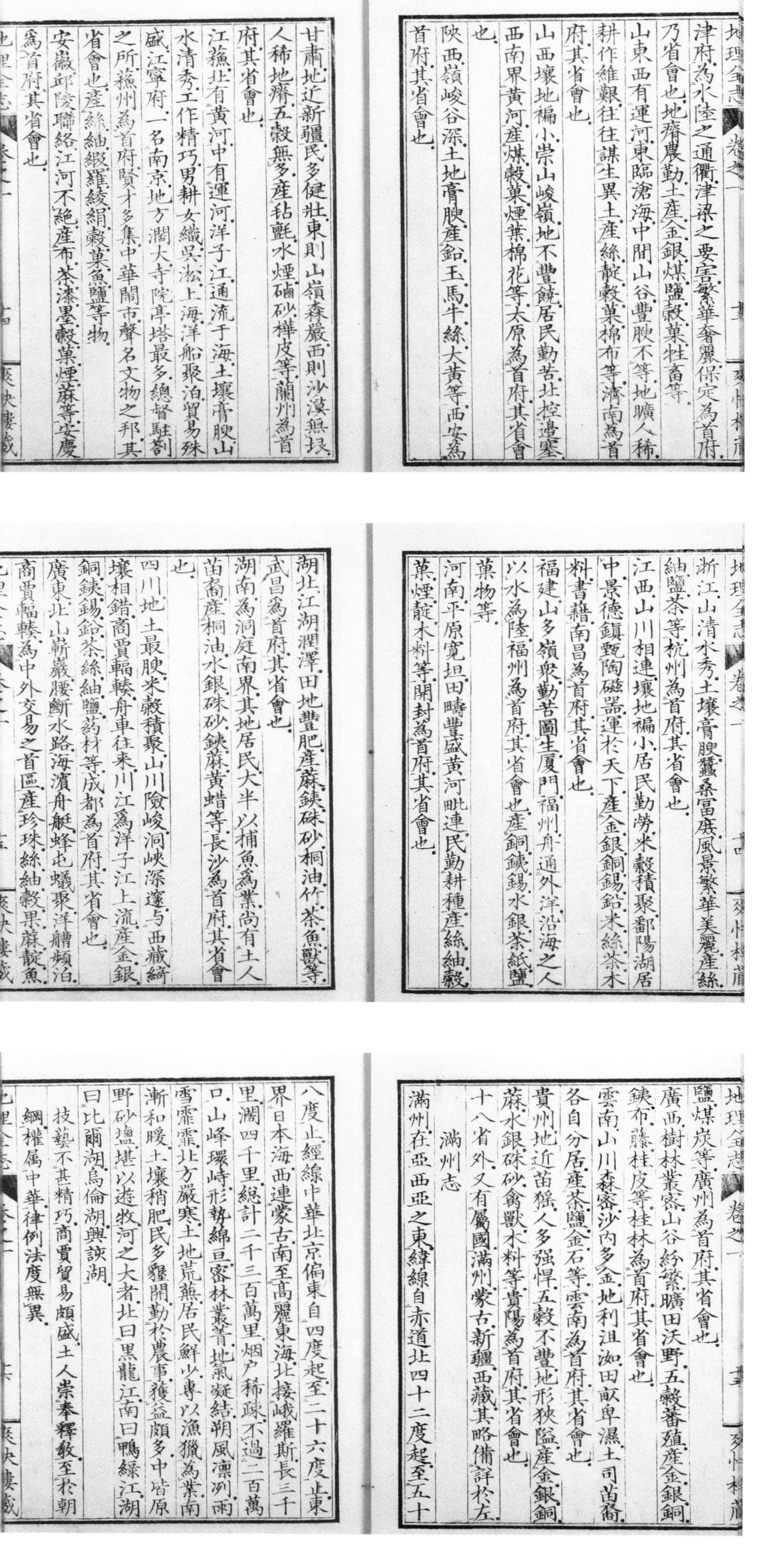

津府為水陸之通衢津梁之要害繁華奢麗保定為首府
乃省會也地瘠農勤土產金銀煤鹽穀菓牲畜等
山東西有運河東臨滄海中間山谷豐腴不等地曠人稀
耕作維艱往往謀生異土產絲靛穀菓棉布等濟南為首
府其省會也
山西壤地褊小崇山峻嶺地不豐饒居民勤苦北控邊塞
西南界黃河產煤穀菓煙葉棉花等太原為首府其省會
也
陝西嶺峻谷深土地膏腴產鉛玉馬牛絲大黃等西安為
首府其省會也

甘肅地近新疆民多健壯東則山嶺森嚴西則沙漠無垠
人稀地瘠五穀無多產毡氈水煙硇砂樺皮等蘭州為首
府其省會也
江蘇北有黃河中有運河洋子江通流于海土壤膏腴山
水清秀工作精巧男耕女織吳淞上海洋船聚泊貿易殊
盛江寧府一名南京地方濶大寺院亭塔最多總督駐劄
之所蘇州為首府賢才多集中華鬧市聲名文物之邦其
省會也產絲紬緞羅綾絹穀菓魚鹽等物
安徽郎陵聯絡江河不絕產布茶漆墨穀菓煙麻等安慶
為首府其省會也

浙江山清水秀土壤膏腴蠶桑富庶風景繁華美麗產絲
紬鹽茶等杭州為首府其省會也
江西山川相連壤地褊小居民勤勞米穀積聚鄱陽湖居
中景德鎮甄陶磁器運於天下產金銀銅錫鉛米絲茶木
料書籍南昌為首府其省會也
福建山多嶺衆勤苦圖生廈門福州舟通外洋沿海之人
以水為陸福州為首府其省會也產銅鐵錫水銀茶紙鹽
菓物等
河南平原寛坦田疇豐盛黃河毗連民勤耕種產絲紬穀
菓煙靛木料等開封為首府其省會也

湖北江湖潤澤田地豐肥產麻鉄硃砂桐油竹茶魚獸等
武昌為首府其省會也
湖南為洞庭南界其地居民大半以捕魚為業尚有土人
苗裔產桐油水銀硃砂鉄麻黃蠟等長沙為首府其省會
也
四川地土最腴米穀積聚山川險峻洞峽深邃与西藏綺
壤相錯商賈輻輳舟車往來川江為洋子江上流產金銀
銅鉄錫鉛茶絲紬鹽藥材等成都為首府其省會也
廣東北山嶄巖腰斷水路海濱舟艇蜂屯蟻聚洋艫頻泊
商賈輻輳為中外交易之首區產珍珠絲紬穀果麻靛魚

鹽煤炭等廣州為首府其省會也
廣西樹林叢密山谷紛繁曠田沃野五穀蕃殖產金銀銅
鉄布藤桂皮等桂林為首府其省會也
雲南山川森密沙内多金地利沮洳田畝卑濕土司苗裔
各自分居產茶鹽金石等雲南為首府其省會也
貴州地近苗猺人多強悍五穀不豐地形狹隘產金銀銅
蔴水銀硃砂禽獸木料等貴陽為首府其省會也
十八省外又有屬國滿州蒙古新疆西藏其略備詳於左
滿州志
滿州在亞西亞之東緯線自赤道北四十二度起至五十

八度止經線中華北京偏東自四度起至二十六度止東
界日本海西連蒙古南至高麗東海北接峨羅斯長三千
里濶四千里總計二千三百萬里烟户稀踈不過二百萬
口山峰環峙形勢綿亘密林叢菁地氣凝結朔風凜冽雨
雪霏霏北方嚴寒土地荒蕪居民鮮少專以漁獵為業南
漸和暖土壤稍肥民多墾開勤於農事獲益頗多中皆原
野砂塩堪以遊牧河之大者北曰黑龍江南曰鴨綠江湖
曰比爾湖烏倫湖興諒湖
技藝不甚精巧商賈貿易頗盛土人崇奉釋教至於朝
綱權屬中華律例法度無異

通國分爲三省。一曰盛京。爲清君肇基之地。設將軍都統。奉天府爲京都。有五部宮闕巍峩。衙署輪奐。繁華富麗。景色維新。官員統轄同北京。一曰吉林。一曰黒龍江。各設將軍都統大小臣工不一。均係滿蒙漢三旂。所出人參甚爲貴重。歳奉官符採取。虎豹皆有。熊羆不一。狐貂獺鼠。江口珍珠。均以進貢。又產五穀薪材。至于金石。不甚開採。難以詳明。

蒙古志

蒙古在亞西亞之中。緯線自赤道北三十五度起。至五十二度止。經線中華北京偏東七度起。偏西至三十四度止。東界滿州。西連新疆西域。南至中華西藏。北接峨羅斯。長四千里。廣五千里。綜核之。方四百五十万里。生齒較寡。約計二百萬口。地勢中與西高原沙漠。餘則山嶺環繞。湖河相間。水鹹土瘠。穀菓草木稀疎。河之長者。曰巴陵格河。札布噶河。荷農河。喀魯倫河。湖之大者。曰青海。烏布薩泊。齊桑泊。伊克阿拉泊。氣候嚴寒。難以棲止。風揚砂礫。雨雪紛霏。夏日薰爍。天氣酷熱。民俗强悍。所處沙漠。渺無涯涘。春則驅畜沿溪游牧。靡有定所。冬時並無芻茭。山坡避風之處。消雪爲飲。所餘草萊。以養牲畜。食牛肉。飲馬酪。以粗茶葉爲飲。以乳爲酒。四時穿皮。永不沐浴。氈帳爲家。男女皆喜

乗馬田獵。馳騁絶無遠慮。至于朝綱。各向羈據。迨元成吉思可汗出。賓服衆汗。設立部落。爲極大國都。所往得利。嗣子繼位。歷世無道。人心離渙。遂爲清之屬國。有王。有貝子。有貝勒。公侯伯子男等爵。世襲各汗。皆要納貢。每歳必須朝覲。崇奉佛教。其僧自居菩薩。土人視之如神。通國分爲四段。一曰内蒙古。在沙漠南。分六盟。二十四部落。四十九旂。二千家。一曰外蒙古。踰大漠北。分四路。八十六旂。各路一汗。一名車臣汗。一名土謝圖汗。一名三音諾汗。一名札薩戈圖汗。各有職守。不得紊越。一曰烏理雅蘇台。在外蒙古西。有買賣城。爲中華峨羅斯貿易之所。所屬科布多。分十一部落。三十旗。唐努烏梁海。分四十六佐領。一曰庫可諾爾。即青海。分五部落。二十九旂。其餘小部。不能僂指算也。土產。玉。騾。馬。駱駝。野獸。鐕鏀。鈷。泥。大黄。蘑菇。

新疆志

新疆在亞西亞之中。緯度自赤道北三十六度起。至四十九度止。經線中華北京偏西二十度起。至四十五度止。東連甘肅。南接崑崙山戈壁。西界西域。至阿爾泰山。長一千里。濶四千里。總計二百萬里。户口散處。不下三百餘萬。其他以天山分岐。南曰天山南路。爲首。北曰北路。次之。南路

大半戈壁。三面山崗。内有原野。皆係砂磧。石灘。鹵鹹。四時多風。春間尤甚。風至天地黒暗。黄霾。人畜難行。拔木揚沙。雨澤缺少。沙石爲炎日薰爍。故夏多酷熱。地氣高燥。与天山相近。故冬日嚴寒。開墾播種。惟依山流雪水。以濕灌漑。草木鮮少。河之大者。曰塔里木。數河滙歸。沿流于羅布泊。博斯騰泊。四面砂磧。少耕多牧。南路分爲八城。一曰哈拉沙拉。屬城村十有五。最著者。庫爾勤布古爾。貿易平庸。民多田獵。一曰庫車。屬城村二十七。緊要之區。途間柳樹一株。周十餘圍。樹孔清泉流出。有若酒醴。甘美異常。是爲靈泉。阿克蘇。屬城村三十六。内有石洞温泉。焉。浴之可以療疾。喀什噶。屬城村十有六。爲商賈聚集之所。葉爾羌。屬城村最多。大者二十七。浮圖古塚。遺跡頗多。爲貿易之通衢。往来之要地。罪人遠戍邊疆。多聚于此。和闐城有六。相傳内有金礦。不甚開採。烏什屬村十有一。有蟠栁一叢。森然挺秀。枝幹扶疎。高數十丈。英吉沙。属城村十有七。北路沙漠紛飛。山嶺險峻。冰雪凝聚。道路崎嶇。樹木疎少。火山遺跡。地常震動。冬日極寒。夏日炎烈。犯罪者多流於此。開墾耕種。河之大者。曰伊黎河。湖之大者。曰齋桑。曰特穆爾圖。岸堤蘆葦。藪澤游牧。内分三城。曰伊犁。蓋省城也。曰庫爾喀喇烏蘇。曰塔爾巴哈台。

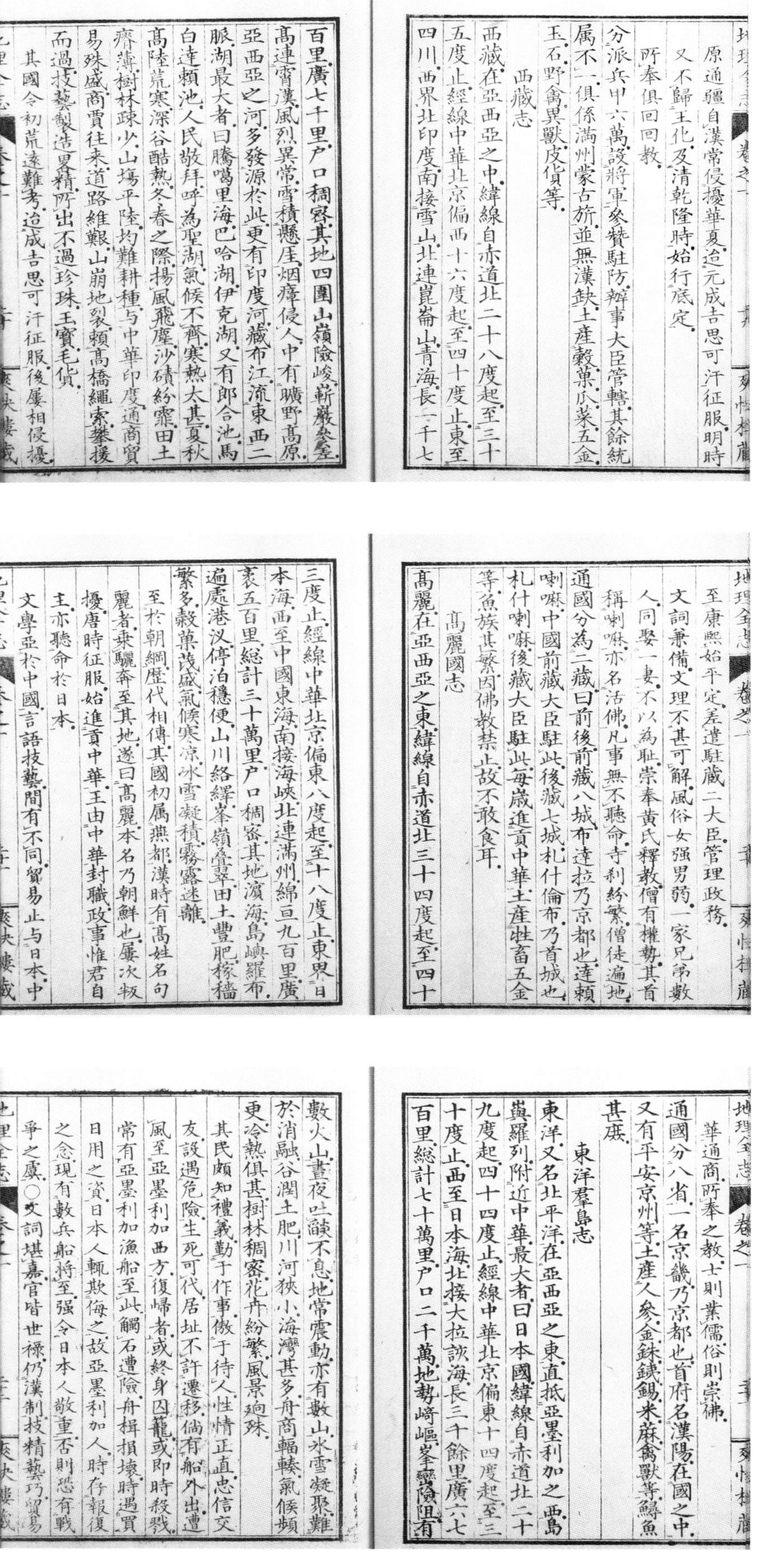

原通疆自漢常侵擾華夏迨元成吉思可汗征服明時
又不歸王化及清乾隆時始行底定
所奉俱回回教
分派兵甲六萬設將軍參贊駐防辦事大臣管轄其餘統
屬不一俱係滿州蒙古旂並無漢缺土產穀菓瓜菜五金
玉石野禽異獸皮貨等

西藏志

西藏在亞西亞之中緯線自赤道北二十八度起至三十
五度止經線中華北京偏西十六度起至四十度止東至
四川西界北印度南接雪山北連崑崙山青海長一千七
百里廣七千里户口稠密其地四圍山嶺險峻嶄巖參差
高連霄漢風烈異常雪積懸崖烟瘴侵人中有曠野高原
亞西亞之河多發源於此更有印度河藏布江流東西二
脈湖最大者曰騰噶里海巴哈湖伊克湖又有郎合池馬
白達頼池人民敬拜呼為聖湖氣候不齊寒熱太甚夏秋
高陸荒寒深谷酷熱冬春之際揚風飛塵沙磧紛霏田土
瘠薄樹林疎少山塲平陸均難耕種与中華印度通商貿
易殊盛商賈往来道路維艱山崩地裂頼高橋繩索攀援
而過技藝製造畧精所出不過珍珠玉寶毛貨
其國令初荒遠難考迨成吉思可汗征服後屢相侵擾
至康熙始平定差遣駐藏二大臣管理政務
文詞兼備文理不甚可解風俗女强男弱一家兄弟數
人同娶一妻不以為耻崇奉黄氏釋教僧有權勢其首
稱喇嘛亦名活佛凡事無不聽命寺刹紛繁僧徒遍地
通國分為二藏曰前後前藏八城布達拉乃京都也達頼
喇嘛中國前藏大臣駐此後藏七城札什倫布乃首城也
札什喇嘛後藏大臣駐此每歲進貢中華土産牲畜五金
等魚族甚繁因佛教禁止故不敢食耳

高麗國志

高麗在亞西亞之東緯線自赤道北三十四度起至四十
三度止經線中華北京偏東八度起至十八度止東界日
本海西至中國東海南接海峽北連滿州綿亘九百里廣
袤五百里総計三十萬里户口稠密其地濱海島嶼羅布
遍處港汊停泊穩便山川絡繹峯嶺疊翠田土豐肥稼穡
繁多穀菓茂盛氣候寒凉冰雪凝積霧露迷離
至於朝綱歴代相傳其國初屬燕都漢時有高姓名句
麗者乘驪奔至其地遂曰高麗本名乃朝鮮也屢次叛
擾唐時征服始進貢中華王由中華封職政事惟君自
主亦聽命於日本
文學亞於中國言語技藝間有不同貿易止与日本中
華通商所奉之教士則業儒俗則崇佛
通國分八省一名京畿乃京都也首府名漢陽在國之中
又有平安京州等土產人參金銖鐵錫米蔴禽獸等鰐魚
甚庶

東洋羣島志

東洋又名北平洋在亞西亞之東直抵亞墨利加之西島
嶼羅列附近中華最大者曰日本國緯線自赤道北二十
九度起四十四度止經線中華北京偏東十四度起至三
十度止西至日本海北接大拉訖海長三千餘里廣六七
百里総計七十萬里户口二千萬地勢崎嶇峯巒險阻有
數火山晝夜吐燄不息地常震動亦有數山冰雪凝聚難
於消融谷澗土肥川河狹小海灣甚多舟商輻輳氣候頻
更冷熱俱甚樹林稠密花卉紛繁風景迥殊
其民頗知禮義勤于作事傲于待人性情正直忠信交
友設遇危險生死可代居址不許遷移倘有船外出遭
風至亞墨利加西方復歸者或終身囚籠或即時殺戮
常有亞墨利加漁船至此觸石遭險舟揖損壞時遇買
日用之資日本人輒欺侮之故亞墨利加人時存報復
之念現有數兵船將至强令日本人敬重否則恐有戰
爭之虞○文詞堪嘉官皆世祿仍漢制技精藝巧貿易

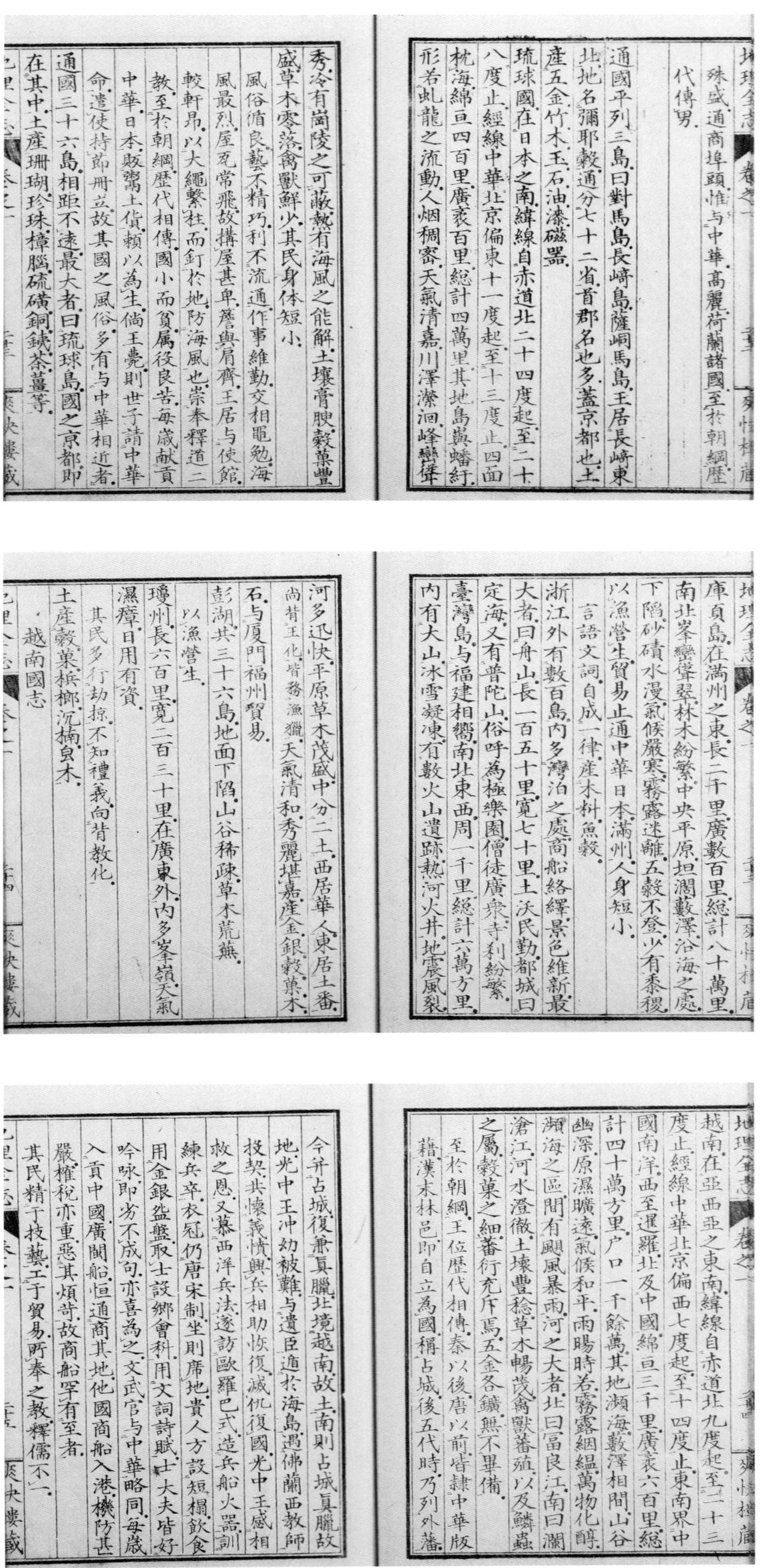

殊盛。通商埠頭惟与中華高麗荷蘭諸國。至於朝綱歷
代傳男。

通國平列三島。曰對馬島。長崎島。薩峒馬島。王居長崎東
北地名彌耶穀。通分七十二省。首郡名也多。蓋京都也。土
產五金。竹木。玉石。油漆。磁器。
琉球國在日本之南。緯線自赤道北二十四度起至二十
八度止。經線中華北京偏東十一度起至十三度止。四面
枕海。綿亘四百里。廣袤百里。總計四萬里。其地島嶼蟠紆。
形若虬龍之流動。人烟稠密。天氣清嘉。川澤瀠洄。峰巒聳
秀。冷有崗陵之可蔽。熱有海風之能解。土壤膏腴。穀菓豐
盛。草木零落。禽獸鮮少。其民身体短小。
風俗循良。藝不精巧。利不流通。作事維勤。交相黽勉。海
風最烈。屋瓦常飛。故搆屋甚卑。簷與肩齊。王居与使館
較軒昂。以大繩繫柱而釘於地。防海風也。崇奉釋道二
教。至於朝綱。歷代相傳。國小而貧。屬役良苦。每歲献貢
中華日本。販鬻土貨。賴以為生。倘王薨。則世子請中華
命。遣使持節冊立。故其國之風俗。多有与中華相近者。
通國三十六島。相距不遠。最大者曰琉球島。國之京都即
在其中。土產珊瑚。珍珠。樟腦。硫磺。銅。鉄。茶。薑等。

庫頁島在滿州之東。長二千里。廣數百里。總計八十萬里。
南北峯巒聳翠。林木紛繁。中央平原坦濶。藪澤沿海之處。
下陷砂磧。水漫氣候嚴寒。霧露迷離。五穀不登。少有黍稷。
以漁營生。貿易止通中華日本。滿州人身短小。
言語文詞自成一律。產木料魚穀。
浙江外有數百島。內多灣泊之處。商船絡繹。景色維新。最
大者曰舟山。長一百五十里。寬七十里。土沃民勤。都城曰
定海。又有普陀山。俗呼為極樂園。僧徒廣衆。寺刹紛繁。
臺灣島与福建相嚮。南北東西周一千里。總計六萬方里。
內有大山。冰雪凝凍。有數火山遺跡。熱河。火井。地震。風裂。
河多。迅快。平原草木茂盛。中分二土。西居華人。東居土番。
尚背王化。皆務漁獵。天氣清和。秀麗堪嘉。產金銀穀菓木
石。与厦門福州貿易。
彭湖共三十六島。地面下陷。山谷稀疎。草木荒蕪。
以漁營生。
瓊州長六百里。寬二百三十里。在廣東外。內多峯嶺。天氣
濕瘴。日用有資。
其民多行劫掠。不知禮義。向背教化。
越南國志
土產穀菓檳榔沉楠良木。

越南在亞西亞之東南。緯線自赤道北九度起至二十三
度止。經線中華北京偏西七度起至十四度止。東南界中
國。南洋。西至暹羅。北及中國。綿亘三千里。廣袤六百里。總
計四十萬方里。戶口一千餘萬。其地瀕海。藪澤相間。山谷
幽深。原濕曠遠。氣候和平。雨暘時若。霧露絪縕。萬物化醇。
瀕海之區。間有颶風暴雨。河之大者。北曰富良江。南曰瀾
滄江。河水澄澈。土壤豐稔。草木暢茂。禽獸蕃殖。以及鱗蟲
之屬。穀菓之細。蕃衍充斥焉。五金各鑛。無不畢備。
至於朝綱。王位歷代相傳。秦以後。唐以前。皆隸中華版
籍。漢末林邑即自立為國。稱占城。後五代時。乃列外藩。
今并占城。復兼真臘。北境越南故土。南則占城。真臘故
地。先中王沖幼被難。与遺臣逋於海島。遇佛蘭西教師
投契。共懷義憤。興兵相助。恢復滅仇。復國。光中王感相
救之恩。又慕西洋兵法。遂訪歐羅巴式。造兵船火器。訓
練兵卒。衣冠仍唐宋制。坐則席地。貴人方設短榻。飲食
用金銀盆盤。取士設鄉會科。用文詞詩賦。士大夫皆好
吟咏。即劣不成句。亦喜為之。文武官与中華略同。每歲
入貢中國。廣開船。恒通商其地。他國商船入港。稽防甚
嚴。榷稅亦重。惡其煩苛。故商船罕有至者。
其民精于技藝。工于貿易。所奉之教。釋儒不一。

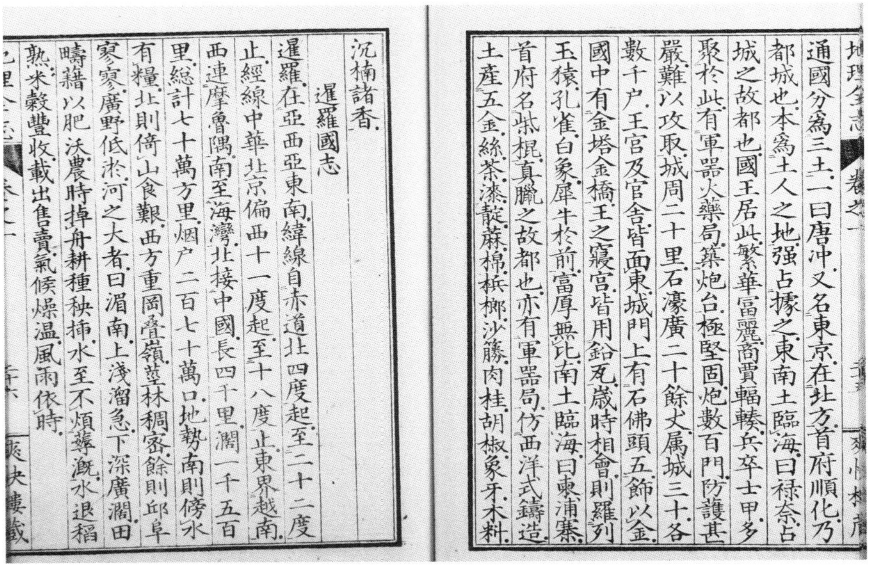

通國分為三土一曰唐冲又名東京在北方首府順化乃都城也本為土人之地強占據之東南土臨海曰禄奈古城之故都也國王居此繁華富麗商賈輻輳兵卒士甲多聚於此有軍器火藥局築炮台極堅固炮數百門防護甚嚴難以攻取城周二十里石濠廣二十餘丈属城三十各數千戸王宮及官舎皆面東城門上有石佛頭五飾以金國中有金塔金橋王之寢宮皆用鉛瓦歳時相會則羅列玉猿孔雀白象犀牛於前富厚無比南土臨海曰柬浦寨首府名羝提眞臘之故都也亦有軍器局仿西洋式鑄造土産五金絲茶漆靛麻棉檳榔沙藤肉桂胡椒象牙木料

沉楠諸香

暹羅國志

暹羅在亞西亞東南緯線自赤道北四度起至二十二度止經線中華北京偏西十一度起至十八度止東界越南西連摩魯隅南至海灣北接中國長四千里闊一千五百里総計七十萬方里烟戸二百七十萬口地勢南則傍水有糧北則倚山食艱西方重岡疊嶺菩林稠密餘則邱阜寥寥廣野低洳河之大者曰湄南上淺溜急下深廣闊田疇藉以肥沃農時掉舟耕種秧插水至不煩灌溉水退稲熟米穀豐收載出售賣氣候燥温風雨依時

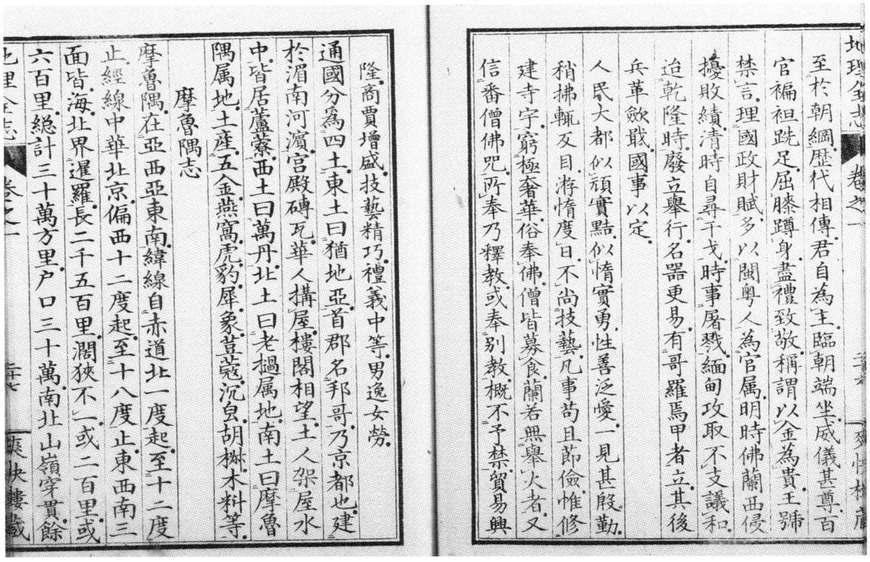

至於朝綱歴代相傳君自為主臨朝端坐威儀甚尊百官褊袒跣足屈膝蹲身盡禮致敬稱謂以金為貴王號禁言理國政財賦多以閩粤人為官属明時佛蘭西侵擾敗績清時自尋干戈時事屠戮緬甸攻取不支議和迨乾隆時廢立舉行名器更易有哥羅馬甲者立其後兵革斂戢國事以定

人民大都似頑實黠似惰實勇性善泛愛一見甚殷勤稍拂輒反目游惰度日不尚技藝凡事苟且節儉惟修建寺宇窮極奢華俗奉佛僧皆募食蘭若無舉火者又信番僧佛咒所奉乃釋教或奉別教概不予禁貿易興

隆商賈增盛技藝精巧禮義中等男逸女勞

通國分為四土東土曰猶地亞首郡名邦哥乃京都也建於湄南河濱宮殿磚瓦華人搆屋樓閣相望土人架屋水中皆居蘆蓆西土曰萬丹北土曰老撾属地南土曰摩魯隅属地土産五金燕窩虎豹犀象荳蔻沉皂胡椒木料等

摩魯隅志

摩魯隅在亞西亞東南緯線自赤道北一度起至十二度止經線中華北京偏西十二度起至十八度止東西南三面皆海北界暹羅長二千五百里闊狹不一或二百里或六百里総計三十萬方里戸口三十萬南北山嶺穿貫餘

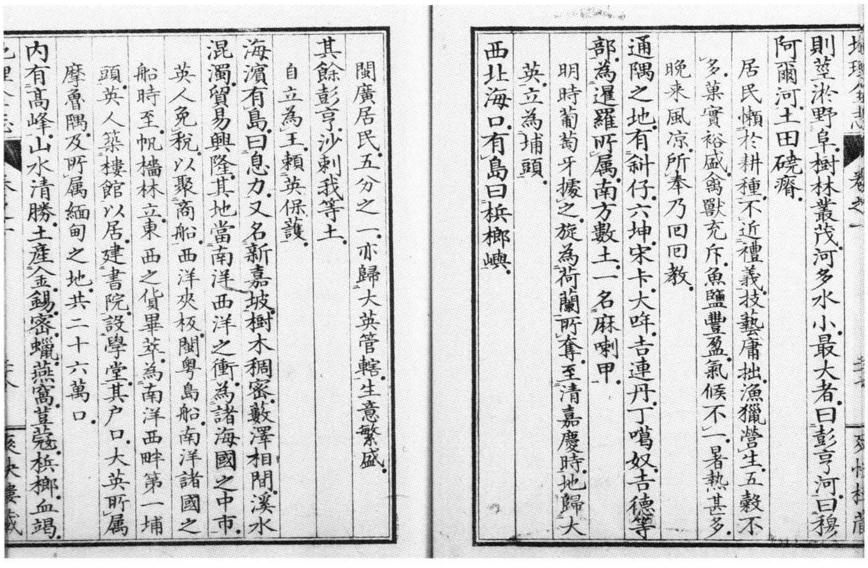

則莖淤野阜樹林叢茂河多水小最大者曰彭亨河曰穆阿爾河土田磽瘠

居民懶於耕種不近禮義技藝庸拙漁獵營生五穀不多菓實裕盛禽獸充斥魚鹽豐盈氣候不一暑熱甚多晩來風凉所奉乃回回教

通隅之地有斜仔六坤宋卡大哖吉連丹丁嘒奴吉德等部為暹羅所属南方數土一名麻喇甲

明時葡萄牙據之旋為荷蘭所奪至清嘉慶時地歸大英立為埔頭

西北海口有島曰梹榔嶼

閩廣居民五分之一亦歸大英管轄生意繁盛

其餘彭亨沙剌我等土

自立為王頼英保護

海濱有島曰息力又名新嘉坡樹木稠密藪澤相間溪水混濁貿易興隆其地當南洋西洋之衝為諸海國之中市英人免稅以聚商船西洋夾板閩粤島船南洋諸國之船時至帆檣林立東西之貨畢萃為南洋西畔第一埔頭英人築樓館以居建書院設學堂其戸口大英所属

摩魯隅及所属緬甸之地共二十六萬口

内有高峰山水清勝土産金錫蜜蠟燕窩荳蔻檳榔血竭

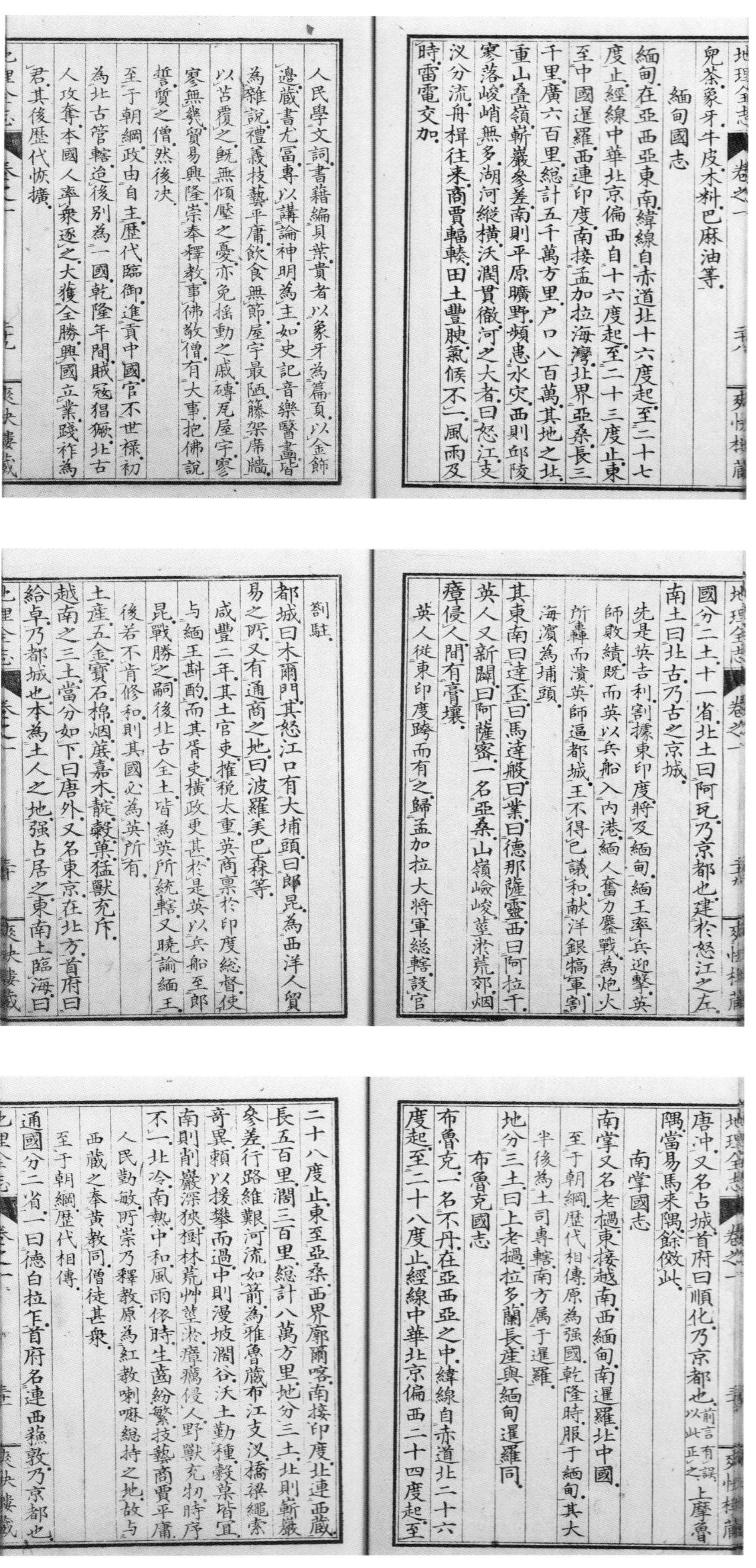
地理全志　卷之一

兒茶。象牙。牛皮。木料。巴麻油等。
緬甸國志
緬甸在亞西亞東南。緯線自赤道北十六度起至二十七
度止。經線中華北京偏西自十六度起至二十三度止。東
至中國暹羅。西連印度。南接孟加拉海灣。北界亞桑。長三
千里。廣六百里。總計五千萬方里。戸口八百萬。其地之北。
重山疊嶺。嶄巖參差。南則平原曠野。頻患水災。西則邱陵
寥落。峻峭無多。湖河縱横。沃潤貫徹。河之大者。曰怒江。支
汊分流。舟楫往來。商賈輻輳。田土豊腴。氣候不一。風雨及
時。雷電交加。

人民學文詞。書籍編貝葉。貴者以象牙為篇頁。以金飾
邊。藏書尤富。專以講論神明為主。如史記音樂醫畫。皆
為雜說。禮義技藝平庸。飲食無節。屋宇最陋。籐架席牆。
以苫覆之。既無傾壓之憂。亦免搖動之戚。磚瓦屋宇。寥
寥無幾。貿易興隆。崇奉釋教。事佛敬僧。有大事。抱佛說
誓。質之僧。然後決。
至于朝綱。政由自主。歷代臨御。進貢中國。官不世祿。初
為北古管轄。迨後別為一國。乾隆年間。賊寇猖獗。北古
人攻奪本國。人率衆逐之。大獲全勝。興國立業。踐祚為
君。其後歷代恢擴。

地理全志　卷之一

國分二十土十一省。北土曰阿瓦。乃京都也。建於怒江之左。
南土曰北古。乃古之京城。
先是英吉利。割據東印度。將及緬甸。緬王率兵迎擊。英
師敗績。既而英以兵船入内港。緬人奮力鏖戰。為炮火
所轟而潰。英師逼都城。王不得已議和。献洋銀犒軍。割
海濱為埔頭。
其東南曰達歪。曰馬達般。曰業。曰德那薩靈。西曰阿拉干。
英人又新闢曰阿薩密。一名亞桑。山嶺崄峻。埜淤荒郊。烟
瘴侵人。間有膏壤。
英人從東印度跨而有之。歸孟加拉大將軍總轄。設官

劄駐。
都城曰木爾門。其怒江口有大埔頭。曰郎昆。為西洋人貿
易之所。又有通商之地。曰波羅美巴森等。
咸豐二年。其土官吏摧税太重。英商禀於印度總督。使
与緬王斟酌。而其胥吏横政更甚。於是英以兵船至郎
昆。戰勝之。嗣後北古全土。皆為英所統轄。又曉諭緬王。
後若不肯修和。則其國必為英所有。
土産五金。寶石。棉。烟。蕨。嘉木。靛。穀菓。猛獸充斥。
越南之三土。當分如下。曰唐外。又名東京。在北方。首府曰
給卓。乃都城也。本為土人之地。强占居之。東南土臨海。曰

地理全志　卷之一

唐沖。又名占城。首府曰順化。乃京都也。前言有誤。以此正之。上摩會
隅。當易馬来隅。餘傚此。
南掌國志
南掌又名老撾。東接越南。西緬甸。南暹羅。北中國。
至于朝綱。歷代相傳。原為强國。乾隆時。服于緬甸。其大
半後為土司專轄。南方屬于暹羅。
地分三土。曰上老撾。拉多蘭。長産與緬甸暹羅同。
布魯克國志
布魯克。一名不丹。在亞西亞之中。緯線自赤道北二十六
度起至二十八度止。經線中華北京偏西二十四度起至

二十八度止。東至亞桑。西界廓爾喀。南接印度。北連西藏。
長五百里。濶三百里。總計八萬方里。地分三土。北則嶄巖
參差。行路維艱。河流如箭。為雅魯藏布江支汊。橋梁繩索
奇異。賴以援攀而過。中則漫坡濶谷。沃土勤種。穀菓皆宜。
南則削巖深狹。樹林荒艸。埜淤瘴癘。侵人。野獸充牣。時序
不一。北冷。南熱。中和。風雨依時。生齒紛繁。技藝商賈平庸。
人民勤敏。所崇乃釋教。原為紅教喇嘛總持之地。故与
西藏之奉黃教同。僧徒甚衆。
至于朝綱。歷代相傳。
通國分二省。一曰德白拉乍。首府名連西蕪敦。乃京都也。

一曰比斯尼首府同名土產棉花大黃黑金紋石馬牛甚峻麗

廓爾喀國志

廓爾喀本名尼伯爾廓爾喀為別部城名地當孔道貿易紛繁故其名獨著在印度東北緯線自赤道北二十六度起至三十一度止經線中華北京偏西二十八度起至三十六度止東西南皆界英之孟加拉亞加拉屬部東至哲孟雄北毘連後藏長三百五十里寬一千五百里總計十五萬方里户口二百五十萬地形狹長幅員非廣北境雪山嶔崎谽谺峻摩霄漢中藏川谷終年積雪烟瘴人觸之則疫河之大者曰根德曰庫西田土肥沃

居民游牧耕種文詞禮義堪嘉强狠多力面色尚不甚黑俗崇佛教紅黄喇嘛不操大權

原本國舊分三部康熙年併一國英人於滅孟加拉時乘勝脅攻諸部皆降獨尼伯爾血戰保守禦敵未遭蠶食且屢屢攻英屬部乾隆年間侵擾後藏大掠札什倫布中國勁軍征之累戰克捷逼其都城英人亦乗釁擾其邊廓夷震恐遂降於中華五年一貢由四川北上嘉慶時与英交訌屢次搆兵互有勝負後尼伯爾以南極地歸英乃平和

國分九部曰尼伯爾首城名加德滿都其京都也宮室輝煌屋宇輪奐街衢喧闐城市雄壯曰念四汗首城名廓爾喀曰念二汗曰馬各王不爾曰㚇拉德斯曰加當曰札言不爾曰薩巴帶曰歴隆土產麥穀甘蔗棉花丹參肉蔻等

印度國志

印度在亞西亞之南緯線自赤道北八度起至三十四度止經線中華北京偏西二十四度起至四十九度止東連緬甸孟加拉海灣西接阿富汗俾爾芝阿剌伯海南至印度洋北界西藏長六千里濶或六千里或數百里總計之方三百五十萬里户口一萬五千萬其地北境有雪山高凌霄漢東西南山巒環繞中間數千里悉屬高原界之西北有沙磧餘則廣野淤澤河之大者東北曰恒河藏布江東曰哥達惟利河吉斯德那河西北曰印度河西曰逆埔他河加惟利河氣候迥殊寒暑各異迤北則凉燠咸宜迤南則炎熇殊甚田土腴瘠林翳草叢禽獸蕃衍

居民錯處不一其類其人身短色黝面扁顴高姣好者絶少外尚柔和内懷私意似頑惰實黠勇自以為是好商務遠昔時文學礼義彬彬然稱望國今則久已荒棄矣然古建宮殿宏麗炮台堅固各方猶存商旅往来肩摩轂擊製器精巧絶倫其地為象教從出著名已久

至于朝綱後漢始通中國唐時常入貢宋時為回部侵割元起北方括地西南太祖征服西北印度至憲宗復征服中印度分王其地由是五印度為蒙古別部明嘉靖時莫卧尓攻取中印度立國於此其勢甚張崇向黜佛諸部無不投誠久而凌夷時被侵伐宏治時葡萄牙航海至印度之孟買開港建城通市致富荷蘭妬之以兵船攻奪其地設立埔頭獲利數十年清初英國公會遣商駕舟至印度之孟加拉築炮台建客館有公司統管乾隆二十年孟加拉執英人囚之於獄英以兵攻之遂取孟加拉乗勢進擊諸部力弱心渙各潰而奔或為英取或聽英置吏僅擁空名或受役屬為藩國由是印度全土歸大英轄者十之九英人設立官長公會与英之大臣議凡英人三萬曰額兵或屬公會或屬英君土人二十萬曰叙跛兵俱歸公司總轄其餉均出公會

大英所屬之地分為三焉一曰孟加拉在印度東北大河環流足資灌漑曠野綿邈皆萑淤之區土壤膏腴樹林叢雜蠻烟瘴雨犯之必致疾疫會城曰加爾各搭建於恒河之濱舘舎宏敞城垣鞏固園亭則麗如散綺樓閣則皎如白雪艘船儹至帆檣林立

其商賈之往来貿易之繁盛為印度之最英之總鎮駐

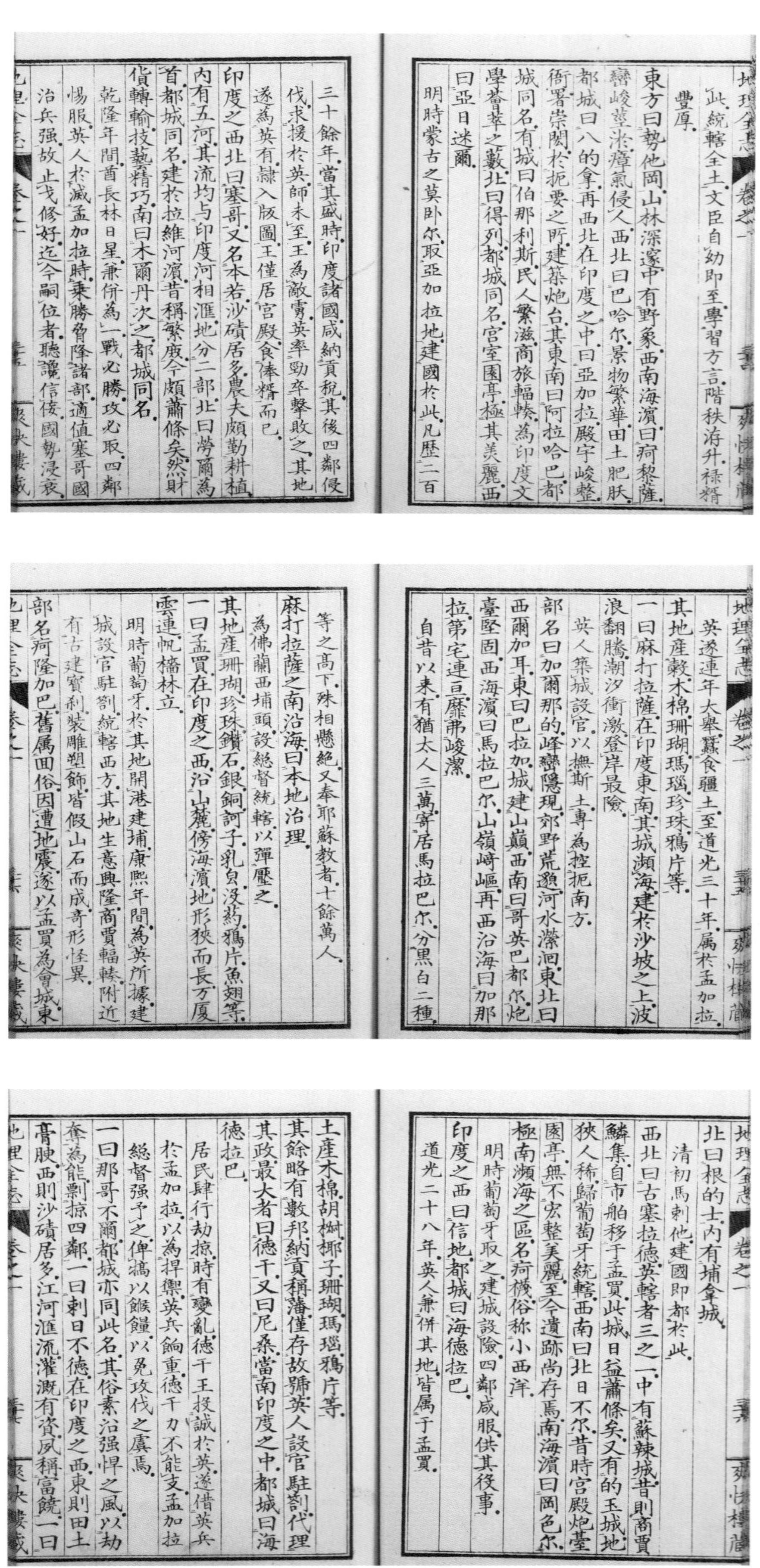

此統轄全土文臣自幼即至學習方言階秩洊升祿糈豐厚
東方曰勢他岡山林深邃中有野象西南海濱曰痾黎薩巒峻埜淤瘴氣侵人西北曰巴哈尔景物繁華田土肥膄都城曰八的拿再西北在印度之中曰亞加拉殿宇峻整衙署崇閎於扼要之所建築炮台其東南曰阿拉哈巴都城同名有城曰伯那利斯民人繁滋商旅輻輳為印度文學薈萃之藪北曰得列都城同名宮室園亭極其美麗西曰亞日迷爾
明時蒙古之莫卧尔取亞加拉地建國於此凡歷二百三十餘年當其盛時印度諸國咸納貢稅其後四鄰侵伐求援於英師未至王為敵虜英率勁卒擊敗之其地遂為英有隸入版圖王僅居宮殿食俸糈而已
印度之西北曰塞哥又名本若沙磧居多農夫頗勤耕植內有五河其流均与印度河相滙地分二部北曰勞爾為首都城同名建於拉維河濱昔稱繁庶今頗蕭條矣然財貨轉輸技藝精巧南曰木爾丹次之都城同名
乾隆年間酋長林日星兼併為一戰必勝攻必取四鄰慴服英人於滅孟加拉時乘勝脅降諸部適值塞哥國治兵强故止戈修好迄今嗣位者聽讒信佞國勢浸衰

英遂連年大舉蠶食疆土至道光三十年屬於孟加拉
其地產穀木棉珊瑚瑪瑙珍珠鴉片等
一曰麻打拉薩在印度東南其城瀕海建於沙坡之上波浪翻騰潮汐衝激登岸最險
英人築城設官以撫斯土專為控扼南方
部名曰加爾那的峰巒隱現郊野荒邈河水瀠洄東北曰西爾加耳東曰巴拉加城建山巔西南曰哥英巴都尔炮臺堅固西海濱曰馬拉巴尔山嶺崎嶇再西沿海曰加那拉第宅連亘靡弗峻潔
自昔以来有猶太人三萬寄居馬拉巴尔分黑白二種等之高下殊相懸絶又奉耶蘇教者十餘萬人
麻打拉薩之南沿海曰本地治理
為佛蘭西埔頭設總督統轄以彈壓之
其地產珊瑚珍珠鑽石銀銅訶子乳皁沒葯鴉片魚翅等
一曰孟買在印度之西沿山麓傍海濱地形狭而長万廈雲連帆檣林立
明時葡萄牙於其地開港建埔康熙年間為英所據建城設官駐劄統轄西方其地生意興隆商賈輻輳附近
有古建寶刹裝雕塑飾皆假山石而成奇形怪異
部名痾隆加巴舊屬回俗因遭地震遂以孟買為會城東

北曰根的士內有埔拿城
清初馬剌他建國即都於此
西北曰古塞拉德英轄者三之一中有蘇辣城昔則商賈鱗集自市舶移于孟買此城日益蕭條矣又有的玉城地狭人稀歸葡萄牙統轄西南曰北日不尔昔時宮殿炮臺園亭無不宏整美麗至今遺跡尚存焉南海濱曰岡色尔極南瀕海之區名痾機俗称小西洋
明時葡萄牙取之建城設險四鄰咸服供其役事
印度之西曰信地都城曰海德拉巴
道光二十八年英人兼併其地皆屬于孟買土產木棉胡椒椰子珊瑚瑪瑙鴉片等
其餘略有數邦納貢稱藩僅存故號英人設官駐劄代理其政最大者曰德干又曰尼桑當南印度之中都城曰海德拉巴
居民肆行劫掠時有變亂德干王投誠於英遂借英兵於孟加拉以為捍禦英兵餉重德干力不能支孟加拉總督强予之俾藕以餱饍以免攻伐之虞焉
一曰那哥不爾都城亦同此名其俗素沿强悍之風以劫奪為能剽掠四鄰一曰剌日不德在印度之西東則田土膏腴西則沙磧居多江河滙流灌漑有資夙稱富饒一曰

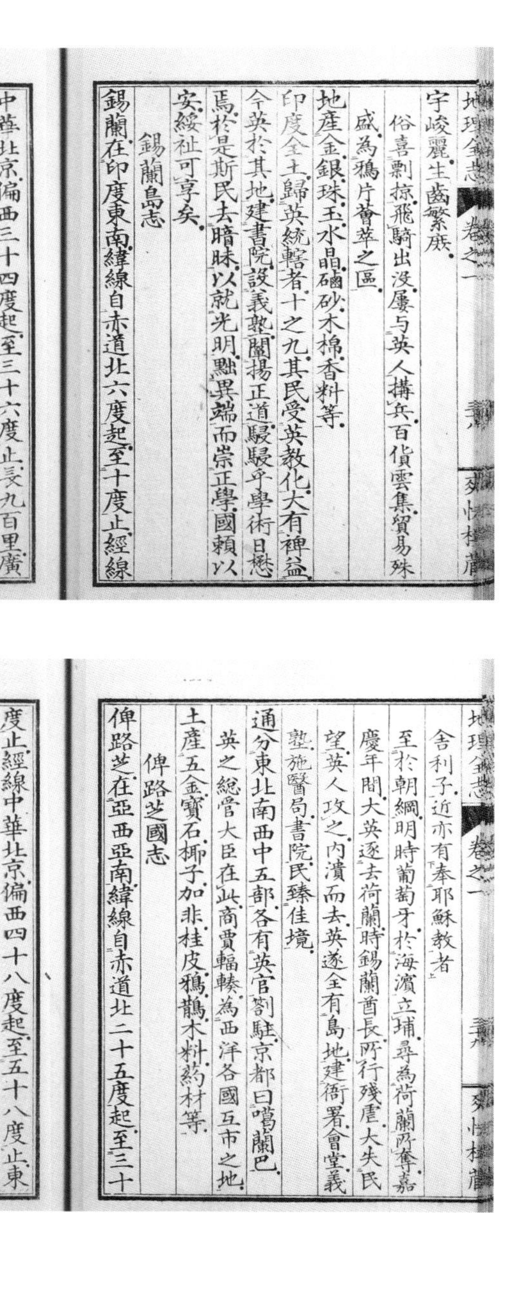

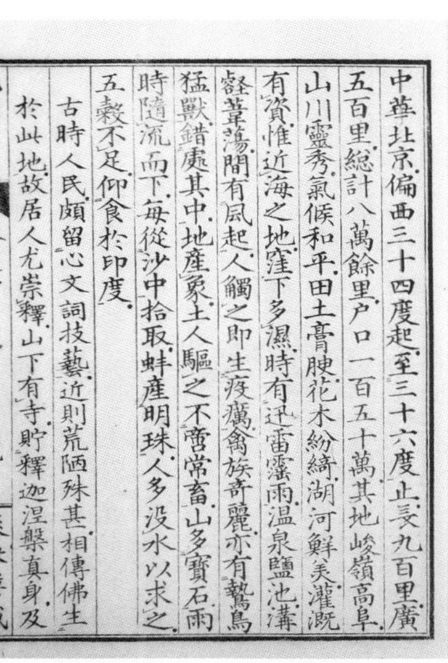

賣索在印度之南素為雄國焉其民力於農事樂於戰鬪
都城曰西令巴登內築營壘極為堅固以屯軍士通商之
地曰邦加羅耳一曰烏德在印度東北都城曰盧各腦一
曰古的日在印度西三面環海俗喜寇掠素稱盜藪一曰
古尼加尔都城曰巴羅達一曰薩德拉在德干西南都城
亦以此名通商之地曰哥拉不尔一曰達拉王哥尔在印
度極南都城曰的里灣德棱一曰邦德尔干在印度中各
分部落諸酋統轄首郡曰札德尔不耳一曰波保耳在印
度中首郡同名一曰哲孟雄在印度北界尼泊尔布魯克
巴之間毘連前藏壤地褊小以上數國皆自乾隆中年至

道光初年為英所據一曰克什米尔在印度極北山峯環
拱地多深谷土壤甚腴有溝渠以資灌溉穀菓豐稔
俗尚繁華民為商賈利於遠行無出門惘惘之態所出
羊毛氈貨為天下最
宋時自立為國後為阿富汗塞哥所取時相迫脅政猛
如虎克什米尔不能堪道光三十年英以兵取塞哥遂
為英之屬國
印度自立之國惟新的亞在印度之中地形曲折迴環不
相聯絡錯落于別國疆域之中四面皆与英屬部落繡壤
相錯首城加利耳乃京都也建于平原之上砲台堅固屋

宇峻麗生齒繁庶
俗喜剽掠飛騎出沒屢与英人搆兵百貨雲集貿易殊
盛為鴉片薈萃之區
地產金銀珠玉水晶硇砂木棉香料等
印度全土歸英統轄者十之九其民受英教化大有裨益
今英於其地建書院設義塾闡揚正道駸駸乎學術日懋
焉於是斯民去暗昧以就光明黜異端而崇正學國賴以
安綏祉可享矣
錫蘭島志
錫蘭在印度東南緯線自赤道北六度起至十度止經線

中華北京偏西三十四度起至三十六度止袤九百里廣
五百里總計八萬餘里戶口一百五十萬其地峻嶺高阜
山川靈秀氣候和平田土膏腴花木紛綺湖河鮮美灌溉
有資惟近海之地窪下多濕時有迅雷靈雨溫泉鹽池藩
鬱葦蕩間有風起人觸之即生疫癘禽族奇麗亦有鷙鳥
猛獸錯處其中地產象土人驅之不啻常畜山多寶石雨
時隨流而下每從沙中拾取蚌產明珠人多没水以求之
五穀不足仰食於印度
古時人民頗留心文詞技藝近則荒陋殊甚相傳佛生
於此地故居人尤崇釋山下有寺貯釋迦涅槃真身及

舍利子近亦有奉耶穌教者
至於朝綱明時葡萄牙於海濱立埔尋為荷蘭所奪嘉
慶年間大英逐去荷蘭時錫蘭酋長所行殘虐大失民
望英人攻之內潰而去英遂全有島地建衙署會堂義
塾施醫局書院民臻佳境
通分東北南西中五部各有英官劄駐京都曰噶蘭巴
英之總管大臣在此商賈輻輳為西洋各國互市之地
土產五金寶石椰子加非桂皮鴉鵲木料約材等
俾路芝國志
俾路芝在亞西亞南緯線自赤道北二十五度起至三十

度止經線中華北京偏西四十八度起至五十八度止東
至印度西接波斯南臨阿剌伯海北距阿富汗長二千里
廣一千里總計之方六十萬里人民二百萬口其地東南
崗巒重疊森秀方狀餘則郊原平坦砂磧曠遠時多暴風
犯之必致疫癘氣候殊熱冬時稍覺和煦河流甚淺夏日
常涸田土磽瘠五穀不豐林木鮮少禽獸蕃殖
其地居民略有二種言語風俗迥相殊異或尚畋獵好
逸惡勞時有報復之志或力務牧勤耕耘待人以忠存
心以厚所製器皿不甚精巧皆奉回教
至于朝綱不設君位各歸酋長統轄國小而強習於戰

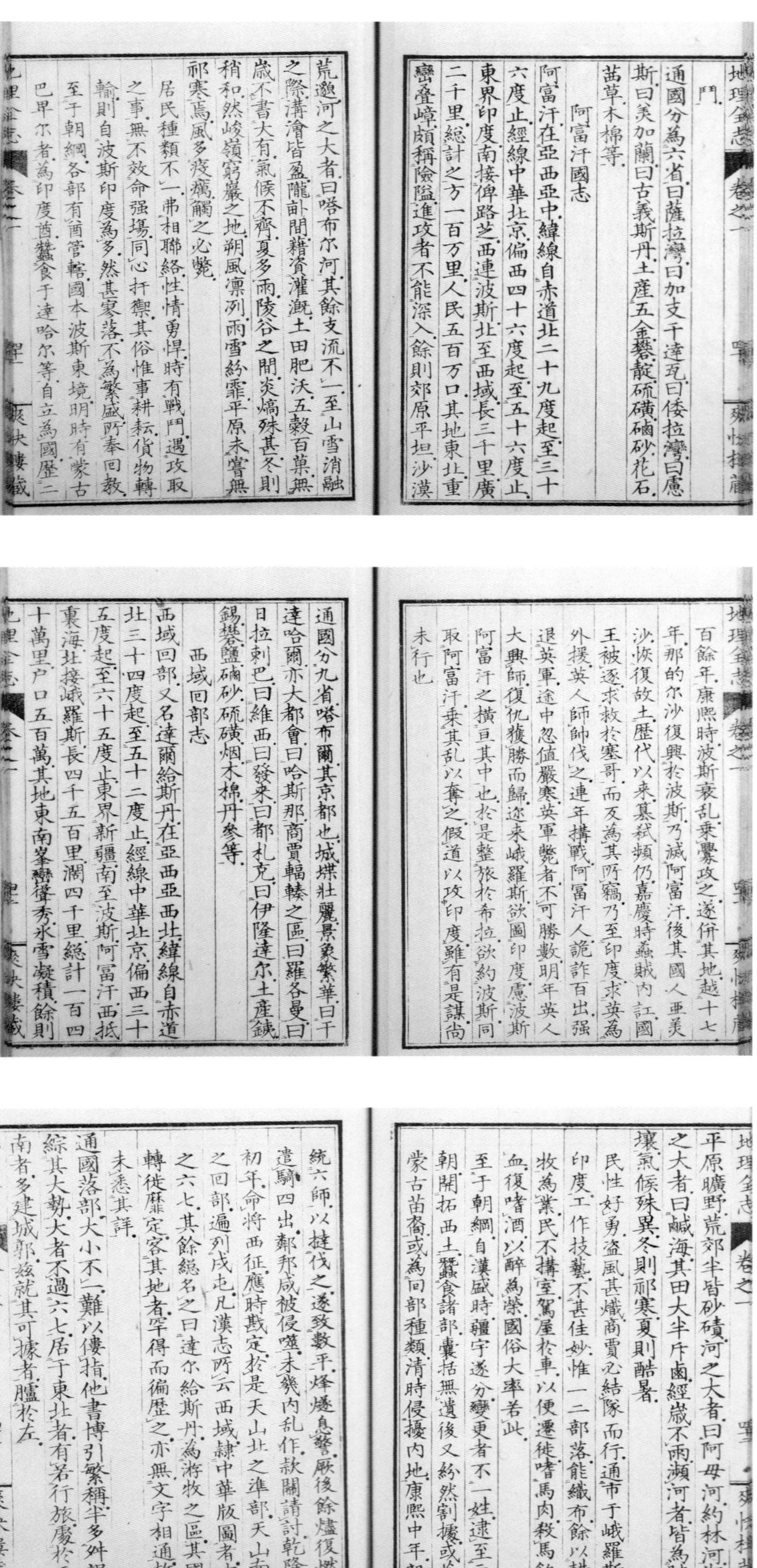

門。

通國分爲六省、曰薩拉灣、曰加支干達丸、曰倭拉灣、曰慮斯、曰美加蘭、曰古義斯丹。土產五金、礬靛、硫磺、硇砂、花石、苗草、木棉等。

阿富汗國志

阿富汗在亞西亞中、緯線自赤道北二十九度起至三十六度止、經線中華北京偏西四十六度起至五十六度止。東界印度、南接俾路芝、西連波斯、北至西域、長三千里、廣二千里、總計之方一百万里、人民五百万口。其地東北重巒叠嶂、顛稱險隘、進攻者不能深入、餘則郊原平坦、沙漠荒邈。河之大者曰喀布尔河、其餘支流不一、至山雪消融之際、溝澮皆盈、隴畝間藉資灌溉、土田肥沃、五穀百菓無歲不書大有。氣候不齊、夏多雨、陵谷之間炎熇殊甚、冬則稍和。然峻嶺窮巖之地、朔風凜冽、雨雪紛霏、平原未嘗無祁寒焉。風多疫癘、觸之必斃。

居民種類不一、弗相聯絡、性情勇悍、時有戰鬥、遇攻取之事、無不效命疆埸、同心扞禦。其俗惟事耕耘、貨物轉輸則自波斯印度爲多、然其寥落不爲繁盛。所奉回教。

至于朝綱、各部有酋管轄。國本波斯東境、明時有蒙古巴里尔者、爲印度酋、蠶食于達哈尔等、自立爲國、歷二百餘年。康熙時、波斯衰乱、乘釁攻之、遂併其地、越十七年、那的尔沙復興於波斯、乃滅阿富汗。後其國人亞美沙恢復故土、歷代以来、篡弒頻仍。嘉慶時、蟊賊内訌、國王被逐、求救於塞哥、而反爲其所竊、乃至印度求英爲外援。英人師帥伐之、連年搆戰、阿富汗人詭詐百出、强退英軍、途中忽值嚴寒、英軍斃者不可勝數。明年、英人大興師、復仇獲勝而歸。迩来峨羅斯欲圖印度、慮波斯阿富汗之梗亘其中也、於是整旅於希拉、欲約波斯同取阿富汗、乘其乱以奪之、假道以攻印度、雖有是謀、尚未行也。

通國分九省、喀布爾其京都也、城堞壯麗、景象繁華。曰干達哈爾、亦大都會、曰哈斯那、商賈輻輳之區。曰羅各曼、曰日拉剌巴、曰維西、曰發来、曰都札克、曰伊隆達尔。土產鐵、錫、礬、鹽、硇砂、硫磺、烟、木棉、丹參等。

西域回部志

西域回部、又名達爾給斯丹、在亞西亞西北、緯線自赤道北三十四度起至五十二度止、經線中華北京偏西三十五度起至六十五度止。東界新疆、南至波斯阿富汗、西抵裏海、北接峨羅斯、長四千五百里、濶四千里、總計一百四十萬里、户口五百萬。其地東南峯巒聳秀、氷雪凝積、餘則平原曠野、荒郊半皆砂磧。河之大者、曰阿母河、約林河、湖之大者、曰鹹海。其田大半斥鹵、經歲不雨、瀕河者皆爲腴壤。氣候殊異、冬則祁寒、夏則酷暑。

民性好勇、盜風甚熾、商賈必結隊而行、通市于峨羅斯印度。工作技藝不甚佳妙、惟一二部落能織布、餘以耕牧爲業。民不搆室、驾屋於車、以便遷徙、嗜馬肉、殺馬飲血、復嗜酒、以醉爲榮。國俗大率若此。

至于朝綱、自漢盛時、疆宇遂分、變更者不一姓。逮至元朝、開拓西土、蠶食諸部、囊括無遺。後又紛然割據、或爲蒙古苗裔、或爲回部種類。清時侵擾内地、康熙中年親統六師以撻伐之、遂致數平、烽燧息警。厥後餘燼復燃、遣騎四出、鄰邦咸被侵噬。未幾内乱作、款關請討。乾隆初年、命將西征、應時戡定、於是天山北之準部、天山南之回部、遍列戍屯。凡漢志所云西域隸中華版圖者十之六七、其餘總名之曰達尔給斯丹、爲游牧之區。其國轉徙靡定、客其地者罕得而徧歷之、亦無文字相通、故未悉其詳。

通國落部大小不一、難以僂指。他書博引繁稱、半多舛誤。綜其大勢、大者不過六七、居于東北者有名行旅、處於西南者多建城郭、兹就其可據者臚於左。

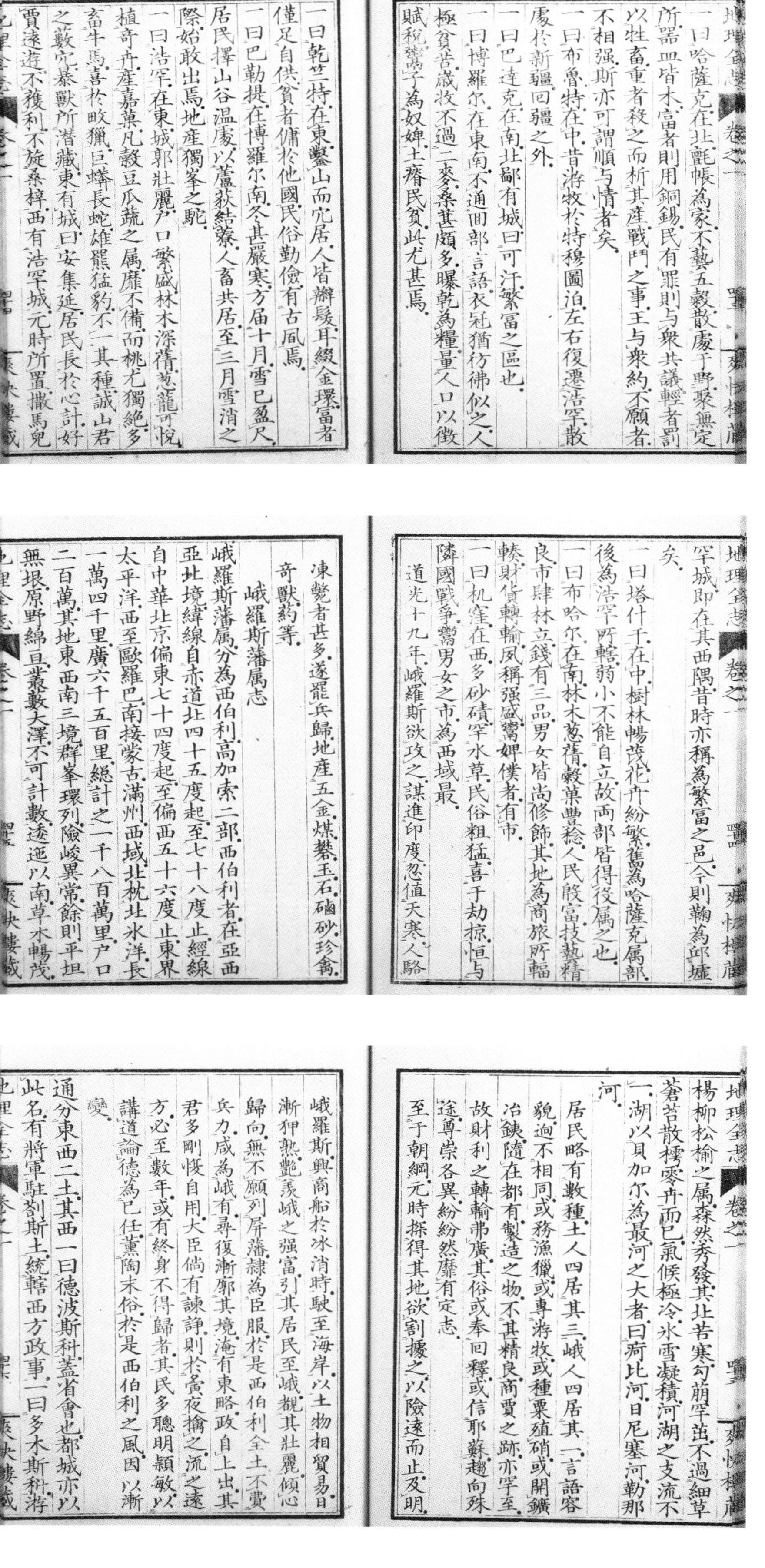

一曰哈薩克在北氈帳為家不藝五穀散處于野聚無定所器皿皆木富者則用銅錫民有罪則与衆共議輕者罰以牲畜重者殺之而析其產戰鬥之事王与衆約不願者不相强斯亦可謂順与情者矣

一曰布魯特在中昔游牧於特穆圖泊左右復遷浩罕散處於新疆回疆之外

一曰巴達克在南北鄙有城曰可汗繁富之區也

一曰博羅尔在東南不通回部言語衣冠猶彷彿似之人極貧苦歳收不過二麥桑葚頗多曝乾為糧量人口以徵賦稅鬻子為奴婢土瘠民貧此尤甚焉

一曰乾竺特在東鑿山而宂居人皆辮髮耳綴金環富者僅足自供貧者傭於他國民俗勤儉有古風焉

一曰巴勒提在博羅尔南冬甚嚴寒方届十月雪已盈尺居民擇山谷温處以蘆荻結寮人畜共居至三月雪消之際始敢出焉地產獨峯之駝

一曰浩罕在東城郭壯麗户口繁盛林木深蒨葱蘢可悅植奇卉產嘉菓凡穀豆瓜蔬之属靡不備而桃尤獨絶多畜牛馬喜於畋獵巨蟒長蛇雄熊猛豹不一其種誠山君之藪宂暴獸所潛藏東有城曰安集延居民長於心計好賈遠遊不獲利不旋桑梓西有浩罕城元時所置撒馬兒罕城即在其西隅昔時亦稱為繁富之邑今則鞠為邱墟矣

一曰塔什干在中樹林暢茂花卉紛繁舊為哈薩克属部後為浩罕所轄弱小不能自立故两部皆得役属之也

一曰布哈尔在南林木葱蒨穀菓豐稔人民殷富技藝精良市肆林立錢有三品男女皆尚修飾其地為商旅所輻輳財貨轉輸夙稱强盛鬻婢僕者有市

一曰机窪在西多砂磧罕水草民俗粗猛喜于劫掠恒与隣國戰爭鬻男女之市為西域最

道光十九年峩羅斯欲攻之謀進印度忽值天寒人駱凍斃者甚多遂罷兵歸地產五金煤礬玉石硇砂珍禽奇獸豹等

峩羅斯藩属志

峩羅斯藩属分為西伯利高加索二部西伯利者在亞西亞北境緯線自赤道北四十五度起至七十八度止經線自中華北京偏東七十四度起至偏西五十六度止東界太平洋西至歐羅巴南接蒙古滿州西域北枕北氷洋長一萬四千里廣六千五百里總計之一千八百萬里户口二百萬其地東西南三境群峯環列險峻異常餘則平坦無垠原野綿亘叢藪大澤不可計數遠延以南草木暢茂楊柳松榆之属森然秀發其北苦寒句萌罕茁不過細草菩苔散穫零卉而已氣候極冷氷雪凝積河湖之支流不一湖以貝加尔為最河之大者曰鄂比河曰尼塞河勒那河

居民略有數種土人四居其三峩人四居其一言語容貌迥不相同或務漁獵或事游牧或種粟殖硝或開鑛冶鍊隨在都有製造之物不甚精良商賈之跡亦罕至故財利之轉輸弗廣其俗或奉回釋或信耶蘇趨向殊途尊崇各異紛紛然靡有定志

至于朝綱元時掠得其地欲割據之以險遠而止及明峩羅斯與商船於氷消時駛至海岸以土物相貿易日漸狎熟艷羨峩之强富引其居民至峩覲其壯麗傾心歸向無不願列屏藩隷為臣服於是西伯利全土不費兵力咸為峩有尋復漸鄭其境淹有東略政自上出其君多剛愎自用大臣倘有諫諍則於黄夜擒之流之遠方必至數年或有終身不得歸者其民多聰明穎敏以講道論徳為己任薫陶末俗於是西伯利之風因以漸變

通分東西二土其西一曰徳波斯科蓋省會也都城亦以此名有將軍駐劄斯土統轄西方政事一曰多木斯科游

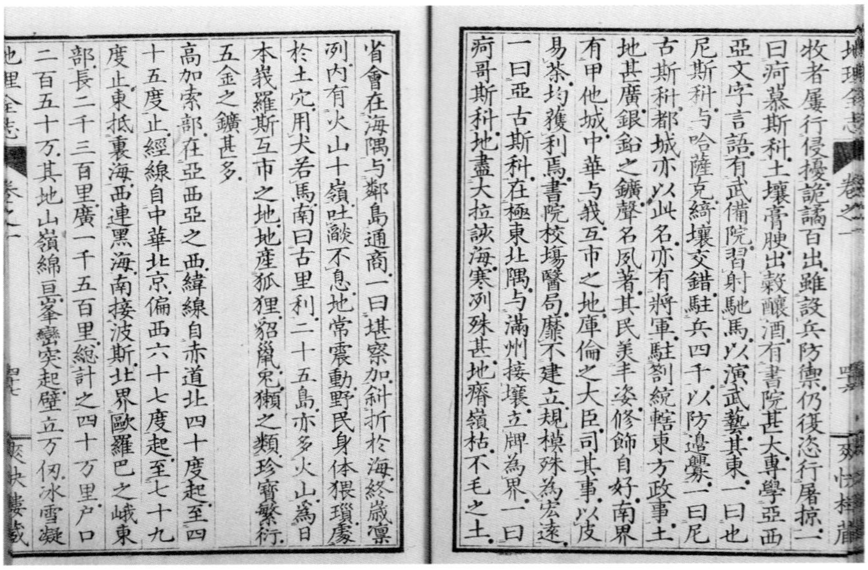

牧者屢行侵擾說謊百出雖設兵防禦仍復恣行屠掠一曰疴慕斯科土壤膏腴出穀釀酒有書院甚大專學亞西亞文字言語有武備院習射馳馬以演武藝其東一曰也尼斯科与哈薩克綺壤交錯駐兵四千以防邊釁一曰尼古斯科都城亦以此名亦有將軍駐劄統轄東方政事土地甚廣銀鉛之鑛聲名夙著其民美丰姿修飾自好南界有甲他城中華与我互市之地庫倫之大臣司其事以皮易茶均獲利焉書院校場醫局靡不建立規模殊為宏遠一曰亞古斯科在極東北隅与滿州接壤立牌為界一曰疴哥斯科地盡大拉詼海寒冽殊甚地瘠嶺枯不毛之土省會在海隅与鄰島通商一曰堪察加斜圻於海終歲凜冽内有火山十嶺吐燄不息地常震動野民身体猥瑣處於土穴用犬若馬南曰古里利二十五島亦多火山為日本我羅斯互市之地地產狐狸貂鼠兎獺之類珍寶繁衍五金之鑛甚多

高加索部在亞西亞之西緯線自赤道北四十度起至四十五度止經線自中華北京偏西六十七度起至七十九度止東抵裏海西連黑海南接波斯北界歐羅巴之峨東部長二千三百里廣一千五百里總計之四十万里戸口二百五十万其地山嶺綿亘峯巒突起壁立万仞冰雪凝積墜必傷人漸流甚急道途泥濘潮濕之氣觸之致疫間有平原寥濶地多斥鹵火山遺跡尚存温泉鹹湖襟帶其間地内恒出石醬石漆小山吐垷地常震動河之大者曰固爾河曰阿拉斯河皆流入裏海田土膏腴穀菓蕃蕪氣候温和人安物阜

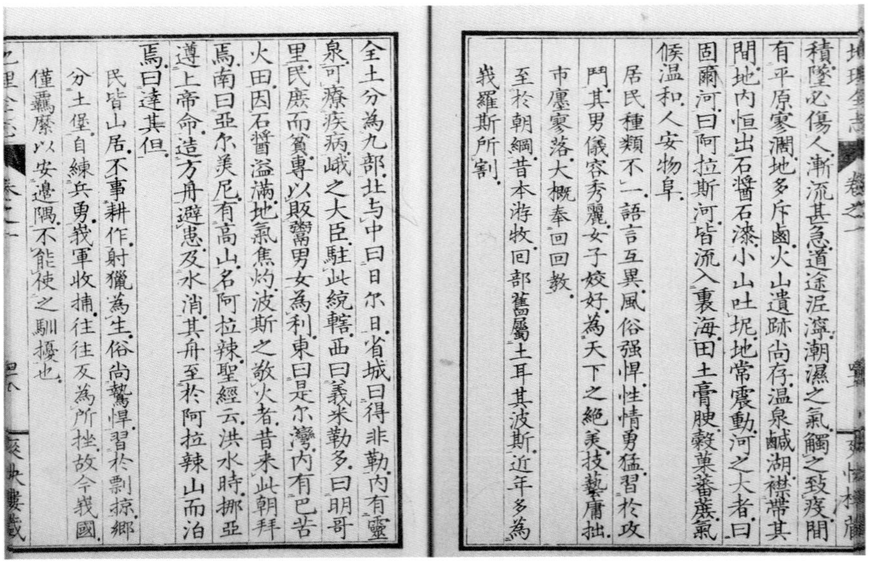

居民種類不一語言互異風俗强悍性情勇猛習於攻鬥其男儀容秀麗女子姣好為天下之絶美技藝庸拙市廛寥落大概奉回回教

至於朝綱昔本游牧回部舊屬土耳其波斯近年多為我羅斯所割全土分為九部北与中曰日尔日省城曰得非勒内有靈泉可療疾病峨之大臣駐此統轄西曰義米勒多曰眀哥里民庶而貧專以販鬻男女為利東曰是尔灣内有巴若火田因石醬溢滿地氣焦灼波斯之敬火者昔來此朝拜焉南曰亞尔美尼有高山名阿拉辣聖經云洪水時挪亞遵上帝命造方舟避患及水消其舟至於阿拉辣山而泊焉曰達其但

民皆山居不事耕作射獵為生俗尚鷙悍習於剽掠鄉分土堡自練兵勇我軍收捕往往反為所挫故今我國僅羈縻以安邊隅不能使之馴擾也

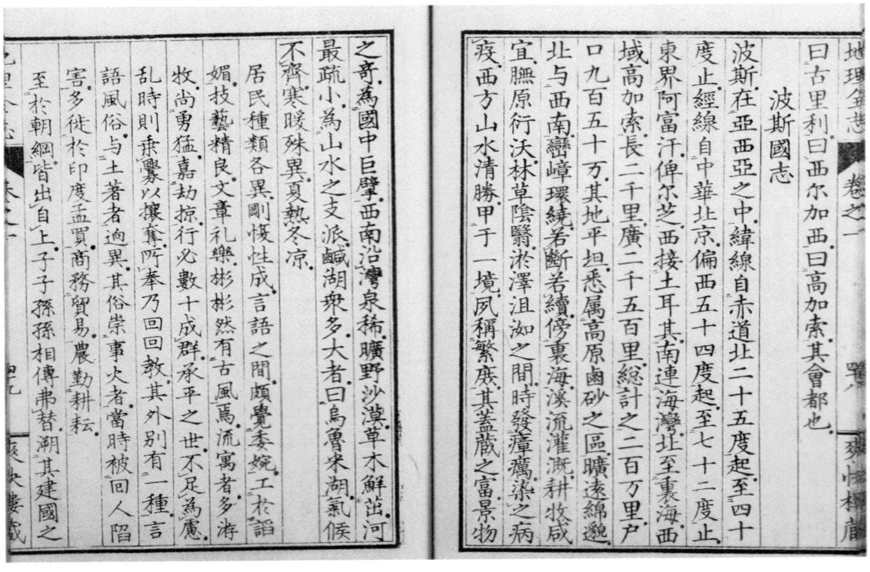

曰古里利曰西尔加西曰高加索其會都也

波斯國志

波斯在亞西亞之中緯線自赤道北二十五度起至四十度止經線自中華北京偏西五十四度起至七十二度止東界阿富汗俾尔芝西接土耳其南連海灣北至裏海西域高加索長二千里廣二千五百里總計之二百万里戸口九百五十万其地平坦悉屬高原鹵砂之區曠遠綿邈北与西南巒嶂環繞若斷若續傍裏海溪流灌漑耕牧咸宜膴原衍沃林草陰翳淤澤沮洳之間時發瘴癘染之病疫西方山水清勝甲于一境夙稱繁庶其蓋蔵之富景物之奇為國中巨擘西南沿灣泉稀曠野沙漠草木鮮茁河最疏小為山水之支派鹹湖衆多大者曰烏魯米湖氣候不齊寒暖殊異夏熱冬凉

居民種類各異剛愎性成言語之間頗覺委婉工於諂媚技藝精良文章礼樂彬彬然有古風焉流寓者多游牧尚勇猛嘉劫掠行必數十成群承平之世不足為慮乱時則乘釁以攘奪所奉乃回回教其外別有一種言語風俗与土著者逈異其俗崇事火者當時被回人陷害多徙於印度孟買商務貿易農勤耕耘

至於朝綱皆出自上子子孫孫相傳弗替溯其建國之

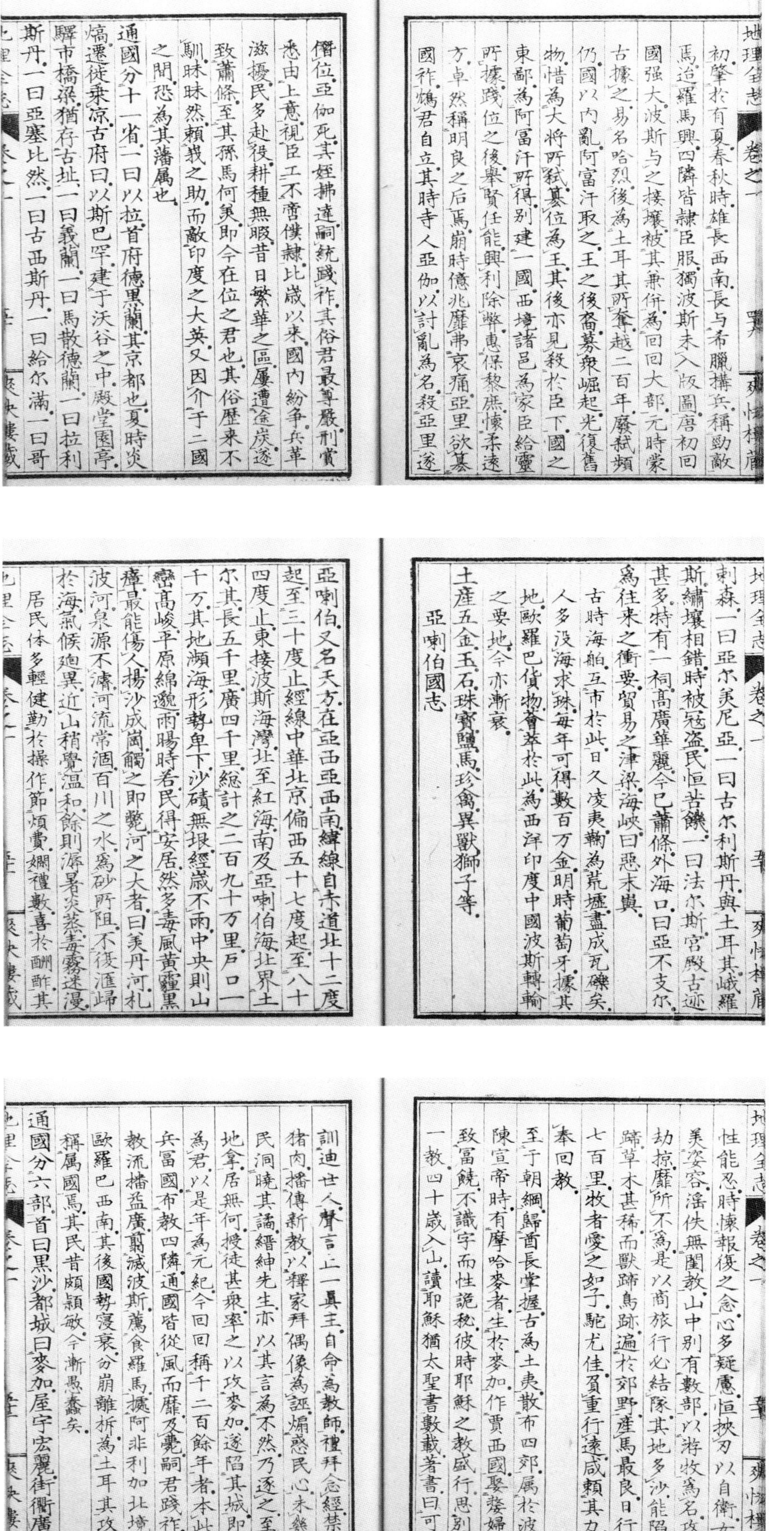

地理全志　卷之一

初肇於有夏，春秋時雄長西南，長与希臘搆兵，稱勁敵
焉。迨羅馬興，四隣皆隷臣服，獨波斯未入版圖。唐初回
國强大，波斯与之接壤，被其兼併，為回回大部。元時蒙
古據之，易名哈烈，後為土耳其所奪。越二百年，廢弑頻
仍，國以內亂，阿富汗取之。王之後裔募衆崛起，光復舊
物。惜為大將所弑，篡位為王。其後亦見殺於臣下，國之
東鄙為阿富汗所得，別建一國。西境諸邑為家臣給靈
所據。踐位之後，舉賢任能，興利除弊，惠保黎庶，懷柔遠
方，卓然稱明良之后焉。崩時億兆靡弗哀痛。亞里欲篡
國祚，鴆君自立。其時寺人亞伽以討亂為名，殺亞里，遂

僭位。亞伽死，其姪拂達嗣統踐祚。其俗君最尊嚴，刑賞
悉由上意，視臣工不啻僕隷。比歲以來，國內紛爭，兵革
滋擾，民多赴役，耕種無暇，昔日繁華之區屢遭塗炭，遂
致蕭條。至其孫馬何曼，即今在位之君也。其俗歷來不
馴，昧昧然賴我之助，而敵印度之大英，又因介于二國
之間，恐為其藩屬也。
通國分十一省，一曰以拉首府德黑蘭，其京都也。夏時炎
熇，遷徙乘涼古府，曰以斯巴罕，建于沃谷之中，殿堂園亭，
驛市橋梁，猶存古址。一曰義蘭，一曰馬散德蘭，一曰拉利
斯丹，一曰亞塞比然，一曰古西斯丹，一曰給尔滿，一曰哥

剌森，一曰亞尔美尼亞，一曰古尔利斯丹，與土耳其峨羅
斯緜壤相錯，時被冦盜，民恒苦饑。一曰法尔斯，宮殿古迹
甚多，特有一祠高廣華麗，今已蕭條。外海口曰亞不支尔，
為往來之衝要，貿易之津梁。海峽曰惡末與，
古時海舶互市於此，日久凌夷，鞠為荒墟，盡成瓦礫矣。
人多没海求珠，每年可得數百万金。明時葡萄牙據其
地，歐羅巴貨物會萃於此，為西洋印度中國波斯轉輸
之要地，今亦漸衰。
土産五金、玉石、珠寶、驢馬、珍禽、異獸、獅子等。

亞喇伯國志

亞喇伯，又名天方，在亞西亞西南，緯線自赤道北十二度
起，至三十度止，經線中華北京偏西五十七度起，至八十
四度止。東接波斯海灣，北至紅海，南及亞喇伯海，北界土
尔其。長五千里，廣四千里，總計之二百九十万里，戸口一
千万。其地瀕海形勢卑下，沙磧無垠，經歲不雨。中央則山
巒高峻，平原綿邈，雨暘時若，民得安居。然多毒風黃霾黑
瘴，最能傷人，揚沙成岡，觸之即斃。河之大者曰美丹河、扎
波河，泉源不濬，河流常涸，百川之水為砂所阻，不復滙歸
於海。氣候廻異，近山稍覺温和，餘則溽暑炎蒸，毒霧迷漫。
居民体多輕健，勤於操作，節煩費，嫺禮數，喜於酬酢。其

性能忍，時懷報復之念，心多疑慮，恒挾刃以自衛。女子
美姿容，淫佚無閑。山中別有數部，以游牧為名，攻奪
劫掠，靡所不為。是以商旅行必結隊。其地多沙，能陷馬
蹄，草木甚稀，而獸跡鳥跡遍於郊野。産馬最良，日行可
七百里，牧者愛之如子。駝尤佳，負重行遠，咸賴其力。所
奉回教。
至于朝綱，歸酋長掌握，古為土夷，散布四郊，屬於波斯。
陳宣帝時，有摩哈麥者生於麥加，作賈西國，娶婺婦以
致富饒，不識字而性詭秘，彼時耶穌之教盛行，思別立
一教。四十歲入山讀耶穌猶太聖書數載，著書曰可蘭。

訓迪世人，聲言上一眞主自命為教師，禮拜念經，禁食
猪肉，播傳新教，以釋家拜偶像為誕，煽惑民心，未幾居
民洞曉其說，縉紳先生亦以其言為不然，乃逐之至麥
地拿居無何，授徒甚衆，率之以攻麥加，遂陷其城，即位
為君，以是年為元紀，今回回稱千二百餘年者本此。强
兵富國，布教四隣，通國皆從風而靡。及薨，嗣君踐祚，新
教流播益廣，翦滅波斯，蠶食羅馬，據阿非利加北境，割
歐羅巴西南。其後國勢寖衰，分崩離析，為土耳其攻取，
稱屬國焉。其民昔頗穎敏，今漸愚蠢矣。
通國分六部，首曰黒沙，都城曰麥加，屋宇宏麗，街衢廣直，

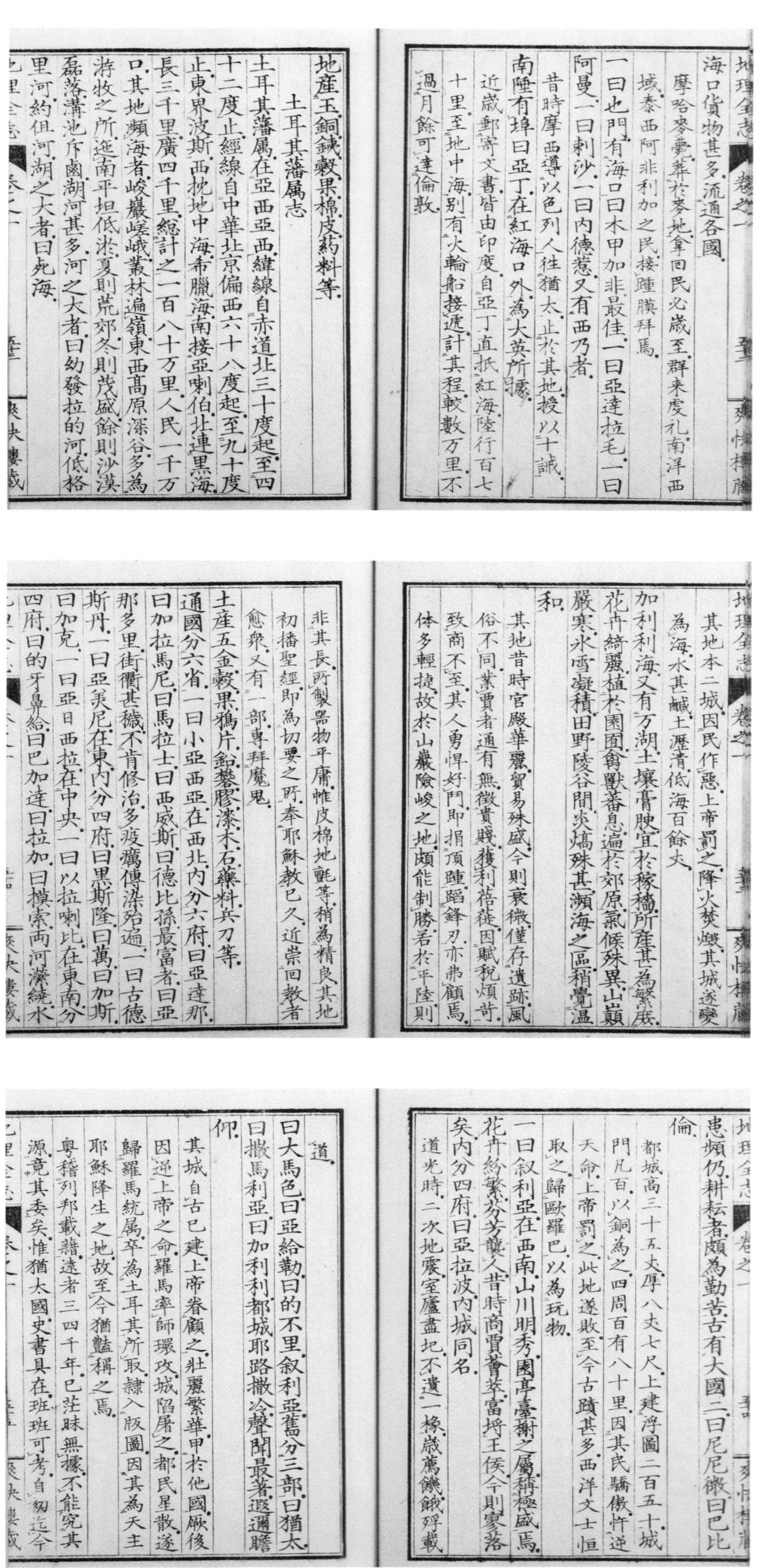

海口貨物甚多流通各國。
摩哈麥葬於麥地拿回民必歳至群来度礼南洋西域泰西阿非利加之民接踵膜拜焉。
一曰也門有海口曰木甲加非最佳一曰亞達拉毛一曰阿曼一曰刺沙一曰内徳慈又有西乃者。
昔時摩西導以色列人往猶太止於其地授以十誡
南陲有埠曰亞丁在紅海口外為大英所據。
近歳郵寄文書皆由印度自亞丁直抵紅海陸行百七十里至地中海別有火輪船接遞計其程較數万里不過月餘可達倫敦。

地産玉銅鐵穀果棉皮葯料等。

土耳其藩属志

土耳其藩属在亞西亞西緯線自赤道北三十度起至四十二度止經線自中華北京偏西六十八度起至九十度止東界波斯西枕地中海希臘海南接亞喇伯北連黒海長三千里廣四千里總計之一百八十万里人民一千万口其地瀕海者峻巖嵯峨叢林遍嶺東西高原深谷多為游牧之所迤南平坦低洼夏則荒郊冬則茂盛餘則沙漠磊落溝池斥鹵湖河甚多河之大者曰幼發拉的河低格里河約但河湖之大者曰死海。

其地本二城因民作悪上帝罰之降火焚燬其城遂變為海水甚鹹土瀝青低海百餘丈
加利利海又有万湖土壌膏腴宜於稼穡所産甚為繁庶花卉綺麗植於園圃禽獣蕃息遍於郊原氣候殊異山巓嚴寒氷雪凝積田野陵谷間炎熇殊甚瀕海之區稍覺温和。
其地昔時宮殿華麗貿易殊盛今則衰微僅存遺跡風俗不同業賈者通有無徴貴賤獲利甚徙因賦税煩苛致商不至其人勇悍好門即損項踵蹈鋒刃亦弗顧焉体多輕捷故於山巖險峻之地頗能制勝若於平陸則

非其長所製器物平庸帷皮棉地氈等稍為精良其地初播聖經即為切要之所奉耶穌教已久近崇回教者愈衆又有一部專拜魔鬼。
土産五金穀果鴉片鉛礬膠漆木石藥料兵刀等。
通國分六省一曰小亞西亞在西北内分六府曰亞達那曰加拉馬尼曰馬拉士曰西威斯曰徳比孫最富者曰亞那多里街衢甚穢不肯修治多疫癘傳染殆遍一曰古徳斯丹一曰亞美尼在東内分四府曰黒斯隆曰萬曰加斯曰加克一曰亞日西拉在中央一曰以拉喇比在東南分四府曰的牙鼻給曰巴加達曰拉加曰摸索両河灤繞水

患頻仍耕耘者頗為勤苦古有大國二曰尼尼徴曰巴比倫。
都城高三十五丈厚八丈七尺上建浮圖二百五十城門凡百以銅為之四周百有八十里因其民驕傲忤逆天命上帝罰之此地遂敗至今古蹟甚多西洋文士恒取之歸歐羅巴以為玩物。
一曰叙利亞在西南山川明秀園亭臺榭之屬稱極盛焉花卉紛繁芬芳襲人昔時商賈會萃富埒王侯今則寥落矣内分四府曰亞拉波内城同名。
道光時二次地震室廬盡圮不遺一椽歳薦饑餓殍載

道。
曰大馬色曰亞給勒曰的不里叙利亞舊分三部曰猶太曰撒馬利亞曰加利利都城耶路撒冷聲聞最著遐邇瞻仰。
其城自古已建上帝眷顧之壮麗繁華甲於他國厥後因逆上帝之命羅馬率師環攻城陷屠之都民星散遂歸羅馬統属卒為土耳其所取隷入版圖因其為天主耶穌降生之地故至今猶豔稱之焉
粵稽列邦載籍遠者三四千年已茫昧無據不能究其源竟其委矣惟猶太國史書具在班班可考自刱造今

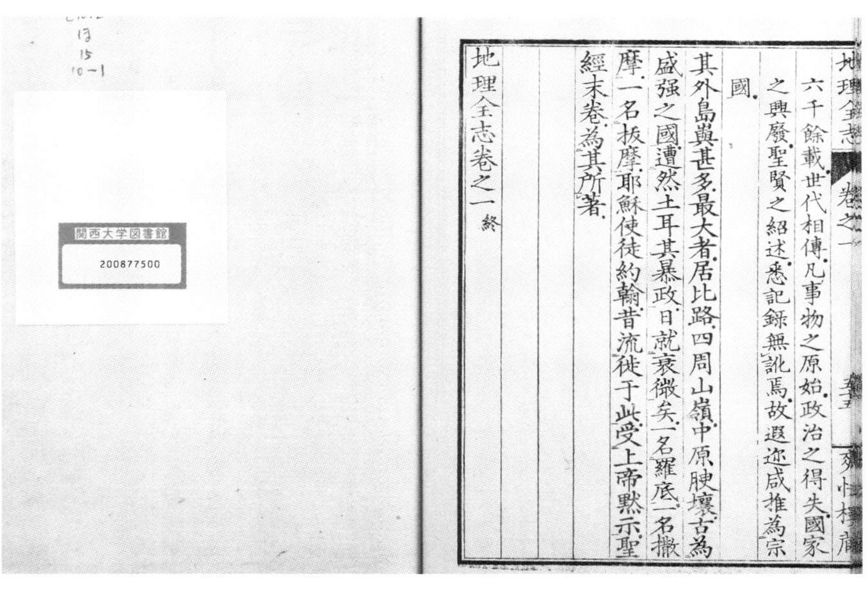

地理全志　卷之一

六千餘載世代相傳凡事物之原始政治之得失國家之興廢聖賢之紹述悉記錄無訛焉故遐邇咸推為宗國

其外島嶼甚多最大者居比路四周山嶺中原腴壤古為盛強之國遭然土耳其暴政日就衰微矣一名羅底一名撒摩一名板摩耶穌使徒約翰昔流徙于此受上帝默示聖經末卷為其所著

地理全志卷之一　終

地理全志
上篇
歐羅巴志
二

歐羅巴志

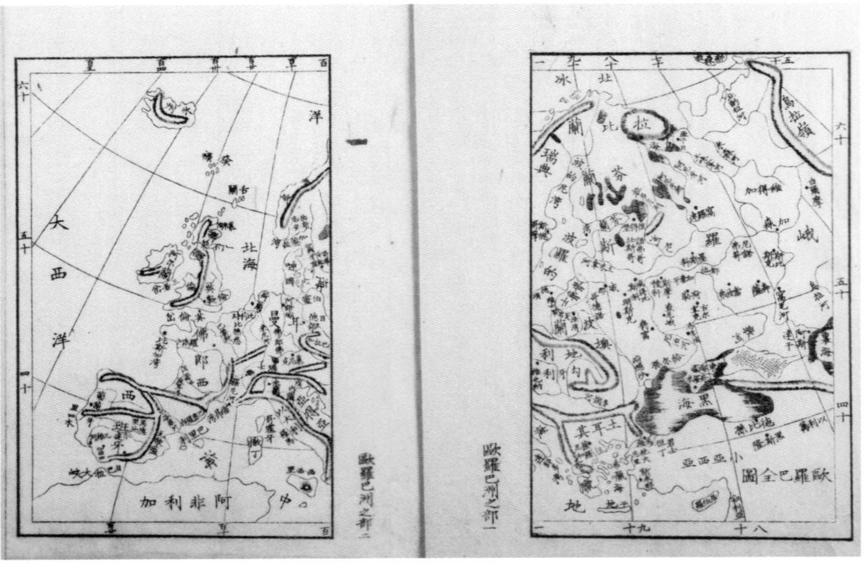
歐羅巴全圖
歐羅巴洲之部一
歐羅巴洲之部二
大西洋
阿非利加
北海
黒海

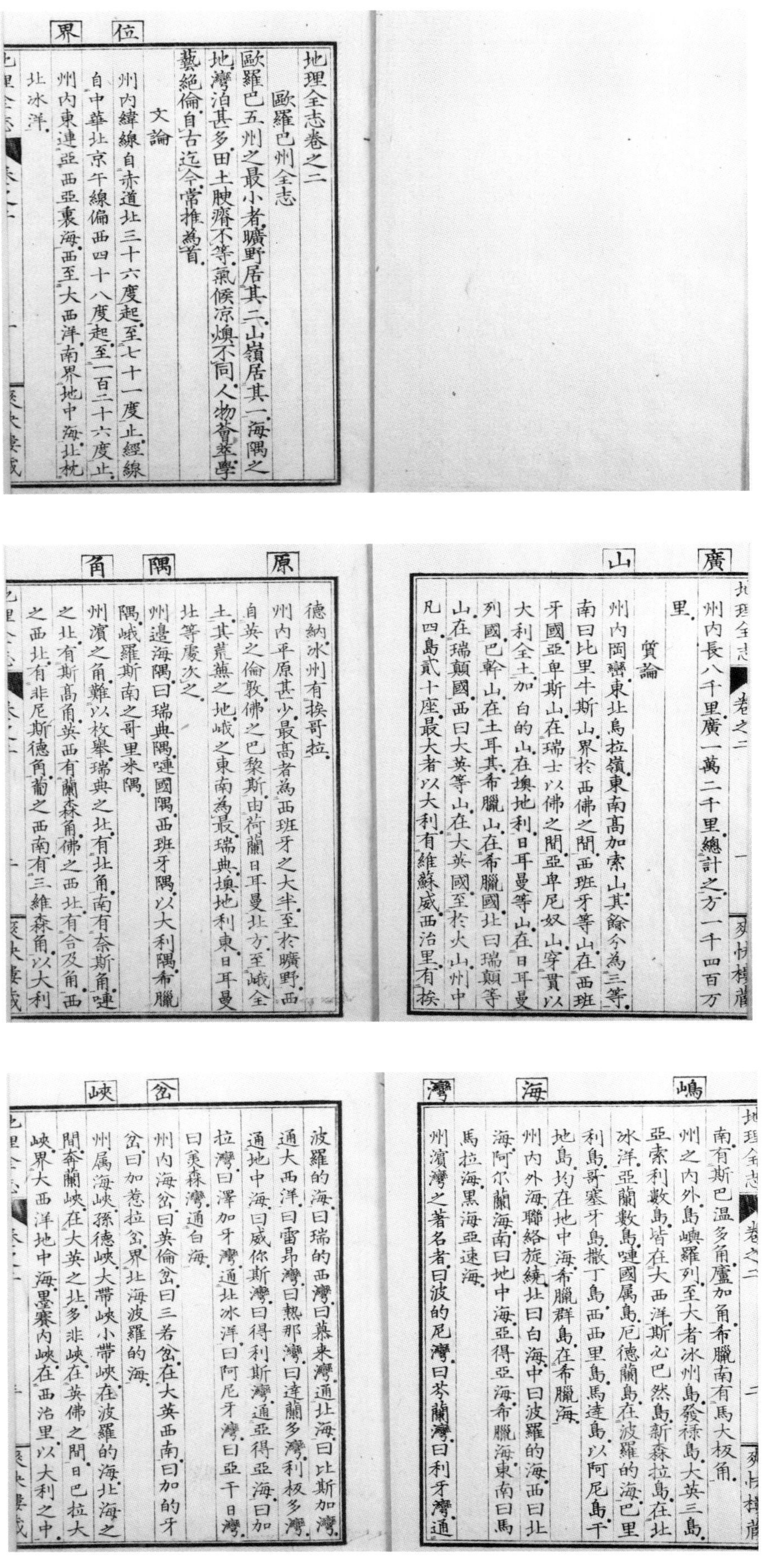

地理全志卷之二

歐羅巴州全志

歐羅巴五州之最小者，曠野居其二，山嶺居其一，海隅之地，灣泊甚多，田土腴瘠不等，氣候涼燠不同，人物薈萃，學藝絶倫，自古迄今，常推為首。

文論

位　州內緯線自赤道北三十六度起，至七十一度止。經線自中華北京午線偏西四十八度起，至一百二十六度止。

界　州內東連亞西亞裏海，西至大西洋，南界地中海，北枕北冰洋。

廣　州內長八千里，廣一萬二千里，總計之方一千四百万里。

質論

山　州內岡巒東北烏拉嶺，東南高加索山，其餘分為三等。南曰比里牛斯山，界於西佛之間，西班牙等山，在西班牙國，亞卑斯山，在瑞士以佛之間，亞卑尼奴山，穿貫以大利全土，加白的山，在墺地利，日耳曼等山，在日耳曼列國，巴幹山，在土耳其，希臘山，在希臘國。北曰瑞顛等山，在瑞顛國，西曰大英等山，在大英國，至於火山，州中凡四島，貳十座，最大者以大利，有維蘇威，西治里，有挨德納，冰州有挨哥拉。

原　州內平原甚少，最高者為西班牙之大半，至於曠野，西自英之倫敦，佛之巴黎斯，由荷蘭，日耳曼，北方，至峨全土。其荒蕪之地，峨之東南為最，瑞典，墺地利，東日耳曼北等處次之。

隅　州邊海隅，曰瑞典隅，嗹國隅，西班牙隅，以大利隅，希臘隅，峨羅斯南之哥里米隅。

角　州濱之角，難以枚舉，瑞典之北，有北角，南有奈斯角，嗹之北，有斯高角，英西有蘭森角，佛之西北，有合及角，西之西北，有非尼斯德角，葡之西南，有三維森角，以大利南有斯巴温多角，盧加角，希臘南有馬大板角。

嶋　州之內外島嶼羅列，至大者冰州島，發祿島，大英三島，亞索利數島，皆在大西洋，斯必巴然島，新森拉島，在北冰洋，亞蘭數島，嗹國屬島，尼德蘭島，在波羅的海，巴里利島，哥塞牙島，撒丁島，西西里島，馬達島，以阿尼島，干地島，均在地中海，希臘群島，在希臘海。

海　州內外海，聯絡旋繞，北曰白海，中曰波羅的海，西曰北海，阿尔蘭海，南曰地中海，亞得亞海，希臘海，東南曰馬馬拉海，黑海，亞速海。

灣　州濱灣之著名者，曰波的尼灣，曰芬蘭灣，曰利牙灣，通波羅的海，曰瑞的西灣，曰慕來灣，通北海，曰比斯加灣，通大西洋，曰雷昂灣，曰熱那灣，曰達蘭多灣，利板多灣，通地中海，曰威你斯灣，曰得利斯灣，通亞得亞海，曰加拉灣，曰澤加牙灣，通北冰洋，曰阿尼牙灣，曰亞干日灣，曰美森灣，通白海。

岔　州內海岔，曰英倫岔，曰三若岔，在大英西南，曰加的牙岔，曰加惹拉岔，界北海波羅的海。

峽　州屬海峽，孫德峽，大帶峽，小帶峽，在波羅的海北海之間，奇蘭峽，在大英之北，多非峽，在英佛之間，日巴拉大峽，界大西洋地中海，墨賽內峽，在西治里以大利之中

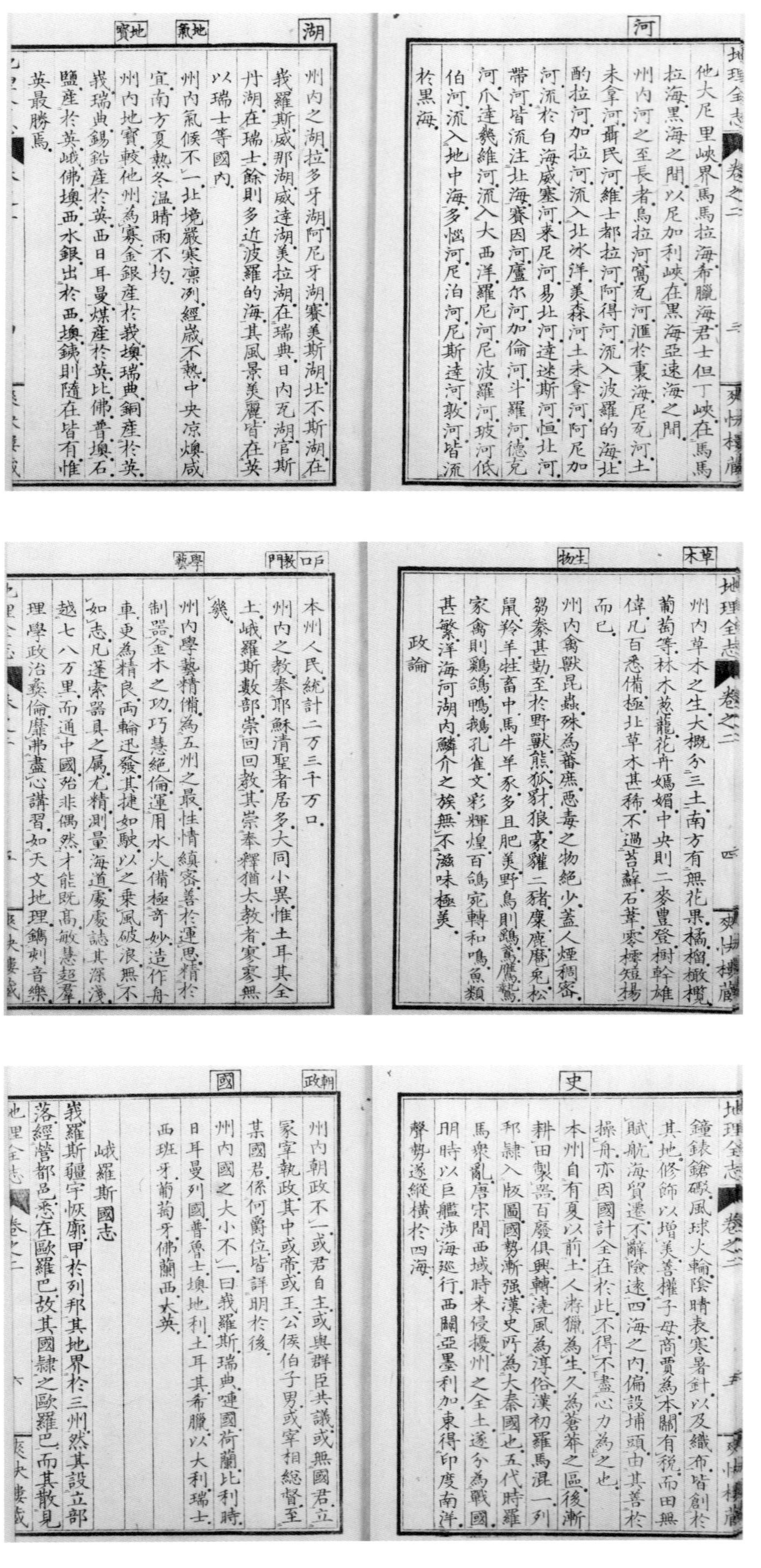

地理全志 卷之二　三　爽快樓藏

河
他大尼里峽界馬馬拉海希臘海君士但丁峽在馬馬拉海黑海之間以尼加利峽在黑海亞速海之間
州內河之至長者烏拉河窩瓦河滙於裏海尼瓦河土未拿河聶民河維士都拉河阿得河流入波羅的海北酌拉河加拉河流入北冰洋美森河土未拿河阿尼加河流於白海威塞河來尼河易北河達迷斯河恒北河帶河皆流注北海賽因河盧尔河加倫河斗羅河德克河介達尕維河流入大西洋羅尼河尼波羅河玻河低伯河流入地中海多惱河尼泊河尼斯達河敦河皆流於黑海

湖
州內之湖拉多牙湖阿尼牙湖賽美斯湖北不斯湖在莪羅斯威那湖威達湖美拉湖在瑞典日內瓦湖官斯丹湖在瑞士餘則多近波羅的海其風景美麗皆在英以瑞士等國內

地氣
州內氣候不一北境嚴寒凛冽經歲不熱中央凉燠咸宜南方夏熱冬温晴雨不均

地寶
州內地寶較他州為寡金銀産於莪墺瑞典銅産於英莪瑞典錫鉛産於英西日耳曼煤産於英比佛普墺石鹽産於英峨佛墺西水銀出於西墺鐵則隨在皆有惟英最勝焉

地理全志 卷之二　四　爽快樓藏

草木
州內草木之生大概分三土南方有無花果橘榴橄欖葡萄等林木葱蘢花卉嫣媚中央則二麥豊登樹幹雄偉凡百悉備極北草木甚稀不過苔蘚石茸寥樓短楊而已

生物
州內禽獸昆蟲殊為蕃庶悪毒之物絶少蓋人煙稠密芻豢甚勤至於野獸熊狐豺狼豪豬二種麋鹿麅兎松鼠羚羊牡畜中馬牛羊豕多且肥美野鳥則鷓鴣鷹鷲家禽則鷄鴿鴨鵝孔雀文彩輝煌百鴿宛轉和鳴魚類甚繁洋海河湖內鱗介之族無不滋味極美

政論

戸口
本州人民統計二万三千万口

教門
州內之教奉耶穌清聖者居多大同小異惟土耳其全土峨羅斯數部崇回回教其崇奉釋猶太教者寥寥無幾

學藝
州內學藝精備為五州之最性情縝密善於運思精於制器金木之功巧慧絶倫運用水火備極奇妙造作舟車更為精良兩輪迅發其捷如駛以之乘風破浪無不如志凡蓬索器具之屬尤精測量海道處處誌其深淺越七八万里而通中國殆非偶然才能既高敏慧超羣理學政治彝倫靡弗盡心講習如天文地理鍼刺音樂

地理全志 卷之二　五　爽快樓藏

鐘錶鎗礮風球火輪陰晴表寒暑針以及織布皆創於其地修飾以増美善權子母商賈為本關有税而田無賦航海貿遷不辭險遠四海之內徧設埔頭由其善於操舟亦因國計全在於此不得不盡心力為之也

史
本州自有夏以前土人游獵為生久為蓁莽之區後漸耕田製器百廢俱興轉澆風為淳俗漢初羅馬混一列邦隸入版圖國勢漸强漢史所為大秦國也五代時羅馬衆亂唐宋間西域時来侵擾州之全土遂分為戰國明時以巨艦涉海巡行西關亞墨利加東得印度南洋聲勢遂縦横於四海

朝政
州內朝政不一或君自主或與群臣共議或無國君立冡宰執政其中或帝或王公侯伯子男或宰相總督至某國君係何爵位皆詳明於後

國
州內國之大小不一曰峩羅斯瑞典嗹國荷蘭比利時日耳曼列國普魯士墺地利土耳其希臘以大利瑞士西班牙葡萄牙佛蘭西大英

峨羅斯國志
峩羅斯疆宇恢廓甲於列邦其地界於三州然其設立部落經營都邑悉在歐羅巴故其國隸之歐羅巴而其散見

地理全志 卷之二　六　爽快樓藏

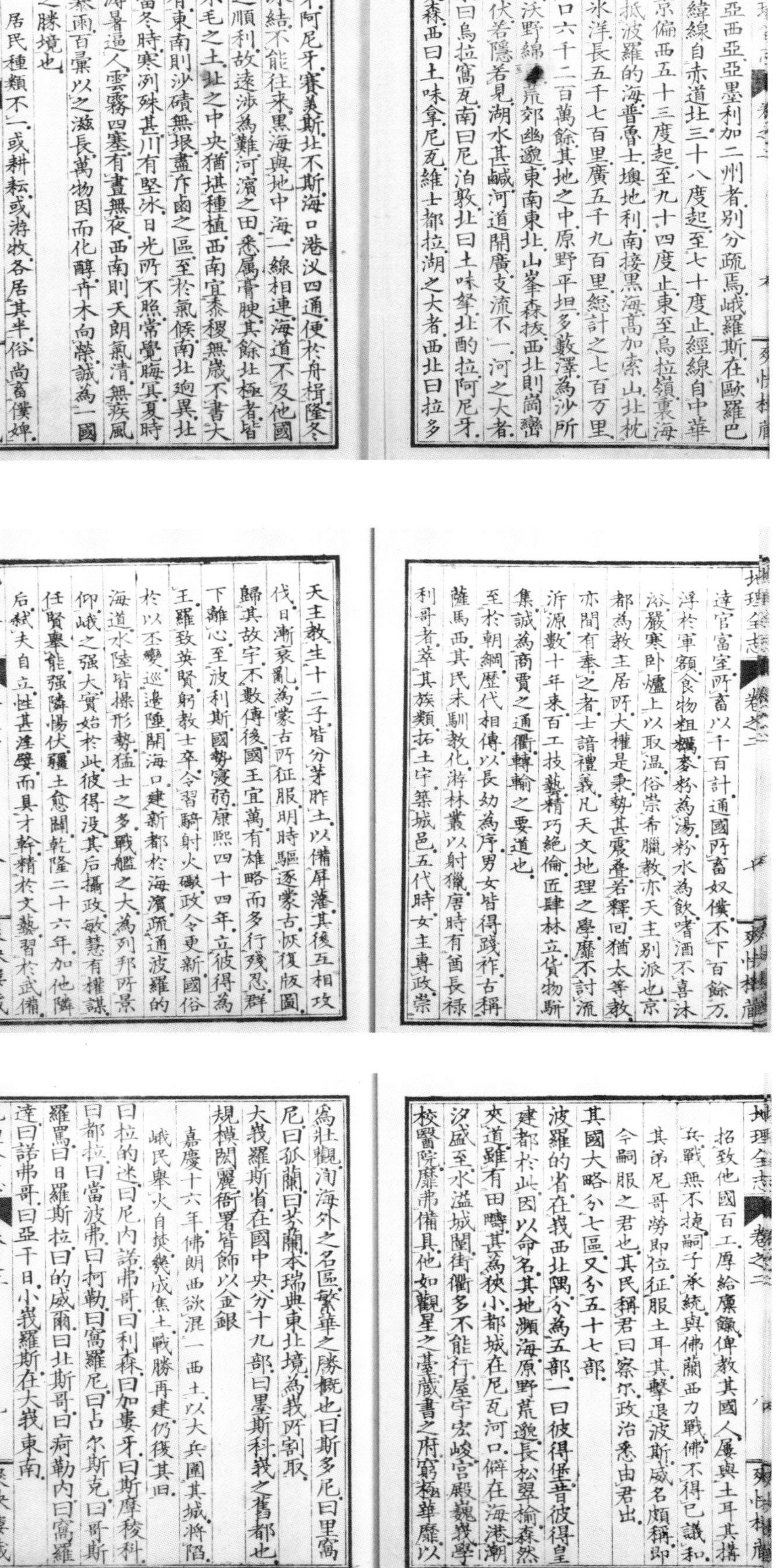

於亞西亞亞墨利加二州者別分疏馬峨羅斯在歐羅巴東緯線自赤道北三十八度起至七十度止經線自中華北京偏西五十三度起至九十四度止東至烏拉嶺裏海西抵波羅的海普魯士墺地利南接黒海高加索山北枕北冰洋長五千七百里廣五千九百里總計之七百万里戸口六千二百萬餘其地之中原野平坦多藪澤為沙所淤沃野綿亘荒郊幽邈東南東北山峯森抜西北則崗巒起伏若隱若見湖水甚鹹河道閈廣支流不一河之大者東曰烏拉窩瓦南曰尼泊敦北曰土味拏北酌拉阿尼牙美森西曰土味拏尼瓦維士都拉湖之大者西北曰拉多

牙阿尼牙賽美斯北不斯海口港汊四通便於舟楫隆冬冰結不能往来黒海與地中海一線相連海道不及他國之順利故遠涉為難河濱之田悉屬膏腴其餘北極者皆不毛之土北之中央猶堪種植西南宜黍稷無歳不書大有東南則沙磧無垠盡斥鹵之區至於氣候南北迥異北當冬時寒冽殊甚川有堅冰日光所不照常覺晦冥夏時溽暑逼人雲霧四塞有晝無夜西南則天朗氣清無疾風暴雨百彙以之滋長萬物因而化醇卉木向榮誠為一國之勝境也

居民種類不一或耕耘或游牧各居其半俗尚畜僕婢

達官富室所畜以千百計通國所畜奴僕不下百餘万浮於軍額食物粗糲麦粉為湯粉水為飲嗜酒不喜沐浴嚴寒臥爐上以取温俗崇希臘教亦天主別派也京都為教主居所大權是秉勢甚震疊若釋回猶太等教亦間有奉之者士諳禮義凡天文地理之學靡不討流泝源數十年来百工技藝精巧絶倫匠肆林立貨物駢集誠為商賈之通衢轉輸之要道也

至於朝綱歴代相傳以長幼為序男女皆得踐祚古稱薩馬西其民未馴教化游林叢以射獵唐時有酋長祿利哥者萃其族類拓土宇築城邑五代時女主專政崇

天主教生十二子皆分茅胙土以備屏藩其後互相攻伐日漸衰亂為蒙古所征服明時驅逐蒙古恢復版圖歸其故宇不數傳後國王宜萬有雄略而多行殘忍群下離心至波利斯國勢寝弱康熙四十四年立彼得為王羅致英賢躬教士卒令習騎射火礮政令更新國俗於以丕變巡邊陲開海口建新都於海濱疏通波羅的海道水陸皆據形勢猛士之多戰艦之大為列邦所景仰峨之強大實始於此彼得没其后攝政敏慧有權謀任賢舉能強隣懾伏疆土愈闢乾隆二十六年加他隣后弑夫自立性甚淫褻而具才幹精於文藝習於武備

招致他國百工厚給廩餼俾教其國人屢與土耳其搆兵戰無不捷嗣子承統與佛蘭西力戰佛不得已議和其弟尼哥勞即位征服土耳其擊退波斯威名頗稱即今嗣服之君也其民稱君曰察尔政治悉由君出

其國大略分七區又分五十七部

波羅的省在峩西北隅分為五部一曰彼得堡昔彼得皇建都於此因以命名其地瀕海原野荒邈長松翠榆森然夾道雖有田疇甚為狹小都城在尼瓦河口僻在海港潮汐盛至水溢城闉街衢多不能行屋宇宏峻宮殿巍峩學校醫院靡弗備具他如觀星之臺藏書之府窮極華靡以

為壯觀洵海外之名區繁華之勝概也曰斯多尼曰里窩尼曰孤蘭曰芬蘭本瑞典東北境為峩所割取

大峩羅斯省在國中央分十九部曰墨斯科峩之舊都也規模閎麗衙署皆飾以金銀

嘉慶十六年佛朗西欲混一西土以大兵圍其城將陷峨民舉火自焚幾成焦土戰勝再建仍復其舊

曰拉的迷曰尼内諾弗哥曰利森曰加婁牙曰斯摩稜科曰都拉曰當波弗曰柯勒曰窩羅尼曰占尔斯克曰哥斯羅罵曰日羅斯拉曰的威爾曰北斯哥曰痾勒内曰窩羅達曰諾弗哥曰亞干日

小峩羅斯在大峩東南

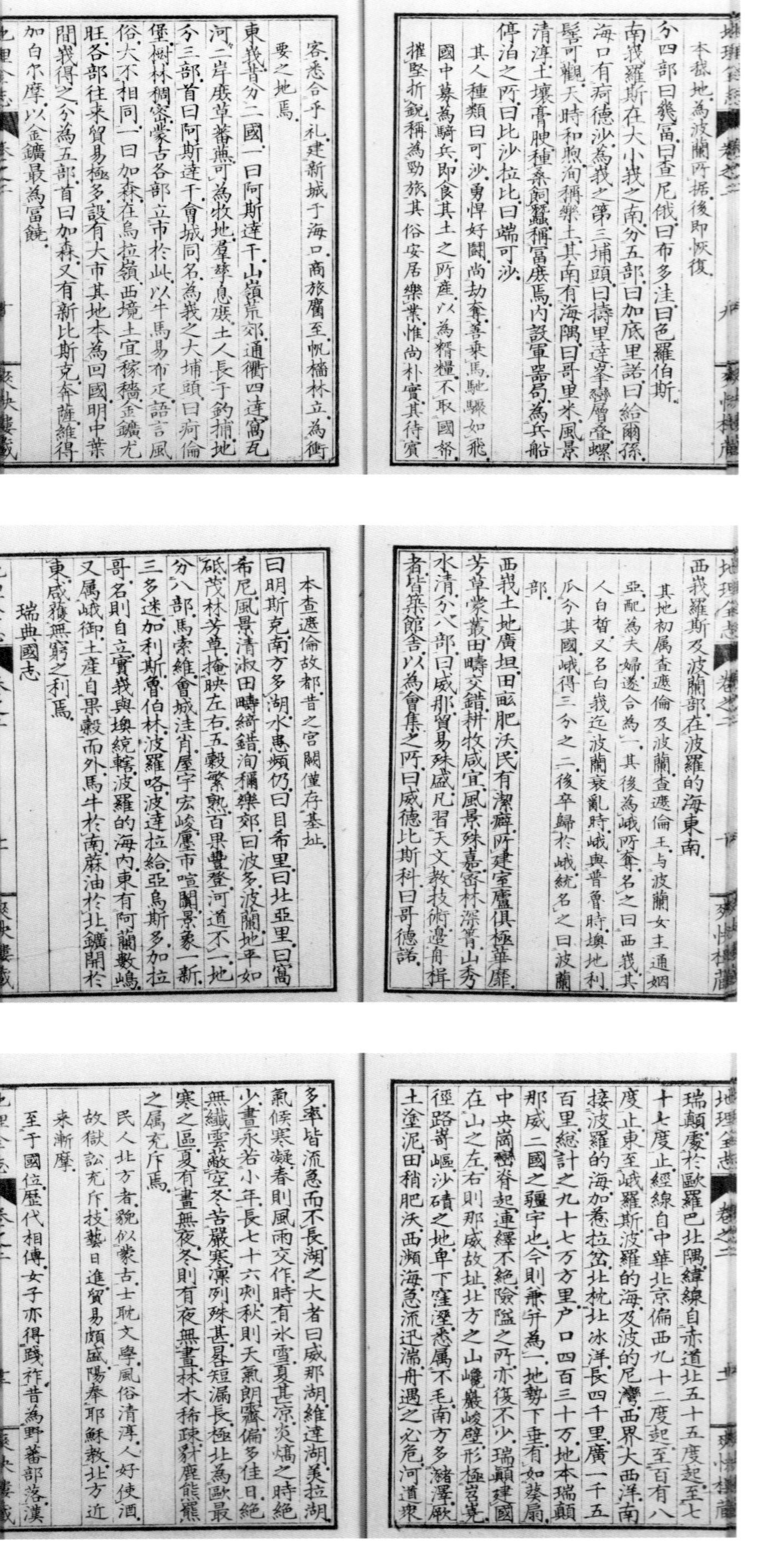

時錯處於日耳曼界散布列邦宋時酋長厄里哥築城建邑規模草創是為瑞典立國之始斯時那威亦有酋長為王數傳以後為嗹所兼并明洪武時嗹日強大瑞顛亦隸版圖稱臣僕焉越至嘉靖時瑞有王孫曰撒瓦聰慧絶倫英毅超群恢復故土爰即王位威惠並行寛猛相濟國以大治世子嗣服荒服荒淫不道為國人所囚仰藥而死厥後女主基利斯的那性嗜文學厭煩苛不悉心於政事禪位於外戚加爾祿斯王既践祚勤於軍旅攻伐波蘭而剳其邑擊退峩羅斯威聲遠著隣邦震慴後引兵攻那威師敗死於城下無嗣其姊即位嘉

慶十三年國大亂廢其君更立加爾祿斯群奉之為王及薨無嗣遺詔讓于首將伯拿多及即位亦名加尓祿斯國之西境為那威本屬于嗹嘉慶二十年衆國公使會議以瑞地之近于嗹國者歸嗹以那威歸瑞由是合為一國道光二十三年阿斯加即位

瑞顛分三部中曰綏蘭會城曰斯德哥摩即京都也建于美拉湖濱屋宇高峻廊廟之輪奐務極華靡樓臺亭榭連亙接棟景象崢嶸極一時之勝外通海口為一國輸轉之衝要南曰曷蘭城以同名為大埔頭北曰那蘭城曰比的亞又分二十四部那威分為五部南曰幾斯底安都城亦

以此名曰幾斯底散中曰白然為大埔頭曰特倫林北曰那蘭又分十七部土產金銀銅又產鐵甲于天下礬硫磺獸皮花紋石木材魚等

嗹國志

嗹國在歐羅巴西北隅緯線自赤道北五十三度起至五十八度止經線自中華北京偏西百有五度起至百有八度止東至波羅的海加的牙岔西界北海南連日耳曼北距加慈拉岔長一千里廣三百五十里總計之方七万八千里户口二百万其地曠野居多平原彌望瀕海水通窪澤其西半皆砂磧颶風忽起則蔽空彌野飄揚靡巳邱隴

頓失民多種樺以備沙患北地廣莫乏湖河之瀠洄惟南肥壤氣甚卑濕而冬夏之間殊覺和煦海濱一帶尤為相宜朝暮多霧

人民勤於習藝敏於作事文學彬彬有足嘉焉巨商大賈肩摩轂擊奉耶穌教

至于朝綱設有王位古時本隸番邦後并那威瑞典為一國宋初推酋長哥摩為王操舟楫以學航海凡劫奪之事無不為同於劇盜諸國目之為寇不足齒數不能抗衡於列邦後有王駕奴特者能修國政明於賞罰兼并那威越三百載女主馬加里達嗣位瑞典亦歸其藩

屬強盛之名震於一時及薨三國之地皆隸於日耳曼版圖明時嗹與那威叛更立基斯的安為王瑞典亦自立故王之裔後那威見并於瑞而割瑞地之近嗹者歸於嗹嗹頻年搆兵數被侵伐國幾虛耗不支迩来轉輸貨物繁盛勝於昔時元氣因以漸復至道光二十九年非得列踐阼即今在位之君也

通國分四省曰低納馬又名入德蘭及日倫數島都城曰哥臯合給為商旅麕至之地城内宮殿巍峩屋宇峻麗學校醫院靡弗備咼皇宏壯稱鉅觀焉又有城曰亞西諾諸國貨艘出入波羅的海必經此港岔名加的牙長廣不過

數里嗹建關征稅扼其險隘以兵扼其吭片帆不能飛渡南曰痾斯丁城名幾力中曰斯勒瑞東南曰勞英不城皆全名附近島與羅列民之生計捕鱗族以糊口島之大者曰安合上建樓窮極靡麗光彩輝煌燦爛射目海船夜行望之以辨里程東曰日倫夫尼拉蘭痾蘭西南曰希里痾蘭屬于大英又有冰州在大西洋北總計之方十三万里氣候嚴寒户口五萬

中有火山名挨哥拉煙燄上騰晝夜不熄熱泉迅湍懸嶺若瀑布七十餘尺歳有地震殊為猛烈生意蕭疏穀果稀少本多由洋浮至居民聰慧善于款賓内建書院

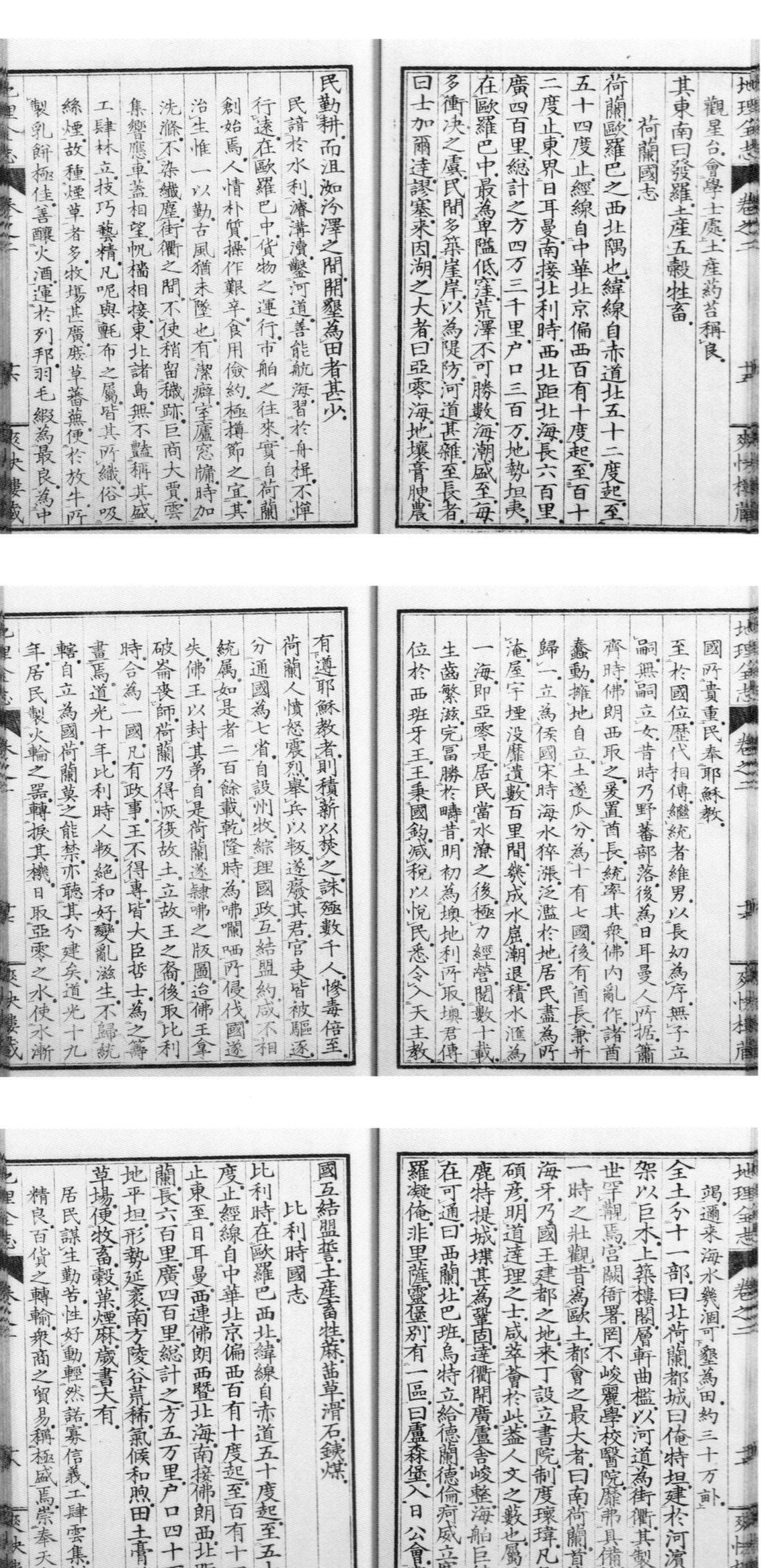
觀星台。會學士處。土産葯苔稱良。
其東南曰發羅。土産五穀牲畜。
荷蘭國志
荷蘭歐羅巴之西北隅也。緯線自赤道北五十二度起至五十四度止。經線自中華北京偏西百有十度起至百十二度止。東界日耳曼。南接比利時。西北距北海。長六百里。廣四百里。總計之方四万三千里。戸口三百万。地勢坦夷。在歐羅巴中最為卑隘。低窪荒澤不可勝數。海潮盛至。毎多衝決之虞。民間多築崖岸以為隄防。河道甚雜。至長者曰士加爾達。謬塞。來因。湖之大者曰亞零。海地壤膏腴。農民勤耕。而沮洳汚澤之間。開墾為田者甚少。
民諳於水利。濬溝瀆。鑿河道。善能航海。習於舟楫。不憚行遠。在歐羅巴中貨物之運行。市舶之往來。實自荷蘭創始焉。人情朴質。操作艱辛。食用儉約。極撙節之宜。其治生惟一以勤。古風猶未墜也。有潔癖。室廬窓牖。時加洗滌。不染纖塵。街衢之間。不使稍留穢跡。巨商大賈。雲集響應。車蓋相望。帆檣相接。東北諸島無不豔稱其盛。工肆林立。技巧藝精。凡呢與氈布之屬。皆其所織。俗吸絲煙。故種煙草者多。牧場甚廣。蕨草蕃蕪。便於放牛。所製乳餅極佳。善釀火酒。運於列邦。羽毛緞為最良。為中國所貴重。民奉耶穌教。
至於國位。歷代相傳繼統者維男。以長幼為序。無子立嗣。無嗣立女。昔時乃野蕃部落。後為日耳曼人所据。蕭齊時佛朗西取之。爰置酋長。統率其衆。佛内亂作。諸酋蠢動。擁地自立。土遂瓜分。為十有七國。後有酋長兼并歸一。立為侯國。宋時海水猝漲。泛濫於地。居民盡為所淹。屋宇堙没。靡遺數百里間。幾成水崖。潮退積水滙為一海。即亞零。是居民當水潦之後。極力經營。閱數十載。生齒繁滋。完富勝於疇昔。明初為墺地利所取。墺君傳位於西班牙王。王秉國鈞。減税以悦民。悉令入天主教。有遵耶穌教者。則積薪以焚之。誅殛數千人。慘毒倍至。
荷蘭人憤怒震烈。舉兵以叛。遂廢其君。官吏皆被驅逐。分通國為七省。自設州牧。綜理國政。互結盟約。咸不相統属。如是者二百餘載。乾隆時為咈嚗哂所侵伐。國遂失。佛王以封其弟。自是荷蘭遂隸咈之版圖。迨佛王拿破崙喪師。荷蘭乃得恢復故土。立故王之裔。後取比利時。合為一國。凡有政事。王不得專。皆大臣哲士為之籌畫焉。道光十年。比利時人叛。絶和好。變亂滋生。不歸統轄。自立為國。荷蘭莫之能禁。亦聽其分建矣。道光十九年。居民製火輪之器。轉捩其機。日取亞零之水。使水漸竭。遍來海水幾涸。可墾為田約三十万畝。
全土分十一部。曰北荷蘭。都城曰俺特坦。建於河濱水中。架以巨木。上築樓閣。層軒曲檻。以河道為街衢。其製甚奇。世罕覯焉。宮闕衙署。罔不峻麗。學校醫院。靡弗具備。誠稱一時之壯觀。昔為歐土都會之最大者。曰南荷蘭。首城曰海牙。乃國王建都之地。來丁設立書院。制度瓌瑋。凡名儒碩彦。明道達理之士。咸萃薈於此。蓋人文之藪也。屬邑曰鹿特提城。堞甚為鞏固。達衢開廣。廬舍峻整。海船巨艘。隨在可通。曰西蘭。北巴班。烏特立。給德蘭。德倫。𡨳威立塞。哥羅凝。俺非里薩。靈堡。別有一區。曰盧森堡。入日公會。與列國互結盟誓。土産畜牲。蔴。苗草。滑石。錬煤。
比利時國志
比利時在歐羅巴西北。緯線自赤道五十度起至五十二度止。經線自中華北京偏西百有十度起至百有十四度止。東至日耳曼。西連佛朗西暨北海。南接佛朗西。北距荷蘭。長六百里。廣四百里。總計之方五万里。戸口四十万。其地平坦。形勢延袤。南方陵谷荒稀。氣候和煦。田土膏腴。多草場。便牧畜。穀菓煙麻。歳書大有。
居民謀生勤苦。性好動輕然諾。寡信義。工肆雲集。制造精良。百貨之轉輸。衆商之貿易。稱極盛焉。崇奉天主耶

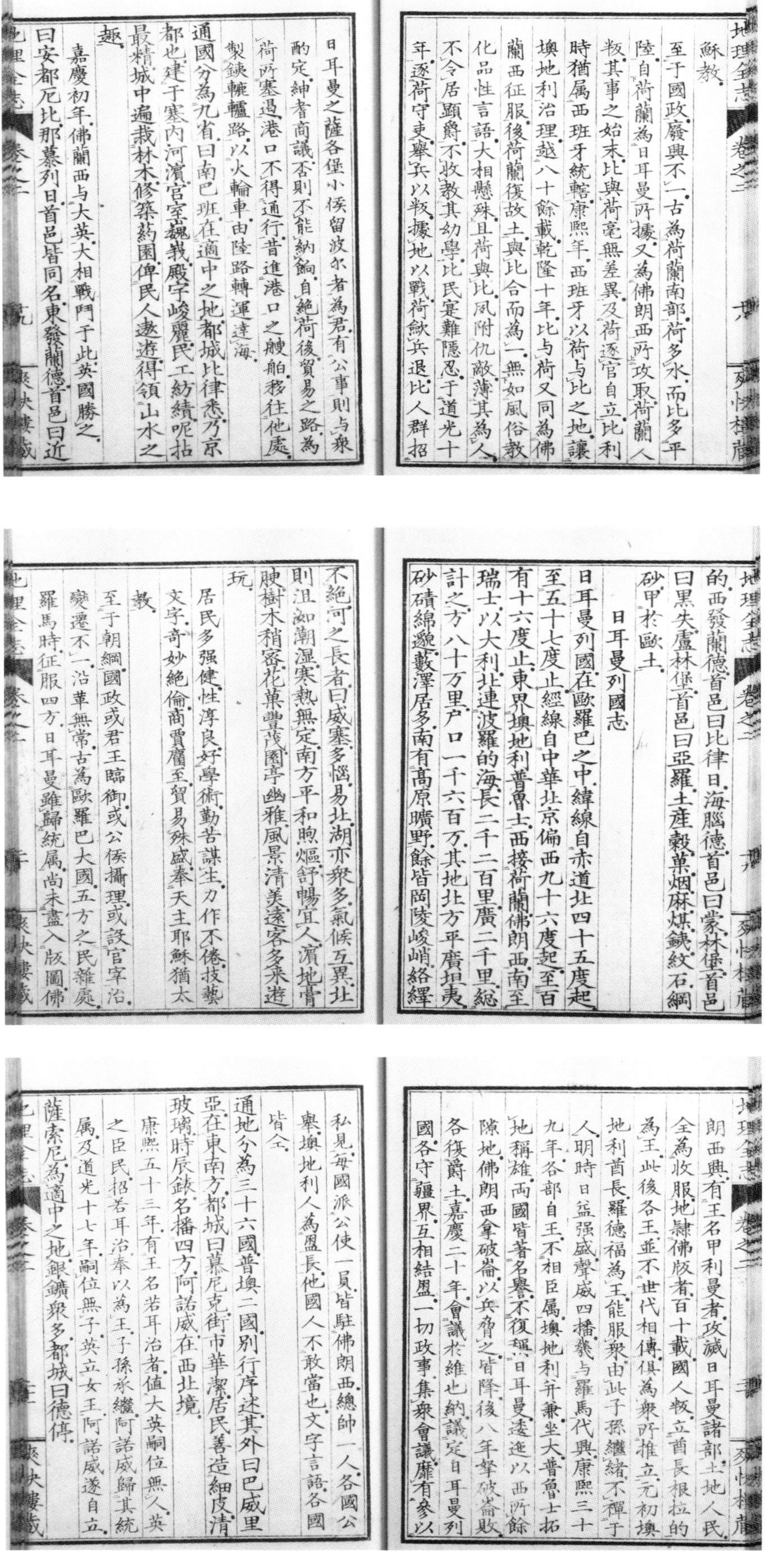

明時有士生於此曰路得洞悉天主教之弊端別立耶穌教由是天主教之權衰而耶穌教盛行於世焉有大邑曰來責每歲設市三次諸國商賈雲集其地書籍鐫刻最精文字著作悉備羊毛可織毡呢磁器可亞於中國

瓦敦堡都城曰斯都德牙以上四國皆為王爵黑西加塞都城曰加塞其制自立繼世為侯以一紳房諸臣會議有上公之爵攝理者七國曰巴丁都城曰加斯盧峯巒秀出風景清華為日耳曼國之最盧森堡為荷蘭屬入公會黑西達摩斯達梅喀棱堡有二部曰斯非零斯德勒荷敦堡薩克威密都城皆同名

昔時薩索尼裂國之西以分五子各守封地不相統屬錯雜於隣國之中

有公爵攝理者九國曰薩克撒內有三國曰各堡額達今英國女王之婿此國之世子也亞敦堡梅凝認都城均同名拏騷都城曰羅斯巴敦風稱富饒不倫瑞克地不相連安合有三國曰德騷錯雜於列國之中伯尼堡在普魯士境內喀敦在易北河左右都城皆同名黑斯敦勞英堡為嗹國屬入公會都城曰哥羅斯達又有候爵攝政之國八曰留士分大小二國大曰喀勒斯小曰給拉都城皆以同名斯瓜斯堡有二國曰盧德斯達孫德沙森都城同名皆包普魯士境內里卑有二國曰德靡的都城同名燒門堡都城曰不給堡襪爾德都城曰哥巴列敦士丁都城同名又有伯爵之國一曰黑西烘堡亦薩索尼分國都城同名此外尚有四城為商賈萃聚之地自推殷戶為官司理事不隸王侯一曰旱堡地間隔不相聯會城在易北河口各國互市之地不來梅通商在威塞河濱佛朗佛一臨萊尼河各國公使駐兵于此以為防禦每年開大市一次律北克昔日貿易殊盛地土不相聯絡其界內諸侯外地雖小而與諸大國婚媾往來用敵体禮至于全盟公會條約雖堅明然分土既衆不免釁鬩之爭遇大敵則心力不齊幸壤之維也納欽盟之後佛朗西未發難端或亦慮衆怒之難犯耳土産五金鉛水銀寶石花紋石礬硝磁器等

普魯士國志

普魯士在歐羅巴之中緯線自赤道北四十九度起至五十六度止經線自中華北京偏西九十三度起至一百十度止東至莪羅斯北界波羅的海日耳曼南及壤地利日耳曼佛蘭西西接日耳曼比利時荷蘭長一千二百里廣二千里總計三十六万里戸口一千五百万地勢東北平坦沙磧土磽雨時泛濫低窪之區西南岡陵高原間有藪澤田土膏腴氣候溫和夏暖冬寒湖沼衆多河之大者西曰來尼東曰易比阿得維士都拉

民性溫柔好禮匠肆寥落技藝巧良所造輾轤火輪車最精商賈雲集奉耶穌天主教

至于朝綱王位臨御歷代相傳子孫繼緒古時為北狄所據宋時為日耳曼人征服立為別部後為波蘭兼并明時日耳曼復取其地立國奉職忠謹日主悅之屢益以地康熙年間乃自王其國其王長于韜略節衣儉食蓄歲豐盈歷代嗣君雖遭干戈之苦然皆能自守嘉慶十年佛朗西割其境土普遂弱越六載普民不悅佛政思其故主王因民之怨也合糾諸國攻佛佛師潰而棄地普復故土至道光二十年即位非的利即今之王也王修國政勸士農設學館惠商賈由是百姓親附隣民皆喁喁慕義遂為西土顯國其制民及歲者工入肆秀入學否則罰其父母年二十以上男丁皆入伍學藝三年放歸每歲秋操閲施賞罰故其國兵多而強

通國分東西両土共有八部其東隅一曰巴郎丁堡沿河水澤流通草木暢茂製造磁器勝於中華鑛器爍若金銀物精價廉遠客咸來貿易都城曰伯靈有孤子院武藝院醫院軍器局靡勿壯觀宮室廟宇其屬峻麗衙署整潔邑

之華美於斯為盛一曰波美拉尼其北近海沙阜出琥珀民用之造寶玩物件會城曰士得丁河流深廣海舶可通帆檣雲集貿易繁盛一曰細勒西會城曰北勒斯勞百工畢集文儒萃焉一曰薩索尼與日耳曼牙錯會城曰馬丁堡壘高池深屢捍大敵又有城曰威丁堡

昔為天主教所掌明時路德出于此立耶穌正教遂毀其祠宇

一曰普魯士會城曰哥寧堡空濶難守但澤海口貿易甚繁一曰波森本波蘭地普與峩墺瓜分得之會城同名街市寬廣其民昔怨畀轄今則悦服百姓半執異端猶未向

化正教其西土與東土並不毘連地分二部南曰惟士發里土田肥沃林木茂盛民織麻布善造火腿售于各國會城曰閔士得北曰勒納又分上下萊尼其上沿河傍山會城曰哥羅尼善造鋏器織有緞布芷製臭水極佳舟楫往来如梭所屬木城有大書院益田百工萃處突鄉最美之城街廣市寛其下山清水秀遠客常来遊玩會城仝名民勤紡績土産銅鐵綢絲布磁器榖木

墺地利國志

墺地利在歐羅巴之中緯線自赤道北四十三度起至五十一度止經線自中華北京偏西九十二度起至百有八

度止東北至峩羅斯普魯士西接瑞士日耳曼南界土耳其以大利長二千三百里廣三千九百里總計之方八十四万里户口三千七百万其地峻嶺矗起峯巒廻環氷雪凝積歴久不消餘皆平原兼有沙磧深林密箐頗有可觀藪澤淤下氣候温和甚宜人物田土膏腴榖果豐登湖河廣多沿流灌溉河之大者中曰多惱支派紛岐舟船絡繹迤北與西南鄰國支派甚衆湖之大者曰不拉敦西曰干西德

居民種類不一均不往来性俗多為粗魯游行無定間有聰敏專務向上技藝近来精巧匠肆林立貿易興隆奉天主教

至於朝綱皇帝臨御歴代相傳男女皆得践祚惟以長幼為序政由自主漢時為羅馬所征服越四百載為北狄所據及唐佛朗西取其地立為別部元初日耳曼有首羅德福者攻獲墺地各部推立為王稱為東國疆土褊狭無大權越數十載歴代嗣君邦基漸廣創業垂統漸與鄰邦姻婭相通是以附近各地多為所有嘉慶九年其國君甚至進爵為帝雖曾被佛蘭西君拿破崙攻克占據過半至嘉慶十九年兩國議和惟荷蘭仍自為國其前失各地盡行恢獲現為日耳曼列國中最為强

富推大國焉

通國分為四土曰日耳曼地墺之故土也曰以大利曰匈牙利曰波蘭地後来之所割也墺地利之日耳曼地分六部一曰墺地利改上下兩部都城曰維也納王宮華麗殿堂規模宏敞織造華聚街市喧鬨女人姿質風流儀容秀媚又有書院蔵書七万冊一曰地羅利會城曰音斯不羅一曰士的里亜會城曰加拉德斯一曰壹黎里亜會城曰来八海口曰的里斯德為地中海大埠頭

其地山洞千餘深邃長短曲直靡弗備具景象美麗古怪奇異項多鐘乳石天然生成垂懸空際内有一洞人行可通二十里為湖所阻人未嘗探其奇也

一曰波希米為墺之上壤有泉水靈異可以療疾居民善造玻璃器織麻呢細布會城曰巴拉加内設書院蔵書籍萬冊習文藝者千餘一曰摩拉維及西里西會城曰阿里木墺地利之以大利地総名威尼斯倫巴多分二部一曰米蘭近海濵幅員廣大山水清幽有天主殿廣二十七丈長四十五丈華靡美麗一曰威尼斯臨亜得亜海

其初為大埔頭万艘鱗集握地中海之利權千有餘載今則衰廢通商無多城建立於澤地街衢皆小河人不駕車而駛船往来飛橋横跨不碍舟行所屬巴土亜城

地理全志　卷之二　　爽快樓藏

内有書院道光三十年居民皆叛墺地利欲自為主墺
以大兵征服之遂復如初
其墺地利之匈牙利地
居民貌似蒙古人古為匈奴部遷徙至此宋時立國稱
雄一時久而寖衰明季女王嗣位配墺王為夫婦時匈
牙為波蘭土耳其攻侵皆賴墺兵力退敵保疆遂挈國
合於墺幅員大於墺雖為墺轄不服王化自立理法近
墺强服大相戰爭墺敗績請兵于峩羅斯求其来援征
服匈牙利始隷版圖傾心歸向
其地分四部一曰匈牙利國及斯拉哥窩尼哥羅亜西都

城曰布大一曰達郎西瓦尼會城曰黒曼又有哥郎為土
耳其希臘互市之所一曰戍疆南界土耳其各農練為民
壯郷勇鎮守疆域土人来侵則衝鋒突陣一曰達馬西地
形狭長田土磽瘠不足於耕民多捕魚會城曰撒剌通土
產麥麵五金水銀最富寶石磁器毛呢牲畜等
其墺地利之波蘭地舊分二部一曰加里細樹林叢雜熊
狼居之獵戸殺之而獻其皮官給以價其土鹵可煎鹽民
惟務農會城曰稜皁各一曰布哥維納本土耳其地墺割
得之因波蘭故附之會城曰達奴波其民長于貿易雜隷
於墺而自有酋政以上二部後歸一國名加里細土產穀

地理全志　卷之二　　爽快樓藏

木鹽
土耳其國志
土耳其疆宇開廣戸口繁滋其國分布二州一隷歐羅巴
一隷亜西亜其在亜西亜者不過藩屬之地別為分叙其
通國之大勢則隷於歐羅巴今臚列如左
土耳其在歐羅巴東南緯線自赤道北三十九度起至四
十九度止經線自中華北京偏西四十七度起至一百度
止東及黒海馬馬拉海西連亜得亜海墺地利南枕希臘
及希臘海北至墺地利峩羅斯長廣均二千餘里總計之
方六十万里戸口一千二百万其地勢南方海灣凹凸島

嶼羅列東北平原廣坦沮洳藪澤頗多中央山巖險峻勢
甚綿亘若斷若續山南草木向榮兢茂嫣媚有致河湖甚
多河之大者曰多惱支派分岐又有馬黎薩湖之大者曰
拉塞音日尼納氣候温和四時咸宜惟穢氣薫蒸人觸之
多疾病田土膏沃穀菓咸宜
民情風俗大抵与亜西亜相同其謙傲勤惰强弱咸各
殊異也衣服美麗以帕蒙首形体猥瑣容貌鄙陋工作
技藝俱屬平庸所造之物僅敷所需水陸貿易靡弗繁
盛因官長有苛政廢民荒於其業是以國内經營者外
客居多勤奉回教間有奉希臘教者初土人叛回教輒

地理全志　卷之二　　爽快樓藏

殺之茲則聽其自擇焉
至于朝綱國位歷代相傳政由君出地分中央東西三
土中東在亜西亜西在歐羅巴古時悉屬羅馬唐初亜
喇伯取中東二土五代韃韃里人攻取亜西亜之西全
國至歐率兵戰勝驅之及成吉思强服元初有土荷阿
多曼招集衆人肇造邦國即以己名名之傳至其子闢
疆日廣至裔馬何美德具梟雄之姿取君士但丁為國
都三土全歸統轄此後歷代嗣君侵阿非利加之北亜
喇伯海濱歐羅巴之東南後自内作邑荒外弛
武備稱亂國焉嘉慶時王竭力修政然民横亂東隅之

衆多不翼載王室中土猶强應其役西土接踵而起日
尋干戈南土分裂歸于希臘外藩亦隔絶不通聞問且
与峩戰峩兵圍其都城國幾亡英佛為之議和而罷後
埃及總督叛之自主未和君薨道光十九年其子嗣位
即今在位之君也禮賢納士由埃督矯命求援于英佛
峩惟剖其數屬予督遂修貢于土君近日匈牙利有
軍士數人逃此峩墺欲强釋之土君不從賴英佛之助
峩墺不舉兵侵伐然尚圖報復也
通國分九部曰羅美里古為馬其頓德来斯二土都城曰
君士但丁乃京都也城垣高大殿闕巍峩城外海港深廣

商賈輻輳歌舞樓臺連甍接棟風景美麗庠序醫院書庫
浴室靡弗具備萬厦雲連各國使館在焉多瘟疫火災所
轄亜得利安城自古殿閣周敞沙羅尼加為商賈互市
之地曰布加利會城曰西里斯的建於河濱設堡周備以
禦我軍曰阿百尼在海濱民喜鬪掠會城曰若尼拿曰德
沙利會城曰拉利沙地近希臘口有隘卡聲名遠播古波
斯與希臘相戰其後歐羅巴禮義漸勝於亜西亜
此外另有五部曰塞爾維會城曰別甲池深城固曰波斯
尼合哥羅亜西為一鑄刀劍為良會城曰西来約曰摩拉
達維會城曰牙西曰黒西哥又曰蒙的尼會城曰摩斯達

曰襪拉幾會城曰不加勒斯貿易頗盛
以上五部時被虐主挾制群凶縱横残剝庶民民不堪
其苛政屢行背叛并力攻拒土君不能征服与之議和
令或自立一敉以理庶政或自立為王得避土王之虐
政我帝時而垂顧撫綏納貢稱藩于土焉
又有干地島在地中海四周千六百里外平坦中險峻海
濱田疇甚沃海口漸為沙淤商船多為所阻
古為名勝後為土王攻取之至埃及總督叛土政島歸
督主
土產煙葡萄羊毛銅銕錫鉛礬礦紋土橄欖油等

希臘國志
希臘在歐羅巴之南緯線在赤道北三十六度半起至三
十九度止經線自中華北京偏西九十二度起至九十六
度止東至希臘海北界土耳其東南地中海長百里廣五
百四十里總計之方五万里戸口九十万其地關山廻隔
九曲盤繞谷野圓亘景象新奇群峯競秀望若列屏河湖
衆多均不甚巨洲嶼灣港繚環羅布氣候温和田土膴腴
穀果豐登
士女儀容秀美好華冠麗服土人性情風俗不一或居
平野勤于游牧或居山中劫掠專務自主昔時騷人墨

客論政講道之士甚多文教昌明聲名文物亟稱一時
後數百年一敗塗地百工技藝不甚精巧匠肆蕭條貿
易寥落今則漸復興起建書院立義塾教化將復如昔
崇奉希臘教為天主教之分派
至于朝綱昔時邦國衆多歴代相傳今為新造之邦粤
稽太古歐羅巴混沌未開夏時希臘有向化者始教以
搆屋營居耕種商時灑哥洛從埃及来立國于雅典教
民礼義文字分十二國各覇一方不相統屬後為民棄
自立數國波斯率軍百万来戰敗北希臘遂興蒸蒸然
日進于禮儀文字遠布實為歐羅巴文學之始漢時羅

馬克服歸于一統數百年明時土耳其攻取為一省道
光三年希人叛土血戰七年後賴英佛我三國護庇國
賴以立
通國分為十部東曰亜的加其雅典乃京師也建在海灣
昔為文物聲名之邦今則市井寥落景象蕭條西希臘曰
亞加拏尼羅格里其通商埔頭曰墨龍義南曰亜哥黎內有
腦比里城在海口希達島斯必西島均為通商之大埔亜
加地内有德破勒撒希之堅城弥西那拉哥尼亜加亜内
有巴答亦大埔頭曰尼哥奔多島地形狭長与東希臘一
綫相連及北斯波拉低島南北中西加拉约數島首邑曰

叙拉亦大埔頭十部之外其西有以阿尼群島總計之方
三千七百里戸口二十万曰各府貌剌地加客花羅尼息
利戦散地
各有渠掌政令蒙英保護遂属于大英以各府為都城
英設大臣駐此有書院義塾
土產橘子橄欖油葡萄乾酒密南菓蠶桑等
以大利國志
以大利在歐羅巴之南緯線自赤道北三十七度起至四
十七度止經線自中華北京偏西九十八度起至百有一
度止東距亜得亜海北界墺地利瑞士西南斜跨地中海

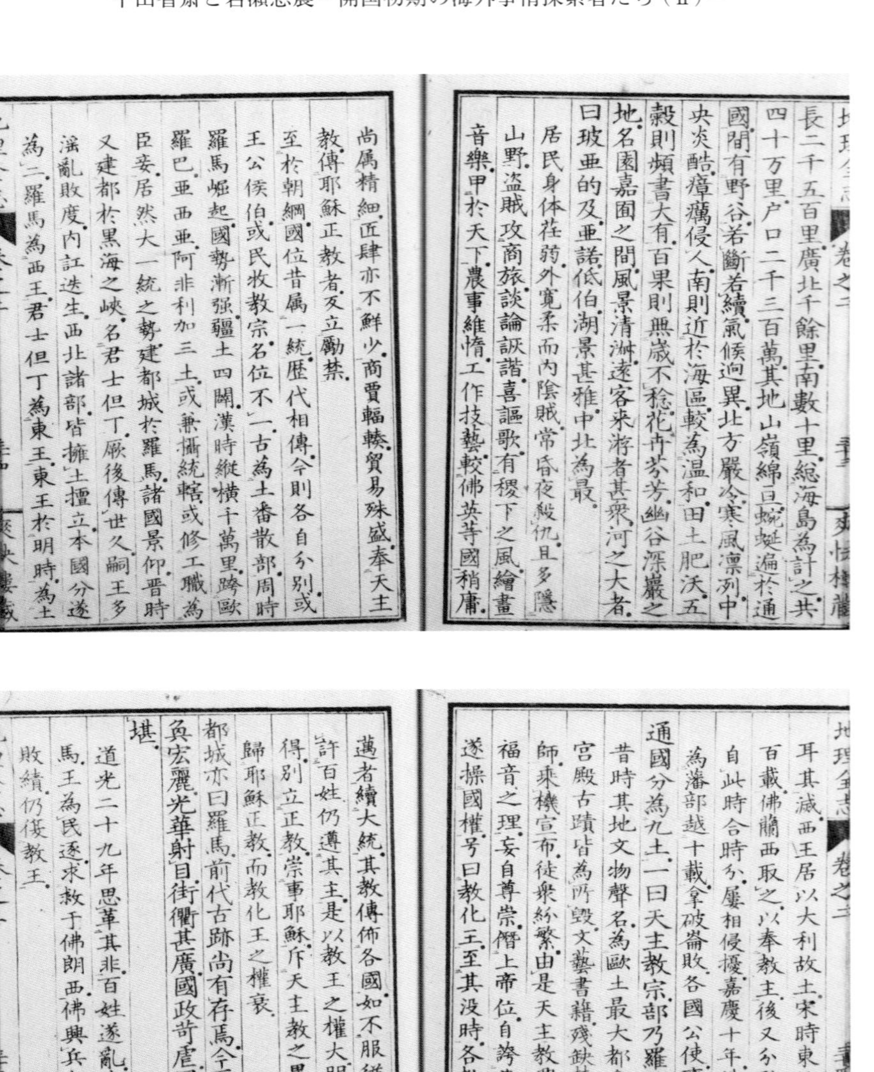

長二千五百里廣北千餘里南數十里總海島為計之共四十万里戶口二千三百萬其地山嶺綿亘蜿蜒遍於通國間有野谷若斷若續氣候迥異北方嚴冷寒風凛冽中央炎酷瘴癘侵人南則近於海區較為温和田土肥沃五穀則頻書大有百果則無歳不稔花卉芬芳幽谷深巖之地名園嘉囿之間風景清淑遠客來游者甚衆河之大者曰玻亜的及亜諾依伯湖景甚雅中北為最

居民身体荏弱外寛柔而内陰賊常昏夜殺仇且多隱山野盜賊攻商旅談論詼諧喜謳歌有稷下之風繪畫音樂甲於天下農事維惰工作技藝較佛英等國稍庸尚属精細匠肆亦不鮮少商賈輻輳貿易殊盛奉天主教傳耶蘇正教者亥立勵禁

至於朝綱國位昔屬一統歷代相傳今則各自分別或王公侯伯或民牧教宗名位不一古為土番散部周時羅馬崛起國勢漸强疆土四闢漢時縦横千萬里跨歐羅巴亜西亜阿非利加三土或兼攝統轄或修工職為臣妾居然大一統之勢建都城於羅馬諸國景仰晋時又建都於黒海之峽名君士但丁厥後傳世久嗣王多溪亂敗度内訌迭生西北諸部皆擁土擅立本國分遂為二羅馬為西王君士但丁為東王東王於明時為土

耳其滅西王居以大利故土宋時東北之狄侵取越三百載佛蘭西取之以奉教主後又分裂為日耳曼之屬自此時合時分屢相侵擾嘉慶十年佛王拿破崙攻克為藩部越十載拿破崙敗各國公使齊集維也納會議通國分為九土一曰天主教宗部乃羅馬舊部也

昔時其地文物聲名為歐土最大都會迄宋代狄攻時宮殿古蹟皆為所毀文藝書籍殘缺焚棄駐羅馬之教師乘機宣布徒衆紛繁由是天主教興焉教師匪正藉福音之理妄自尊崇僭上帝位自誇其能力據疆裂土遂操國權号曰教化王至其没時各教主僉議公擇老邁者續大統其教傳佈各國如不服從輒起釁攜兵不許百姓仍遵其主是以教王之權大明時日耳曼人路得別立正教崇事耶蘇斥天主教之異端邪説諸國漸歸耶蘇正教而教化王之權衰

都城亦曰羅馬前代古跡尚有存焉今所建之天主堂輪奐宏麗光華射目街衢甚廣國政苛虐風俗頽靡民不能堪

道光二十九年思革其非百姓遂亂大興干戈擾亂羅馬王為民逐求救于佛朗西佛興兵与戰羅馬之叛民敗績仍復教王

一曰撒丁在西北隅有王以攝理由自主都城曰多靈殿宇宏麗觀者嘖嘖稱美内分五部曰辟門其中遵耶蘇正教者不下二萬人不為教王節制故往往受其残虐羅害靡窮曰尼西風景美麗氣候清和曰撒歪山岡環繞陵谷之間皆沃野曰熱那在海隅昔為地中海市廛之最盛者万艘鱗集戰艦皆泊于此今衰微已久矣昔日繁華之地轉瞬成空鞠為茂草惟衙署數椽巋然獨存而已曰撒丁島在地中海土壤廣漠林莽間雜民俗粗魯披羊皮帶器械隨在游牧性情悍獷

一曰那不勒在西南隅三面瀕海与西西里島合為一國中隔墨寨納海峽有王以撫馭都城亦同此名屋宇高峻殿閣巍峩乞食於市者成群結黨良民往往為其所擾環山皆山深嶺幽谷間有火山名威蘇威其巓常出烟焰或炎石隨空或飛塵蔽地或火漿迸流如水草木盡為之焦灼

古有二城与火山相近為飛塵所蔽已閱千八百年土人掘出城堞依然傳為怪異屢遭地震禍患頻仍然田疇肥沃百物富庶生齒殷繁無肯遠避

西治里島會城曰巴勒摩埔頭曰墨西拿田極豐腴多出穀菓火山名挨德納為歐土之最著焚毀鄉邑由漸而盛

其島之北有里伯利島内有火山二吐燄不息
君不以仁及民虐政横行教王弄權故國雖殷富而民
恒貧乏民亦無良驕奢淫逸
一曰多加納在西北公爵統轄都城曰佛棱街衢華麗萬
厦雲連丹青鐫刻極為精細里窩那城係海口商舶萃聚
商賈往来最盛
一曰巴馬在北方導維也納會議附於盧加統攝都城同
名一曰摩德拿一曰盧加均在北方曰巴馬為盧加管轄
盧加近歸多加納而其公乃歲得賦税以上三小國皆公
爵総理

一曰馬利諾在羅馬境内自推官長理事
其以大利西南有馬他島民勤耕稼人煙稠密飲食節儉
明時回部方強攻取此島選驍勇之士駐兵防拒乾隆
中佛蘭西攻之使降大英旋以兵船戰勝佛取之調兵
嚴守以為地中海戰艦之大口
其餘為墺地利屬者在墺志内叙述兹不具載土産葡萄
酒橄欖油橙柑檬栗諸果絲綿最富
瑞士國志
瑞士在歐羅巴之中緯度自赤道四十六度起至四十八
度止經線自中華北京偏西一百十六度起至一百十一

度止東界墺地利西連佛朗西南接以大利北至日耳曼
長五百里廣七百里總計之方五万里户口二百二十五
万其地勢万山叠峙峯嶺參天氷雪凝積時或下墜遂為
民患野谷綿亘均為幽勝氣候迥異山嶺嚴寒平原温和
山谷炎熱遠客徧遊全地取其清竒甲于歐土溪澗交流
河湖甚多河曰莱尼支派約數千曰羅尼湖曰日内瓦曰
官斯丹曰牛砂德曰盧撒拿曰蘇黎
居民不一分東北中三方北有日耳曼人務織布西有
佛人製表極細巧中有以大利人三民皆勤耕種務游
牧夏時驅逐山巔秋冬乃歸飲食節儉終身悅樂謳歌

納福樂道懐仁其量寛裕其性温和其志固執行旅客
商樓之食之相待不啻親串奉耶穌天主教
至于朝綱不設王位風俗猶古羅馬後為北狄所滅旋
為佛朗西有又有日耳曼奪其民臨陣悍勇効力死戰
元時日耳曼王無道瑞士人逐守吏以叛初分三部後
分十三部擇賢者為鄉官以理民事嘉慶三年佛王拿
破崙以兵力強入版圖改十九部拿破崙敗各國公使
會議于維也納十九部外益以犬牙相錯之地日内瓦
牛砂德瓦来斯三部共合為瑞士國仍其舊俗自推鄉
官理事酌地勢按户籍拔丁壯禦侮諸大國不得鈐制

遇國之内外大政部使鄉官集議于公廨伯爾尼二年
蘇黎盧撒尔拿均
通國分為二十二部曰伯爾尼首邑同名為衆部之都會
曰蘇黎
明時耶穌之徒傳福音英字聖經先印于此
曰盧撒爾拿曰亜爾疴曰弗里堡曰瑞的斯曰牛砂德初
屬普魯士管轄有國君分派之官四十五員其後割之以
予瑞國會同公議治理國事曰砂佛塞曰日内瓦初屬普
魯士其後割之以予瑞曰蘇克曰加拉魯曰巴勒曰亜奔
塞曰桼牙禄曰梭律首邑皆仝名曰給里孫首邑名住爾

領以鄉官頭目曰德西尼首邑名比隣曰獨爾疴首邑名
弗留尼曰翁德瓦丁首邑名斯丹曰烏黎首邑名亜多弗
曰瓦的首邑名留撒建于河濵風景極麗曰瓦来斯首邑
西裺土産木料葡萄熊羆撥鼠腮鷹羚羊鹿
西班牙國志
西班牙在歐羅巴西南隅緯線自赤道北三十六度起至
四十三度止經線自中華北京偏西百有五度起至百二
十八度三十分止北与佛朗西比斯加灣接壤東距地中
海西界葡萄牙南為大西洋地中海滙流之所長一千四
百里廣二百里總計之方六十一萬里户口一千二百万

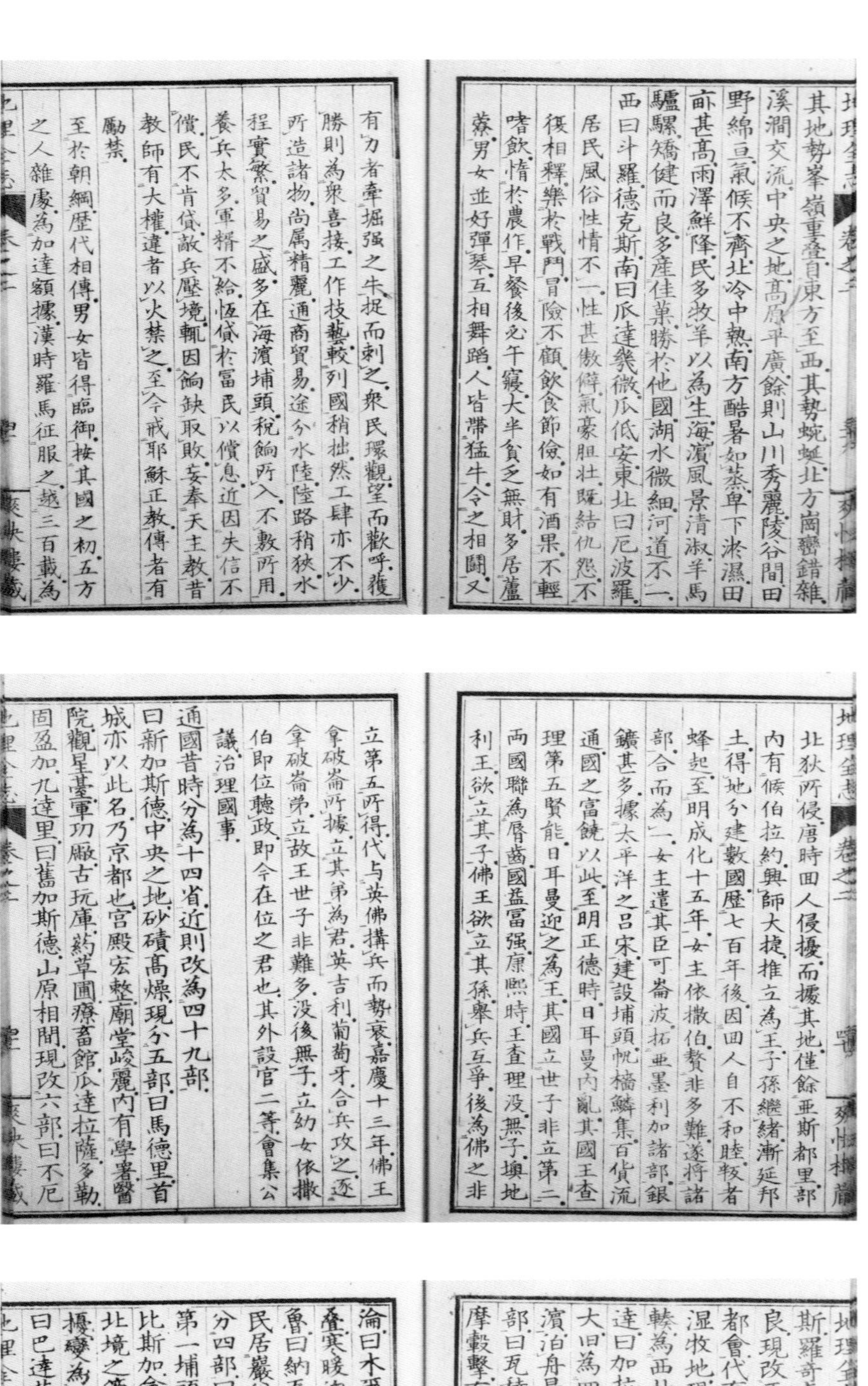

其地勢峯嶺重疊自東方至西其勢蜿蜒北方崗巒錯雜溪澗交流中央之地高原平廣餘則山川秀麗陵谷間田野綿亘氣候不齊北冷中熱南方酷暑如蒸卑下潦濕田畝甚高雨澤鮮降民多牧羊以為生海濱風景清淑羊馬驢騾矯健而良多產佳菓勝於他國湖水微細河道不一西曰斗羅德克斯南曰爪達幾微瓜低安東北曰尼波羅居民風俗性情不一性甚傲僻氣豪胆壯既結仇怨不復相釋樂於戰鬥冒險不顧飲食節儉如有酒果不輕嗜飲情於農作早餐後必午寢大半貧乏無財多居蘆蔡男女並好彈琴互相舞蹈人皆帶猛牛令之相鬬又有力者牽掘強之牛捉而刺之衆民環觀望而歡呼獲勝則為衆喜接工作技藝較列國稍拙然工肆亦不少所造諸物尚屬精麗通商貿易遂分水陸陸路稍狹水程實繁貿易之盛多在海濱埔頭稅餉所入不敷所用養兵太多軍糈不給恆貸於富民以償息近因失信不償民不肯貸敵兵壓境輒因餉缺取敗妄奉天主教昔教師有大權違者以火焚之至今戒耶穌正教傳者有勵禁

至於朝綱歷代相傳男女皆得臨御按其國之初五方之人雜處為加達額據漢時羅馬征服之越三百載為北狄所侵唐時回人侵據而據其地僅餘亞斯都里部內有候伯拉約興師大捷推立為王子孫繼緒漸延那土得地分建數國歷七百年後因回人自不和睦報者蜂起至明成化十五年女主依撒伯賚非多難遂將諸部合而為一女主遣其臣可崙波拓亞墨利加諸部銀鑛甚多據太平洋之呂宋建設埔頭帆檣鱗集百貨流通國之富饒以此至明正德時日耳曼内亂其國王査理第五賢能日耳曼迎之為王其國立世子非立第二两國聯為脣齒國益富强康熙時王査理沒無子塽地利王欲立其子佛王欲立其孫舉兵互爭後為佛之非立第五所得代与英佛搆兵而勢衰嘉慶十三年佛王拿破崙所據立其弟為君英吉利葡萄牙合兵攻之逐拿破崙弟立故王世子非難多沒後無子立幼女依撒伯即位聽政即今在位之君也其外設官二等會集公議治理國事

通國昔時分為十四省近則改為四十九部

曰新加斯德中央之地砂磧高燥現分五部曰馬德里首城亦以此名乃京都也宮殿宏整廟堂峻麗内有學習醫院觀星臺軍功廠古玩庫葯草圃療畜館瓜達拉薩多勒固盈加九達里曰舊加斯德山原相間現改六部曰不尼斯羅奇虐三當德為北境大埔頭索里塞額維亞維拉曰良現改五部曰良巴稜西瓦拉多黎薩拉慢加古時為大都會代有聞人自遭兵燹凋敝稍存薩摩拉曰加黎西卑湿牧地現改四部曰哥魯那城建海濱泊舟最穩商賈輻輳為西北大埔頭港口有炮臺極堅嚴額荷稜塞吝德威達曰加拉拿大氣候炎熱水土平良現改三部曰加拉拿大旧為回王都稱南方大土會亞美利馬拉牙城建海濱泊舟最穩貿易殊盛為南方大埔頭曰瓦稜薩現分三部曰瓦稜薩城建平原街衢修整屋宇峻麗市廛之中肩摩轂擊有大書院肄業衆多亞利干為東南大埔頭加得淪曰木爾西分二部曰木尔西亞巴塞曰亞拉岡山嶺重疊寒暖適殊現分三部曰薩拉哥散昔盛今衰馬斯加德魯曰納瓦毘連佛朗西仍為一部曰亞斯都里境負大山民居巖谷農作甚勤仍為一部名荷維多曰加達羅尼現分四部曰巴塞羅城建海濱次之京都貿易昌盛為東境第一埔頭達拉荷納勒黎達共羅納曰比斯加分三部曰比斯加會城繁盛總聚羊毛之地給不斯孤城建山麓為北境之管鑰屋宇炮臺靡不具備嘉慶時為佛朗西所侵擾變為灰燼事後乃復其初亞拉機曰斯德馬多改二部曰巴達若城建河右極為堅固達塞勒斯曰安達羅西現

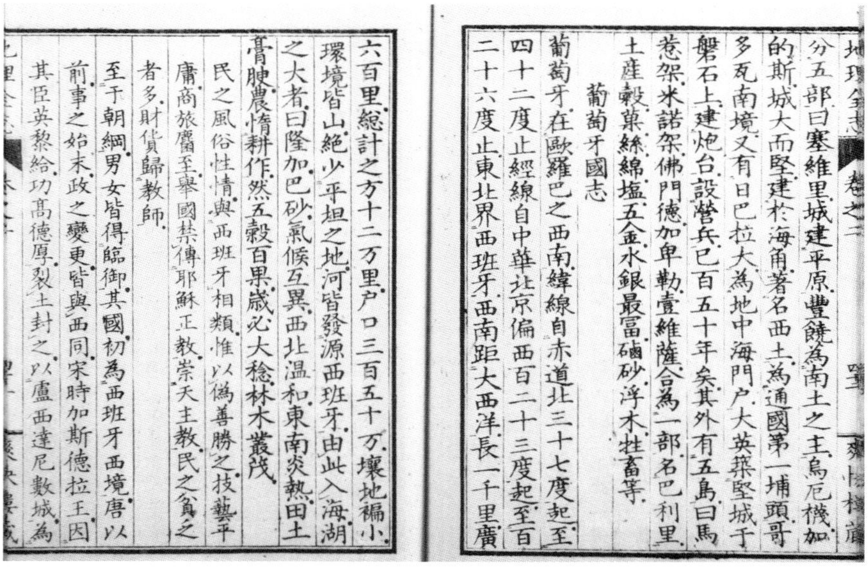

分五部曰塞維里城建平原豐饒為南土之主烏厄機加的斯城大而堅建於海角著名西土為通國第一埔頭哥多瓦南境又有日巴拉大為地中海門戶大英築堅城于磐石上建炮台設營兵已百五十年矣其外有五島曰馬惹架米諾架佛門德加卑勒壹維薩合為一部名巴利里土産穀菓絲綿塩五金水銀最富硇砂浮木牲畜等

葡萄牙國志

葡萄牙在歐羅巴之西南緯線自赤道北三十七度起至四十二度止經線自中華北京偏西百二十三度起至百二十六度止東北界西班牙西南距大西洋長一千里廣六百里總計之方十二万里戶口三百五十万壤地褊小環境皆山絶少平坦之地河皆發源西班牙由此入海湖之大者曰隆加巴砂氣候互異西北温和東南炎熱田土膏腴農惰耕作然五穀百果歲必大稔林木叢茂

民之風俗性情與西班牙相類惟以偽善勝之技藝平庸商旅匱至舉國禁傳耶穌正教崇天主教民之貧乏者多財貨歸教師

至于朝綱男女皆得臨御其國初為西班牙西境唐以前事之始末政之變更皆與西同宋時加斯德拉王因其臣英黎給功高德厚裂土封之以盧西達尼數城為其采地使尚公主封以伯爵其子襲父職大敗回人漸拓邦土民推以為王是為立國之初歷代以來征服回部追疆日擴版圖漸廣有賢王曰以馬努利立法制嚴防守國称大治子約翰與西班牙通婚媾四境又安倉儲充實英黎給嗣位無子西班牙乘勢兼并歸于一統越六十年西政貪殘葡人不堪倒懸逐其守土之吏復立故王支派嘉慶初佛蘭西王拿破侖侵伐不能扞禦王遂棄國攜其眷屬出奔巴西迨拿破侖為英軍所敗王乃歸國尋卒世子留王南亜墨利加之巴西兼王葡人民謂王貪兩地不協輿情乃自王巴西道光十八年遣幼女瑪利亜歸王葡贅日耳曼世子為婿夫卒再贅即今在位之女主也先是歐土諸國自開闢至元時自相往來罕通別土人善算數習天文用儀器測量日之出入星躔度數水陸方向遠近明時國王遣善操舟者駕巨艦南行由阿非利加之西境轉而東歷阿非利加之東境抵印度之西境復轉而東至麻喇甲歷偏東南洋諸島國所至輒留葡人嘗立埔頭隆慶時抵粤之澳門請地建屋歳納租餉疆臣為之代請許之葡人遂立埔頭于香山縣之濠鏡是為諸國通市中國之始後西班牙荷蘭接踵東來佛英繼之葡人所立小西洋東南洋埔頭咸被侵奪僅餘澳門一廛為諸國東道之逆旅

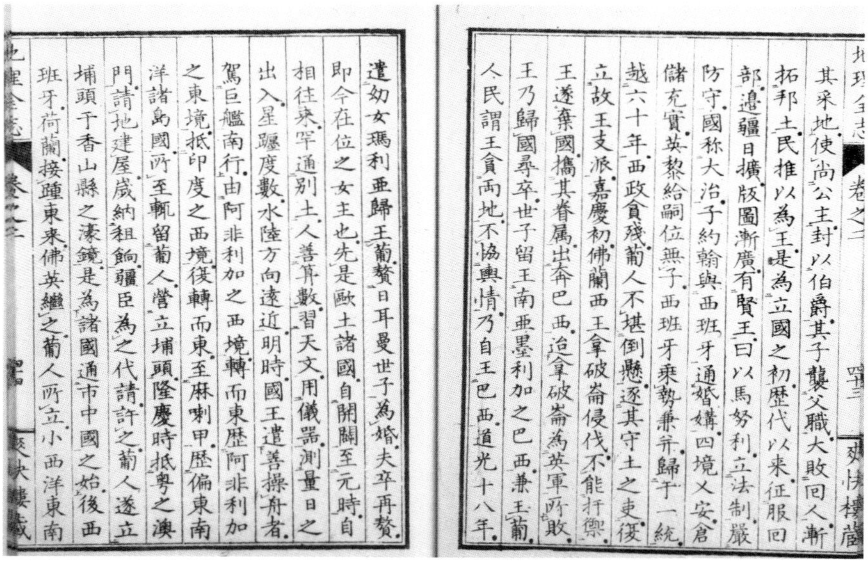

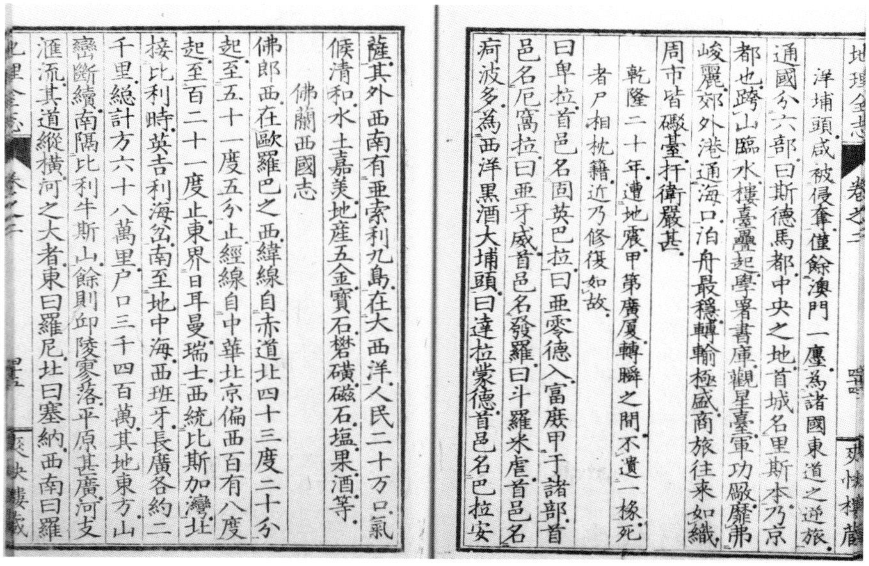

通國分六部曰斯德馬都中央之地首城名里斯本乃京都也跨山臨水樓臺壘起學署書庫觀星臺軍功廠靡弗峻麗郊外港通海口泊舟最穩轉輸極盛商旅往來如織周市皆礟臺扞衛嚴甚

乾隆二十年遭地震甲第廣廈轉瞬之間不遺一椽死者尸相枕籍近乃修復如故

曰卑拉首邑名固英巴拉曰亜零德入富庶甲于諸部首邑名厄窩拉曰亜牙威首邑名發羅曰斗羅米虐首邑名荷波多為西洋黒酒大埔頭曰達拉蒙德首邑名巴拉安薩其外西南有亜索利九島在大西洋人民二十万口氣候清和水土嘉美地産五金寶石礬磺磁石塩果酒等

佛蘭西國志

佛郎西在歐羅巴之西緯線自赤道北四十三度二十分起至五十一度五分止經線自中華北京偏西百有八度起至百二十一度止東界日耳曼瑞士西統比斯加灣北接比利時英吉利海岔南至地中海西班牙長廣各約二千里總計方六十八萬里戶口三千四百萬其地東方山巒斷續南隔比利牛斯山餘則卯陵寥落平原甚廣河支滙流其道縱横河之大者東曰羅尼北曰塞納西南曰羅

爾加倫湖曰塞德貨物轉輸悉從水道隨在皆通舟楫有
溝洫以蓄洩壤地極腴按田數畝農力維勤氣候不一夏
燥冬寒餘則温和
居民性情無常習俗豪俠好勇喜鬥以致政事紛更互
相攻擊終日歌舞無戚容男女貴賤衣裳艶麗雖一擲
千緡亦罔所惜農勤閒墾頗有法式技藝精巧工于製
器火輪車船時辰表自鳴鐘歳造不可勝數士勤學問
天文地理靡不精通然所著書藉半類小說壞人心術
叛于天道奉天主教間亦奉耶穌正教
至于朝綱國位傳于子孫否則公會治理或庶民推舉

靡有定制古名之高盧為野番部落漢時為羅馬征服
屬以大利西境後羅馬衰亂為北狄日耳曼分據斉時
哥羅維驅逐北狄據其全土改國號曰佛朗西是為立
國之始至唐天寳時嗣王為民所廢立相北比諾為君
頴敏好學奮發有為勵精圖治其子甲利曼有文武才
開館舍招致四方文學之士百廢俱興城邑宮室道路
創造宏整規模丕變極一時之盛傳國世數至宋雍熙
時衰亂國人立公爵武額加須多為王傳數世嗣絶更
立瓦羅義斯為歴王宋理宗時路易嗣位長吏術精名
法修國政簡賢任能号為中興与英吉利世為姻亜當

佛王嗣絶之時英王義多亜第三因与故王有甥舅之
誼當分封地舉兵要之從此搆釁數十年干戈不息元
時為英所滅即有幼女恢復疆土明万暦時旁支嗣位
顯理第四自修布仁子孱其相屡候而窘民至路易十
四講武嗜戰諸國怨叛乾隆三十八年即路易十六內
寵擅權民不堪命後十六年大亂弑王設領事官二人
攝王政拿破崙為首乘勢撫循衆庶遂握大權嘉慶八
年即皇位恃其威武欲混一土宇繼羅馬之蹟滅荷朗
廢西班牙取葡萄牙兼幷以大利瑞士日耳曼割普奪
墺侵嗹國圍其都城所向克捷諸國畏之如虎嘉慶十

六年以大兵伐峩師旋時天驟嚴寒軍士凍死十之七
八諸國乘其敝也合力攻之所侵之地全失又收拿破
崙于易北河上之炮臺至嘉慶十九年逃至佛國招集
軍旅往比利斯与英軍戰旋敗北為民所逼退避君位
流于三厄里那島六年而死歐之公使會議維也納凡
拿破崙侵地各歸故王或分晰或合併互立盟約不相
呑噬于是立故王之裔路易為王十年卒其弟查理在
位六載國人廢之立路易非立為王寛仁納諫有賢聲
道光二十八年國人廢之遁于英吉利不數年而崩庶
民立拿破崙之姪路易拿破崙為首期以四年咸豐二

年已屆其期不肯避位召兵助之後期以十年事乃定
其意或謀登大寳未可知也
通國舊分三十三部改為八十六府三百六十三縣三萬
八千六百二十三圖曰畫里佛朗西今分五府曰塞納首
邑名巴黎斯乃京都也殿闕巍峩複閣層樓宮室庠序廟
堂祠宇靡不峻美雄麗文彩輝煌為一時之壯觀他若離
宮別苑石坊橋梁亦皆窮極精雅工巧絶倫街衢屈曲環
繞列肆密如蜂房商旅往來肩摩轂擊晝夜不絶歐土都
會之盛推為第二內大書院蔵印鈔書籍遊學之士許其
就院屋借讀設醫院學醫者齎糧從之學成然後歸又有

繁術院凡術藝之師皆在焉如兵法河道器物各就所願
以肄業府斯京斯內塞納及府斯塞納及馬內法郎得改
一府曰諾爾首邑列黎建城堅固貿易繁盛製造最良海
口曰東克爲商賈薈萃之所亜多亜改一府曰内巴的加
雷比加的改二府曰外巴的加雷海口曰補侖貿易殊盛
索美諸滿的改五府曰下塞納首邑名盧昂為織布之要
所又海口曰哈非加瓦多滿砂海口曰舌布克亦師船所
聚府內與勒以上四部皆在北方賞巴尼改四府曰亜德
內府阜上馬内馬內羅來內改四府曰謬斯木塞勒謬德
窩斯日以上二部皆在東北隅賣内改二府曰馬也内薩

的安如改一府曰賁内及羅爾北利達尼改五府曰壹列
及維勒内哥都諾非尼斯德海口曰比臘斯的戰艦停泊
于此摩比罕下羅爾海口曰難得為貿易薈萃之所以上
三部皆在西北隅波亜多改三府曰温的二塞勒維也納
安荷美改一府曰砂蘭森當改一府曰内下砂蘭海口曰
羅舌勒貿易最盛之所又有羅舌縛為師船聚泊之所以
上三部皆在西方荷里安改三府曰與勒及羅尓羅勒羅
尓及捨耳都来内改一府曰音德及羅爾比利改二府曰
捨尓音德尼威内改一府曰尼威不波内改一府曰亜列
馬使改一府曰哥留斯黎木性改二府曰上維也納哥勒

塞荷威内改二府曰北多美敢達亜撒西改二府曰下来
尼上来尼以上九部皆在中央佛岡德改三府曰上索内
都伯汝拉不千的改四府曰約内哥多索内及羅爾尼英
里荷内改二府曰羅尼首邑名里昂乃製造之所金銀線
帶刺繡甲于通國羅爾道非内改三府曰義塞多羅美上
亜卑斯以上四部皆在東方不羅温薩改三府曰下亜卑
斯羅尼河口首邑名馬塞里為南境第一埔頭火輪船往
来埃及印度亦泊于此瓦爾海口曰土崙為師船聚集之
所即給德改八府曰上羅爾羅塞亞德加爾德希落荷德
達尼上加倫以上二部扼地中海北岸岡的佛亜改一府

曰亜列日盧西隆改一府曰東比里牛斯哥也納改六府
曰及倫首邑名波多海港深通上接内河貿易頗盛為西
南之大埔頭多多尼羅的及加倫羅的亜維倫達尼及加
倫加斯哥尼改三府曰及爾斯蘭德上比里牛斯伯内改
一府曰下比里牛斯以上八部皆在南方哥塞牙乃地中
海島破拿崙王即此島人初屬以大利佛人取之土産穀
菓木油酒呢羽絨緞鐵鉛煤礬玻璃磁器等

大英國志

大英一名英吉利在歐羅巴西北强大之國也緯線自赤
道北五十度起至五十八度半止經線自中華北京偏西

一百十五度起至一百二十七度止東界北海西南北均
接大西洋地分三土迤東両土相連南曰英倫北曰蘓格
蘭西一島曰阿尓蘭島嶼迴環氣候温和時時更變或重
霧迷漫或陰雨溟濛四季皆然不能雨暘時若終歲寒日
居多雖盛夏未嘗有酷熱冬則飄風霜雪春林花嫣然風
景極清地利不一農勤稼穡收穫殊豐

民性淳良好礼義崇儉讓男體健壯女多殊色膚潔衣
整室廬峻廣樓有數層上蓋以瓦内外俱以粉塗或飾
以花紙布地氍毹不染纖塵玻璃為窓明浄無比窗垂
帷帳入室殊覺英麗男女往来守貞不亂娶聘自擇少

艾性情相投然後禀父母結為姻婭男不得娶二女犯
者徒流狹提至四歲入塾攻書不獨男習文藝可登仕
版即女子亦日觀詩養道修德書畫針黹無術不精男
或為匠農或學商賈專習一事用志不紛因是民盡聰
明天文地理數學格物致知通達治体醫必考試得選
方許治病訟師學法律亦然畫師畫山水繪人物皆以
肖眞為貴黽勉不倦技藝精巧織布以鐵機激之火輪
關捩自能運動故工省價廉織造多用火輪能者推廣
其法造火輪船車鎔鐵為汁而作通衢約三万餘里以
速其行每時可行三四百里凡往来於其道者歲約六

十万人其外別有程途寛廣以便商客舟車往返又以
鐵筩置地内深五六尺使泉可達各家以便日用另有
鐵筩收燒煤之氣達于各家燃之有光勝于蠟油幾倍
至于木棉從印度米利堅轉運織造盛于天下絲綿由
中華以大利運至鎗炮刀劍鐘表及日用各種器皿皆
奇妙絶倫商賈輻輳貿易繁盛大舶航海者歲計六万
艘商舶生利於國中者歲計三十万艘凡製造之物歲
値銀四万万田所産者歲値銀三万五千万游牧所出
者歲値銀二万四千万所奉耶穌正教其天主教阿尓
蘭奉者十之八

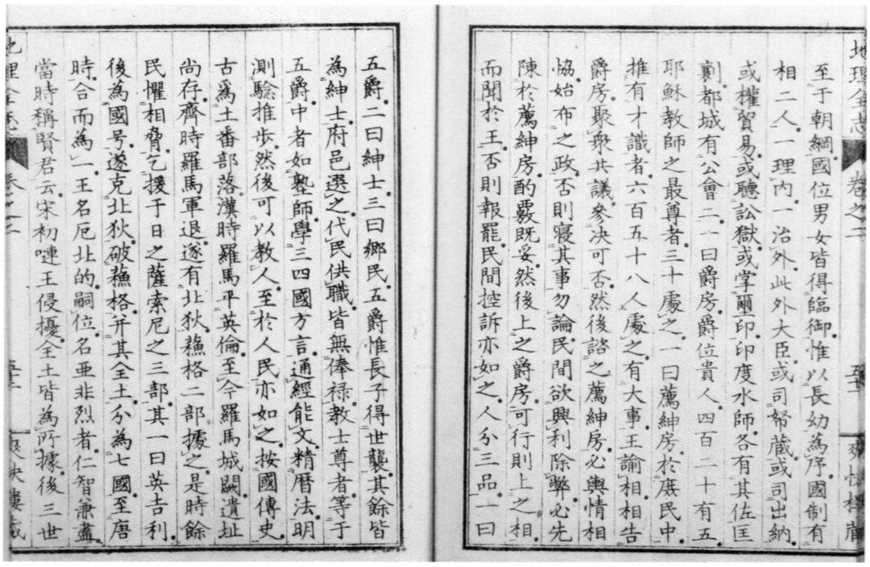

至于朝綱國位男女皆得臨御惟以長幼為序國制有相二人一理內一治外此外大臣或司帑藏或司出納或權貿易或聽訟獄或掌璽印印度水師各有其佐貳都城有公會二一曰爵房爵位貴人四百二十有五耶穌教師之最尊者三十處之一曰薦紳房於庶民中推有才識者六百五十八人處之有大事王諭相相告爵房聚衆共議參決可否然後諸之薦紳房必與情相協始布之政否則寢其事勿論民間欲興利除弊必先陳於薦紳房酌覈既妥然後上之爵房可行則上之相而聞於王否則報罷民間控訴亦如之人分三品一曰

五爵二曰紳士三曰鄉民五爵惟長子得世襲其餘皆為紳士府邑選之代民供職皆無俸祿教士尊者等于五爵中者如塾師學三四國方言通經能文精曆法明測驗推步然後可以教人至於人民亦如之按國傳史古為土番部落漢時羅馬平英倫至今羅馬城闕遺址尚存齊時羅馬軍退遂有北狄蘇格二部據之是時餘民懼相聚乞援于日之薩索尼之三部其一曰英吉利後為國號遂克北狄破蘇格并其全土分為七國至唐時合而為一王名厄北的嗣位名亞非烈者仁智兼盡當時稱賢君云宋初嗹王侵擾全土皆為所據後三世

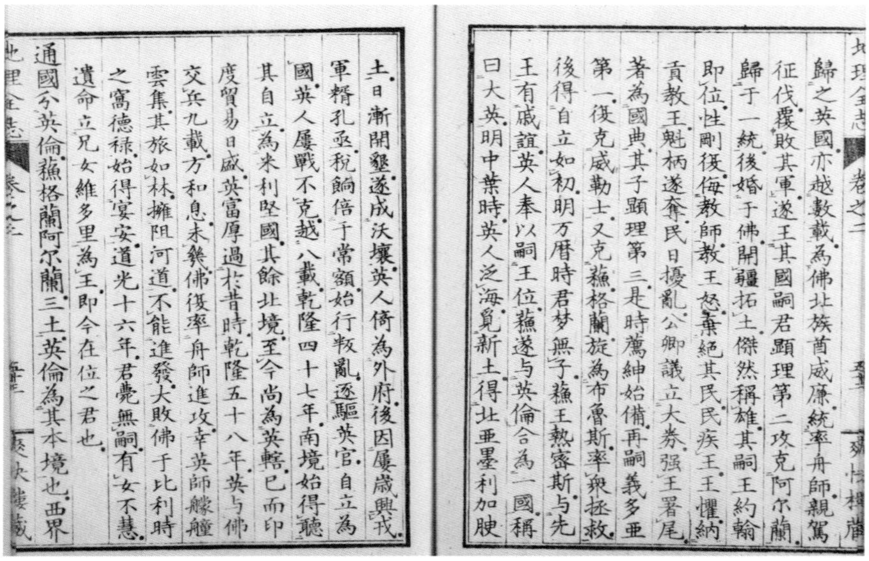

歸之英國亦越數載為佛北族酋威廉統率舟師親駕征伐覆敗其軍遂王其國嗣君顯理第二攻克阿尔蘭歸于一統後婚于佛開疆拓土傑然稱雄其嗣王約翰即位性剛復侮教師教王怒棄絕其民民疾王王懼納貢教王魁柄遂奪民日擾亂公卿議立大券強王署尾著為國典其子顯理第三是時薦紳始備再嗣義多亞第一復克威勒士又克蘇格蘭旋為布魯斯率衆拯救後得自立如初明万曆時君梦無子蘇王熱客斯与先王有戚誼英人奉以嗣王位蘇遂与英倫合為一國稱曰大英明中葉時英人泛海覓新土得北亜墨利加地

土日漸開墾遂成沃壤英人倚為外府後因屢歲興戎軍糈孔亟稅餉倍于常額始行叛亂逐驅英官自立為國英人屢戰不克越八載乾隆四十七年南境始得聽其自立為米利堅國其餘北境至今尚為英轄已而印度貿易日盛英富厚過於昔時乾隆五十八年英与佛交兵九載方和息未幾佛復率舟師進攻幸英師艨艟雲集其旅如林擁阻河道不能進發大敗佛于比利時之富德祿始得宴安道光十六年君甍無嗣有女不慧遺命立兄女維多里為王即今在位之君也
通國分英倫蘇格蘭阿尔蘭三土英倫為其本境也西界

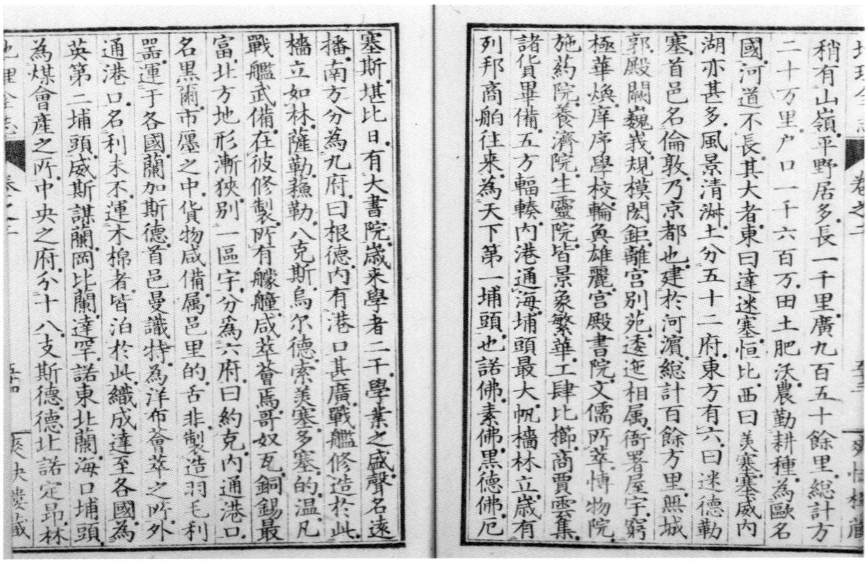

稍有山嶺平野居多長一千里廣九百五十餘里總計方二十万里户口一千六百万田土肥沃農勤耕種為歐名國河道不長其大者東曰達迷塞恒比西曰美塞塞威內湖亦甚多風景清淑土分五十二府東方有六曰迷德勒塞首邑名倫敦乃京都也建於河濱總計百餘方里無城郭殿闕巍峩規模閎鉅離宮別苑逶迤相屬衙署屋宇窮極華煥庠序學校輪奐雄麗宮殿書院文儒所萃博物院施約院養濟院生靈院皆景象繁華工肆比櫛商賈雲集諸貨畢備五方輻輳內港通海埔頭最大帆檣林立歲有列邦商舶往來為天下第一埔頭也諾佛素佛黑德佛厄

塞斯堪比日有大書院歲來學者二千學業之盛聲名遠播南方分為九府曰根德內有港口其廣戰艦修造於此檣立如林薩勒蘇勒八克斯烏尔德索美塞多塞的溫凡戰艦武備在彼修製所有艨艟咸萃畓馬哥奴瓦銅錫最富北方地形漸狹別一區宇分為六府曰約克內通港口名黑爾市廛之中貨物咸備屬邑里的舌非製造羽毛利器運于各國蘭加斯德首邑曼識特為洋布薈萃之所外通港口名利末不運木棉者皆泊於此織成運至各國為英第二埔頭威斯謨蘭岡比蘭達罕諾東北蘭海口埔頭為煤會產之所中央之府分十八支斯德德比諾定昂林

哥内捨羅斯達佛多窑為陶人造磁器之所雷塞德魯德蘭亨丁敦諾但敦希耳佛窩塞德瓦威克屬邑比名罕所鑄鋏器盛於天下哥羅斯的阿斯佛有大書院肄名山業巴克比德佛英倫之西偏地形入海總名曰威勒士山嶺重叠為英倫之後户民之言語与英倫不同分十二府曰非林德敦比談拿文安勒塞美畧内蒙疴美里拉德諾加的安本不羅談馬敦比勒諾加拉摩安海島甚多南曰日西額尼西壹里維的氣候平和遠客往来西北壹里曼土産磁器銅鋏錫鉛煤石鹽羽毛洋布利器

蘇格蘭在英倫之北長九百里廣五百里總計之方八万五千里户口二百六十万迤南田土肥沃岡陵寥落迤北之土殊為磽瘠山嶺參差河之支派不一大者東曰佛的帶堤西曰哥来的湖亦甚多美麗雄壯不可指數地分三十三府南方十三府曰壹丁不首邑同名街衢整潔方厦雲連為北方大都會海口利的貿易頗盛林利德合丁敦北維克比北勒塞爾給羅斯不當非里給古比烏疴敦哀尔拉拿海口大埔曰哥拉斯哥為洋布薈萃之所貿易与米利堅西印度島昌盛稜非律絲製紬布搭膊巾最佳中央八府曰發夫京羅斯加拉馬南斯德零所鑄鋏器當白敦白爾的佛法海口曰敦底洋布薈萃之所斤加丁北方

言語異于南方十二府分曰石蘭疴哥内二島談内斯孫德蘭羅斯哥馬的奈尔内慕来邦弗亞比敦海口同名大尼洋布石版頗盛音威内斯亞及勒影的島西方島嶼甚多總名希比利的島氣候寒冷五穀不登民多漁業土産石煤鋏磁器呢羽洋布

阿爾蘭在英倫之西海港隔断別為一島長七百八十里廣六百里總計之方十一萬里居民八百万地勢平原寛廣岡陵絶少地多潴澤氣候絪緼終歳花卉嫣然草亦蕃蕪足為牛羊牧芻之地故呼之為緑島湖多秀麗景亦新奇河之支流甚多其大者東曰山能地分四部三十二府東有連斯德分十二府曰都伯林首邑同名建于河濱下接海口水深便于泊船貿易繁盛景象豪華勞的迷的西迷的維哥婁威斯佛幾給尼加婁幾代王岡的后岡的郎佛西有各諾的分五府曰勒德靈斯来各羅斯哥滿馬約加爾威南有門斯的分六府曰哥雷里美利給黎哥給窩德佛的阜拉黎北有窩斯的分九府曰安德靈刀尼亞罵的倫倫敦德黎敦内加非馬那加彎摩那安土産石炭煤銅鋏錫牲布等

地理全志
上篇
阿非利加志
三

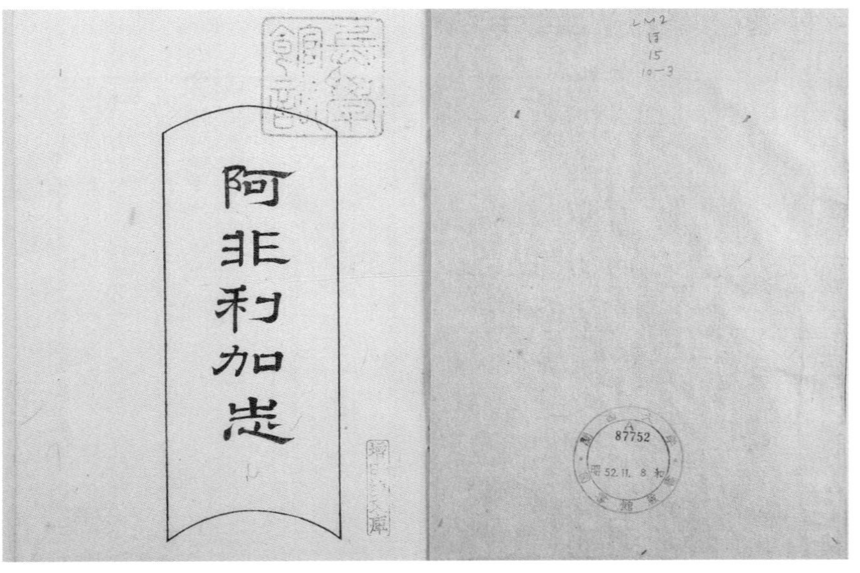
阿非利加志
87752

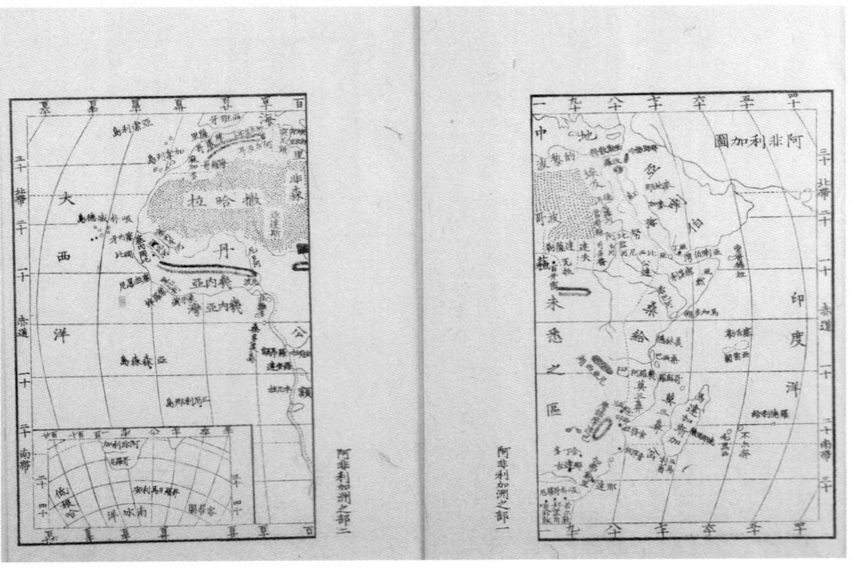
阿非利加洲之部二
阿非利加洲之部一
阿非利加圖
大西洋
印度洋

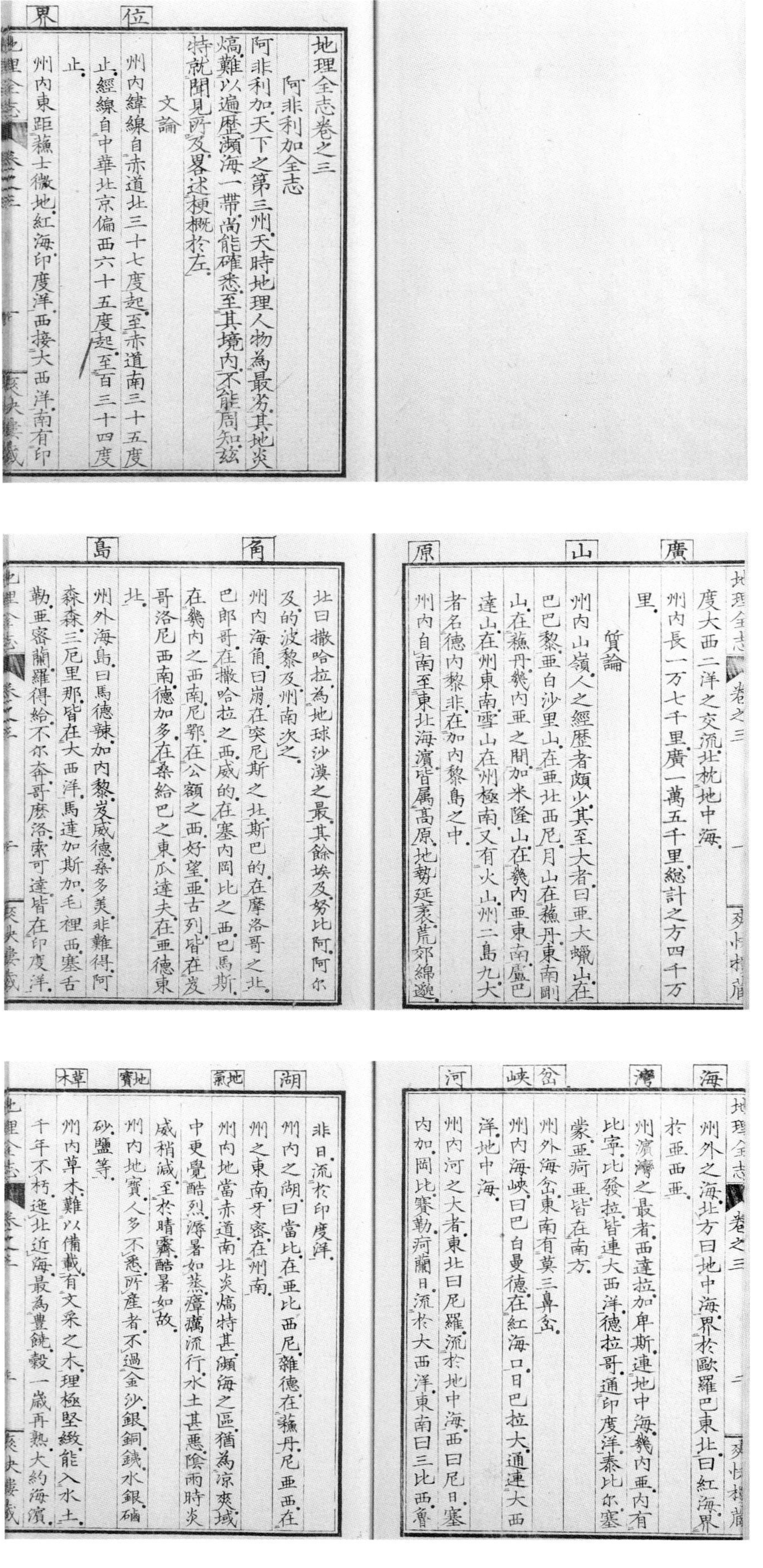

地理全志卷之三

阿非利加全志

文論

阿非利加天下之第三州天時地理人物為最劣其地炎熇難以遍歷瀕海一帶尚能確悉至其境內不能周知玆特就聞見所及畧述梗概於左

位　州內緯線自赤道北三十七度起至赤道南三十五度止經線自中華北京偏西六十五度起至百三十四度止

界　州內東距蘇士微地紅海印度洋西接大西洋南有印度大西二洋之交流北枕地中海

廣　州內長一万七千里廣一萬五千里總計之方四千万里

質論

山　州內山嶺人之經歷者頗少其至大者曰亞大蠟山在巴巴黎亞白沙里山在亞北西尼月山在蘇丹東南剛山在蘇丹幾內亞之間加米隆山在幾內亞東南僱巴達山在州東南雪山在州極南又有火山州二島九大者名德內黎非在加內黎島之中

原　州內自南至東北海濱皆屬高原地勢延袤荒郊綿邈北曰撒哈拉為地球沙漠之最其餘埃及努比阿阿尔及的波黎及州南次之

角　州內海角曰肯在突尼斯之北斯巴的在摩洛哥之北巴郎哥在撒哈拉之西威的在塞內岡比之西巴馬斯在幾內之西南尼鄂在公額之西好望亞古列皆在哥洛尼西南德加多在桑給巴之東瓜達夫在亞德東北

島　州外海島曰馬德辣加內黎麦威德桑多美非難得阿森森三尼里那皆在大西洋馬達加斯加毛裡西塞舌勒亞寄蘭羅得給不尔奔哥麼洛索可達皆在印度洋

海　州外之海北方曰地中海界於歐羅巴東北曰紅海界於亞西亞

灣　州濱灣之最者西達拉加卑斯連地中海幾內亞內有比寧比發拉皆連大西洋德拉哥通印度洋泰比尔塞蒙亞痾亞皆在南方

岔　州外海岔東南有莫三鼻岔

峽　州內海峽曰巴白曼德在紅海口曰巴拉大通連大西洋地中海

河　州內河之大者東北曰尼羅流於地中海西曰尼日塞內加岡比賽勒痾蘭日流於大西洋東南曰三比西會非日流於印度洋

湖　州內之湖曰當比在亞比西尼雜德在蘇丹尼亞西在州之東南牙密在州南

地氣　州內地當赤道南北炎熇特甚瀕海之區猶為涼爽域中更覺酷烈溽暑如蒸瘴癘流行水土甚惡陰雨時炎威稍減至於晴霽酷暑如故

地寶　州內地寶人多不悉所產者不過金沙銀銅鐵水銀硇砂鹽等

草木　州內草木難以備載有文采之木理極堅緻能入水土千年不朽近北近海最為豊饒穀一歲再熟大約海濱

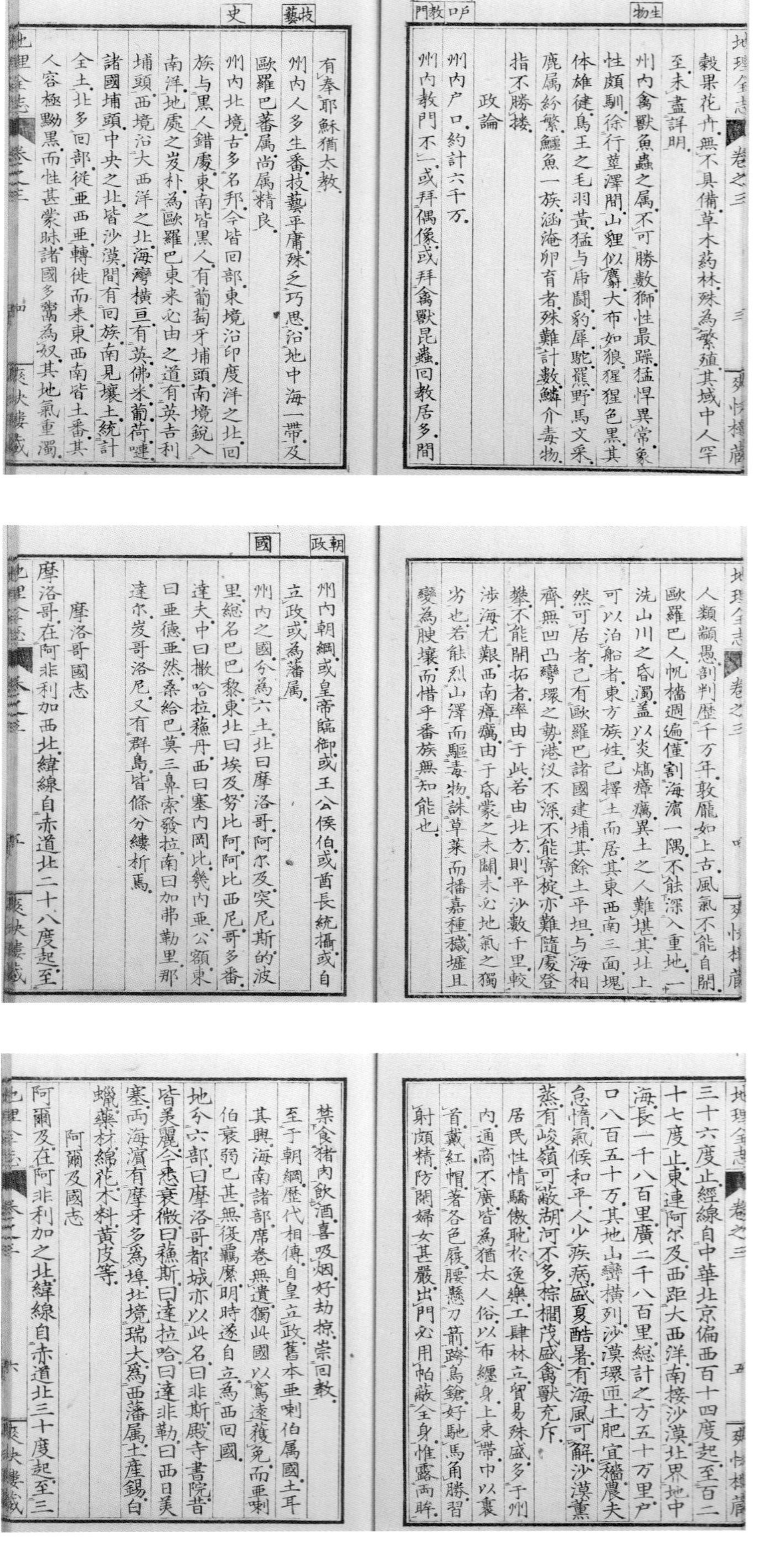

穀果花卉無不具備草木葯林殊爲繁殖其域中人罕至未盡詳明
州内禽獸魚蟲之屬不可勝數獅性最躁猛悍異常象性頗馴徐行草澤間山貍似麕大布如狼猩猩色黒其体雄健鳥王之毛羽黄猛与㕑鬪豹犀駝羆野馬文采麃属紛繁鱷魚一族涵淹卵育者殊難計數鱗介毒物指不勝摟

政論

州内户口約計六千万
州内教門不一或拜偶像或拜禽獸昆蟲回教居多間有奉耶穌猶太教
州内人多生番技藝平庸殊之巧思沿地中海一帶及歐羅巴蕃属尚屬精良
州内北境古多名邦今皆回部東境沿印度洋之北回族与黒人錯處東南皆黒人有葡萄牙埔頭南境鋭入南洋地處之岌朴爲歐羅巴東來必由之道有英吉利埔頭西境沿大西洋之北海灣横亘有英佛米葡荷嗹諸國埔頭中央之北皆沙漠間有回族南見壌土統計全土北多回部從亜西亜轉徙而來東西南皆土番其人容極黝黒而性甚紫昧諸國多鬻爲奴其地氣重濁人類顓愚剖判歴千万年敦龎如上古風氣不能自開歐羅巴人帆檣週徧僅割海濱一隅不能深入重地一洗山川之昏濁蓋以炎熇瘴癘異土之人難堪其壮上可以泊船者東方族姓已擇土而居其東西南三面塊然可居者已有歐羅巴諸國建埔其餘土平坦与海相齊無凹凸彎環之勢港汊不深不能寄椗亦難隨處登攀不能開拓者率由于此若由北方則平沙數千里較涉海尤艱西南瘴癘由于昏蒙之未闢未必地氣之獨劣也若能烈山澤而驅毒物誅草莱而播嘉種纖墟且變爲腴壌而惜乎番族無知能也

州内朝綱或皇帝臨御或王公侯伯或酋長統攝或自立政或爲藩属
州内之國分爲六土北曰摩洛哥阿尔及突尼斯的波里総名巴巴黎東北曰埃及努比阿阿比西尼哥多番達夫中曰撒哈拉蘊丹西曰塞内岡比幾内亜公額東曰亜德亜然桑給巴莫三鼻索發拉南曰加弗勒里那達尔岌哥洛尼又有群島皆係分縷析焉

摩洛哥國志

摩洛哥在阿非利加西北緯線自赤道北二十八度起至三十六度止經線自中華北京偏西百十四度起至百二十七度止東連阿尔及西距大西洋南接沙漠北界地中海長一千八百里廣二千八百里総計之方五十万里户口八百五十万其地山嶺横列沙漠環匝土肥宜稲農夫怠惰氣候和平人少疾病盛夏酷暑有海風可解沙漠薫蒸有峻嶺可蔽湖河不多棕櫚茂盛禽獸充斥
居民性情驕傲耽於逸樂工肆林立貿易殊盛多于州内通商不廣皆爲猶太人俗以布纏身上束帶巾以裹首戴紅帽著各色屐腰懸刀箭跨鳥鎗好馳馬角勝習射頗精防閑婦女甚嚴出門必用帕蔽全身惟露兩眸禁食猪肉飲酒喜吸烟好劫掠崇回教
至于朝綱歴代相傳自皇立政舊本亜喇伯属國土耳其興海南諸部席巻無遺獨此國以窵遠獲免而亜喇伯衰弱已甚無復羈縻明時遂自立爲西回國
地分六部曰摩洛哥都城亦以此名曰非斯殿寺書院昔皆美麗今悉衰微曰蘊斯曰達拉哈曰達非勒曰西日美塞而海濱有摩牙多爲埠北境瑞大爲西蕃属土産錫白蠟藥材綿花木料黄皮等

阿爾及國志

阿爾及在阿非利加之北緯線自赤道北三十度起至三

十七度止經線自中華北京偏西百有八度起至百十八
度止東至突尼斯西連摩洛哥南接沙漠北界地中海長
二千五百里廣二千里總計之方二十四万餘里戶口二
百万其地迤南橫峰叠翠山谷膏腴其西有川無數澄清
澈底灌溉田畝氣候温和夏則炎熱海風颯至其為凉爽
土壤宜種稍有沙磧下有惰農上有苛政所以開墾之地
甚少密林叢箐芳草甚多可供游牧
居民風俗不同性情各異昔在陸地飛騎馳騁劫奪行
旅在水中快艇出沒橫截商船技藝平常貿易寥落所
奉乃回教

至於朝綱初為土耳其屬國今則為佛郎西藩部昔從
亞喇伯擾西班牙明時西班牙起兵恢復回族多逋歸
本國後西班牙復逐降回出境大半亦轉徙入之回民
失業流離習為盜俗為地中海之大患佛英嘗會舟師
勦之寖聲斂跡已而復肆道光初佛以兵破其都城鎮
以大酋治以佛法盜踪稍歛近年回酋復以大衆攻佛
欲圖興復為佛所破然其心腹要地皆回族種類常懷
仇恨近為佛之屬土必用衆兵強服四部犯者皆流于
此
國分三土中曰的得利內有阿爾及乃京都也建於山坡

之上宮殿巍峩衙署峻麗東曰岡士丹丁西曰得里米森
土產五穀五金果實硝礬珊瑚等

突尼斯國志

突尼斯在阿非利加北緯線自赤道北三十二度起至三
十七度止經線自中華北京偏西百有五度起至百有九
度止東界的波里西連阿爾及南接沙漠北至地中海長
一千里廣四百里總計之方十万里人口一百万其地山
陵寥落海濱平坦中則峰巒峻絕荒野綿邈河曰美日達
田土膏腴頗宜耕種氣候清暖人物咸宜
民俗勤儉安居樂業彬彬然風俗近古嫺於禮義勝于

隣邦製物平庸貿易繁盛商賈輻輳歐羅巴國州內行
車至此有象牙金砂等多与通商所奉乃回教亦有崇
奉猶太者
至于朝綱始則同于的波里万曆時為土耳其所屬王
位不能世及由衆推舉仍請命于土耳其今則子孫歷
代相傳百有餘年政由自出按其北方昔有大國曰加
達額文教与亞西亞相埒武功与以大利争雄富強無
敵名著海邦漢時為羅馬所征服越數百載唐時亞喇
伯既得埃及漸拓而西州之北土蠶食無遺至亞喇伯
衰宋時自立為王後土君取之

地分內外北曰突尼斯都城同名建于海濱高阜之處街
衢狹隘屋宇低陋惟宮闕廟堂尚屬峻麗東曰大谷耳曰
開灣內城為回人禮拜之所建禮拜寺高大閎壯有石柱
五百民多織布為業曰比日利棕櫚為名其外有其巴島
土產橄欖白棗蠟硇砂銀銅鉛等

的波里國志

的波里在阿非利加之北緯線自赤道北二十四度起至
三十四度止經線自中華北京偏西九十一度起至百有
五度止東至埃及南界沙漠西連突尼斯北接地中海長
二千餘里廣二千七百里總計之方二十五万里戶口一

百五十万山陵寥寥平原廣坦灣岸鹹淤砂磧居多河曰
的內濱地膏腴所產不贍于食仰資隣國時生茅草回族
游牧于中氣候炎熇晝熱夜凉地利不順荒歉時逢
居民技藝庸拙商賈甚多運貨物必結隊而行土人多
乘駝馬四出劫掠隣境畏之兵卒橫行官則受其挾制
民則罹其荼毒所奉回教
至于朝綱王位世繼請命于土耳其按其傳史大同突
尼斯
土分四部西曰的波里都城建于海濱屋宇比麗達衢宏
敞諸貨駢集五方輻輳其通商之地名美穌拉達勒比達

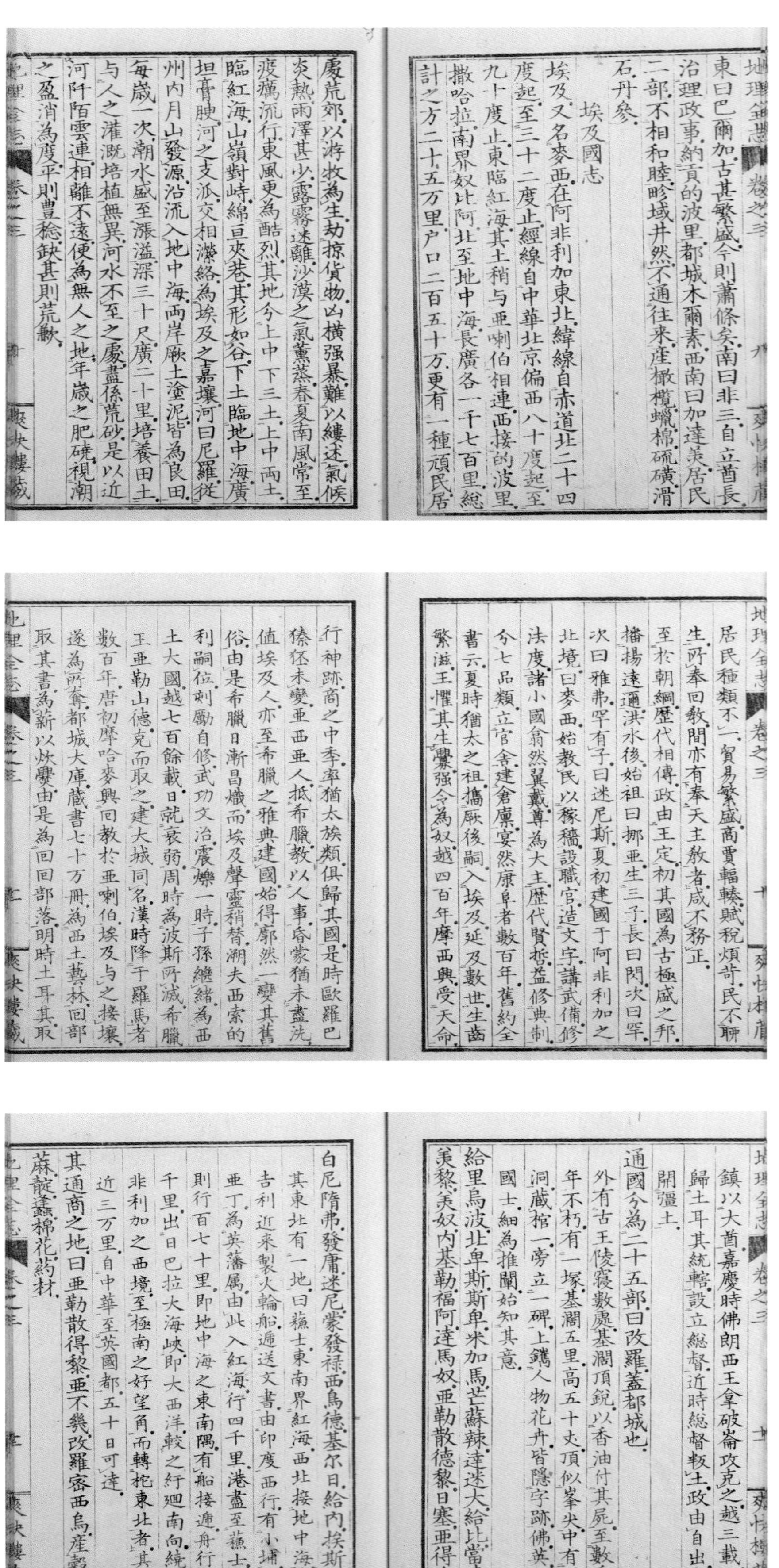

東曰巴爾加古甚繁盛今則蕭條矣南曰非三自立酋長
治理政事納貢的波里都城木爾素西南曰加達美居民
二部不相和睦畛域井然不通往來産橄欖蠟棉硫磺滑
石丹參

埃及國志

埃及又名麥西在阿非利加東北緯線自赤道北二十四
度起至三十二度止經線自中華北京偏西八十度起至
九十度止東臨紅海其土稍与亜喇伯相連西接的波里
撒哈拉南界奴比阿北至地中海長廣各一千七百里總
計之方二十五万里戸口二百五十万更有一種頑民居
處荒郊以游牧為生劫掠貨物凶横强暴難以纏述氣候
炎熱雨澤甚少露霧迷離沙漠之氣薫蒸春夏南風常至
疫癘流行東風更為酷烈其地分上中下三土上中兩土
臨紅海山嶺對峙綿亘夾巷其形如谷下土臨地中海廣
坦膏腴河之支派交相瀠絡為埃及之嘉壤河曰尼羅從
州內月山發源沿流入地中海兩岸厥土塗泥皆為良田
每歲一次潮水盛至漲溢深三十尺廣二十里培養田土
与人之灌溉培植無異河水不至之處盡係荒砂是以近
河阡陌雲連相離不遠便為無人之地年歲之肥磽視潮
之盈消為度平則豊稔缺甚則荒歉

居民種類不一貿易繁盛商賈輻輳賦税煩苛民不聊
生所奉回教間亦有奉天主教者咸不務正
至於朝綱歴代相傳政由王定初其國為古極盛之邦
播揚遠邇洪水後始祖曰挪亜生三子長曰閃次曰罕
次曰雅弗罕有子曰迷尼斯夏初建國于阿非利加之
北境曰麥西始教民以稼穡設職官造文字講武備修
法度諸小國翕然翼戴尊為大主歴代賢哲益修典制
分七品類立官舎建倉廪宴然康阜者數百年舊約全
書云夏時猶太之祖攜厥後嗣入埃及延及數世生齒
繁滋王懼其生衆强令為奴越四百年摩西興受天命
行神跡商之中季率猶太族類俱歸其國是時歐羅巴
獉狉未變亜西亜人抵希臘教以人事啓蒙猶未盡洗
值埃及人亦至希臘之雅典建國始得廓然一變其舊
俗由是希臘日漸昌熾而埃及聲靈稍替潮夫西索的
利嗣位刺勵自修武功文治震爍一時子孫繼緒為西
土大國越七百餘載日就衰弱周時為波斯所滅希臘
王亜勒山德克而取之建大城同名漢時降于羅馬者
數百年唐初摩哈麥興回教於亜喇伯埃及与之接壤
遂為所奪都城大庫蔵書七十万冊為西土藝林回部
取其書為薪以炊爨由是為回回部落明時土耳其取

鎮以大酋嘉慶時佛朗西王拿破崙攻克之越三載復
歸土耳其統轄設立総督近時総督叛土政由自出漸
開疆土

通國分為二十五部曰改羅蓋都城也
外有古王陵寢數處基濶頂鋭以香油付其屍至數千
年不朽有一塚基濶五里高五十丈頂似峯央中有深
洞蔵棺一旁立一碑上鐫人物花卉皆隱字跡佛英二
國士細為推闡始知其意
給里烏波北阜斯斯阜米加馬芒蘇棘達迷大給比當達
美黎美奴内基勒福阿達馬奴亜勒散德黎日塞亜得非
白尼隋弗發庸迷尼蒙發禄西烏德基尔日給内挨斯内
其東北有一地曰蘓士東南界紅海西北接地中海英
吉利近来製火輪船遞送文書由印度西行有小埔曰
亜丁為英藩属由此入紅海行四千里港盡至蘓士旱
則行百七十里即地中海之東南隅有船接遞舟行七
千里出日巴拉大海峡即大西洋較之紆廻南向繞阿
非利加之西境至極南之好望角而轉柁東北者其程
近三万里自中華至英國都五十日可達
其通商之地曰亜勒散得黎亜不幾改羅密西烏産穀菓
蘇葭藍棉花薬材

努比阿國志

努比阿在阿非利加東北緯線自赤道北九度起至二十四度止經線自中華北京偏西七十八度起至八十八度止東枕紅海西連沙漠南接阿比西尼哥多番北界埃及長三千里廣二千里總計之方三十萬里戸口二百万其地東南峻嶺重叠川谷相間草木暢茂西北沙磧廣莫浩渺無垠禽獸蕃衍尼羅河上游之水灣曲滙注是以濱地多肥沃餘皆不毛之土氣候酷熱迤南風雨及時人物咸宜。

居民二種一為土人身体端正一則亜喇伯數部最多。農勤耕種野有曠民劫掠行旅販鬻人口雖有官長不能嚴束居民咸罹荼毒技藝平常多与埃及通貿易所奉回教。

至于朝綱古為埃及南境自回部割據後散為數小部道光二年歸埃及兼攝。

通國分上下數部各有官長曰哈沙所各馬哈西當哥喇白爾白塞那其通商之地曰加冬為埃政事之都塞那森的新當哥辣新阿經得耳土産蔴烟甘蔗棉花檀香烏木象獅鹿豹駱駝海馬鱷魚。

阿比西尼國志

阿比西尼在阿非利加東北緯線自赤道北七度起十六度止經線自中華北京偏西七十三度起八十一度止東枕紅海南界牙臘番部西北努比阿長二千三百里寛二千里總計之方一百万里戸口四百五十万其地平原高廣懸崖峭壁岡陵錯雜積雪消融迅速直布其北低洓迤東之地蝃斜突海濱氣候和平風雨依時夏則炎熇雷雨交加自夏至冬陰霖居半行旅惟艱土田膏腴草木暢茂河之大者曰藍的加西下游匯于居羅河湖之大者曰當比阿薩。

居民種類甚雜性情頑蠢怠于開墾好爭鬥嗜劫掠食牛不宰㓮割而生啖之別有野番穴地而居捕蟲豸為食技藝庸拙市廛寥落鬻男女之市為最所奉回教間亦奉猶太耶穌分派之教。

至于朝綱各酋統攝古時為土番部落不通上國故沿革無考相傳其國之王皆羅馬後裔嗣有埃及王好游覽欲偏沿海港以至市埠見象牙充積收搆回國擇其名勝留題墨跡自後商船咸来貿易雲集響應奉猶太教晋明帝弗魯曼底士仕于國尊寵用事遍勸國中改奉耶穌教亜回興隣民不依避此又為西洋印度之要津万曆時葡萄牙戈未舍至屢加勸導力令改教有博學教師巴依士至大行其道煽惑國王往游羅馬並勸以天主教頒行部落建都于萬邦歴代一姓遞嬗政事由君自主近因隣部憑陵各畀以兵權俾自專征討由是大權旁落臣下斬殺迭與衅起蕭牆内釁不一非骨肉爭立即權貴殺奪華國人惟服國王不知他姓故雖強臣專命不敢篡奪王位近則疆域半為牙臘南部侵據。

通國分三部各有酋長北曰的給勒中曰亜迷哈拉首邑公達南曰要海濱另有小部皆操舟為業其外曰馬索島為埔頭乃埃及總督統攝土産蔴蜜棉花葯林象牙金沙白蠟麝皂禽獸蕃衍。

哥多番國志

哥多番在阿非利加東北緯線自赤道北十一度起至十六度止經線自中華北京偏西八十三度起至八十九度止東北界努比阿西連達夫南接月山長千五百里濶千里總計之方二十万里其地之南峯巒万仞巉巖壁立泉下如懸瀑布北方多屬曠野夏時陰雨淋漓草木暢茂游牧甚多至於晴霽一片沙漠氣候炎熇時有疫病有大河曰白河瀠洄於國東是以田土肥沃種宜黍稷人民色黑分三部或耕種或游牧或貿易商旅行必結隊軍穿鎖甲

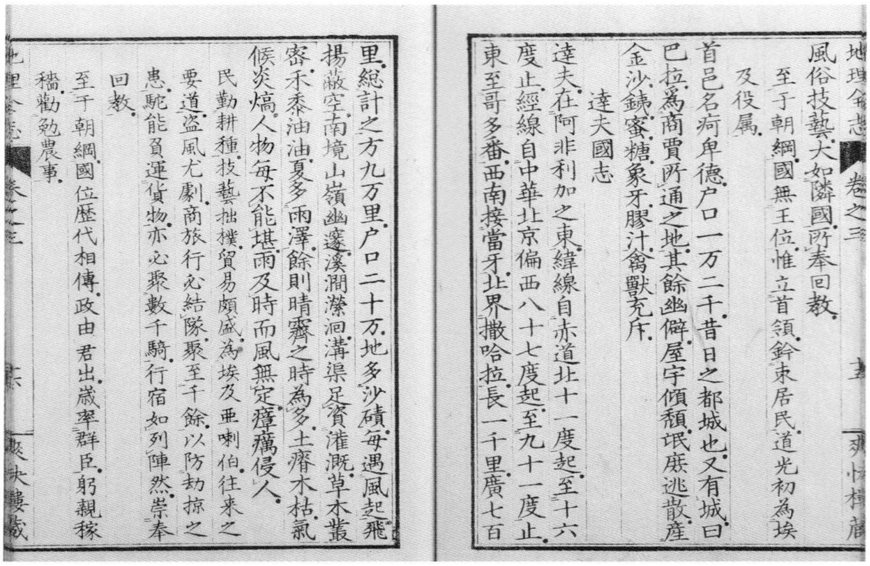

地理全志　卷之三　爽快樓藏

風俗技藝大如隣國所奉回教
至于朝綱國無王位惟立首領鈐束居民道光初為埃及役屬
首邑名疴阜德戶口一万二千昔日之都城也又有城曰巴拉為商賈所通之地其餘幽僻屋宇傾頹氓庶逃散産金沙鉄蜜糖象牙膠汁禽獸充斥

達夫國志

達夫在阿非利加之東緯線自赤道北十一度起至十六度止經線自中華北京偏西八十七度起至九十一度止東至哥多番西南接當牙北界撒哈拉長一千里廣七百里總計之方九万里戶口二十万地多沙磧每遇風起飛揚蔽空南境山嶺幽邃溪澗瀠洄溝渠足資灌漑草木叢密禾黍油油夏多雨澤餘則晴霽之時為多土瘠木枯氣候炎熇人物每不能堪雨及時而風無定瘴癘侵人
民勤耕種技藝拙樸貿易頗盛為埃及亜喇伯往來之要道盜風尤劇商旅行必結隊聚至千餘以防劫掠之患駝能負運貨物亦必聚數千騎行宿如列陣然崇奉回教
至于朝綱國位歴代相傳政由君出歳率群臣躬親稼穡勸勉農事

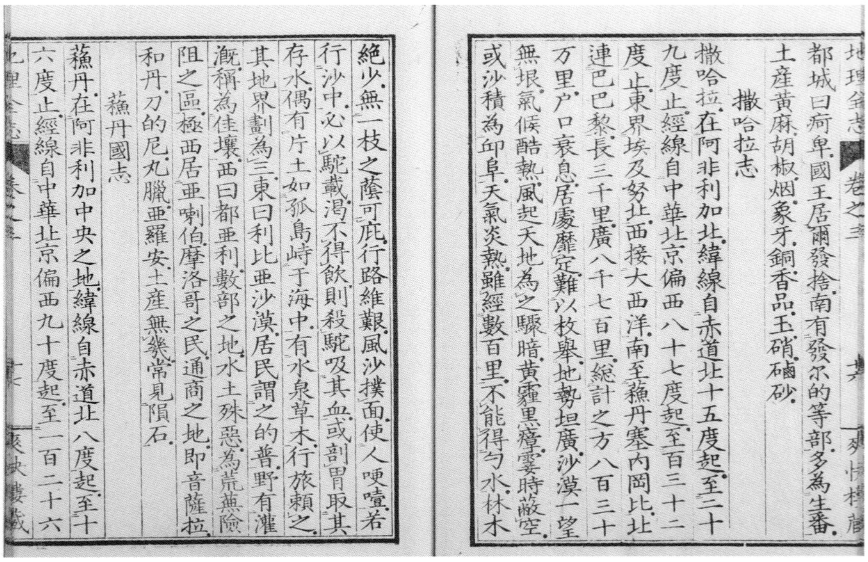

地理全志　卷之三　爽快樓藏

都城曰疴阜國王居爾發拴南有發尒的等部多為生番
土産黄麻胡椒烟象牙銅香品玉硝硼砂

撒哈拉志

撒哈拉在阿非利加北緯線自赤道北十五度起至三十九度止經線自中華北京偏西八十七度起至百三十二度止東界埃及努比西接大西洋南至蘇丹塞內岡比北連巴巴黎長三千里廣八千七百里總計之方八百三十万里戶口衰息居處靡定難以枚擧地勢坦廣沙漠一望無垠氣候酷熱風起天地為之驟暗黄霾黒瘴雲時蔽空或沙積為卯阜天氣炎熱雖經數百里不能得勺水林木絶少無一枝之蔭可庇行路維艱風沙撲面使人哽噎若行沙中必以駝載渇不得飲則殺駝吸其血或剖胃取其存水偶有片土如孤島峙于海中有水泉草木行旅賴之其地界劃為三東曰利比亜沙漠居民謂之的普野有灌漑稱為佳壤西曰都亜利數部之地水土殊悪為荒蕪險阻之區極西居亜喇伯摩洛哥之民通商之地即音薩拉和丹刀的尼丸臘亜羅安土産無幾常見隕石

蘇丹國志

蘇丹在阿非利加中央之地緯線自赤道北八度起至十六度止經線自中華北京偏西九十度起至一百二十六

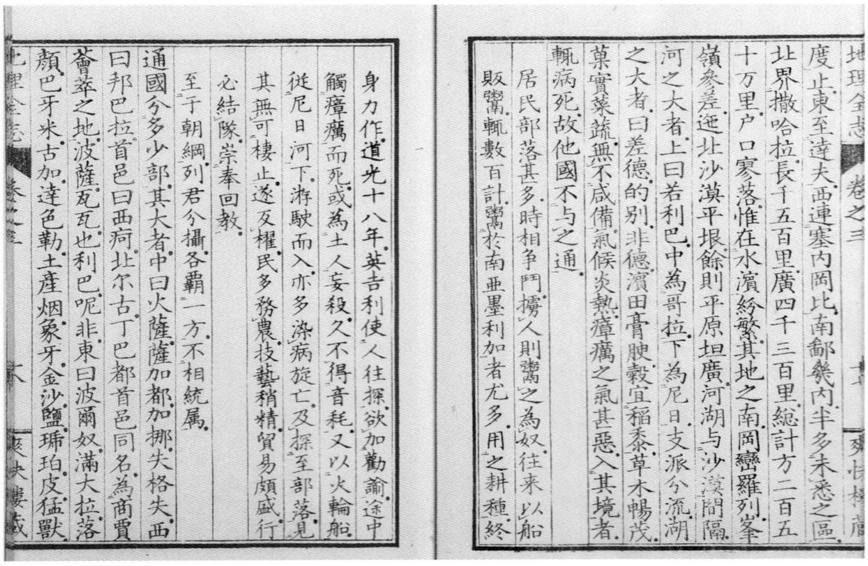

地理全志　卷之三　爽快樓藏

度止東至達夫西連塞內岡比南鄰幾內半多未悉之區北界撒哈拉長千五百里廣四千三百里總計方二百五十万里戶口寥落惟在水濱紛繁其地之南岡巒羅列峯嶺參差迤北沙漠平垠餘則平原坦廣河湖与沙漠間隔河之大者曰若利巴中為哥拉下為尼日支派分流湖之大者曰差德的別非德濱田膏腴穀宜稻黍草木暢茂菓實菜蔬無不咸備氣候炎熱瘴癘之氣甚悪入其境者輒病死故他國不与之通
居民部落甚多時相争鬥擄人則鬻之為奴往來以船販鬻輒數百計鬻於南亜墨利加者尤多用之耕種終身力作道光十八年英吉利使人往探欲加勸諭途中觸瘴癘而死或為土人妄殺久不得音耗又以火輪船徙尼日河下游駛而入亦多染病旋亡及探至部落見其無可棲止遂反櫂民多務農技藝稍精貿易頗盛行必結隊崇奉回教
至于朝綱列君分攝各霸一方不相統屬
通國分多少部其大者中曰火薩薩加都加挪夫格失西曰邦巴拉首邑曰西疴北尒古丁巴都首邑同名為商賈薈萃之地波薩瓦瓦也利巴呢非東曰波爾奴滿大拉落顏巴牙米古加達色勒土産烟象牙金沙鹽琥珀皮猛獸

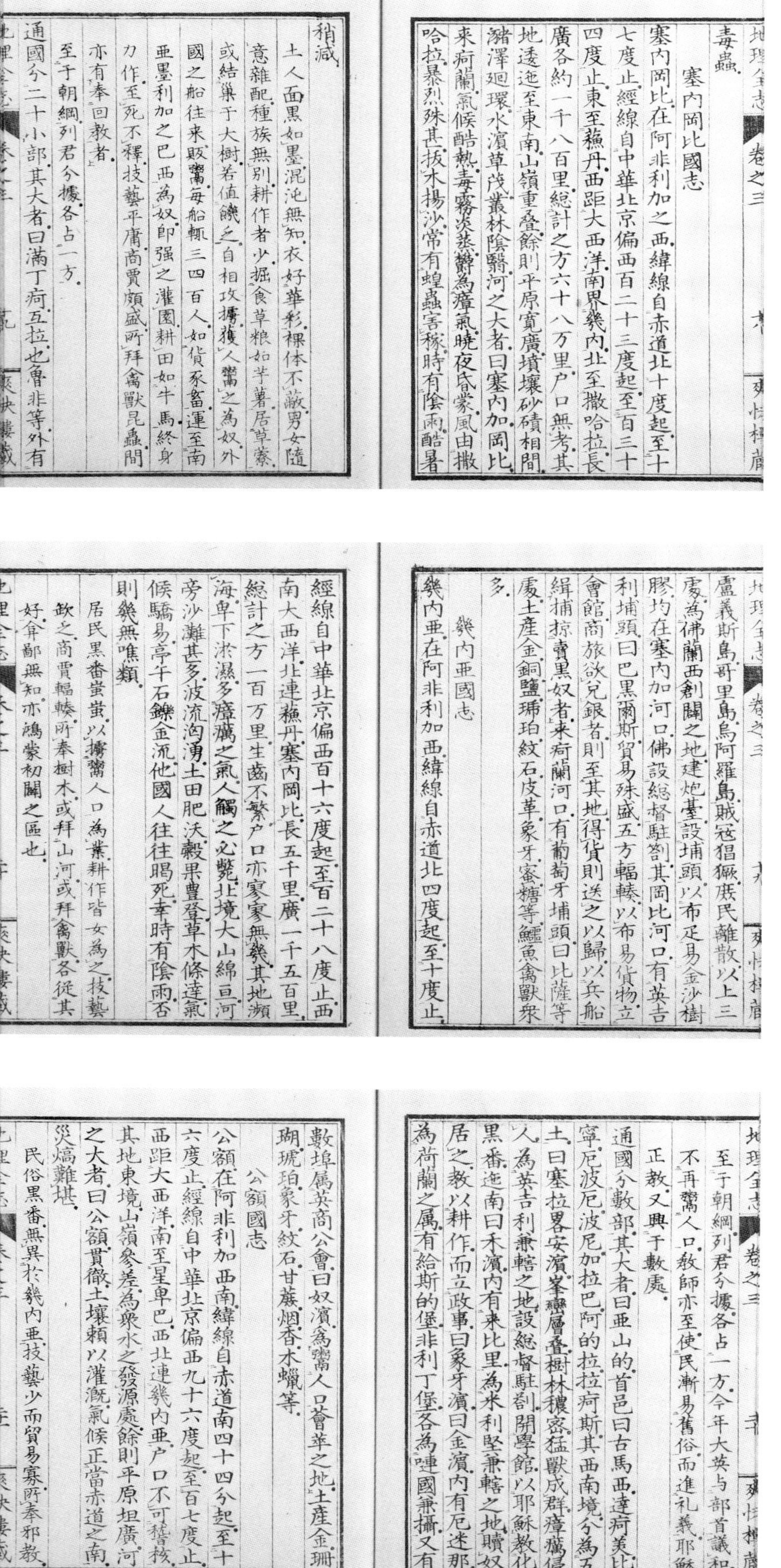

毒蟲。

塞内岡比國志

塞内岡比在阿非利加之西緯線自赤道北十度起至十七度止經線自中華北京偏西百二十三度起至百三十四度止東至蘊丹西距大西洋南界幾内北至撒哈拉長廣各約一千八百里總計之方六十八万里户口無考其地逶迤至東南山嶺重疊餘則平原寬廣墳壤砂磧相間瀦澤廻環水濱草茂叢林陰翳河之大者曰塞内加岡比来疴蘭氣候酷熱毒霧炎蒸鬱為瘴氣曉夜昏蒙風由撒哈拉暴烈殊甚抜木揚沙常有蝗蟲害稼時有陰雨酷暑稍減

土人面黑如墨泥沌無知衣好華彩裸体不蔽男女隨意雜配種族無別耕作者少掘食草粮如芋薯居草寮或結巢于大樹若值饑之自相攻擄獲人鬻之為奴外國之船往来販鬻每船輒三四百人如貨豕畜運至南亜墨利加之巴西為奴即強之灌園耕田如牛馬終身力作至死不釋技藝平庸商賈頗盛所拜禽獸昆蟲間亦有奉回教者

至于朝綱列君分據各占一方

通國分二十小部其大者曰滿丁疴五拉也會非等外有盧義斯島哥里島烏阿羅島賊寇猖獗庶民離散以上三處為佛蘭西創闢之地建炮臺設埔頭以布疋易金沙樹膠均在塞内加河口佛設總督駐劄其岡比河口有英吉利埔頭曰巴黒爾斯貿易殊盛五方輻輳以布易貨物立會館商旅欲兌銀者則至其地得貨則送之以歸以兵船緝捕掠賣黒奴者来疴蘭河口有葡萄牙埔頭曰比薩等處土產金銅鹽琥珀紋石皮革象牙蜜糖等鱷魚禽獸衆多

幾内亜國志

幾内亜在阿非利加西緯線自赤道北四度起至十度止經線自中華北京偏西百十六度起至百二十八度止西南大西洋北連蘊丹塞内岡比長五千里廣一千五百里總計之方一百万里生齒不繁户口亦寥寥無幾其地瀕海卑下淤濕多瘴癘之氣人觸之必斃北境大山綿亘河旁沙灘甚多波流洶湧土田肥沃穀果豐登草木條達氣候驕易亭午石鑠金流他國人往往暍死幸時有陰雨否則幾無噍類

居民黒番蚩蚩以擄鬻人口為業耕作皆女為之技藝欽之商賈輻輳所奉樹木或拜山河或拜禽獸各從其好弇鄙無知亦鴻蒙初闢之區也

至于朝綱列君分據各占一方今年大英与部首議和不再鬻人口教師亦至使民漸易舊俗而進礼義耶蘇正教又興于數處

通國分數部其大者曰亜山的首邑曰古馬西達疴美比寧厄波厄波尼加拉巴阿的拉拉疴斯其西南境分為五土曰塞拉畧安濱峯巒層疊樹林穠密猛獸成群瘴癘侵人為英吉利兼轄之地設總督駐劄開學館以耶蘇教化黒番迤南曰禾濱内有来比里為米利堅兼轄之地贖奴居之教以耕作而立政事曰象牙濱曰金濱内有厄迷那為荷蘭之屬有給斯的堡非利丁堡各為嗹國兼攝又有數埠屬英商公會曰奴濱為鬻人口薈萃之地土產金珊瑚琥珀象牙紋石甘蔗烟香木蠟等

公額國志

公額在阿非利加西南緯線自赤道南四十四分起至十六度止經線自中華北京偏西九十六度起至百七度止西距大西洋南至星卑巴西北連幾内亜户口不可稽抜其地東境山嶺參差為衆水之發源處餘則平原坦廣河之大者曰公額貫徹土壤頼以灌漑氣候正當赤道之南災熇難堪

民俗黒番無異於幾内亜技藝少而貿易寡所奉邪教

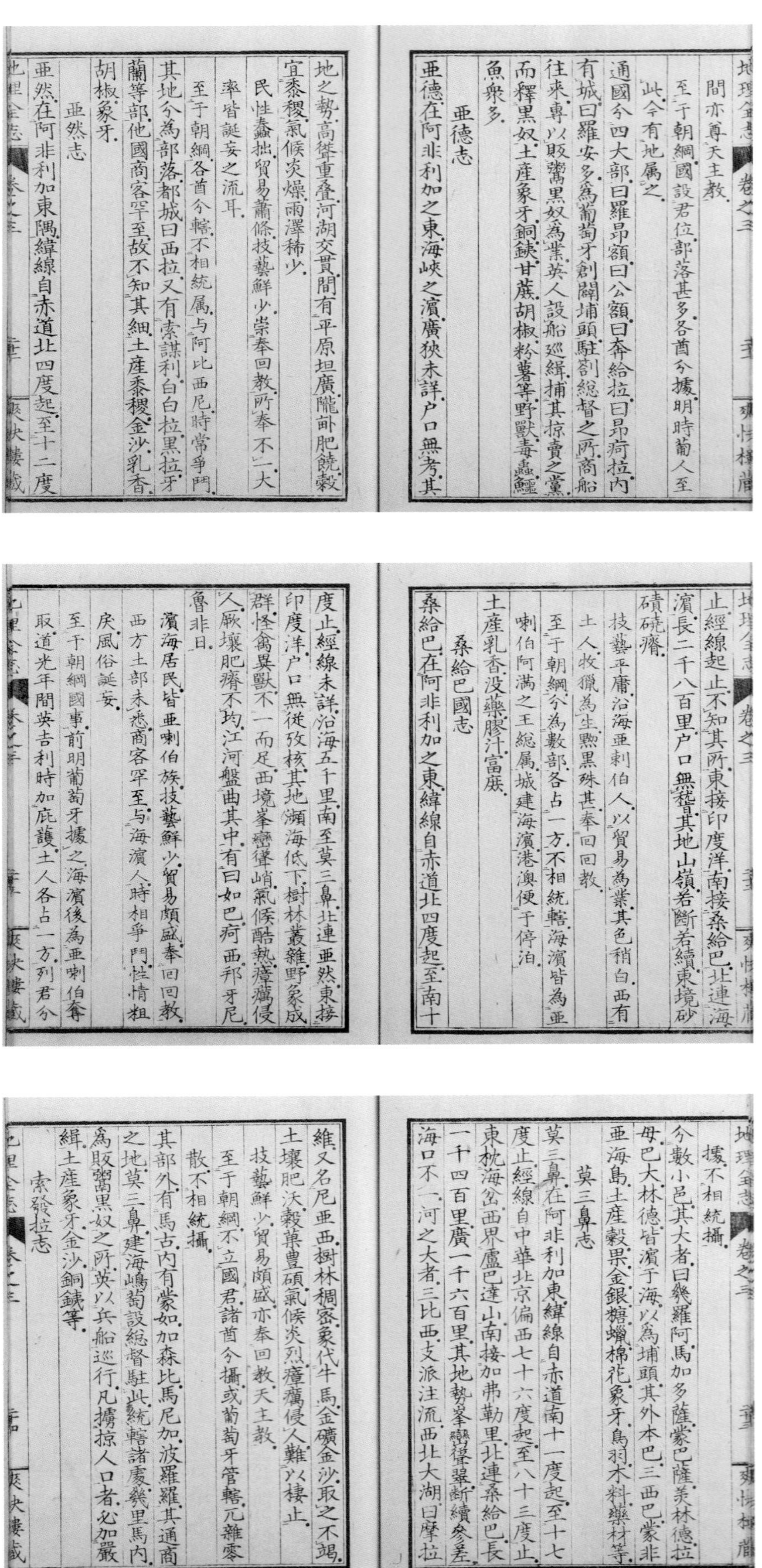

地理全志　巻之三　爽快樓藏

間亦尊天主教
至于朝綱國設君位部落甚多各酋分據明時葡人至
此今有地屬之
通國分四大部曰羅昂額曰公額曰奔給拉曰昂痾拉內
有城曰羅安多為葡萄牙創闢埔頭駐劄總督之所商船
往来專以販鬻黑奴為業英人設船巡緝捕其掠賣之黨
而釋黑奴土產象牙銅鉄甘蔗胡椒粉薑等野獸毒蟲鱷
魚衆多
亜德志
亜德在阿非利加之東海峡之濱廣狹未詳戸口無考其

地之勢高峯重疊河湖交貫間有平原坦廣朧畝肥饒穀
宜黍稷氣候炎燥雨澤稀少
民性蠢拙貿易蕭條技藝鮮少崇奉回回教所奉不一大
率皆誕妄之流耳
至于朝綱各酋分轄不相統屬与阿比西尼時常爭鬥
其地分為部落都城曰西拉又有索謀利白白拉黒拉牙
蘭等部他國商客罕至故不知其細土產黍稷金沙乳香
胡椒象牙
亜然志
亜然在阿非利加東隅緯線自赤道北四度起至十二度

地理全志　巻之三　爽快樓藏

止經線起止不知其所東接印度洋南接桑給巴北連海
濱長二千八百里戸口無稽其地山嶺若斷若續東境砂
磧磽瘠
技藝平庸沿海亜剌伯人以貿易為業其色稍白西有
土人牧獵為生黝黒殊甚奉回回教
至于朝綱分為數部各占一方不相統轄海濱皆為亜
喇伯阿満之王總屬城建海濱港澳便于停泊
土產乳香沒藥膠汁富庶
桑給巴國志
桑給巴在阿非利加之東緯線自赤道北四度起至南十

度止經線未詳沿海五千里南至莫三鼻北連亜然東接
印度洋戸口無從攷核其地瀕海低下樹林叢雜野象成
群怪禽異獸不一西足西境峯巒巉峭氣候酷熱瘴癘侵
人厥壤肥瘠不均江河盤曲其中有曰如巴痾西邪牙尼
魯非日
濱海居民皆亜喇伯族技藝鮮少貿易頗盛奉回回教
西方土部未悉商客罕至与海濱人時相爭鬥性情粗
戾風俗誕妄
至于朝綱國事前明葡萄牙據之海濱後為亜喇伯奪
取道光年間英吉利時加庇護土人各占一方列君分

地理全志　巻之三　爽快樓藏

據不相統攝
分數小邑其大者曰幾羅阿馬加多薩蒙巴薩美林德拉
母巴大林德皆濱于海以為埔頭其外木巴三西巴蒙非
亜海島土產穀果金銀糖蠟棉花象牙鳥羽木料藥材等
莫三鼻志
莫三鼻在阿非利加東緯線自赤道南十一度起至十七
度止經線自中華北京偏西七十六度起至八十三度止
東枕海峡西界盧巴達山南接加弗勒里北連桑給巴長
一千四百里廣一千六百里其地勢峯巒聳斷續參差
海口不一河之大者三比西支派注流西北大湖曰摩拉

維又名尼亜西樹林稠密象代牛馬金礦金沙取之不竭
土壤肥沃穀菓豊碩氣候炎烈瘴癘侵人難以棲止
技藝鮮少貿易頗盛亦奉回教天主教
至于朝綱不立國君諸酋分攝或葡萄牙管轄亢雜零
散不相統攝
其部外有馬古內有蒙如加森比馬尼加波羅羅其通商
之地莫三鼻建海嶋葡設総督駐此統轄諸處幾里馬內
為販鬻黒奴之所英以兵船巡行凡擄掠人口者必加嚴
緝土產象牙金沙銅鉄等
索發拉志

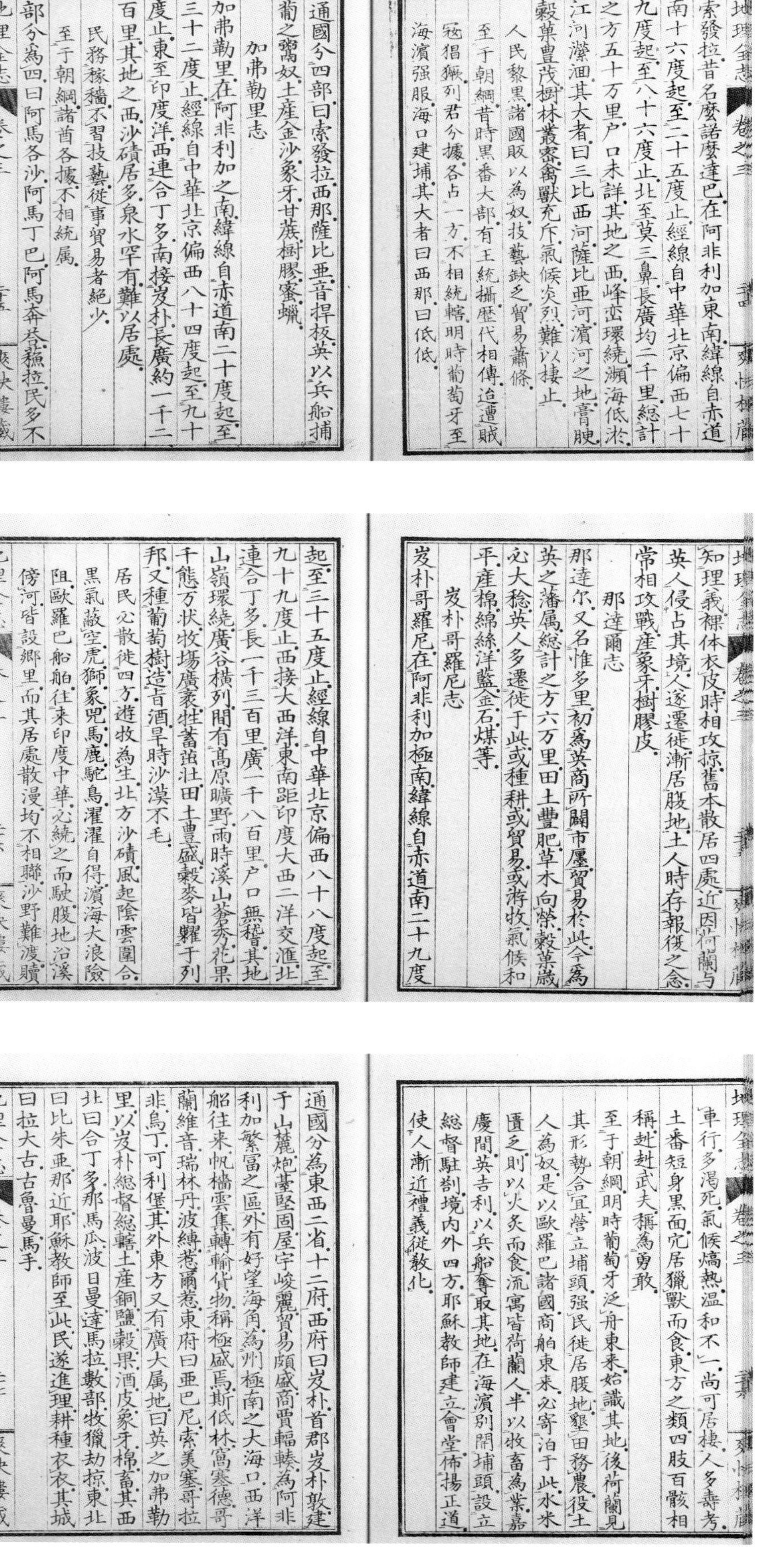

索發拉昔名麼諾麼達巴在阿非利加東南緯線自赤道南十六度起至二十五度止經線自中華北京偏西七十九度起至八十六度止北至莫三鼻長廣均二千里總計之方五十万里户口未詳其地之西峰峦環繞瀕海低洳江河瀠洄其大者曰三比西河薩比亜河濱河之地膏腴穀菓豊茂樹林叢密禽獸充斥氣候炎烈難以棲止

人民黎黒諸國販以為奴技藝缺乏貿易蕭條

至于朝綱昔時黒番大部有王統攝歴代相傳迨遭賊寇猖獗列君分據各占一方不相統轄明時葡萄牙至海濱强服海口建埔其大者曰西那曰低低

通國分四部曰索發拉西那薩比亜音捍板英以兵船捕葡之鷘奴土産金沙象牙甘蔗樹膠蜜蠟

加弗勒里志

加弗勒里在阿非利加之南緯線自赤道南二十度起至三十二度止經線自中華北京偏西八十四度起至九十度止東至印度洋西連合丁多南接岌朴長廣約一千二百里其地之西沙磧居多泉水罕有難以居處

民務稼穡不習技藝從事貿易者絶少

至于朝綱諸酋各據不相統属

部分為四曰阿馬各沙阿馬丁巴阿馬奔呑穮拉民多不知理義裸体衣皮時相攻掠舊本散居四處近因荷蘭与英人侵占其境人遂遷徙漸居腹地土人時存報復之念常相攻戰産象牙樹膠皮

那達爾志

那達尓又名惟多里初為英商所闢市廛貿易於此今為英之藩属總計之方六万里田土豊肥草木向榮穀菓歳必大稔英人多遷徙于此或種耕或貿易或游牧氣候和平産棉綿絲洋藍金石煤等

岌朴哥羅尼志

岌朴哥羅尼在阿非利加極南緯線自赤道南二十九度起至三十五度止經線自中華北京偏西八十八度起至九十九度止西接大西洋東南距印度大西二洋交滙北連合丁多長一千三百里廣一千八百里户口無稽其地山嶺環繞廣谷横列間有高原曠野雨時溪山蒼秀花果千態万状牧場廣袤牲畜茁壯田土豊盛穀麥皆糶于列邦又種葡萄樹造酒旱時沙漠不毛

居民必散徙四方遊牧為生北方沙磧風起陰雲團合黒氣蔽空虎獅象兕馬鹿駝鳥濯濯自得濱海大浪險阻歐羅巴船舶往来印度中華必繞之而駛腹地沿溪傍河皆設郷里而其居處散漫均不相聯沙野難渡贖車行多渴死氣候熇熱温和不一尚可居棲人多壽考土番短身黒面宂居獵獸而食東方之類四肢百骸相稱赳赳武夫稱為勇敢

至于朝綱明時葡萄牙泛舟東来始識其地後荷蘭見其形勢合宜營立埔頭强民徙居腹地墾田務農役土人為奴是以歐羅巴諸國商舶東来必寄泊于此水米匱乏則以火炙而食流寓皆荷蘭人半以牧畜為業嘉慶間英吉利以兵船奪取其地在海濱別開埔頭設立總督駐剳境内外四方耶穌教師建立會堂佈揚正道使人漸近禮義從教化

通國分為東西二省十二府西府曰岌朴首郡岌朴敦建于山麓炮臺堅固屋宇峻麗貿易頗盛商賈輻輳為阿非利加繁富之區外有好望海角為州極南之大海口西洋船往来帆檣雲集轉輸貨物稱極盛焉斯低林窩塞德哥蘭維音瑞林丹波縛惹爾惹東府曰亜巴尼索美塞哥拉非烏丁可利堡其外東方又有廣大属地曰英之加弗勒里以岌朴總督總轄土産銅鹽穀果酒皮象牙棉畜其西北曰合丁多那馬瓜波日曼達馬拉數部牧獵劫掠東北曰比朱亜那近耶穌教師至此民遂進理耕種衣衣其城曰拉大古古魯曼馬手

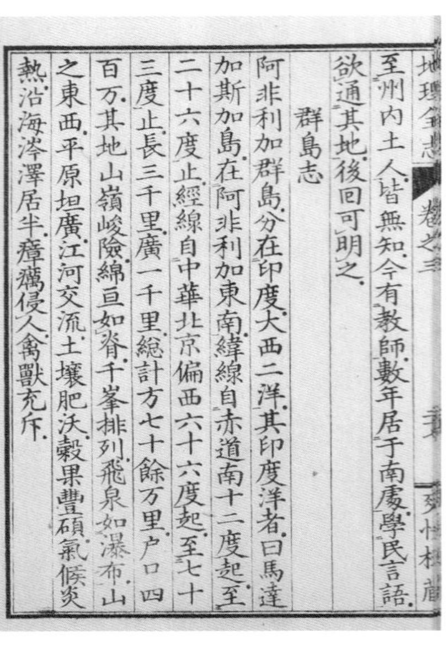
至州内土人皆無知今有教師數年居于南處學民言語欲通其地後回可明之
群島志
阿非利加群島分在印度大西二洋其印度洋者曰馬達加斯加島在阿非利加東南緯線自赤道南十二度起至二十六度止經線自中華北京偏西六十六度起至七十三度止長三千里廣一千里總計方七十餘万里戸口四百万其地山嶺峻險綿亘如脊千峯排列飛泉如瀑布山之東西平原坦廣江河交流土壤肥沃穀果豊碩氣候炎熱沿海涔澤居半瘴癘侵人禽獸充斥

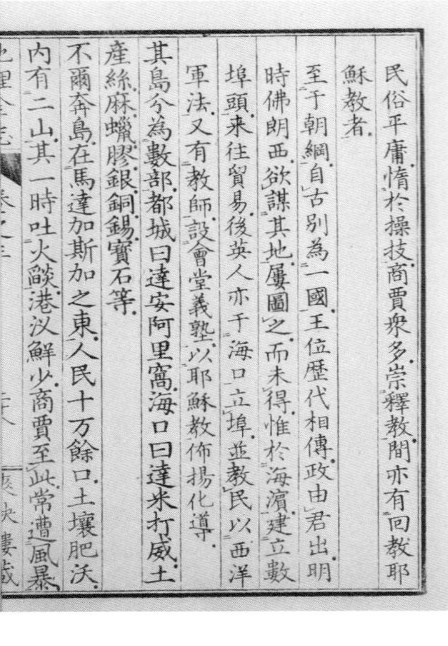
民俗平庸惰於操技商賈衆多崇釋教間亦有回教耶穌教者
至于朝綱自古別為一國王位歴代相傳政由君出明時佛朗西欲謀其地屢圖之而未得惟於海濱建立數埠頭來往貿易後英人亦于海口立埠並教民以西洋軍法又有教師設會堂義塾以耶穌教佈揚化導
其島分為數部都城曰達安阿里窩海口曰達米打威土産絲麻蠟膠銀銅錫寶石等
不爾奔島在馬達加斯加之東人民十万餘口土壤肥沃内有二山其一時吐火燄港汊鮮少商賈至此常遭風暴

傷損舟楫佛蘭西兼攝首郡三德呢斯總督駐劄土産穀果加非糖棉煙香林木等其東北曰毛里西島曾義為首郡地氣酷熱猶堪居處民十六万屋宇峻麗商賈輻輳塞舌勒三十嶋亜窩蘭十一島羅得給島皆為英吉利兼攝有總督駐劄統轄土産糖皂品烏木哥摩羅四島屬回長州隅之東索哥德拉屬亜喇伯産沉皂血竭其大西洋島曰三厄里那緯線自赤道南十六度經線自中華西一百十一度周九十二里戸口六千山嶺參差中央平原地肥沃氣和平人安物阜
佛朗西王拿破崙為英吉利所流于此道光二年病死

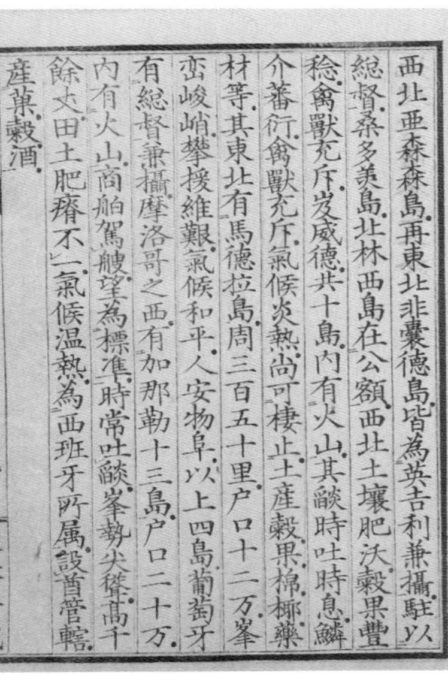
西北亜森森島再東北非𡡉德島皆為英吉利兼攝駐以總督券多巣島北林西島在公額西北土壤肥沃穀果豊稔禽獸充斥岌威德共十島内有火山其燄時吐時息鱗介蕃衍禽獸充斥氣候炎熱尚可棲止土産穀果棉椰欒材等其東北有馬德拉島周三百五十里戸口十二万峯巒峻峭攀援維艱氣候和平人安物阜以上四島葡萄牙有總督兼攝摩洛哥之西有加那勒十三島戸口二十万内有火山商舶駕駛望為標準時常吐燄峯勢尖聳高千餘丈田土肥瘠不一氣候温熱為西班牙所屬設首營轄産菓穀酒

地理全志
上篇
亜墨利加志
四

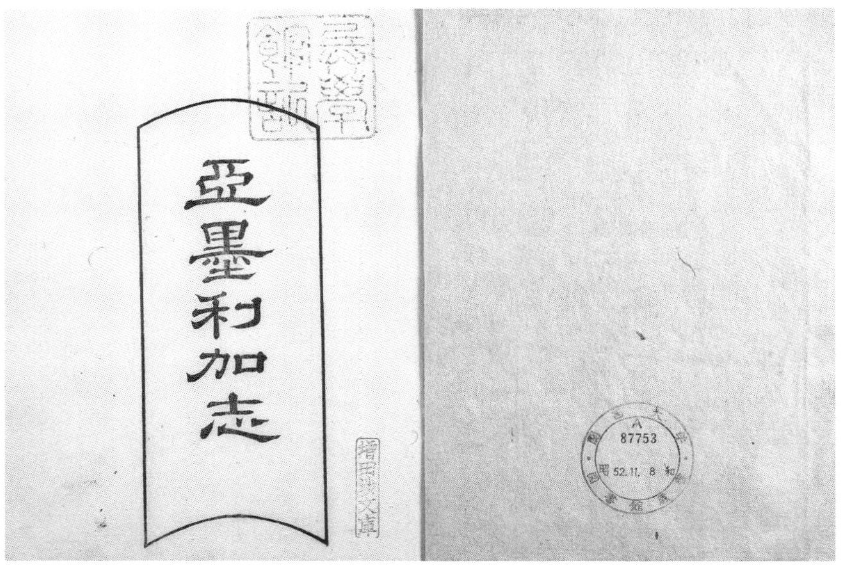
亜墨利加志

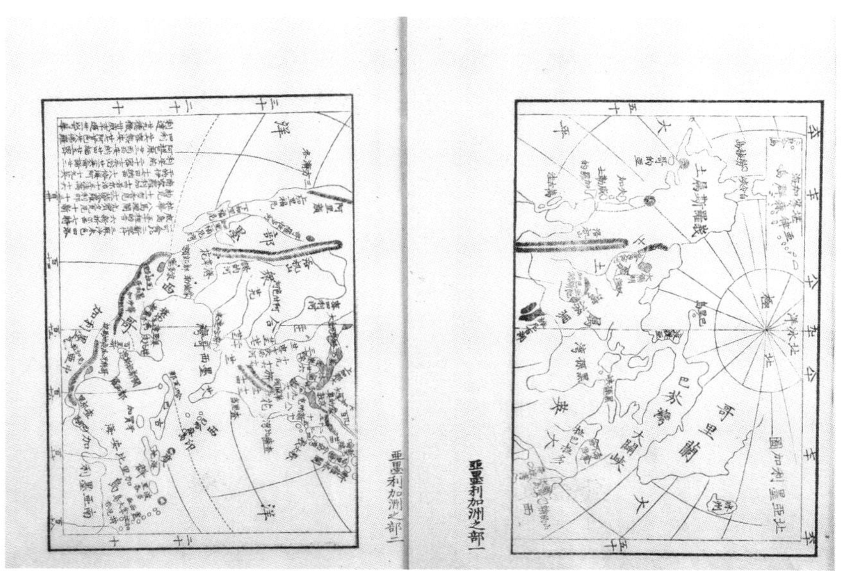
亜墨利加洲之部一
亜墨利加洲之部二

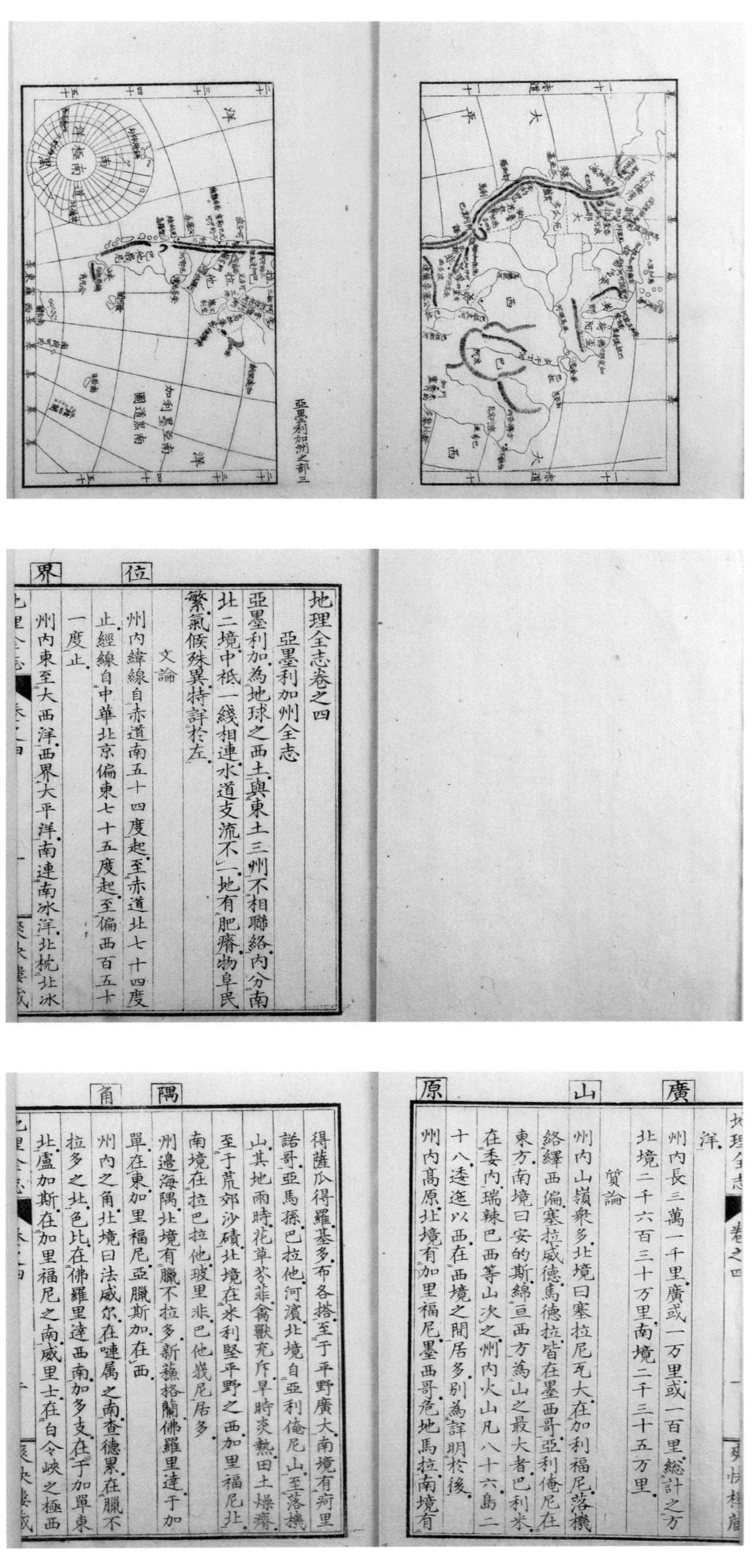

地理全志卷之四

亞墨利加州全志

位

文論

亞墨利加為地球之西土與東土三州不相聯絡内分南北二境中祇一綫相連水道支流不一地有肥瘠物阜民繁氣候殊異特詳於左

州内緯線自赤道南五十四度起至赤道北七十四度止經線自中華北京偏東七十五度起至偏西百五十一度止

界

州内東至大西洋西界大平洋南連南冰洋北枕北冰洋。

廣

州内長三萬一千里廣或一万里或一百里總計之方北境二千六百三十万里南境二千三十五万里

山

質論

州内山嶺衆多北境曰塞拉尼瓦大在加利福尼落機絡繹西偏塞拉威德馬德拉皆在墨西哥亞利俺尼在東方南境曰安的斯綿亘西方為山之最大者巴利米在委内瑞辣巴西等山次之州内火山凡八十六島二十八逶迤以西在西境之間居多別為詳明於後

原

州内高原北境有加里福尼墨西哥危地馬拉南境有得薩瓜得羅基多布各搭至于平野廣大南境有疴里諾哥亞馬孫巴拉他河濱北境自亞利俺尼山至落機山其地雨時花草芬菲禽獸充斥旱時炎熱田土燥瘠至于荒郊沙磧北境在米利堅平野之西加里福尼北南境在拉巴拉他玻里非巴他戦尼居多

隅

州邊海隅北境有臘不拉多新藴格蘭佛羅里達于加單在東加里福尼亞臘斯加在西

角

州内之角北境曰法威尔在嗹属之南查德累在臘不拉多之北色比在佛羅里達西南加多支在于加單東北盧加斯在加里福尼之南威里士在白令峡之極西

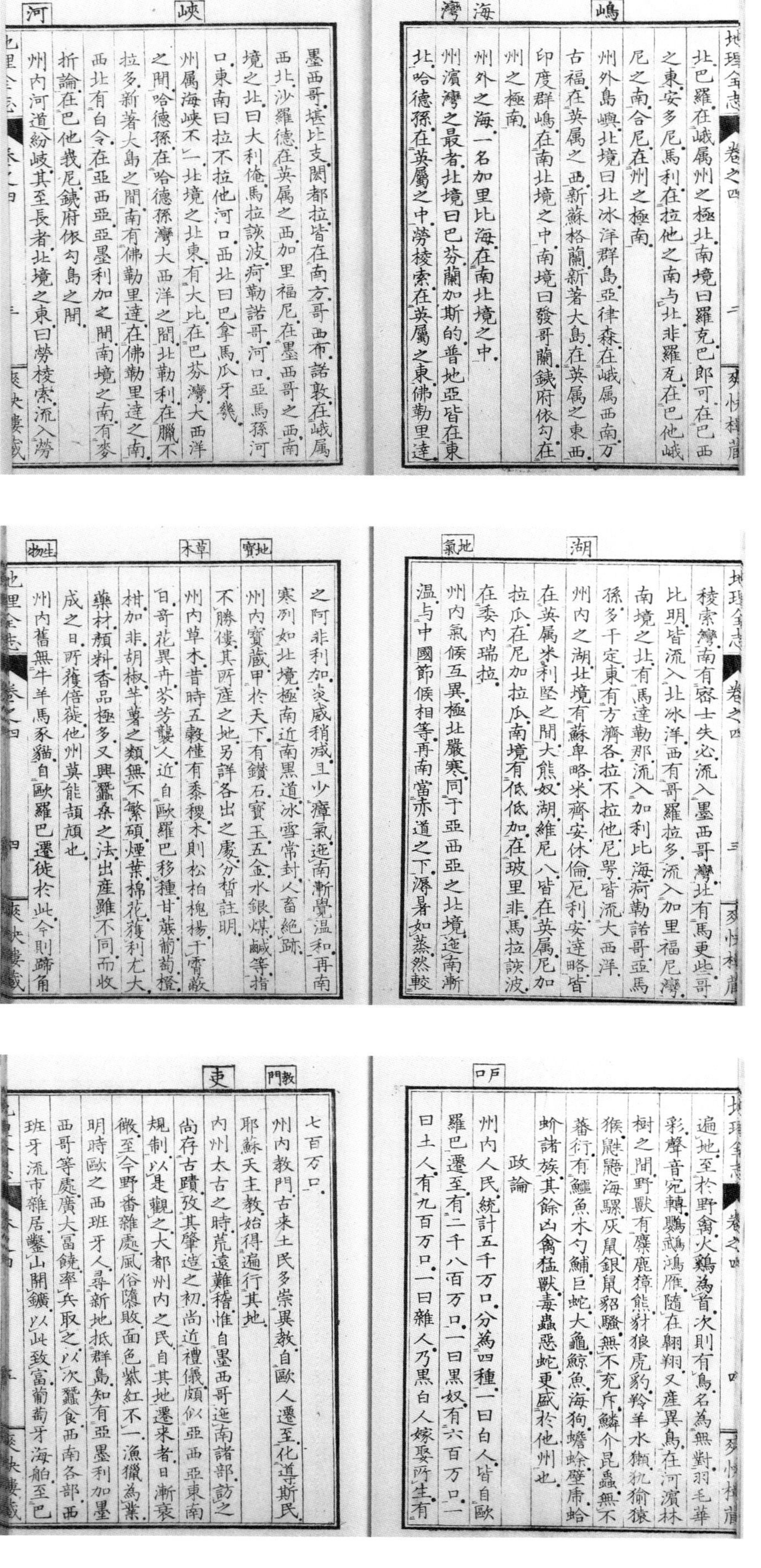
地理全志　卷之四　二

北巴羅在峨属州之極北南境曰羅克巴郎可在巴西之東安多尼馬利在拉他之南与北非羅瓦在巴他峨尼之南合尼在州之極南

嶋

州外島嶼北境曰北冰洋群島亞律森在峨属西南万古福在英属之西新蘇格蘭新著大島在英属之東西印度群嶋在南北境之中南境曰發哥蘭鐵府依勾在州之極南

海

州外之海一名加里比海在南北境之中

灣

州濱灣之最者北境曰巴芬蘭加斯的普地亞皆在東北哈德孫在英屬之中勞棱索在英屬之東佛勒里達

峽

墨西哥堪比支閟都拉皆在南方哥西布諾敦在峨属西北沙羅德在英属之西加里福尼在墨西哥之西南境之北曰大利俺馬拉詼波疴勒諾哥河口亞馬孫河口東南曰拉不拉他河口西北曰巴拿馬瓜牙幾

州属海峽不一北境之北東有大比在巴芬灣大西洋之間哈德孫在哈德孫灣大西洋之間北勒利在臘不拉多新著大島之間南有佛勒里達在佛勒里達之南西北有白令在亞西亞亞墨利加之間南境之南有麥折論在巴他我尼鐵府依勾島之間

河

州内河道紛岐其至長者北境之東曰勞棱索流入勞

地理全志　卷之四　三

棱索灣南有密士失必流入墨西哥灣北有馬更些哥比明皆流入北冰洋西有哥羅拉多流入加里福尼灣南境之北有馬達勒那流入加利比海疴勒諾哥亞馬孫多干定東有方濟各拉不拉他尼畧皆流大西洋

湖

州内之湖北境有蘇阜略米齊安休倫尼利安達略皆在英属米利堅之間大熊奴湖維尼八皆在英属尼加拉瓜在尼加拉瓜南境有低低加在玻里非馬拉詼波在委内瑞拉

地氣

州内氣候互異極北嚴寒同于亞西亞之北境迤南漸温与中國節候相等再南當赤道之下溽暑如蒸然較之阿非利加炎威稍减且少瘴氣迤南漸覺温和再南寒冽如北境極南近南黒道冰雪常封人畜絶跡

地寶

州内寶蔵甲於天下有鑽石寶玉五金水銀煤鹹等指不勝僂其所産之地另詳各出之處分晳註明

草木

州内草木昔時五穀僅有黍稷木則松柏槐楊于霄蔽日奇花異卉芬芳襲人近自歐羅巴移種甘蔗葡萄橙柑加非胡椒芋薯之類無不繁碩煙葉棉花獲利尤大藥材顔料香品極多又興蠶桑之法出産雖不同而收成之日所獲倍蓰他州莫能頡頏也

生物

州内舊無牛羊馬豕貓自歐羅巴遷徙於此今則蹄角

地理全志　卷之四　四

遍地至於野禽火鷄為首次則有鳥名為無對羽毛華彩聲音宛轉鸚鵡鴻雁隨在翱翔又産異鳥在河濱林樹之間野獸有麋鹿獐熊豺狼虎豹羚羊水獺狖猗猿猴鼪鼯海騾灰鼠銀鼠貂鼲無不充斥鱗介昆蟲無不蕃衍有鱷魚木勺鯆巨蛇大龜鯨魚海狗蟾蜍壁虎蛤蚧諸族其餘凶禽猛獸毒蟲惡蛇更盛於他州也

政論

戸口

州内人民統計五千万口分為四種一曰白人皆自歐羅巴遷至有二千八百万口一曰黒奴有六百万口一曰土人有九百万口一曰雜人乃黒白人嫁娶所生有七百万口

教門

州内教門古来土民多崇異教自歐人遷至化導斯民耶蘇天主教始得遍行其地

吏

内州太古之時荒遠難稽惟自墨西哥迤南諸部訪之尚存古蹟攷其肇造之初尚近禮儀頗似亞西亞東南規制以是觀之大都州内之民自其地遷来者日漸衰微至今野番雜處風俗隳敗面色紫紅不一漁獵為業明時歐之西班牙人尋新地抵群島知有亞墨利加墨西哥等處廣大富饒率兵取之以次蠶食西南各部西班牙流市雜居鑿山開鑛以此致富葡萄牙海舶至巴

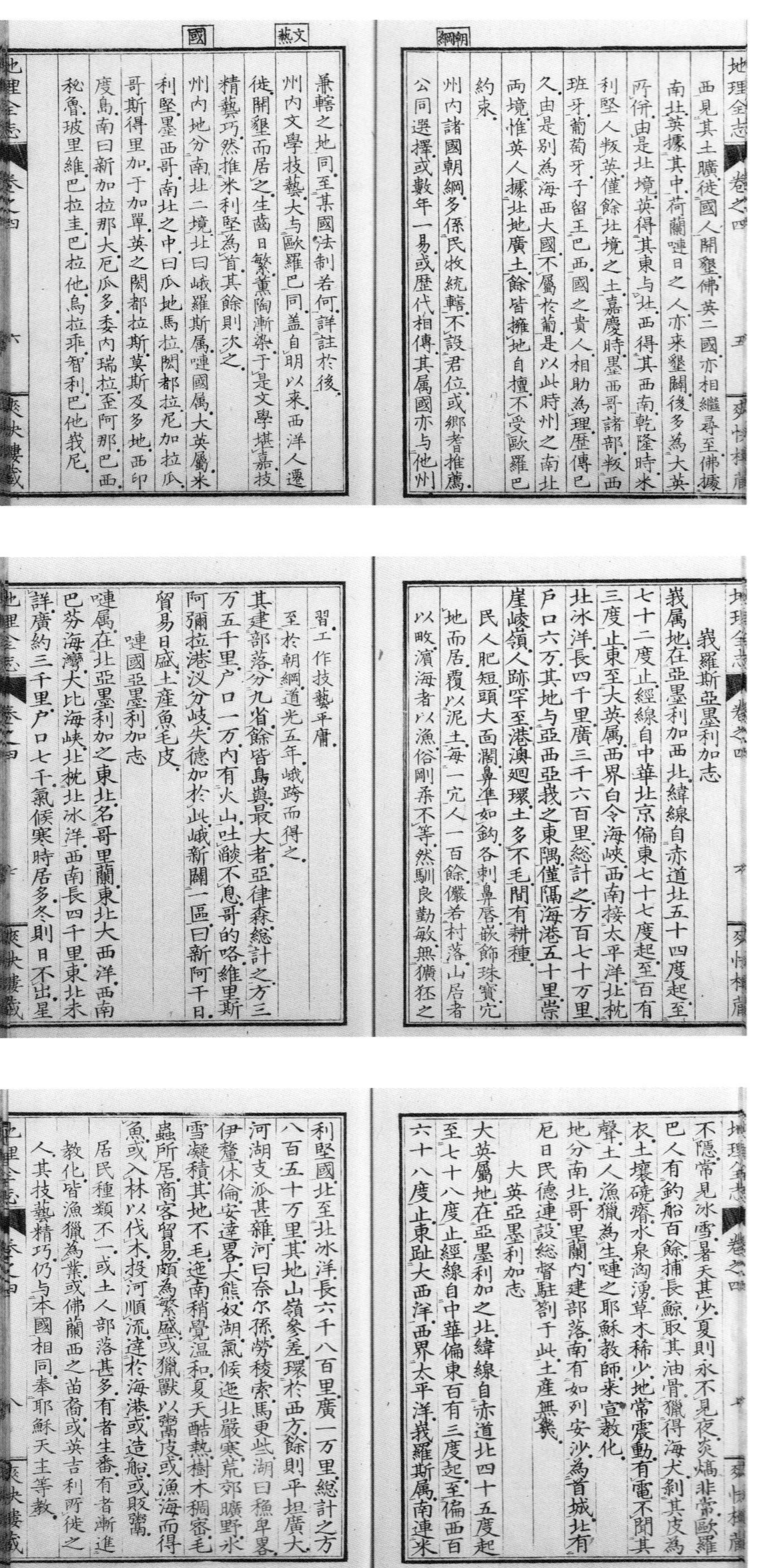

西見其土曠徙國人開墾佛英二國亦相繼尋至佛據南北英據其中荷蘭嗹日之人亦来墾闢後多為大英所併由是北境英得其東与北西得其西南乾隆時米利堅人叛英僅餘北境之土嘉慶時墨西哥諸部叛西班牙葡萄牙子留王巴西國之貴人相助為理歴傳已久由是别為海西大國不屬於葡是以此時州之南北両境惟英人據北地廣土餘皆擁地自擅不受歐羅巴約束

朝綱

州内諸國朝綱多係民牧統轄不設君位或郷耆推薦公同選擇或數年一易或歴代相傳其属國亦与他州兼轄之地同至其國法制若何詳註於後

文藝

州内文學技藝大与歐羅巴同蓋自明以来西洋人遷徙開墾而居之生齒日繁薫陶漸染于是文學堪嘉技精藝巧然推米利堅為首其餘則次之

國

州内地分南北二境北曰峨羅斯属嗹國属大英屬米利堅墨西哥南北之中曰瓜地馬拉閼都拉尼加拉瓜哥斯得里加于加單英之閼都拉斯莫斯及多地西印度島南曰新加拉那大尼瓜多委内瑞拉至阿那巴西秘魯玻里維巴拉圭巴拉他烏拉乖智利巴他我尼

峩羅斯亞墨利加志

峩属地在亞墨利加西北緯線自赤道北五十四度起至七十二度止經線自中華北京偏東七十七度起至百有三度止東至大英属西界白令海峡西南接太平洋北枕北冰洋長四千里廣三千六百里總計之方百七十万里戸口六万其地与亞西亞峩之東隅僅隔海港五十里崇崖峻嶺人跡罕至港澳廻環土多不毛間有耕種

民人肥短頭大面濶鼻準如鈎各剌鼻唇嵌飾珠寶穴地而居覆以泥土每一穴人一百餘儼若村落山居者以畋濵海者以漁俗剛柔不等然馴良勤敏無獷狉之習工作技藝平庸

至於朝綱道光五年峨跨而得之

其建部落分九省餘皆島與最大者亞律森總計之方三万五千里戸口一万内有火山吐燄不息哥的咯維里斯阿彌拉港汊分岐失德加於此峨新闢一區曰新阿千日貿易日盛土産魚毛皮

嗹國亞墨利加志

嗹属在北亞墨利加之東北名哥里蘭東北大西洋西南巴芬海灣大比海峡北枕北冰洋西南長四千里東北米詳廣約三千里戸口七千氣候寒時居多冬則日不出星不隱常見冰雪暑天甚少夏則永不見夜炎熇非常歐羅巴人有釣船百餘捕長鯨取其油骨獵得海犬剝其皮為衣土壤磽瘠水泉淘湧草木稀少地常震動有雹不聞其聲土人漁獵為生嗹之耶穌教師来宣教化

地分南北哥里蘭内建部落南有如列安沙為首城北有厄日民德連設總督駐剳于此土産無幾

大英亞墨利加志

大英屬地在亞墨利加之北緯線自赤道北四十五度起至七十八度止經線自中華偏東百有三度起至偏西百六十八度止東趾大西洋西界太平洋峩羅斯属南連米利堅國北至北冰洋長六千八百里廣一万里總計之方八百五十万里其地山嶺參差環於西方餘則平坦廣大河湖支派甚雜河曰奈尓孫勞棱索馬東些湖曰穩卑畧伊鰲休倫安達畧大熊奴湖氣候近北嚴寒荒郊曠野氷雪凝積其地不毛近南稍覺温和夏天酷熱樹木稠密毛蟲所居商客貿易頗為繁盛或獵獸以鬻皮或漁海而得魚或入林以伐木投河順流達於海港或造船或販鬻

居民種類不一或土人部落甚多有者生番有者漸進教化皆漁獵為業或佛蘭西之苗裔或英吉利所徙之人其技藝精巧仍与本國相同奉耶穌天主等教

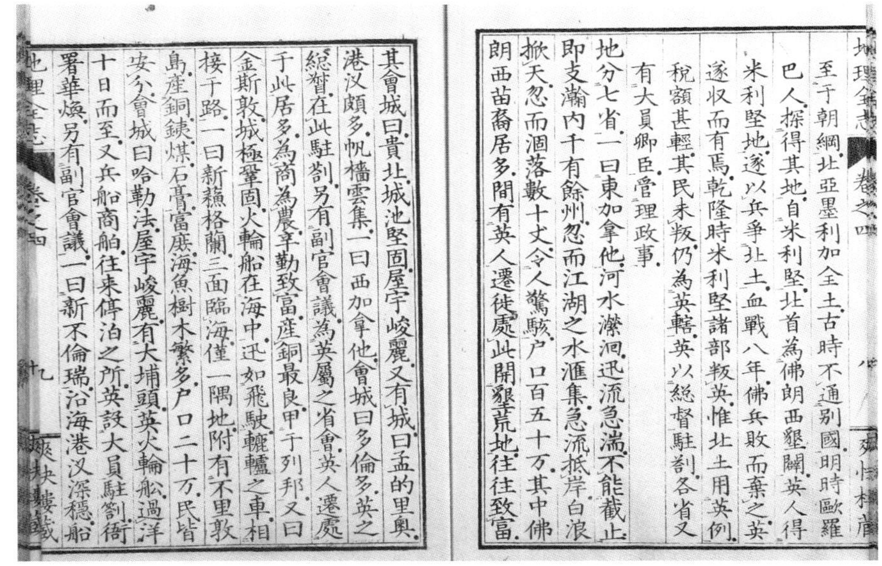

至于朝綱北亞墨利加全土古時不通別國明時歐羅巴人探得其地自米利堅北首為佛朗西墾闢英人得米利堅地遂以兵爭北土血戰八年佛兵敗而棄之英遂收而有焉乾隆時米利堅諸部叛英惟北土用英例稅額甚輕其民未叛仍為英轄英以総督駐劄各省又有大員卿臣管理政事

地分七省一曰東加拿他河水瀠洄迅流急湍不能截止即支瀚内千有餘州忽而江湖之水滙集急流抵岸白浪掀天忽而涸落數十丈令人驚駭戶口五十万其中佛朗西苗裔居多間有英人遷徙處此開墾荒地往往致富其會城曰貴北城池堅固屋宇峻麗又有城曰孟的里奥港汊頗多帆檣雲集一曰西加拿他會城曰多倫多英之総督在此駐劄另有副官會議為英屬之省會英人遷處于此居多為商為農辛勤致富産銅最良甲于列邦又曰金斯敦城極鞏固火輪船在海中迅如飛駛轆轤之車相接于路一曰新藐格蘭三面臨海僅一隅地附有不里敦島産銅鉄煤石膏富庶海魚樹木繁多戶口二十万民皆安分會城曰哈勒法屋宇峻麗有大埔頭英火輪船過洋十日而至又兵船商船往来停泊之所英設大員駐劄衙署華煥另有副官會議一曰新不倫瑞沿海港汊深穩船

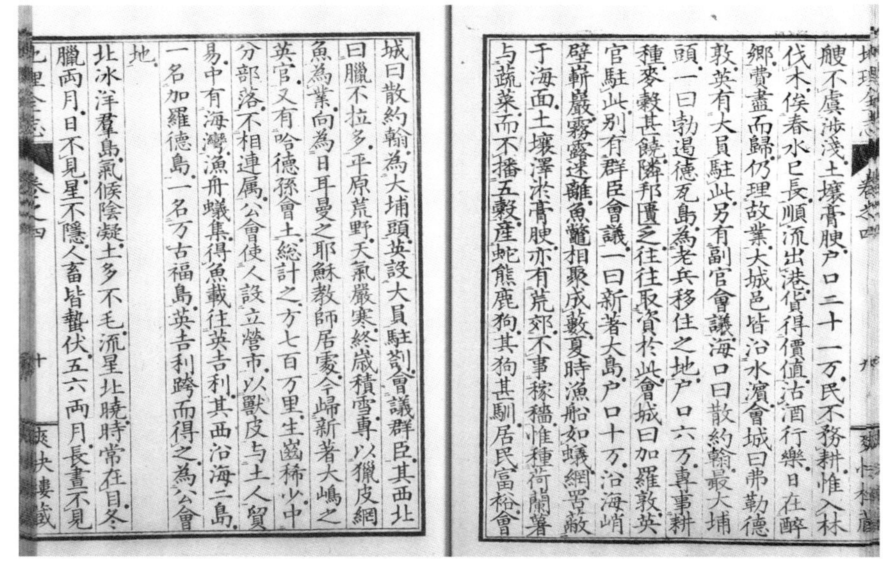

艘不虞涉淺土壤膏腴戶口二十一万民不務耕惟入林伐木俟春水已長順流出港貨得價値沽酒行樂日在醉鄉貲盡而歸仍理故業大城邑皆沿水濵會城曰弗勒德敦英有大員駐此另有副官會議海口曰散約翰最大埔頭一曰勃過德亞島為老兵移住之地戶口六万專事耕種麥穀甚饒隣邦運之往往取資於此會城曰加羅敦英官駐此別有群臣會議一曰新著大島戶口十万沿海峭壁嶄巖霧露迷離魚鼈相聚成數夏時漁船如蟻網罟敝于海面土壤澤淤膏腴亦有荒郊不事稼穡惟種荷蘭薯与蔬菜而不播五穀産蛇熊鹿狗其狗甚馴居民富裕會城曰散約翰為大埔頭英設大員駐劄會議群臣其西北曰臘不拉多平原荒野天氣嚴寒終歲積雪專以獵皮網魚為業向為日耳曼之耶蘇教師居處今歸新著大嶋之英官又有哈德孫會土總計之方七百万里生齒稀少中分部落不相連屬公會使人設立營市以獸皮与土人貿易中有海灣漁舟蟻集得魚載往英吉利其西沿海二島一名加羅德島一名万古福島英吉利畧而得之為公會地

北冰洋羣島氣候陰凝土多不毛流星北曉時常在目冬臘兩月日不見星不隱人畜皆蟄伏五六兩月長晝不見

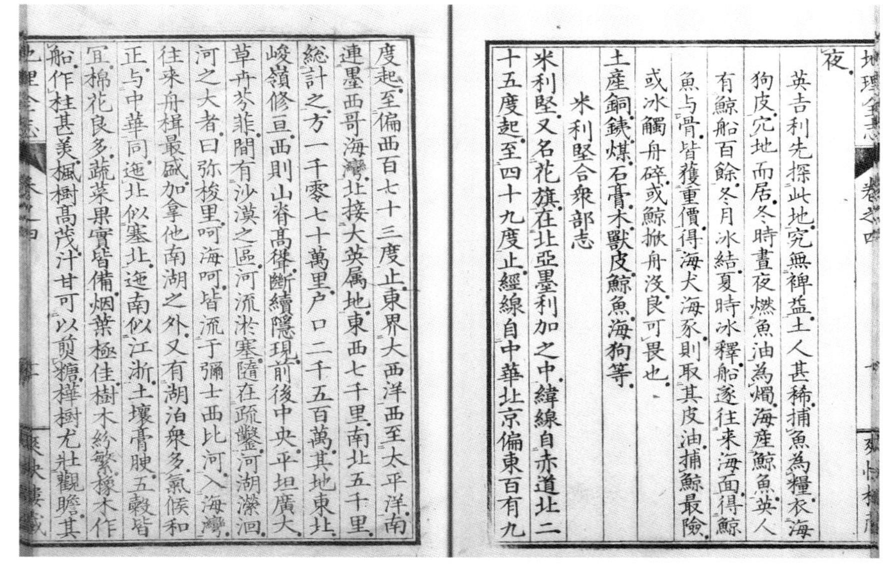

夜

英吉利先探此地究無裨益土人甚稀捕魚為糧衣海狗皮穴地而居冬時晝夜燃魚油為燭海産鯨魚英人有鯨船百餘冬月冰結夏時冰釋船遂往来海面得鯨魚与骨皆獲重價得海大海豕則取其皮油捕鯨最險或冰觸舟碎或鯨掀舟沒良可畏也

土産銅鉄煤石膏木獸皮鯨魚海狗等

米利堅合衆部志

米利堅又名花旗在北亞墨利加之中緯線自赤道北二十五度起至四十九度止經線自中華北京偏東百有九度起至偏西百七十三度止東界大西洋西至太平洋南連墨西哥海灣北接大英屬地東西七千里南北五千里総計之方一千零七十萬里戶口二千五百萬其地東北峻嶺修亘西則山脊高俳斷續隱現前後中央平坦廣大草卉芬菲間有沙漠之區河流淤塞隨在疏鑿河湖瀠洄河之大者曰弥梭里呵海呵皆流于彌士西比河入海灣往来舟楫最盛加拿他南湖之外又有湖泊衆多氣候和正与中華同迤北似塞北迤南似江浙土壤膏腴五穀皆宜棉花良多蔬菜果實皆備烟葉極佳樹木紛繁擇木作船作柱甚美楓樹高茂汁甘可以煎糖樺樹尤壯觀瞻其

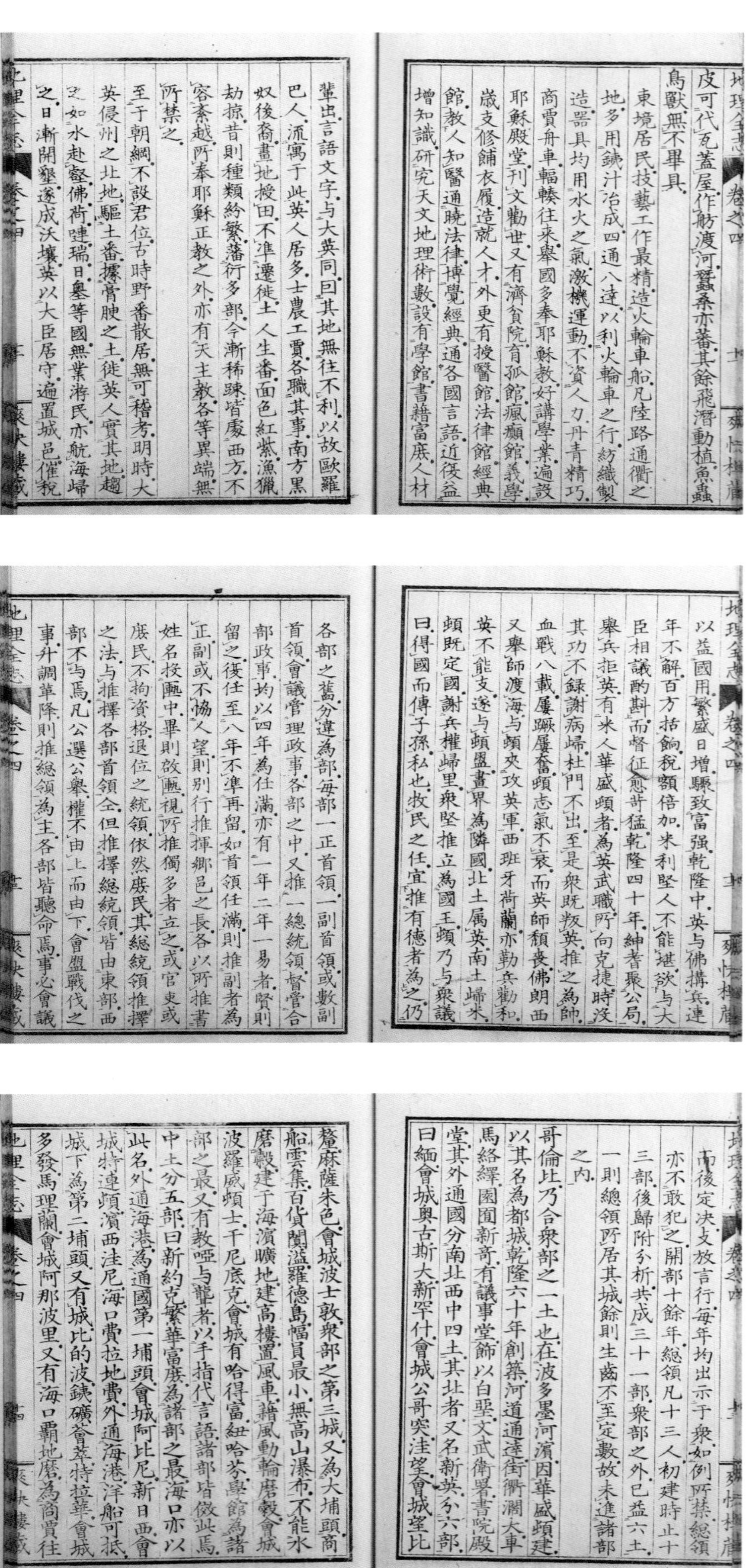

皮可代瓦蓋屋作舫渡河蠶桑亦蕃其餘飛潛動植魚蟲
鳥獸無不畢具
東境居民技藝工作最精造火輪車船凡陸路通衢之
地多用鐵汁冶成四通八達以利火輪車之行紡織製
造器具均用水火之氣激機運動不資人力丹青精巧
商賈舟車輻輳往來舉國多奉耶穌教好講學業遍設
耶穌殿堂刊文勸世又有濟貧院育孤館瘋癲館義學
歲支修舖衣履造就人才外更有授醫館法律館經典
館教人知醫通曉法律博覽經典通各國言語近復益
增知識研究天文地理術數設有學館書籍富庶人材

輩出言語文字与大英同曰其地無往不利以故歐羅
巴人流寓于此英人居多士農工賈各職其事南方黑
奴後裔畫地授田不準遷徙土人生番面色紅紫漁獵
刼掠昔則種類紛繁藩衍多部今漸稀疎皆處西方不
容紊越所奉耶穌正教之外亦有天主教各等異端無
所禁之
至于朝綱不設君位古時野番散居無可稽考明時大
英侵州之北地驅土番據膏腴之土徙英人實其地趨
之如水赴壑佛荷嗹瑞日墨等國無業游民亦航海歸
之日漸開墾遂成沃壤英以大臣居守遍置城邑催税

以益國用繁盛日增驟致富強乾隆中英与佛搆兵連
年不解百方括餉稅額倍加米利堅人不能堪欲与大
臣相議酌斟而督征愈苛猛乾隆四十年紳耆聚公局
舉兵拒英有米人華盛頓者為英武職所向克捷時沒
其功不録謝病歸杜門不出至是衆既叛英推之為帥
血戰八載屢蹶屢奮頓志氣不衰而英師頽喪佛朗西
又舉師渡海与頓夾攻英軍西班牙荷蘭亦勒兵勸和
英不能支遂与頓盟畫界為隣國北土属英南土歸米
頓既定國謝兵權歸里衆堅推立為國王頓乃与衆議
曰得國而傳子孫私也牧民之任宜推有德者為之仍

各部之舊分建為部每部一正首領一副首領或數副
首領會議管理政事各部之中又推一總統領督管合
部政事均以四年為任滿亦有一年二年一易者賢則
留之復任至八年不準再留如首領任滿則推副者為
正副或不協人望則別行推擇郷邑之長各以所推書
姓名投匭中畢則啟匭視所推獨多者立之或官吏或
庶民不拘資格退位之統領依然庶民其總統領推擇
之法与推擇各部首領仝但推擇總統領皆由東部西
部不与焉凡公選公舉權不由上而由下會盟戰伐之
事升調革降則推總領為主各部皆聽命焉事必會議

而後定決支放言行每年均出示于衆如例所禁總領
亦不敢犯之開部十餘年總領凡十三人初建時止十
三部後歸附分析共成三十一部衆部之外巳益六土
一則總領所居其城餘則生齒不至定數故未進諸部
之内
哥倫比乃合衆部之一土也在波多墨河濱因華盛頓建
以其名為都城乾隆六十年創築河道通達街衢濶大車
馬絡繹園囿新奇有議事堂飾以白堊文武衛署書院殿
堂其外通國分南北西中四土其北者又名新英分六部
曰緬會城奥古斯大新罕什會城公哥突注望會城望比

麓麻薩朱色會城波士敦衆部之第三城又為大埔頭商
船雲集百貨闐溢羅德島幅員最小無高山瀑布不能水
磨轂建于海濱曠地建高樓置風車藉風動輪磨轂會城
波羅威頓士干尼底克會城有哈得富紐哈芬學館為諸
部之最又有教啞与聾者以手指代言語諸部皆傚此焉
中土分五部曰新約克繁華富庶為諸部之最海口亦以
此名外通海港為通國第一埔頭會城阿比尼新日西會
城特連頓濱西洼尼海口費拉地費外通海港洋船可抵
城下為第二埔頭又有城比的波鎮礦窨萃特拉華會城
多發馬理蘭會城阿那波里又有海口覇地磨為商賈往

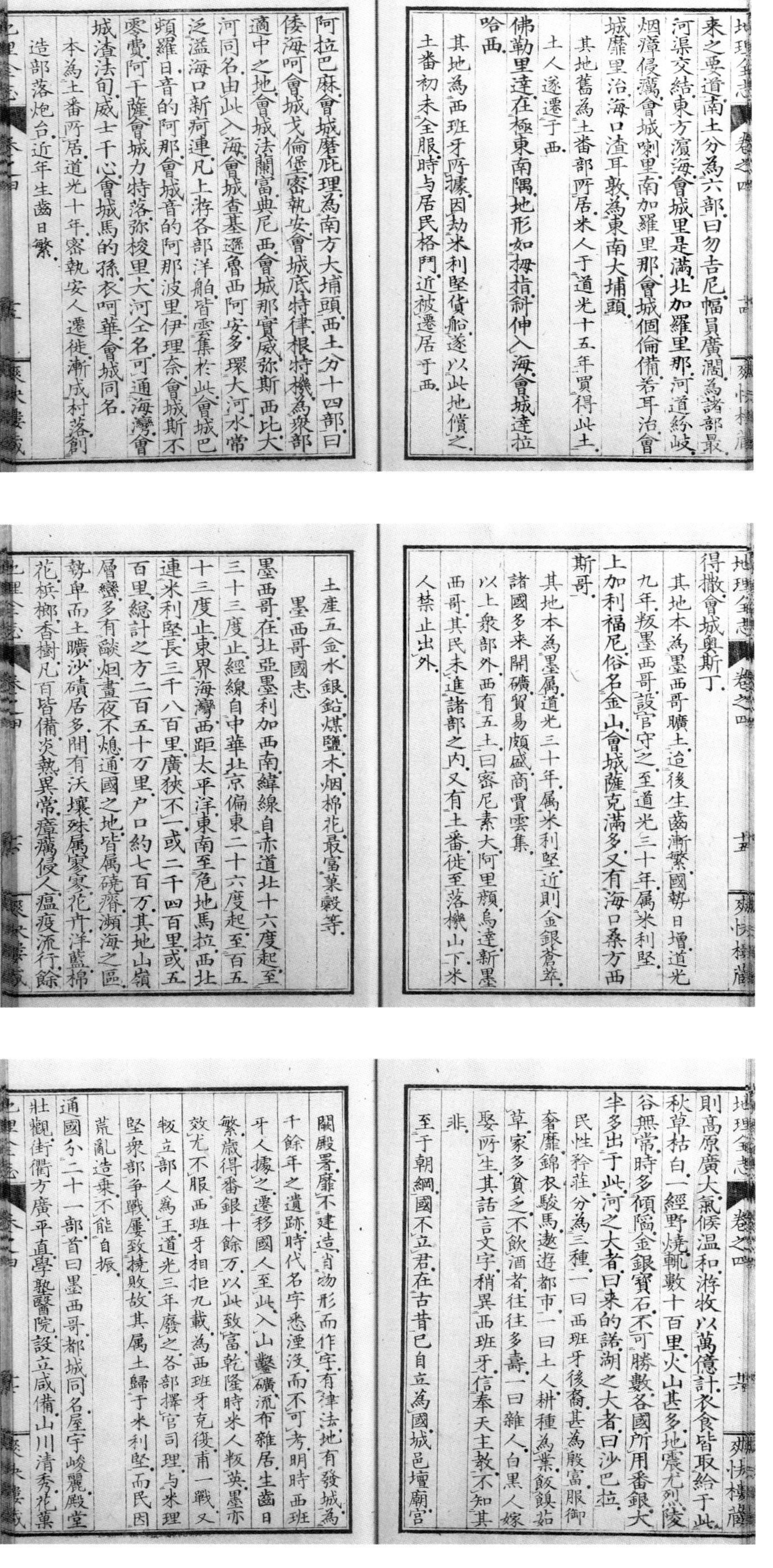
來之要道南土分為六部曰勿吉尼幅員廣濶為諸部最
河渠交結東方濵海會城里是滿比加羅里那河道紛岐
烟瘴侵㵐會城喇里南加羅里那會城佪倫備若耳治會
城靡里治海口渣耳敦為東南大埔頭
其地舊為土番部所居米人于道光十五年買得此土
土人遂遷于西
佛勒里達在極東南隅地形如拇指斜伸入海會城達拉
哈西
其地為西班牙所據因劫米利堅貨船遂以此地償之
土番初未全服時与居民格鬥近被遷居于西

阿拉巴麻會城磨庇理為南方大埔頭西土分十四部曰
倭海呵會城戈倫侶密執安會城底特律根特機為衆部
適中之地會城法蘭富典尼西會城那實威弥斯西比大
河同名由此入海會城查基遜魯西阿安多環大河水常
泛溢海口新疴連凡上游各部洋船皆雲集於此會城巴
頓羅日音的阿那會城音的阿那波里伊理奈會城斯不
零費阿干薩會城力特落弥梭里大河仝名可通海灣會
城渣法旬威士干心會城馬的孫衣呵華會城同名
本為土番所居道光十年密執安人遷徙漸成村落創
造部落炮台近年生齒日繁

得撒會城奥斯丁
其地本為墨西哥曠土迨後生齒漸繁國勢日增道光
九年叛墨西哥設官守之至道光三十年屬米利堅
上加利福尼俗名金山會城薩克滿多又有海口桑方西
斯哥
其地本為墨屬道光三十年屬米利堅近則金銀葢萃
諸國多来開礦貿易頗盛商賈雲集
以上衆部外西有五土曰密尼素大阿里頗烏達新墨
西哥其民未進諸部之内又有土番徙至落機山下米
人禁止出外

土產五金水銀鉛煤鹽木烟棉花最富菓穀等
墨西哥國志
墨西哥在北亞墨利加西南緯線自赤道北十六度起至
三十三度止經線自中華北京偏東二十六度起至百五
十三度止東界海灣西距太平洋東南至危地馬拉西北
連米利堅長三千八百里廣狹不一或二千四百里或五
百里總計之方二百五十万里户口約七百万其地山嶺
層巒多有礦烟晝夜不熄通國之地皆屬磽瘠瀕海之區
埶卑而土曠沙積居多間有沃壤殊屬寥寥花卉洋藍棉
花梹榔香樹凡百皆備炎熱異常瘴癘侵人瘟疫流行餘

則高原廣大氣候温和游牧以萬億計衣食皆取給于此
秋草枯白一經野燒輒數十百里火山甚多地震尤烈陵
谷無常時多傾陷金銀寶石不可勝數各國所用番銀大
半多出于此河之大者曰来的諸湖之大者曰沙巴拉
民性矜莊分為三種一曰西班牙後裔甚為殷富服御
奢靡錦衣駿馬遨遊都市一曰土人耕種為業飯餌茹
草家多貧乏不飲酒者往往多壽一曰雜人白黒人嫁
娶所生其話言文字稍異西班牙信奉天主教不知其
非
至于朝綱國不立君在古昔已自立為國城邑壇廟宮

闕殿署靡不建造肖物形而作宇有律法地有發城為
千餘年之遺跡時代名字悉湮沒而不可考明時西班
牙人據之遷移國人至此入山鑿礦流布雜居生齒日
繁歲得番銀十餘万以此致富乾隆時米人叛英墨亦
效尤不服西班牙相拒九載為西班牙克復甫一戰又
敗立部人為王道光三年廢之各部擇官司理与米理
堅衆部爭戰屢致撓敗故其屬土歸于米利堅而民因
荒亂遺棄不能自振
通國分二十一部首曰墨西哥都城同名屋宇峻麗殿堂
壯觀街衢方廣平直學塾醫院設立咸備山川清秀花菓

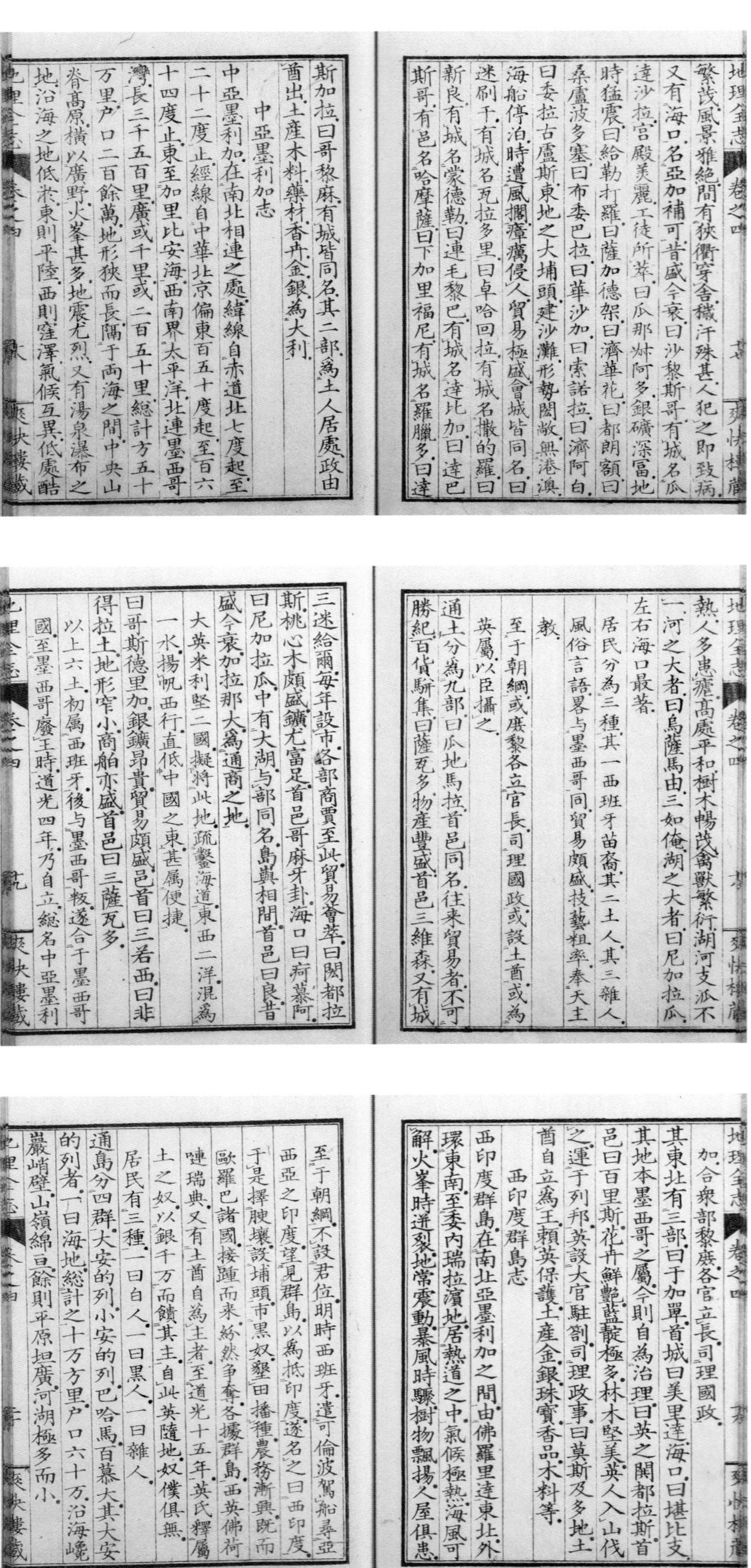
繁茂風景雅絕間有狹衢穿會織汗殊甚人犯之即致病
又有海口名亞加補可昔盛今衰曰沙黎斯哥有城名瓜
達沙拉宮殿美麗工徒所萃曰瓜那娕阿多銀礦深富地
時猛震曰給勒打羅曰薩加德架曰濟華花曰都朗額曰
桑盧波多塞曰布委巴拉曰華沙加曰索諾拉曰濟阿白
曰委拉古盧斯東地之大埔頭建沙灘形勢閎敞無港澳
海船停泊時遭風擱礁厲侵人貿易極盛會城皆同名曰
迷刷干有城名瓦拉多里曰卓哈回拉有城名撒的羅曰
新良有城名蒙德勒曰連毛黎巴有城名達比加曰達巴
斯哥有邑名哈靡薩曰下加里福尼有城名羅朧多曰達

斯加拉曰哥黎麻有城皆同名其二部為土人居處政由
酋出土產木料藥材香卉金銀為大利

中亞墨利加志

中亞墨利加在南北相連之處緯線自赤道北七度起至
二十二度止經線自中華北京偏東百五十度起至百六
十四度止東至加里比安海西南界太平洋北連墨西哥
灣長三千五百里廣或千里或二百五十里總計方五十
万里戶口二百餘萬地形狹而長隔于兩海之間中央山
脊高原橫以曠野火峯甚多地震尤烈又有湯泉瀑布之
地沿海之地低衍東則平陸西則窪澤氣候互異低處酷

熱人多患病高處平和樹木暢茂禽獸繁衍湖河支派不
一河之大者曰烏薩馬由三如俺湖之大者曰尼加拉瓜
左右海口最著

居民分為三種其一西班牙苗裔其二土人其三雜人
風俗言語畧与墨西哥同貿易頗盛技藝粗率奉天主
教

至于朝綱或庶黎各立官長司理國政或設土酋或為
英屬以臣攝之

通土分為九部曰瓜地馬拉首邑同名往來貿易者不可
勝紀百貨駢集曰薩瓦多物產豐盛首邑三維森又有城

三迷給爾每年設市各部商賈至此貿易薈萃曰閎都拉
斯桃心木頗盛鑛尤富足首邑哥麻牙卦海口曰痾慕阿
曰尼加拉瓜中有大湖与部同名島嶼相間首邑曰良昔
盛今衰加拉那大為通商之地
大英米利堅二國擬將此地疏鑿海道東西二洋混為
一水揚帆西行直低中國之東甚屬便捷
曰哥斯德里加銀鑛昂貴貿易頗盛邑首曰三若西曰非
得拉土地形窄小商船亦盛首邑曰三薩瓦多
以上六土初屬西班牙後与墨西哥叛遂合于墨西哥
國至墨西哥廢王時道光四年乃自立總名中亞墨利

加合衆部黎庶各官立長司理國政
其東北有三部曰于加單首城曰美里達海口曰堪比支
其地本墨西哥之屬今則自為治理曰英之閎都拉斯首
邑曰百里斯花卉鮮艷藍靛極多林木堅美英人入山伐
之運于列邦英設大官駐劄司理政事曰莫斯及多地土
酋自立為王賴英保護土產金銀珠寶香品木料等

西印度群島志

西印度群島在南北亞墨利加之間由佛羅里達東北外
環東南至委內瑞拉濱地居熱道之中氣候極熱海風可
解火峯時迸裂地常震動暴風時驟樹物飄揚人屋俱患

至于朝綱不設君位明時西班牙遣可倫波駕船尋亞
西亞之印度望見群島以為抵印度遂名之曰西印度
于是擇腴壤設埔頭市黑奴墾田播種農務漸興既而
歐羅巴諸國接踵而来紛然爭奪各據群島西英佛荷
嗹瑞典又有土酋自為主者至道光十五年英氏釋屬
土之奴以銀千万而贖其主自此英隨地奴僕俱無
居民有三種一曰白人一曰黑人一曰雜人
通島分四群大安的列小安的列巴哈馬百慕大其大安
的列者一曰海地總計之十万方里戶口六十万沿海嶢
巖峭壁山嶺綿亘餘則平原坦廣河湖極多而小

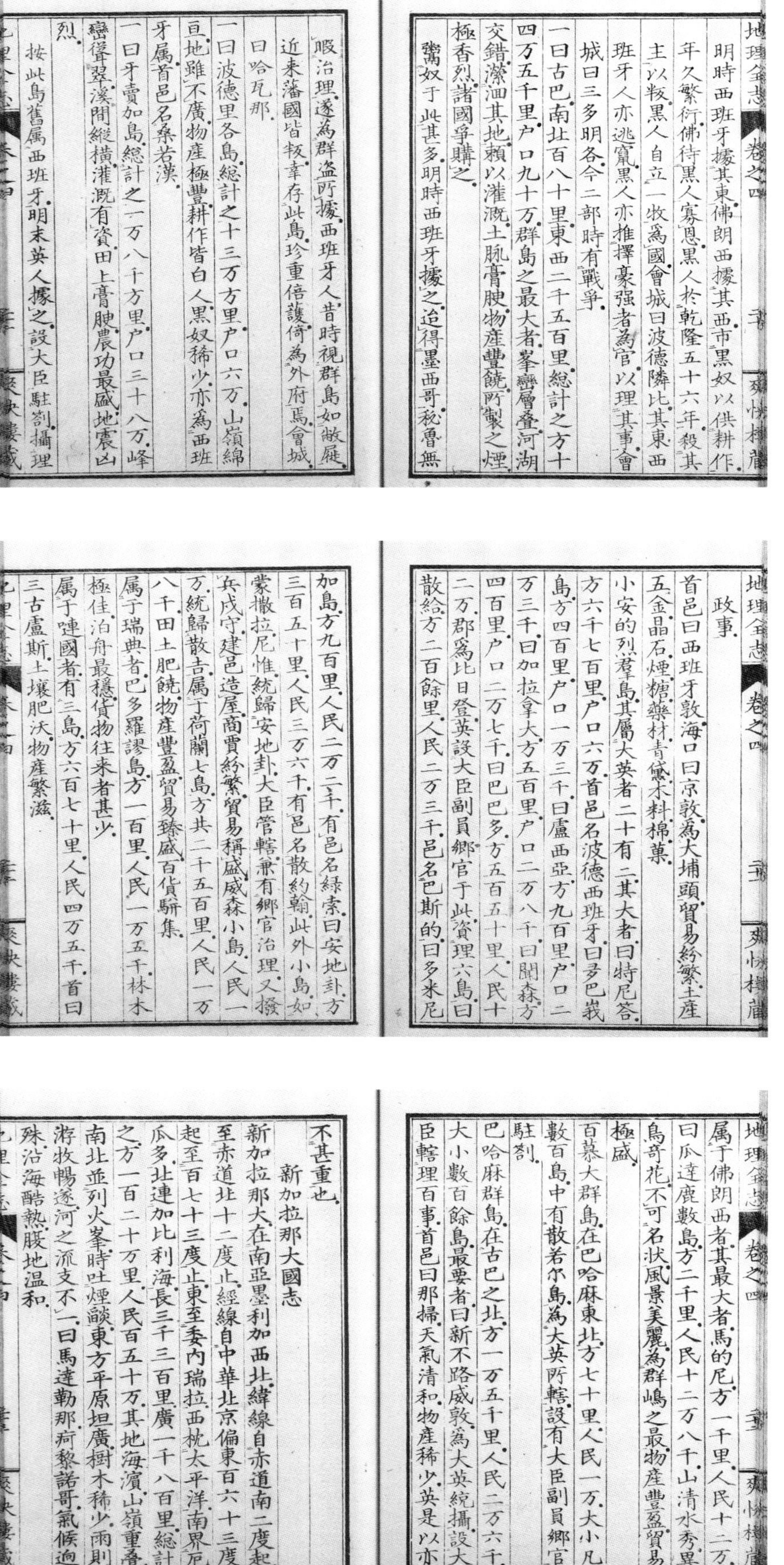
明時西班牙據其東佛朗西據其西市黑奴以供耕作年久繁衍佛待黑人寡恩黑人於乾隆五十六年殺其主以叛黑人自立一牧爲國會城曰波德隣比其東西班牙人亦逃竄黑人亦推擇豪强者爲官以理其事會城曰三多明各今二部時有戰爭
一曰古巴南北百八十里東西二千五百里總計之方十四万五千里户口九十万群島之最大者峯巒層叠河湖交錯瀠洄其地頼以灌溉土脈膏腴物産豐饒所製之煙極香烈諸國爭購之
鬻奴于此甚多明時西班牙據之迨得墨西哥秘魯無

暇治理遂爲群盗所據西班牙人昔時視群島如敝屣近來藩國皆叛辜存此島珍重倍護倚爲外府焉會城曰哈瓦那
一曰波德里各島總計之十三万方里户口六万山嶺綿亘地雖不廣物産極豐耕作皆白人黑奴稀少亦爲西班牙屬首邑名桑若漢
一曰牙賣加島總計之一万八千方里户口三十八万峰巒聳翠溪間縱横灌溉有資田土膏腴農功最盛地震亦烈
按此島舊屬西班牙明末英人據之設大臣駐劄攝理

政事
首邑曰西班牙敦海口曰京敦爲大埔頭貿易紛繁土産五金晶石煙糖藥材青黛木料棉菓
小安的列群島其屬大英者二十有二其大者曰特尼答方六千七百里户口六万首邑名波德西班牙曰爹巴峩島方四百里户口一万三千曰盧西亞方九百里户口二万三千曰加拉拿大方五百里户口二万八千曰關森方四百里户口二万七千曰巴巴多方五百五十里人民十二万郡爲比日登英設大臣副員郷官于此資理六島曰散絵方二百餘里人民二万三千邑名巴斯的曰多米尼

加島方九百里人民二万二千有邑名緑索曰安地卦方三百五十里人民三万六千有邑名散約翰此外小島如蒙撒拉尼惟統歸安地卦大臣管轄兼有郷官治理又撥兵戍守建邑造屋商賈紛繁貿易稱盛威森小島人民一万統歸散吉屬于荷蘭七島方共二千五百里人民一万八千田土肥饒物産豐盈貿易臻盛百貨駢集
屬于瑞典者巳多羅謬島方一百里人民一万五千林木極佳泊舟最穩貨物往来者甚少
屬于嗹國者有三島方六百七十里人民四万五千首曰三古盧斯土壤肥沃物産繁滋

屬于佛朗西者其最大者馬的尼方一千里人民十二万曰瓜達鹿數島方二千里人民十二万八千山清水秀異鳥奇花不可名狀風景美麗爲群嶋之最物産豐盈貿易極盛
百慕大群島在巴哈麻東北方七十里人民一万大小凡數百島中有散若尔島爲大英所轄設有大臣副員郷官駐劄
巴哈麻群島在古巴之北方一万五千里人民二万六千大小數百餘島最要者曰新不路威敦爲大英統攝設大臣轄理百事首邑曰那掃天氣清和物産稀少英是以亦

不甚重也
新加拉那大國志
新加拉那大在南亞墨利加西北緯線自赤道南二度起至赤道北十二度止經線自中華北京偏東百六十三度起至百七十三度止東至委内瑞拉西枕太平洋南界厄瓜多北連加比利海長三千三百里廣一千八百里總計之方一百二十万里人民百五十万其地海濱山嶺重叠南北並列火峯時吐煙燄東方平原坦廣樹木稀少雨則游牧暢遂河之派支不一曰馬達勒那苛黎諾哥氣候迥殊沿海酷熱腹地温和

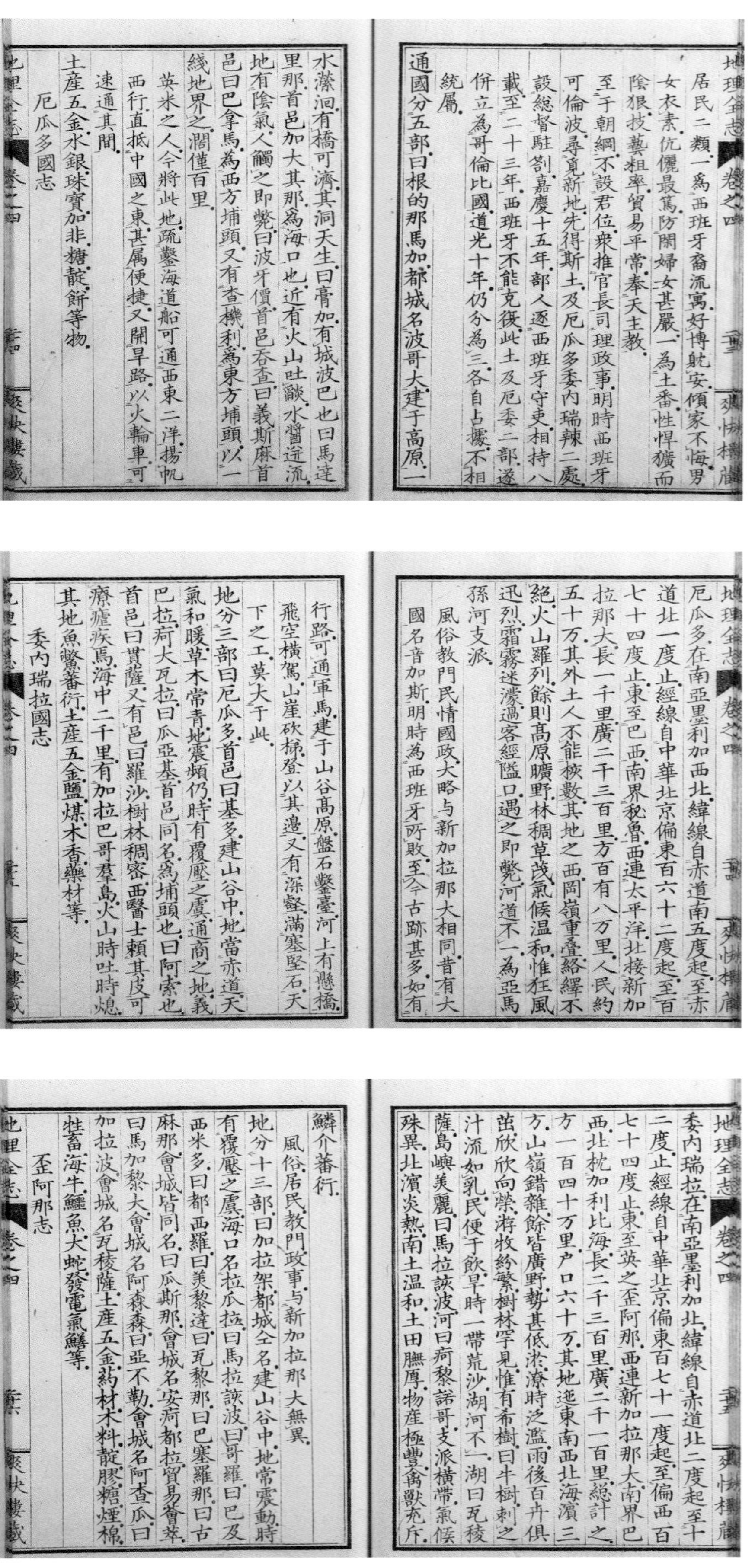

地理全志 卷之四

居民二類、一爲西班牙裔流寓、好博尣安、傾家不悔、男女衣素、伉儷最篤、防閑婦女甚嚴、一爲土番、性悍獷而陰狠、技藝粗率、貿易平常、奉天主教。

至于朝綱、不設君位、衆推官長、司理政事、明時西班牙可倫波尋覓新地、先得斯土、及厄瓜多委内瑞辣二處、設總督駐劄、嘉慶十五年、部人逐西班牙守吏、相持八載、至二十三年、西班牙不能克復、此土及厄委二部、遂併立爲哥倫比國、道光十年、仍分爲三、各自占據、不相統屬。

通國分五部、曰根的那馬加、都城名波哥大、建于高原、一水漈洄、有橋可濟、其洞天生、曰膏加、有城波巴也、曰馬達里那、首邑加大其那、爲海口也、近有火山吐燄、水嘗逆流、地有陰氣、人觸之即斃、曰波牙、價首邑吞查、曰義斯麻、首邑曰巴拿馬、爲西方埔頭、又有查樸利、爲東方埔頭、以一綫地界之、濶僅百里。

英米之人、今將此地疏鑿海道、船可通西東二洋、揚帆西行、直抵中國之東、甚属便捷、又開旱路、以火輪車可速通其間。

土産五金水銀珠寶加非糖靛餅等物。

厄瓜多國志

厄瓜多在南亞墨利加西北、緯線自赤道南五度起、至赤道北一度止、經線自中華北京偏東百六十二度起、至百七十四度止、東至巴西、南界秘魯、西連太平洋、北接新加拉那、大長一千里、廣二千三百里、方百有八万里、人民約五十万、其外土人不能校數、其地之西、岡嶺重疊、絡繹不絶、火山羅列、餘則高原曠野、林稠草茂、氣候温和、惟狂風迅烈、霜霧迷濛、過客經隘口、遇之即斃、河道不一、爲亞馬孫河支派。

風俗教門民情國政、大略与新加拉那大相同、昔有大國名音加斯、明時爲西班牙所敗、至今古跡甚多、如有行路可通軍馬、建于山谷高原、盤石鑿臺、河上有懸橋、飛空横駕、山崖砍梯登、以其邊又有深壑滿塞堅石、天下之工、莫大于此。

地分三部、曰厄瓜多、首邑曰基多、建山谷中、地當赤道、天氣和暖、草木常青、地震頻仍、時有覆壓之虞、通商之地、義巴拉荷、大瓦拉、曰瓜亞基、首邑同名、爲埔頭也、曰阿索也、首邑曰貫薩、又有邑曰羅沙、樹林稠密、西醫士賴其皮可療瘧疾、馬海中二千里、有加拉巴哥羣島、火山時吐時熄、其地魚鼈蕃衍、土産五金鹽煤木香藥材等。

委内瑞拉國志

委内瑞拉在南亞墨利加北、緯線自赤道北二度起、至十二度止、經線自中華北京偏東百七十一度起、至偏西百七十四度止、東至英之歪阿那、西連新加拉那、大南界巴西、北枕加利比海、長二千三百里、廣二千一百里、總計之、方一百四十万里、戸口六十万、其地迤東南西北、海濱三方、山嶺錯雜、餘皆廣野、勢甚低淤、潦時泛濫、雨後百卉俱茁、欣欣向榮、游牧紛繁、樹林罕見、惟有希樹、曰牛樹、刺之汁流如乳、民便于飲、旱時一帶荒沙、湖河不一、湖曰瓦稜薩、島嶼美麗、曰馬拉該波、河曰菏黎諾哥、支派横帶、氣候殊異、北濱炎熱、南土温和、土田膴厚、物産極豐、禽獸充斥、鱗介蕃衍。

風俗居民教門政事与新加拉那大無異。

地分十三部、曰加拉架、都城仝名、建山谷中、地常震動、時有覆壓之虞、海口名拉瓜拉、曰馬拉該波、曰哥羅、曰巴及西米多、曰都西羅、曰美黎達、曰瓦黎那、曰巴塞羅那、曰古麻那、會城皆同名、曰瓜斯那、會城名安荷都拉、貿易會萃、曰馬加黎、大會城名阿森森、曰亞不勒、會城名阿查瓜、曰加拉波、會城名瓦稜薩、土産五金葯材木料靛膠糖煙棉牲畜海牛鱷魚大蛇發電氣鱔等。

歪阿那志

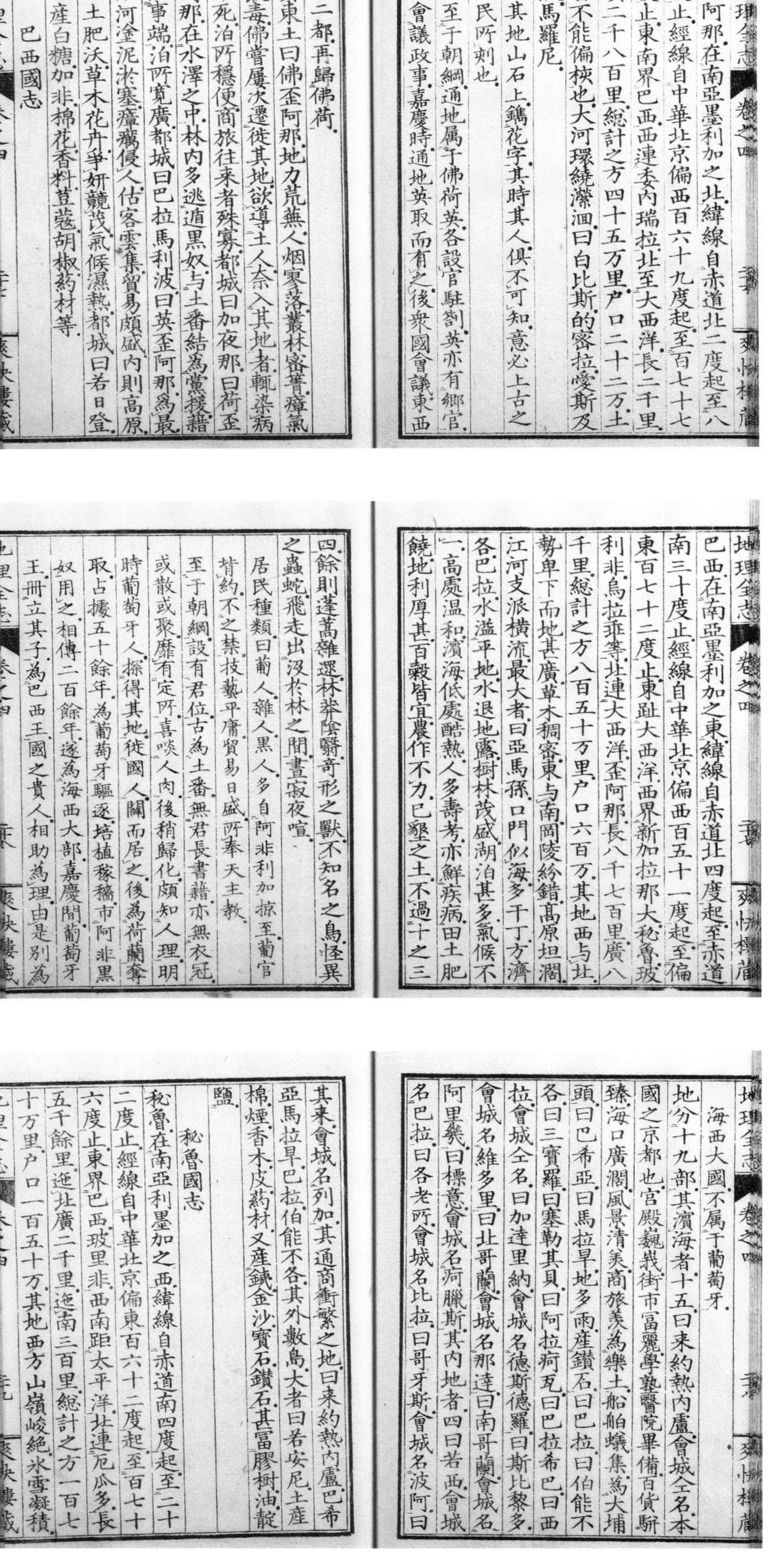

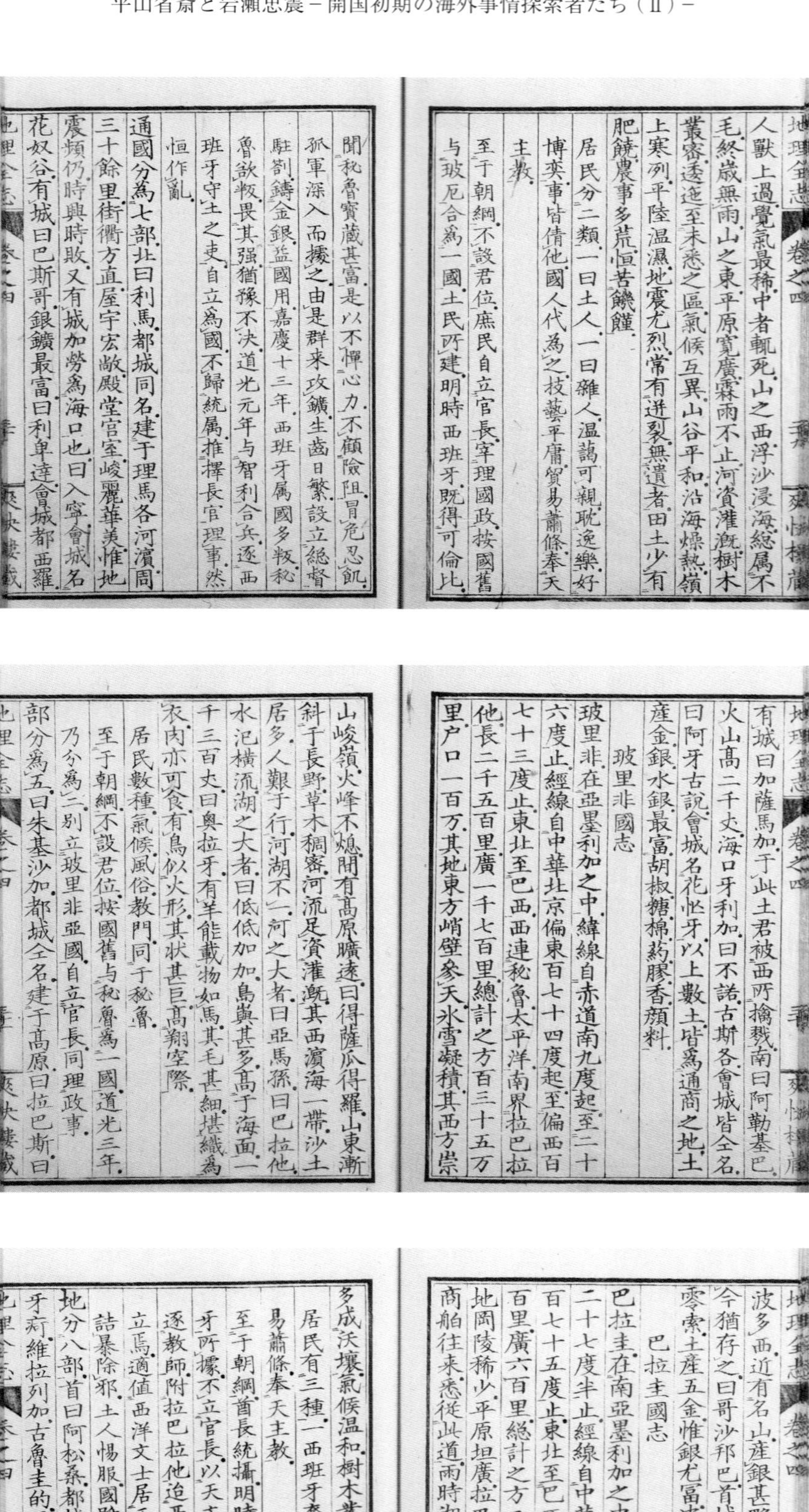

盛今衰土產穀菓靛煙棉蜜蠟茶

烏拉乖國志

烏拉乖在南亞墨利加東緯線自赤道南三十度起至三十五度止經線自中華北京偏西百六十九度起至百七十四度止東南至大西洋西界拉巴拉他北接巴西長廣均一千一百里總計之方二十五万里戶口十二万其地南方山阜絡繹北方平原坦廣河道縱橫田土肥沃氣候和平

居民多愚不知學文技藝平庸貿易蕭條專事游牧奉天主教

至于朝綱庶民自立官長司理政事按國舊爲拉巴拉他地後爲巴西所奪立爲一部道光七年部人叛巴西自立爲國擇官司理近爲把巴拉他時来攻伐幸大英佛朗西兵船保護又有嗹國之兵克敵平定

地分九部曰蒙德維的乃京都也又曰馬多那多曰加内羅曰桑若塞曰哥羅尼曰索尼亞奴曰皇都曰都拉各奴土產豐饒禽獸鱗介充斥

拉巴拉他國志

拉巴拉他在南亞墨利加之南緯線自赤道南二十二度起至四十一度止經線自中華北京偏東百七十四度起至偏西百六十九度止東界巴拉圭烏拉乖大西洋西至智利南接巴他我尼北連玻里非長四千五百里廣約一千七百里總計之方三百万里戶口稀少大約百万其地西北山嶺重疊絡繹參差其餘寥濶平坦雨澤既降花卉鮮艷游牧甚多亢陽之際荊棘叢生草莽蕪雜沙磧無垠冬則水勢汪洋夏則白鹽遍地河之大者曰巴拉他支派尼鄂哥羅拉多依時河水泛濫淤湖甚廣其後常旱均爲大害氣候不一温和居多平原濕熱嶺上嚴寒氷雹淋漓狂風驟至黑瘴黃霾

居民二種一土人一西班牙苗裔不重農務好歌舞博奕騎射善捕牲畜以万億計售皮角爲生其地亦出茶葉飲之者醉而不醒技藝平庸貿易殊盛通商甚廣奉天主教

至于朝綱不設君位衆推長官司理國政按國舊爲野番部落明時西班牙據之設總督駐劄嘉慶十三年西班牙藩屬多不受節制此地亦遂守土吏自立爲國倣米利堅之制兼攝合衆然法度不立規模草創總領擅權黎民勞苦与米利堅大異焉近有一軍擅權立兵四方相戰使民作亂國人借兵於鄰國敵敗逃于英國

地分十四部首曰不宜塞利會城同名建于河濱城池堅固街衢濶直衙署華煥宮室峻麗天主堂義塾演武廳以及各館無不備具爲天下至方至直之區河面廣九十里通海口爲西洋大埔頭曰音德里約首城巴沙大曰哥連德曰三非曰哥多瓦曰三的牙哥曰都古曼曰薩達曰加達馬架曰里約倭曰桑若安曰桑盧義曰門多薩首城皆同名曰味西桑首城名哥路斯土產穀果金石角皮鱗介馬牛羊不可勝數

智利國志

智利在南亞墨利加西南緯線自赤道南二十五度起至四十二度止經線自中華北京偏東百七十二度起至百七十四度止東隣拉巴拉他西南距太平洋北至玻里非亞長三千五百里廣四百里總計之方五十七万里戶口百五十万其地東方高嶺參天氷雪凝積雪消若河支派分流餘時惟三四河終歲長流火峯不一地震頻仍視爲常事震時鳴鑼俾衆遷居後則仍歸故土内地平原廣濶邱陵稀踈氣候温和北方雨澤稀少樹木蕭踈南方卑濕樹林茂盛土田膏腴穀果皆備

居民二種一西班牙裔在北与中土人居其南游牧爲最攻鑛務農好接旅客其女專事作樂彈琴容儀風雅技藝粗率貿易極盛通商甚廣奉天主教

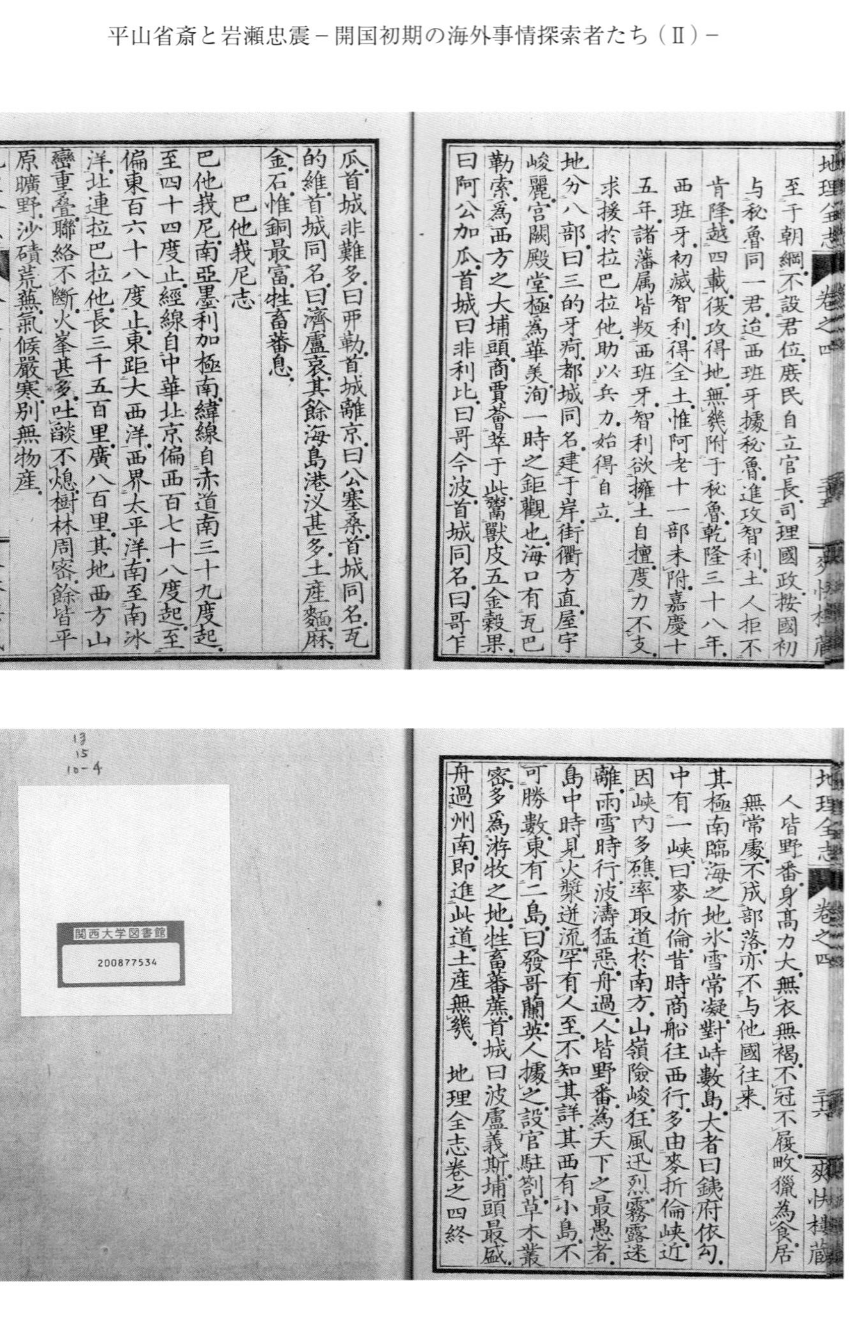

地理全志　卷之四

至于朝綱不設君位庶民自立官長司理國政按國初
与秘魯同一君迨西班牙據秘魯進攻智利土人拒不
肯降越四載復攻得地無幾附于秘魯乾隆三十八年
西班牙初滅智利得全土惟阿老十一部未附嘉慶十
五年諸藩屬皆叛西班牙智利欲擁土自擅度力不支
求援於拉巴拉他助以兵力始得自立
地分八部曰三的牙痾都城同名建于岸街衢方直屋宇
峻麗宮闕殿堂極爲華美洵一時之鉅觀也海口有瓦巴
勒索爲西方之大埔頭商賈薈萃于此鸞獸皮五金穀果
曰阿公加瓜首城曰非利比曰哥令波首城同名曰哥乍
瓜首城非難多曰丏勒首城離京曰公塞桑首城同名瓦
的維首城同名曰濟盧哀其餘海島港汊甚多土産麵麻
金石惟銅最富牲畜蕃息

巴他我尼志

巴他我尼南亞墨利加極南緯線自赤道南三十九度起
至四十四度止經線自中華北京偏西百七十八度起至
偏東百六十八度止東距大西洋西界太平洋南至南冰
洋北連拉巴拉他長三千五百里廣八百里其地西方山
巒重疊聯絡不斷火峯甚多吐燄不熄樹林周密餘皆平
原曠野沙磧荒蕪氣候嚴寒別無物産

地理全志　卷之四

人皆野番身高力大無衣無褐不冠不履畋獵爲食居
無常處不成部落亦不与他國往來
其極南臨海之地氷雪常凝對峙數島大者曰鉄府依勾
中有一峽曰麥折倫昔時商船往西行多由麥折倫峽近
因峽内多礁率取道於南方山嶺險峻狂風迅烈霧露迷
離雨雪時行波濤猛悪舟過人皆野番爲天下之最愚者
島中時見火燄迸流罕有人至不知其詳其西有小島不
可勝數東有二島曰發哥蘭英人據之設官駐劄草木叢
密多爲游牧之地牲畜蕃庶首城曰波盧義斯埔頭最盛
舟過州南即進此道土産無幾

地理全志卷之四終

地理全志
上篇
大洋群島志
五

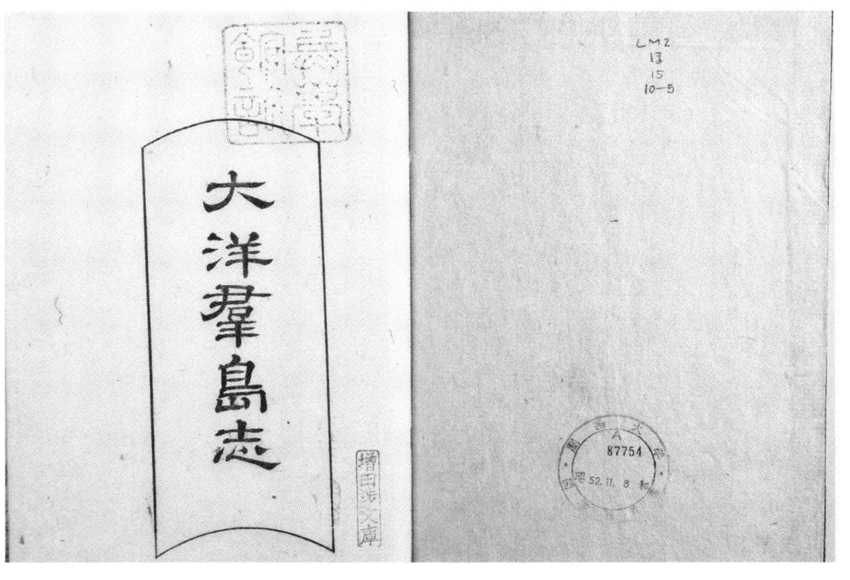
大洋羣島志

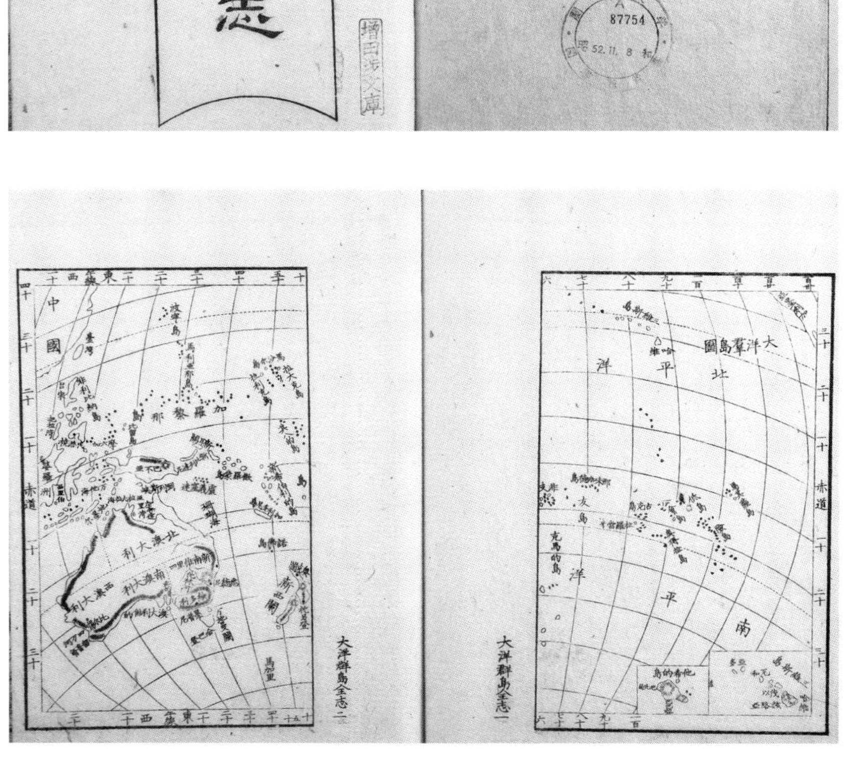
大洋群島全志一
大洋群島全志二
大洋羣島圖
北
平
洋
南
平
洋
中國
赤道

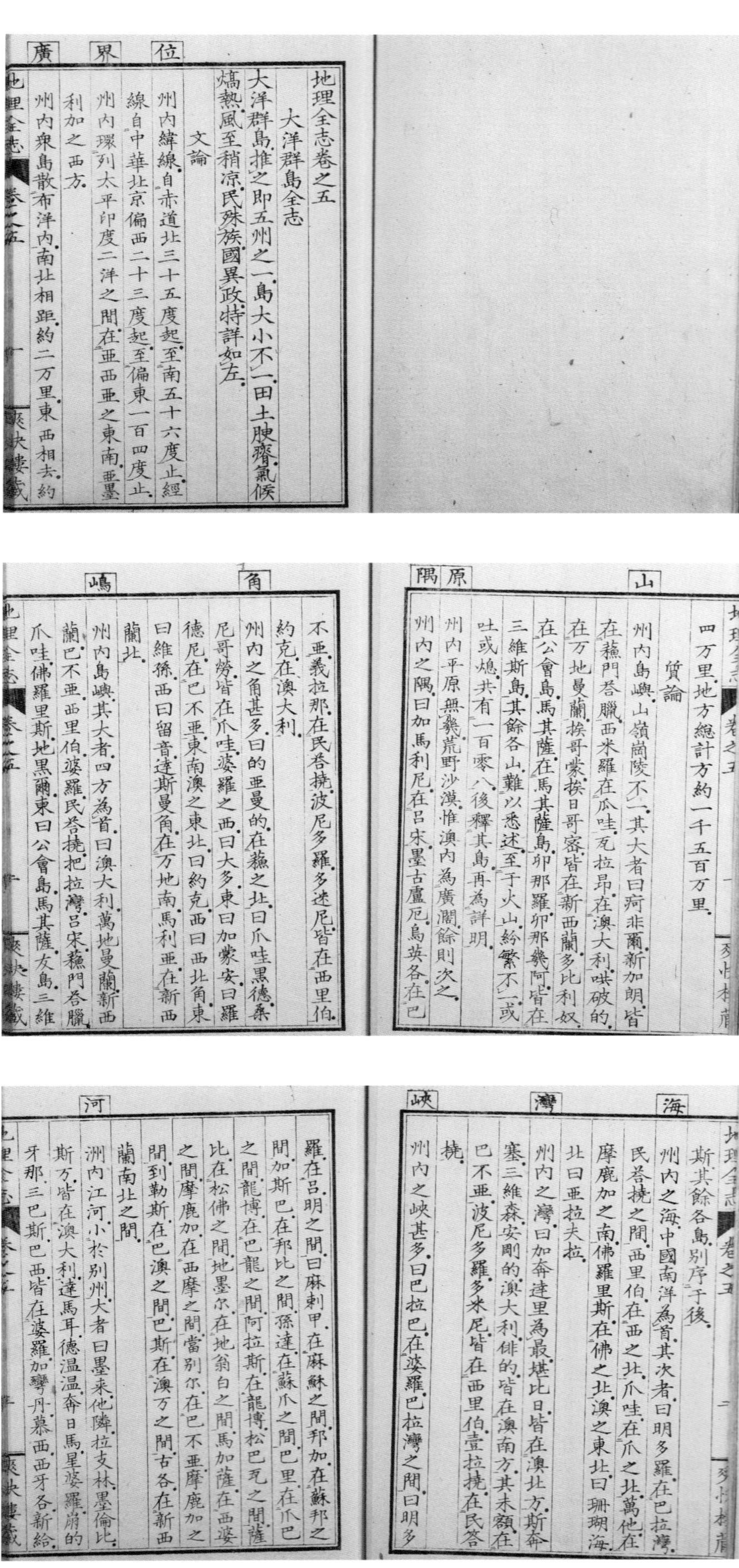

地理全志卷之五

大洋群島全志

大洋群島推之即五州之一。島大小不一。田土腴瘠。氣候熇熱。風至稍涼。民殊族。國異政。特詳如左。

文論

位　州内緯線。自赤道北三十五度起。至南五十六度止。經線自中華北京偏西二十三度起。至偏東一百四度止。

界　州内環列太平印度二洋之間。在亜西亜之東南。亜墨利加之西方。

廣　州内衆島散布洋内。南北相距約二万里。東西相去約四万里。地方總計方約一千五百万里。

質論

山　州内島嶼山嶺岡陵不一。其大者曰珂非爾。新加朗。皆在蘇門答臘。西米羅在爪哇。瓦拉昂在澳大利。咄破的在万地曼蘭。挨哥蒙挨日哥窯皆在新西蘭。多比利奴在公會島。馬其薩在馬其薩島。卯那羅卯那幾阿皆在三維斯島。其餘各山。難以悉述。至于火山。紛繁不一。或吐或熄。共有一百零八。後釋其島。再為詳明。

原　州内平原無幾。荒野沙漠。惟澳内為廣闊。餘則次之。

隅　州内之隅。曰加馬利尼。在呂宋。墨古盧尼島英各在巴不亜義拉那。在民答挠。波尼多羅。多迷尼。皆在西里伯。約克。在澳大利。

角　州内之角甚多。曰的亜曼的。在蘇之北。曰爪哇。黒德桑尼哥勞。皆在爪哇。婆羅之西。曰大多。東曰加蒙安。曰羅德尼。在巴不亜東南。澳之東北。曰約克。西曰西北角。東曰維孫。西曰留音達斯曼角。在万地南。馬利亜在新西蘭北。

嶋　州内島嶼。其大者。四方為首。曰澳大利。萬地曼蘭。新西蘭。巴不亜。西里伯。婆羅。民答挠。把拉灣。呂宋。蘇門答臘。爪哇。佛羅里斯。地黒爾。東曰公會島。馬其薩。友島。三維斯。其餘各島。別序于後。

海　州内之海。中國南洋為首。其次者曰明多羅。在巴拉灣。民答挠之間。西里伯。在西之北。爪哇。在爪之北。萬他在摩鹿加之南。佛羅里斯。在佛之北。澳之東北曰珊瑚海。北曰亜拉夫拉。

灣　州内之灣。曰加奔達里。為最堪比。日皆在澳北方。斯奔塞。三維森。安剛的。澳大利。徘的。皆在澳南方。其未額在巴不亜。波尼多羅。多米尼。皆在西里伯。壹拉挠。在民答挠。

峽　州内之峽甚多。曰拉巴。在婆羅巴拉灣之間。曰明多羅。在呂明之間。曰麻剌甲。在麻蘇之間。邦加。在蘇邦之間。加斯巴。在邦比之間。孫達。在蘇爪之間。巴里。在爪巴之間。龍博。在巴龍之間。阿拉斯。在龍博。松巴。瓦之間。薩比。在松佛之間。地墨尓。在地翁白之間。馬加薩。在西婆之間。摩鹿加。在西摩之間。當別尓。在巴不亜。摩鹿加之間。到勒斯。在巴澳之間。巴斯。在澳万之間。古各。在新西蘭南北之間。

河　洲内江河。小於別洲。大者曰墨来。他隣。拉支林。墨倫比。斯万。皆在澳大利。達馬耳。德温。温奔日。馬星。婆羅。崩的。牙那。三巴。斯巴。西皆在婆羅。加彎。丹慕西。西牙各新給

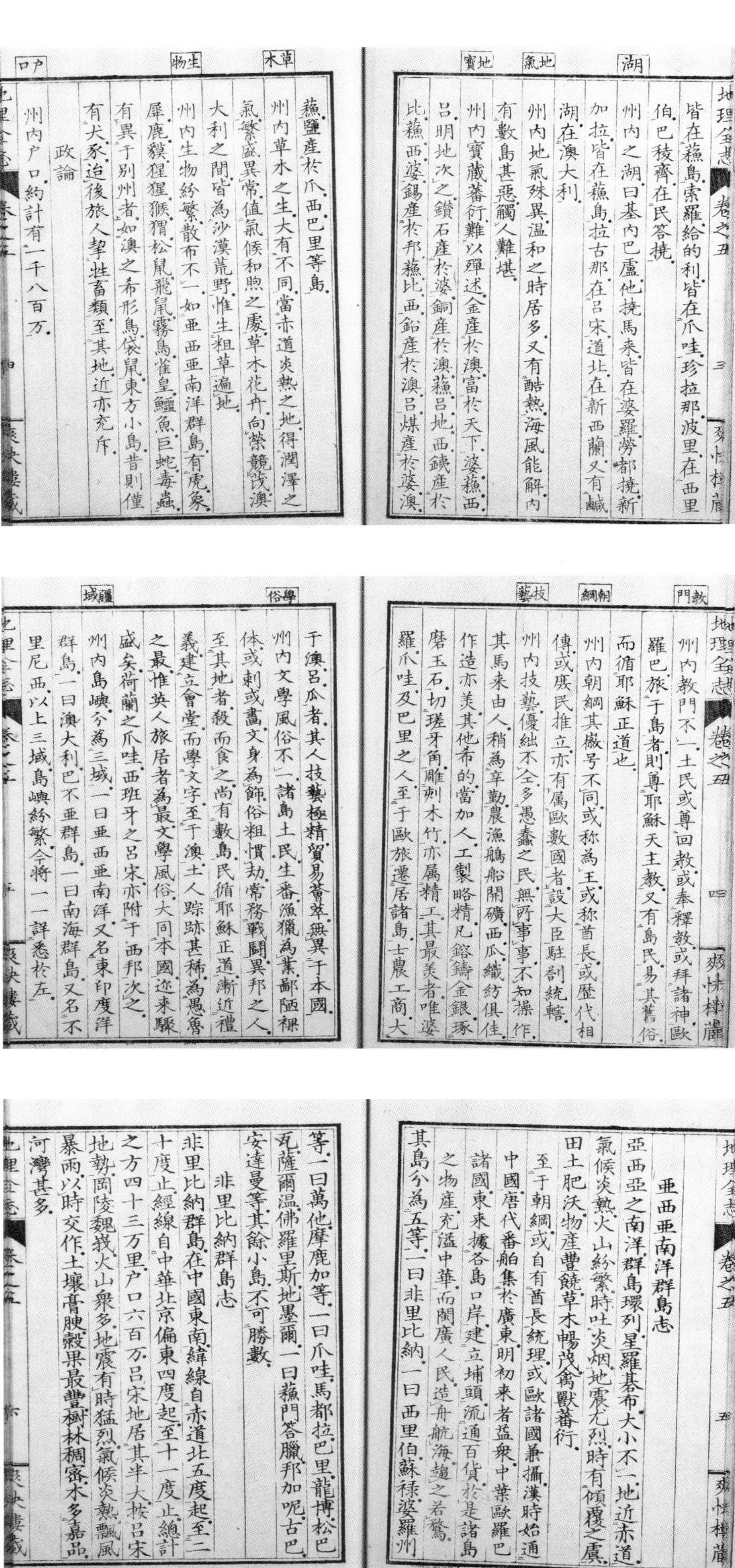
皆在蘸島索羅給的利皆在爪哇珍拉那波里在西里伯巴稜齊在民答撓
州内之湖曰基内巴盧他撓馬来皆在婆羅勞都撓新加拉皆在蘸島拉古那在呂宋道北在新西蘭又有鹹湖在澳大利
州内地氣殊異温和之時居多又有酷熱海風能解内有數島甚惡觸人難堪
州内寳藏蕃衍難以殫述金産於澳富於天下婆蘸西呂明地次之鑽石産於婆銅産於澳蘸呂地西鐵産於比蘸西婆錫産於邦蘸比西鉛産於澳呂煤産於婆澳
蘸鹽産於爪西巴里等島
州内草木之生大有不同當赤道炎熱之地得潤澤之氣繁盛異常値氣候和煦之處草木花卉向榮競茂澳大利之間皆爲沙漠荒野惟生粗草遍地
州内生物紛繁散布不一如亜西亜南洋群島有虎象犀鹿貘猩猩猴猬松鼠飛鼠霧鳥雀皇鱷魚巨蛇毒蟲有異于別州者如澳之希形鳥袋鼠東方小島昔則僅有犬豕迨後旅人挈牲畜類至其地近亦充斥
政論
州内户口約計有一千八百万

州内教門不一土民或尊回教或奉釋教或拜諸神歐羅巴旅于島者則尊耶穌天主教又有島民易其舊俗而循耶穌正道也
州内朝綱其微号不同或称爲王或称酋長或歷代相傳或庶民推立亦有屬歐數國者設大臣駐劄統轄
州内技藝優絀不仝多愚蠢之民無所事事不知操作其馬来由人稍爲辛勤農漁鵃船開礦西瓜織紡俱佳作造亦美其他希的當加人工製略精凡鎔鑄金銀琢磨玉石切瑳牙角雕刺木竹亦属精工其最美者唯婆羅爪哇及巴里之人至于歐旅遷居諸島士農工商大于澳呂瓜者其人技藝極精貿易薈萃無異于本國
州内文學風俗不一諸島土民生番漁獵爲業鄙陋裸体或刺或畫文身爲飾俗粗慣劫常務戰鬪異邦之人至其地者殺而食之尚有數島民循耶穌正道漸近禮義建立會堂而學文字至于澳土人踪跡甚稀爲愚魯之最惟英人旅居者爲最文學風俗大同本國迩来驟盛矣荷蘭之爪哇西班牙之呂宋亦附于西邦次之
州内島嶼分爲三域一曰亜西亜南洋又名東印度洋群島一曰澳大利巴不亜群島一曰南海群島又名不里尼西以上三域島嶼紛繁今将一一詳悉於左

亜西亜南洋群島志
亞西亞之南洋群島環列星羅碁布大小不一地近赤道氣候炎熱火山紛繁時吐炎烟地震尤烈時有傾覆之虞田土肥沃物産豐饒草木暢茂禽獸蕃衍
至于朝綱或自有酋長統理或歐諸國兼攝漢時始通中國唐代番舶集於廣東明初来者益衆中葉歐羅巴諸國東来據各島口岸建立埔頭流通百貨於是諸島之物産充溢中華而閩廣人民造舟航海趨之若鶩其島分爲五等一曰非里比納一曰西里伯蘇禄婆羅州等一曰萬他摩鹿加等一曰爪哇馬都拉巴里龍博松巴瓦薩爾温佛羅里斯地墨爾一曰蘸門答臘邦加呢古巴安達曼等其餘小島不可勝數
非里比納群島志
非里比納群島在中國東南緯線自赤道北五度起至二十度止經線自中華北京偏東四度起至十一度止總計之方四十三万里户口六百万呂宋地居其半大按呂宋地勢岡陵魏峩火山衆多地震有時猛烈氣候炎熱飄風暴雨以時交作土壤膏腴穀果最豐樹林稠密木多嘉品河灣甚多

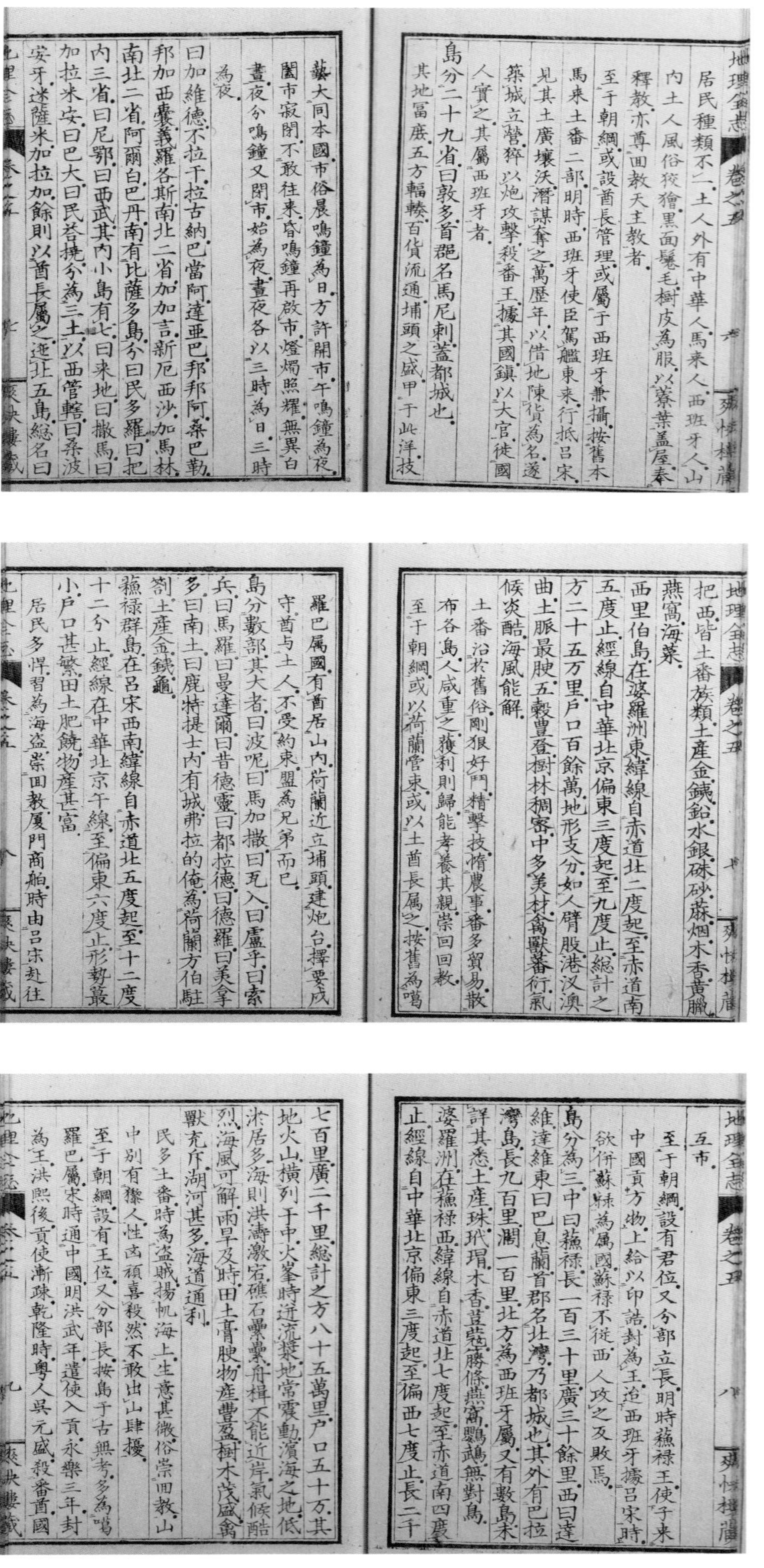

地理全志 卷之五

居民種類不一，土人外有中華人、馬來人、西班牙人。山內土人風俗狡獪，黑面鬈毛，樹皮為服，以蔡葉蓋屋。奉釋教，亦尊回教、天主教者。

至于朝綱，或設酋長管理，或屬于西班牙兼攝。按舊本馬來土番二部，明時西班牙使臣駕艦東來，行抵呂宋，見其土廣壤沃，潛謀奪之。萬歷年，以借地陳貨為名，遂築城立營，猝以炮攻擊，殺番王，據其國，鎮以大官，徙國人實之，其屬西班牙者。

島分二十九省，曰敦多首，記名馬尼剌，蓋都城也。其地富庶，五方輻輳，百貨流通，埔頭之盛，甲于此洋。技藝大同本國。市俗晨鳴鐘為日，方許開市；午鳴鐘為夜，闔市寂閉，不敢往來；昏鳴鐘再啟市，燈燭照耀無異白晝；夜分鳴鐘又閉市，始為夜。晝夜各以三時為日、三時為夜。

曰加維德、不拉干、拉古納、巴當阿、達亞巴、邦邦阿、桑巴勒、邦加西蘭、義羅各斯，南北二省，加加言，新厄西沙，加馬林南北二省，阿爾白、巴丹，南有比薩多島，分曰民多羅，曰把內三省，曰尼鄂、曰西武。其內小島有七，曰來地、曰撒馬、曰加拉米安、曰巴大、曰民答挽，分為三土，以西管轄，曰桑波安牙、迷薩米、加拉加，餘則以酋長屬之。迤北五島，總名曰把西，皆土番族類。土產金、鐵、鉛、水銀、硃砂、蘇木、香、黃臘、燕窩、海菜。

西里伯島在婆羅洲東，緯線自赤道北二度起，至赤道南五度止；經線自中華北京偏東三度起，至九度止。總計之，方二十五万里，戶口百餘萬。地形支分，如人臂股，港汊澳曲，土脈最腴，五穀豐登，樹林稠密，中多美材，禽獸蕃衍。氣候炎酷，海風能解。

土番沿於舊俗，剛狠好鬥，精擊技，惰農事，番多貿易，散布各島，人咸重之，獲利則歸，能者養其親。崇回回教。

至于朝綱，或以荷蘭管束，或以土酋長屬之。按舊為嗎羅巴屬國，有酋居山內，荷蘭近立埔頭，建炮台，擇要戍守，酋与土人不受約束，盟為兄弟而已。

島分數部，其大者曰波呢、曰馬加撒、曰瓦入、曰盧乎、曰索兵、曰馬羅、曰曼達爾、曰昔德靈、曰都拉德、曰德羅、曰美拿多、曰南土、曰鹿特提士。內有城弗拉的俺，為荷蘭方伯駐劄。土產金、鐵、龜。

蘇祿群島在呂宋西南，緯線自赤道北五度起，至十二度十二分止；經線在中華北京午線至偏東六度止。形勢蕞小，戶口甚繁，田土肥饒，物產甚富。

居民多悍習，為海盜，崇回教。廈門商船時由呂宋赴往互市。

至于朝綱，設有君位，又分部立長。明時蘇祿王使子來中國貢方物，上給以印誥，封為王。迨西班牙據呂宋時，欲併蘇祿為屬國，蘇祿不從，西人攻之，反敗焉。

島分為三，中曰蘇祿，長一百三十里，廣三十餘里，西曰達維達維，東曰巴息蘭，首郡名壯灣，乃都城也。其外有巴拉灣島，長九百里，闊一百里，北方為西班牙屬，又有數島，未詳其悉。土產珠、玳瑁、木香、荳蔻、藤、條、燕窩、鸚鵡、無對鳥。

婆羅洲在蘇祿西，緯線自赤道北七度起，至赤道南四度止；經線自中華北京偏東三度起，至偏西七度止。長二千七百里，廣二千里，總計之方八十五萬里，戶口五十万。其地火山橫列于中，火峯時迸流漿，地常震動。濱海之地低洳，居多海則洪濤激宕，礁石纍纍，舟楫不能近岸。氣候酷烈，海風可解，雨旱及時，田土膏腴，物產豐盈，樹木茂盛，禽獸充斥，湖河甚多，海道通利。

民多土番，時為盜賊，揚帆海上，生意甚微，俗崇回教。山中別有豫人，性凶頑，喜殺戮，不敢出山肆擾。

至于朝綱，設有王位，又分部長。按島于古無考，多為嗎羅巴屬。宋時通中國，明洪武年遣使入貢，永樂三年封為王。洪熙後貢使漸疎，乾隆時粵人吳元盛殺番酋，國

人奉為王元盛死子幼妃嗣位至今猶存荷蘭人初到
此洲入內港欲擾之土番畏火炮避深山以毒草漬水
上流荷蘭受毒去後卒於海濱立埠頭四諸番皆聽命
焉近來粵人入山開礦比聚日多生齒益繁擇長老者
為公司理事謂之客長輒一二年一易丁口稅銀輸于
荷蘭船稅亦為荷蘭所收番酋聽荷蘭給發不敢私征
廣福二省每歲有船來貿易獲利甚厚
通島分而為四一屬荷蘭無攝乃分東西內地其東省者
曰哥麻亞曰邦不安曰怛達瓦曰大達亞哥曰小達亞哥
曰邦日爾曰達那勞其西省者曰三巴斯曰蒙巴瓦曰崩

的亞那曰蘭達曰桑古曰星邦曰馬州曰圖達瓦安此外
內地尚有數名曰達打斯曰馬尓達不拉曰加郎音當曰
都古加囊曰都古濟利曰都遜其屬大英者曰薩拉瓦拉
不安海島有大官駐劄東北一帶地方屬蘇祿王一土王
管轄者曰婆羅乃都城也昔盛今衰巴昔爾曰哥的曰蘇
祿曰比亞如土産金沙鑽石煤木料葯材惟島中外人罕
到迄今尚未詳悉
蘇門答臘島志
蘇門答臘島在無来由西南緯線自赤道北五度起至赤
道南五度止經線自中華北京偏西八度起至二十一度

止長三千里廣五百五十里總計之方五十三万里戸口
稠密未詳其數其地山嶺重疊絡繹南北迤東低窪海潮
浸漲林莽叢雜道路難通野禽凶獸毒蟲惡豸皆充斥焉
迤西平坦有大河瀠洄如帶火山十六或吐或息地震頻
仍土田膏腴穀果紛繁氣候甚熱惟風釋之
居民部落不一風俗蠻野為盜食人外人莫敢近之通
貿易殖貨財技藝精良奉釋回教
至於朝綱或設王位或立酋長又為荷蘭隸屬按明時
大英荷蘭分立埔頭後大英以此埔易麻喇甲埔頭通
國疆域遂歸于荷蘭

其自為主者北曰亞珍有回王在馬市廛居首曰西亞哥
西北曰音拉其列曰羊皮曰巴達斯向知禮儀文字猶有
夷俗者適中之地有數酋分攝其屬于荷蘭者一曰巴倫
邦一曰蘭邦一曰巴當一曰茫古魯一曰愛邦基斯東方
島嶼曰邦甲內有錫礦甚富荷蘭設官榷稅比利斯錸鑛
甚多盧巴邦入靈安兵當來荷西曰呢亞斯巴哩英加詭
那捻細比盧內有火山晝夜吐燄北曰呢哥巴乃嗹國稱
為已屬安大曼野番所居土産五金象牙白蠟沙木藤胡
椒冰片安息硫磺藥材
爪哇島志

爪哇在蘇之東南緯線自赤道南六度起至八度止經線
自中華北京偏西四度起至十五度止長二千四百里廣
三百五十里總計之方百二十萬里戸口六百万其地濱
海低洼中間岡陵重疊火山四十五或已熄或烟燄塵沙
蔽天地常震烈諸嶼羅列門戸甚壯中有山谷之氣甚毒
人獸觸之立斃骨塡其處西有一線海峽為西洋各船往
來必由之路湖河不多氣候濒海炎熱人多疫癘腹地温
和人便其居花木冬夏維新春雨秋旱歲止一收土壤肥
沃穀菓極豐叢林稠密猛獸甚繁
居民性懦而惰技藝平庸太古之遺風猶有存者足徵

先民矩矱今人弗能及也然西洋土人居此猶見技藝
精巧貿易繁盛土民奉釋回二教
至于朝綱通國屬于荷蘭四之三設總督駐劄其四之
一以酋長回王分攝按島本番部自古為南洋名國居
宋時通中華貢方物明時荷蘭兵船避風見其土地雄
闊可建城池乃卑辞厚幣請于番王借海濱片土修船
番王許之遂乘機襲破万丹取之王不敢爭海濱一帶
遂歸荷蘭統轄由是為荷蘭所制荷設總督鎮守建城
邑立市廛街衢方廣百物充牣閩廣之島船大小西洋
之夾板歲以千百計為南洋第一都會閩廣之人流寓

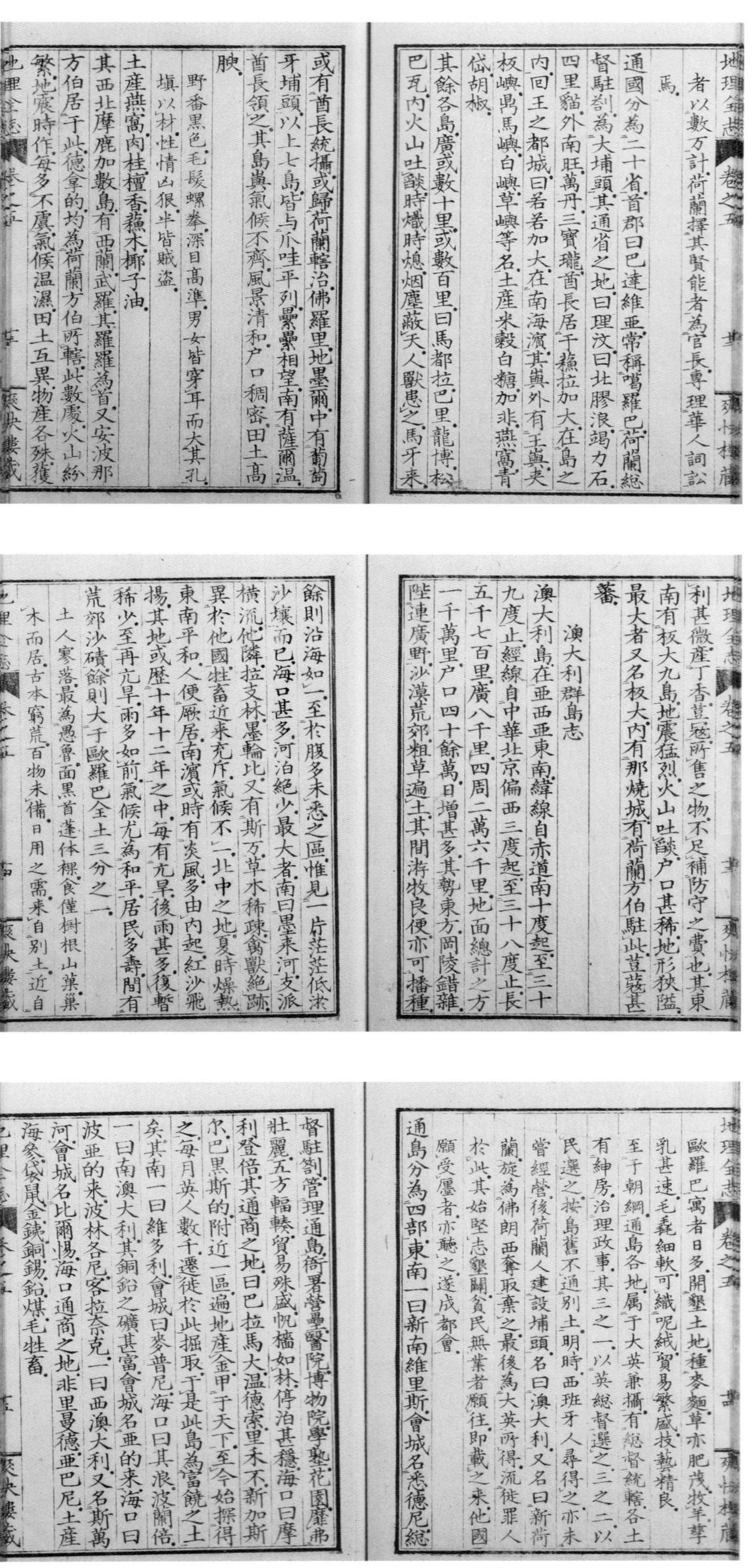

者以數万計荷蘭擇其賢能者為官長專理華人詞訟
馬。
通國分為二十省首郡曰巴達維亞常稱噶羅巴荷蘭總
督駐劄為大埔頭其通省之地曰理汶曰北膠浪曰竭力石
四里貓外南旺萬丹三寶瓏酋長居于蘇拉加大在島之
内回王之都城曰若若加大在南海濱其嶼外有王嶼夾
板嶼禺馬嶼白嶼草嶼等名土産米穀白糖加非燕窩青
黛胡椒
其餘各島廣或數十里或數百里曰馬都拉巴里龍博松
巴瓦内火山吐燄時熾時熄烟塵蔽天人獸患之馬牙来

或有酋長統攝或歸荷蘭轄治佛羅里地墨爾中有葡萄
牙埔頭以上七島皆与爪哇平列纍纍相望南有薩爾温
酋長領之其島與氣候不齊風景清和户口稠密田土高
腴
野番黒色毛髮螺拳深目高準男女皆穿耳而大其孔
塡以材性情凶狠半皆賊盗
土産燕窩肉桂檀香蘇木椰子油
其西北摩鹿加數島有西蘭武羅其羅羅爲首又安波那
方伯居于此德拿的均爲荷蘭方伯所轄此數處火山紛
繁地震時作毎多不虞氣候温濕田土互異物産各殊獲

利甚微産丁香荳蔲所售之物不足補防守之費也其東
南有板大九島地震猛烈火山吐燄户口甚稀地形狹隘
最大者又名板大内有那燒城有荷蘭方伯駐此荳蔻甚
蕃
澳大利群島志
澳大利島在亞西亞東南緯線自赤道南十度起至三十
九度止經線自中華北京偏西三度起至三十八度止長
五千七百里廣八千里四周二萬六千里地面總計之方
一千萬里户口四十餘萬日增甚多其勢東方岡陵錯雜
陸連廣野沙漠荒郊粗草遍土其間瘠牧良便亦可播種

餘則沿海如一至於腹多未悉之區惟見一片茫茫低流
沙壤而已海口甚多河泊絶少最大者南曰墨来河支派
横流他隣拉支林墨輪比又有斯万草木稀疎禽獸絶跡
異於他國牲畜近来充斥氣候不一北中之地夏時爆熱
東南平和人便厥居南濱或時有炎風多由内起紅沙飛
揚其地或歴十年十二年之中毎有亢旱後雨甚多復暫
稀少至再亢旱雨多如前氣候尤爲和平居民多壽間有
荒郊沙磧餘則大于歐羅巴全土三分之一
土人寒落最爲愚魯面黒首蓬体裸食僅樹根山菓巣
木而居古本窮荒百物未備日用之需来自別土近自

歐羅巴寓者日多開墾土地種麥麵草亦肥茂牧羊孳
乳甚速毛毳細軟可織呢絨貿易繁盛技藝精良
至于朝綱通島各地属于大英兼攝有總督統轄各土
有紳房治理政事其三之一以英總督選之三之二以
民選之按島舊不通別土明時西班牙人尋得之亦未
嘗經營後荷蘭人建設埔頭名曰澳大利又名曰新荷
蘭旋爲佛朗西奪取棄之最後爲大英所得流徙罪人
於此其始堅志墾闢貧民無業者願往即載之来他國
願受廛者亦聽之遂成都會
通島分爲四部東南一曰新南維里斯會城名悉德尼總

督駐劄管理通島衙署醫院博物院學塾花園靡弗
壯麗五方輻輳貿易殊盛帆檣如林停泊甚穩海口曰摩
利登倍其通商之地曰巴拉馬大温德索里禾不新加斯
尓巴黒斯的附近一區遍地産金甲于天下至今始採得
之毎月英人數千遷徙於此掘取于是此島爲富饒之土
矣其南一曰維多利會城曰麥普尼海口曰其浪波爾倍
一曰南澳大利其銅鉛之礦甚富會城名亞的来海口曰
波亞的来波林各尼客拉奈克一曰西澳大利又名斯萬
河會城名比爾慯海口通商之地非里曼德亞巴尼土産
海參玳瑁金鐡銅錫鉛煤毛牲畜

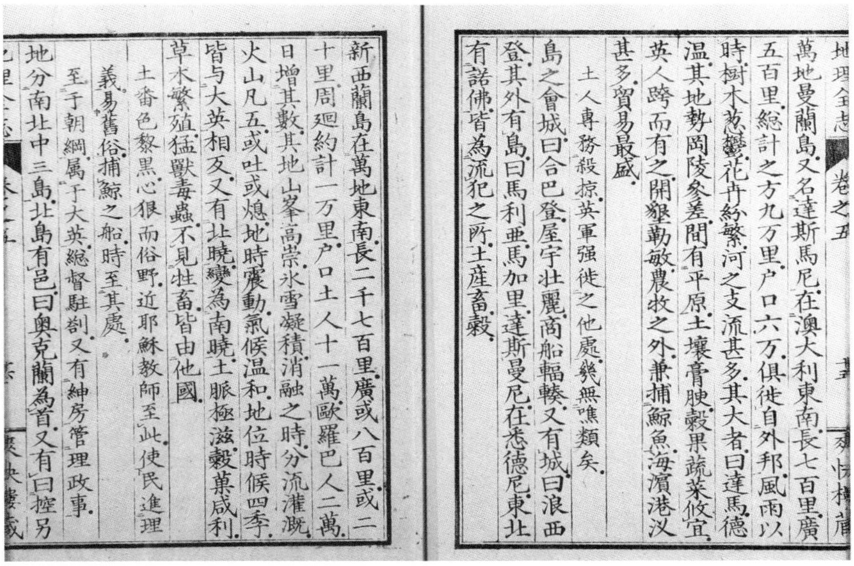

萬地曼蘭島又名達斯馬尼在澳大利東南長七百里廣
五百里總計之方九万里戸口六万俱從自外邦風雨以
時樹木蔥鬱花卉紛繁河之支流甚多其大者曰達馬德
溫其地勢岡陵參差間有平原土壤膏腴穀果蔬菜攸宜
英人踞而有之開墾勤敏農牧之外兼捕鯨魚海濱港汊
甚多貿易最盛
土人専務殺掠英軍強徙之他處幾無噍類矣
島之會城曰合巴登屋宇壯麗商船輻輳又有城曰浪西
登其外有島曰馬利亜馬加里達斯曼尼在悉德尼東北
有諸佛皆為流犯之所土產畜穀

新西蘭島在萬地東南長二千七百里廣或八百里或二
十里周廻約計一万里戸口土人十一萬歐羅巴人二萬
日增其數其地山峯高崇氷雪凝積消融之時分流灌溉
火山凡五或吐或熄地時震動氣候溫和地位時候四季
皆与大英相反又有北曉變為南曉土脈極滋穀菓咸利
草木繁殖猛獸毒蟲不見牲畜皆由他國
土番色黎黒心狠而俗野近耶穌教師至此使民進理
義易舊俗捕鯨之船時至其處
至于朝綱屬于大英總督駐劄又有紳房管理政事
地分南北中三島北島有邑曰奥克蘭為首又有曰控另

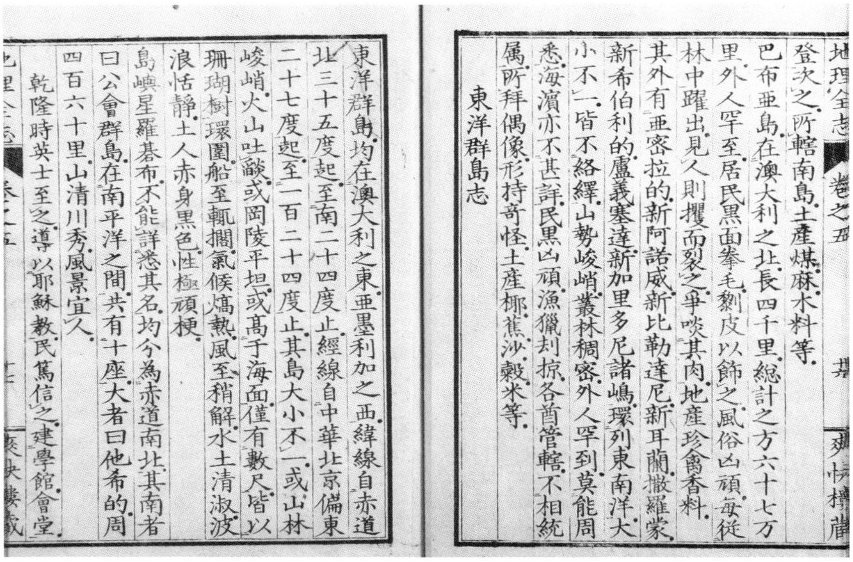

登汶之所轄南島土產煤麻木料等
巴布亜島在澳大利之北長四千里總計之方六十七万
里外人罕至居民黒面拳毛剝皮以飾之風俗凶頑每從
林中躍出見人則攫而裂之爭啖其肉地產珍禽香料
其外有亜密拉的新阿諾威新比勒達尼新耳蘭撒羅蒙
新希伯利的盧義塞達新加里多尼諸嶋環列東南洋大
小不一皆不絡繹山勢峻峭叢林稠密外人罕到莫能周
悉海濱亦不甚詳民黒凶頑漁獵刧掠各酋管轄不相統
屬所拜偶像形持奇怪土產椰蕉沙穀米等

東洋群島志

東洋群島均在澳大利之東亜墨利加之西緯線自赤道
北三十五度起至南二十四度止經線自中華北京偏東
二十七度起至一百二十四度止其島大小不一或山林
峻峭火山吐燄或岡陵平坦或高于海面僅有數尺皆以
珊瑚樹環圍船至輒擱氣候熇熱風至稍解水土清淑波
浪恬靜土人赤身黒色性極頑梗
島嶼星羅碁布不能詳悉其名均分為赤道南北其南者
曰公會群島在南平洋之間共有十座大者曰他希的周
四百六十里山清川秀風景宜人
乾隆時英士至之導以耶穌教民篤信之建學館會堂

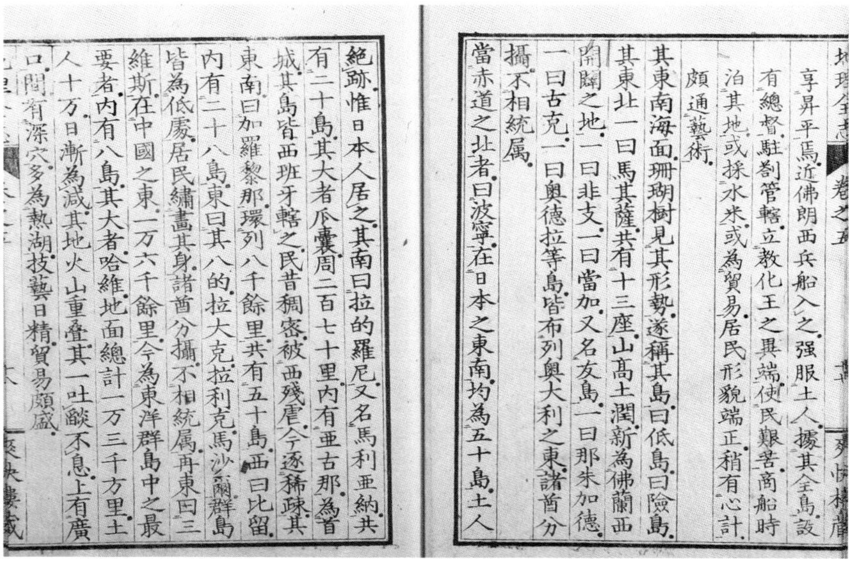

亨昇平焉近佛朗西兵船入之強服土人據其全島設
有總督駐劄管轄立教化王之異端使民艱苦商船時
泊其地或採水米或為貿易居民形貌端正稍有心計
頗通藝術
其東南海面珊瑚樹見其形勢遂稱其島曰低島曰險島
其東北一曰馬其薩共有十三座山高土潤新為佛蘭西
開闢之地一曰非支一曰當加又名友島一曰那朱加德
一曰古克一曰奥德拉等島皆布列奥大利之東諸酋分
攝不相統屬
當赤道之北者曰波寧在日本之東南均為五十島土人

絶跡惟日本人居之其南曰拉的羅尼又名馬利亜納共
有二十島其大者瓜囊周二百七十里内有亜古那為首
城其島皆西班牙轄之民昔稠密被西殘虐今逐稀疎其
東南曰加羅黎那環列八千餘里共有五十島西曰比留
内有二十八島東曰其八的拉大克拉利克馬沙爾群島
皆為低處居民繡畫其身諸酋分攝不相統属再東曰三
維斯在中國之東一万六千餘里今為東洋群島中之最
要者内有八島其大者哈維地面總計一万三千方里土
人十万日漸為減其地火山重疊其一吐燄不息上有廣
口闊有深穴多為熱湖技藝日精貿易頗盛

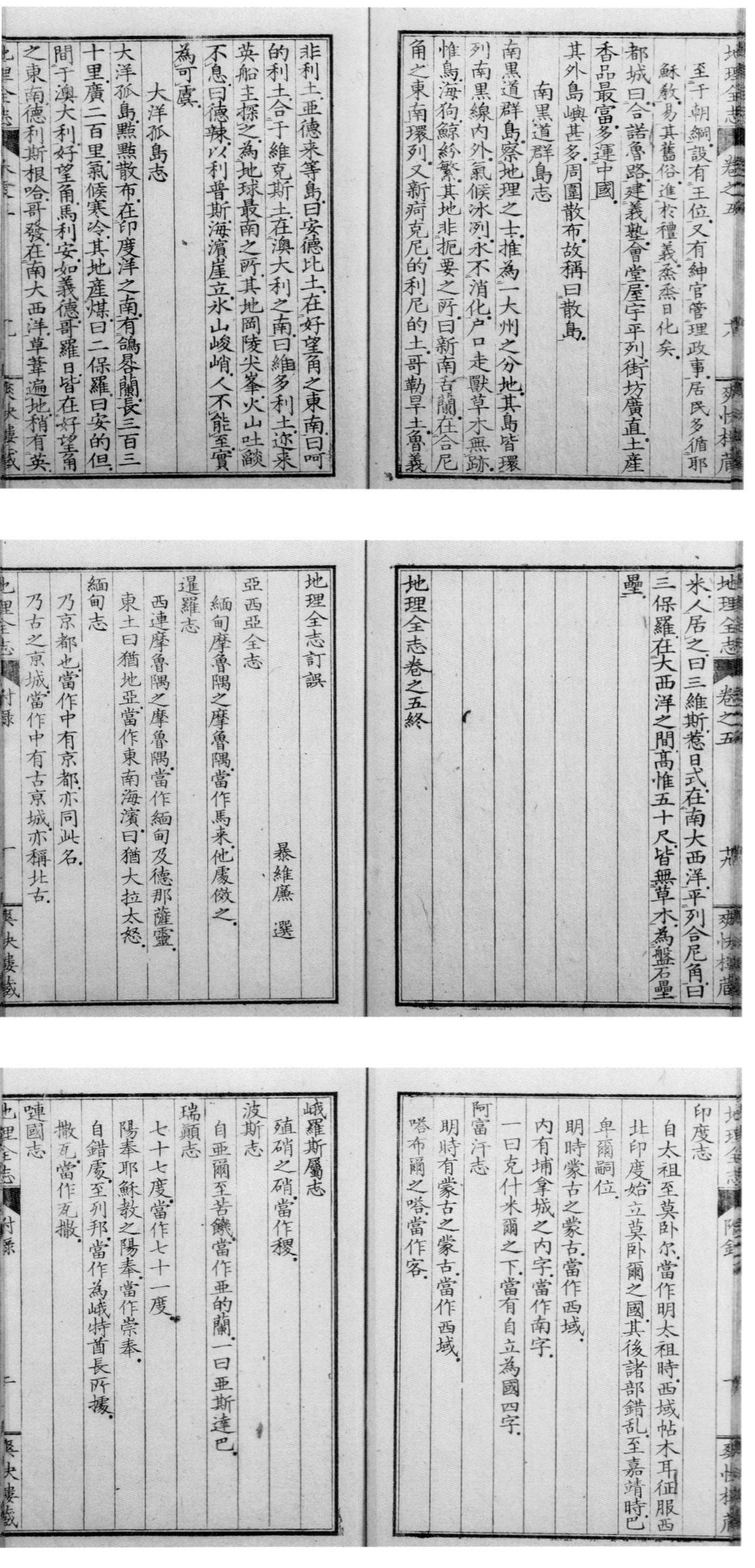

至于朝綱設有王位又有紳官管理政事居民多循耶
穌教易其舊俗進於禮義烝烝日化矣
都城曰合諾魯路建義塾會堂屋宇平列街坊廣直土産
香品最富多運中國
其外島嶼甚多周圍散布故稱曰散島
南黒道群島志
南黒道群島察地理之士推為一大州之分地其島皆環
列南黒線内外氣候冰冽永不消化戸口走獸草木無跡
惟鳥海狗鯨紛繁其地非扼要之所曰新南舌蘭在合尼
角之東南環列又新疴克尼的利尼的土哥勒早土魯義

非利土亜德来等島曰安徳比土在好望角之東南曰呵
的利土合于維克斯土在澳大利之南曰緬多利土迩来
英船主探之為地球最南之所其地岡陵尖峯火山吐燄
不息曰徳棘以利普斯海濵崖立氷山峻峭人不能至實
為可慮
大洋孤島志
大洋孤島黙黙散布在印度洋之南有鵠昚蘭長三百三
十里廣二百里氣候寒冷其地産煤曰二保羅曰安的但
問于澳大利好望角馬利安如義德哥羅日皆在好望角
之東南德利斯根哈哥發在南大西洋草葦遍地稍有英

米人居之曰三維斯巻日式在南大西洋平列合尼角曰
三保羅在大西洋之間高惟五十尺皆無草木為盤石壘
壘

地理全志巻之五終

地理全志訂誤
慕維廉　選
亞西亞全志
緬甸摩魯隅之摩魯隅當作馬来他處倣之
暹羅志
西連摩魯隅之摩魯隅當作緬甸及德那薩靈
東土曰猶地亜當作東南海濵曰猶大拉太怒
緬甸志
乃京都也當作中有京都亦同此名
乃古之京城當作中有古京城亦稱北古

印度志
自太祖至莫卧尓當作明太祖時西域帖木耳征服西
北印度始立莫卧爾之國其後諸部錯乱至嘉靖時巳
卑爾嗣位
明時蒙古之蒙古當作西域
内有埔拿城之内字當作南字
一曰克什米爾之下當有自立為國四字
阿富汗志
明時有蒙古之蒙古當作西域
喀布爾之喀當作客

峨羅斯屬志
殖硝之硝當作稷
波斯志
自亜爾至苦鐵當作亜的蘭一曰亜斯達巴
瑞顛志
七十七度當作七十一度
陽奉耶穌教之陽奉當作崇奉
自錯處至列邦當作為峨特首長所據
嗹國志
撒瓦當作瓦撒

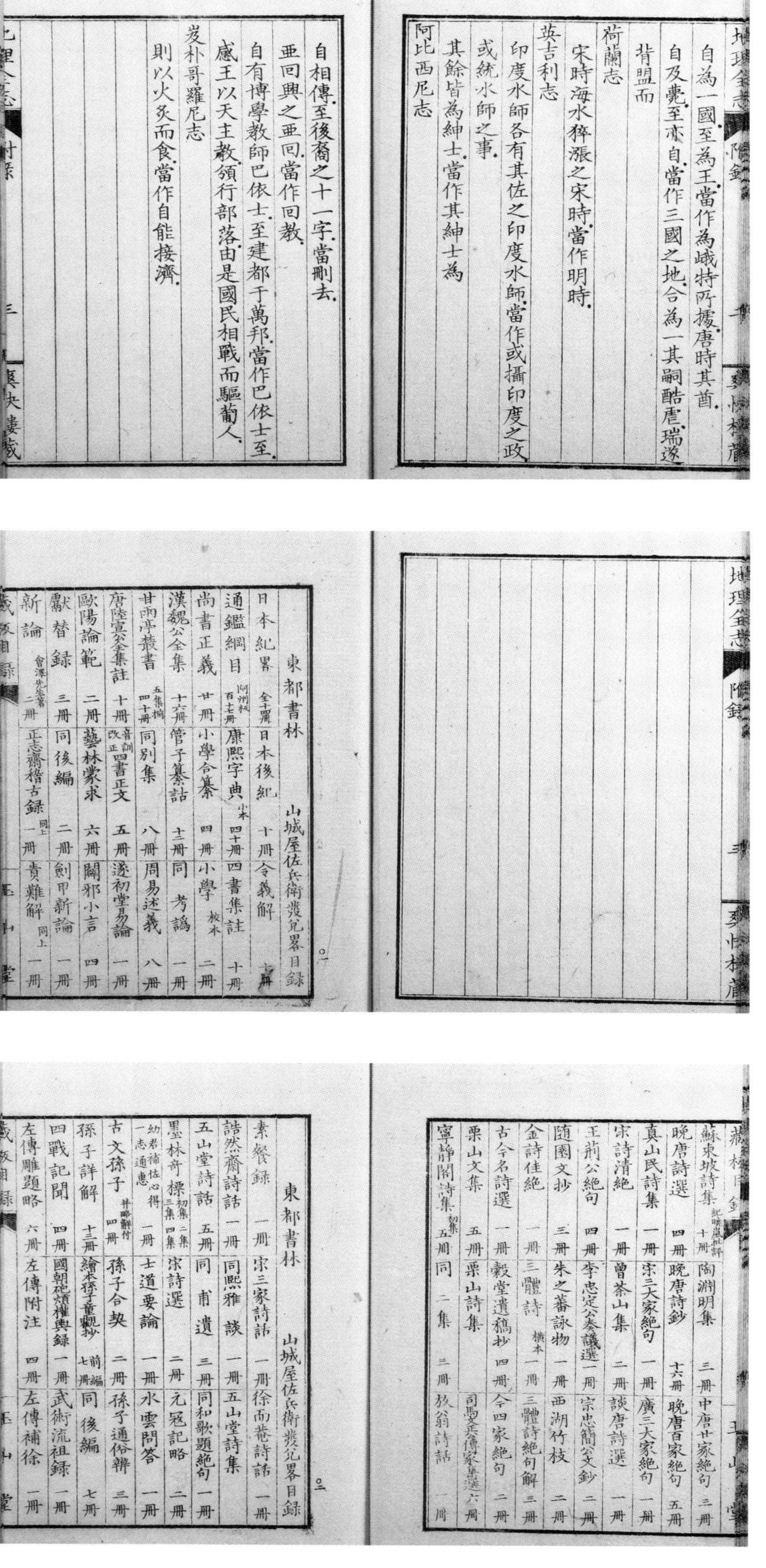
地理全志　附錄

自為一國至為王當作為峨特所擄唐時其酋
自及甍至亦自當作三國之地合為一其嗣酷虐瑞遂
背盟而
荷蘭志
宋時海水猝漲之宋時當作明時
英吉利志
印度水師各有其佐之印度水師當作或攝印度之政
或統水師之事
其餘皆為紳士當作其紳士為
阿比西尼志

自相傳至後裔之十一字當刪去
亜回興之亜回當作回教
自有博學教師巴依士至建都于萬邦當作巴依士至
蔵王以天主教領行部落由是國民相戰而驅葡人
岌朴哥羅尼志
則以火炙而食當作自能接濟

東都書林　山城屋佐兵衛蔵兌畧目録

日本紀畧　全十冊	日本後紀　十冊	令義解　十冊
通鑑綱目　河州校 百十七冊	康煕字典　小本 四十冊	四書集註　十冊
尚書正義　廿冊	小學合纂　四冊	小學　校本 二冊
漢魏公全集　十六冊	管子纂詁　十二冊	同　考譌　一冊
甘雨亭叢書　五集揃 四十冊	同別集　八冊	周易述義　八冊
唐陸宣公全集註　十冊	音訓改正 四書正文　五冊	遂初堂易論　一冊
歐陽論範　二冊	藝林蒙求　六冊	闢邪小言　四冊
獻替録　三冊	同後編　二冊	劍甲新論　一冊
新論　會澤先生著 二冊	正志齋稽古録　同上 一冊	責難解　同上 一冊

蘇東坡詩集　紀暁嵐批評 十冊	陶淵明集　三冊	中唐廿家絶句　三冊
晩唐詩選　四冊	晩唐詩鈔　十六冊	晩唐百家絶句　五冊
真山民詩集　一冊	宋三大家絶句　一冊	廣三大家絶句　一冊
宋詩清絶　一冊	曾茶山集　二冊	談唐詩選　一冊
王荊公絶句　四冊	李忠定公奏議選　一冊	宗忠簡公文鈔　二冊
随園文抄　三冊	朱之蕃詠物　一冊	西湖竹枝　二冊
金詩佳絶　一冊	三體詩　横本 一冊	三體詩絶句解　三冊
古今名詩選　一冊	穀堂遺稿抄　四冊	今四家絶句　二冊
栗山文集　五冊	栗山詩集　三冊	司馬文正公傳家集選　六冊
寧静閣詩集　初集 五冊	同　二集　三冊	放翁詩話　一冊

東都書林　山城屋佐兵衛蔵兌畧目録

素餐録　一冊	宋三家詩話　一冊	徐而菴詩話　一冊
詩然齋詩話　一冊	同煕雅　談　一冊	五山堂詩集
五山堂詩話　五冊	同　甫　遺　三冊	同和歌題絶句　一冊
墨林奇標　初集二集 三集四集	宋詩選　二冊	元冦記略　二冊
幼君補佐心得 一志通恵　一冊	士道要論　一冊	水雲問答　一冊
古文孫子　并略解付 四冊	孫子合契　二冊	孫子通俗辨　三冊
孫子詳解　十三冊	繪本孫子童觀抄　前編 七冊	同　後編　七冊
四戰記聞　四冊	國朝砲熕權輿録　一冊	武術流祖録　一冊
左傳雕題略　六冊	左傳附注　四冊	左傳補徐　一冊

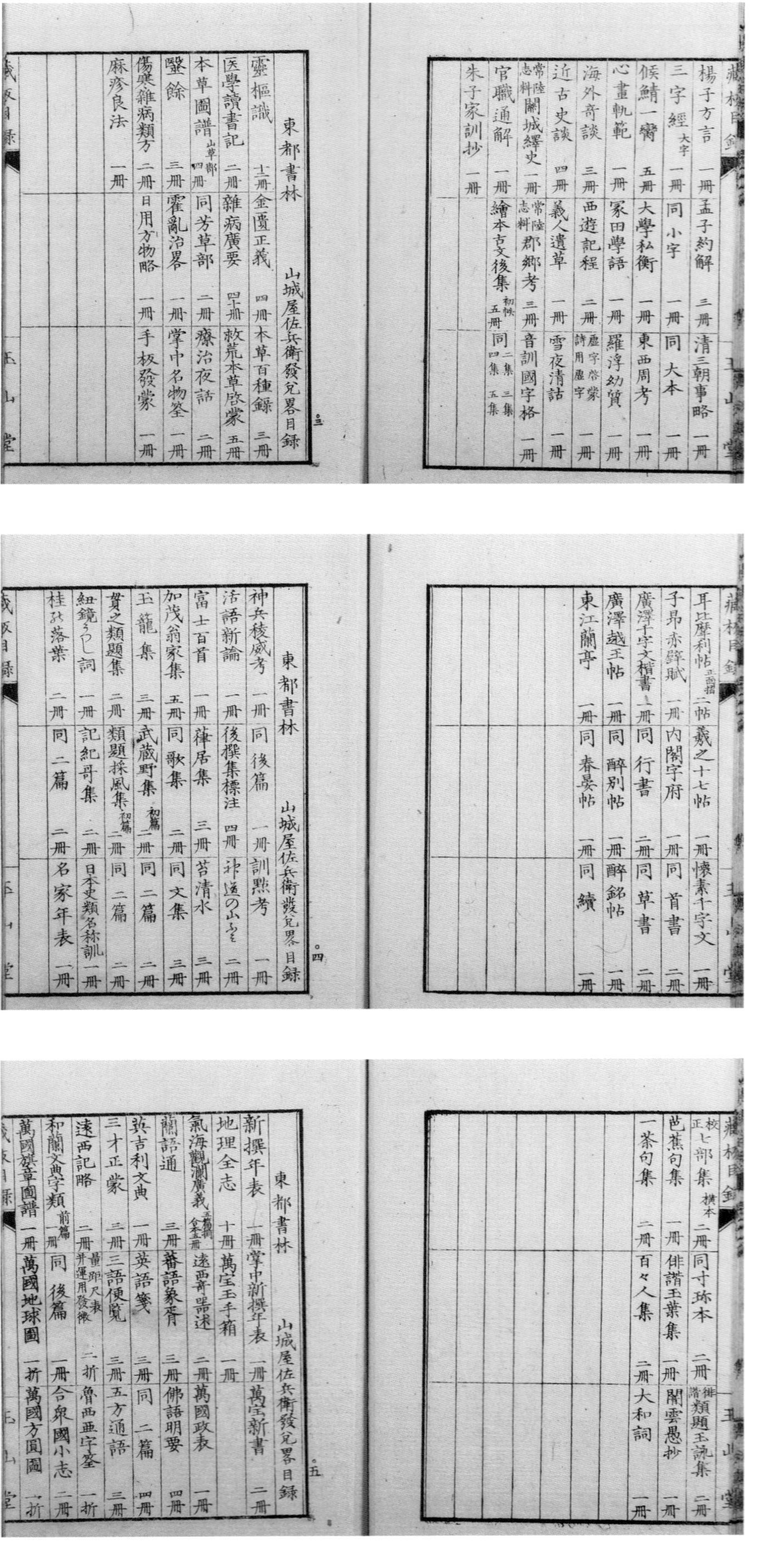

揚子方言 一冊　孟子約解 三冊　清三朝事略 一冊
三字經 大字 一冊　同 小字 一冊　同 大本 一冊
候鯖一臠 五冊　大學私衡 一冊　東西周考 一冊
心畫軌範 一冊　冢田學語 一冊　羅浮幼質 一冊
海外奇談 三冊　西遊記程 二冊　歷字啓蒙 詩用歷字 一冊
近古史談 四冊　義人遺草 一冊　雪夜清話 一冊
常陸志料 闔城繹史 一冊　常陸志料 郡郷考 三冊　音訓國字格 一冊
官職通解 一冊　繪本古文後集 初秩五冊　同 二集三集四集五集
朱子家訓抄 一冊

東都書林　山城屋佐兵衛發兌書目録　三
靈樞識 十二冊　金匱正義 四冊　本草百種録 三冊
医學讀書記 二冊　雜病廣要 四十冊　救荒本草啓蒙 五冊
本草圖譜 山草部 四冊　同 芳草部 二冊　療治夜話 二冊
瞖餘 三冊　霍亂治畧 一冊　掌中名物筌 一冊
傷寒雜病類方 二冊　日用方物略 一冊　手板發蒙 一冊
麻疹良法 一冊

耳比摩利帖 正面摺 二帖　羲之十七帖 一冊　懐素千字文 一冊
子昂赤壁賦 一冊　内閣字府 一冊　同 首書 二冊
廣澤千字文楷書 二冊　同 行書 二冊　同 草書 二冊
廣澤越王帖 一冊　同 醉別帖 一冊　醉銘帖 一冊
東江蘭亭 一冊　同 春晏帖 一冊　同 續 一冊

東都書林　山城屋佐兵衛發兌書目録　四
神兵稜威考 一冊　同 後篇 一冊　訓點考 一冊
活語新論 一冊　後撰集標注 四冊　神遂の山ふみ 二冊
富士百首 一冊　篠居集 三冊　苔清水 三冊
加茂翁家集 五冊　同 歌集 二冊　同 文集 三冊
玉籠集 三冊　武蔵野集 初篇 二冊　同 二篇 二冊
貫之類題集 二冊　類題採風集 初篇 二冊　同 二篇 二冊
紐鏡うし詞 一冊　記紀哥集 二冊　日本史類名称訓 一冊
桂の落葉 二冊　同 二篇 二冊　名家年表 一冊

校正 七部集 横本 二冊　同 寸珎本 二冊　俳諧 類題玉藻集 二冊
芭蕉句集 一冊　俳諧玉葉集 一冊　闇雲愚抄 一冊
一茶句集 二冊　百々人集 二冊　大和詞 一冊

東都書林　山城屋佐兵衛發兌書目録　五
新撰年表 一冊　掌中新撰年表 一冊　萬宝新書 二冊
地理全志 十冊　萬宝玉手箱 一冊　萬國政表 一冊
氣海觀瀾廣義 三冊　遠西奇器述 二冊　佛語明要 四冊
蘭語通 三冊　蕃語象胥 三冊　同 二篇 四冊
英吉利文典 一冊　英語箋 三冊　五方通語 三冊
三才正蒙 三冊　三語便覧 三冊　魯西亜字筌 一折
遠西記略 二冊　最新尺素 并運用發微 二折
和蘭文典字類 前篇 一冊　同 後篇 一冊　合衆國小志 二冊
萬國旗章圖譜 一冊　萬國地球圖 一折　萬國方圓圖 一折

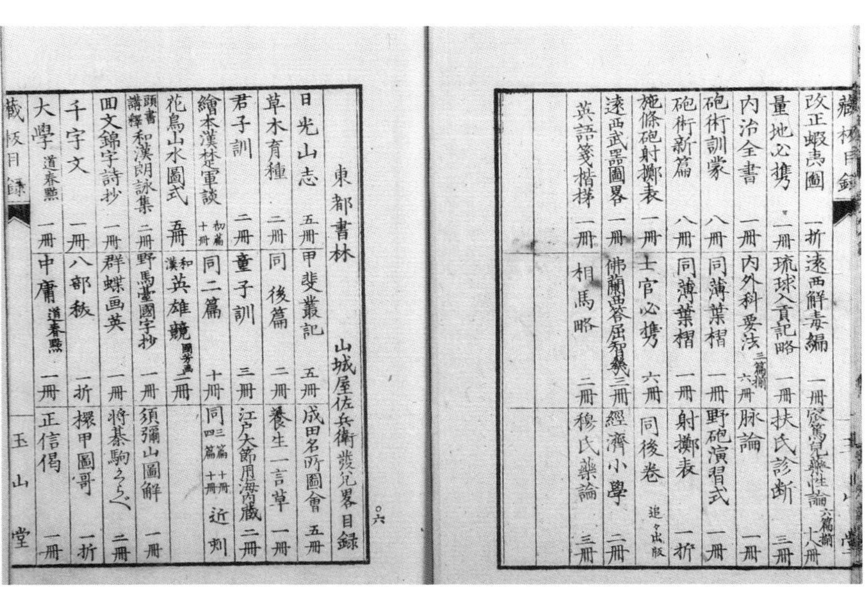
東都書林　山城屋佐兵衛蔵版略目録
玉山堂

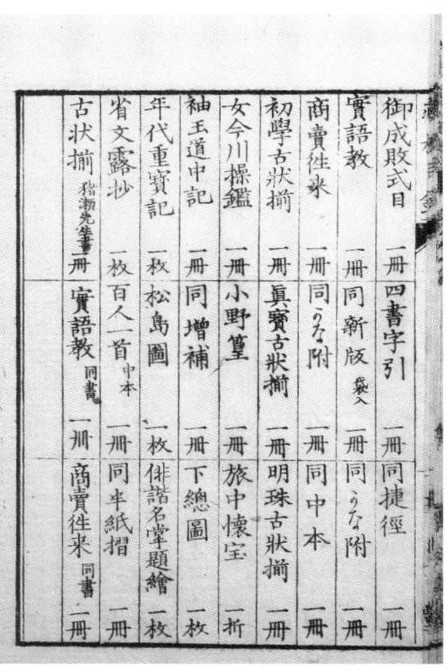

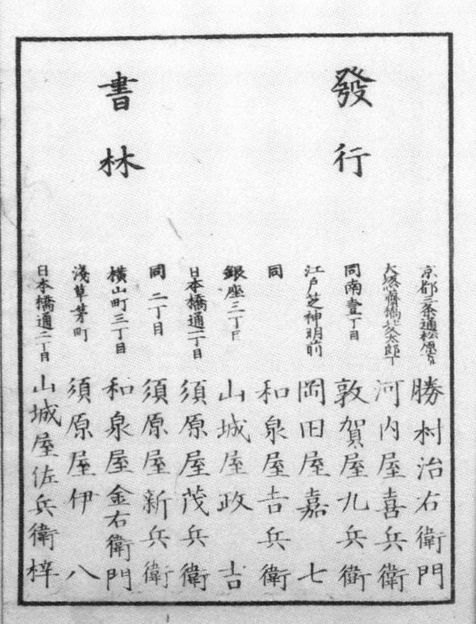
發行書林
京都三条通松屋町　勝村治右衛門
大坂心齋橋通北久太郎町　河内屋喜兵衛
同　南壹丁目　敦賀屋九兵衛
江戸芝神明前　岡田屋嘉七
同　和泉屋吉兵衛
銀座三丁目　山城屋政吉
日本橋通一丁目　須原屋茂兵衛
同　二丁目　須原屋新兵衛
横山町三丁目　和泉屋金右衛門
淺草茅町　須原屋伊八
日本橋通二丁目　山城屋佐兵衛梓

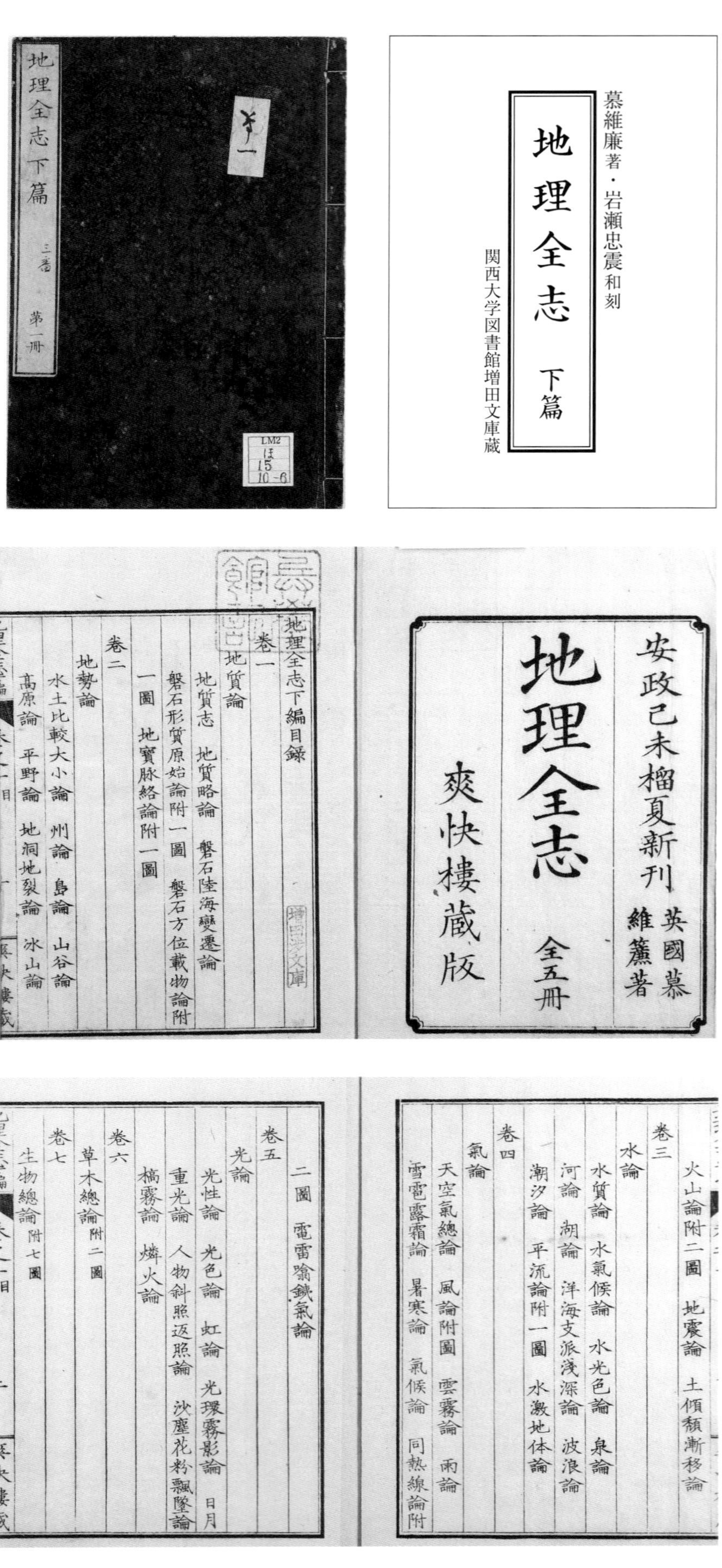

慕維廉著・岩瀬忠震和刻
地理全志　下篇
関西大学図書館増田文庫蔵

卷八
人類總論附二圖
卷九
地文論
地文志 地球論 地形橢圓廣大論 空際載
星論 空際能力論 行星軌道論 行星本軸
論 日屬行星論 晝夜論 四時論附圖 歲
月日論 暑寒道論 地球圖線論 經緯二線
論附圖 地圖論
卷十

地史論
地史論上
地史論中
地史論下

地理全志下編卷一　　大英慕維廉輯譯
地質論
地質志
夫地理者，分文質政三等，其政者前志已詳言之，今以質
論，專指地內磐石形體位置，其中有飛潛動植之迹，陸海
古今變遷，地面水土，支幹縣廣，洋海流行，氣化異象，暨人
民生物草木之種類，謹將斯理考察詳明，撮其大旨如左。
地質畧論
究地質之學，中土之人，固嘗言之矣，管子地員篇云，沙土

之次有五塥，五塥之狀，纍然如僕累，僕也者，附也，言其地
附著而重累也，管子雖微窺而不能詳辨，此理終屬未明，
西土察地理之士，深求其故，凡地面平野及山旁海濱谿
谷，內有磐石泥沙，形質固不一矣，礦工疏鑿通于地內，至
深者低于海面，僅二百丈，惟因地震磐石陡起，地面於是
推明地質，其可據者約深三十里，從地面至地中心，此約
四百分之一也。
磐石陸海變遷論
磐石沙土等質之在地面者，大率觀之，排列無序，若無甚
變易，細察之，皆有條不紊，亦由漸而遷，以此各地形勢，日

久大有變易也，凡磐石雖堅，以氣濕風雨霜流水所侵蝕，
分爲小石，其石在水，相劘更碎，所碎之石，間有輕重，重者
墜於河底，漸因河力運徙他處，輕者為泥沙，蕩漾水中，流
入湖海，而沉于其底，排列層累，其所沉之質，載飛潛動植
之迹，甚夥，与之俱沉，上古時石質未堅凝之先，飛潛動植
之迹，埋於其中，今尚見之，如塔石形，華人謂其迹因地氣色孕，而存形于石，此
說甚謬，地球堅石，潰為泥沙，恒被諸河運入湖海甚多，惟因
河水或漲或涸，隨時而異，又因潮汐往來，所沉渣滓，故有
厚薄，形質時亦不同，渣滓之層，不恒在所沉之地，間因火
山吐力，墳起變為高壤，能長草木生物，有地揬其形勢，即

可知其在水面上下屢經興圮也此層亦時為火山吐石陸起其中或斜或直變其本質而布于其上海水激岸亦變地勢漸潰石基石隨入海波浪搏擊漸成卵形又有數處其水亦能為石隨所遇之物而成然物雖變石質猶存本形蓋飛潛動植之迹時有遷化其迹所化之質大槩即火石寒水石之質（又名凝水石）風吹飛沙大洋平流与陸海氷山所運磐石及石中所載生物之迹恒皆變化地面之勢熱道之海珊瑚島衆而廣是為無數昆蟲漸成者也以上諸說於磐石陸海古今變易之故大畧如此

磐石形質原始論

中土之士以金木水火土為五行萬物不出是類惟西士熟究之知五行非為本質尚藉他質以成隨物察理有五十四質其中大約以十八質為最有定法相合而成地殻天空氣洋海之大半此質或殊或合而為本石復以本石相合而為衆石本石共有八九種如火石為首寒水石千層紙雲母石石膏石塩煤黄灰石吸鐵石次之磐石之中見有數形有積粒形如花剛青（俗名黄石）有絲形如陽起石有孔形如浮石有紋形如雲母石其紋者或横或扁或曲或旋原其故因水當沉石之時或静或動海濵之土或横或斜或壓于上或壓于偏致成此形耳時有石質未結先縻

後復結成石性似一而非如泥版石是也（紋形之石諸圖列後）磐石有層累之形曰有層累石有渾成之形曰無層累石至石所生之原為西士考驗而知略有四端一曰火奮石一曰渣滓石一曰化形石一曰集成石火奮石者初出地内厥形不一或生於深淵質甚柔性甚熱後漸涼而堅凝上有重壓至地内熱氣蒸鬱則突出于崇山之巓其未堅凝之先亦貫通上層之隙如花剛石細沙白石翡翠石白斑紅石數種是也或生于火山其火吐時出至地面而凡所遇之質皆被融化故其所成之石形骵甚異如緑石温石柱形石白斑紅石等皆列如掭故總名曰掭石以上諸

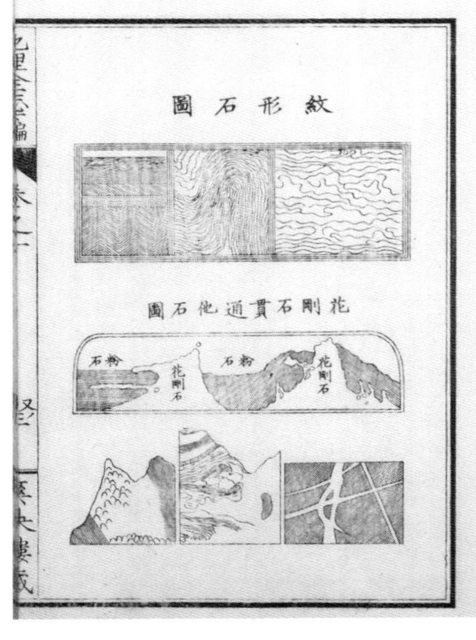

紋形石圖
花剛石貫通他石圖

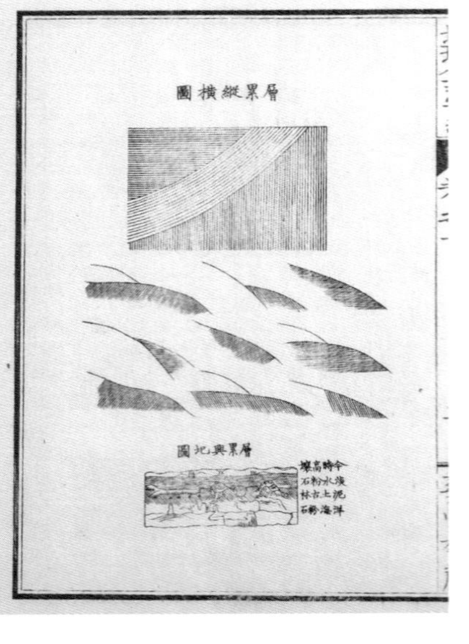
層累縦横圖
層累與地圖

石皆無層累（此石時連渣滓石而變其質渣滓石中如沙石變為石英粉石變為英石煤變為烰炭掭石時亦貫通他層滿其空隙布于上面如今流温石然由此其石為火奮所成可證）渣滓石者其初乃流水泥沙沉于湖海之底如沙石白粉泥沙鐵石花石數種是也化形石者其初即渣滓石後為火奮石熱氣所乗變其形質故稱此名如石英泥版石是也集成石者即粗細沙石以前三種合而成之如蠻石花蘂石是也渣滓石以下三等皆有層累論諸石所生之時火奮石最先然非一時所成間有在他磐石之後者餘石亦然此理以石之方位形質及飛潛動植之遺迹可證也

磐石方位載物論

究磐石之方位、先觀其最下者、察地理之士推之、最下乃最久、於是地殻之堅石、臚列如左、火薈石層、其中花剛青尤廣、布于衆石之下、与諸等梯石時出地面、而超越其上、至於高山之巔、此石皆有渾然錯綜之形、無生物草木之迹、

化形石層、厚二千餘丈、大槩覆于花剛青、有縱横斜竪各形、時成至峻之山、廣大高原、内有紋形石、金星石、雲母石、石英、泥版石、皆無生物草木之迹、金銀銅鐵産其中者甚多、

渣滓石層、其實其異、砂石最夥、為泥沙寒水石所成、中有生物草木之迹、今西士已見者、約有三万種、觀其形象、察其同異、故分此層為三等、自下至上、名曰第一迹層、第二迹層、第三迹層、

第一迹層、内有泥版石、青石、又名灰石、沙石、初生於洋底、至今其波浪漸磨之迹、猶時見之、内則僅有洋海生物之蛻、而已、緣其遺迹不一、自下至上、又分為三層、一曰堪比安層、為英部舊名、内産此石、其層厚約九百丈、生物之迹幾絶、惟有珊瑚蚌蛤曲蟲數種、為生物已見之迹最古者、一曰下西路畧層、一曰上西路畧層、亦英部舊名、皆厚千餘丈、究其生物之迹、已見八百種有奇、如償魚、有百合花之形、

三節蟹、洋壳、約有各種、珊瑚甚衆、上有魚迹、狀如蝘蜓、變化為石、形體甚備、其類今已殲滅、此層之間、亦有陸海草木遺迹、西士已見二百三十種、大畧如海菜、木賊、鳳尾草、見此草類及珊瑚衆多、洋壳甚廣、可知斯時全地氣候温和、北半球亦滿以洋海、州島始露其巔、至將盡時、常有地震及火山吐焰、此層見於歐羅巴、阿非利加、亞墨利加數處、

第二迹層、為歐州高土之大半、皆以先層之渣滓沉于海底而成、已久墳為槁壤、自下至上、共分六層、一曰舊紅砂石、其層或厚一千丈、中有紅黄砂石、珊瑚、灰石、集成石土壤等、其色因銕鏽而然、草木遺迹無多、生物之迹已見千餘種、或自為生成、異于他處、或如洋壳珊瑚、与上下層之跡相同、中有魚迹數種、形似蝘蜓、或甚大、或頭有堅骨之牌、或披繪瑯鱗、附隸如翅、其族已滅、今之鯊魚与彼相似、此層見于英峨雪山之南、一曰煤層、其下有山粉石、上有煤銕石、磨石、泥版石、沙石相間、舊紅沙石所沉之後、地久安靜、氣候均和、故北半球始生之州島、林繁草茂、後以淡水鹹洋間有泛濫、雜于泥沙、漸為堅凝、至水退、槁壤顯露、即為煤層、其中草木之迹甚繁、所聚一千五百有餘、時得果實、即可識其種類、大概如鳳尾樹、時高四五丈、金釵斛

或高大、或如熱道之苔蘚、松杉成林、棕櫚草類數種、歐羅巴亞墨利加生煤層之時、草木種類大抵相似、因洋海廣大、州形如島、鳳尾松杉之樹、所産紛繁、以及遍地暖濕和平之氣、可知斯時北半球与南平洋島無大參差耳、其層生物之迹、皆在山粉石之中、時厚九十丈、如百合花形魚、洋壳珊瑚蜂房甚大、由此可證斯時遍海和煦、在北亜墨利加、有足跡如蛙形、大且異、近見于此層中數處、煤層以地震攪動、其震常在第二迹層之時、乃州島漸從深洋而出、凡地面變遷、或火或水、每以由漸而成、斯時舊層石、撓于新石、因地震自下而上、亦非一時全區墳起、此層首見于英合衆部、次之以佛郎西比利時日耳曼峩羅斯印度中華澳大利等、一曰黄灰石層、中有花蕊石、石膏、沙石土壤、惟黄灰石最多、時有積粒之形、草木生物遺迹種類与他處不同、間与煤層之迹相雜、亦有數魚迹埋藏其中、後則其形不再見矣、此屬一類、早已遍海、今之鯊魚鱷龍魚与之相似、斯時舊造之物漸滅、新造之物滋生、如蝘蜓二族、後在陸海之中、久為雄長、其跡於英日黄灰層之間、此層見於英日峩等、一曰新紅沙石層、中有紅壤泥土、石塩、石膏、彩色沙石、皆為化形之泥版石、白斑紅梯石、中有銕鏽相劘而成、此層草木之迹、已見者約有百種、時有蛙類

甚大至今其跡留於海濵以是推之其土初必甚軟日耳
曼有遺迹四十七類如介殼脆骨魚百合花形魚身有二万六千
骨節其迹与上下層之迹畧相殊異又有蟹蚌龜蝘蜓數類
及其餘之形迹甚衆此層見于中英日合衆部之間一曰
蛋形石層又名鯤石其石如蛋或如魚子亦称魚子石地
久安靜此層沉于洋底深浅不一内有泥沙沙石土壤青
石其時歐羅巴水沉之質皆有變遷如紅鏽汚沙石黒煤
玄色層次第相繼為淡藍泥淡黄灰石白粉新漲州島草
木繁盛大概与今時熱道所生者形狀相同惟見其上層
之種類可知此時氣候漸變至於生物歐羅巴海内洋殼

珊瑚衆多旋螺及墨魚之族大小無數埋于層中百合花
形魚亦繁更有魚迹錯雜異于下層其類已滅又有鱷魚
羣游海濵河口餘則如蝘蜓殊形巨狀或居于天空地面
洋内他若龜族昆蟲之迹与二幽頟之骨其衆生物形漸
變化可知地面形勢亦有變遷也此層見于大英廣土歐
之數處一曰白粉層中有泥土緑沙鐵沙青石白粉諒為
珊瑚介壳所毀而成此層之間白粉時缺餘則皆備惟因
其迹同于白粉故知其属於白粉層中英之東南此層底
有淡水泥草木之迹与熱道所生者不異可知彼時氣候
尚暖其草木則鳳尾杉樹甚多其生物則産龜与今熱道

所生者相似蝘蜓五類或長三丈羣游于湖内河口此泥
層有淡水壳鯉魚之族為是時地沉之一處英南泥層之
上有白粉層洋蛻弥満種類甚殊北歐羅巴有沙白粉之
土遍於數處南方灰石亦然内蔵洋壳異于今時由此可
知此層生時洋海布于歐南中有鱉迹珊瑚又有微壳為
白粉質之大半亦足見古今種類相同生物此其最始也
斯時禽獸洋鱗已相區別各居其處大畧与今相類昔鱷
魚之類形体修偉斯時漸缺後則罕見惟有一族甚大狀
如蛤蚧自黄灰石至白粉層止見二鳥之迹一在瑞士一
在大英北亜墨利加鳥跡紛繁隔于煤層脊層之間其跡

或大于駝鳥此層見于英東南佛北方日亜墨利加
自第二迹層盡至第三迹層起歴年甚久第三層之始萬
物一新与今坤輿之位較昔尤同此層仍係先層之質為
水所潰而成惟其形勢迥異生物草木種類亦隨之變易
矣當第二迹層陸海千万生物之中僅有一種見于第三
迹層歴来舊造之生物未息新造之生物漸起是以地勢
氣候漸合新造漸反舊造故舊造息而新造蒸蒸日上焉
考地理之士見第二第三層之形迹大異蓋以驗後可得
彷彿之類矣
由花剛石至第二迹層盡之次石共為地球堅壳普散地

面第三層居地壳低窪之所或以地震或以水潰而成如
河口湖底以是散處不一時而廣厚与他層相同惟至今
未顯第二迹層盡州島久有低凹時為淡河時為鹹洋汎
濫故其層間有地洋生物之朽体而火山之質常于歐羅
巴第三迹層中突然墳起可見彼時其地最為雜乱屢經
變遷皆因上之興地及水之衝激而然也
第三迹層中又分三層以所有介壳之蛻与今介壳之蛻
相較而定之一曰下新層内載無數介壳遺蛻与今罕有
相同一曰中新層内載今介壳之蛻多于下層一曰上新
層内載今介壳之蛻較之中層又多

第三層時突于山旁如於亜卑斯山高一千丈安的斯山
高一千三百丈雪山高一千六百丈惟其層之大半留于
故處仍存横形其所聚之質高大廣厚布于各方均不相
聯歐羅巴有此層甚多倫敦巴黎斯維也納三京都建造
其上南北亜墨利加廣土亦然昔時之鱗蟲凡奇形巨狀
者已將盡滅乳哺之類始居地面状亦瑰異猶与今之所
産者形畧相似
下新層時有厚皮走獸已見五十種生於數處特巴黎斯
滙尤盛与今所生大半不同其種之食芻者十有九焉游
於歐羅巴諸河湖之濵其与今相似者則如白豹等今秖

産於熱道之地。致足奇也。此獸廣産遠處。与之交者種異類同。如牛熊鹿狗狐狸松鼠樹狸之屬。彼時洋内之鯨魚。今考其迹。或高於海面。勢尤浩大。其族皆已殲滅。然造化主之能。不祇在陸海也。天空亦有怪禽。今已盡除。惟貓頭鷹鵬鳥鶴鶏類畧相同。可見高緯度水土草木之迹。彼時氣候煖於今時。以此堪證。至如英地有幽窮猴子龜巨蟒之骨。今悉産於熱道。腰魚鋸魚。今其類不産於英海。惟其遺迹皆考而得之。

中新層時。有居水陸之走獸。新生与舊相交。其新之内有一種。形甚雄異。而大於象。性情不能詳知。當時亦有二族。一曰古猛獸。一曰乳頭牙獸。皆雄大。今有走獸種類。其始与此異形之生物相交。如象犀海馬貘馬熊豺狼鼬鼠水牛鹿等。又有洋海之乳類。海狗海犢海豬海牛。第三層愈高。生物愈多。其形与今之族類更相似。當第三層初時。有居水陸之走獸及洋海乳類。至上新層始則盡不見。惟有乳頭牙獸元象而已。中土有龍齒龍骨。想即此類。今之走獸彼時幾備。類同種異。或有元象与之相交。其骨見於山穴藏於花慈石。及其時同生之層者大半。如海馬犀象馬熊豺狼水鼠禽鳥之族。澳大利山穴中之骨迹皆屬最大之袋獸。種已滅。今猶存其類。惟形軀差小而已。南亜墨利加之上新層古今之乳類皆同。大約如木狗穿山甲狁猞族。推其古之形狀較大。其種亦異。

古今形迹大較相若。究地質之士。若見地中所瘞數骨。其為物雖已滅千年。猶可識其形性。近佛郎西有士曰古非尔。世傳其名。始創立剖屍剔骨比較之學。今有英士曰阿渾衍成其學。以顯微鏡屢加細察。走獸族類見其牙之紋理不同。因又以牙之瑣屑。可定其原來族類。以一骨之少許。使彼識古禽形性。其屬已滅。後見其禽之全骨。与彼所識無謬。於戲精藝至斯。何若是其神也。

第三層時。北半球之大半出於洋面。已有之地。益高於是。昔則氣候炎熇。斯則漸變為冷。蓋熱道之地愈增。氣候愈熱。高緯度之地愈增。氣候愈冷。是以上新層將盡之時。氣候最寒。歐羅巴全州。幾為洋水所淹。冰飄其面。今亜墨利加東北濵亦然。其時冰洋之底。間有墳起。屢見叢雜。其後歐州幾与今日之形相同。此冰洋昔亦多布於亜西亜亜墨利加寒道之土。可以為證。生物草木之舊形。因地面震動。氣候變遷。遂皆漸滅。新層漸興。山巔聳起。如島。産草木。居生物。今猶有存者。地增高廣。奠厥攸居。形色日新。族類充斥。在昔人類之先。久居地土。今所滅走獸之中。或能久歷時變。獨有元象。其壽過于並生之獸。即為地面先世所餘者也。此獸在歐羅巴。亜西亜。亜墨利加全土。西弁利冰地尤多。或全身葬于冰泥。毛肉猶鮮。豺狗食之。有一目眶。存于墨斯科博物院。昔時象至其地。今不知何如。或云氣候炎熱。其象居之良適其性。或有云洪水來時。驅象至於寒地。

介類能當氣候推變。較之並生庶物為久。但在第三層時。与今有之族。形漸相同。内載多売。紛然無數。皆已滅之族。百穀中下新層僅得其三。上新層約有九十三形。与今之族相似。由西路畧層至第三迹層。盡所見魚迹之中。与今生之種相同者。罕見焉。下新層魚迹。屬已滅之類者三分之一。

以上四等之石。為地殻之堅質。其上一層泥沙磧。鬆散遍地。時積甚厚。曰水遷層。為洋海河湖渣滓所沉。即在亜墨利加。歐羅巴之北方。雜以大磐。或角或圓。為水所摩盪而成。皆自故處遷徙數百里。其層在此二土。名行差石。又名北漂。因其石与北山之石同。以意度之。由彼至此。去山愈遠。其石愈小。莪羅斯内之石尤大。移自瑞典山向東南。約有三千里。此石必因冰山而移。然後沉於水底。其時冰洋布於州北。淹没於莪地偏隅。約百餘丈。至南高緯度之中。今猶見此石礫礫滿於洋海冰山焉。此層之中。厥有土炭。

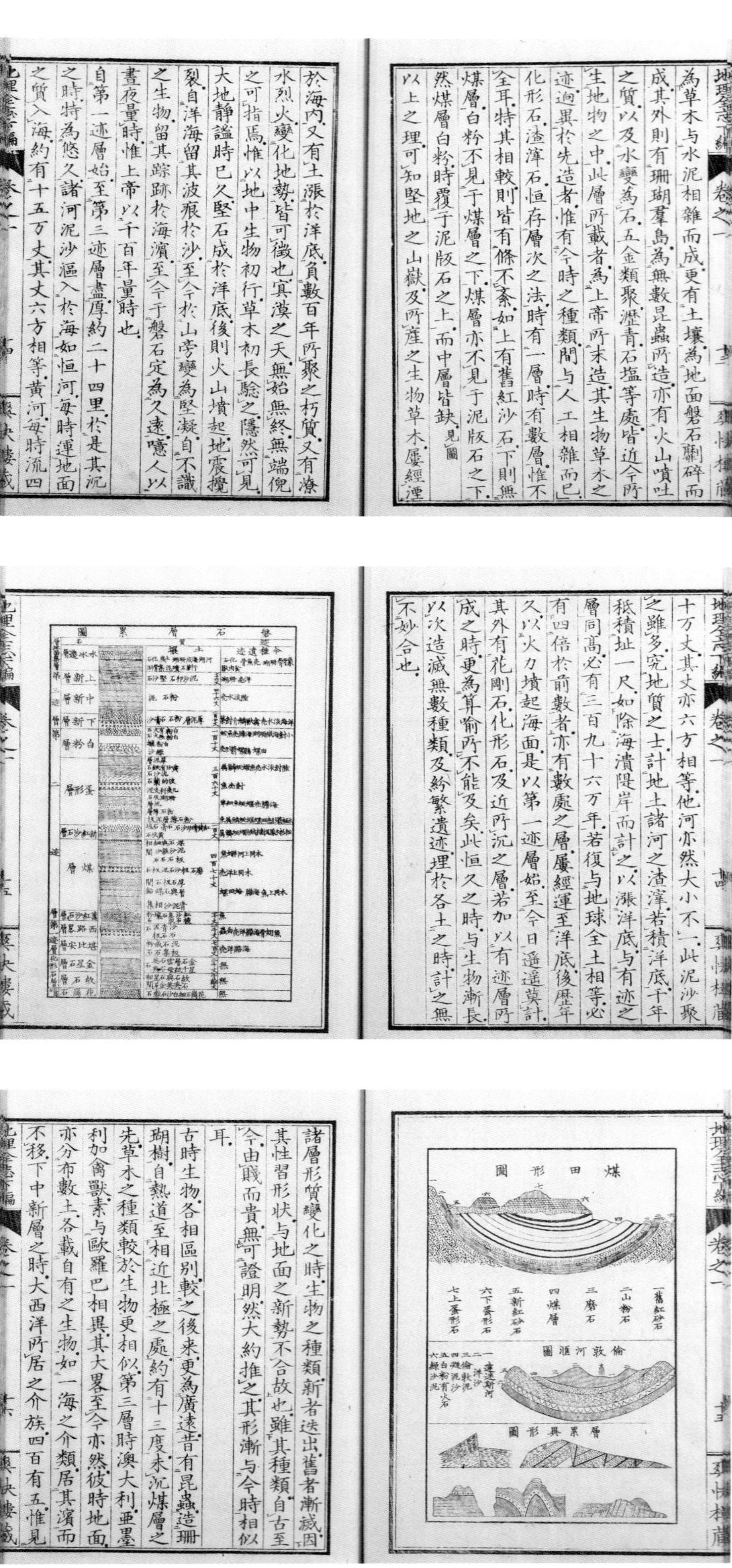

十二族与亜墨利加歐羅巴二濵相同生物草木所分之土与洋底所漲之地時候相同麗以草木居以生物皆合其勢其時鱗介亦有分布之所因洋底与地面皆有變化之理也
古時生物形迹甚繁如除金類及火奮石之外在地面之質諒無纖微未成生物者也自始生物以来昆蟲造珊瑚樹長千餘里有灰石之山其迹徧布有礦盈売掘之為灰山岡磐石厚數百尺多由売生凡地面所列之山其売甚多究地質之士用顯微鏡窺之每売不大于一粒沙積之則為高山矣土斯加尼山大概以細蜂売成之小石約重

一両許者有士窺之乃聚一万四百五十四売白粉亦由之而生泥版石易分因其聚數層細売而成故也魚迹每見于各地迹層之中惟最下之層則無因地質變化之時各生其族蝘蜓巨類之迹無數已滅之走獸衆多在地質形迹之學無有奇于西卑利者象形羣集已閲數百年其牙為商賈所利北氷洋島其迹殆滿雜以他獸之骨其種已滅其類今存
夫草木為柔脆之物而其蕟迹猶存致足奇也其外種類紛繁至今已消滅生煤層之前草木暢茂較之熱道草蕟尤多煤即草木之質因地面煤層廣大以是可知古時草

木之盛後不能及此諒因第三迹層時氣候漸冷及今生物草木種類將造之先地面冰凍之故也既造之後氣候猶冷惟陸海變遷寒氣漸煖至北半球之氣候与今相同以上諸論叙述地質之大畧於是而知不止天顯■之榮光即地亦可證明其能力矣

地寶脉絡論

地𩪏為地震及火山吐力猝然攪動以此變化形勢若地質微埃所磨盪之力盈於磐隙有諸金寶石較為静謐也金類所蔵或于地脉或於團塊或於廣帶或于沙磧之間地脈之向甚為屈曲由漸而陷莫測其深其所蔵之層左

右大概一高一低所近磐石之面皆具變化形由此觀之地脈之理如奮發之雷氣所運行感動之法畧相同也地質微埃以其相吸之力与熱氣雷氣恒為運動此理確然可無疑矣而日之熱氣頃刻間能變白鉛戎塩有三瓣体者更為他狀殼迹印於磐石其肉消滅殆盡惟有石質弥滿以代之焉所掘之空隙後漸狹隘以是推之可知地質微埃相吸而運遷諒因雷氣而成其雷氣寔生金類充満地脈為最要之端
地有吸鐵氣推其故因雷氣横流其經線而成西士察之究其氣流於衆金脈絡之間且地之異質皆有雷氣吸鐵

氣多少不一有時為不吸之磐所隔所流之雷氣截然而止凡所遇之物即融化其性於是雷氣之勢各異則地内所蔵之質因之而定其脉絡之向亦与吸鐵氣經線之向相同此理以各方所蔵之金排列于東西或西南東北為証地脉較有横形其内大畧無金否則其金性類不一至于金盈地脉之力細推之因日氣与地球盤轉故生雷氣之流動而成又時金脉交横其下所横者想必先蔵因其上横過之脉至相接之地攪亂分岐金脉皆有其形故可知蔵之尤新金脉之金盈者罕見内亦有他質如石英寒水石鐵銹塩寶石等獨有一脉則蔵金鮮少衆脉交接之

處則其尤富凡磐石相雜之中雷氣所通所化之力尤大故蔵金脉甚富火奮石時蔵金類頗衆在渣滓石之間亦不為少惟此二等石相接為化形石之處衆金萃焉凡磐之中金類不同花剛石及所覆之石中有金錫為最泥版石紅沙石層中有銅山灰石層中有鉛煤層蛋形層中有鐵舊石之中有吸鐵石以上之層蔵銀者幾十之九焉大率与鉛銅等相合見磐石之性可究其脉之蔵若有一脉与泥版石花剛石交通則其二石之所蔵大異大英煤層之上寶金甚少至歐羅巴之他處及南亜墨利加新紅層之間有銀銅甚多金類大半在花剛石泥版石相接之處

獨於地震攪動之處錫鉛銅等亦甚富饒西土開礦之時
掘地如井循金脉之向作横臺形高低不一其石倘堅即
用火藥以破之大英有一礦其所掘之地九十五處共深
約八十五里長約百四十里工人二千五百名他處亦畧
相等因雨及地面之水淋漓而下与地内之泉池相滙必
致泛濫于礦不能工作惟用火輪之器以竭其水較為便
捷一輪器可抵三百五十馬之力其恒運動不息故其工
可抵千馬之力馬道光十二年有士計之則輪器之在英
礦者可抵二百万人力也金礦通風之法以熾火而成其
氣流於上下于是有鮮氣呼吸否則地内之氣愈深愈熱

人不能堪礦内亦有氣遇火忽發人多被焚爕近有英士
製細紗燈西土礦工用之不致大礙因其火氣不能与燈
光相接其制作豈不精美哉欲入深礦如在英部哥奴瓦
等地者其法盤曲作梯層而下計其上下人力已費三分
之一今以火輪器上之較便礦之至深者在波希米低于
海面三千七百尺今時已不能入英之達尓罕有煤礦低
于海面一千五百尺普魯士之鹽礦深二千二百尺低于
海面将二千尺他礦亦如之又有礦在高地反不至海面
如墨西哥有礦深一千六百八十尺其底轉高于海面六
千尺安的斯山之礦愈深其底愈高中國火井斜入三千

尺直下之數未能詳也
金類甚多徧産四方雜于土石碎之成沙淘汰以出不過
三四分之一金最少采之或不敷工價壊地利之礦其出
金每歳約有四万両西班牙蘇格蘭阿尓蘭數處金亦僅
有亜西亜多出金西卑利為最烏拉嶺下亦甚富道光五
年出精金大塊重十七斤四周之塊重二三斤不等其東
方之地大如佛朗西者金藏于土下層磐石藏更多道光
十三年阿尓泰山有地同于大英産金之多後十年中所
産値銀洋二千万圓西藏雲南越南暹羅馬来緬甸日本
婆羅州皆有金礦阿非利加剛山之金甚多掘地二十尺

有金愈深愈富其高原大河大半産金南亜墨利加之西
安的斯山金類頗少惟新加拉那大頗多安的斯山東麓
及所流之河皆出金巴西諸河所産尤多中亜墨利加墨
西哥加里福尼皆産金之地加里福尼俗名金山澳大利
島二地産金甲于天下近中外各國咸往采取合衆部北
喀羅来那方三千餘里其典尼西若耳治山亦産金沙
歐羅巴出銀甚多匈牙利山為最日瑞典壊地利數處亦
有之東州之間烏拉嶺阿尓泰山銀礦尤富亜尓美尼亜
那多里西藏中國越南日本皆産銀安的斯山銀礦為富
時或地高水缺土曠氣候凝寒途險價昂鑿之不易更在

智利周三十里點水全無礦一千五百方里内有脉絡數
十時産精銀大塊約重四千斤秘魯山銀礦徧地有之在
巴斯哥最富採取經今二百二十年猶不盡也有士計金
類採取至歐羅巴自初見亜墨利加之時至嘉慶三年約
値銀四十萬萬両獨銀可為一球周二百七十尺
鉛時与銀相合乃為英礦産物所重之一質北有鉛礦更
富饒其脉或廣十尺或二十尺道光元年此礦出銀約二
万四千両佛之鉛礦不多西班牙南及日之數處為盛中
國暹羅隣境下秘魯墨西哥亦有之加里福尼合衆部西
北出鉛尤多

水銀或有流形或雜于硫礦如銀硃壊地利来尼河左有
之西班牙水銀礦最富前二千五百年此礦已鑿至今每
歳出水銀二万石又見于中國日本錫蘭墨西哥其産于
秘魯礦者自始至嘉慶初時約九万石加里福尼近始見
之
銅産之地甚多阿非利加亜墨利加波斯印度中華日本
西卑利等處在在有之瑞典那威日英之礦甚富蘇比畧
湖南出銅推為天下至貴道光二十七年所産一万三千
石西卑利産有石緑為金類中最美者
英之哥奴瓦泥版石覆于花剛石横以白班紅石其産有

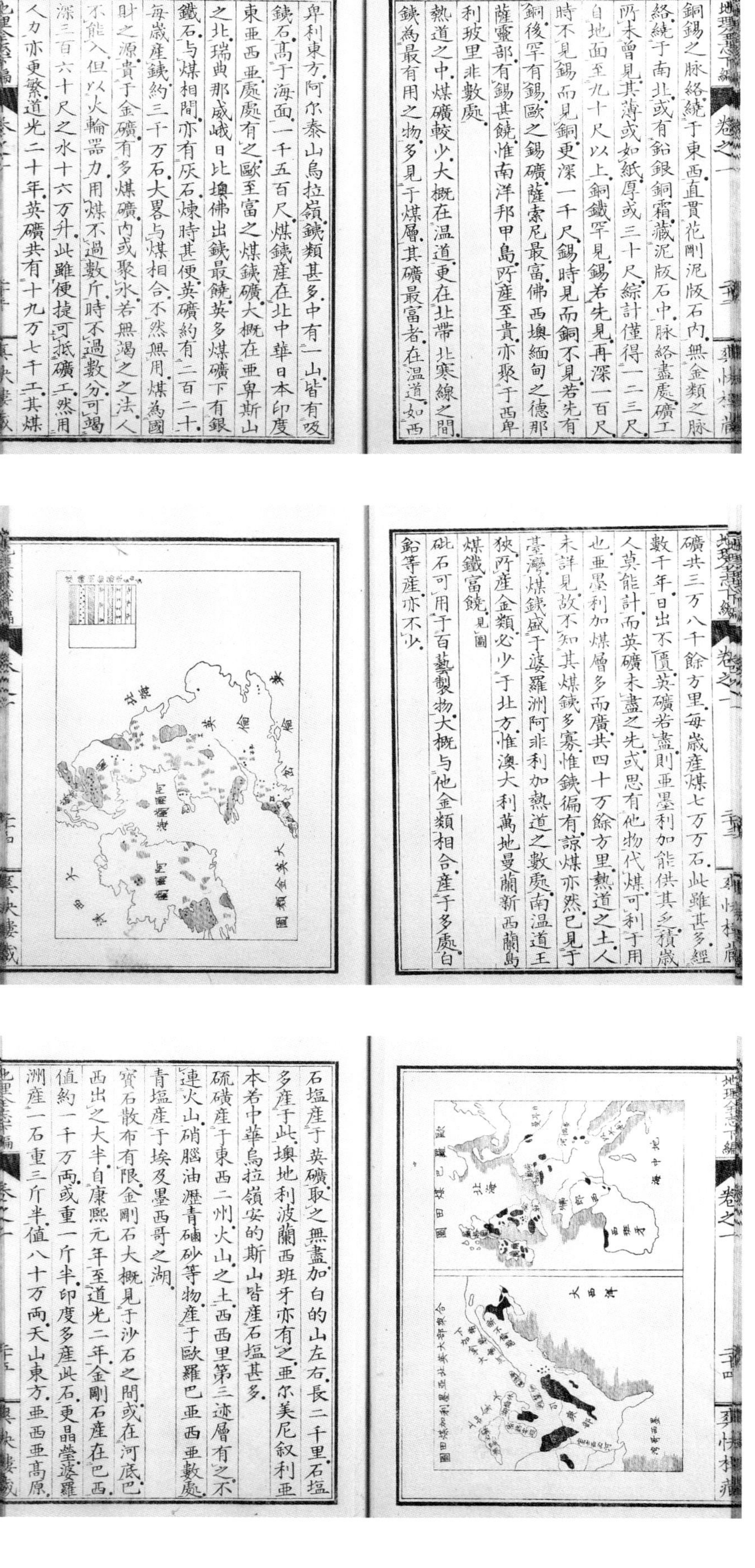

地理全志下編　卷之一

銅錫之脉絡繞于東西直貫花剛泥版石内無金類之脉絡繞于南北或有鉛銀銅霜藏泥版石中脉絡盡處礦工所未曾見其薄或如紙厚或三十尺綜計僅得一二三尺自地面至九十尺以上銅鐵罕見錫若先見再深一百尺時不見錫而見銅更深一千尺錫時見而銅不見若先有銅後罕有錫歐之錫礦薩索尼最富佛西墺緬甸之德那薩靈部有錫甚饒惟南洋邦甲島所產至貴亦聚于西卑利玻里非數處
熱道之中煤礦較少大概在温道更在北帶北寒線之間鐵為最有用之物多見于煤層其礦最富者在温道如西卑利東方阿尔泰山烏拉嶺鐵類甚多中有一山皆有吸鐵石高于海面一千五百尺煤鐵產在北中華日本印度東亜西亜處處有之歐至富之煤鐵礦大概在亜卑斯山之北瑞典那威峨日比墺佛出鐵最饒英多煤礦下有銀鐵石与煤相間亦有灰石煉時甚便英礦約有二百二十每歲產鐵約三千万石大畧与煤相合不然無用煤為國財之源貴于金礦有多煤礦内或聚氷若無竭之之法人不能入但以火輪器力用煤不過數斤時不過數分可竭深三百六十尺之水十六万升此雖便捷可抵礦工然用人力亦更繁道光二十年英礦共有十九万七千工其煤

地理全志下編　卷之一

礦共三万八千餘方里每歲產煤七万万石此雖甚多經數千年日出不匱英礦若盡則亜墨利加能供其乏積歲人莫能計而英礦未盡之先或思有他物代煤可利于用也亜墨利加煤層多而廣共四十万餘方里熱道之土人未詳見故不知其煤鐵多寡惟鐵徧有諒煤亦然已見于臺灣煤鐵盛于婆羅洲阿非利加熱道之數處南温道王狹所產金類必少于北方惟澳大利萬地曼蘭新西蘭島煤鐵富饒見圖
砒石可用于百藝製物大概与他金類相合產于多處白鉛等產亦不少

地理全志下編　卷之一

石塩產于英礦取之無盡加白的山左右長二千里石塩多產于此墺地利波蘭西班牙亦有之亜尔美尼叙利亜本若中華烏拉嶺安的斯山皆產石塩甚多
硫磺產于東西二州火山之土西西里第三迹層有之不連火山硝腦油瀝青硇砂等物產于歐羅巴亜西亜數處青塩產于埃及墨西哥之湖
寶石散布有限金剛石大概見于沙石之間或在河底巴西出之大半自康熙元年至道光二年金剛石產在巴西值約一千万両或重一斤半印度多產此石更晶瑩婆羅洲產一石重三斤半值八十万両天山東方亜西亜高原

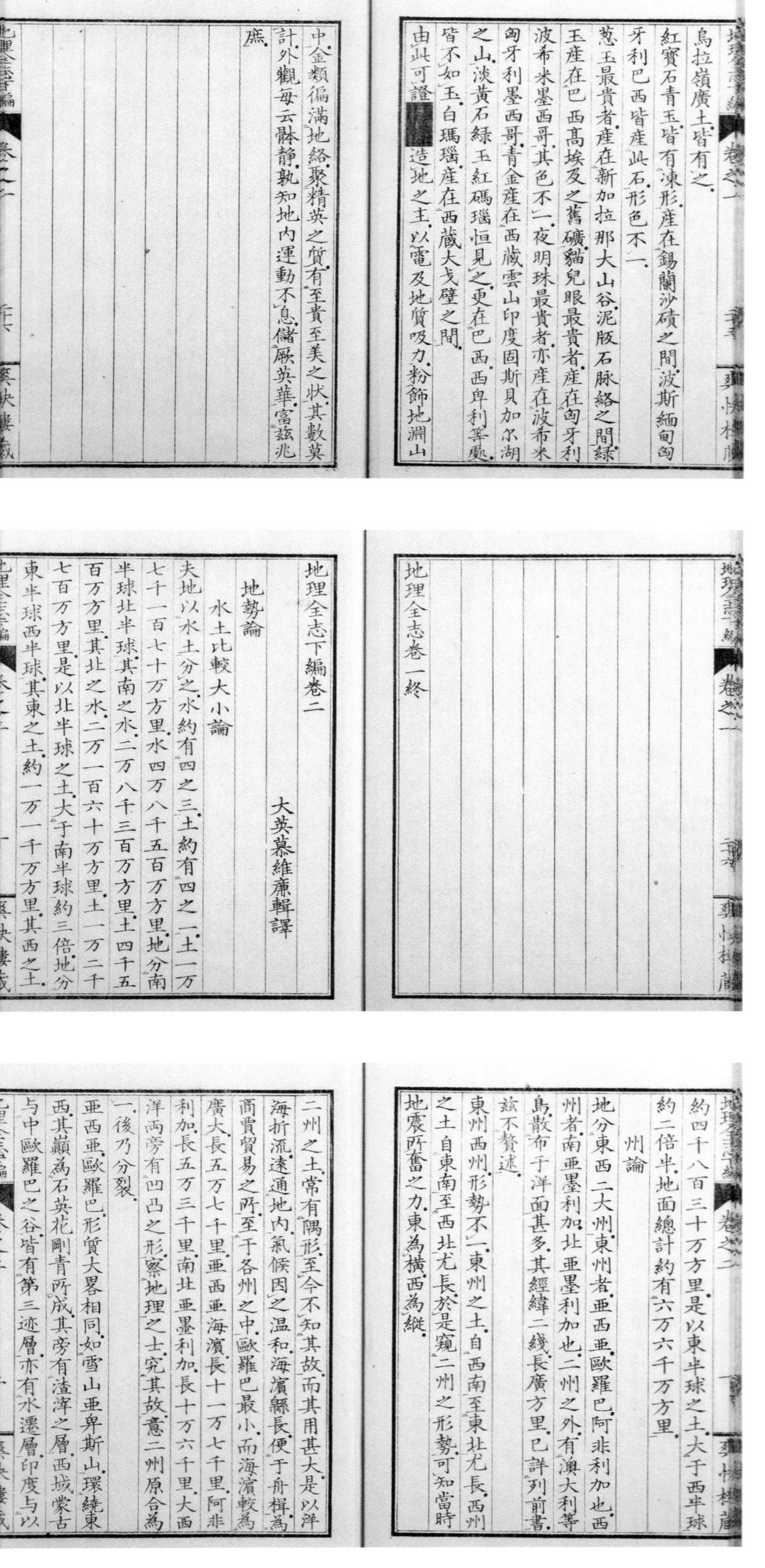

烏拉嶺廣土皆有之
紅寶石青玉皆有湅形産在錫蘭沙磧之間波斯緬甸匃
牙利巴西皆産此石形色不一
葱玉最貴者産在新加拉那大山谷泥版石脉絡之間緑
玉産在巴西高埃及之舊礦貓兒眼最貴者産在匃牙利
波希米墨西哥其色不一夜明珠最貴者亦産在波希米
匃牙利墨西哥青金産在西藏雲山印度固斯貝加尔湖
之山淡黃石緑玉紅碼瑙恒見之更在巴西西卑利亞處
皆不如玉白瑪瑙産在西藏大戈壁之間
由此可證造地之主以電及地質吸力粉飾地淵山
中金類偏滿地絡聚精英之質有至貴至美之狀其數莫
計外觀毎云斛靜孰知地内運動不息儲厥英華富玆兆
庶

地理全志卷一終

地理全志下編卷二
大英慕維廉輯譯
地勢論
水土比較大小論
夫地以水土分之水約有四之三土約有四之一土一万
七千一百七十万方里水四万八千五百万方里地分南
半球北半球其南之水二万八千三百万方里土四千五
百万方里其北之水二万一百六十万方里土一万二千
七百万方里是以北半球之土大于南半球約三倍地分
東半球西半球其東之土約一万一千万方里其西之土
約四十八百三十万方里是以東半球之土大于西半球
約二倍半地面總計約有六万六千万方里
州論
地分東西二大州東州者亜西亜歐羅巴阿非利加也西
州者南亜墨利加北亜墨利加也二州之外有澳大利等
島散布于洋面甚多其經緯二綫長廣方里已詳列前書
玆不贅述
東州西州形勢不一東州之土自西南至東北尤長西州
之土自東南至西北尤長於是窺二州之形勢可知當時
地震所奮之力東為横西為縦
二州之土常有隅形至今不知其故而其用甚大是以洋
海折流遠通地内氣候因之温和海濱綿長便于舟楫為
商賈貿易之所至于各州之中歐羅巴最小而海濱較為
廣大長五万七千里亜西亜海濱長十一万七千里阿非
利加長五万三千里南北亜墨利加長十万六千里大西
洋兩旁有凹凸之形察地理之士究其故意二州原合為
一後乃分裂
亜西亜歐羅巴形質大畧相同如雪山亜弗斯山環繞東
西其巔為石英花剛青所成其旁有渣滓之層西域蒙古
与中歐羅巴之谷皆有第三迹層亦有水遷層印度与以

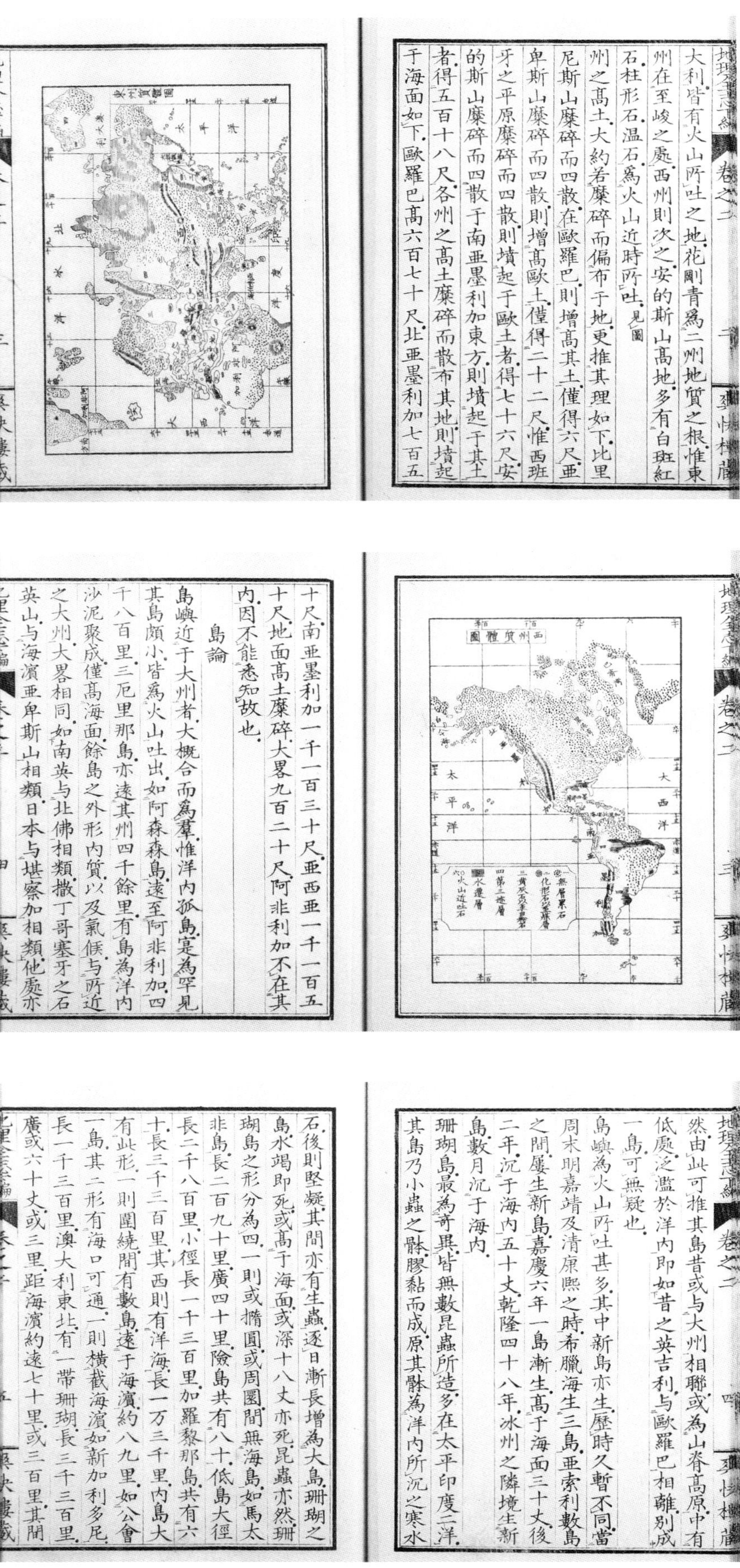

大利皆有火山所吐之地。花剛青爲二州地質之根。惟東州在至峻之處。西州則次之。安的斯山高地。多有白斑紅石柱形石。温石。爲火山近時所吐。見圖

州之高土。大約若糜碎而偏布于地。更推其理如下。比里尼斯山糜碎而四散在歐羅巴。則增高其土僅得六尺。亞卑斯山糜碎而四散。則增高歐土僅得二十二尺。惟西班牙之平原糜碎而四散。則墳起于歐土者得七十六尺。安的斯山糜碎而四散于南亞墨利加東方。則墳起于其土者得五百十八尺。各州之高土糜碎而散布其地。則墳起于海面如下。歐羅巴高六百七十尺。北亞墨利加七百五十尺。南亞墨利加一千一百三十尺。亞西亞一千一百五十尺。地面高土糜碎。大略九百二十尺。阿非利加不在其内。因不能悉知故也。

島論

島嶼近于大州者。大概合而爲羣。惟洋内孤島。寔爲罕見。其島頗小。皆爲火山吐出。如阿森森島。遠至阿非利加四千八百里。三厄里那島亦遠其州四千餘里。有島爲洋内沙泥聚成。僅高海面。餘島之外形内質。以及氣候。与所近之大州大略相同。如南英与北佛相類。撒丁哥塞牙之石英山。与海濱亞卑斯山相類。日本与堪察加相類。他處亦然。由此可推其島昔或与大州相聯。或爲山脊高原。中有低處。泛濫於洋内。即如昔之英吉利与歐羅巴相離。別成一島。可無疑也。

島嶼爲火山所吐甚多。其中新島亦生。歷時久暫不同。當周末明嘉靖及清康熙之時。希臘海生三島。亞索利數島之間。屢生新島。嘉慶六年一島漸生。高于海面三十丈。後二年沉于海内五十丈。乾隆四十八年。冰州之隣境生新島。數月沉于海内。

珊瑚島最爲奇異。皆無數昆蟲所造。多在太平印度二洋。其島乃小蟲之骸。膠黏而成。原其骸爲洋内所沉之寒水石。後則堅凝。其間亦有生蟲。逐日漸長。增爲大島。珊瑚之島。水竭即死。或高于海面。或深十八丈。亦死。昆蟲亦然。珊瑚島之形分爲四。一則或橢圓。或周圜。間無海島。如馬太非島長二百九十里。廣四十里。險島共有八十。低島大徑長二千八百里。小徑長一千三百里。加羅黎那島共有六十。長三千三百里。其西則有洋海長一万三千里。内島大有此形。一則圍繞間有數島。遠于海濱約八九里。如公會一島。其二形有海口可通。一則橫截海濱。如新加利多尼長一千三百里。澳大利東北有一帶珊瑚長三千三百里。廣或六十丈或三里。距海濱約遠七十里。或三百里。其間

亦有道可通舟楫可駛其為珊瑚島之至大者一則形如
流蘇近沿海濱
山谷論
今究生山之故不但飾地之觀堅地之骨實於人物有多
益焉蓋山墳起地殼之層奮磐石至其上中毓五金使人
可取其土宜于耕耘或漲地面漸成為坡故有乾土廣大
截水在山谷河湖之間又于熱道之高原人居其中良為
便易山亦吸雲霧積而為雨流于水道否則散於平野或
為廣淤或為急流遂成河漲可以潰地之質運於他處即
為土壤風力鍛盡水勢衝激賴山以蔽焉

山突于廣野高于海面或數百丈或數千丈約畧觀之則
山嶺之形若無次序然見其外勢可知其內質較之而無
不合也生物草木因氣候而互異惟山之形狀以其本質
而定山巔有鈍尖之象者指為火山有鋸齒之形者中蔵
積粒灰石有圓角者中蔵粉石有三角形者中蔵泥灰石
石英有鍼形者中蔵晶石有皺形者中蔵翠石温石有三
尖之形者中蔵磬石有薄若黒牆者中蔵柱形石梯石石
為雨氣所潰則有圓形為磨石花剛石
天下至峻之地以及人跡所至之處今摘出之臚列如左
東半球雪山之巔二千八百丈為天下之至高者西半球

之玻里非山二千五百丈氣球升至二千七百丈安的斯
山之火雞其飛之高約二千一百丈安的斯旅人行至一
千九百五十丈雪山旅人行至一千八百六十丈雪山上
有蔱楚高一千七百丈波多西銀礦高一千六百丈新疆
産穀之地高一千六百丈雪山之雪線至高一千六百五
十丈安的斯山之雪線至高一千五百八十丈西蔵聖湖
高一千五百丈西蔵民居至高一千三百六十丈安的斯
山民居至高一千三百四十丈低低加加湖高一千二百
丈南寒道之火山高一千二百丈基多城高九百五十丈
墨西哥城高七百餘丈西班牙宮殿高三百二十丈

山之孤峙者罕見惟火山為然山之形大概環列聚為大
彙其中脊最高其下峯巒漸小後為第二等小山山彙大
概一旁斜削一旁長坡亜卑斯山向南斜於向北比里尼
斯山亦然瑞典向西北斜于他處加的斯山一旁長坡一
旁峻崖安的斯山一旁向西斜于向東
山彙環繞多角其方向較之州地至長之形大畧相符安
的斯落磯山亘亜墨利加東南西北長二万五千里山彙
自歐羅巴西南至亜西亜東北罕有隔斷第二等小山亦
然如以大利瑞典加的斯諸山
山彙平列雖以海支山谷火山噴石第二三迹層之土各

相離而其形質大畧相同如南亜墨利加西北之山及東
州之亜卑斯巴幹道羅雪天諸山皆東西平列形質相同
北英倫瑞典来尼河上中佛郎西烏拉西阿尔泰墨西哥
玻里非智利皆有山彙南北平列内之火奮石化形石地
賓脉絡第二迹層類亦無甚參差也
山彙平列東西有人民生物草木均各殊異惟山彙南北
之所生者無甚差別也如瑞典山通于南北其二邉之民
不能阻其往来也亞墨利加之山亦亘于南北雖天空之
氣甚異而欆色之民止有一種英倫蘇格蘭界以低山自
東至西蘇格蘭北方亦然雖其民學業無優至風俗音聲

數百年猶不相類西班牙之人物大異于佛郎西畧同于
葡萄牙以大利大異于日耳曼畧同于西班牙土耳其大
異于亜喇伯畧同于波斯國等
山彙平列同時墳起亦可證也今有確然之理以究大山
之年代亜卑斯山有第二迹層陡起以花剛石大英亦有
此層横覆于花剛石是以英之花剛石墳起于新層之所
沉者為先而亞卑斯山有花剛石奮出之為後故英之花
剛石較之亜卑斯者為久究地理之士分歐羅巴之山以
其生時有十二彙其舊新次第詳述于左一英威斯謀蘭
及瑞典之山一佛之窩斯日數山一北英之山一比利斯

南威里士之山、一来尼河之山、一波希米之山、一易北河上之西山、一佛之亜卑斯山、一比里尼斯及以大利加白的數山、一哥塞牙撒丁之山、一西亜卑斯之山、一亜卑斯至高之山。

天下各土有山、今將其名號及至高廣里數、臚列于左。雪山、与印度固斯波斯山、自裏海西南至中華西南、長九千三百里、高二千八百丈。崑崙山、自雲山至黄河之源、長五千三百里、高一千八百丈。天山、自雲山至蒙古之間、長四千七百里、高二千丈。阿尓泰山、在西卑利之南、長二千九百里、高一千一百丈。西加的斯山、在印度西南、長二千六百里、高六百丈。烏拉嶺、自烏拉河至北氷洋、長四千里、高五百餘丈。比里尼斯山、自比斯改灣至地中海、長七百五十里、高一千一百丈。亜卑斯山、自熱那灣濱至匈牙利西界、長一千五百里、高一千五百丈。巴幹山、自布加利至黒海濱、長二千里、高五百六十丈。亜弗尼奴山、通貫以大利南北、長二千六百里、高九百五十丈。加白的山、自上阿得阿至達郎西瓦尼、長二千里、高九百五十丈。斯堪的那惟安山、穿貫瑞典國南北、長三千里、高八百丈。亜德臘山、在阿非利加西北海濱、長六千六百里、高一千五百丈。落機山、貫絡北亜墨利加西偏、長一万里、高一千七百丈。亜利

俺你山、自亜拉巴馬至新不倫瑞、長三千五百里、高六百五十丈。安的斯山、貫絡南亜墨利加西偏、長一万五千里、高二千五百丈。

究地理之士云、亜西亜之山、其綿亘南北者、地實最多。在安的斯、亜利俺你、巴西等山亦然。

山彙為谷、截而分之、或直或横。瑞士之瓦米斯、為直谷、長三百餘里、濶或一里或十里。又有横谷、狹隘甚險、如于安的斯山之中、或深四百餘丈、濶二百六十丈。雪山、高加索等山亦然。觀其谷之對面、即知其生時有同層之石。惟為地震而墳起、分裂、故名截谷。時有墳出而無分高低層疊、名曰波濤谷。時水衝激于軟層、而泥土漂去殆盡、此名不毛之谷也。然諸山谷、揣其形勢、本因地震而成、後以天氣水勢、變化其形。

亜西亜西方地面最低、約有數万方里。裏海鹹海尤甚、想因四周山原墳起而成。近有地理之士、量裏海低于黒海、八十三英尺。

高原論

高原者、其土較海面為高、内多平坦、其形大率如波濤、或高嶺環繞其上。總觀形勢、由卑而高、其面多有平地、或漸成為坡、或有突起為壁、或較四周之低野、歴如階級。高土氣候冷于同緯度之低處、水沸之熱氣、較在下地為減。天氣較輕、行旅之人、呼吸費力、胸膈殊懣、肺之血絡、時欲噴張、耳目口鼻、時常流血。或云、居民則胸膈開舒、呼吸氣長也。

今將天下各國高原之著名者、臚列如下。大戈壁之原、高四百丈。阿富汗之原、高七百丈。波斯之原、高四百丈。印度德干之原、高三百丈。亜尓米你之原、高六百丈。西班牙之原、高二百餘丈。南阿非利加之原、高六百餘丈。墨西哥之原、高七百餘丈。波哥大之原、高八百七十丈。幾多之原、高九百五十丈。波多西在玻里非之原、高一千三百丈。尼加拉瓜之原、高五百丈。巴斯各在秘魯之原、高一千一百丈。雪山崑崙山之間有原、長四千三百里、廣一千二百里、高一千四百丈。雪山北方、有拉大格國、十万方里、高一千五百餘丈。

平野論

平野者、稍高于海面、有時或低、是以異于高原也。其勢多平、間有波濤形、以及阜谷深鑿。于是野為地面之大半、沃壤可耕、都城閎壯、民居蕃衍、羣處于斯土矣。歐之廣野、自塞你河右上、由比利時、荷蘭、北日普魯士、以至烏拉嶺裏海之界、大于佛郎西九倍。惟有峩之瓦臺原外、幾皆為平

地墨斯科高于海面四十八丈乃至峻者遼烏拉嶺之南此野環于亜西亜之北以至白令海峡一帶方域在南亜墨利加野居其四山居其一大西洋水漲數十丈則汎濫其洲之大半

野形雖同勢則有異一名石草之土如于北日漣國南佛中匈牙利沙磧爲最其地或不毛或有杉林石草偏生又有沃地澤湖雜處一名荒土如歐之東南亜西亜之西北其地夏熱冬寒其土或宜于耕植百草紛繁或蓰斥鹵罕見化生之物有地亢旱有地雨多共三百三十万方里一名沙漠其地一帶石沙永不生化間有水泉四周有果穀人賴之以生有時風猛沙即飛揚行旅頗危其地甚多其大者撒哈拉爲首蒙古波斯西域阿富汗亜喇伯次之亜墨利加南北數處亦然又有地雨澤時降花卉鮮妍旱時則一帶荒沙如荷利諾哥河左或有地樹林叢密如亜馬孫支河之邉大于佛郎西六倍或有地林木蕭條惟生荊棘草莽蕪雜冬則水勢汪洋夏則白塩偏地如自不宜塞利至巴他哀尼或有地花卉芬茂如自密士西必河右至洛幾山或有地冰雪凝積如北亜墨利加之英吉利所屬之地与亜西亜一帶北境

地洞地裂論

地洞地裂者多于山中或因地震或因流水激盪所致地洞通于山邉横入其内或有一穴或有數穴皆狹曲相連或其低于外口地洞不見于花剛石泥版石之間惟有地裂不知其深古今火山吐石石膏沙石之中皆有地洞特于山灰石間洞每廣大而多蘇格蘭西有一島地洞甚奇爲柱形石所成冰洲有洞高四丈廣五丈長五百丈在温石中各處大洞多在灰石之間此洞有石鐘乳石牀奇形其衆皆因冰凝石之質滴下而成其著名者於墺地利可通數里内有深河墨西哥中國多處有之地洞地裂之間時有紅壤泥石聚集雜于走獸諸骨其種已滅英有此洞凡八其一所藏之骨如異狗猫熊豺狼狐狸鼬鼠象犀海馬馬牛鹿兎鴉鴿山雀鷸日耳曼之洞所藏之物大概爲熊其跡甚繁由此可推古時温道有走獸今居于熱道因其氣候暑寒相同而然

地洞口狹氣候無異惟冷于外地或有洞夏時結冰殆遍冬期消化佛哉墺皆有之有洞届于火山之地或出熱氣硫磺氣或出不可吸之氣以大利爪哇皆有此處吸其氣者即死

又有洞吐風至今不能窮其理亜利倫尼山有洞徑十丈吐氣遠其口六丈能偃伏荊棘中亜西亜有一大洞出狂風路有人物吹逐湖内或風自地出于冬爲煖危險異常行旅之車必停數日以俟暴風止

冰山論

南北高緯度之間以及各緯度之高土冰雪恒布地面在寒道之地終歳有雪惟南半球低緯度較於北半球下雪更多若漸遠二極而近温道則雪恒積于漸卑之地夏時消于平野至四十五緯度雪恒積之線高約八百五十丈赤道雪恒積之線高約一千六百丈寒道以外雪恒有之所曰冰洲瑞典亜卑斯比里尼斯高加索雪崑崙阿尓泰大亜德隴安的斯等山雪聚于山面或墜于下谷折樹林摧磐石凝塞河道變其流注其勢險急異常深埋人物其雪始動雖以然漸下漸增積爲廣大又因墜之甚速空氣被壓力如颶風俄頃間毀四週人物山雪墜下因纏落之後即有暴風雪殊未堅驅爲堆垜山旁莫能存積又因濕雪消融時遂離山而漸增後則倏然下墜或地内暖氣融其遍山之雪則偏側而墜如是雪墜之形有三一則飄颻而下一則宛轉而墜一則偏側而落冰山与雪田相連如川連泉其外形如潦水結冰依于山旁自巓至谷本産于永冰之所降于雪線之下至于暖土宜于耕種以此消融最多然終不能盡因其上冰雪仍満盈焉山冰因太陽雨

水及地内暖氣常為消化流成大河如恒河羅尼河冰之在山有時長五十里廣十里至山下厚約十丈其形不一或橢圓或周圓皆若山谷之形其色為青淺深不一与白雪在山巔相較則為甚美時而直裂至下長廣不一故旅人難行皆以晝夜四時變化之氣而成
山冰墜下人目難見惟地理之士以器測量而知其漸下一歳或二十餘丈或四十八丈夏時晝間尤速冬時夜間尤遲中處亦速於邊
山冰運動聚石沙甚衆均結為堅硬於是其下之磐石銼成縱横之紋亦磨鍚而成光滑此在地質之理甚為緊要因之而有行差石及磐石其面光滑縱横𥗽碎与今有之冰山或近或遠行差石常見之處無石相類必自遠所而移亞弗斯山高於湖八十丈一帶有花剛石皆如角形長數十里其相類之石遠二百三十里中有二石一廣一万三十尺一廣四万尺六方相等普魯士波蘭峨羅斯徧地有石移自瑞典大英北亜墨利加亦有之察地理之士意因山冰而移近見一石長八十尺廣二十尺高四十尺与山冰運動磐石畫成縱横光滑亜弗斯山合衆部皆有之實為山冰所作合衆部有山其巔磨碎摧折如重物已過今知為冰山可知伊昔山冰多於斯時布於北半球地西弗利有駱駝犀存於冰泥可證氣候甚熱至甚冷頃刻變化時山冰消融遂生洪流而移物至遠處也

火山論

火山吐處或在山巔或在山旁其内石質融化煙燄塵灰噴吐以出其形尖圓上有空口其口有石牆時完時裂由此可通于底有灰阜或裂而廣或噴如錐又有火山之口懸崖甚深人不能入火山時吐氣烟不息至大者歴久而吐預吐之兆大同小異如山高于積雪之線將吐之時或見雪忽消融變為急流或聞其内嗡然有聲漸成轟響地又震動先數十日將吐時炎炎之烟騰布山口如巨黒柱至後烈燄噴出又有赤熱石如雨相雜其聲轟擊喧訇磐石融質俱如流火吐於山旁即有火灰散布四周為其吐之餘燼火山吐質有銷鎔磐石之形如温石浮石塵灰硫礦以及熱濕氣時又有沸水泥土間有小魚維蘇威火山吐出計約一百異質出時甚熱後久未寒南亜墨利加有山吐温石至六十八年之後猶見發烟塵灰石噴出猛烈或數時或數日昏黒蔽天所吐之氣大概如水硫礦子氣（水硫礦為母相合而生故名子氣）養硫礦子氣（養氣与硫礦為母）炭養子氣（炭与養氣為母）養淡子氣（養淡二氣為母）魚本由地内之池因池通于火山故出于外

火山一時所吐流温石甚為衆多乾隆二年維蘇威火山吐石三千三百五十万尺六方相等五十九年亦吐石四千六百万尺六方相等康熙八年挨得納火山吐石九千三百餘万尺六方相等乾隆四十八年冰洲火山吐流温石左長一百六十里右長一百三十里各厚約十丈共總計十八万万丈六方相等重九百万万石至他山吐石大小亦然風起之時火山塵灰四散最遠劉宋昇明時維蘇威塵散於君士但丁埃及叙里亜明崇禎四年亦散二百里清嘉慶二十年松巴瓦之當波羅火山塵散三千餘里火山吐質之衆鉅高遠皆足以驗其吐力如下維蘇威山出石重六觔吐遠二十里哥多巴西山出石三百二十尺六方相等吐遠三十里有時見石吐高二三百丈于是其始一秒速四百餘尺温石較水重二倍有半為火山所吐溢于口外下必有力較天空氣為重及其始速之數如左
天空氣下壓万物每一寸重十二觔于是斯當波里火山高二百十六丈其噴出之力較空氣重一百七十六倍其始一秒速三十七丈維蘇威高三百九十丈其噴吐之力較空氣重三百十四倍其始一秒速五十丈挨哥拉高五百十丈吐力較空氣重四百十三倍其始一秒速五十七丈挨德納高一千九十丈吐力較空氣重八百八十二倍

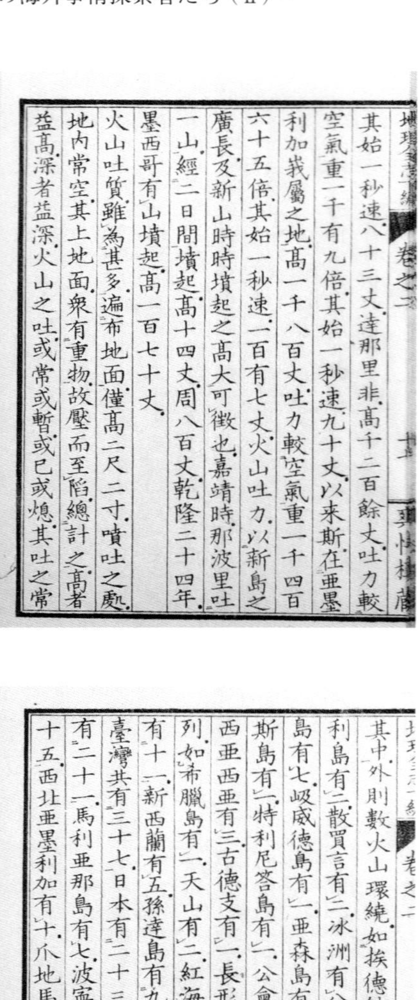

其始一秒速八十三丈達那里非高千二百餘丈吐力較
空氣重一千有九倍其始一秒速九十丈以来斯在亜墨
利加戕屬之地高一千八百丈吐力較空氣重一千四百
六十五倍其始一秒速一百有七丈火山吐力以新島之
廣長及新山時時墳起之高大可徵也嘉靖時那波里吐
一山經二日間墳起高十四丈周八百丈乾隆二十四年
墨西哥有山墳起高一百七十丈
火山吐質雖為甚多遍布地面僅高二尺二寸噴吐之處
地内常空其上地面衆有重物故壓而至陷總計之高者
益高深者益深火山之吐或常或暫或已或熄其吐之常

暫及其猛烈之性總以山之高卑相較而定斯當波里為
低山恒吐不熄其勢非猛挨德納達那里非哥多巴西為
高山間歴數百年不吐吐時甚烈
火山大半与海濱相近惟于南北亜墨利加中亜西亜亦
有火山遠于水滙或數百里或數千里由此可知其吐力
並非水入地内遇火質而成
火山所生之故因地漸深氣候漸暖又因足底所履之廣
磐昔已消融皆可證地内之質有流火之形在堅冷殼之
下有磐石融如火海時或久熄時以熱氣吐出
火山分二形一曰中形一曰長形中形者乃有一大山居

其中外則數火山環繞如挨德納有二維蘇威有二里怕
利島有二散買言有三冰洲有八亜素利島有三加拿列
島有七岋威德島有一亜森島有一根哈島有一德蘭威
斯島有一特利尼答島有一公會島有一以斯德島有一
西亜西亜有三古德支有一長形者乃有數火山徑直平
列如希臘島有一天山有二紅海有三友島有二澳大利
有十一新西蘭有五孫達島有九十摩鹿加非利比你島
臺灣共有三十七日本有二十三古里利有十八堪查加
有二十一馬利亜那島有七波寧島有二亜律森島有三
十五西北亜墨利加有十爪地馬拉有三十八安的列島

有十基多有十七秘魯玻里非有十二智利有二十二鐵
府依勾南舌蘭有四南寒道有二此二形火山共四百二
十四其有時噴吐者約二百九十其間二百居于太平洋
濱爪哇之火山四十三較于他處同為廣大者尤多見圖
火山亦有異形者如坭火山巴古火田中國之火嶺火井
冰洲之沸泉西西里爪哇二島多有尖圓阜高或八尺或
三十尺歴時而吐氣坭沸水巴古在裏海之西南亜墨利
加皆有此吐氣坭之處以坭阜之外巴古全土滋脳油常
發炯燄四川有地長百里廣五十里火井數千為人掘地
汲水而成其水有鹹硝甚多發氣可燃而生青光高二十

尺其聲猛烈火嶺夜間發光如曉山西四川皆有形勢不
一冰洲之熱井五十有餘或吐暖氣或溢沸水色甚青上
騰高數十尺其滙深六尺

地震論

地震火山之故同出一原寔可無疑時而震時而吐時而
震吐無有近火山之處地相搏擊愈多而猛遠火山之處
地常搖撼甚大而烈因火山為地内火燄突出將吐之時
使地震動火山未吐之先有兆可指温石之流易避惟地
震為至烈先無預兆災來甚速轉瞬間廣地盡敗乾隆二
十年地震亡壞里斯奔南北一千里其搏擊之地有橢圓

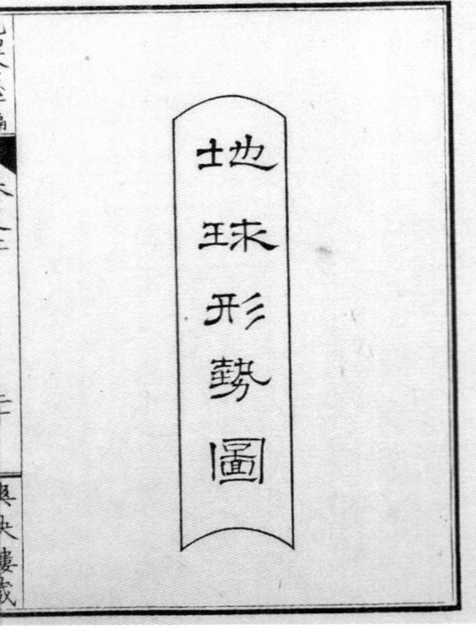

地球形勢圖

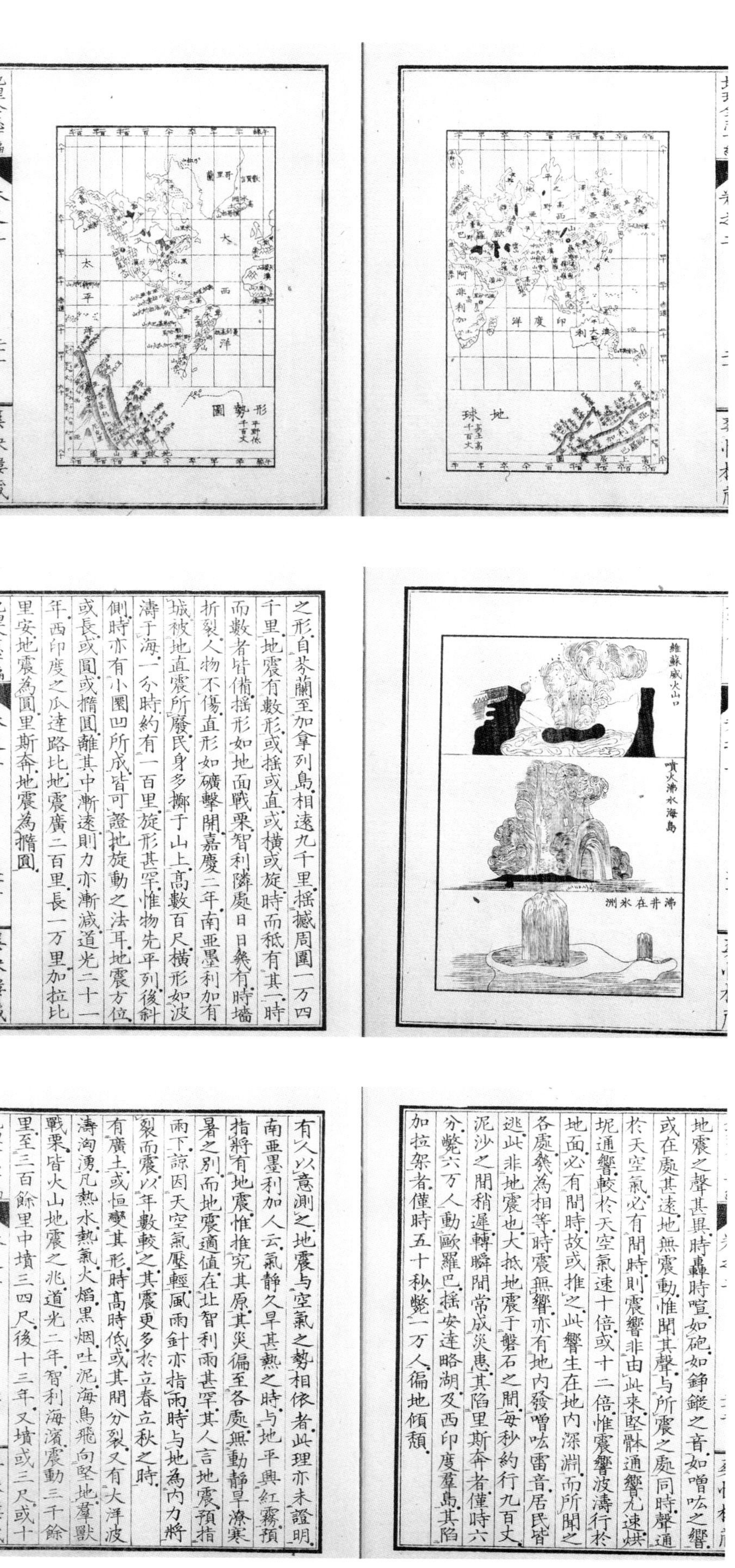

地震之聲甚異時轟時喧如砲如鉦鈸之音如噌吰之響
或在處甚遠地無震動惟聞其聲与所震之處同時聲通
於天空氣必有間時則震響非由此來堅鞹通響尤速烘
坭通響較於天空氣速十倍或十二倍惟震響波濤行於
地面必有間時故或推之此響生在地内深淵而所聞之
各處發為相等時震無響亦有地内發噌吰雷音居民皆
逃此非地震也大抵地震于磐石之間每秒約行九百丈
泥沙之間稍遲轉瞬間常成災患其陷里斯奔者僅時六
分斃六万人動歐羅巴搖安達略湖及西印度羣島其陷
加拉架者僅時五十秒斃一万人偏地傾頽

有人以意測之地震与空氣之勢相依者此理亦未證明
南亜墨利加人云氣靜久旱甚熱之時与地平與紅霧預
指將有地震惟推究其原其災偏至各處無動靜旱潦寒
暑之別而地震適值在北智利雨甚罕其人言地震預指
雨下諒因天空氣壓輕風雨針亦指雨時与地為内力將
裂而震以年數較之其震更多於立春立秋之時
有廣土或恒變其形時高時低或其間分裂又有大洋波
濤洶湧凡熱水熱氣火焰黒烟吐泥海鳥飛向堅地羣獸
戰栗皆火山地震之兆道光二年智利海濱震動三千餘
里至三百餘里中墳三四尺後十三年又墳或三尺或十

之形自芬蘭至加拿列島相遠九千里搖撼周圍一万四
千里地震有數形或搖或直或横或旋時而秖有其一時
而數者皆備搖形如地面戰栗智利隣處日日幾有時墻
折裂人物不傷直形如礮擊開嘉慶二年南亜墨利加有
城被地直震所壓民身多擲于山上高數百尺横形如波
濤于海一分時約有一百里旋形甚罕惟物先平列後斜
側時亦有小圜凹所成皆可證地旋動之法耳地震方位
或長或圓或橢圓離其中漸遠則力亦漸減道光二十一
年西印度之瓜達路比地震廣二百里長一万里加拉比
里安地震為圓里斯奔地震為橢圓

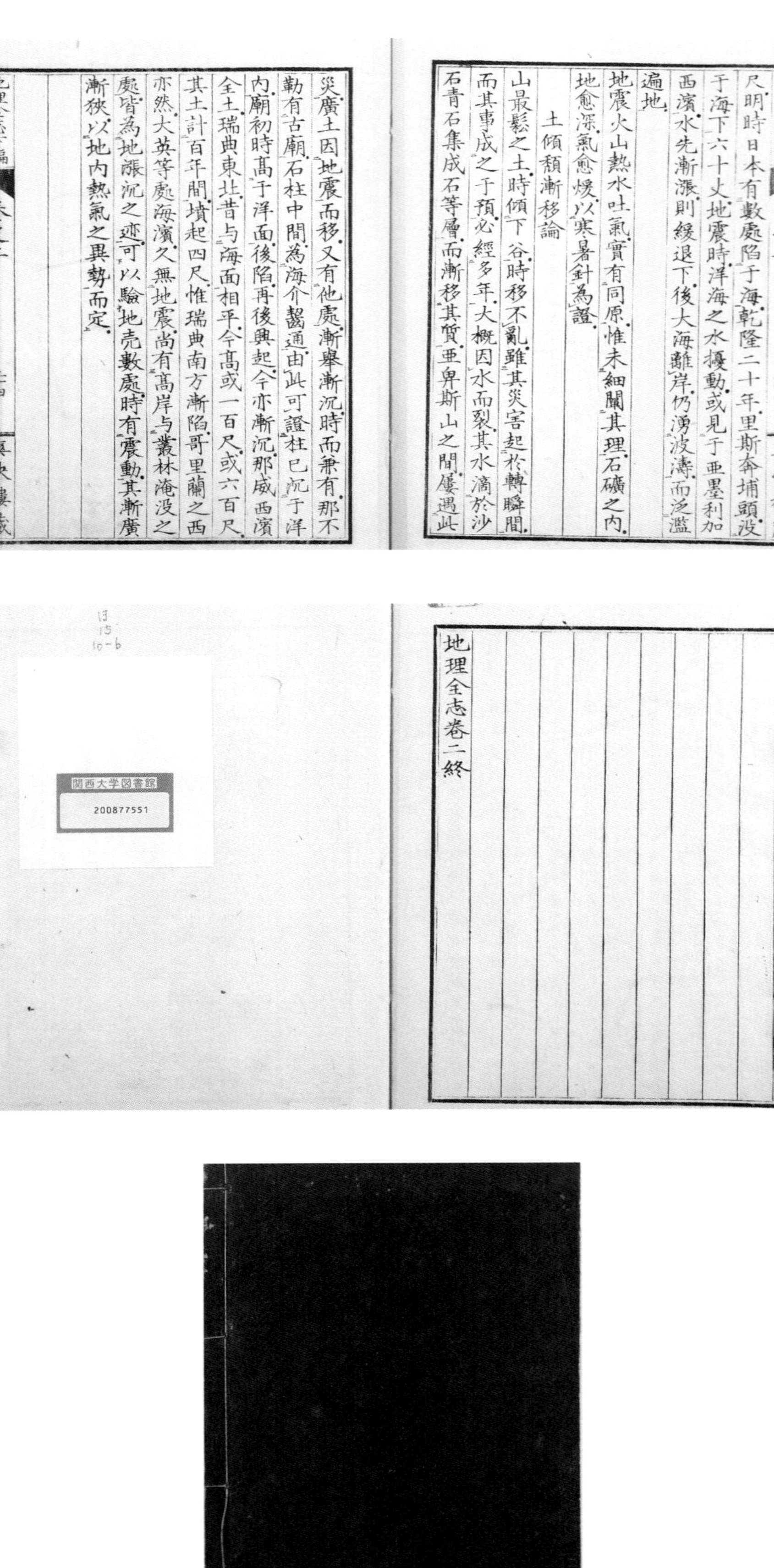

尺明時日本有數處陷于海乾隆二十年里斯奔埔頭沒于海下六十丈地震時洋海之水擾動或見于亜墨利加西濱水先漸漲則緩退下後大海離岸仍湧波濤而泛濫遍地

地震火山熱水吐氣實有同原惟未細闡其理石礦之內地愈深氣愈燠以寒暑針為證

土傾頹漸移論

山最鬆之土時傾下谷時移不亂雖其災害起於轉瞬間而其事成之于預必經多年大概因水而裂其水滴於沙石青石集成石等層而漸移其質亜鼻斯山之間屢遇此災廣土因地震而移又有他處漸舉漸沉時而兼有那不勒有古廟石柱中間為海介齧通由此可證柱已沉于洋內廟初時高于洋面後陷再後興起今亦漸沉那威西濱全土瑞典東北昔与海面相平今高或一百尺或六百尺其土計百年間墳起四尺惟瑞典南方漸陷哥里蘭之西亦然大英等處海濱久無地震尚有高岸与叢林淹沒之處皆為地脹沉之迹可以驗地殼數處時有震動其漸廣漸狹以地內熱氣之異勢而定

地理全志卷二終

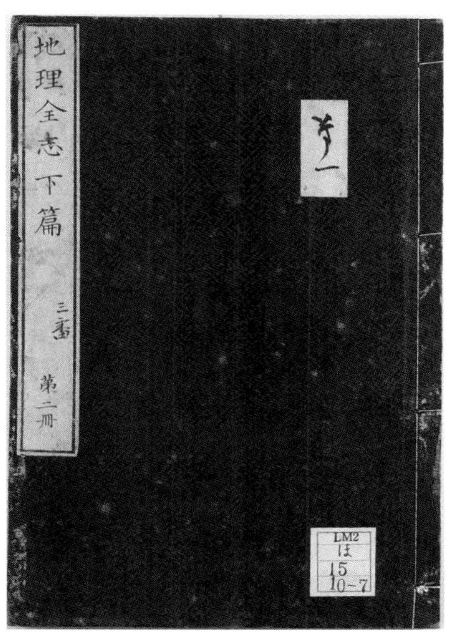

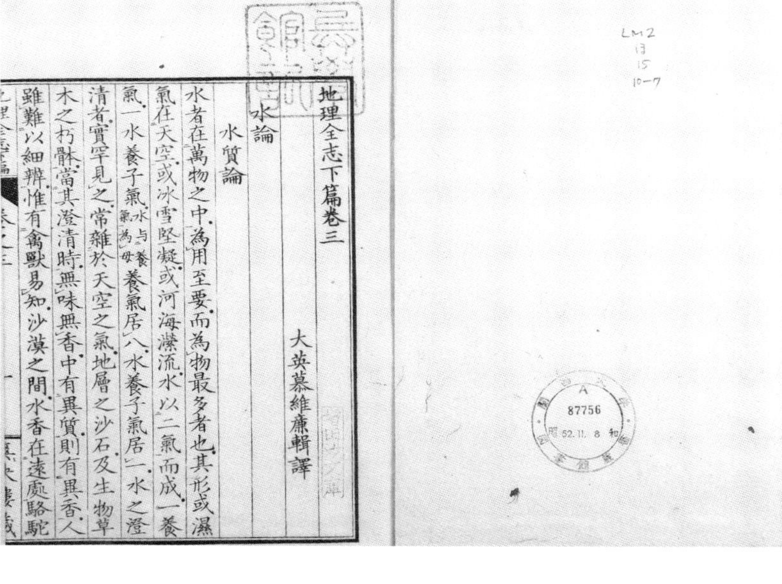

地理全志下篇卷三

大英慕維廉輯譯

水論

水質論

水者在萬物之中爲用至要而爲物最多者也其形或濕氣在天空或冰雪堅凝或河海瀠流水以二氣而成一養氣一水養子氣（水与養氣爲母）養氣居八水養子氣居一水之澄清者實罕見之常雜於天空之氣地層之沙石及生物草木之朽骸當其澄清時無味無香中有異質則有異香人雖難以細辨惟有禽獸易知沙漠之間水香在遠處駱駝

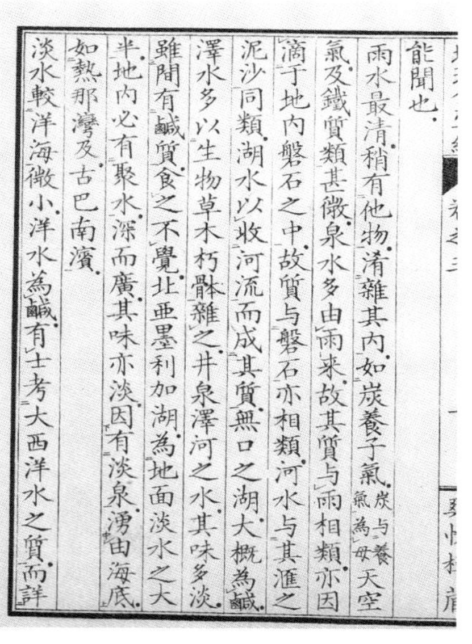

能聞也

雨水最清稍有他物清雜其內如炭養子氣（炭与養氣爲母）天空氣及鐵質類甚微泉水多由雨来故其質与雨相類亦因滴于地内磐石之中故質与磐石亦相類河水与其滙之泥沙同類湖水以收河流而成其質無口之湖大概爲鹹澤水多以生物草木朽骸雜之井泉澤河之水其味多淡雖間有鹹質食之不覺北亜墨利加湖爲地面淡水之大半地内必有聚水深而廣其味亦淡因有淡泉湧由海底如熱那灣及古巴南濱

淡水較洋海徹小洋水爲鹹有士考大西洋水之質而詳究之其水約有二十五分之一爲鹹鹹之中約有三分之二爲塩三分之一爲青塩灰亦有黃灰及微渺之異物清雜其内

各氣道之間鹹質多少不一南半球水鹹于北半球大西洋水鹹于太平洋赤道多雨二極雪消故其水淡于他處海面鹹味本少因雨多而淡水輕于鹹水漸雜其中大河之口鹹味亦減如亜馬孫河口遠一千里大西洋鹹味最少拉不拉他河水濁泥因其質較輕漂于洋面内海之水大概淡于大洋如水二斤波羅的海出塩約一兩有九分北海出者二兩一錢三分推其故有大河流入波羅的海

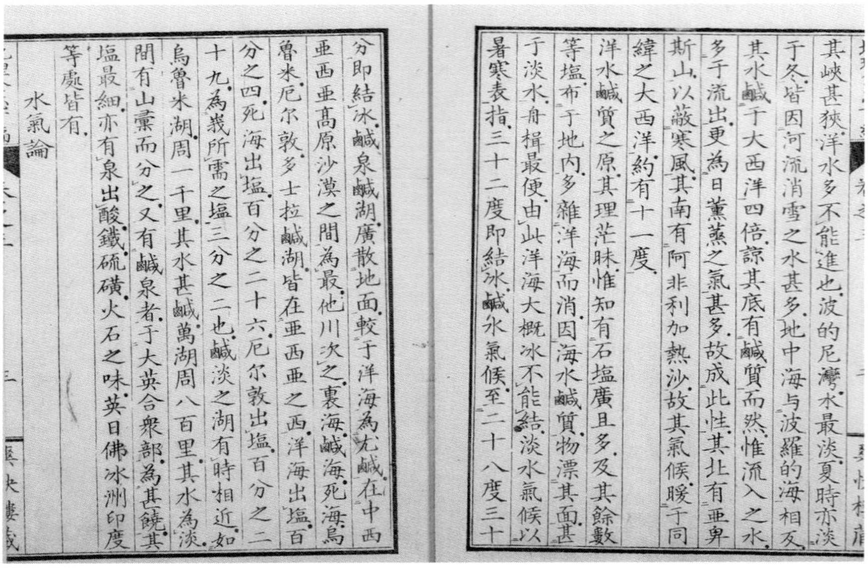

其峡甚狭洋水多不能進也波的尼灣水最淡夏時亦淡
于冬皆因河流消雪之水甚多地中海与波羅的海相反
其水鹹于大西洋四倍諒其底有鹹質而然惟流入之水
多于流出更為日薫蒸之氣甚多故成此性其北有亜畀
斯山以蔽寒風其南有阿非利加熱沙故其氣候暖于同
緯之大西洋約有十一度
洋水鹹質之原其理茫昧惟知有石塩廣且多及其餘數
等塩布于地内多雜洋海而消因海水鹹質物漂其面甚
于淡水舟楫最便由此洋海大概冰不能結淡水氣候以
暑寒表指三十二度即結冰鹹水氣候至二十八度三十

分即結冰鹹泉鹹湖廣散地面較于洋海為尤鹹在中西
亜西亜高原沙漠之間為最他川次之裏海鹹海死海烏
魯米尼尔敦多士拉鹹湖皆在亜西亜之西洋海出塩百
分之四死海出塩百分之二十六尼尔敦出塩百分之二
十九為幾所需之塩三分之二也鹹淡之湖有時相近如
烏魯米湖周一千里其水甚鹹萬湖周八百里其水為淡
間有山囊而分之又有鹹泉者于大英合衆部為其饒其
塩最細亦有泉出酸鐵硫磺火石之味英日佛冰洲印度
等處皆有

水氣論

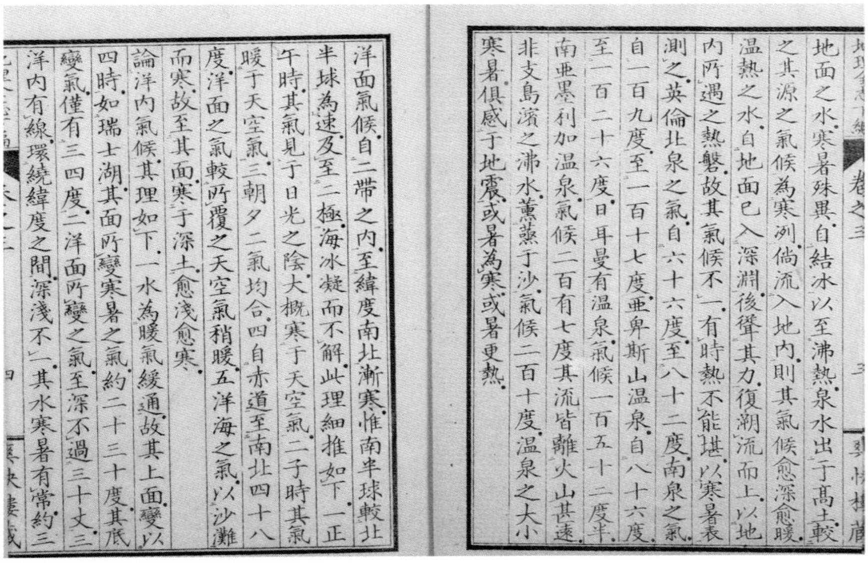

地面之水寒暑殊異自結冰以至沸熱泉水出于高土較
之其源之氣候為寒冽倘流入地内則其氣候愈深愈暖
温熱之水自地面已入深淵後聳其力復潮流而上以地
内所遇之熱磐故其氣候不一有時熱不能堪以寒暑表
測之英倫北泉之氣自六十六度至八十二度南泉之氣
自一百九度至一百十七度亜畀斯山温泉自八十六度
至一百二十六度日耳曼有温泉氣候一百五十二度半
南亜墨利加温泉氣候二百有七度其流皆離火山甚遠
非支島濱之沸水薫蒸于沙氣候二百十度温泉之大小
寒暑俱感于地震或暑為寒或暑更熱

洋面氣候自二帯之内至緯度南北漸寒惟南半球較北
半球為速及至二極海冰凝而不解此理細推如下一正
午時其氣見于日光之陰大概寒于天空氣二子時其氣
暖于天空氣三朝夕二氣均合四自赤道至南北四十八
度洋面之氣較所覆之天空氣稍暖五洋海之氣以沙灘
而寒故至其面寒于深土愈浅愈寒
論洋内氣候其理如下一水為暖氣緩通故其上面變以
四時如瑞士湖其面所變寒暑之氣約二十三十度其底
變氣僅有三四度二洋面所變之氣至深不過三十丈三
洋内有線環繞緯度之間深浅不一其水寒暑有常約三

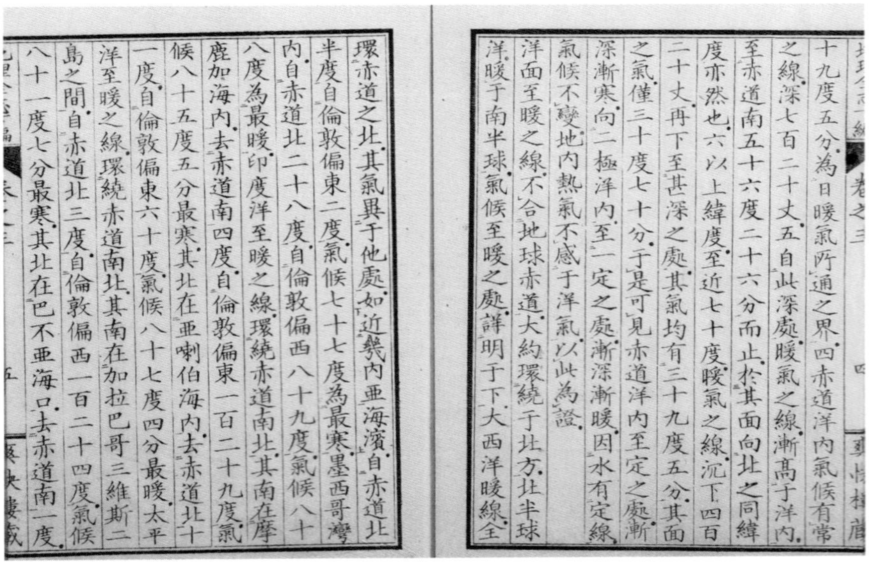

十九度五分為日暖氣所通之界四赤道洋内氣候有常
之線深七百二十丈五自此深處暖氣之線漸高于洋内
至赤道南五十六度二十六分而止於其面向北之同緯
度亦然也六以上緯度至近七十度暖氣之線沉下四百
二十丈再下至甚深之處其氣均有三十九度五分其面
之氣僅三十度七十分于是可見赤道洋内至定之處漸
深漸寒向二極洋内至一定之處漸深漸暖因水有定線
氣候不變地内熱氣不感于洋氣以此為證
洋面至暖之線不合地球赤道大約環繞于北方北半球
洋暖于南半球氣候至暖之處詳明于下大西洋暖線全

環赤道之北其氣異于他處如近幾内亜海濱自赤道北
半度自倫敦偏東二度氣候七十七度為最寒墨西哥灣
内自赤道北二十八度自倫敦偏西八十九度氣候八十
八度為最暖印度洋至暖之線環繞赤道南北其南在摩
鹿加海内去赤道南四度自倫敦偏東一百二十九度氣
候八十五度五分最寒其北在亜喇伯海内去赤道北十
一度自倫敦偏東六十度氣候八十七度四分最暖太平
洋至暖之線環繞赤道南北其南在加拉巴哥三維斯二
島之間自赤道北三度自倫敦偏西一百二十四度氣候
八十一度七分最寒其北在巴不亜海口去赤道南一度

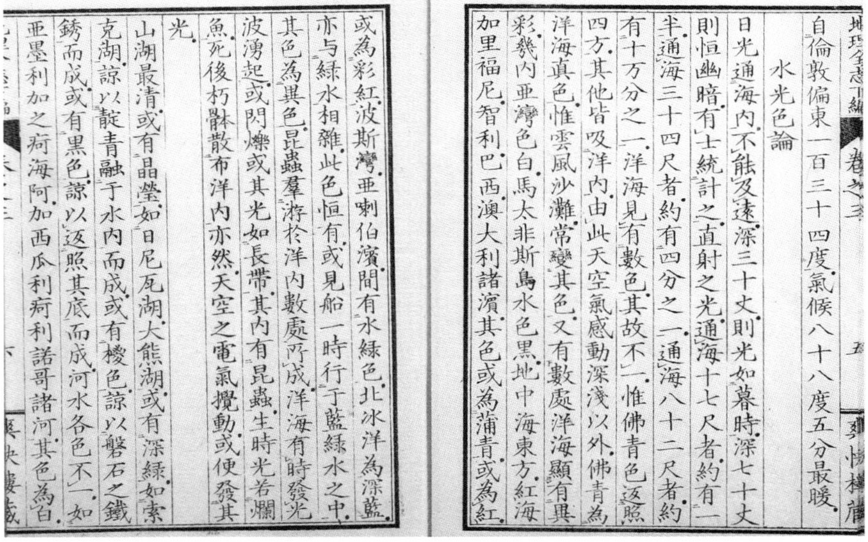

自倫敦偏東一百三十四度氣候八十八度五分最暖

水光色論

日光通海内不能及遠深三十丈則光如暮時深七十丈則恒幽暗有士統計之直射之光通海十七尺者約有一半通海三十四尺者約有四分之一通海八十二尺者約有十万分之一洋海見有數色其故不一惟佛青色返照四方其他皆吸洋内由此天空氣感動深淺以外佛青為洋海真色惟雲風沙灘常變其色又有數處洋海顯有異彩幾内亜灣色白馬太非斯島水色黒地中海東方紅海加里福尼智利巴西澳大利諸濱其色或為蒲青或為紅或為彩紅波斯灣亜剌伯濱間有水緑色北冰洋為深藍亦与緑水相雜此色恒有或見船一時行于藍緑水之中其色為異色昆蟲羣游於洋内數處所成洋海有時發光波湧起或閃爍或其光如長帶其内有昆蟲生時光若爛魚死後朽骸散布洋内亦然天空之電氣攪動或使發其光

山湖最清或有晶瑩如日尼瓦湖大熊湖或有深緑如索克湖諒以靛青融于水内而成或有樓色諒以磐石之鐵銹而成或有黒色諒以返照其底而成河水各色不一如亜墨利加之痾海阿加西瓜利痾利諾哥諸河其色為白来約尼鄂河尼西幾波河其色為黒皆因河底之質而成水流經白砂為淡緑經黄砂為深緑經泥為褐色

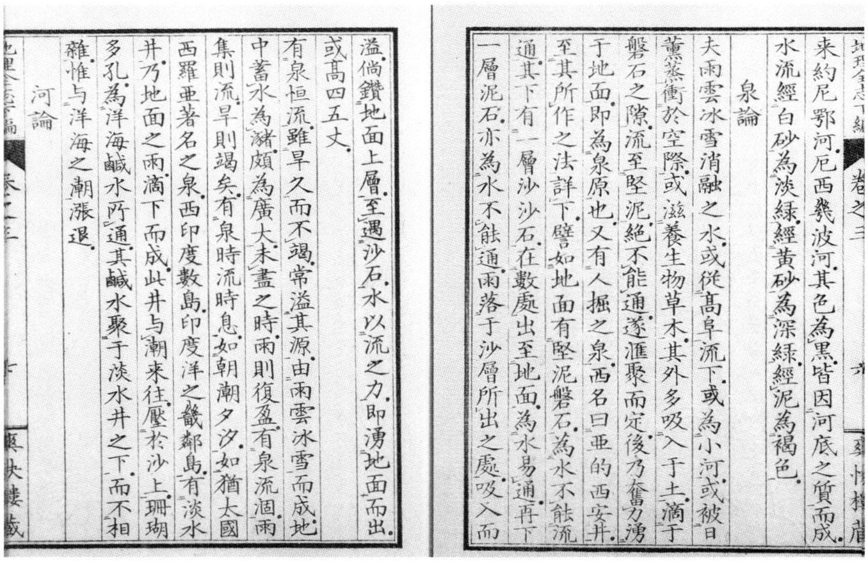

泉論

夫雨雲冰雪消融之水或從高阜流下或為小河或被日薫蒸衝於空際或滋養生物草木其外多吸入于土滴于磐石之隙流至堅泥絶不能通遂滙聚而定後乃奮力湧于地面即為泉原也又有人掘之泉西名曰亜的西安井至其所作之法詳下譬如地面有堅泥磐石為水不能流通其下有一層沙沙石在數處出至地面為水易通再下一層泥石亦為水不能通雨落于沙層所出之處吸入而溢倘鑽地面上層至遇沙石水以流之力即湧地面而出或高四五丈

有泉恒流雖旱久而不竭常溢其源由雨雲冰雪而成地中蓄水為湖頗為廣大未盡之時雨則復盈有泉流涸雨集則流旱則竭矣有泉時流時息如朝潮夕汐如猶太國西羅亜著名之泉西印度數島印度洋之戲鄰島有淡水井乃地面之雨滴下而成此井与潮来往壓於沙上珊瑚多孔為洋海鹹水所通其鹹水聚于淡水井之下而不相雜惟与洋海之潮漲退

河論

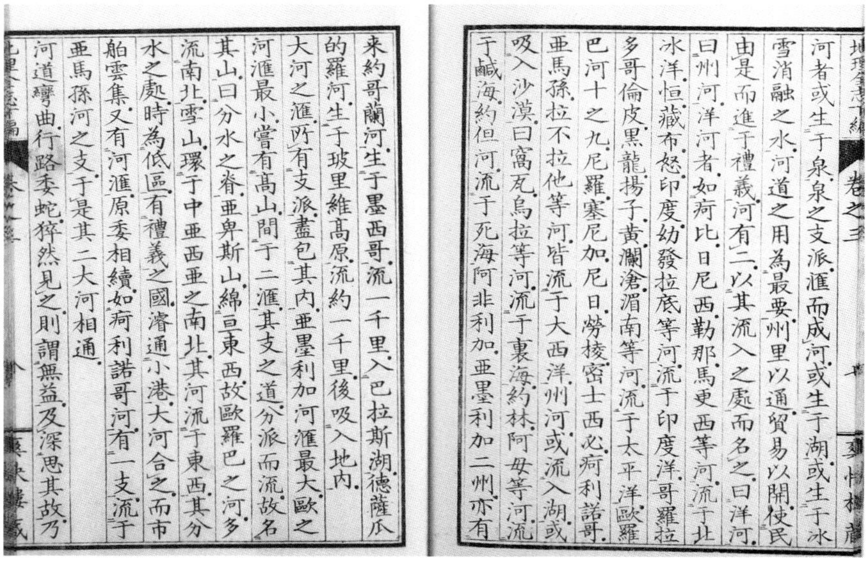

河者或生于泉泉之支派滙而成河或生于湖或生于冰雪消融之水河道之用為最要州里以通貿易以開使民由是而進于禮義河有二以其流入之處而名之曰洋河曰州河洋河者如痾比日尼西勒那馬更西等河流于北冰洋恒藏布怒印度幼發拉底等河流于印度洋哥羅拉多哥倫皮黒龍揚子黄瀾滄湄南等河流于太平洋歐羅巴河十之九尼羅塞尼加尼日勞棱密士西必痾利諾哥亜馬孫拉不拉他等河皆流于大西洋州河或流入湖或吸入沙漠曰窩瓦烏拉等河流于裏海約林阿毋等河流于鹹海約但河流于死海阿非利加亜墨利加二州亦有来約哥蘭河生于墨西哥流一千里入巴拉斯湖徳薩瓜的羅河生于玻里維高原流約一千里後吸入地内

大河之滙所有支派盡包其内亜墨利加河滙最大歐之河滙最小嘗有高山間于二滙其支之道分派而流故名其山曰分水之脊亜畀斯山綿亘東西故歐羅巴之河多流南北雪山環于中亜西亜之南北其河流于東西其分水之處時為低區有禮義之國濬通小港大河合之而市船雲集又有河滙原委相續如痾利諾哥河有一支流于亜馬孫河之支于是其二大河相通

河道彎曲行路委蛇猝然見之則謂無益及深思其故乃

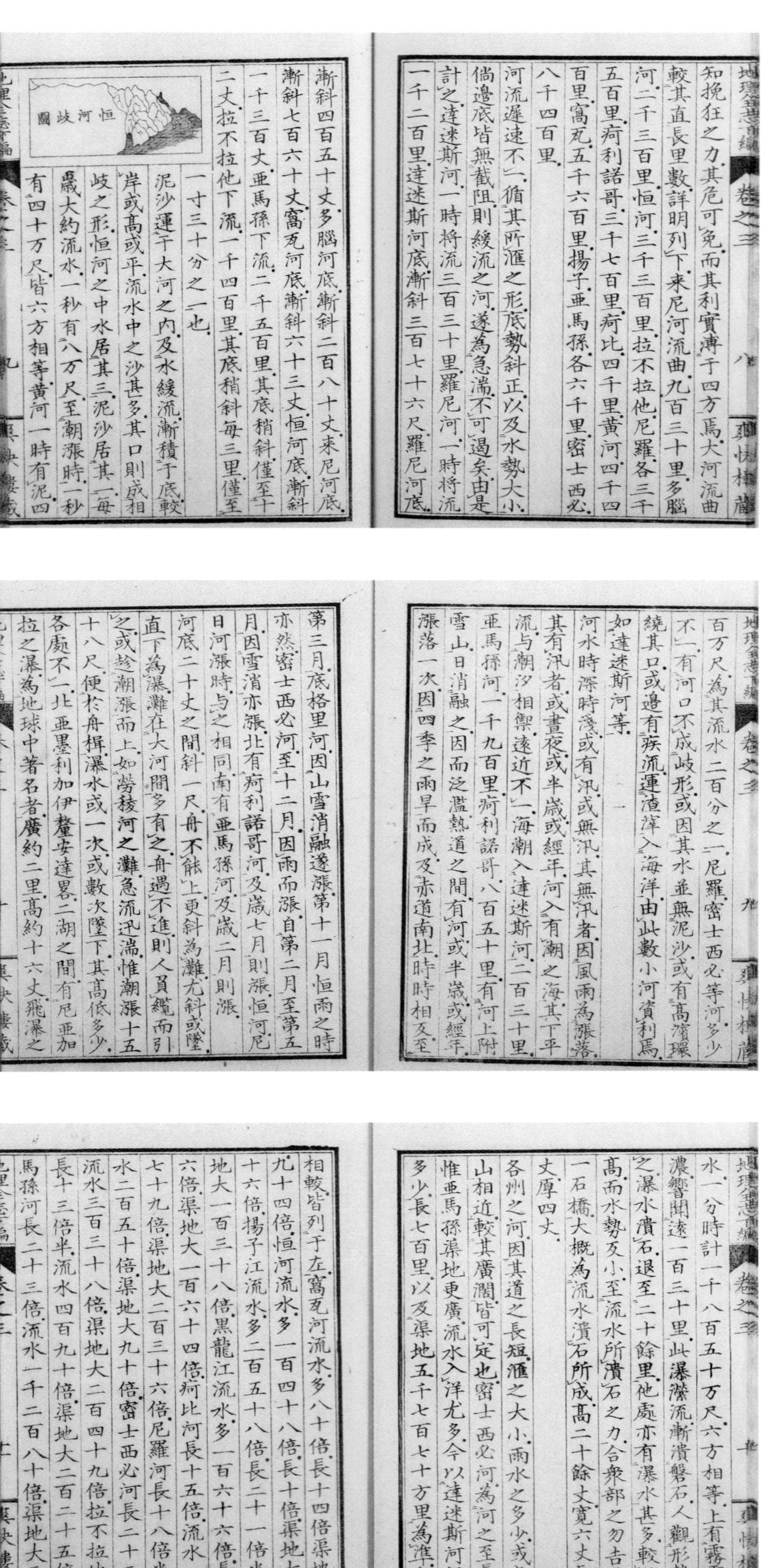

知挽狂之力其危可免而其利實溥于四方馬太河流曲
較其直長里數詳明列下來尼河流曲九百三十里多腦
河二千三百里恒河三千三百里拉不拉他尼羅各三千
五百里疴利諾哥三千七百里疴比四千里黄河四千四
百里窩丸五千六百里揚子亜馬孫各六千里密士西必
八千四百里
河流遲速不一循其所滙之形底勢斜正以及水勢大小
倘邉底皆無截阻則緩流之河遂為急湍不可過矣由是
計之達迷斯河一時将流三百三十里羅尼河一時将流
一千二百里達迷斯河底漸斜三百七十六尺羅尼河底
漸斜四百五十丈多腦河底漸斜二百八十丈來尼河底
漸斜七百六十丈窩丸河底漸斜六十三丈恒河底漸斜
一千三百丈亜馬孫下流二千五百里其底稍斜僅至十
二丈拉不拉他下流一千四百里其底稍斜毎三里僅至
一寸三十分之一也

恒河岐圖

泥沙運于大河之内及水緩流漸積于底較
岸或高或平流水中之沙甚多其口則成相
岐之形恒河之中水居其三泥沙居其一毎
歳大約流水一秒有八万尺至潮漲時一秒
有四十万尺皆六方相等黄河一時有泥四
百万尺為其流水二百分之一尼羅密士西必等河多少
不一有河口不成岐形或因其水並無泥沙或有高濱環
繞其口或邉有疾流運渣滓入海洋由此數小河濱利焉
如達迷斯河等
河水時深時淺或有汛或無汛其無汛者因風雨為漲落
其有汛者或晝夜或半歳或經年河入有潮之海其下平
流与潮汐相禦遠近不一海潮入達迷斯河二百三十里
亜馬孫河一千九百里疴利諾哥八百五十里有河上附
雪山日消融之因而泛濫熱道之間有河或半歳或經年
漲落一次因四季之雨旱而成及赤道南北時時相反至
第三月底格里河因山雪消融遂漲第十一月恒雨之時
亦然密士西必河至十二月因雨而漲自第二月至第五
月因雪消亦漲北有疴利諾哥河及歳七月則漲恒河尼
日河漲時与之相同南有亜馬孫河及歳二月則漲
河底二十丈之間斜一尺舟不能上更斜為灘尤斜或墜
直下為瀑灘在大河間多有之舟遇不進則人員纜而引
之或趁潮漲而上如勞棱河之灘急流迅湍惟潮漲十五
十八尺便於舟楫瀑水或一次或數次墜下其高低多少
各處不一北亜墨利加伊犂安達畧二湖之間有尼亜加
拉之瀑為地球中著名者廣約二里高約十六丈飛瀑之
水一分時計一千八百五十万尺六方相等上有霧露甚
濃響聞遠一百三十里此瀑潀流漸漬磐石人觀形勢推
之瀑水潰石退至二十餘里他處亦有瀑水甚多較此尤
高而水勢反小至流水所潰石之力合衆部之匆吉尼有
一石橋大概為流水潰石所成高二十餘丈寛六丈長九
丈厚四丈
各州之河因其道之長短滙之大小雨水之多少或与雪
山相近較其廣濶皆可定也密士西必河為河之至長者
惟亜馬孫渠地更廣流水入洋尤多今以達迷斯河流水
多少長七百里以及渠地五千七百七十方里為準与他
相較皆列于左窩丸河流水多八十倍長十四倍渠地大
九十四倍恒河流水多一百四十八倍長十倍渠地大七
十六倍揚子江流水多二百五十八倍長二十一倍半渠
地大一百三十八倍黒龍江流水多一百六十六倍長十
六倍渠地大一百六十四倍疴比河長十五倍流水一百
七十九倍渠地大二百三十六倍尼羅河長十八倍半流
水二百五十倍渠地大九十倍密士西必河長二十三倍
流水三百三十八倍渠地大二百四十九倍拉不拉他河
長十三倍半流水四百九十倍渠地大二百二十五倍亜
馬孫河長二十三倍流水一千二百八十倍渠地大三百

九十五倍。

二河相合其面不能恒為廣大有時更見狹小惟其道更深而其流更疾尼羅河流五千里無他河之水流入其間有河流趨于低於以入地内而後逆流而上如羅尼河是也或有大河遇洋海潮汐時乱流作浪洶湧可畏如亜馬孫河潮退水速横衝而出与洋流相擊浪高可望舟人甚畏恒河加倫河亦有之。

湖論

夫湖或于山巓或于平原而廣野最大至高者為西利各耳在中亜西亜至低者為死海其間有一千七百丈究諸湖之方位列有四帶也一自大英由瑞典波羅的海南濱芬蘭北栽至白令峡其大者曰塞馬斯五千三百方里威那七千方里阿尼牙一万二千方里拉多牙二万一千方里二自歐羅巴南山之北方至西中亜西亜止其内有湖甚多大者曰裏海五十三万方里低于海面八十三尺鹹海七万方里貝加尔湖四万二千方里高于海面一百八十丈巴加斯鹹湖二万三千方里死海亦鹹一万二千方里低于海面一百三十丈加利利海二百五十方里低于海面六十丈三加拿大之淡湖其大者曰蘇比畧十万四千方里高于海面六十三丈休倫密執安各八万三千方

里高于海面六十丈伊鰲三万七千方里高于海面五十六丈安達畧三万三千方里高于海面二十三丈此五湖由漸而低皆以河相連四加拿大西北諸湖至北冰洋之濱其大者曰温泥八三万方里亜他巴斯加一万方里大奴湖四万方里大熊湖二万七千方里此外于南亜墨利加有低低加加湖十二万二千方里高于海面一千二百丈馬拉該波一万六千方里中亜墨利加有尼加拉瓜湖一万方里阿非利加有雜德湖五万方里中國以及他處皆有衆湖大小不一。

湖之至深者詳述如左官斯丹斯深二百三十丈日尼瓦深一百丈以大利有馬其約利深二百六十丈亦有尼米深二百七十丈裏海探綫二百八十丈不至其底蘇比畧深一百二十丈休倫安達畧各深一百八十丈低低加加深七十二丈。

湖以其形勢可分四等一則無支無口不相流通大抵居于空窪之處頼地内之泉以補日吸之水一則有口無支亦頼地内之泉以補其日之所吸一則支口皆有此類甚多一則惟收河流之水而不流於外如裏海鹹海死海等是也裏海雖收大河之水不敵日吸之氣故漸為減鹹海

湖水或出于河或出于泉大畧与四時變遷遞為增減大

以及西亜西亜諸湖亦然。

湖内或有浮島或震動奇異其浮島以草木泥沙聚結而成北亜墨利加大河亦有之瑞士之索粒湖每歳叢生細花日尼瓦湖潮汐忽漲或自天空氣暫時變易而然有時波流揺蕩或因風從湖底而出振動異常如波希米瑞典之湖是也休倫湖為電氣之中區人過時雷聲盈耳貝加尔湖環于震地故常撼動也。

洋海支派淺深論

洋者環繞乎州島之水也其分則有北冰大西印度太平南冰五洋北冰洋廻繞北極界以亜墨利加歐羅巴亜西亜北濱間于北寒道其支派之大者曰巴芬灣白海加拉海菏比灣白令峡大西洋南北三万里東西廣或三千里或一万四千里方八千三百万里西有亜墨利加東有歐羅巴阿非利加南北二寒道為界赤道分有南北其大支曰波羅的海地中海墨西哥灣加利比海幾内亜灣印度洋西有阿非利加東有亜西亜南洋羣島及澳大利等南有南冰洋北有印度俾路芝亜喇伯南北二万里東西一万六千里方六千万里其支派曰孟加拉灣亜喇伯海紅海太平洋南北三万里東西四万里方一万六千七百万里東有南北亜墨利加西有亜西亜南洋羣島及澳大利

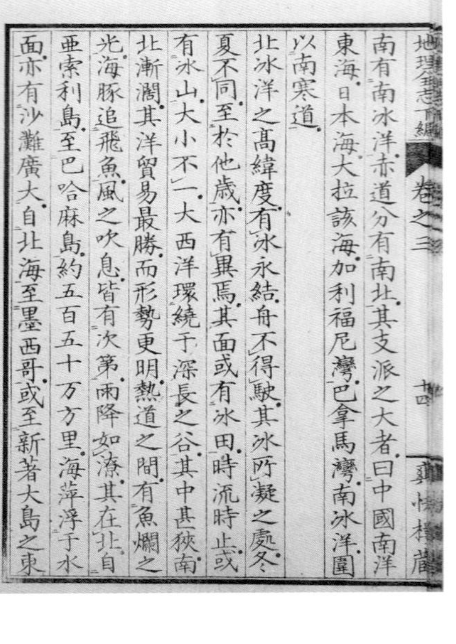

南有南氷洋。赤道分有南北。其支派之大者。曰中國南洋
東海。日本海。大拉該海。加利福尼灣。巴拿馬灣。南氷洋。圜
以南寒道。
北氷洋之高緯度。有氷永結。舟不得駛。其氷所凝之處。冬
夏不同。至於他歲。亦有異焉。其面或有氷田。時流時止。或
有氷山。大小不一。大西洋環繞于深長之谷。其中甚狹。南
北漸濶。其洋貿易最勝。而形勢更明。熱道之間。有魚爛之
光。海豚追飛魚。風之吹息。皆有次第。雨降如潦。其在北自
亜索利島至巳哈麻島。約五百五十萬方里。海萍浮于水
面。亦有沙灘。廣大自北海至墨西哥。或至新著大島之東

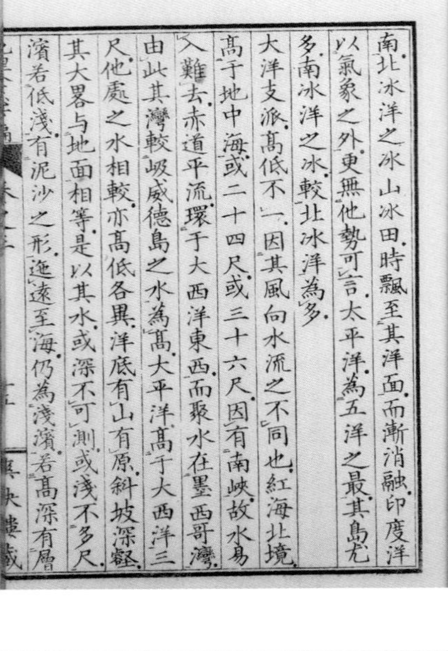
南北氷洋之氷山氷田。時飄至其洋面。而漸消融。印度洋
以氣象之外。更無他勢可言。太平洋為五洋之最。其島尤
多。南氷洋之氷。較北氷洋為多。
大洋支派。高低不一。因其風向水流之不同也。紅海北境
高于地中海。或二十四尺。或三十六尺。因有南峽。故水易
入難去。赤道平流。環于大西洋東西。而聚水在墨西哥灣。
由此其灣較吸威德島之水為高。太平洋高于大西洋三
尺。他處之水相較。亦高低各異。洋底有山有原。斜坡深谿。
其大畧与地面相等。是以其水或深不可測。或淺不多尺。
濱者低淺。有泥沙之形。迤遠至海仍為淺濱。若高深有層

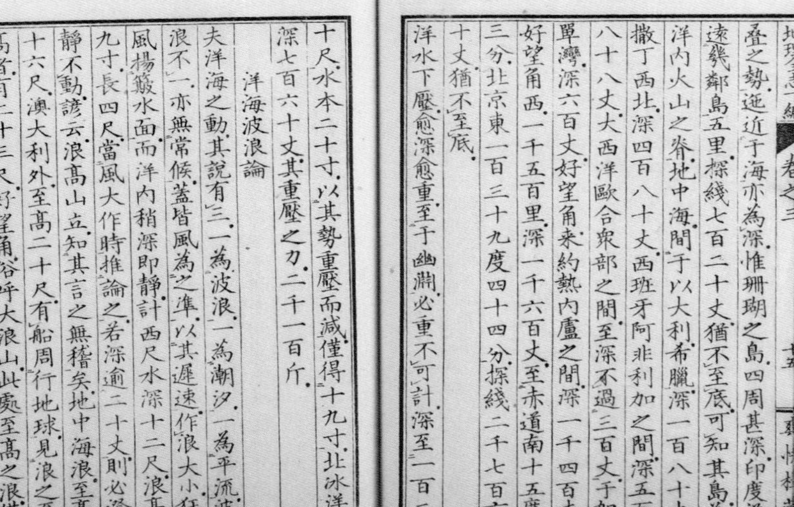

叠之勢。迤近于海。亦為深。惟珊瑚之島。四周甚深。印度洋
遠幾鄰島五里。探綫七百二十丈。猶不至底。可知其島為
洋內火山之脊。地中海間于以大利。希臘。深一百八十丈。
撒丁西北。深四百八十丈。西班牙。阿非利加之間。深五百
八十八丈。大西洋歐合衆部之間。至深不過三百丈。于加
單灣深六百丈。好望角西一千五百里。深一千六百丈。至赤道南十五度
三分。北京東一百三十九度四十四分。探綫二千七百六
十丈。猶不至底。
洋水下壓。愈深愈重。至于幽淵。必重不可計。深至一百二

十尺。水本二十寸。以其勢重壓而減。僅得十九寸。北氷洋
深七百六十丈。其重壓之力。二千一百斤。
洋海波浪論
夫洋海之動。其説有三。一為波浪。一為潮汐。一為平流。波
浪不一。亦無常候。蓋皆風為之準。以其遲速。作浪大小。狂
風揚簸。水面而洋內稍深。即靜。計西尺水深十二尺。浪高
九寸。長四尺。當風大作時推論之。若深逾二十丈。則必澄
靜不動。諺云浪高山立。知其言之無稽矣。地中海浪至高
十六尺。澳大利外至高二十尺。有船周行地球。見浪之至
高者。有二十三尺。好望角俗呼大浪山。此處至高之浪。僅

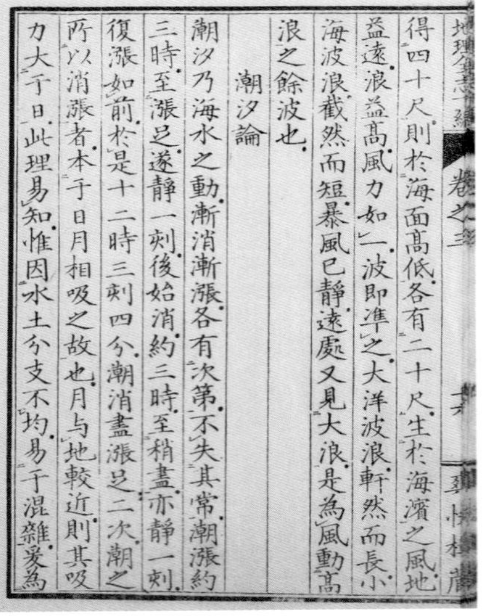
得四十尺。則於海面高低。各有二十尺。生於海濱之風。地
益遠。浪益高。風力如一。波即準之。大洋波浪。軒然而長。小
海波浪。截然而短。暴風已靜。遠處又見大浪。是為風動。高
浪之餘波也。
潮汐論
潮汐乃海水之動。漸消漸漲。各有次第。不失其常。潮漲約
三時。至漲足遂靜一刻。後始消。約三時至稍盡。亦靜一刻。
復漲如前。於是十二時三刻四分。潮消盡漲足二次。潮之
所以消漲者。本于日月相吸之故也。月与地較近。則其吸
力大于日。此理易知。惟因水土分支不均。易于混雜。爰為

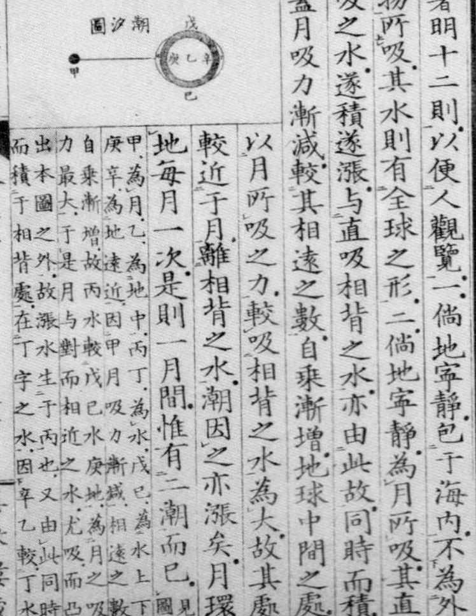
著明十二則。以便人觀覽。一。倘地寧靜。包于海內。不為外
物所吸。其水則有全球之形。二。倘地寧靜。為月所吸。其直
吸之水。遂積遂漲。与直吸相背之水。亦由此故。同時而積。
蓋月吸力漸減。較其相遠之數。自乗漸增。地球中間之處。
以月所吸之力。較吸相背之水為大。故其處
較近于月。離相背之水。潮因之亦漲矣。月環
地毎月一次。是則一月間惟有二潮而已。見圖
甲為月。乙為地中。丙丁為水。戊己為水上。庚辛為地遠近。因甲月吸力漸減。相遠之數。自乗漸增。故丙水較戊己水更近。地為月之吸力最大。于是月与對面而相近之水尤吸而凸出本圖之外。故漲水生于丙也。又由此同時而積于相背處在丁字之水。因辛乙較丁水
潮汐圖

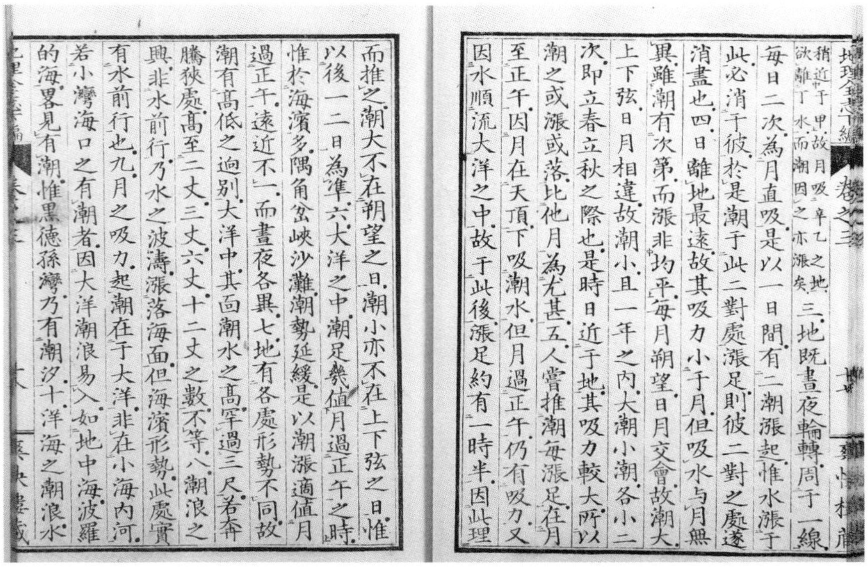

猶近于甲故月吸辛乙之地欲離于丁水而潮因之亦漲矣三地既晝夜輪轉周于一線
每日二次為月直吸是以一日間有二潮漲起惟水漲于
此必消于彼於是潮于此二對處漲足則彼二對之處遂
消盡也四日離地最遠故其吸力小于月但吸水与月無
異雖潮有次第而漲非均平每月朔望日月交會故潮大
上下弦日月相違故潮小且一年之内大潮小潮各小二
次即立春立秋之際也是時日近于地其吸力較大所以
潮之或漲或落比他月為尤甚五人嘗推潮每漲足在月
至正午因月在天頂下吸潮水但月過正午仍有吸力又
因水順流大洋之中故于此後漲足約有一時半因此理

而推之潮大不在朔望之日潮小亦不在上下弦之日惟
以後一二日為準六大洋之中潮足幾値月過正午之時
惟於海濱多隅角岔峽沙灘潮勢延緩是以潮漲適値月
過正午遠近不一而晝夜各異七地有各處形勢不同故
潮有高低之迥別大洋中其面潮水之高罕過三尺若奔
騰狹處高至二丈三丈六丈十二丈之數不等八潮浪之
興非水前行乃水之波濤漲落海面但海濱形勢此處實
有水前行也九月之吸力起潮在于大洋非在小海内河
若小灣海口之有潮者因大洋潮浪易入如地中海波羅
的海畧見有潮惟黒德孫灣乃有潮汐十洋海之潮浪水

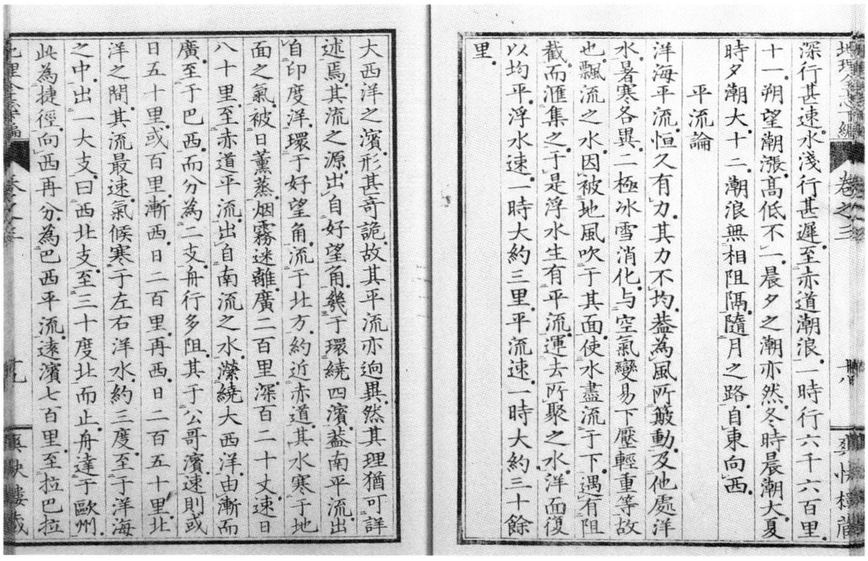

深行甚速水淺行甚遲至赤道潮浪一時行六千六百里
十一朔望潮漲高低不一晨夕之潮亦然冬時晨潮大夏
時夕潮大十二潮浪無相阻隔隨月之路自東向西

平流論

洋海平流恒久有力其力不均蓋為風所簸動及他處洋
水暑寒各異二極冰雪消化与空氣變易下壓輕重等故
也飄流之水因被地風吹于其面使水盡流于下遇有阻
截而滙集之于是浮水生有平流運去所聚之水洋面復
以均平浮水速一時大約三里平流速一時大約三十餘
里

大西洋之濱形甚奇詭故其平流亦迥異然其理猶可詳
述焉其流之源出自好望角幾于環繞四濱蓋南平流出
自印度洋環于好望角流于北方約近赤道其水寒于地
面之氣被日薰蒸烟霧迷離廣二百里深百二十丈速日
八十里至赤道平流出自南流之水縈繞大西洋由漸而
廣至于巴西而分為二支舟行多阻其于公哥濱速則或
日五十里或百里漸西日二百里再西日二百五十里北
洋之間其流最速氣候寒于左右洋水約三度至于洋海
之中出一大支曰西北支至三十度北而止舟達于歐州
此為捷徑向西再分為巴西平流遠濱七百里至拉巴拉

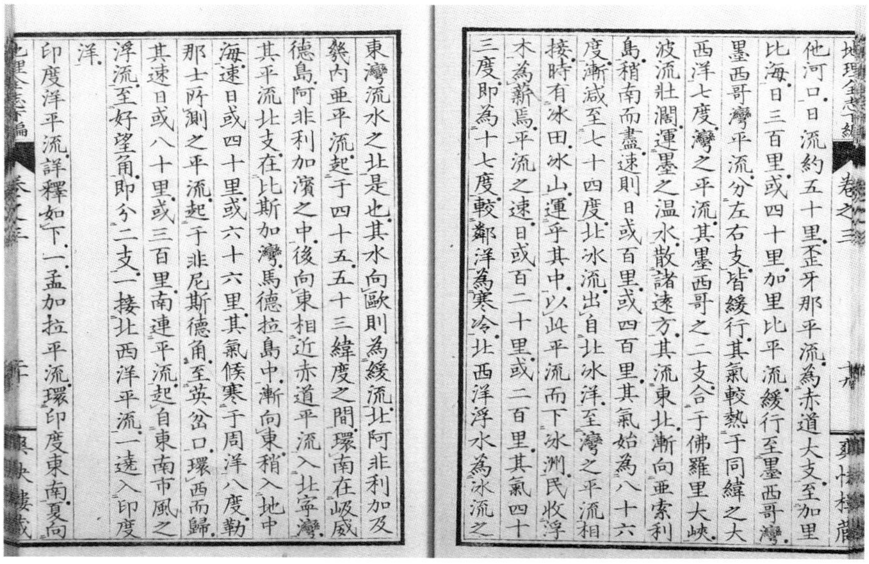

他河口日流約五十里歪牙那平流為赤道大支至加里
比海日三百里或四十里加里比平流緩行至墨西哥灣
墨西哥灣平流分左右支皆緩行其氣較熱于同緯之大
西洋七度灣之平流其墨西哥之二支合于佛羅里大峽
波流壯闊運墨之温水散諸遠方其流東北漸向亜索利
島稍南而盡速則日或百里或四百里其氣始為八十六
度漸減至七十四度北冰流出自北冰洋至灣之平流相
接時有冰田冰山運乎其中以此平流而下冰洲氏收浮
木為薪馬平流之速日或百二十里或二百里其氣四十
三度即為十七度較鄰洋為寒冷北西洋浮水為冰流之

東灣流水之北是也其水向歐則為緩流北阿非利加及
幾内亜平流起于四十五五十三緯度之間環南在峨威
德島阿非利加濱之中後向東相近赤道平流入北寧灣
其平流北支在比斯加灣馬德拉島中漸向東稍入地中
海速日或四十里或六十六里其氣候寒于周洋八度勒
那士所測之平流起于非尼斯德角至英岔口環西而歸
其速日或八十里或三百里南連平流起自東南市風之
浮流至好望角即分二支一接北西洋平流一遠入印度
洋

印度洋平流詳釋如下一孟加拉平流環印度東南夏向

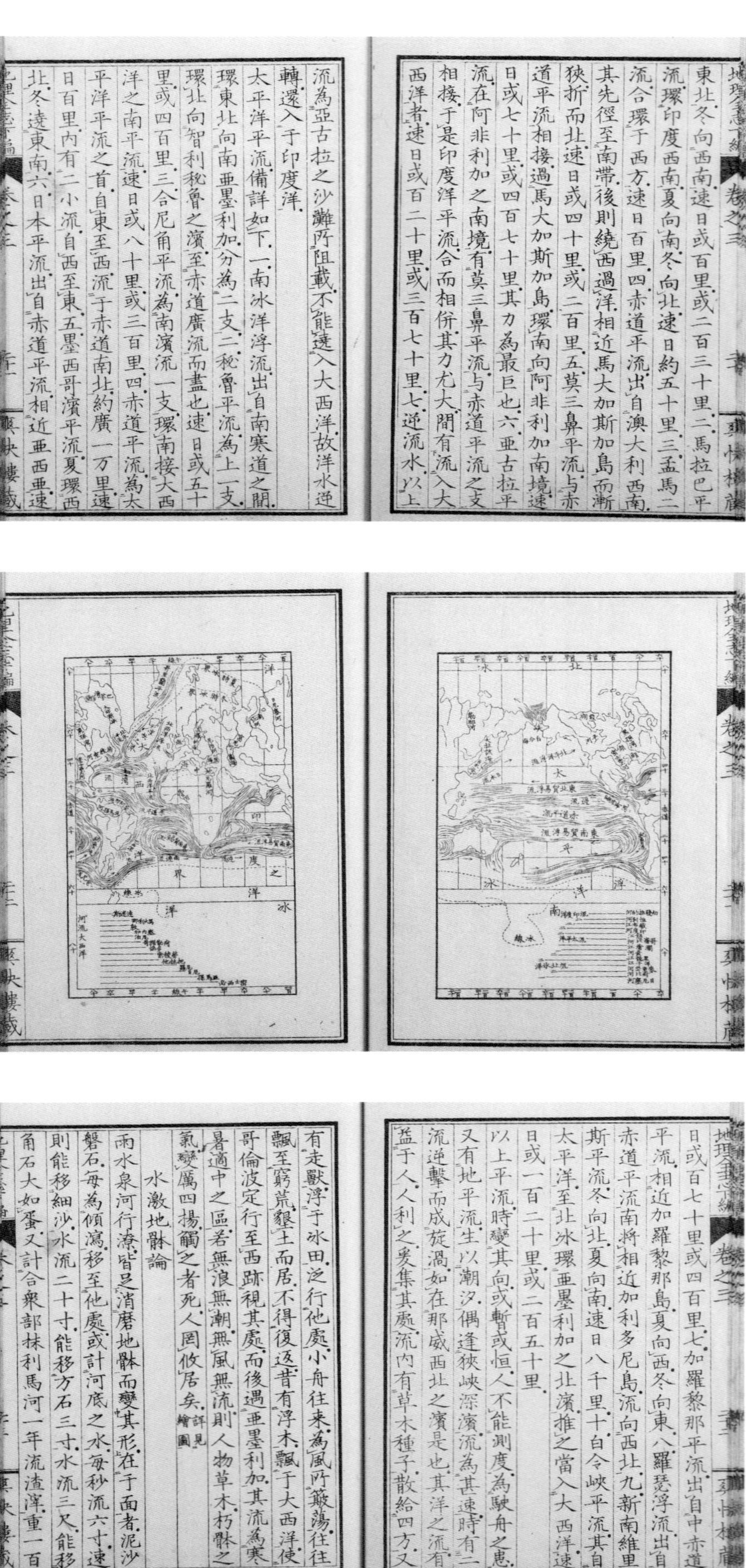

東北。冬向西南。速日或百里。或二百三十里。二。馬拉巴平流。環印度西南。夏向南。冬向北。速日約五十里。三。孟馬二流。合環于西方。速日百里。四。赤道平流。出自澳大利西南。其先徑至南帶。後則繞西過洋。相近馬大加斯加島。而漸狹折而北。速日或四十里。或二百里。五。莫三鼻平流。与赤道平流相接。過馬大加斯加島。環南向阿非利加南境。速日或七十里。或四百七十里。其力為最巨也。六。亜古拉平流。在阿非利加之南境。有莫三鼻平流。与赤道平流之支相接。于是印度洋平流。合而相併。其力尤大。間有流入大西洋者。速日或百二十里。或三百七十里。七。逆流。水以上

流為亞古拉之沙灘所阻截。不能遠入大西洋。故洋水逆轉。還入于印度洋。

太平洋平流備詳如下。一。南冰洋浮流。出自南寒道之間。環東北向南亜墨利加。分為二支。二。秘魯平流。為上一支。環北向智利秘魯之濱。至赤道廣流而盡也。速日或五十里。或四百里。三。合尼角平流。為南濱流一支。環南接大西洋之南平流。速日或八十里。或三百里。四。赤道平流。為太平洋平流之首。自東至西。流于赤道南北。約廣一万里。速日百里。內有二小流。自西至東。五。墨西哥濱平流。夏環西北。冬遠東南。六。日本平流。出自赤道平流。相近亜西亜。速

日或百七十里。或四百里。七。加羅黎那平流。出自中赤道平流。相近加羅黎那島。夏向西。冬向東。八。羅琵浮流。出自赤道平流南。將相近加利多尼島。流向西北。九。新南維里斯平流。冬向北。夏向南。速日八千里。十。白令峽平流。其自太平洋至北冰。環亜墨利加之北濱。推之當入大西洋。速日或一百二十里。或二百五十里。

以上平流。時變其向。或暫或恒。人不能測度。為駛舟之患。又有地平流生。以潮汐。偶逢狹峽深濱。流為甚速。時有二流逆擊而成旋渦。如在那威西北之濱是也。其洋之流。有益于人。人利之。爰集其處。流內有草木種子。散給四方。又

有走獸浮于冰田。泛行他處。小舟往來。為風所簸蕩。往往飄至窮荒。墾土而居。不得復返。昔有浮木。飄于大西洋。使哥倫波定行至西跡。視其處。而後遇亜墨利加。其流為寒暑適中之區。若無浪無潮無風無流。則人物草木朽骸之氣。變厲四揚。觸之者死。人罔攸居矣。詳見繪圖

水激地骸論

雨水泉河行潦。皆足消磨地骸。而變其形。在于面者。泥沙磐石。每為傾瀉。移至他處。或計河底之水。每秒流六寸。速則能移細沙。水流二十寸。能移方石三寸。水流三尺。能移角石大如蛋。又計合衆部抹利馬河一年流渣滓。重一百

二十万石。水廣二千万万尺。六方相等。恒河每年流泥土。重一千万万石。海口之岐。以河流泥沙所成。皆為恒。加渣滓而成。增留士西必河岐。近漸長數十里。他河亦然。洋浪衝激。時潰其防。而氾濫于地。有時沙積成墟。地為之阜。此事隨在皆有。水勢激盪。增損高下。所以運高土至于低區。而平其地。且草木所生。民居所興。為水所潔。如水勢日就狹隘。惟得地震奮力。克之。而使搞壞。与海數適相當也。

地理全志卷三終

地理全志下編卷四

大英慕維廉輯譯

氣論

天空氣論

天空氣者。包涵地球之氣者也。以地中所吸引之力。周乎其面。且与地球每年盤旋晝夜輪轉。因其運行。氣當正平之時。有橢圓之形。惟南北二極有匾圓之形。其氣不流行之時。杳杳冥冥。所可見者。惟凝聚水點。而為雲霧耳。兩間最奇之事。有以空氣成之者。又因其性體功用。人民草木禽獸賴之而生。

天空氣有燥有濕。西士審之。知燥氣中又有養淡二氣相合而成。其氣獨行則有甚毒。人物吸之。皆不能生。空氣之清者百分内。養氣約有二十一分。淡氣有七十九分。惟未見其清而無雜。覺微有炭養子氣。花卉氣等濕氣。多少不一。當天霽時。察之為空氣百分之一。綜計天空氣千分中有養氣二百十。淡氣七百七十五。濕氣十四分。有二炭養子氣。僅一分之八。地面各土。隨其高下。循其時候。其氣本無差異。惟瀕海之區。常有炭養子氣。夏多于冬。夜多于晝。山巔稍多于平野。海面養氣較少。都會人稠附有沮洳。其氣之毒。迥異清氣。為生民之患。地理士專意研究。而未得其故也。

周時希臘西國有士推測之。覺天空氣為重。當明之季。始驗其理。今乃悉知空氣重壓。詳明于下。天空氣与海相平之地。各方寸約重十二斤。即与一柱。求方廣一寸。高三十寸。或与水方廣一寸。高三十四尺。其重亦大約相同。至高于海面十二里。其氣重六斤。高七里重八斤。近海各九百五十尺。重減半斤。氣候亦各三百三十尺。寒一度。萬曆十九年。以大利士伽離畧著氣重壓之理。其徒革始作天空氣輕重表。即發明此氣較海面高低輕重之法。至如人升高處。空氣之重為減。汞遂下墜。于是藉是表針指。可知山之高低。氣候不一。空氣因之重壓亦不一。于表針亦可例推。天霽則汞為之升。陰雨淒風則汞為之墜。故又名風雨針。若表指三十一寸。大英空氣重壓地。約有四千五百万万石。至二十七寸。減有五百六十餘万万石。如是每方里約計得六百四十万石。

天空氣甚柔而勁。聚之則小。散之則大。緣是重輕不一。上浮下凝。由重壓故。空氣之高不詳。其細約畧計之。百六十里大半遠地面六十里。然高一千三百丈則氣已甚輕。虛人不能息。至于高山空氣輕虛。聲不能聞。呼吸不得通。頭痛胃反。筋力為絶。竅孔皆血。雲廣雪安的斯等山皆有之。俗所謂瘴氣是也。

空氣本來無色。乃恒為藍色。緣日光紅射易通。惟蔚藍僅能返照。而成其色。至于天空所見。上自蔚藍。在頂下則漸淡而白。因虛穹之處。元氣重積。四周所布。雲霧輕漫。

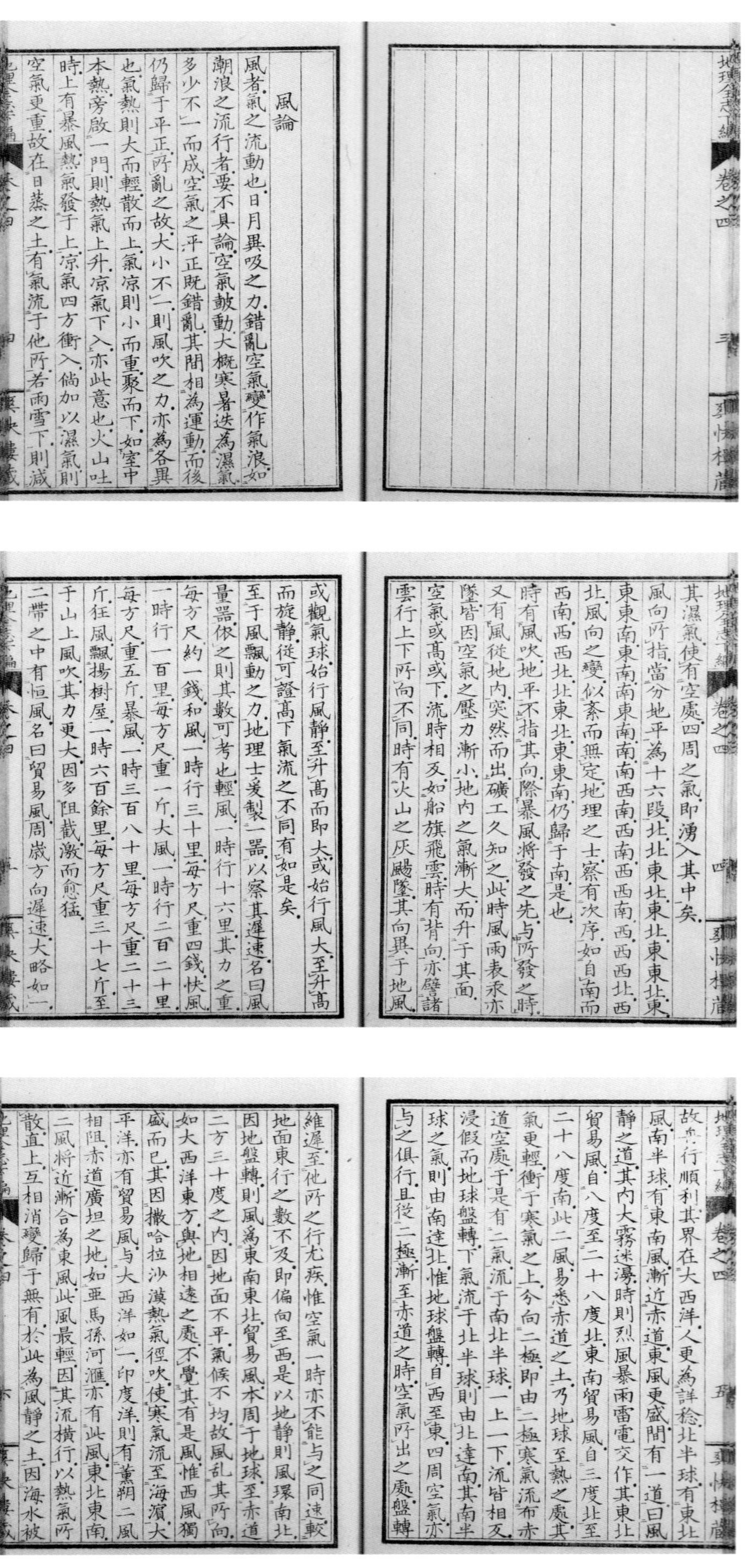

風論

風者氣之流動也日月異吸之力錯亂空氣變作氣浪如潮浪之流行者要不具論空氣鼓動大概寒暑迭為濕氣多少不一而成空氣之平正既錯亂其間相為運動而後仍歸于平正所亂之故大小不一則風吹之力亦為各異也氣熱則大而輕散而上氣凉則小而重聚而下如室中本熱旁啟一門則熱氣上升凉氣下入亦此意也火山吐時上有暴風熱氣發于上凉氣四方衝入倘加以濕氣則空氣更重故在日蒸之土有氣流于他所若雨雪下則減其濕氣使有空處四周之氣即湧入其中矣

風向所指當分地平為十六段北北東北東北東東北東東東南東南南東南南南西南西南西西南西西北西北風向之變似紊而無定地理之士察有次序如自南而西南西西北北東北東東南仍歸于南是也

時有風吹地平不指其向際暴風將發之先与所發之時又有風從地內突然而出礦工久知之此時風雨表汞亦墜皆因空氣之壓力漸小地內之氣漸大而升于其面

空氣或高或下流時相反如船旗飛雲時有背向亦譬諸雲行上下所向不同時有火山之灰颺墜其向異于地風或觀氣球始行風靜至升高而即大或始行風大至升高而旋靜從可證高下氣流之不同有如是矣

至于風飄動之力地理士爰製一器以察其遲速名曰風量器依之則其數可考也輕風一時行十六里其力之重每方尺約一錢和風一時行三十里每方尺重四錢快風一時行一百里每方尺重一斤大風一時行二百二十里每方尺重五斤暴風一時三百八十里每方尺重二十三斤狂風飄揚樹屋一時六百餘里每方尺重三十七斤至于山上風吹其力更大因多阻截激而愈猛

二帶之中有恒風名曰貿易風周歲方向遲速大略如一故舟行順利其界在大西洋人更為詳稔北半球有東北風南半球有東南風漸近赤道東風更盛間有一道曰風靜之道其內大霧迷漫時則烈風暴雨雷電交作其東北貿易風自八度至二十八度北東南貿易風自三度北至二十八度南此二風易悉赤道之土乃地球至熱之處其氣更輕衝于寒氣之上分向二極即由二極寒氣流布赤道空處于是有二氣流于南北半球一上一下流皆相反浸假而地球盤轉下氣流于北半球則由北達南其南半球之氣則由南達北惟地球盤轉自西至東四周空氣亦与之俱行且從二極漸至赤道之時空氣所出之處盤轉維遲至他所之行尤疾惟空氣一時亦不能与之同速較地面東行之數不及即偏向至西是以地静則風環南北因地盤轉則風為東南東北貿易風本周于地球至赤道二方三十度之內因地面不平氣候不均故風乱其所向如大西洋東方與地相遠之處不覺其有是風惟西風獨盛而已其因撒哈拉沙漠熱氣徑吹使寒氣流至海濱大平洋亦有貿易風与大西洋如一印度洋則有薰颿二風相阻赤道廣坦之地如亜馬孫河滙亦有此風東北東南二風將近漸合為東風此風最輕因其流橫行以熱氣所散直上互相消變歸于無有於此為風靜之土因海水被

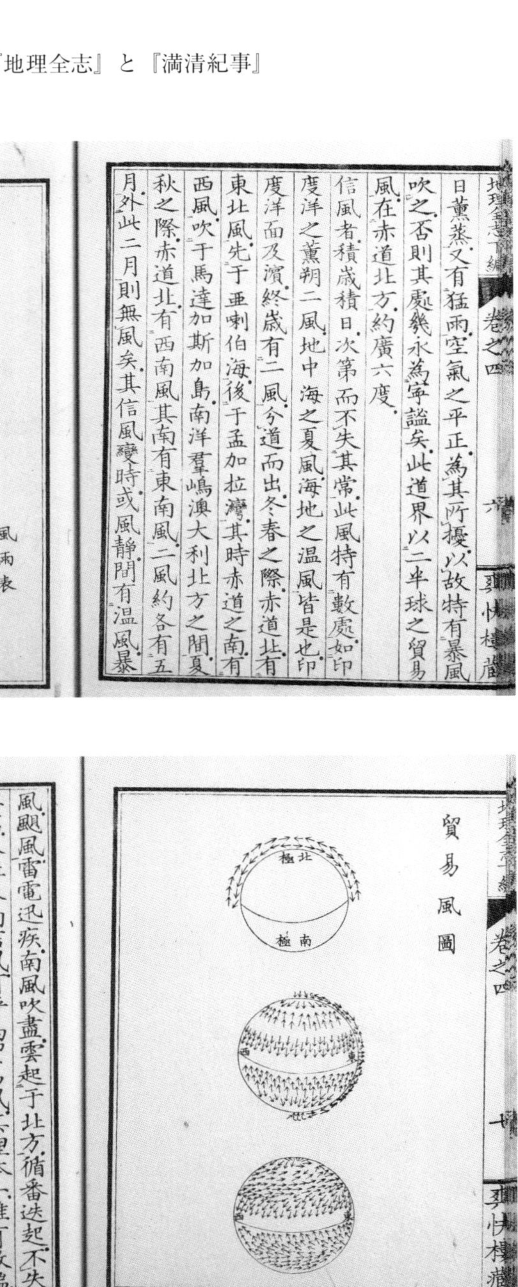

日薫蒸又有猛雨空氣之平正爲其所擾以故特有暴風吹之否則其飈幾永爲寧謐矣此道界以二半球之貿易風在赤道北方約廣六度

信風者積歲積日次第而不失其常此風特有數處如印度洋之薫朔二風地中海之夏風海地之温風皆是也印度洋面及濱終歲有二風分道而出冬春之際赤道北有東北風先于亞喇伯海後于孟加拉灣其時赤道之南有西風吹于馬達加斯加島南洋羣嶋澳大利北方之間夏秋之際赤道北有西南風其南有東南風二風約各有五月外此二月則無風矣其信風變時或風靜間有温風暴

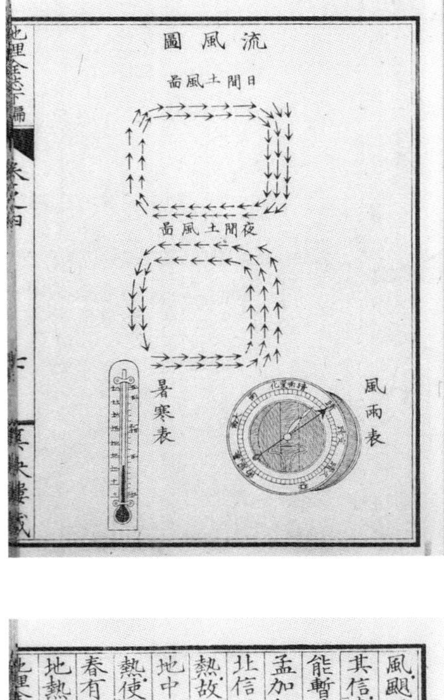

流風圖

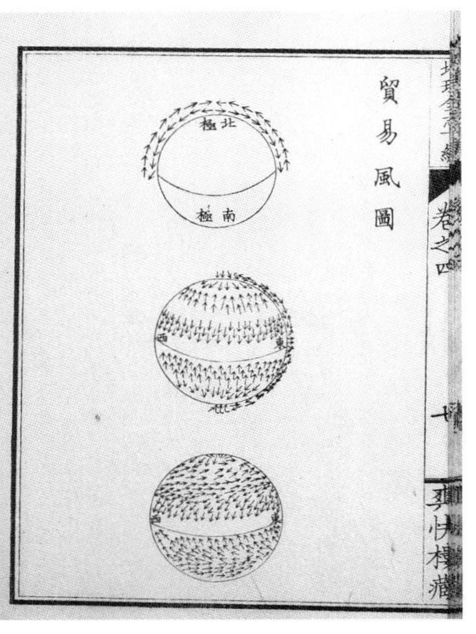

貿易風圖

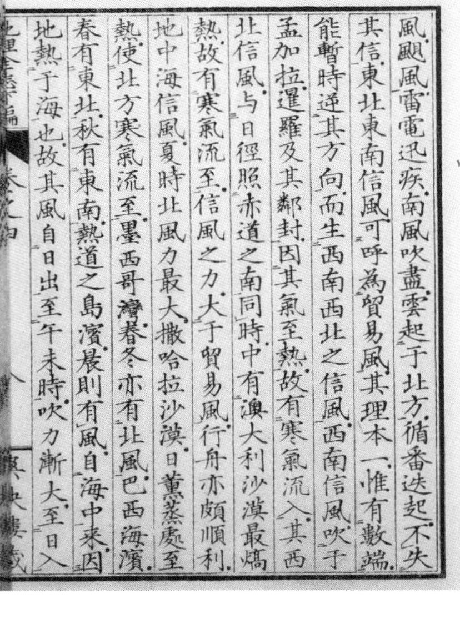

風颶風雷電迅疾南風吹盡雲起于北方循番迭起不失其信東北東南信風可呼爲貿易風其理本一惟有數端能暫時逆其方向而生西南西北之信風西南信風吹于孟加拉暹羅及其鄰封因其氣至熱故有寒氣流入其西北信風与日徑照赤道之南同時中有澳大利沙漠最熇熱故有寒氣流至信風之力大于貿易風行舟亦頗順利地中海信風夏時北風力最大撒哈拉沙漠日薫蒸處至熱使北方寒氣流至墨西哥灣春冬亦有北風巴西海濱春有東北秋有東南熱道之島濱晨則有風自海中來因地熱于海也故其風自日出至午未時吹力漸大至日入

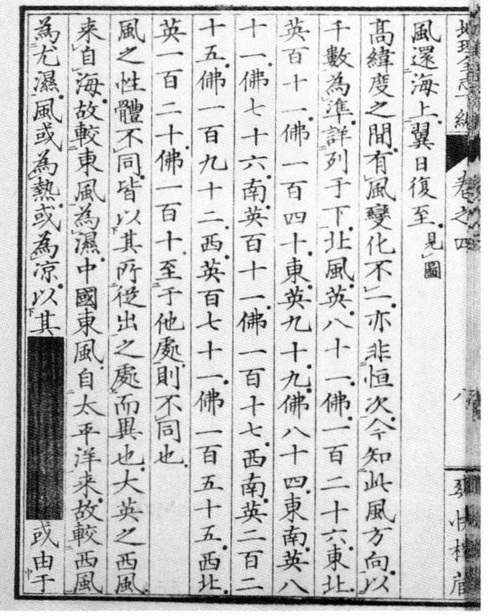

風還海上翼日復至見圖

高緯度之間有風變化不一亦非恒次今知此風方向以千數爲準詳列于下北風英八十一佛一百二十六東北英百十一佛一百四十東英九十九佛八十四東南英八十一佛七十六南英百十一佛一百十七西南英二百二十五佛一百九十二西英百七十一佛一百五十五西北英一百二十佛一百十至于他處則不同也

風之性體不同皆以其所從出之處而異也大英之西風來自海故較東風爲濕中國東風自太平洋來故較西風爲尤濕風或爲熱或爲凉以其 或由于

熱沙暖地或由于雪山冰洋也寒暑風之爲類不一矣東西南北各任其宜阿非利加亞西亞沙漠熱風甚猛印度草木茂盛痾利諾哥河上澳大利等處亦有之亞喇伯奴比亞波斯叙里亜其風最熱時而陰霾或塵沙飛揚日色紅慘以敝行旅埃及内有熱風經第四五月吹不過五十日塞内剛比幾内亜冬時東風甚燥吹或三日或十五日毎歳約三四次凋折草木而能袪濕人當之甚快以大利西西里夏有薫風其爲炎熇西班牙亦然

暴風之生因空氣摶雜更因濕氣驟聚時有猛雨迅雷風雨針先指其來向屢推測之無少差謬巴西叢樹之間暴

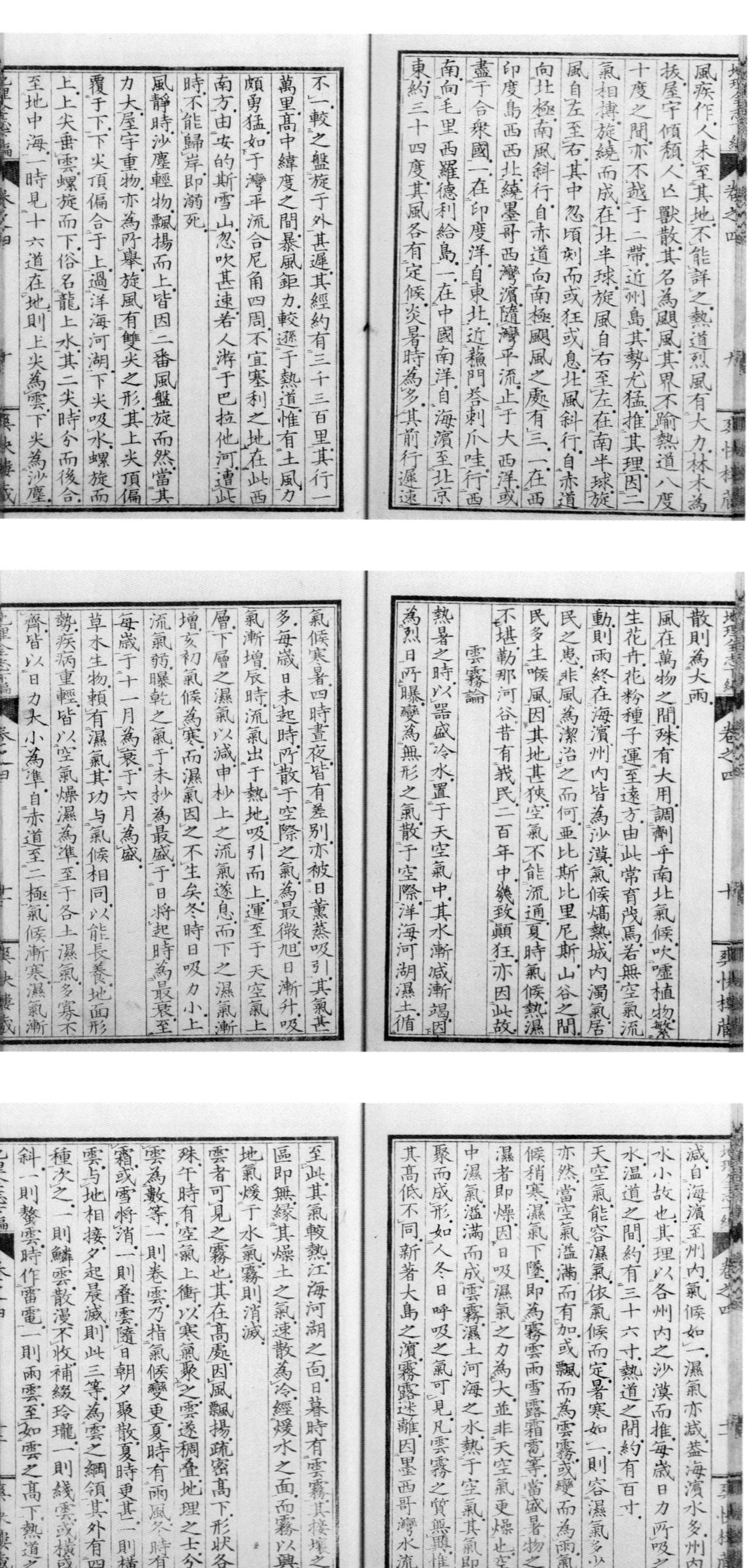

風疾作人未至其地不能詳之熱道烈風有大力林木為
拔屋宇傾頹人亡獸散其名為颶風其界不踰熱道八度
十度之間亦不越于二帶近州島其勢尤猛推其理因二
氣相搏旋繞而成在北半球旋風自右至左在南半球旋
風自左至右其中忽頃刻而或狂或息北風斜行自赤道
向北極南風斜行自赤道向南極颶風之處有三一在西
印度島西西北綫墨哥西灣濱隨灣平流止于大西洋或
盡于合衆國一在印度洋自東北近福門荅剌爪哇行西
南向毛里西羅徳利給島一在中國南洋自海濱至北京
東約三十四度其風各有定候炎暑時為多其前行遲速

不一較之盤旋于外甚遲其經約有三千三百里其行一
萬里高中緯度之間暴風鉅力較遜于熱道惟有土風力
頗勇猛如于灣平流合尼角四周不宜寒利之地在此西
南方由安的斯雪山忽吹甚速若人游于巴拉他河遭此
時不能歸岸即溺死

風靜時沙塵輕物飄揚而上皆因二番風盤旋而然當其
力大屋宇重物亦為所擧旋風有雙尖之形其上尖頂偏
覆于下下尖頂偏合于上過洋海河湖下尖吸水螺旋而
上上尖垂雲螺旋而下俗名龍上水其二尖時分而後合
至地中海一時見十六道在地則上尖為雲下尖為沙塵

散則為大雨

風在萬物之間殊有大用調劑乎南北氣候吹噓植物繁
生花卉花粉種子運至遠方由此常有茂焉若無空氣流
動則雨終在海濱州內皆為沙漠氣候熇熱城內濁氣居
民之患非風為潔治之而何亜比斯比里尼斯山谷之間
民多生喉風因其地甚狹空氣不能流通夏時氣候熱濕
不堪勤那河谷昔有戕民二百年中幾致顛狂亦因此故

雲霧論

熱暑之時以器盛冷水置于天空氣中其水漸減漸竭因
為烈日所曝變為無形之氣散于空際洋海河湖濕土備

氣候寒暑四時晝夜皆有差別亦被日薰蒸吸引其氣甚
多每歳日未起時所散于空際之氣為最微旭日漸升吸
氣漸增辰時流氣出于熱地吸引而上運至于天空氣上
層下層之濕氣以減申杪上之流氣遂息而下之濕氣漸
增亥初氣候為寒而濕氣因之不生矣冬時日吸力小上
流氣弱曝乾之氣于未抄為最盛于日将起時為最衰至
每歳于十一月為衰于六月為盛

草木生物賴有濕氣其功与氣候相同以能長養地面形
勢疾病重輕皆以空氣燥濕為準至于各土濕氣多寡不
齊皆以日力大小為準自赤道至二極氣候漸寒濕氣漸

減自海濱至州內氣候如一濕氣亦減蓋海濱水多州內
水小故也其理以各州内之沙漠而推每歳日力所吸之
水温道之間約有三十六寸熱道之間約有百寸
天空氣能容濕氣依氣候而定暑寒如一則容濕氣多少
亦然當空氣盈滿而有加或飄而為雲霧或變而為雨氣
候稍寒濕氣下墜即為霧雲雨雪露霜雹等當盛暑物之
濕者即燥因日吸濕氣之力為大並非天空氣更燥也空
中濕氣盈滿而成雲霧濕土河海之水熱于空氣其氣即
聚而成形如人冬日呼吸之氣可見凡雲霧之質無異惟
其高低不同新著大島之濱霧露迷離因墨西哥灣水流

至此其氣較熱江海河湖之面日暮時有雲霧其接壤之
區即無緣其燥土之氣速散為冷經煖水之面而霧以興
地氣煖于水氣霧則消滅

雲者可見之霧也其在高處因風飄揚疏密高下形状各
殊午時有空氣上衝以寒氣聚之雲遂稠疊地理之士分
雲為數等一則卷雲乃指氣候變更夏時有雨冬時有
霜或雪将消一則蚕雲隨日朝夕聚散夏時更甚一則横
雲与地相接夕起晨滅則此三等為雲之綱領其外有四
種次之一則鱗雲散漫不收補綴玲瓏一則綫雲或横或
斜一則蟄雲時作雷雹一則雨雲至如雲之高下熱道之

間高于温道温道之間夏時高于冬有士考之五千日中
三千日有雲低于三百丈之山二千日有雲高于三百丈
之山或有時無雲卷雲高于海面約十四里雲之濕氣微
泡重于空氣垂于空中而不墜甚為奇異也靜時濕泡緩
墜接以煖氣則消而不見其時有新生濕泡生于上之空
處于是雲下之點漸垂而消猶雲上之點更生而舒仍垂
于空中也風吹阻雲不墜如物之輕者飄揚高遠地之熱
氣上升亦能使雲不下由此午時聚雲為高其上升氣之
力為最暮時氣候漸寒上升之力為小雲遂下墜与下之
煖氣相接而消于無有矣

雨論

雨者濕氣凝聚而生其微泡漸大漸重既而相并遂成水
點而墜于地也雨始墜時未至于地為煖氣變化復釀為
霧有時雨點漸墜漸小為煖氣所蒸故上點則多下點則
少下墜之時雨點粗大者為多上有寒氣至下遂有煖氣
聚于其面是以下所積之水多于上所積之水也雨無雲
而亦作因其上層之空氣与寒熱二氣相衝即聚為雨而
未成濕泡有一陣雨或在數處同時下墜多少不一或在
一處不同時下多少亦不一歐州之雨終日不及寸而低
野之盈可立以待道光二年熱那一日大雨三十寸七年

日尼瓦一時半大雨六寸他處亦然甚為災異合數歲而
總計之其下雨之多少大畧相同氣候熱暑較之亦然
雨散布之理可得而詳言之也一自赤道至二極雨漸少
因熱氣每生濕氣而漸減之故也二自海濱至州內雨亦
減少因地之濕氣較海之濕氣少故也三温道之間東海
濱較之西海濱雨漸減因西海濱先遇西風吹由洋面而
濕氣以解熱道之間東海濱較之西海濱雨漸增因遇貿
易風故也四山嶺之雨多于平地因雲為山所阻遇其巔
之寒氣遂聚而為雨
自赤道至二極每歲之雨漸減詳述之如下西熱道之間

每歲約一百十五寸東熱道之間約七十六寸北温道約
有三十七寸南温道約二十六寸熱道之雨雖多于温道
其下雨之日更少因每歲有二時一晴一陰温道之間自
南至北下雨之日較多雨水更減歐羅巴每歲雨日綜計
南約有一百二十中約有一百四十六北約有一百八十
自海濱至州內雨尤少如英佛之濱每歲約有三十二寸
漸近亜西亜惟有十四寸漸遠之海濱雨日最減如西佛
每歲有一百五十二日中佛有一百四十七日加森在窩
瓦河之邉有九十日西卑利內地有六十日温道西濱雨
多于東濱此以大英西較于東及西歐較于中歐為準山

地之雨多于平地如大英平地歲雨約有二十四寸山地
約有四十寸巴黎斯約有二十寸亜卑斯山下約有四十
三寸其上約有六十三寸時而山之二邉雨多少不一如
那威濱歲有八十二寸瑞典惟有二十寸因雲為西南風
出由大西洋以山壁阻而聚濕氣遂落于是那威或雨數
日而瑞典僅數點
地面有廣帶或終歲無雨或晴雨有定或靄雨隨時其無
雨之地于西州如加里福尼瓜地馬拉數處以及墨西哥
高原秘魯海濱是也于東州如摩洛哥撒哈拉埃及南方
亜喇伯波斯俾路芝以及西藏高原戈壁沙漠蒙古西方

是也其地有時下雨甚為罕異晴雨有定者在熱道之中
大雨与亢旱相間雨時久暫不一大概歷三四五月日上
赤道其北有雨日下赤道其南有雨惟在印度晴雨之時
以信風為定靄雨隨時之地在熱道之外除風靜之狹道
間有晴雨有定之地南北其雨滂沱幾每日有之無雨之
土多為沙漠石積因空氣甚熱濕氣甚少不能為雨定時
之雨在第二月始于巴那馬在第三月始于阿非里加与
赤道相近之地疴里諾哥河上在第五月始于塞尼加河
上加里福尼其雨破塊甚為滂沛然不恒有一日不過數
時一歲不過數月熱道之外南歐羅巴冬時雨多中歐以

及嗹瑞典栽夏時雨多佛西北海濱比英那威秋時雨多

雪雹露霜論

雪者雲霧凝結而為冰其初形甚細微後以濕氣團聚相合成片降時乃更廣大天空濕氣不盛不能成片惟其微冰相隔飄霜于空在高緯度宛成煙形空氣至地若冱寒則雪遂以降倘空氣下層為煖其雪降時消化上則有雪下則有雨是以熱道之間与海面相平之地雪未嘗見也漸近二極氣候更寒雪降為多物骼黝黑而寒如冰者雪降其上形状端美見之約百有十六實有數百種皆具六出雪片同降其形如一若間時而降較前已迥異矣（見圖）

雪異形圖

北半球与海面相平雪降之界在亜墨利加為三十度在北大西洋四十三度在東州三十六度

雹者有時因雨點頃刻凝結而成宲非晶瑩之冰其中常有霰粒無光冰雪相間而成霰為雹之原降時變形而増大當氣候熱時有雹下降忽覺寒冷如佛朗西數處大約毎歲雨雹猛厲為患其理至今未解或因他處雷降下時有電氣迅發而雷電交作

故也雹有異形其大小輕重不一或一斤或四斤或若冰片長廣四十寸厚二十七寸時殺禽獸其片或為多雹降時相合或為廣冰降時分斷晝間雹降為多夜則稀矣

露者濕氣夜墜于草木之上其形類圓因草木在夜散其煖氣寒于相接之空氣數度故也空氣接于草木亦寒不能容前之濕氣間遂墜為露珠露生之理大畧可述焉一晴夜露降為多無雲之時地之熱氣散于天空故地面較空氣為凉有雲之時地之熱氣歸于地内故露不能生風大無雲露亦不降因上之空氣未寒即散故也二物置于外有露涵濡之但有所蔽則物之氣不能疎散由是推之城内露少于曠野樹下露少于田間三有物被露較他物更多更速因衆物能散熱氣遲速不同是以有物露偏覆其上而相近之物所承之露微少如草木滋露速于土沙速于堅泥玻璨速于金類四終夜下露非惟早晩有之也五瀕海之處露珠為最州内空氣滋濕為少惟大河湖之濱為多大英經歳計露約有五寸其重約有三百三十万万石

霜者露所凝之冰也濕氣下墜于物其物相値寒于結冰之位其氣變為冰柱

暑寒論

暑寒表之汞柱或高或低可定其地之寒熱其表汞柱之旁分為度數以指水沸水冰等物之暑寒西表度數不同一指水沸之氣一則計二百十二度一則計百度一則計八十度今惟以二百十二度針為準如是則發熱氣為百十二度血氣為九十八度大英夏氣為七十六度温氣為五十五度結冰氣為三十二度熱道終歳寒暑幾如一律因晝夜長短維均也温道寒道之間晝夜有長短之分故亦有寒暑之別惟各處寒暑毎歳大畧相同

究盛暑嚴寒之地相距之度數如左羅馬七十三度巴黎斯一百有八度哥鼻合給九十度彼得堡一百十七度墨斯科一百二十六度襖窪一百六十度至于數處寒暑之得其平者約畧計之羅馬寒暑之平六十度四分新約克五十三度八分北京五十二度八分倫敦五十度四分巴黎斯五十一度四分壹丁不四十六度六分彼得堡三十八度二分那威北角三十二度二分拉巴拉多濱二十五度二分

最熱中線与地球之赤道不同大約居其北方其線自新加拉那大委内瑞辣海濱由幾内亜灣紅海南方至亜喇伯印度馬来隅極南而繞于赤道南後仍歸其北其最暑之氣為八十七度三分如馬索亜是也其最寒之氣為八

十一度偏于數處自熱道至北極氣候漸寒西州之間其寒速于東州惟亜西亜之東有數地不然詳述之如左至三十緯度西州較東州之西方相異有三度三十分至四十緯度其西東相異八度三十八分至五十緯度其西東相異有十二度五十七分至六十緯度其西東相異十六度五十五分北氷洋墨維尓島見為最寒之地毎歳約計之為一度四十九分亜墨利加東亜西亜之寒速于歐羅巴以此可推最寒之地不与二極相同惟不遠多度緯線接于西歐羅巴北極之經線幾為直角之形者地球最寒之二地有之有士推其二處在八十緯度北一則于北京之西二十一度半一則于北京之東一百四十三度半西名西卑利最寒之極氣候約為一度東名加那大最寒之極較西卑利極四度半為寒

至南半球推之較北半球為寒此理惟在高緯度為確然自熱道至四十度南二半球之暑寒約為如一過此漸南而愈寒抑且寒速也此理何以解之或云日居赤道之南較其居于北減七日九時職此故也然此差別無關係亦因其時日与地球更近其熱氣可還應之或云北半球之間赤道平流以恒有之西南風吹至高緯度印度平流或歸本洋或環好望角而過阿非利加于是不能煦燠南極之水再因南亜墨利加之形使南氷洋順流運南極之氷山故此上浮之氣較為涼爽焉耳

地球寒暑古与今變遷不二以地質之理証之昔其内炎熱如鎔其外漸涼遂成為殼也有草木生物甚大其種類合于今産熱道之間頼熱氣以長養前所産之處茲已不可生育是可為徵古昔暑寒相變自人類肇生之時至今地面之寒暑覺相異者亦無多也倘地未至于最涼之位逐漸寒冷人亦不覺太陽熱氣亦不加多因其迭收迭散故耳近佛朗西士亜拉哥計之經二千年大地之氣所異不及一度之十分有地或暑或寒愈變愈甚推其故皆因地勢而成以温泉火山及各處之地氣愈深愈暑之故細推之地中之質有若鎔化之形此内熱氣愈深愈暑于地面不甚關係空氣暑寒亦無需推究蓋因地面磐石之性質不能吸引熱氣故也至地内暑寒理實難究以自成之穴人所掘之礦及所鑿之井其理覘之如左一日氣入于地内有一定之界至此或暑或寒与地面均同惟其淺深在他緯度或異熱道之間深不過一尺至巴黎斯深二十五尺普魯士石礦深自二十七尺至六十三尺皆以沙石之性質而論壹丁不士佛比斯云暑寒之深隨土而異如梯磐之内深至五十五尺沙土深六十五尺砂石深九十六尺二徑地之内有線暑寒有常上有日中熱氣下有地中火氣皆不能變動其處之暑寒惟有地面之氣大畧相同經五十年巴黎斯觀星臺穴之暑寒針或上或下不過一度之七十分也三當暑寒有常處之下地中熱氣之故使寒暑汞為高以較其愈深愈高其理与他層中亦不同普魯士煤層内其暑大概速于金類之層英之的温錫礦寒于銅礦四地内愈深愈暑之比例以磐土之性質而定有士計之深每五十二尺暑約有一度于是相去地面不遠至堅之質皆為鎔化矣

地球盤旋于空際之氣地理之士推之為寒于氷約有九十度与天空氣下層不甚關係其空際之寒不及人造作之寒即較之于氷更寒一百二十三度

氣候論

夫氣候有變遷故地面有暑寒燥濕之不同而草木因之以長養究其理先推各地之緯度較日所照臨之處寒暑之變頼日氣可明見也日漸高于地平則熱増日漸落則熱減日見在頂熱氣為最日光直射通于天空較于斜射其道更近于是日光之射直下被空氣吸入較于斜射時尤為少矣人用火鏡聚日光之射以爍物至日漸落時其聚為緩若日将至地平則不能聚射發火日高于地平四

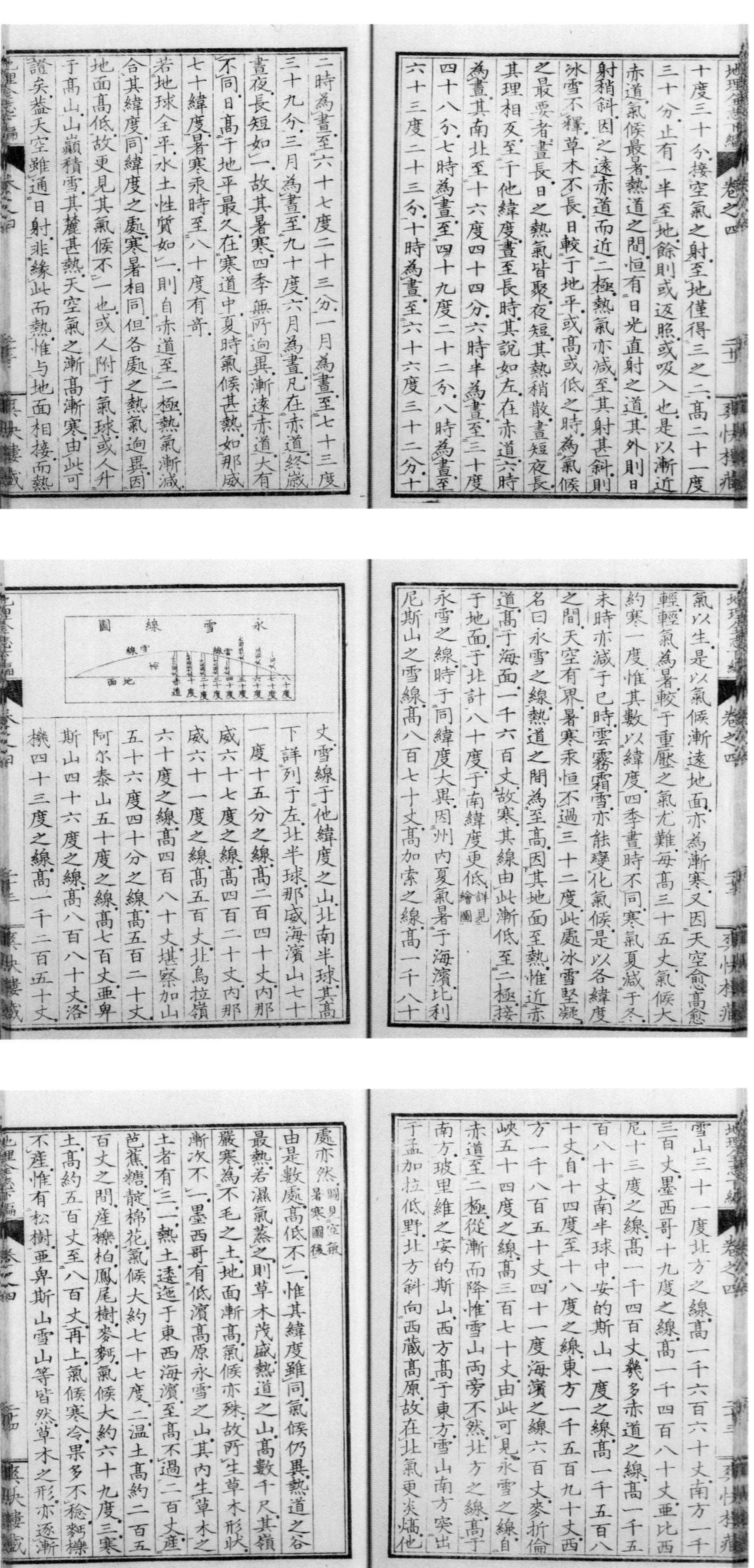

十度三十分接空氣之射至地僅得三之二高二十一度三十分止有一半至地餘則或返照或吸入也是以漸近赤道氣候最暑熱道之間恒有日光直射之道其外則日射稍斜因之遠赤道而近二極熱氣亦減至其射甚斜則冰雪不釋草木不長日較于地平或高或低之時為氣候之最要者晝長日之熱氣皆聚夜短其熱稍散晝短夜長其理相反至于他緯度晝至長時其說如左在赤道六時為晝其南北至十六度四十四分六時半為晝至三十度四十八分七時為晝至四十九度二十二分八時為晝至六十三度二十三分十時為晝至六十六度三十二分十二時為晝至六十七度二十三分一月為晝至七十三度三十九分三月為晝至九十度六月為晝凡在赤道終歲晝夜長短如一故其暑寒四季無所迥異漸遠赤道大有不同日高于地平最久在寒道中夏時氣候甚熱如那威七十緯度暑寒乘時至八十度有奇

若地球全平水土性質如一則自赤道至二極熱氣漸減合其緯度同緯度之處寒暑相同但各處之熱氣迥異因地面高低故更見其氣候不一也或人附于氣球或入升于高山山巓積雪其麓甚熱天空氣之漸高漸寒由此可證矣蓋天空雖通日射非緣此而熱惟与地面相接而熱氣以生是以氣候漸遠地面亦為漸寒又因天空愈高愈輕輕氣為暑較于重壓之氣尤難毎高三十五丈氣候大約寒一度惟其數以緯度四季晝時不同寒氣夏減于冬未時亦減于巳時雲霧霜雪亦能變化氣候是以各緯度之間天空有界暑寒乘恒不過三十二度此處冰雪堅凝名曰永雪之線熱道之間為至高因其地面至熱惟近赤道高于海面一千六百丈故寒其線由此漸低至二極接于地面于北計八十度于南緯度更低（詳見繪圖）

永雪之線時于同緯度大異因州内夏氣暑于海濱比利尼斯山之雪線高八百七十丈高加索之線高一千八十丈雪線于他緯度之山北南半球其高下詳列于左北半球那威海濱山七十一度十五分之線高二百四十丈内那威六十七度之線高四百二十丈内那威六十一度之線高五百丈北烏拉嶺六十度之線高四百八十丈堪察加山五十六度四十分之線高五百二十丈阿尔泰山五十度之線高七百丈亜卑斯山四十六度之線高八百八十丈洛撕四十三度之線高一千二百五十丈

永雪線圖

雪山三十一度北方之線高一千六百六十丈南方一千三百丈墨西哥十九度之線高一千四百八十丈亜比西尼十三度之線高一千四百丈幾多赤道之線高一千五百八十丈南半球中安的斯山一度之線高一千五百八十丈自十四度至十八度之線東方一千五百九十丈西方一千八百五十丈四十一度海濱之線六百丈麥折倫峽五十四度之線高三百七十丈由此可見永雪之線自赤道至二極從漸而降惟雪山両旁不然北方之線高于南方玻里維之安的斯山西方高于東方雪山南方突出于孟加拉低野北方斜向西藏高原故在北氣更炎熇他處亦然（詳見空氣暑寒圖後）

由是數處高低不一惟其緯度雖同氣候仍異熱道之谷最熱若濕氣蒸之則草木茂盛熱道之山高數千尺其嶺嚴寒為不毛之土地面漸高氣候亦殊故所生草木形狀漸次不一墨西哥有低濱高原永雪之山其内生草木之土者有三一熱土遠至于東西海濱至高不過二百丈産芭蕉糖靛棉花氣候大約七十七度二温土高約二百五百丈之間産橡柏鳳尾樹麥麩氣候大約六十九度三寒土高約五百丈至八百丈再上氣候寒冷果多不稔麥橡不産惟有松樹亜卑斯山雪山等皆然草木之形亦逐漸

不同有地或在州内或在海濱緯度雖同而氣候迥異海較于土其熱為遲散亦不速其面暑寒不若州内之頃刻變易也夏則較涼冬則較温海風吹至其濱亦然洋海被日薫蒸之氣甚多是以天空佈雲其雲夏則蔽日以阻暑冬則聚熱以禦冷。

恒吹之風亦為其地氣候而定因其吹来之勢彼此皆然土壌地勢亦為氣候不同之故沙土吸熱多于泥土堅凝之地不毛之土吸熱亦多于游牧之土至地之形勢山嶺南方草木大概茂于北方時有草木產于山北高于南方皆因人工力作。

時有廣土氣候大變但未見半球全地之氣變易如此以此可思恒佈地面之熱氣大畧相同惟佈或不均其變易之方每循南北罕循東西至于經度相反其理亦相反冰洲冬温嗹國則寒歐羅巴亜西亜較于亜墨利加或暑或寒為時相反亜西亜較亜墨利加大異歐羅巴無盛暑祁寒。

地球之氣經歴數千年見之不甚變遷有地氣候漸異如西歐為温最寒之時罕至因曠地為畊澤土開墾封木斬伐漢時鹿游于波羅的海南濱今移于北土昔番将戰于羅馬屬部冬時過河結冰今則不能如此也。

同熱線論

地面熱氣布散不一不獨因緯度而然亦有他故在焉若有旅行自倫敦至北半球中同暑之處並非以其緯度五十一有半而行向西則必過阿尓蘭西北五十五度半後低于西南至新約克四十度半向東則必至維也納四十八度後至多惱河口四十四度近赤道同熱之線較緯度合而相似迤北其線曲環于二十度二十五度之間同熱之線氣候為八十度横于閩都拉斯灣由三多明各塞拉畧尼之上後至北帶而過亜喇伯漸降于印度暹羅越南之間交錯于非里比内島之南同熱之線氣候為七十度横于加利福尼隅西州内低于北帶後過密士西必河口東至佛羅利達三十緯度接于加拿列島逶迤于突尼斯三十四度通于地中海繞于印度固斯山雪山之南中國之内幾降至北帶同熱之線氣候為六十度横于新加里福尼三十九度漸降至查里登後逶迤而北接于歐四十六緯度忽落于西班牙之内繞于熱那灣斜通以大利与土耳其南相錯至裏海南沉于亜西亜内接于黄河之口越長崎島同熱之線氣候為五十度横于哥倫比河口沉于亜墨利加内高至密熱安湖極南而接于新約克忽逶于北至五十六緯度由倫敦中歐相近德丁維也納過黒海東海之北繞鹹海之南沉于亜西亜内後漲至東濱四十五緯度同熱之線氣候為四十度横于新亜千日之北低過幾百新著大島之南後漲至六十九緯度接于那威南濱漸環墨斯科南沉于亜西亜内四十七緯度後高于東濱五十緯度同熱之線氣候為三十度横于亜墨利加西濱六十一緯度升至六十四度即降黒孫灣之南至拉不臘多五十三度忽升至七十四緯度環歐之北角即沉至白海在寒道之線漸低而過義古斯科後沉至五十緯度迤逶東濱由漸而高同熱之線其道稍能詳悉氣候或二十度由馬更些河口六十八緯度沉于拉不臘多濱五十九緯度後升至七十七緯度過斯必巴然之南降至亜西亜五十六度或十度過黒孫灣之北至也古斯科之北見圖

西歐暑于東亜西亜西亜墨利加以同熱之線凸繞于倫敦之經線為徵推其故詳説如左一西歐南風尤甚自赤道吹熱氣至于其濱二阿非利加沙漠延袤以日直射故暑尤甚由此暑氣流入于歐三灣平流之温水流過大西洋至于歐州每歳達亜墨利加熱土之菓實以至那威緣此所漂之濱氣候稍温因西南風吹灣流温氣至此亦因北洋冰雪降入大西洋不与歐濱相通之故亀殻壊船之

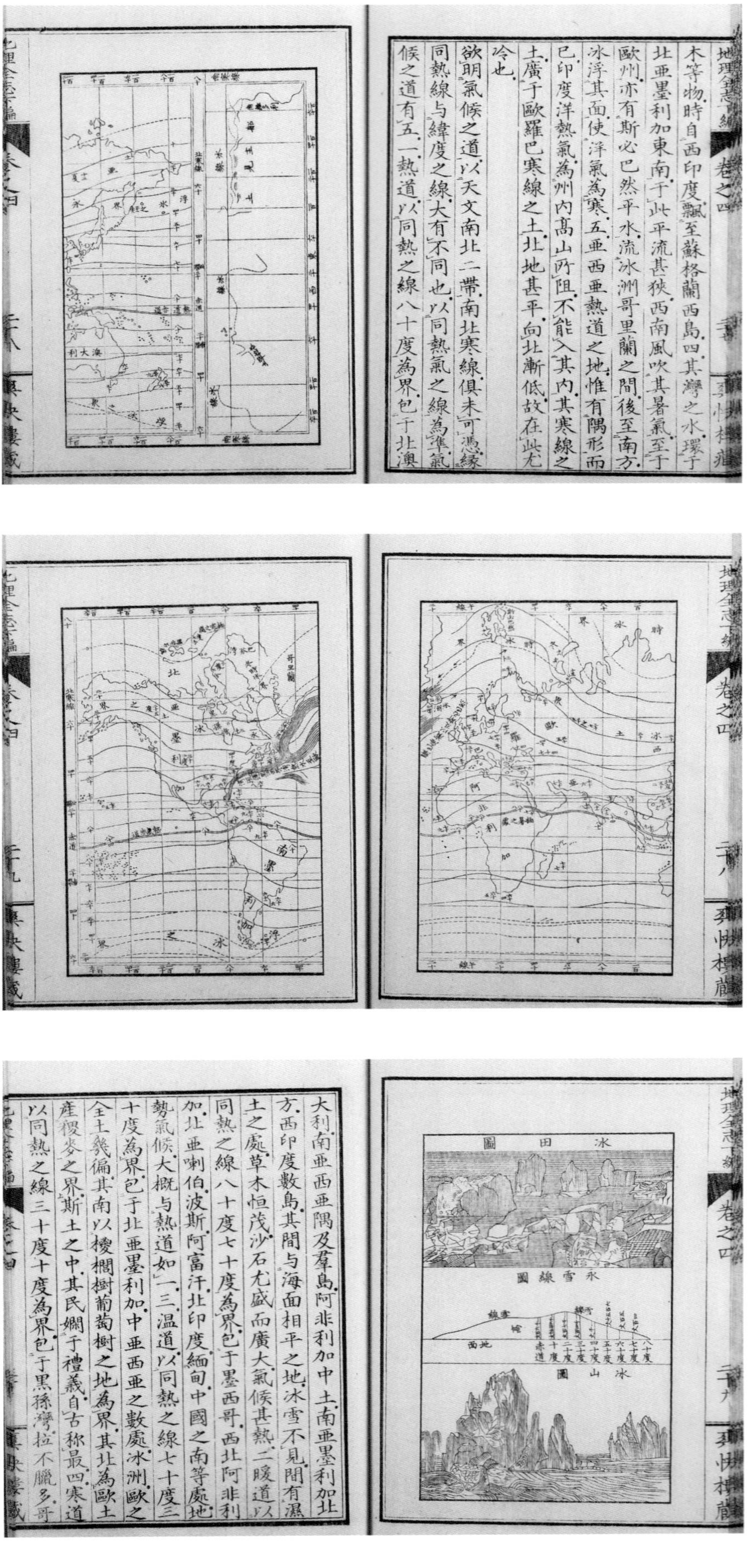

木等物時自西印度飄至蘇格蘭西島四其灣之水環于北亜墨利加東南于此平流甚狭西南風吹其暑氣至于欧州亦有斯必已然平水流氷洲哥里蘭之間後至南方氷洋其面使洋氣為寒五亜西亜熱道之地惟有隅形而已印度洋熱氣為州内高山所阻不能入其内其寒線之土廣于欧羅巴寒線之土北地甚平向北漸低故在此尤冷也

欲明氣候之道以天文南北二帯南北寒線俱未可憑縁同熱線与緯度之線大有不同也以同熱氣之線為準氣候之道有五一熱道以同熱之線八十度為界包于北溟

大利南亜西亜隅及羣島阿非利加中土南亜墨利加北方西印度數島其間与海面相平之地氷雪不見間有濕土之處草木恒茂沙石尤盛而廣大氣候甚熱二暖道以同熱之線八十度七十度為界包于墨西哥西北阿非利加北亜喇伯波斯阿富汗北印度緬甸中國之南等處地勢氣候大概与熱道如一三温道以同熱之線七十度三十度為界包于北亜墨利加中亜西亜之數處氷洲欧之全土幾偏其南以棲櫚樹葡萄樹之地為界其北為欧土産稷麦之界斯土之中其民嫺于禮義自古称最四寒道以同熱之線三十度十度為界包于黒孫灣拉不臘多哥

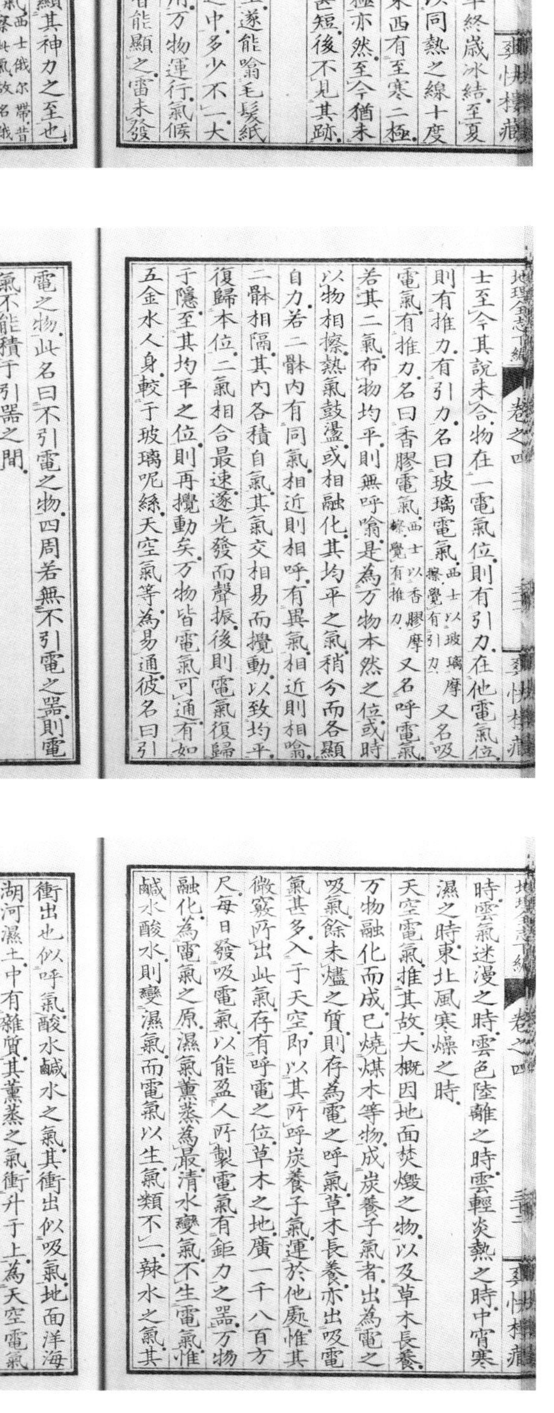

里蘭北峩羅斯數處地內深淺不一大半終歲冰結至夏
微消于是稷麥因之而稔五水冰之道以同熱之線十度
為界已于亜墨利加亜西亜最北之地東西有至寒二極
較于地球盤轉之北極不相同推之南極亦然至今猶未
詳悉焉其土所產草木蕭條獨有樺樹甚短後不見其跡

雷電喻鐵氣論

論電氣琥珀玻璃白蠟摩擦于呢絲之上遂能喻毛髮紙
片等物其吸力磅礴乎宇宙蔵于万物之中多少不一大
概隱而不顯不見其迹惟因天地之功用万物運行氣候
變化濕氣或散或聚草木生物之長養皆能顯之雷未發

聲先覺空氣将發雷電及雷鳴電光更顯其神力之至也
西士名琥珀氣即電氣金類与酸酐相融亦發電氣西士俄尓帶昔察此氣故名俄
尓帶電氣較琥珀吸氣其象不同其氣束之更易以鐵線運于
他處或遠或近或多或少其力之大小隨其人之所用由
此西洋製立新法以鐵線運動其氣通信移文一秒可通
數千里實為商旅之要道也今士揣想其氣可用以運舟
車代火輪熱氣
雷氣未知其詳惟知其能力之大通于万物無微不入今
将其氣在天空中形象成效布散之理畧述如左電氣有
二各有自性或為二氣或為一氣時盈時歉而發異力西

士至今其說未合物在一電氣位則有引力在他電氣位
則有推力有引力名曰玻璃電氣西士以玻璃摩擦覺有引力又名吸
電氣有推力名曰香膠電氣西士以香膠摩擦覺有推力又名呼電氣
若其二氣布物均平則無呼喻是為万物本然之位或時
以物相擦熱氣鼓盪或相融化其均平之氣稍分而各顯
自力若二骵內有同氣相近則相呼有異氣相近則相喻
二骵相隔其內各積自氣其氣交相易而攪動以致均平
復歸本位二氣相合最速遂光發而聲振後則電氣復歸
于隱至其均平之位則再攪動矣万物皆電氣可通有如
五金水人身較于玻璃呢絲天空氣等為易通彼名曰引

電之物此名曰不引電之物四周若無不引電之器則電
氣不能積于引器之間
地常有呼電氣晴時天空無雲亦載吸電氣其吸氣之力
大小不一冬多于夏晝多于夜每日亦如潮汐當日出時
天空之吸電氣為弱一時二時之後由漸而增日中漸減
日旰復弱後至日入吸氣再增夜分漸減其氣增減有序
惟晴和時可測餘時則頃刻變動矣天空電氣凡在氣候
中大小次第如左有雷雲之時電氣最多其次則飄霧細
雨之時雨雪冰雹之時日熱雨驟之時日寒雨驟之時天
陰継以炎熱之時天霽継以潤濕之時清霜之時清煦之

時雲氣迷漫之時雲色陸離之時雲輕炎熱之時中宵寒
濕之時東北風寒燥之時
天空電氣推其故大概因地面焚爔之物以及草木長養
万物融化而成已燒煤木等物成炭養子氣者出為電之
吸氣餘未爐之質則存為電之呼氣草木長養亦出吸電
氣甚多入于天空即以其所呼炭養子氣運於他處惟其
微竅所出此氣存有呼電之位草木之地廣一千八百方
尺每日發吸電氣以能盈人所製電氣有鉅力之器万物
融化為電氣之原濕氣薰蒸為最清水變氣不生電氣惟
鹹水酸水則變濕氣而電氣以生氣類不一辣水之氣其

衝出也似呼氣酸水鹹水之氣其衝出似吸氣地面洋海
湖河濕土中有雜質其薰蒸之氣衝升于上為天空電氣
之大原也
雲霧其禍易引電氣因天空氣較燥則最不能引故雲霧
為獨引之物而能積聚也西士推之褐雲載呼電氣白彩
紅黃丹雲皆載吸電氣若有二雲一有呼氣一有吸氣如
是相近其電各積于相近之處所積之電合聚甚多故与
其間不引之空氣相搏而勝二雲之電則交相入而發響
生光乃雷電也雲与地之電氣時亦交入而光鳴亦与此
同二雲交入之時電光相移而貫通時有二雲同高其光

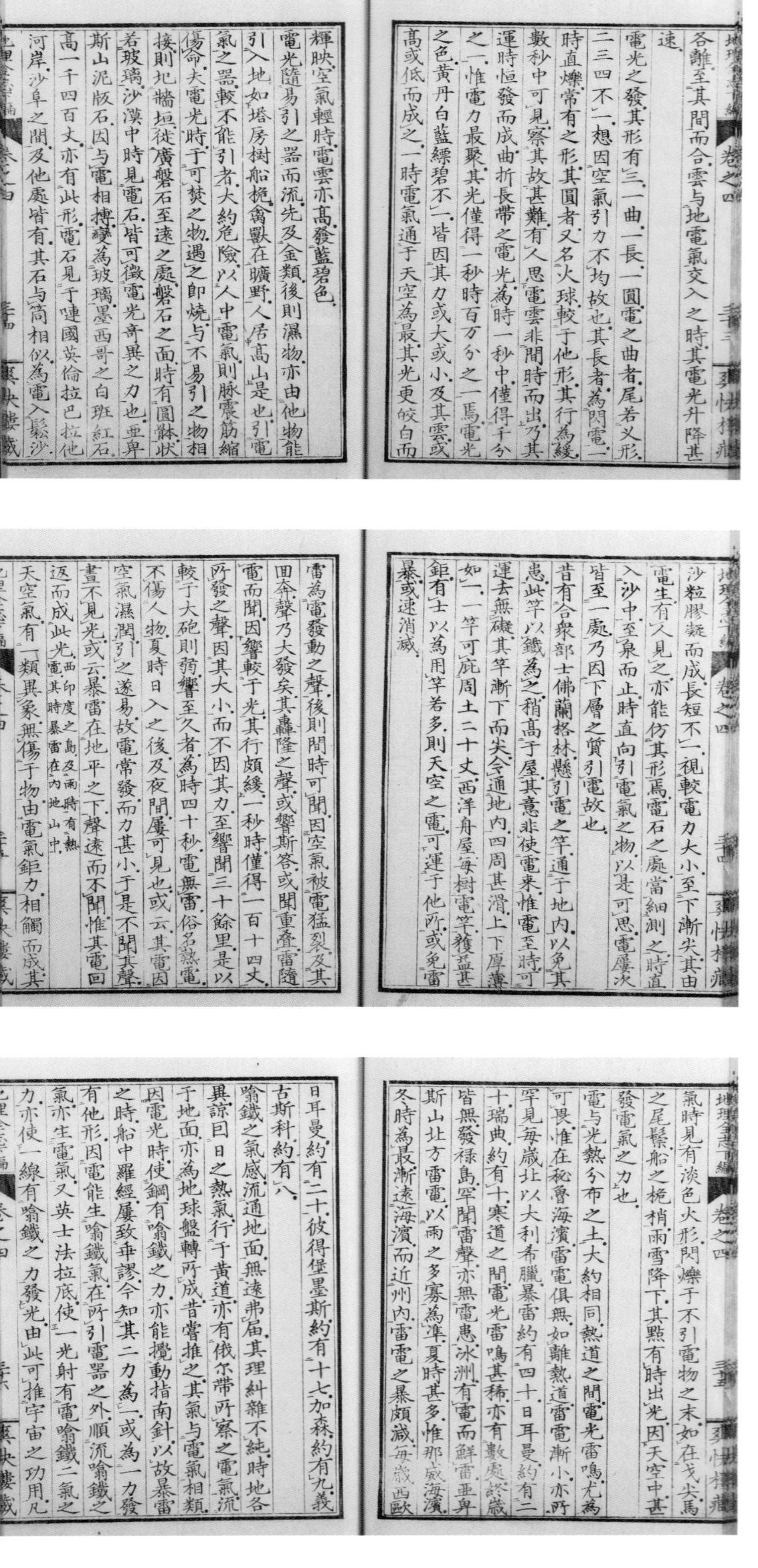

各離至其間而合雲与地電氣交入之時其電光升降甚速

電光之發其形有三一曲一長一圓電之曲者尾若叉形二三四不一想因空氣引力不均故也其長者爲閃電一時直爍常有之形其圓者又名火球較于他形其行爲緩數秒中可見察其故甚難有人思電雲非間時而出乃其運時恒發而成曲折長帶之電光爲時一秒中僅得千分之一惟電力最聚其光僅得一秒時百万分之一焉電光之色黄丹白藍縹碧不一皆因其力或大或小及其雲或高或低而成之一時電氣通于天空爲最其光更皎白而輝映空氣輕時電雲亦高發藍碧色

電光隨易引之器而流先及金類後則濕物亦由他物能引入地如塔房樹船桅禽獸在曠野人居高山是也引電氣之器較不能引者大約危險以人中電氣則脉震筋縮傷命夫電光時于可焚之物遇之卽燒与不易引之物相接則圮牆垣徙廣磐石至遠之處磐石之面時有圓斛狀若玻璃沙漠中時見電石皆可徵電光奇異之力也亞卑斯山泥版石因与電相搏變爲玻璃墨西哥之白班紅石高一千四百丈亦有此形電石見于土國英倫拉巴拉他河岸沙阜之間及他處皆有其石与筒相似爲電入鬆沙沙粒膠凝而成長短不一視較電力大小至下漸尖其由電生有人見之亦能仿其形焉電石之處當細測之時直入沙中至泉而止時直向引電氣之物以是可思電屢次皆至一處乃因下層之質引電故也

昔有合衆部士佛蘭格林懸引電之竿通于地內以免其患此竿以鐵爲之稍高于屋其意非使電來惟電至時可運去無礙其竿漸下而尖今通地內四周甚滑上下厚薄如一一竿可庇周土二十丈西洋舟屋每樹電竿獲益甚鉅有士以爲用竿若多則天空之電可運于他所或免雷暴或速消滅

雷爲電發動之聲後則間時可聞因空氣被電猛裂及其回本聲乃大發矣其轟隆之聲或響斯答或聞重叠雷隨電而聞因響較于光其行頗緩一秒時僅得一百十四丈所發之聲因其大小而不因其力至響聞三十餘里是以較于大砲則稍響至久者爲時四十秒電無雷俗名熱電不傷人物夏時日入之後及夜間屢可見也或云其電因空氣濕潤引之遂易故電常發而力甚小于是不聞其聲晝不見光或云暴雷在地平之下聲遠而不聞惟其電回返而成此光（西印度之島及南時有熱電其時暴雷在內地山中）

天空氣有一類異象無傷于物由電氣鉅力相觸而成其氣時見有淡色火形閃爍于不引電物之末如在戈尖馬之尾髮船之桅梢雨雪降下其點有時出光因天空中甚發電氣之力也

電与光熱分布之土大約相同熱道之間電光雷鳴尤爲可畏惟在秘魯海濱雷電俱無如離熱道雷電漸小亦所罕見每歲北以大利希臘暴雷約有四十日耳曼約有二十瑞典約有十寒道之間電光雷鳴甚稀亦有數處終歲皆無發禄島罕聞雷聲亦無電患冰洲有電而鮮雷亞卑斯山北方雷電以雨之多寡爲準夏時甚多惟那威海濱冬時爲最漸遠海濱而近州內雷電之暴頗減每歲西歐日耳曼約有二十彼得堡墨斯約有十七加森約有九義古斯科約有八

喩鐵之氣感流通地面無遠弗届其理糾雜不純時地各異諒曰日之熱氣行于黄道亦有俄尓帶所察之電氣流于地面亦爲地球盤轉所成昔嘗推之其氣与電氣相類因電光時使鋼有喩鐵之力亦能攪動指南針以故暴雷之時船中羅經屢致乖謬今知其二力爲一或爲一力發有他形因電能生喩鐵氣在所引電器之外順流喩鐵之氣亦生電氣又英士法拉底使一光射有電喩鐵二氣之力亦使一線有喩鐵之力發光由此可推宇宙之功用凡

有行運皆出于一光電嗡鐵之力其原本同顯為他形也
地面嗡鐵氣之理大畧如左一指南針順懸于羅經或于
他面或于地內取有定方与南北二極大小相合惟有各
土不一其方向亦名嗡鐵氣之經線其所離地球經線名
曰指南針之差岐舟人知差岐若干以指南針可駛于他
處如指向南北二極亦然今在倫敦指南針之差岐偏西
二十四度再西其差岐偏西漸增及大西洋之間為最後
減至北亜墨利加則無差岐指南針正向北極再西其差
岐偏東漸增為最後減至峩東方復無差岐自此其向偏
西以及倫敦有處指南針指正南北線畫其中名曰無差

岐之線經歷多歳其差岐隨所在漸增漸減大畧如一如
萬曆時在倫敦其差岐為偏東十一度十一分順治時倫
敦在無差岐之線至今其差岐偏西漸增恒有數處如斯
必已然牙買加指南針歷久全無差岐指南針差岐朝夕
運動諒因日輪直照之故如在倫敦巳時南針平正後漸
行至西及亥時復歸本處後漸東至明日巳時復歸如前
弘治時哥倫波始著南針差岐之理二北半球之間指南
針順懸于羅經所取之向不与地平相列其北尖為偏下
名曰指南針之偏下至南半球其南尖偏下至赤道之上
則指南針並無偏下正向地平有線交接名曰嗡銕之赤

道其線較地面赤道不一有時相離十五度惟于二所交
接一則与多馬島相近一則与其八的島相近漸離嗡銕
之赤道南北指南針偏下漸增倫敦緯度之間指南針偏
下較於地平約七十度再北則下更大惟其上下恒不均
也經五十年在北半球偏下漸小每歳三分地震雖遠亦
攪其向英士始窺其理三由此可見大地發氣如嗡銕石
氣之二極定指南針之向因与地球二極不同而居地內
故有指南針之差岐与偏下之理在北半球中嗡銕氣之
極其力為首指南針之北尖以之偏下至極則為直向南
半球嗡銕氣之極指南針之南尖亦然至嗡銕氣之赤道

南北二極之力維均指南針無偏四道光十年英船主先
著嗡銕氣之北極其經線北京偏西約百十一度緯線七
十度五分十七秒至此指南針偏下八十九度五十九分
道光二十年其人亦著嗡銕南極在維多里島内緯線七
十度南經線倫敦偏東一百六十二度遠此五百三十里
指南針偏下八十八度四十分五嗡銕氣之力異于他處
自赤道至二極大畧為增其力之大小以一時中指南針
搖動之數為準各處甚異更有四處氣力尤盛北半球有
二南半球有二或与地球盤轉之二極或与嗡銕氣之二
極皆不合也其力亦不相同北半球者一在北亜墨利加

黒孫灣西南一在北西卑利倫敦偏東一百二十度南半
球者一在南大西洋二十緯度倫敦偏西一百四十四度
一在六十緯度南倫敦偏東一百三十一度二十分此四
處中其在二十緯度南吸力尤小在六十度南吸力尤大
以比較例一則為十分之七一則為二十分北亜墨利加
吸力聚處大于西卑利其西卑利吸力聚處其行自西至
東南大西洋吸力聚處其行自東至西六指南針差岐之
線相同者名曰同差岐之線其偏下相同者名曰同偏下
之線其嗡力相同者名曰同嗡力之線
天空所顯南曉北曉為電氣吸銕氣相合而生此理可無

疑也因以電之流氣置于空器可倣其形未發之際以及
顯露之時指南針攪動甚猛有文士以嗡銕氣力發之有
光普魯士名士洪波的云南曉北曉將至指南針搖動不
齊即可知地面嗡銕之氣散布不均攪動為最其氣發光
後則分布復均北曉有彩色因其時暴嗡銕之氣發動將
盡如暴雷時電光指天空氣攪動而復均分南北曉之形
大異不止于他時各曉所顯之形亦復相疊不同或時似
光輝閃爍由地平而矗彩搖曳漸升天頂宛似光環周圍
均有光芒諸色陸離至高緯度其環之光更為彩豔絶曉
至高之尖皆与地嗡銕氣經線相接其曉所顯之時不一

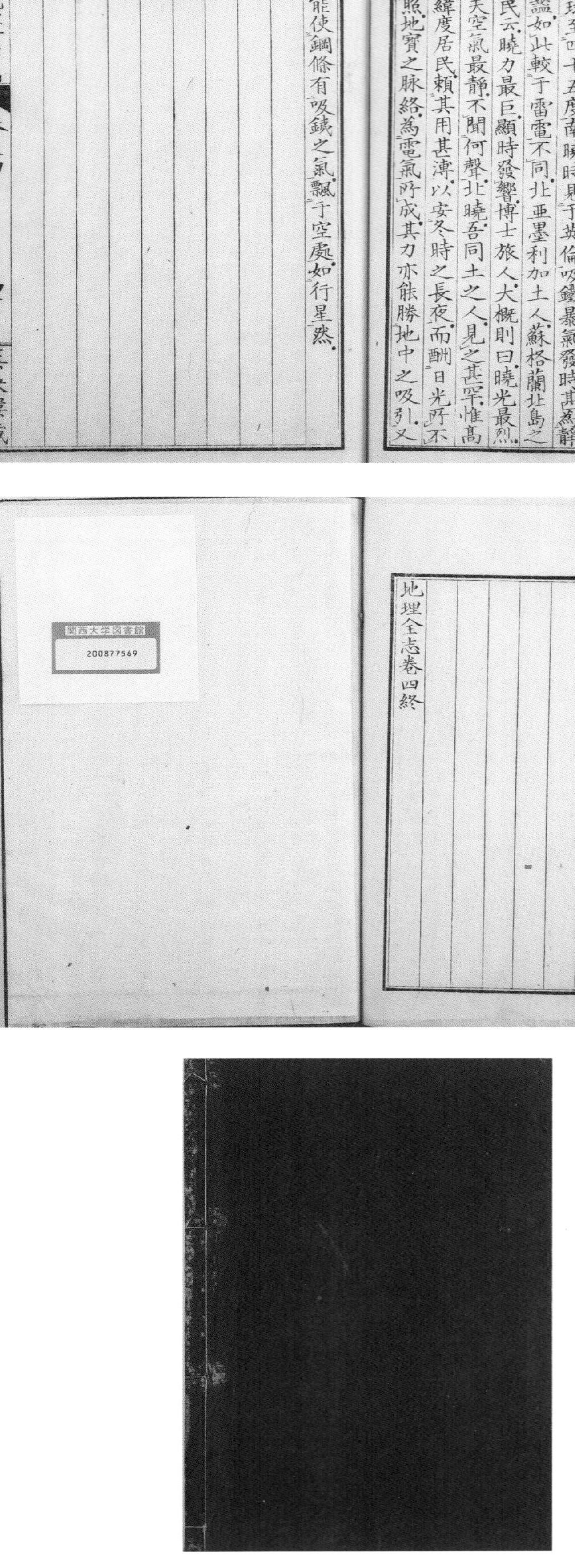

地理全志下編　卷之四

或間歳而有至今不知其故或時多而時少
吸鐵雷電暴氣之時皆發輝光電光周土較小吸鐵氣廣
散有時布于徧州此因指南針一時攪動以及獨曉之光
一時見于相遠之土是皆可推而知也北曉時見于南半
球至四十五度南曉時見于英倫吸鐵暴氣發時甚爲靜
謐如此較于雷電不同北亜墨利加土人蘇格蘭北島之
民云曉力最巨顯時發響博士旅人大概則曰曉光最烈
天空氣最靜不聞何聲北曉吾同土之人見之甚罕惟高
緯度居民頼其用甚溥以安冬時之長夜而酬日光所不
照地實之脉絡爲電氣所成其力亦能勝地中之吸引又

能使鋼條有吸鐵之氣飄于空處如行星然

地理全志卷四終

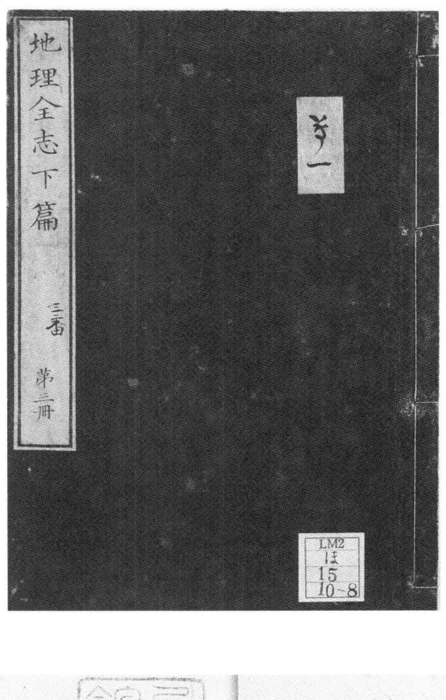

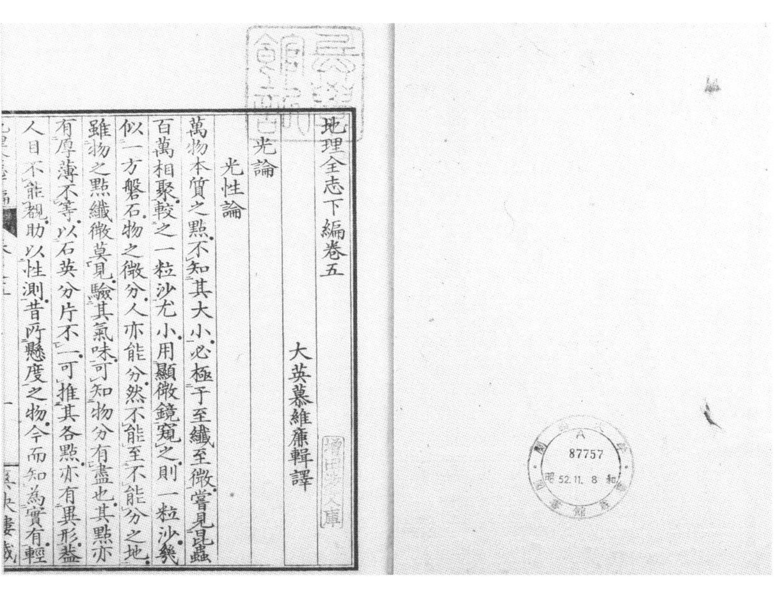

地理全志下編卷五

大英慕維廉輯譯

光論

光性論

萬物本質之點不知其大小必極于至纖至微嘗見甚蟲百萬相聚較之一粒沙尤小用顯微鏡窺之則一粒沙幾似一方磐石物之微分人亦能分然不能至不能分之地雖物之點纖微莫見驗其氣味可知物分有盡也其點亦有厚薄不等以石英分片不一可推其各點亦有異形蓋人目不能觀助以性測昔所懸度之物今而知為實有輕

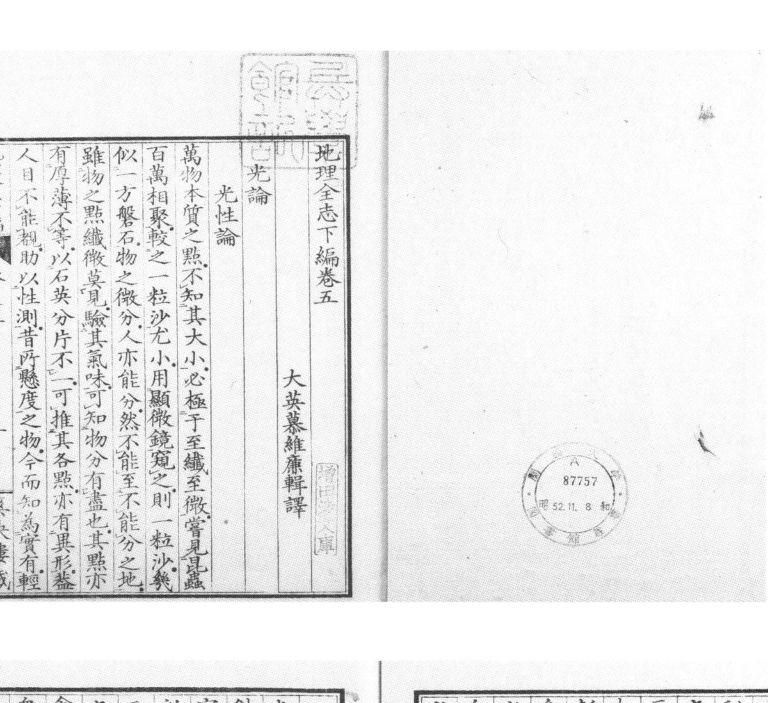

重以明定法相合雖未知其點之大小然能驗其味之或甜或酸或鹹或辛至其厚薄以氣之升降而定地面衆物之點暫合遲速前後必改其故態聚為他形而別成其理于是天下並無新物或云新質有加舊質有滅皆無憑也火所爍物惟變其外象以復其本點或育生物草木或成新金石之形其本點与日光摩盪万物諸色遂因之以成矣昔有西士推光之原謂有形之質出于凡自明體甚微之點其行直遂而且迅疾觸目成象今知其理不然惟推自明體本點恒動亦為天空氣所簸弄如海中波浪其行之速一秒時約可六十四餘万里

光色論

光通于天空之時以空氣之燥濕異勢或分散或返照或斜照遂變為奇象甚多昔英有名士奈端使一光射入暗室而通三面玻瓈則推白光分有七色曰紅黄丹黄緑藍洋靛淡碧今詳此理知其七色皆由紅黄藍三色而生此三色所顯之時日射之光聚照于中惟相雜于三面玻瓈之面餘色遂成如紅与黄為黄丹藍与黄為緑天空花葉禽羽万物之異彩皆因其光射或吸入或返照同光不入衆目故虹也花也彼此各見彼虹非此虹彼花非此花也衆色返照物則為白衆色吸入物則為黒彩斟分布光色

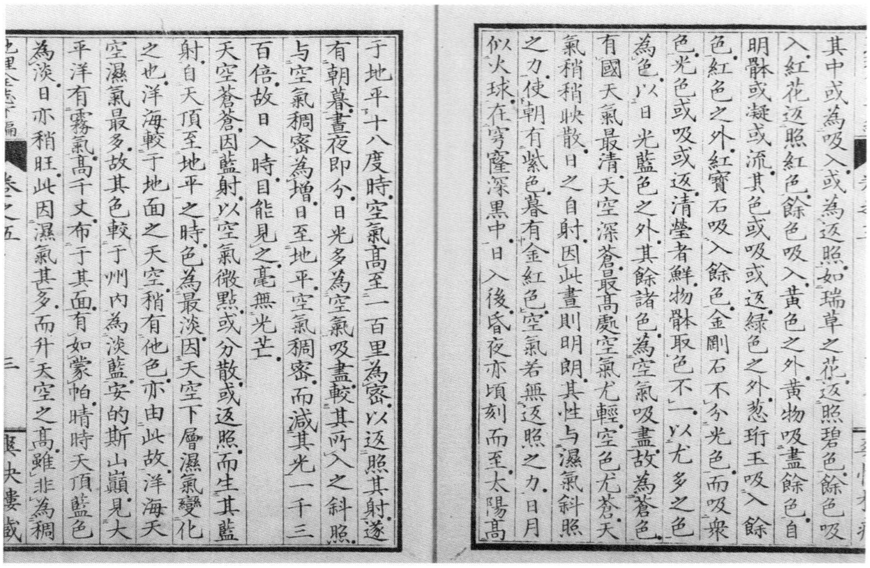

其中或為吸入或為返照如瑞草之花返照碧色餘色吸入紅花返照紅色餘色吸入黄色之外黄物吸盡餘色自明顯或凝或流其色或吸或返緑色之外葱珩玉吸入餘色紅色之外紅寳石吸入餘色金剛石不分光色而吸衆色光色或吸或返清瑩者鮮物顯取色不一以尤多之色為色以日光藍色之外其餘諸色為空氣吸盡故為蒼色有國天氣最清天空深蒼最高處空氣尤輕空色尤蒼天氣稍稍映散日之自射因此晝則明朗其性与濕氣斜照之力使朝有紫色暮有金紅色空氣若無返照之力日月似火球在穹窿深黒中日入後昏夜亦頃刻而至太陽高

于地平十八度時空氣高至一百里為密以返照其射遂有朝暮晝夜即分日光多為空氣吸盡較其所入之斜照与空氣稠密為增日至地平空氣稠密而減其光一千三百倍故日入時目能見之毫無光芒

天空蒼蒼因藍射以空氣微點或分散或返照而生其藍射自天頂至地平之時色為最淡因天空下層濕氣變化之也洋海較于地面之天空稍有他色亦由此故洋海天空濕氣最多故其色較于州内為淡藍安的斯山巓見大平洋有霧氣高千丈布于其面有如蒙帕晴時天頂藍色為淡日亦稍旺此因濕氣甚多而升天空之高雖非為稠

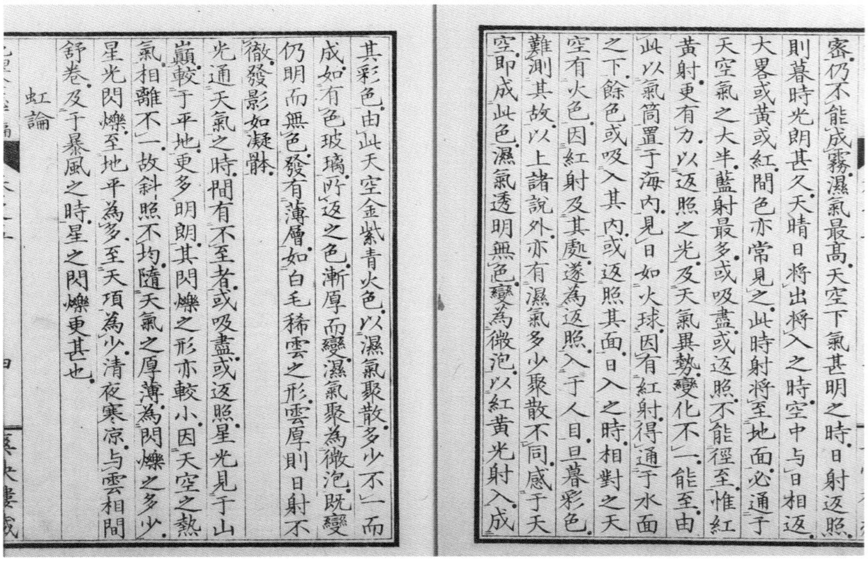

密仍不能成霧濕氣最高天空下氣甚明之時日射返照則暮時光朗甚久天晴日將出將入之時空中与日相返大畧或黄或紅間色亦常見之此時射将至地面必通于天空氣之大半藍射最多或吸盡或返照不能徑至惟紅黄射更有力以返照之光及天氣異勢變化不一能至由此以氣筒置于海内見日如火球因有紅射得通于水面之下餘色或吸入其内或返照其面日入之時相對之天空有火色因紅射及其處遂為返照入于人目是暮彩色難測其故以上諸説外亦有濕氣多少聚散不同感于天空即成此色濕氣透明無色變為微泡以紅黄光射入成

其彩色由此天空金紫青火色以濕氣聚散多少不一而成如有色玻璃所返之色漸厚而變濕氣聚為微泡既變仍明而無色發有薄層如白毛稀雲之形雲厚則日射不徹發影如凝顯

光通天氣之時間有不至者或吸盡或返照星光見于山巓較于平地更多明朗其閃爍之形亦較小因天空之熱氣相離不一故斜照不均隨天氣之厚薄為閃爍之多少星光閃爍至地平為多至天頂為少清夜寒凉与雲相間舒卷及于暴風之時星之閃爍更甚也

虹論

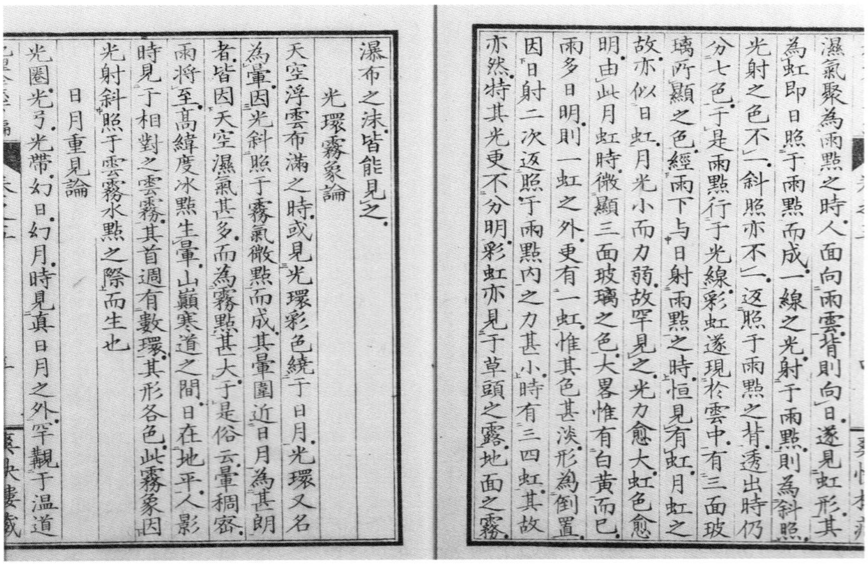

濕氣聚為雨點之時人面向雨雲背則向日遂見虹形其為虹即日照于雨點而成一線之光射于雨點則為斜照光射之色不一斜照亦不一返照于雨點之背透出時仍分七色于是雨點行于光線彩虹遂現於雲中有三面玻璃所顯之色經雨下与日射雨點之時恒見有虹月虹之故亦似日虹月光小而力弱故罕見之光力愈大虹色愈明由此月虹時微顯三面玻璃之色大畧惟有白黄而已雨多日明則一虹之外更有一虹惟其色甚淡形為倒置因日射二次返照于雨點内之力甚小時有三四虹其故亦然特其光更不分明彩虹亦見于草頭之露地面之霧

瀑布之沫皆能見之

光環霧象論

天空浮雲布満之時或見光環彩色繞于日月光環又名為暈因光斜照于霧氣微點而成其暈圜近日月為甚朗者皆因天空濕氣甚多而為霧點甚大于是俗云暈稠密雨将至高緯度冰點生暈山巓寒道之間日在地平人影時見于相對之雲霧其首週有數環其形各色此霧象因光射斜照于雲霧水點之際而生也

日月重見論

光圏光弓光帶幻日幻月時見真日月之外罕覯于温道

之間至寒道常見之因其天空之內冰點飄揚甚多以冰
點角形光射之向為定如是而奇象見焉其幻日幻月多
少不一萬暦四十四年冰洲冬時真日之外或有幻日二
四五九同時而見至于他處亦有之

人物返照斜照論

地面之物時見幻形乃因空氣或疏或密以致光照或返
或斜而成亞西亞阿非利加沙漠之地常似有水其定則
無埃及形勢大略平坦中有邱陵天晴土熱景似澄清之
湖鄉似建于海島樹屋映照似在水中其影多而且廣望
之似實旅人行倦口渴始以為真後則失望因地氣薰蒸
甚熱故薰蒸之氣較之亦多漸離地面而寒甚速故其下
層之氣疏密相異光射通之返照斜照不復相同
墨西那利其約之峽時見人屋牲畜樹石之影罨于水面
天空時有一物見為數影或有二影一則直向一則倒置
其色亦甚異也此象不悉其故惟靜氣幾為兩旁之山所
包涵相近水濱四周之物易熱光射所通之氣厚薄不一
即返照斜照不同推之則其理可解矣天空奇象昔人以
為妖祥寔因人物返照天雲之間時見軍馬馳驅皆為相
對高地有畜食草有旅前行而成之
日光斜照空氣之間日月低于地平有時見之則為僉為

星辰照臨亦然地物亦有幻形有士量度山高必明此理
否則謬矣天空氣時有其斜之勢或直或偏所視之圍為
遠所見之物亦為廣大目未見之山因此可見低濱似為
高崖北冰洋常見其象道光元年有舟人見地平之冰大
塊如柱冰山冰田似三方磐石或冰似懸于天空帆檣舟
楫亦為其奇一舟之上天空有影倒置時有二影一竪一
倒

沙塵花粉飄墜論

天空所墜纖微之塵時在四周無火山吐灰其塵或風飄
自州內或地面熱氣上升運于他處後墜如雨有地人未
見此象甚以為奇亦有地每歲見之撒哈拉沙漠海濱冬
春之時天空之沙幾滿船駛其路帆檣木板無不徧有中
國北方天空亦有塵沙由蒙古廣漠所吹而至峧威德島
近有英士大温聚所墜微塵其色似棕察之大半為昆蟲
之蛻及細草遺跡皆有火石之質其種計五十有七
人云昔有硫黃血雨墜于歐羅巴推其故或因火山吐灰
運至他處而生或為花粉或以顯微鏡窺之乃細草纖蟲
成其彩質而成有黃塵易于焚爇時見于池昔以為硫黃
之質今驗之乃細草為風所飄及雨時墜下紅雪歐羅巴
高山中多有之用顯微鏡則見其彩質間為細草間為生

物所成血雨為無數昆蟲所出之質飛蝶出紅色蠹出淡
黃綠雪為細微苔鮮以氣光變為此色黑雪時亦見之未
悉其原中國史家書此附會災異之說可謂不揣其本矣

槁霧論

槁霧者異于濕霧布于天空如朦朧之月氣味甚奇色為
淡藍時為草木之焚于豬澤者而生有時徧于廣土日出
日入光皆無射月有紅色如煅火之磚乾隆四十八年此
霧見于歐羅巴阿非利加北亜墨利加境大半至今猶未
悉其故也

燐火論

夫時而有光游于朽骸之旁者俗名鬼火實燐火常見于
濕土戰場其光閃爍不定高地數尺後即不見蓋天空氣
与生物朽體之氣相雜則發為光電接草木腐化之氣亦
然光之色甚淡殊不類火炎熱之象也

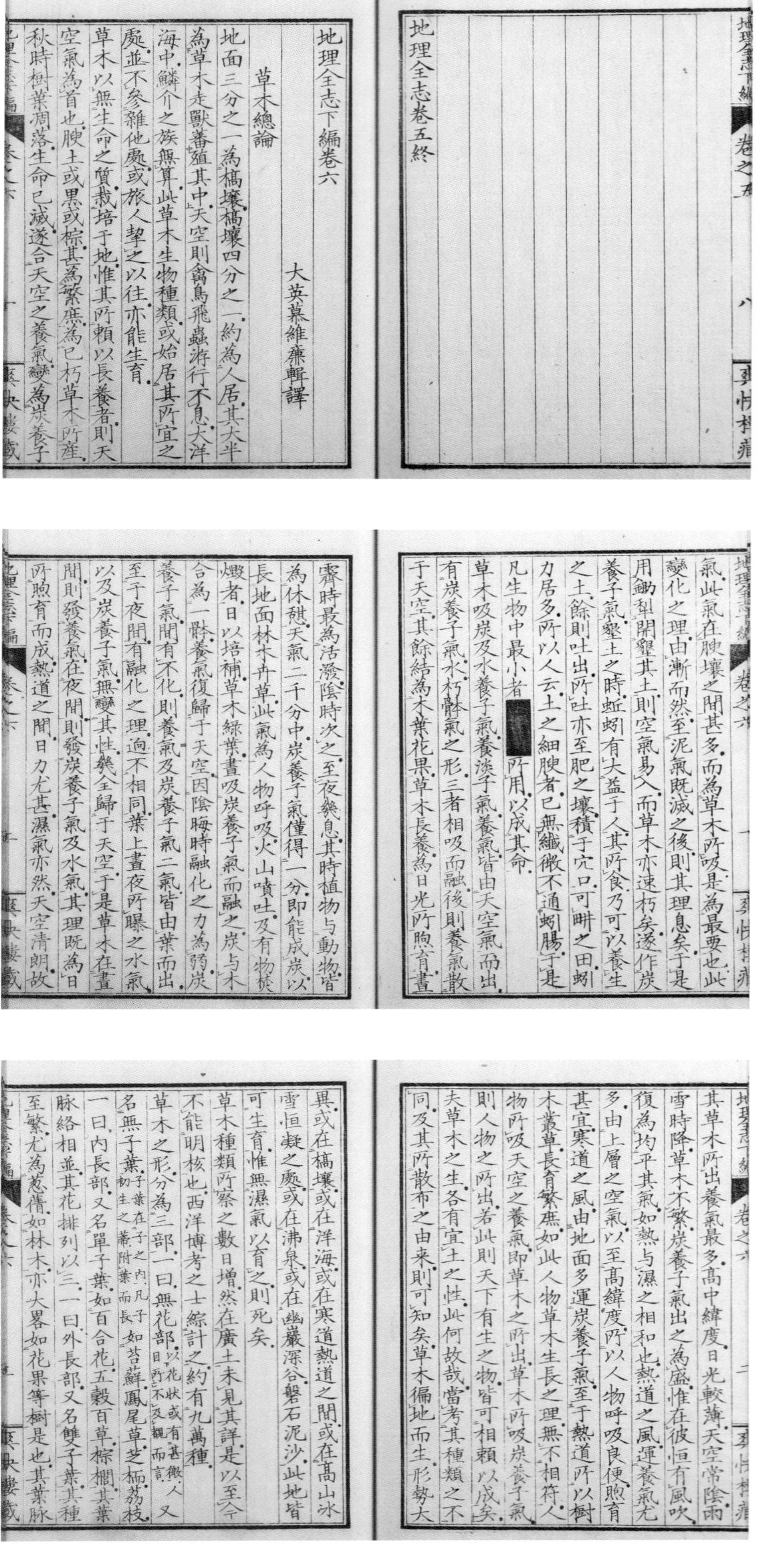

地理全志卷五終

地理全志下編卷六

大英慕維廉輯譯

草木總論

地面三分之一為磽壤磽壤四分之一約為人居其大半為草木走獸蕃殖其中天空則禽鳥飛蟲游行不息大洋海中鱗介之族無算此草木生物種類或始居其所宜之處並不參雜他處或旅人挈之以往亦能生育

草木以無生命之質栽培于地惟其所賴以長養者則天空氣為首也腴土或黒或棕甚為繁庶為已朽草木所産秋時樹葉凋落生命已滅遂合天空之養氣變為炭養子氣此氣在腴壤之間甚多而為草木所吸是為最要也此變化之理由漸而然至泥氣既滅之後則其理息矣于是用鋤犂開墾其土則空氣易入而草木亦速朽矣遂作炭養子氣墾土之時蚯蚓有大益于人其所食乃可以養生之土餘則吐出所吐亦至肥之壤積于穴口可畊之田蚓力居多所以人云土之細腴者已無纖微不通蚓腸于是

凡生物中最小者[illegible]所用以成其命

草木吸炭及水養子氣養淡子氣養氣皆由天空氣而出有炭養子氣水朽骼氣之形三者相吸而融後則養氣散于天空其餘結為木葉花果草木長養為日光所煦育晝霽時最為活潑陰時次之至夜幾息其時植物与動物皆為休憩天氣二千分中炭養子氣僅得一分即能成炭以長地面林木卉草此氣為人物呼吸火山噴吐及有物焚爕者日以培補草木緑葉晝吸炭養子氣而融之炭与木合為一骼養氣復歸于天空因陰晦時融化之力為弱炭養子氣間有不化則養氣及炭養子氣二氣皆由葉而出至于夜間有融化之理適不相同葉上晝夜所曝之水氣以及炭養子氣無變其性幾全歸于天空于是草木在晝間則發養氣在夜間則發炭養子氣及水氣其理既為日所煦育而成熱道之間日力尤甚濕氣亦然天空清朗故其草木所出養氣最多高中緯度日光較薄天空常陰雨雪時降草木不繁炭養子氣出之為盛惟在彼恒有風吹復為均平其氣如熱与濕之相和也熱道之風運養氣尤多由上層之空氣以至高緯度所以人物呼吸良便煦育甚宜寒道之風由地面多運炭養子氣至于熱道所以樹木叢草長育繁庶如此人物草木生長之理無不相符人物所吸天空之養氣即草木之所出草木所吸炭養子氣則人物之所出若此則天下有生之物皆可相賴以成矣夫草木之生各有宜土之性此何故哉當考其種類之不同及其所散布之由来則可知矣草木偏地而生形勢大異或在磽壤或在洋海或在寒道熱道之間或在高山冰雪恒凝之處或在沸泉或在幽巖深谷磐石泥沙此地皆可生育惟無濕氣以育之則死矣

草木種類所察之數日增然在廣土未見其詳是以至今不能明核也西洋博考之士綜計之約有九萬種

草木之形分為三部一曰無花部以花狀或有甚微人目所不及覩而言又名無子葉子葉在子之内凡子初生之蔕附葉而長如苔蘚鳳尾草芝栭荔枝一曰内長部又名單子葉如百合花五穀百草棕櫚其葉脉絡相並其花排列以三一曰外長部又名雙子葉其種至繁尤為葱蒨如林木亦大畧如花果等樹是也其葉脉

絡不相並其花排列以五樹之外長者甚大多壽南亞墨
利加有土度其樹高一百二十尺徑十五尺又度棘樹頂
周圍六百尺塞尼加有樹其根周圍一百十尺洛幾山西
杉樹高二百五十尺根周圍六十尺印度等處有榕樹枝
下垂至地結根上生成林廣五千尺樹中有圓線每歲生
一線可推其壽榆樹約三百三十五歲柏樹三百五十歲
把壁虎有四百五十歲橘樹六百三十歲橄欖樹七百歲
櫟樹或八百歲或一千五百歲菩提樹一千一百歲羅漢
松或一千二百歲或二千八百歲塞内岡比有奇樹壽四
千五千六千歲

草木之中間有歷歲不凋之樹其花葉逢春而發亦間有
經一歲二歲而遷滅者熱道之間其外長者繁茂勝于内
長者四倍温道之間亦勝六倍寒道之間其勝約二倍在
彼有花之草較少無花之草較多温道之間花卉向榮約
六分之一每歲凋謝在熱道約二十分之一在寒道約三
十分之一

地面草木之土分為八道一棕櫚芭蕉之赤道以赤道南
北十五度為界氣候自七十八度至八十八度内産香料
甚多二鳳尾樹無花果之熱道自赤道南北十五度至二
十三度半氣候自七十八度至七十三度内産棗樹榕樹

香皮之樹三烏拈樟木之下熱道自二十三度半至三十
四度氣候自七十一度至六十二度頗有棕櫚棗樹四長
青樹之温道自三十四度至四十五度氣候自六十二度
至五十三度棕櫚北界至此而盡亦有歐羅巴之浮樹葡
萄樹亞墨利加之櫟杉數種五歐羅巴樹之下温道自四
十五度至五十八度氣候自五十三度至四十二度葡萄
北界至此而盡中有櫟栗椎菩提樹榆杉樹林繁茂六椽
子樹之下寒道界自五十八度至寒道之線氣候自四十
二度至三十二度其内産櫟椎菩提樹榆榛以及麥麪杉
松樺槭楊榿其種類不可勝計七夾竹桃之寒道自寒道

之線至七十二度氣候自三十二度至極寒之所其土産
苔蘚石草石耳草菜龍膽草短樺樹八二極道草類紅雪
菜在七十二度之外氣候約寒一度

氣道草木種類大概如下熱道之土濕氣与光熱相聚甚
足則草木高大榮美苔蘚石耳等罕見鳳尾草化為樹發
有枝幹蘆葦高一百尺草之堅者高四十尺林樹森然恒
青奇花與卉形色不一平列之樹種類不同蔦蘿游龍兔
絲寄生垂大瓔珞于樹枝之間或紅或緑或紫或金翠飾
於凡卉芳菲增色人所食菓穀有穀芭蕉果棗椰子加加
阿饅菓茄菲茶蕉秘魯欒木皮胡椒桂皮丁香荳蔻等物

人類三分之一穀食最貴産在二帶之中其外雖有維少
芭蕉果産在亞西亞阿非利加亞墨利加熱道之土其菓
較麪多産至一百三十三倍棗椰与棕櫚相類棗本産在
北阿非利加以至波斯沙漠無穀菓中獨此可食一樹每
歲産菓或一百十斤或二百斤椰菓每歲約産一百散在
熱道之間印度羣島最多加加阿其種子粒為知古辣或
名甘豆餅産在中亞墨利加墨西哥饅菓樹産在南平洋
印度羣島之間南亞西亞西州熱道之土亦有之茄菲本
産在阿非利加東北後至亞喇伯西南其味為佳印度錫
蘭爪哇毛里西巴西西印度次之茶本産在中華日本高

亞桑甘蔗時見在二帶之外更産在熱道如合衆部南方
西印度委内瑞辣巴西毛里西印度中華孫達非里比納
等島法尼拉産在墨西哥秘魯欒樹産在南亞墨利加更
在委内瑞辣胡椒産在馬拉巴海濱蘇門答臘婆羅洲馬
来隅暹羅亞墨利加熱道亦有之桂皮本産在錫蘭又有
一種産于越南丁香本産在摩鹿加亦遷至他處荳蔲本
産在萬他羣島

自赤道漸遠者草木種類形狀變化熱道之間草叢堅長
温道之間草坡深青熱道有高大恒青之樹温道林木歷
歲凋落其葉逢春而發如櫟榛皮榆楓椎榿樺柳樹葡萄

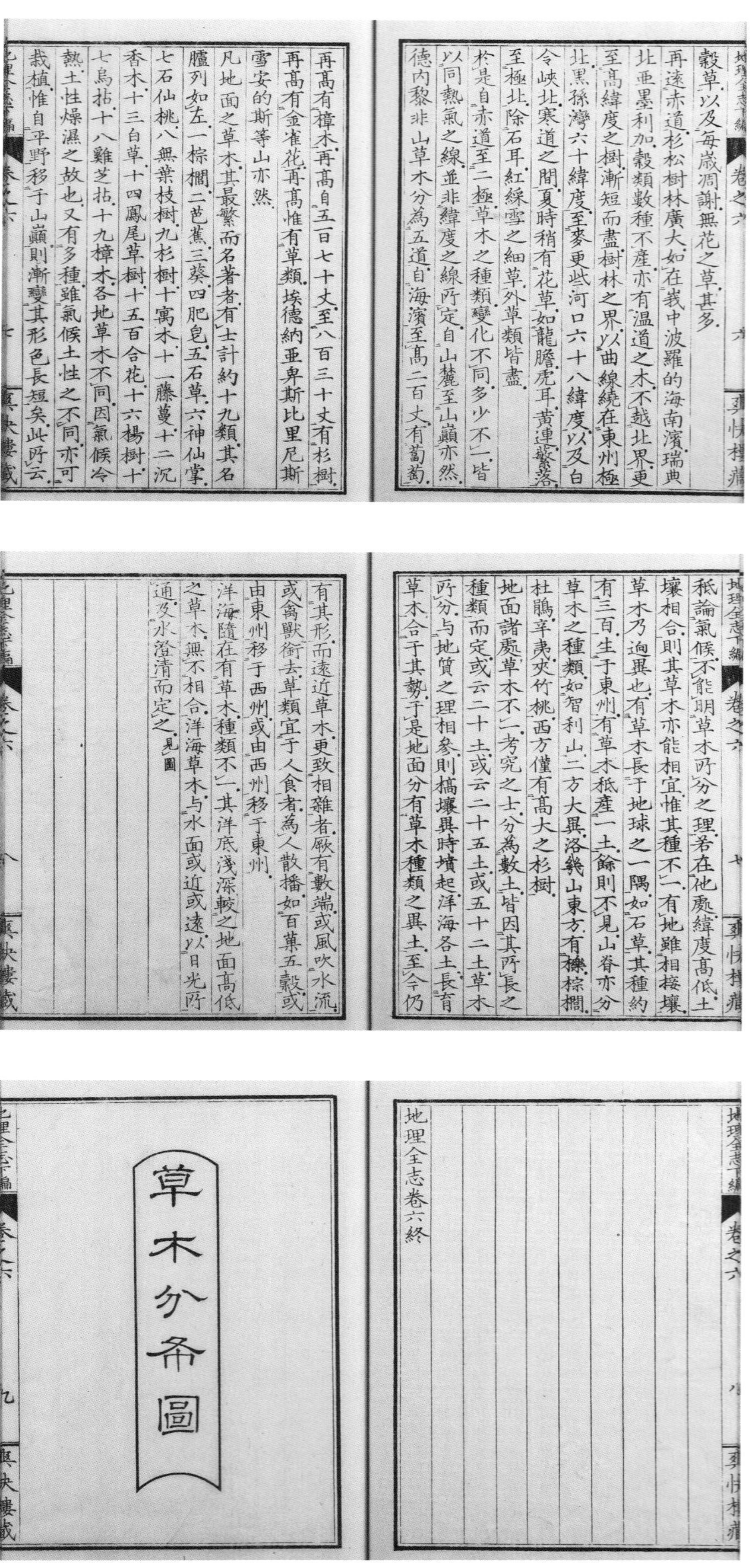

地理全志下編　巻之六　六　爽快樓藏

穀草以及每歳凋謝無花之草甚多
再遠赤道杉松樹林廣大如在莪中波羅的海南濱瑞典北亜墨利加穀類數種不産亦有温道之木不越北界更至高緯度之樹漸短而盡樹林之界以曲線繞在東州極北黒孫灣六十緯度至麥更些河口六十八緯度以及白令峽北寒道之間夏時稍有花草如龍膽虎耳黄連鬱落至極北除石耳紅綵雪之細草外草類皆盡於是自赤道至二極草木之種類變化不同多少不一皆以同熱氣之線並非緯度之線所定自山麓至山巓亦然德内黎非山草木分為五道自海濱至高二百丈有萄萄

地理全志下編　巻之六　七　爽快樓藏

再高有樟木再高自五百七十丈至八百三十丈有杉樹再高有金雀花再高惟有草類埃德納亜卑斯比里尼斯雪安的斯等山亦然
凡地面之草木其最繁而名著者有士計約十九類其名臚列如左一棕櫚二芭蕉三葵四肥皂五石草六神仙掌七石仙桃八無葉枝樹九杉樹十寓木十一藤蔓十二沉香木十三白草十四鳳尾草樹十五百合花十六楊樹十七烏拈十八雞芝拈十九樟木各地草木不同因氣候冷熱土性燥濕之故也又有多種雖氣候土性之不同亦可栽植惟自平野移于山巓則漸變其形色長短矣此所云

地理全志下編　巻之六　七　爽快樓藏

秖論氣候不能明草木所分之理若在他處緯度高低土壤相合則其草木亦能相宜惟其種不一有地雖相接壤草木乃迥異也有草木長于地球之一隅如石草其種約有三百生于東州有草木秖産一土餘則不見山脊亦分草木之種類如智利山二方大異洛幾山東方有櫟棕櫚杜鵑辛夷夾竹桃西方僅有高大之杉樹
地面諸處草木不一考究之士分為數土皆因其所長之種類而定或云二十土或云二十五土或五十二土草木所分与地質之理相參則槁壤異時墳起洋海各土長育草木合于其勢于是地面分有草木種類之異土至今仍

地理全志下編　巻之六　八　爽快樓藏

有其形而遠近草木更致相雜者厥有數端或風吹水流或禽獸銜去草類宜于人食者為人散播如百菓五穀或由東州移于西州或由西州移于東州
洋海隨在有草木種類不一其洋底淺深較之地面高低之草木無不相合洋海草木与水面或近或遠以日光所通及水澄清而定之見圖

地理全志下編　巻之六　九　爽快樓藏

草木分界圖

地理全志下編　巻之六　爽快樓藏

地理全志巻六終

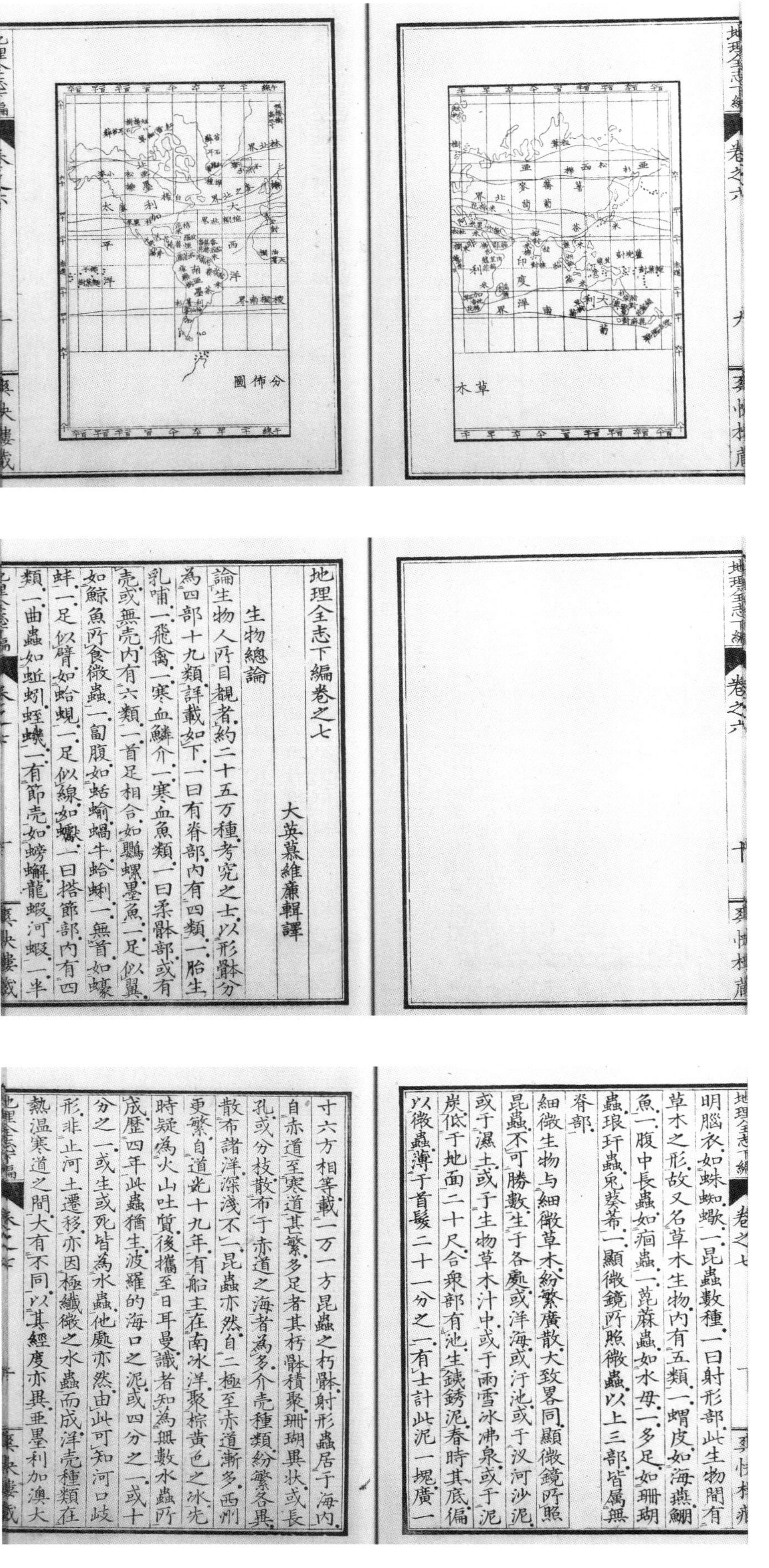

地理全志下編卷之七　大英慕維廉輯譯

生物總論

論生物人所目覩者約二十五万種考究之士以形骸分為四部十九類詳載如下一曰有脊部内有四類一胎生乳哺一飛禽一寒血鱗介一寒血魚類一曰柔骸部或有壳或無壳内有六類一首足相合如鸚螺墨魚一足似翼如鯨魚所食微蟲一匐腹如蛞蝓蝸牛蛤蜊一無首如蠔蚌一足似臂如蛤蜆一足似線如蠔一曰搭節部内有四類一曲蟲如蚯蚓蛭螘一有節壳如螃蟹龍蝦河蝦一半明腦衣如蛛蜘蠍一昆蟲數種一曰射形部此生物間有草木之形故又名草木生物内有五類一帽皮如海燕鯛魚一腹中長蟲如痐蟲一毘蔴蟲如水母一多足如珊瑚蟲琅玕蟲兎葵茀一顯微鏡所照微蟲以上三部皆屬無脊部

細微生物与細微草木紛繁廣散大致畧同顯微鏡所照昆蟲不可勝數生于各處或洋海或汙池或于汊河沙泥或于濕土或于生物草木汁中或于雨雪冰沸泉或于泥炭依于地面二十尺合衆部有池生銕銹泥春時其底偏以微蟲薄于首髮二十一分之一有士計此泥一塊廣一寸六方相等載一万一方昆蟲之朽骸射形蟲居于海内自赤道至寒道甚繁多足者其朽骸積聚珊瑚異狀或長孔或分枝散布于赤道之海者為多介壳種類紛繁各異散布諸洋深淺不一昆蟲亦然自二極至赤道漸多西州更繁自道光十九年有船主在南冰洋聚棕黄色之冰先時疑為火山吐質後攜至日耳曼識者知為無數水蟲所成歷四年此蟲猶生波羅的海口之泥或四分之一或十分之一或生或死皆為水蟲他處亦然由此可知河口岐形非止河土遷移亦因極纖微之水蟲而成洋壳種類在熱温寒道之間大有不同以其經度亦異亜墨利加澳大

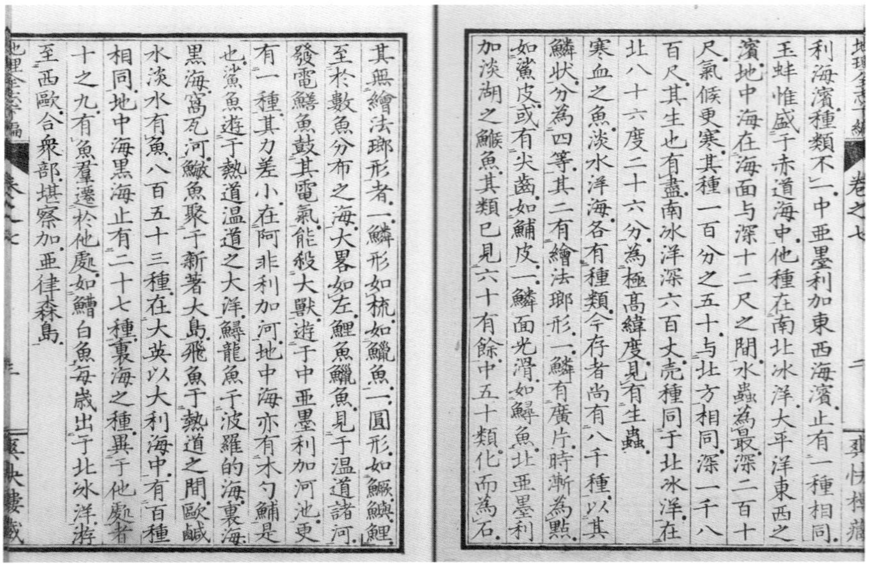

地理全志下編　卷之七　二　爽快樓藏

利海濱種類不一。中亜墨利加東西海濱止有一種相同。
玉蚌惟盛于赤道海中。他種在南北冰洋、大平洋東西之
濱。地中海在海面与深十二尺之間。水蟲為最。深二百十
尺。氣候更寒。其種一百分之五十。与北方相同。深一千八
百尺。其生也有盡。南冰洋深六百丈。売種同于北冰洋。在
北八十六度二十六分。為極高緯度。見有生蟲。
寒血之魚。淡水洋海各有種類。今存者尚有八千種。以其
鱗狀分為四等。其二有繪法瑯形。一鱗有廣片。時漸為點。
如鯊皮。或有尖歯。如鯆皮。一鱗面光滑。如鱘魚。北亜墨利
加淡湖之鰷魚。其類已見六十有餘。中五十類化而為石。

地理全志下編　卷之七　三　爽快樓藏

其無繪法瑯形者。一鱗形如梳。如鱸魚。一圓形。如鰷鰣鯉。
至於數魚分布之海。大畧如左。鯉魚鱸魚見于温道諸河。
發電鱔魚鼓其電氣。能殺大獸。遊于中亜墨利加河池。更
有一種。其力差小。在阿非利加河地中海。亦有木勺鯆。是
也。鯊魚遊于熱道温道之大洋。鱘龍魚于波羅的海、裏海、
黒海、窩瓦河。鰔魚聚于新著大島。飛魚于熱道之間。歐鹹
水淡水有魚八百五十三種。在大英以大利海中有百種
相同。地中海黒海止有二十七種。裏海之種異于他處者
十之九。有魚羣遷於他處。如鱒白魚每歳出于北冰洋游
至西歐。合衆部堪察加、亜律森島。

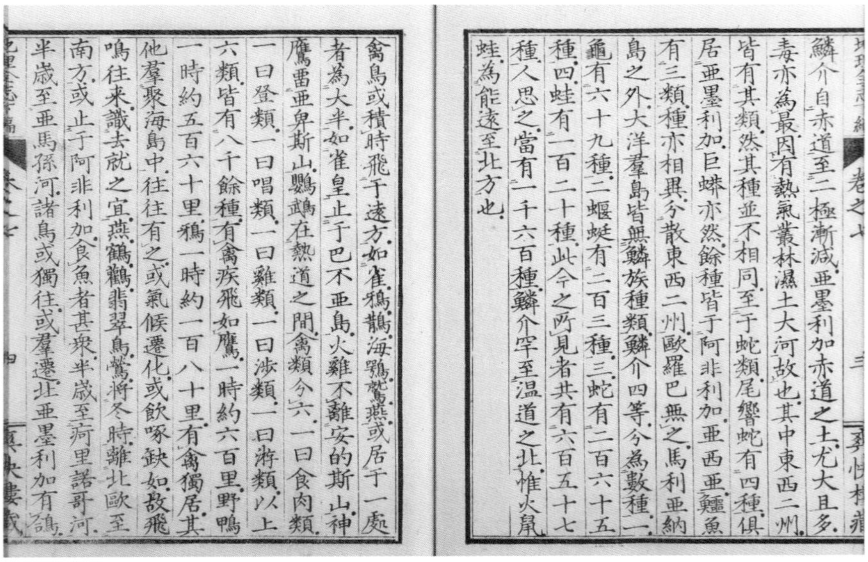

地理全志下編　卷之七　三　爽快樓藏

鱗介自赤道至二極漸減。亜墨利加赤道之土尤大且多。
毒亦為最。因有熱氣叢林濕土大河故也。其中東西二州。
皆有其類。然其種並不相同。至于蛇類尾響蛇有四種。俱
居亜墨利加。巨蟒亦然。餘種皆于阿非利加、亜西亜。鼉魚
有三類。種亦相異。分散東西二州。歐羅巴無之。馬利亜納
島之外。大洋羣島皆無鱗族種類。鱗介四等。分為數種。一
龜有六十九種。二蝘蜓有二百三種。三蛇有二百六十五
種。四蛙有一百二十種。此今之所見者。共有六百五十七
種。人思之。當有一千六百種。鱗介罕至温道之北。惟火鼠
蛙為能遠至北方也。

地理全志下編　卷之七　四　爽快樓藏

禽鳥或積時飛于遠方。如雀鴉鵲海鷗鷺燕。或居于一處
者為大半。如雀皇止于巴不亜島。火雞不離安的斯山。神
鷹雷亜鼻斯山。鸚鵡在熱道之間。禽類分六。一曰食肉類。
一曰登類。一曰唱類。一曰雞類。一曰渉類。一曰游類。以上
六類皆有八千餘種。有禽疾飛如鷹。一時約六百里。野鴨
一時約五百六十里。鴉一時約一百八十里。有禽獨居。其
他羣聚海島中。往往有之。或氣候遷化。或飲啄缺如。故飛
鳴往来。識去就之宜。燕鶴鸛翡翠鳥鷲。将冬時。離北歐至
南方。或止于阿非利加。食魚者甚衆。半歳至疴里諾哥河。
半歳至亜馬孫河。諸鳥或獨往。或羣遷北亜墨利加。有鴿

地理全志下編　卷之七　四　爽快樓藏

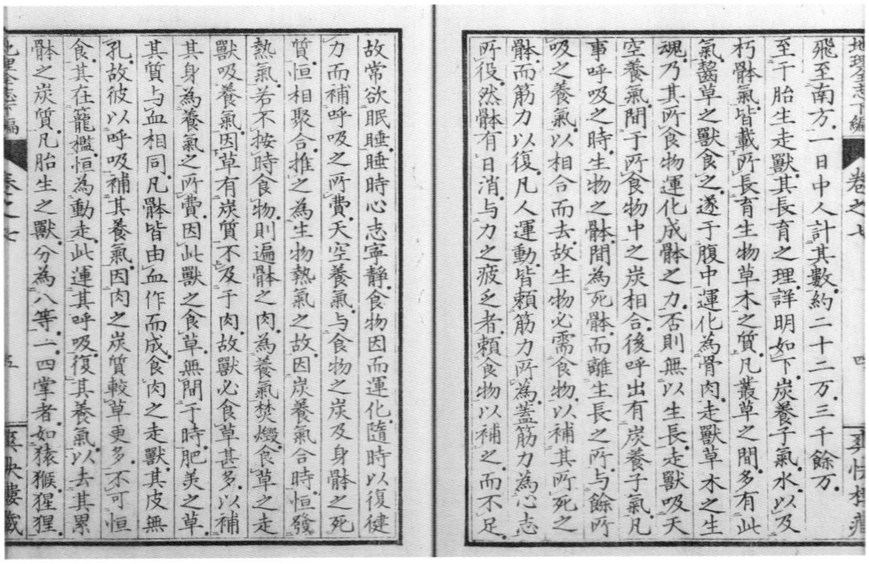

飛至南方。一日中人計其數。約二十二万三千餘万。
至于胎生走獸。其長育之理詳明如下。炭養子氣水。以及
朽骸。氣皆載所長育生物草木之質。凡叢草之間。多有此
氣。齧草之獸食之。遂于腹中運化為骨肉。走獸草木之生
魂。乃其所食物運化成骸之力。否則無以生長。走獸吸天
空養氣。間于所食物中之炭相合。後呼出有炭養子氣。凡
事呼吸之時。生物之骸間為死骸。而離生長之所。与餘所
吸之養氣。以相合而去。故生物必需食物。以補其所死之
骸。而筋力以復。凡人運動。皆頼筋力所為。蓋筋力為心志
所役。然骸有日消。与力之疲乏者。頼食物以補之。而不足。

地理全志下編　卷之七　五　爽快樓藏

故常欲眠睡。睡時心志寧静。食物因而運化。隨時以復健
力。而補呼吸之所費。天空養氣与食物之炭及身骸之死
質。恒相聚合。推之為生物熱氣之故。因炭養氣合時。恒發
熱氣。若不按時食物。則遍骸之肉。為養氣焚燬。食草之走
獸吸養氣。因草有炭質。不及于肉。故獸必食草甚多。以補
其身為養氣之所費。因此獸之食草。無間于時。肥美之草
其質与血相同。凡骸皆由血作而成。食肉之走獸。其皮無
孔。故彼以呼吸補其養氣。因肉之炭質較草更多。不可恒
食。其在籠檻。恒為動走。此運其呼吸。復其養氣。以去其累
骸之炭質。凡胎生之獸。分為八等。一二四掌者。如猿猴猩猩。

有一百八十六種。一食肉者。如田鼠。熊。貓。獅。虎。獺。豹。狗。狼。狐。有七百三十一種。一有袋者。如幽頞。袋鼠。有一百四十種。一齧者。如海騾。蝟。松鼠。有六百四十種。一無牙者。如木狗。犰狳。穿山甲。有三十四種。一厚皮者。如象。犀。河馬。文馬。馬。驢。貘。猪。有三十八種。一反齧者。如牛。羊。鹿。有一百五十九種。一鯨屬。如鰍。鯨。海猪。海狗。有七十五種。共一千九百六十七種。四掌野猴。日巴拉大磐石之外。歐羅巴則無。北亞墨利加東南洋島亦然。西州自中亞墨利加至不宜塞利。東州埃及之外。阿非利加全土。南亞西亞。印度羣島。皆有之。猿猴共有一百七十種。形狀大小。色性不同。二州之

間。其種各異。阿非利加亞西亞其種相等。甚少。各類所居之界甚狹。東州有尾者七十二種。無尾者七種。老猴有尾者最多。大概在阿非利加。猿長臂無尾。惟見于亞西亞。猩猩。一名狒狒。阿非利加亞西亞數處有之。惟為甚稀。紅種見于婆羅洲。蘇門答臘。摩鹿加。黑種見于幾內亞灣濱。亞墨利加猴九十一種。皆有尾。其性較東州之種為和。者名禺。分有二等。一能以尾掛木。翻身跳擲。或聲哀鳴。或聲如嗥。可聞三里。一有尾而無力。其外亦有一類。見于馬達加斯加及隣近之島。善跳。尾如巨蛇。厥性甚和。羣集于木。食肉之獸。種類不一。散布地面。而各有界限。獸走之力。或

在趾。或在蹠。趾種有二。一犬類。一貓類。犬類畜于家者甚衆。性最馴。其野者在印度澳大利。其半野者。南亞墨利加及北亞墨利加土人所用。阿非利加之狗。遊其北境。至印度。亦自亞比西尼至裏海。豺狼在亞墨利加。自北寒線外至近巴那馬灣。東州自極北。至埃及亞喇伯印度。亦自西班牙西方。至亞西亞東方。惟不見于印度恒河之外。野狗之中狐狸更為廣散。自極高緯度至諸州之大半。其種各異。紅則居于北亞墨利加樹林。黑則居于西卑利。白則居于北極之地。貓類野貓。見于多樹木之土。及北亞西亞印度。南阿非利加。惟不見于澳大利大洋羣島。歐州則間有

之東西二州熱道有此類之獸。形巨力大。如獅。虎。豹等。或遊于溫道之間。阿非利加之獅。除利比亞沙漠尼羅河隣土。外見于其州遍地。亞西亞之獅。見自波斯至印度。亞墨利加之獅。見自巴他峨尼至加拿大湖。此三州獅種皆異。虎居于亞西亞東南。及蘇門答臘。爪哇。西至波斯。北至貝加爾湖。豹有二種。見于塞內岡比撒哈拉有泉之土。印度南洋羣島。亞墨利加之豹。巴西巴拉圭為最多。異狗毛有文者。見于阿非利加全土十之九。亞西亞南國以至高加索阿尔泰山。異狗毛有斑者。獨在阿非利加南方。貂鼠見于各州。其皮最貴者。居東西二州之北。獺見于歐羅巴亞

墨利加河湖之大半。其皮最貴者有二種。止見于亞西亞東北。亞墨利加西北海濱阿律森等島。食肉之獸走力在蹠者。熊為大。見于歐羅巴。其色樓。居亞毕斯比里尼斯深山。散于北方。自那威至堪察加。亦見于日本。亞墨利加黑熊。居于叢木。自合衆喀羅利那至北冰洋。亦自大西洋至太平洋。捲毛之熊最可畏者。在落機山以及東方。罷見于結冰道之間。時至哈德孫灣濱臘不拉多五十五緯度。又見于歐羅巴亞西亞北濱。亞比西尼。叙利亞。西藏。蘇門答臘。各有自產之種。

有袋之獸。不見于東州。亞墨利加有一種。名幽頞。散自合衆部北方。至拉不拉他河之南。袋獸在澳大利。摩鹿加。巴布亞為更衆。齧獸廣布地面。鼠為種之大半。無牙之獸。居于中亞墨利加及其南方。時見於東州之南。以上三等獸之界。皆詳如下。袋獸中袋鼠為最。見於澳大利。萬地曼蘭。巴布亞。亦見於爪哇。其種約四十。或小如兔。或大如人。齧獸中海騾。見於亞墨利加。歐羅巴。亞西亞寒道溫道之間。北亞墨利加生海騾。至北之界。在麥更些河上。約六十八度。南界以呵海呵密士西必相流之匯。約在三十七度。東西以曠郊外。居自太平洋至大西洋。東州之海騾。遊于內河。在三十六六十七緯度之間。亞西亞中見於疴比河之

支罕見於日尼塞河之東歐羅巴中窟於多腦羅尼威塞
諸河之上小騾或名加拿大麕鼠亦為一種与真騾因皮
被人所獵蝟自西班牙由南歐至阿富汗印度無牙之種
木狗犰狳止于亜墨利加其一自墨西哥南至来約熱内
盧居茂林之中其二自痾里諾哥河上至州極南居于曠
野平地穿山甲為無牙獸中之長自不宜塞利荆棘草莽
之處至痾里諾哥河東州亦有此獸種類不一長尾穿山
甲居于塞内加幾内亜短尾種居于孟加拉中國南方此
獸皆食蟻故西名為食蟻獸澳大利有蝟亦食蟻更見於
新南維里斯萬地曼蘭東南有一種胎生獸之中形状甚

奇嘴足如鴨
厚皮者為陸獸之中至大而力猛人獲之得其大用象有
二種各居其地亜西亜之象尤慧自雪山旁至印度遍土
及馬来隅南中華蘇門答臘錫蘭二島白象在他色中最
貴並非異種阿非利加之象畧短尤猛惟不甚慧岋朴哥
羅尼北方西至塞内加東至亜比西尼犀共有七種阿非
利加有四亜西亜有三二處不一犀所産之地畧与象同
惟在爪哇有犀無象河馬或云有三種祇見其一在阿非
利加河湖自東北上尼羅河西北塞内岡比之川及雜德
湖至痾蘭日河南方西州厚皮之獸不及東州之種貘又

名白豹二州皆有一則在南亜墨利加一則在蘇門答臘
婆羅洲摩鹿加馬散于各地野種見于中亜西亜高原南
亜墨利加羣聚于曠地驢野種不一居于亜西亜西東東
北西域之野驢自中亜西亜四十八緯度北至印度河夏
時聚鹹湖之周秋時羣遷至古塞拉德南土春時復歸蒙
古野騾名曰四不相羣遊于沙漠在西藏中國之界文馬
有二種見于阿非利加自亜比西尼至岋朴哥羅尼猪舊
不生于亜墨利加自歐羅巴遷徙今則遍地有之南亜西
亜有數種惟歐羅巴野壮猪更為廣散自佛朗西東至亜
西亜海濱不見于西班牙以大利波斯至亜西亜極北約

在六十緯度
反芻之獸内有四胃可以反芻中有形状可觀者無論氣
候寒熱其力可用其肉可食駱駝自加拿列島由北阿非
利加亜喇伯叙利亜小亜西亜波斯西北印度西域南方
以至中國西方有二種一生于亜喇伯曰獨峯駝中有一
等運行甚速一生于小亜西亜曰雙峯駝西州有駝三種
小于東州者背則無峯皆居于南亜墨利加在安的斯山
西邊自新加拉拿大至麥折倫峽巴他峨尼為最阿非利
加亦有二種西名之獵猢中國無名形奇高性甚和畏于見人
北則居于奴比阿亜比西尼雜德湖南則自痾蘭日河至

于州中鹿類其種甚繁黃麕形巨角長大而重見于二州
北方亜墨利加種居于芬的灣過大河至麥更些河口六
十九緯度歐羅巴種罕過六十四緯度在瑞典國迤南至
亜西亜北寒道之鹿能當寒氣故居至高之緯度其南界
在瑞典國六十緯度北亜西亜寒于歐州漸近五十緯度
此鹿本產于斯必巴然哥里蘭前一百年不見于冰洲時
有三鹿自那威釋之今羣遊于冰洲山間此鹿用以牽車
甚善亜墨利加北寒道之鹿居在四十六緯度以北圍鹿
歐羅巴數處皆畜于園野則遊于壊地利土耳其之間希
臘敘利亜波斯中國北阿非利加西州自加拿大至南亜

墨利加北方皆有此種紅鹿除峨羅斯大半裏海北方之
外遊自大英西至中歐羅巴中亜西亜貝加爾湖而止牡
鹿見於中歐羅巴至亜西亜香麕無角共有七種西阿非
利加有二印度以及羣島有四中亜西亜及其東南有一
最貴也麕見於阿非利加甚衆其色状性質不一居處或
在樹林或在高原大半羣行在曠野麕見于埃及巴巴里
及撒哈拉四週之土歐羅巴有羚羊行則奇速居於比里
尼斯亜爾斯加白的希臘高加索道羅山巔山羊有數野
種中國無名在歐羅巴山巔或在高加索波斯之山一在
克什米爾鄰土一在西南髙埃及亜比西尼之山一在洛

機山至高之處綿羊其野種亦居山巔大半在亜西亜有
大角者自堪察加由蒙古沙漠中山至高加索山峰洛機
山羊居自四十度至六十八度以北亦有一種見于哥塞
加撒丁居比路等島牛有數種黄牛居於東州至六十四
緯度或在拉比蘭至七十緯度野牛白色時見於英国印
度白牛背有一峰人事之為神亜西亜有一種異於黄牛
黄牛有脅骨十三雙此則有十四雙居於雪山南及西南
之坡犛牛見於中亜西亜之山原高一千五百丈冰雪恒
結之處水牛止見於東州本産印度南阿非利加印度種
廣散本土東至中國非里比納島西至亜毘斯山撒哈拉

沙漠北方之間南阿非利加種可畏者至今未馴獅牛居
於東西二州其種不一歐羅巴種有脅骨十四雙北亜墨
利加十五雙皆為醜猛漸已滅之歐羅巴獅牛居于樹林
見於黒海裏海四週之土亜墨利加獅牛居于曠野遊于
密士西必河之西洛機山両旁至南三十五緯度至北六
十四緯度香牛見於北亜墨利加自六十緯度至七十四
緯度
鯨魚外状及所居之處如魚内形及所産之法皆如走獸
有數種詳明于下大概游於高緯度之海昔時鯨魚常見
於地中海大英海濱及比斯加灣今已罕見哥里蘭鯨魚

黒色為人所獲可得其油自嘉慶十五年至道光十三年
捕者毎歳總計約一千零二十四近離前海而遷愈北大
西洋又有鯨自新著大島亜索里數島至南冰洋甚盛白
鯨見於北冰洋更在北平洋近白令峡南冰洋人罕至今
見有數種甚多獨角之魚居近北冰洋之濱豚魚在歐羅
巴海甚多更在北亜墨利加海濱阿尓蘭西方以上諸種
食肉亦有三類食草一名海牛時見於西阿非利加熱道
之數河更入疴利諾哥亜馬孫二河与西印度羣島淺灣
之間亦有一種母性愛子依傍同游在亜西亜群島之海
為最亦有一種至長二十五尺四週十八尺游於北平洋

海狗甚多中有數種居於結冰北温道之處又曰海熊止
于北平洋近白令峡又曰海獅在亜西亜東北界以四十
六十緯度
以上走獸分布之理可見地面有六土各産其獸此土可
以其獸形再分之一曰北冰土其獸較之他處則異二曰
北温土歐羅巴亜西亜之種或同或異至亜墨利加自有
其種所産之類間亦相異三曰亜西亜熱道以及群島之
土内有厚皮之獸碩大而繁貓種甚多四曰阿非利加熱
道与南方之土内有厚皮獸及反芻之類甚多其種甚異
五曰中南亜墨利加土有無牙之種甚多亦有他類他處

所無較之東州其種不同六曰澳大利土袋鼠之外胎生
乳哺者甚少
南寒道間無走獸惟有海禽海狗鯨魚等物種類紛繁至
于北寒道則有羆鹿豺兎狐在熱道有食肉之猫類如獅
虎豹靈猫等不可勝紀皆与北土迥異狗類如豺狐貉獴
猬鼬鼠等在温道寒道間尤多凡食肉獸共五百種熱道
多于温道三倍
東西州之走獸以之相較則東者益可供人之用至其形
巨胆大力猛西獸不能与之敵也因南亜墨利加草花茂
盛先可推食草之獸在此甚大阿非利加多有沙漠所産

之獸以為甚小及目睹則不然有士云以二州本産之十
獸比較大小輕重則阿非利加獸重于亜墨利加者二十
四倍由此可知禽獸種類其始置于其土同于分播草木
至今或居于此或散四方以其能走之力与其元氣能容
時變地勢可得形便也
昆蟲略有數種如蝶蠹蟲蝨之類操舟者時見其羣飛于
天空離地甚遠惟為風所吹遂遷於他土陸島亦然又見
巨蛇屈曲盤纏於樹木至西印度之島諒自南亜墨利加
之河而来北極産白熊在浮冰山恒自哥里蘭至冰洲亦
見豺狼狐狸在流冰田於遠地為多若羣萃一處食必不

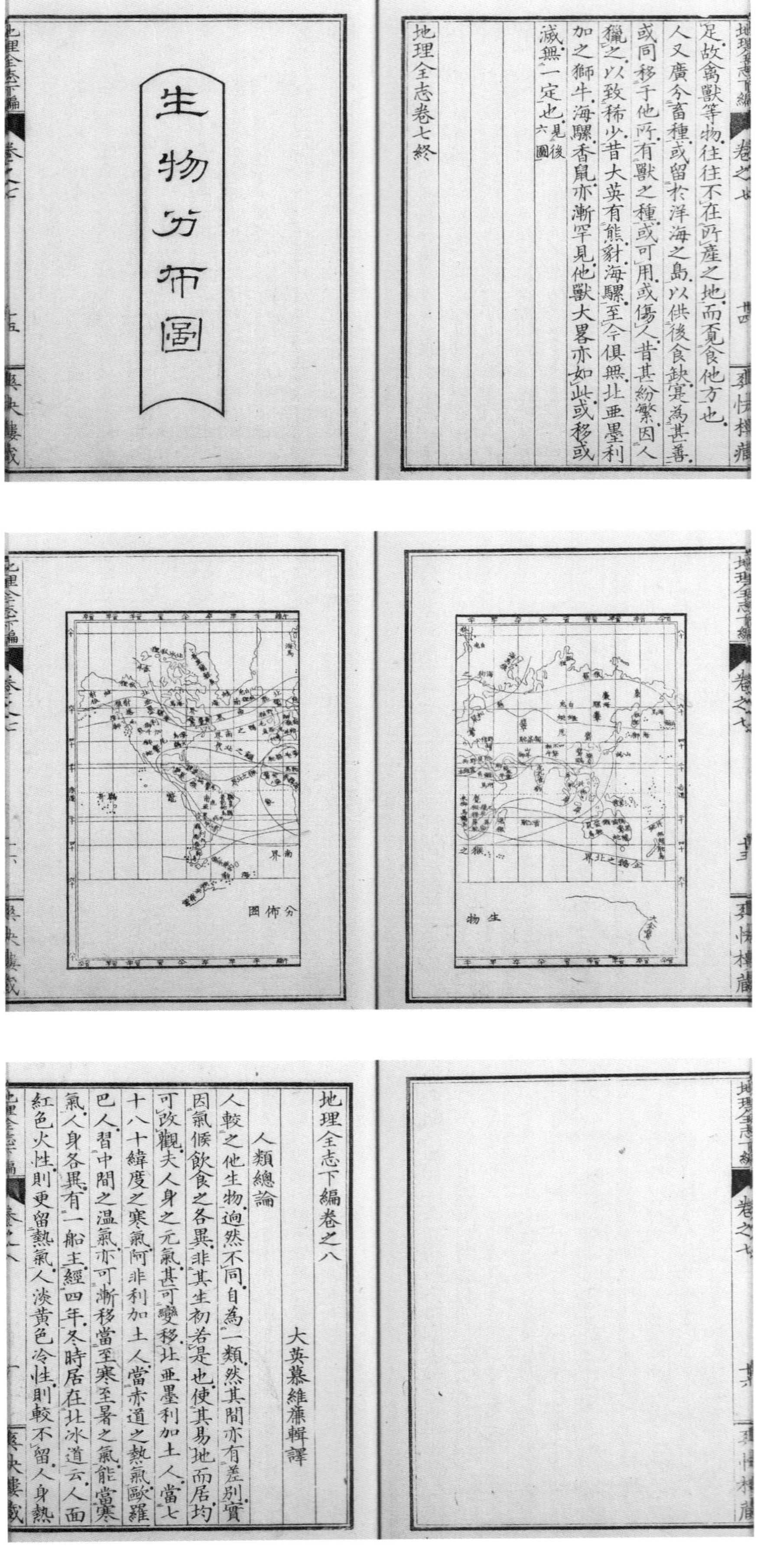
足故禽獸等物往往不在所產之地而覓食他方也
人又廣令畜種或留於洋海之島以供後食缺乏為甚善
或同移于他所有獸之種或可用或傷人昔其紛繁因人
獵之以致稀少昔大英有熊豺海騾至今俱無北亜墨利
加之獅牛海騾香鼠亦漸罕見他獸大畧亦如此或移或
滅無一定也見後六圖
地理全志卷七終

生物分布圖

地理全志下編卷之八
大英慕維廉輯譯
人類總論
人較之他生物迥然不同自為一類然其間亦有差別實
因氣候飲食之各異非其生初若是也使其易地而居均
可改觀夫人身之元氣其可變移北亜墨利加土人當七
十八十緯度之寒氣阿非利加土人當赤道之熱氣歐羅
巴人習中間之温氣亦可漸移當至寒至暑之氣能當寒
氣人身各異有一船主經四年冬時居在北冰道云人面
紅色火性則更留熱氣人淡黄色冷性則較不留人身熱

氣本少衣衣不足寒土之間必食多肉北亜墨利加土人每日食肉約有八九斤此肉之多油甚用所吸天空之養氣与所食肉中之炭合人身故有氣力於是寒氣之間必食多肉內有炭多于蔬熱氣之間米菓則宜也

天空氣之輕重不一人身亦可与之相合而各人不同如安的斯山谷高原其間為一千丈不等故空氣左右輕重大異而處皆有居民焉旅于高地者有時覺其甚苦有時亦覺便適或因元氣不同或因漸升而漸習高山之氣

人之所食不一熱道之間多食米菓寒道之間肉食人衆温道之間蔬肉並食于是人類雖散至遠方形勢大異亦無害至高緯度雪恒遍地草木罕萌民以捕魚海狗為業漸及赤道草木紛繁民食椰子芭蕉米穀温道之間民雜食麦麵牛羊

土無居民實罕見之惟斯必巴然新森拉冰洲馬德拉三厄里那發哥蘭克晷蘭及南寒道諸島撒哈拉其內稍有潤澤之壤外無居民地面戸口總計之大畧約有九万万前書已釋可無庸覼縷矣

按人之能力長短臂腿相較皮質毛髮顔色顱骨可定其種之同異人民有禮義之邦有生番之類以其勢力推度之則明禮義者大約為首生番次之人類有部長短不一其長者為巴大峩尼合衆部之折洛巳斯土人歪阿那之加力比斯土人及加非拉利番民其短者為亜墨利加極北秘魯人然合丁多波日曼歐羅巴極北之數部佛朗西人或長或短長至六尺八寸中五尺三寸短至四尺至長至短者見于千万人間之一波日曼男長僅四尺半女則四尺禽獸種類相同亦有長短不一

人類之間其身骨髮皮相較不一阿非利加黑人足平踝突皮軟肘長髮捲細毛蒙古人髮直稀粗歐羅巴人髮較軟垂下而長各種之間亦有互見皮色目色髮色較之大抵相同疑賴一類所飾之質而成

人有淡髮其目或淡藍或褐色淡紅皮有淡髮黑皮有黑髮以髮色分人類為三等一為黑或為深黑如塞内牙土人至淡黑如歐羅巴數部黑与紅合為銅色如亜墨利加阿非利加生番黑与黄合如亜西亜橄攬色之民歐羅巴南方之衆一為黄髮大概髮色淡黑或淡棕或黄或紅其目或藍或褐如亜西亜歐羅巴温道之人是也一為白色眸子深紅其人各國皆有惟見之實罕華民謂社日所生者則若是

人類膚色不同皆為外感而生非其初即迥異膚色非常若是也黑民之間時見有黄髮白色者又有數部言語本地相同惟其色大異也各國之民其內皮膚實則相同惟因所飾之質藏于薄皮之內以日氣灼射可漸生而色以之變人面瘢痣以及斟色亦因此故黑棕銅三色在赤道之民為多淡攪色在熱道之外為多其色之最淡者在高緯度為多

走獸同種間有異色如是則當其始祖並無不同以此可推也印度之賣索有羊一種三色或紅或黑或白又有馬驢牛豕雞犬等物其色異于他處非其種類之不同因其氣候飲食之異所致然也

顱骨之形亦分三等一曰橢圓額頭高大面小端稱其屬在西南亜西亜西北阿非利加歐羅巴幾于偏土及其所遷之民一曰尖突顴闊額狹其屬在西南亜西亜之外以及亜墨利加北方歐羅巴數部一曰延長頭側甚狹顴高腮凸其屬在阿非利加亜墨利加大洋群島之土人以上三形分属各國惟其中大有差別亦常有變更千載以前如匈牙利之人由北亜西亜而出徙于歐羅巴氣候温和于是一變其游牧之風而嫺禮義其顱亦漸變昔為尖突今為橢圓西印度及亜墨利加之黑奴始徙自阿非利加其人与白人往来其顱亦變然其種不相紊亂也走獸初為一種或野或家由此相異如狗与豺之大不同也阿非

利加人較之歐人全骵畧異惟家豬之顱較之野豬則大異也
人類相異与獸之同類相異大約畧同其所沿之理可定其始生之祖出于一原也人獸更相似者如猩猩其獸僅得三十歲人類數派細為相較其壽長短皆同若其氣候飲食衣服居家行禮為一致則其壽長亦無差異也人壽罕過百歲生番之年齒更短大概不及因其風俗不宜于壽成丁懷妊老邁之時人有疾病大同小異其理亦可詳言之焉
嘗見他族禮性優絀不同即以同族之中相較其或優或絀亦然人民知禮之間時有愚陋所謂莠良雜出也又有數部如阿非利加之波日曼南亜墨利加之夫以然皆外于教化間有感動者則循循于禮義与他國相同
地面言語學之者均以數類而包涵之其間有相等即知其初皆由一原而出東州言語循其文法聯為五家一曰印度及歐羅巴相等又名雅弗其内有印度古波斯丢度呢希臘以大利莪羅斯等語一曰叙利亜亜喇伯相等又名閃其内有叙利亜亜喇伯希百利以惕砢比等語一曰渡勒呢其内有高亜西亜北歐羅巴數部等語一曰中華与印度中華相間之語一曰阿非利加語又名罕其民有

旋髮居于赤道南方及北方二十度按雅弗閃罕三語推其本原為一也凡称此名者因上古洪水之時挪亜三子雅弗閃罕之裔居各一土雅弗閃言語推原其理皆一閃之民半進于禮義而止文詞言語亦然雅弗之民蒸蒸日上文詞言語如一渡勒呢与雅弗言語有聯絡之迹馬来東洋群島之言語与渡勒泥之言語昔必相通有士考之民言更為相淆則其骵更為相同否則反是如中華之言語較于中北亜西亜大異其骵則維肖西州言語甚多各殊不同惟其文法聯絡似有亜西亜之風有士察地面言語共有三千六百六十四歐羅巴有五百八十七亜西亜九百三十七阿非利加二百七十六亜墨利加一千六百二十四大洋群島二百四十國之言語因其禮儀文學之故速為變易惟其少有差別而非若他語之大異如英倫日耳曼荷蘭嗹國冰洲言語皆為丢度呢之支派丢度呢峨羅斯希臘以大利古波斯古印度聯為一家即印度歐羅巴相等之家也以是可推太古之時語言大概合為一源後人廣散獨居以致風俗文學優絀不同其語言遂分大同小異
由此故人類之中各色甚多其種並非相異所成此故荒遠難稽惟有文士按其語以察其民分為六等一曰義拉

尼民一曰渡勒呢民一曰阿非利加卷髮之民一曰合丁多波日曼民一曰大洋群島卷髮与亜夫羅民一曰亜墨利加土民義拉尼又名高加索民其内之民自恒河口由雪山阿母河通裏海至黑海北阿非利加及歐羅巴十之九与其遷移各處之民古今来其民學業兼優名利並取為地球中之至俊埃及印度亜西亜巴比倫古波斯希臘羅馬亜喇伯禮義彬彬接踵相繼為文物最勝之邦自昔强國崛起迄今傳于西歐羅巴數部因印度歐羅巴為其民之界故亦同此名其人之形大畧如左顱骨甚廣其首則小甚為美覊廣額長面口小容貌端方身骵匀稱髮細而多其色白攬黔黒不一歐羅巴中芬蘭拉比蘭匈牙利土耳其人不屬于義拉尼種論其民至歐為人所居之理原委難明爰細考古史其似續相傳詳明如下一薩尔的人至歐之西南在芬蘭拉比蘭部居北東北之時亦有數部不知来歴散于東南薩尔的及亜西亜始遷之人与其數部婚嫁遂生希臘此為雜民以大利本部与薩尔的希臘人相通生拉丁斯一族更為相雜希臘以大利佛朗西西班牙葡萄牙阿尔蘭蘇格蘭北方威里士哥奴瓦諸族皆其支派二丢度呢種入歐在其後驅芬蘭拉比之人更北薩尔的之人更西此種之斯干的那維支派居於那威

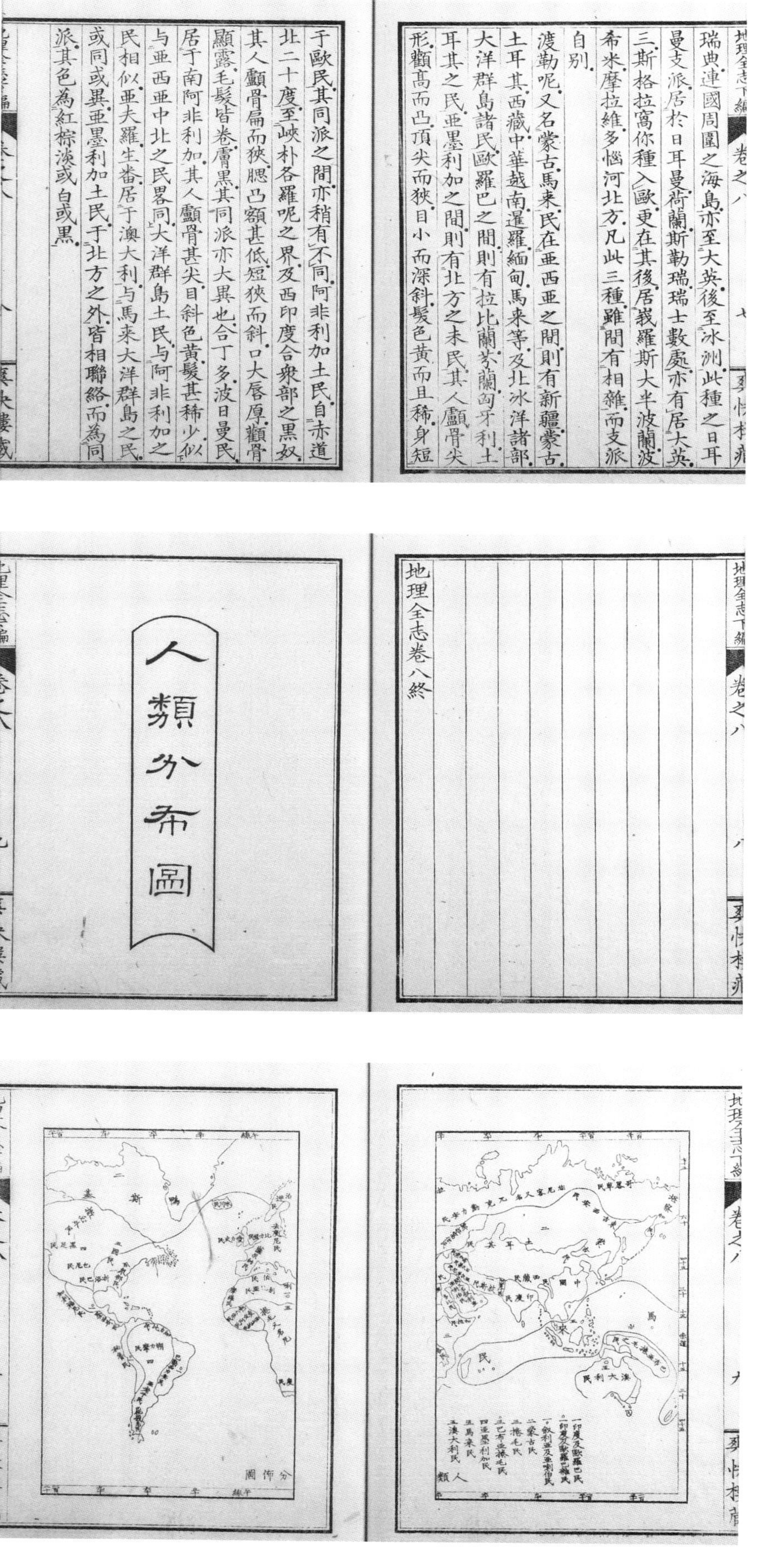
地理全志下編　卷之八

瑞典連國周圍之海島亦至大英後至冰洲此種之日耳曼支派居於日耳曼荷蘭斯勒瑞士數處亦有居大英三斯格拉窩你種入歐更在其後居峩羅斯大半波蘭波希米摩拉維多惱河北方凡此三種雖間有相雜而支派自別

渡勒呢又名蒙古馬来民在亜西亜之間則有新疆蒙古土耳其西藏中華越南暹羅緬甸馬来等及北冰洋諸部大洋群島諸民歐羅巴之間則有拉比蘭芬蘭匈牙利土耳其之民亜墨利加之間則有北方之末民其人顱骨尖形顴高而凸頂尖而狹目小而深斜髪色黄而且稀身短于歐民其同派之間亦稍有不同阿非利加土民自赤道北二十度至峡朴各羅呢之界及西印度合衆部之黒奴其人顱骨扁而狹腮凸額甚低短狹而斜口大唇厚顴骨顯露毛髪皆卷膚黒其同派亦大異也合丁多波日曼民居于南阿非利加其人顱骨甚尖目斜色黄髪甚稀少似与亜西亜中北之民畧同大洋群島土民与阿非利加之民相似亜夫羅生番居于澳大利与馬来大洋群島之民或同或異亜墨利加土民于北方之外皆相聯絡而為同派其色為紅棕淡或白或黒

地理全志卷八終

人類分布圖

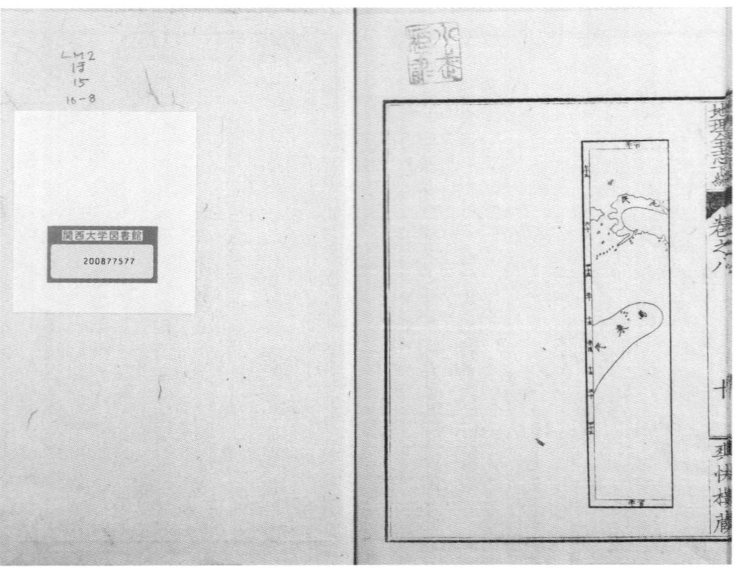
関西大学図書館
200877577

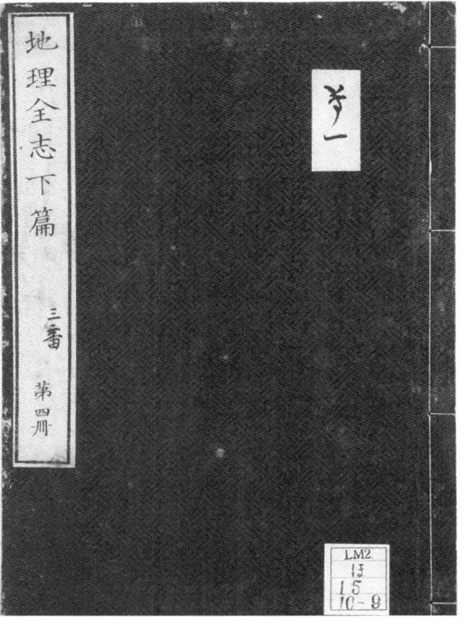

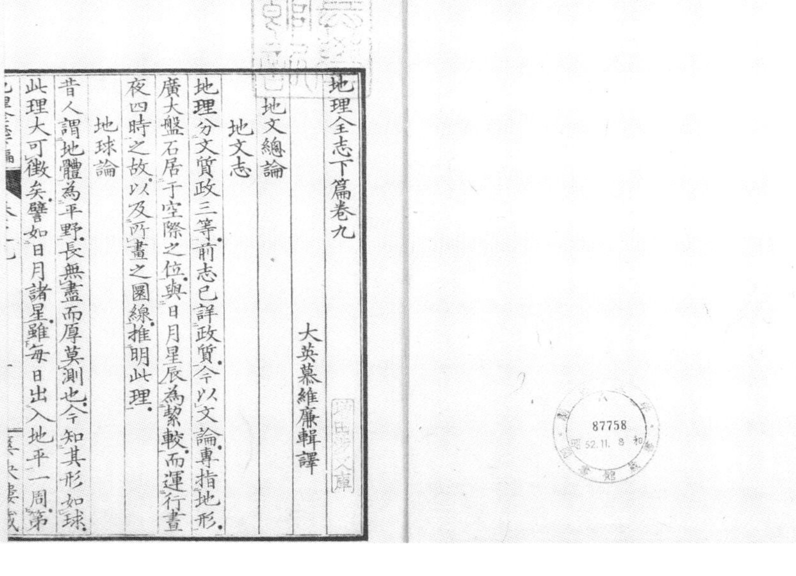
地理全志下篇卷九　大英慕維廉輯譯

地文總論

地文志

地理分文質政三等。前志已詳政質。今以文論。專指地形。廣大盤石居于空際之位。與日月星辰為絜較。而運行晝夜四時之故。以及所畫之圜線。推明此理。

地球論

昔人謂地體為平野。長無盡。而厚莫測也。今知其形如球。此理大可徵矣。譬如日月諸星。雖每日出入地平一周。第

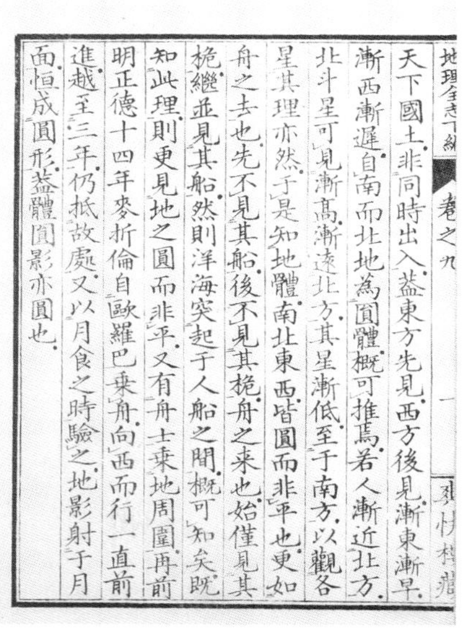
天下國土。非同時出入。蓋東方先見。西方後見。漸東漸早。漸西漸遲。自南而北。地為圜體。概可推焉。若人漸近北方。北斗星可見。漸高。漸遠北方。其星漸低。至于南方。以觀各星。其理亦然。于是知地體南北東西皆圜而非平也。更如舟之去也。先不見其船。後不見其桅。舟之來也。始僅見其桅。繼並見其船。然則洋海突起于人船之間。概可知矣。既知此理。則更見地之圓而非平。又有舟士乘地周圍。再前明正德十四年。麥折倫自歐羅巴乘舟向西而行。一直前進。越至三年。仍抵故處。又以月食之時驗之。地影射于月。而恒成圓形。蓋體圓影亦圓也。

以上數端。定地之圓形。惟人見有高山深谷。每疑地體非圜。殊不知山谷高深。較于地之全體。廣大其相懸殊絶矣。山之至峻者。高于海面約十七里。乃比地徑。僅得一千六百分之一。較赤道四周。僅得五千分之一而已。且地面崇卑。較其全體。如橘上之小孔。當月食時。地影射月。惟見平形。可知地雖高下。較于全體。其細已甚。按地之圓形。可見造化主至仁且智。若有異形。則無今之獲益矣。

地形橢圓廣大論

夫地體謂之球。實非知球之全圓。在赤道圓而凸。在二極圓而匾。其理詳述如左。行星旋轉之時。搖動地球。惟其相

距甚遠無所關係然月遠地僅八十万里故二体之形相
旋則均動動則均旋地理之士察月之揺動計地在赤道
必圓凸在二極必匾圓及匾圓幾何約二百有五分之一
且究若地体全為同重則二極較月之揺動更有圓形乃
地質自面至中由漸而重則二極之形較月之揺動幾相
同也于是月之攪動不止現地之外形又可以顯其内質
矣大河之道舟揖可通又證地与海之彎形大略如一山
既比地微小吸力則少故地形以準縄全堅地跟中力之
向推之為定即与海之璟于地週相同此在地面數處所
已量之形也地上午線乃過二極之線各處同時有正午

午線一度為三百六十分之一假使地球全圓則自赤道
至至極午線緯度長短如一惟審慎量之即可見同午線
緯度實異而自赤道至二極益増寒線之緯度長于赤道
緯度二里而弱是以地球楕圓至二極匾而微平其明午
線所量之以弧特詳于左秘魯緯線一度三十一分其度
長三十六万二千八百零八英尺印度十二度三十二分
二十一秒其度長三十六万三千十三尺印度十六度八
分二十二秒其度長三十六万三千四百四尺好望角三
十三度十八分三十秒其度長三十六万四千七百十三
尺合衆部三十九度十二分其度長三十六万三千七百

八十六尺羅馬四十二度五十九分其度長三十六万四
千二百六十二尺佛朗西四十四度五十分二秒其度長
三十六万四千五百三十五尺佛朗西四十六度五十二
分一秒其度長三十六万四千八百七十二尺大英五十
二度三十五分四十五秒其度長三十六万四千九百七
十一尺峩五十八度十七分三十七秒其度長三十六万
五千三百六十八尺瑞典六十六度三十分十秒其度長
三十六万五千七百八十二尺此弧合而較之無一相同
可見緯線之度漸近赤道為短漸近二極為長有泰西文
士以十六弧之十稽赤道徑長二万六千四百里二極徑

長二万六千三百里其二圓徑之分又名二極之匾圓八
十六里赤道四周八万三千里以上之數意所無疑者蓋
地圓形毎十里地平則低有六尺如物高六尺遠十里即
不見因物低于地平増以較其所遠之自乗于是山高七
十丈遠三十三里則隠由此知物之高有若干即知其遠
有若干也再前康熙十一年有佛士以儀墜子定之覺地
離中之力在赤道尤甚至英之倫敦儀墜擺動一日八万
六千五百三十五次至赤道其擺動僅八萬六千四百次
因地跟中之力自赤道至二極漸増故其擺動更速若以
儀墜擺動各處合時漸至二極必長漸至赤道必短皆有

定法此法以線度之正弦其長或名丈或名里自乗是也地牽引之力与緯度自赤道至二極漸増大畧亦然
由此可推二極有匾圓之形考据之士究儀墜子擺動數
處合較非一弧矢亦然綜計之与午線之度數月之揺動
大畧相同此三者雖不相類惟其軌則相等則地之實形
可見儀墜擺宕準縄規矩皆有參差皆因地形高下地質
吸力大小故也以上俱明地球楕圓之形其理更有他説詳于行星本論

空際載星論

昔人以地之四周為天晝夜旋轉之道日月星辰為地之
所獲益而已今而知星數廣大相遠為用之理更晰地乃
行星之一較之或大或小皆繞日而行亦深頼日之益此

星總名曰日屬在空際相遠約十万万里此星之中有人
目所能見亦有所不能見皆以數端為據如大概為黄道
相近其光無閃爍之形用遠鏡窺之星象更大皆与天体
似晝夜旋轉于地球之外亦行諸星之中蓋在異時屢見
于他星宿間者即所謂行星也此外有星其行似較有斜
形如彗星天空隕石黄道光璟是也
行星之外名曰定星其星方位恒在一處而深遠驟難窺
測南門星至近猶去日七十万万万里以遠鏡窺之不見
其大較有光而已此本体自明去日甚遠非借日以為光
也或有較日尤大尤明人推之即以為日在造物間其功

用同于日也人目所能見者以其光明分為六等第一等
約有二十北斗在二等之中星宿方位分為三等一名黄
道星宿有十二一名北半球星宿有三十五一名南半球
星宿有四十九其列星至今察之有二千九百三十皆可
指名餘則不詳其數定星非終于一定也或相較而移所
移甚微故歴數千年目中始能一覩爾有星見為一用遠
鏡窺之則甚多人推之毎一為日相距甚遠有星見為白
氣人推之為星之未成象者有星名曰回環星數星或自
相環繞或同繞中星有星名曰依時星其光或増減或明
滅皆隨時相間人推之其星盤轉時其面非一光或因大

星經行其光分隔有星名曰暫時星其光偶顯後恒不見
有星分于數處形為連綴如昴宿天河之光無數星辰團
聚所成以遠鏡窺之可見也人言日属在天河中天文士
云有氣較空氣為薄布于宇宙与所行之天星畧与之敵
光射熱氣運動于四方甚速使至遠之物相為聯續由此
可人知至遠有球与地如一光雖甚微已測其速一秒之
中約六十四万里如是光者自至近之定星接地必經三
年而後至惟吸力較于光力為速五万万倍諒更有無數
星光較遠而未至于地或有星已滅其光于今尚至若有
人在至遠境所見為至遠之處即其地而更窺之甚遠更

有無數星辰莫之紀極者寥廓中無能度其交界所可知
者弥満無際恒為運動天空無一隙中無物不有吸力相
通也

空際熊力論

万物各點有力相引此名曰物牽引之力又名地跟中之
力其理詳明如左一牽引之力四方運動如光從日出以
準縄懸近高山則稍斜向山近土之物側附于地月吸洋
水而成潮太陽行星諸月互相攪動故也地面跟中之力
助牽引諸物至地中之向非因地体与物相異惟其体力
較于諸物尤大而重故引物尤甚地中心為地球各點牽

引之力中以此可推地球全質之力皆歸于此二牽引之
力以物小大之數相較如物較其半出力兩倍物較其二
分之一出力三倍餘準此三二物相遠之數自乘為減則
其牽引之力為増自乘為増則引力為減如物遠二倍其
吸力四分之一遠三倍則吸力九分之一遠四倍則十六
分之一此力獨運則吸月至地行星亦吸于日惟其力以
離中之力相格

万物各點有力互為相離此名離中之力若秖有一力物
則行于徑直之路惟行星運轉如環必有他力而然此為
離中跟中二力惟均故有環轉之形也

行星軌道論

昔人謂地体至静日月星辰各行一周今已知其理甚謬
矣蓋地亦一行星也其軌道繞日而行略述如左當明末
葉泰西士刺白尔所究行星旋轉之理有三一假使以輻
線自日至行星處所經之道与所歴之時恒為同比例法
蓋以輻線定于日中而行星与之旋轉其去日或遠或近
故線亦或長或短二行星旋動有撱圓之形太陽在其中
央處之一行星繞日非恒与同速遠日更遲近日漸速至
近則至速矣三行星旋時之數自乘与其遠日之數自乘
再乘較之相同行星繞日之數自乘較他行星繞日之數

自乘如第一行星遠日之數自乘再乘与第二行星遠日
之數自乘再乘相較如一

行星本軸論

日行星諸月皆于本軸盤轉時時不同此為晝夜第盤轉
与繞日之行同時如挽車之前行而其輪亦自轉也此理
可證以日月行星之面有黒點時而搬移可知其運行之
速譬以柔物之体掉運毎成撱圓日月行星盤轉成之亦
有此形其徑至赤道為長故圓而凸至二極為短故圓而
匾盤轉之体其面各點遲速不一故其力之大小亦然二
極之點轉而不移漸至赤道盤轉更大如是人在赤道晝

夜行八万三千里至寒線僅二万三千里盤體各點之力
將離其面如行星將離其道漸近赤道離中之力更增但
行星有牽引之力其面各點同為跟中于輻線之向以此
二力運行其點自二極至赤道積有凸形漸近赤道行星
盤轉之力併跟中之力所減因赤道離中之力尤盛故跟
中之力稍衰又因其變形使二極与地中心較赤道為近
以上地形別詳地形譜圓廣大論
跟中力之外熱氣之力布于日屬行星中攪動地球及彗
星之點神化莫測人以光熱吸力可使本球与遠球相聯
此外細思之當更有神力感通宇宙惜至今猶未能盡也

日屬行星論

中土人言七政舊矣今西土熟究之時時測量尚未紀極
所已知者行星有三十七月有二十又有第二等行星其
外有彗星天空隕石光環皆在日屬諸星中其行星大小
遠近遲速不一繞日軌道自西迤南至東本軸盤轉亦然
其道微有撱圓之形畧述其理如左太陽為行星之中有
圜形其半徑約有二百九十五万里其二極稍有匾圜之
形盤轉其本軸二十五日遠地球約有三万一千餘万里
其大于地球也一百三十八萬四千四百七十二倍惟其
較地為重僅得三十五万倍其吸力大于地面吸力約有

二十八倍太陽体推之本黒惟四周有自明之氣由此光
熱發出偏處以遠鏡窺之面有大黒點其形時時變化其
黒也大概為明氣分隔而成太陽似有二運動法一經于
天空以成晝夜實則地球本軸盤轉之故也一經黄道星
宿以成歲周實則地球繞日而行之故也其外天文士計
之太陽及諸行星皆運行天空至于最遠之處或帝座屬
星其行每一秒一百七十里每一歲五万万餘里金星西
名墨糺力赤道約有一万五百里遠日一万二千三百餘
万里繞日八十七日十一時半盤轉十二時五分
水星西名味努斯其赤道經約有二万六千里遠日二万

三千万里繞日二百二十四日八時盤轉十一時五刻六
分
地星即地球赤道經約有二万六千四百里遠日三萬一
千七百餘万里遠近相去一千萬里繞日三百六十五日
二時七刻三分四十九秒此為熱道之歲地球軌道長二
十一万六千三百万里每日行五百四十五餘万里每時
行四十五万四千里本軸盤轉十一時七刻十一分四秒
赤道盤轉每時六千九百里因離中力之故赤道跟中之
力較在二極減二百八十九分之一因撱圓之形亦減五
百九十分之一由此物于二極重于赤道一百九十四分

之一地軸側倚軌道二十三度二十八分較黄道有三角
形六十六度三十二分由此成四時寒暑晝夜長短不同
地球旋轉之時本軸恒有定向一歲中雖旋轉四周而恒
指一處冬夏二至相距亦有六万三千餘万里較定星之
遠為甚微也詳見後圖
月徑長七千二百里遠于地球約有七十九萬里至遠至
近相離不過四万里月小于地約四十九分之一月面觀
地較地面觀月則大十三倍繞地二十九日六時二刻十
四分盤轉亦然于是而成一月其軌道与本軸所轉相同
故恒向地之一邉此邉半月有日光彼邉半月有地光

月有日光半月則暗月食為地在日月之間日食為月在
日地之間月食在望与日交睽之時日食在朔与月交會
之時若日月地恒居一線則每望必有月食每朔必有日
食因月道側向地道有五度八分三角形較之時有高下
惟交過地道即在朔望之時乃有日月之食見後圖
火星西名瑪尓斯赤道徑一万三千六百餘里遠日四万
八千二百万里至遠至近最差視前數約十分之一繞日
六百八十六日十一時四刻本軸盤轉十二時二刻七分
二十九小星西名西力斯巴拉斯若挪唯斯大亞斯德拉
希比愛力斯佛羅拉弥的斯希日亞巴帖挪比味多略以

惹暑燮里你，幼揶密，白賽希題的，斯麥泊墨佛都那，馬撒略，魯的舍，加略必，他略佛，此等，其星至大者，赤道徑二百六十里，或八百三十里，遠日自七万万里，至七万六千万里，繞日行自一千一百九十三日，至一千六百八十六日。

木星，西名若必徳，赤道徑二十九万里，遠日十六万四千六百万里，繞日四千三百三十日六時，盤轉四時七刻十一分，此星見有四月，遠本星自八十三万里，至三百三十万里，繞本星自二日至十六日，此月亦有食時，其光行時，每十六分半，行過地球軌道全徑之遠，故因之以計光行之速，乃一秒六十四万里。

土星，西名撒登，其徑二十六万餘里，遠日三十餘万万里，繞日一万七百五十九日，本軸盤旋五時一刻十四分，此星四周有光環三，外環遠本星六万九千三百里，廣三万三千里，中環遠六万三千里，廣六万七千里，内環新見，其廣遠尚未深悉，有八月繞之，遠本星自四十三万里，至八百三十万里，環道自一日至八十日。

於蘭納斯星，其徑十一万五千里，遠日六十万六百四十万里，繞行三万六百八十六日，盤轉未詳，有六月繞之，或自東至西，異于他星。

納鉢登星，其徑十三万八千里，遠日九十五万万里，繞行六万一百二十六日，此亦新見，見有一月繞之。

其外彗星，亦繞日，遲速不一，或三年，或六年，或七十五年，或數百年，軌道甚有橢圓之形，時見于十二宮之外，或云此星甚多，其數有八百万，然細察之甚少。

流星隕石，見于與時，更于西曆第五月十二日，第十一月十二十三日，石隕如雨，重自數斤至千万石不等，其質為火石，硫黄，銕，黄灰，白鉛，其行一秒八十里，有槍礮金鼓之聲，與地球相去，或數十里，或數百里，曾有隕石，去地八十里，計其重可一千万石，其中一塊墜地，使非天空之行，甚速，則地中吸力可引之盡下，其体質發光，有云行星中有無數小体，或大体分裂，或本質自聚，繞日而行，至地球軌道，為地力吸引，至天空而發光，其行甚速，或為隕石流星，諸異象，有云凡体在天空，一秒三里，壓下空氣，必吸其熱，以暑寒表計之，約三万度，故易發火。

黄道光環，其光濬明，春日既沒時，見于西方，秋日未出時，見于東方，熱道間最明，天文士推之為天空廣環之氣，行繞于水星火星之間，或為太陽外爍之氣。

以上諸行星，因地球亦行星之一，故略述其端，於此書無甚關係，學者當求其詳于天文家言可也。見圖

晝夜論

晝夜者，地球盤旋之故也，向日則晝，背日則夜，太陽注射之處，九十度内有光，過此則暗，中線即為明暗之界，當西曆三月二十日，九月二十三日，太陽在赤道頂，其光由此至南北二極，各有九十度，則于各處有明暗，晝夜長短如一，三月二十日春分，九月二十三日秋分，在他時，日在天頂，他處于是明暗之界，過于北極，則南極不及，過于南極，則北極不及，故近赤道而晝夜平，遠赤道而長短異，日在天頂，不過赤道南北二十三度半，至此處其光過南北極，亦二十三度半，在北半球，為西曆六月二十日夏至，在南半球，為十二月二十一日冬至，自春分至秋分，在北半球晝為長，惟夏至極長，後則漸短，自秋分至春分，在南半球晝為長，惟冬至極長，後則漸短，至近南北極，有半年為晝者，北極之晝，即南極之夜，蓋南北晝夜相反也。

四時論

春夏秋冬，寒暑相間，此四時之變化也，推其故，蓋日所煦暖不一，以日之暖氣，盛于一處，較其在于地平，及其時之久，為證，北半球之間，自春分至秋分，日升于天空，尤高，較在地平之下為久，由是而成暑，自秋分至春分，日升于天空，差低，較在地平之上為久，由是而成寒，南半球之間，其理相反，日在北帶頂時，更北之人視之，較在他時為高，南

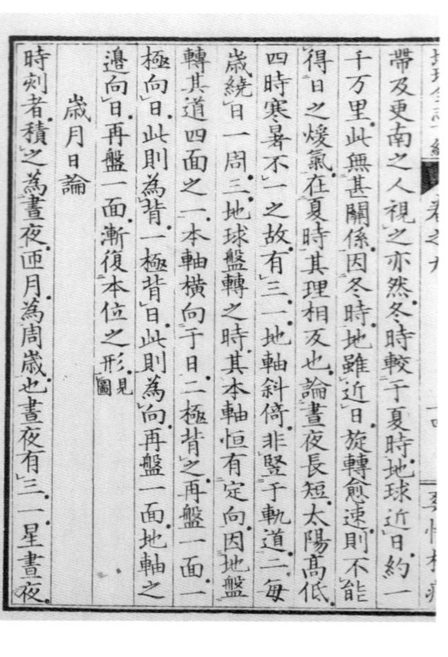
帶及更南之人視之亦然冬時較于夏時地球近日約一千万里此無甚關係因冬時地雖近日旋轉愈速則不能得日之熅氣在夏時其理相反也論晝夜長短太陽高低四時寒暑不一之故有三一地軸斜倚非竪于軌道二毎歳繞日一周三地球盤轉之時其本軸恒有定向因地盤轉其道四面之一本軸横向于日二極背之再盤一面一極向日此則為背一極背日此則為向再盤一面地軸之邉向日再盤一面漸復本位之形見圖

歳月日論

時刻者積之為晝夜匝月為周歳也晝夜有三一星晝夜

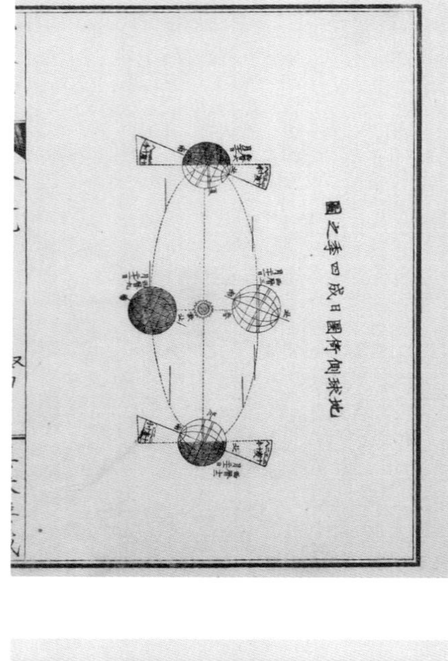

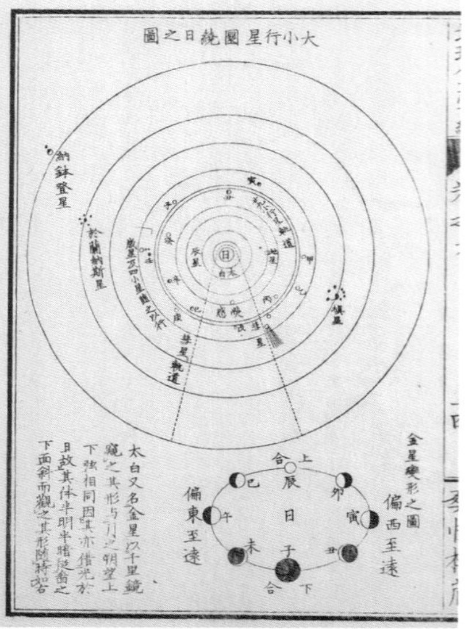
大小行星圖繞日之圖

即地軸一次盤轉十一時七刻十一分四秒其時計有星今日在此經度至明日仍歸于此也二太陽晝夜太陽離此經度仍歸于此以日晷所準若地僅盤轉竟日為十一時七刻十一分四秒而已但地盤轉一次亦繞日約有一度以明此理可推今日正午太陽在此經度後十一時七刻十一分四秒地盤一次同時亦繞日向東約一度是以經度昨日對太陽今日偏西一度故地必盤一次有餘以至太陽再對其經度由此一晝夜為十二時地之繞日遲速不均亦本軸斜倚黄道故晝夜儆別三歴晝夜為太陽歳日之中辰表以此時為準于是終歳之時不忒日晷有

太陽儀墜有擺動亦定其時之準儀墜長三十九寸十三分在倫敦晝夜平日擺動八萬六千四百次毎一次為一秒皆分以二十四點鐘各分六十分分各分六十秒
匝月有三一星辰月二十七日三時六刻十三分即為月旋地一次以星之旋轉復歸為準二月月二十九日六時二刻十四分即為月繞日一次以前朔日至後朔日為準三歴月毎歳十二月之日數不一西暦第一月至三五七八十十二月各三十一日第二月二十八日隔三年為二十九日四六九十一月各三十日于是歴年氣候日日大略相同也月月毎歳約有十二月半一歳不合月旋地之

數然十九年与月旋地二百三十五次如十九歳之中有六千九百三十九日七時一刻十二分十二秒月旋地二百三十五次在六千九百三十九日八時二刻一分四十九秒惟有一時四分三十三秒不同
周歳有二一赤道歳以日在赤道中歸于原處為三百六十五日二時七刻三分四十九秒有餘二歴歳為三百六十五日其餘約有一日四分之一失此其差漸大故積日分至第四年第二月置閏一日惟一日分尚多十一分積而除之毎百年去閏一日至四百年則不去閏日于暦法差得其正也西暦日法又以第七日為禮拜日毎歳五十二禮拜

暑寒道論

以地面諸處較于太陽分地球為細道名曰暑寒道与赤道相平皆以天文方位分别氣候以晝之至長論之自赤道至寒線至長之晝在緯度漸近二極較漸近赤道尤長二刻自寒線至二極氣候更速每度以一月為準于是自赤道至寒線南北各有二十四道自寒線至二極南北六道南北半球各三十道列表于後

暑寒道表

赤道	周歳		日長六時
第一道	離赤道八度三十四分	道寬八度三十四分	日至長六時二刻
二道	十六度四十四分	八度十分	六時四刻
三道	二十四度十二分	七度二十八分	六時六刻
四道	三十度四十八分	六度三十六分	七時
五道	三十六度三十一分	五度四十三分	七時二刻
六道	四十一度二十四分	四度五十三分	七時四刻
七道	四十五度三十二分	四度八分	七時六刻
八道	四十九度二分	三度三十分	八時
九道	五十一度五十九分	二度五十七分	八時二刻
十道	五十四度三十分	二度三十一分	八時四刻
十一道	五十六度三十八分	二度八分	八時六刻
十二道	五十八度二十七分	一度四十九分	九時
十三道	五十九度五十九分	一度三十二分	九時二刻
十四道	六十一度十八分	一度十九分	九時四刻
十五道	六十二度二十六分	一度八分	九時六刻
十六道	六十三度二十二分	五十六分	十時
十七道	六十四度十分	四十八分	十時二刻
十八道	六十四度五十分	四十分	十時四刻
十九道	六十五度三十二分	三十二分	十時六刻
二十道	六十五度四十八分	二十六分	十一時
廿一道	六十六度五分	十七分	十一時二刻
廿二道	六十六度二十一分	十六分	十一時四刻
廿三道	六十六度二十九分	八分	十一時六刻
廿四道	六十六度三十二分	三分	十二時
廿五道	六十七度十八分	四十六分	一月
廿六道	六十九度三十三分	二度二十五分	二月
廿七道	七十三度五分	三度三十二分	三月
廿八道	七十七度四十分	四度三十五分	四月
廿九道	八十二度五十九分	五度十九分	五月
三十道	九十度	七度一分	六月

地球圈線論

察地理之士以圈線畫地球使明地面各處之方位盤轉輪旋之維繫其線分有大小大者分地球二半俱平小者分之不均每圈線計之有三百六十度每度六十分每分六十秒大圈線共有十類大者有六名曰赤道地平線黄道大小圈線每度二百三十里小圈線每度里數不定春秋二分冬夏二至小者有四名曰南帶北帶南寒線北寒線此外皆經緯之線矣以上十圈線詳明于後赤道線居地正中自東至西平分地為両段南為南半球北為北半球

地平線分有定無定二法有定者均分地球為上下両半以定諸星之升没上明曰升下暗曰没無定者人所見天空与地相接各處不同盖地体本圓人若遷移其目力所限之處亦随在而易其線相遠僅得數里如人高于地六尺目力能見十里而已此線分三十二段每段十一度十五分

午線自南極至北極平分地球為東西両半每處起線不同

黄道為日馭正照之線交環于赤道南北二十三度二十八分至南北二帶而復環赤道黄赤交會之處名曰晝夜平黄道分有十二宮每宮三十度分屬四時戌申酉為春

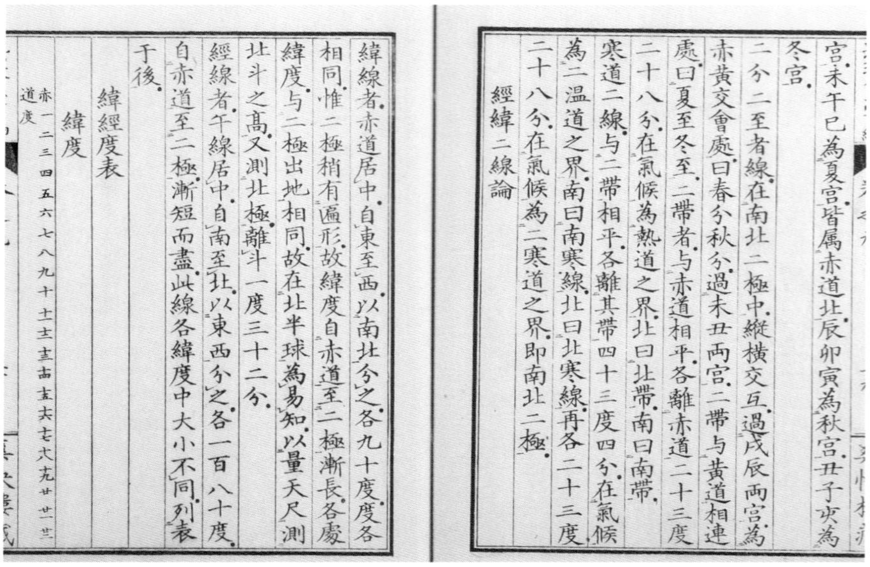

宮未午巳為夏宮皆屬赤道北辰卯寅為秋宮丑子亥為
冬宮
二分二至者線在南北二極中縱横交互過戌辰両宮為
赤黄交會處曰春分秋分過未丑両宮二帶与黄道相連
處曰夏至冬至二帶者与赤道相平各離赤道二十三度
二十八分在氣候為熱道之界北曰北帶南曰南帶
寒道二線与二帶相平各離其帶四十三度四分在氣候
為二温道之界南曰南寒線北曰北寒線再各二十三度
二十八分在氣候為二寒道之界即南北二極

經緯二線論

緯線者赤道居中自東至西以南北分之各九十度度各
相同惟二極稍有匾形故緯度自赤道至二極漸長各處
緯度与二極出地相同故在北半球為易知以量天尺測
北斗之高又測北極離斗一度三十二分
經線者午線居中自南至北以東西分之各一百八十度
自赤道至二極漸短而盡此線各緯度中大小不同列表
于後

緯經度表

緯度

赤道度 一 二 三 四 五 六 七 八 九 十 十一 十二 十三 十四 十五 十六 十七 十八 十九 二十 二十一 二十二

里	經度數	度	里	數	度	里	數	度	里	數
二三〇	二三	二十三	二一一	七〇	四十六	一五九	七六	六十九	八二	四三
二三〇	二三	二十四	二一一	一〇	四十七	一五六	八六	七十	七八	六六
二三〇	一〇	二十五	二〇八	四七	四十八	一五三	八六	七十一	七四	九六
二二九	九〇	二十六	二〇七	七三	四十九	一五〇	八七	七十二	七一	〇七
二二九	六六	二十七	二〇四	九三	五十	一四七	八三	七十三	六七	二三
二二九	四〇	二十八	二〇三	一〇	五十一	一四四	六七	七十四	六三	四〇
二二八	七三	二十九	二〇一	一七	五十二	一四一	六〇	七十五	五九	五三
二二八	二六	三十	一九九	一六	五十三	一三八	四三	七十六	五五	六六
二二八	〇三	三十一	一九七	一〇	五十四	一三五	二〇	七十七	五一	七三
二二七	一六	三十二	一九五	一五	五十五	一三一	九三	七十八	四七	八三
二二六	五〇	三十三	一九一	九〇	五十六	一二八	六四	七十九	四三	九〇
二二六	一〇	三十四	一九〇	六六	五十七	一二五	二七	八十	三九	九三
二二四	九三	三十五	一八八	四〇	五十八	一二二	九〇	八十一	三五	九七
二二四	〇三	三十六	一八六	四〇	五十九	一一八	四六	八十二	三一	九六
二二三	一六	三十七	一八三	六六	六十	一一五	〇〇	八十三	二八	〇三
二二二	一七	三十八	一八一	二三	六十一	一一一	五〇	八十四	二四	〇三
二二一	〇三	三十九	一七八	七三	六十二	一〇八	〇〇	八十五	二〇	〇〇
二一九	九三	四十	一七六	一七	六十三	一〇四	四三	八十六	一六	〇三
二一八	七三	四十一	一七三	六〇	六十四	一〇〇	八〇	八十七	一二	〇三
二一七	四六	四十二	一七一	九〇	六十五	九七	一七	八十八	八	〇三
二一六	四六	四十三	一六八	二〇	六十六	九三	五三	八十九	四	〇三
二一四	七三	四十四	一六五	四三	六十七	八九	八六	九十	〇	〇
二一三	二三	四十五	一六二	六〇	六十八	八六	一七			

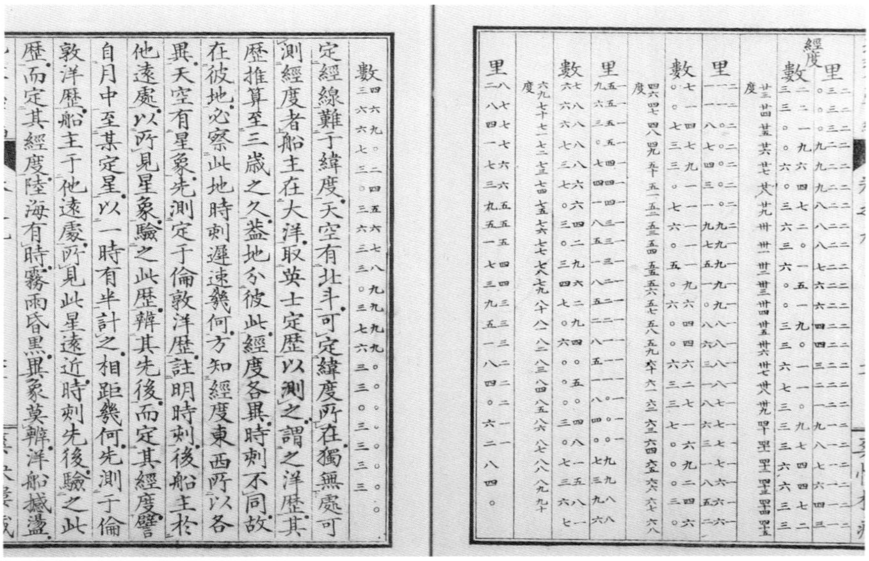

定經線難于緯度天空有北斗可定緯度所在獨無處可
測經度者船主在大洋取英士定歴以測之謂之洋歴其
歴推算至三歳之久蓋地分彼此經度各異時刻不同故
在彼地必察此地時刻遲速幾何方知經度東西所以各
異天空有星象先測定于倫敦洋歴註明時刻後船主於
他遠處以所見星象驗之此歴辨其先後而定其經度譬
自月中至某定星以一時有半計之相距幾何先測于倫
敦洋歴船主于他遠處所見此星遠近時刻先後驗之此
歴而定其經度陸海有時霧雨昏黒異象莫辨洋船撼盪
難于定測以時辰鏢依倫敦時刻則經度可定又或施礮
扯旗由此達彼雖遠甚速推其時刻可定經度
人居地球較其經緯度及人影四方向背之形詳其理如
左一熱道之中春分秋分之時人則無影夏至以前人影
在南冬至以前人影在北二温道之中正午時南温道日
在北人影在南北温道日在南人影在北三寒道之中人
影四方皆見此處數月日無没時光照四周故也四人民
所居經緯同度南北異向故時刻同而氣候異五南北半
球異經度不異緯度故四時同而晝夜反六人于地球四
周皆對足底行故經緯四時晝夜皆不能同

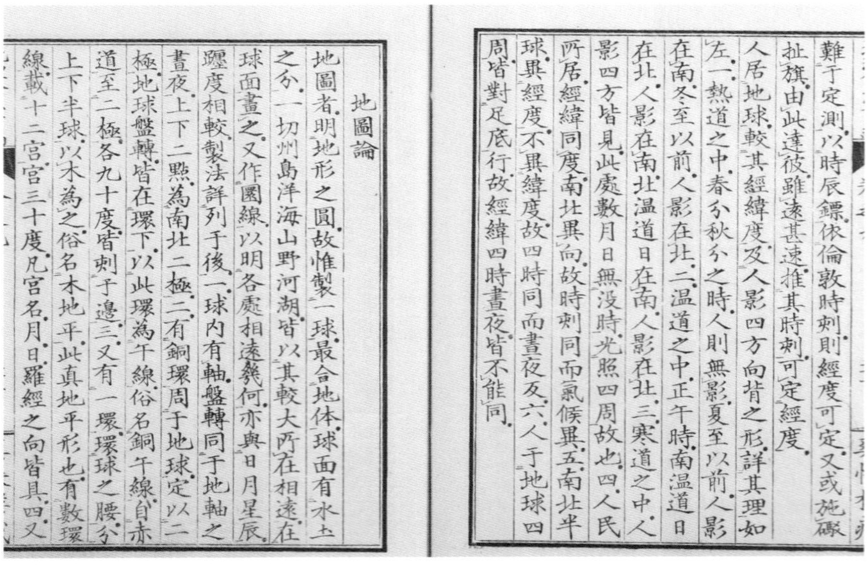

地圖論

地圖者明地形之圓故惟製一球最合地体球面有水土
之分一切州島洋海山野河湖皆以其較大所在相遠在
球面畫之又作圜線以明各處相遠幾何亦與日月星辰
躔度相較製法詳列于後一球内有軸盤轉同于地軸之
晝夜上下二點為南北二極二有銅環周于地球定以二
極地球盤轉皆在環下以此環為午線俗名銅午線自赤
道至二極各九十度皆刻于邊三又有一環環球之腰分
上下半球以木為之俗名木地平此真地平形也有數環
線截十二宮宮三十度凡宮名月日羅經之向皆具四又

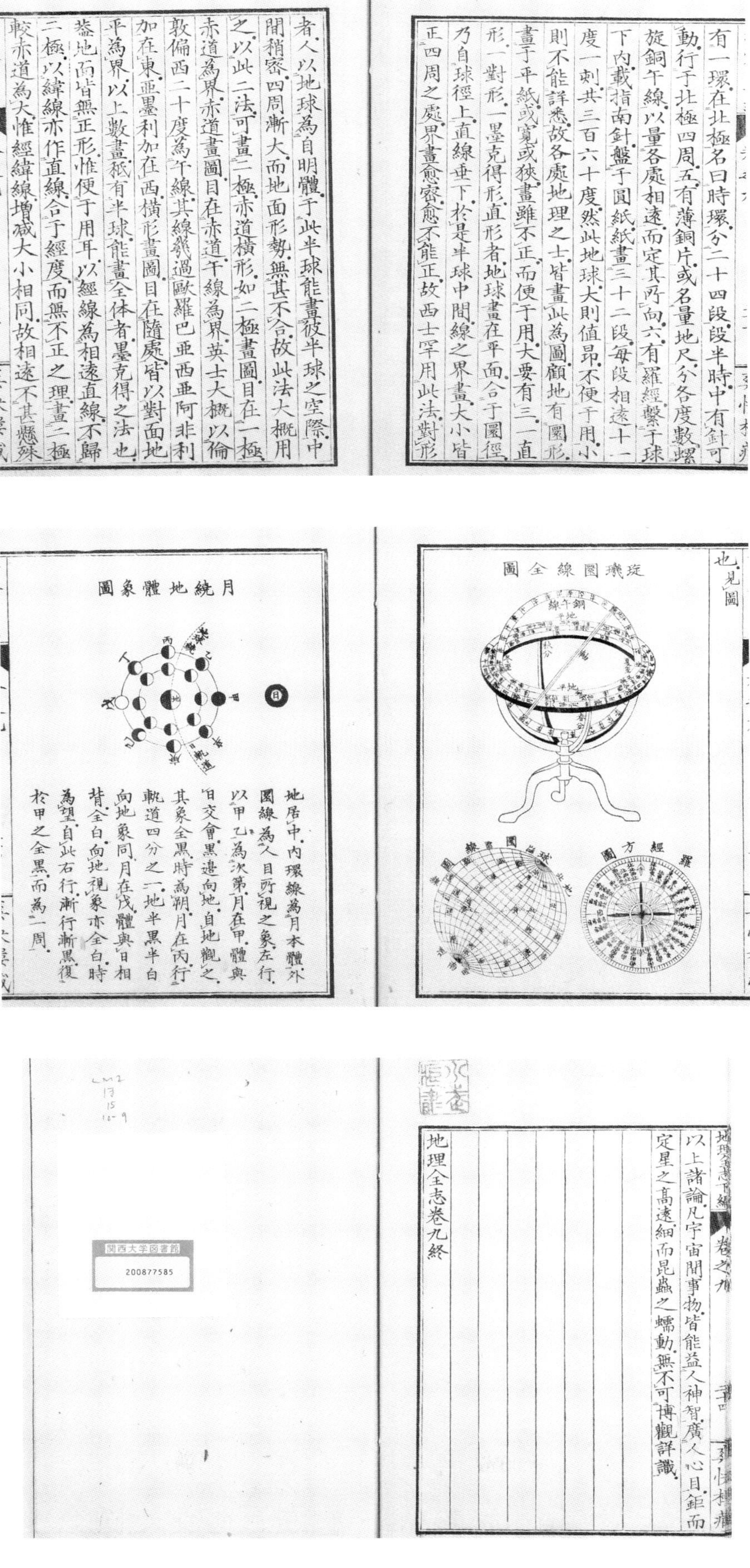

有一環在北極名曰時環分二十四段段半時中有針可
動行于北極四周五有薄銅片或名量地尺分各度數螺
旋銅午線以量各處相遠而定其所向六有羅經繫于球
下内載指南針盤于圓紙紙畫三十二段每段相遠十一
度一刻共三百六十度然此地球大則値昂不便于用小
則不能詳悉故各處地理之士皆畫此為圖顧地有圓形
畫于平紙或寛或狹畫雖不正而便于用大要有三一直
形一對形一墨克得形直形者地球畫在平面合于圜徑
乃自球徑上直線垂下於是半球中間線之界畫大小皆
正四周之處界畫愈密愈不能正故西士罕用此法對形

者人以地球為自明體于此半球能畫彼半球之空際中
間稍密四周漸大而地面形勢無甚不合故此法大概用
之以此二法可畫二極赤道横形如二極畫圖目在一極
赤道為界赤道畫圖目在赤道午線為界英士大概以倫
敦偏西二十度為午線其線經過歐羅巴亜西亜阿非利
加在東亜墨利加在西横形畫圖目在隨處皆以對面地
平為界以上數畫秪有半球能畫全体者墨克得之法也
蓋地面皆無正形惟便于用耳以經線為相遠直線不歸
二極以緯線亦作直線合于經度而無不正之理畫二極
較赤道為大惟經緯線增減大小相同故相遠不甚懸殊

也見圖

旋環圈線全圖

月繞地體象圖

地居中内環線為月本體外
圈線為人目所視之象左行
以甲乙為次第月在甲體與
日交會黒邊向地自地觀之
其象全黒時為朔月在丙行
軌道四分之一地半黒半白
向地象同月在戊體與日相
背全白向地視象亦全白時
為望自此右行漸行漸黒復
於甲之全黒而為一周

以上諸論凡宇宙間事物皆能益人神智廣人心目鉅而
定星之高遠細而昆蟲之蠕動無不可博覽詳識

地理全志卷九終

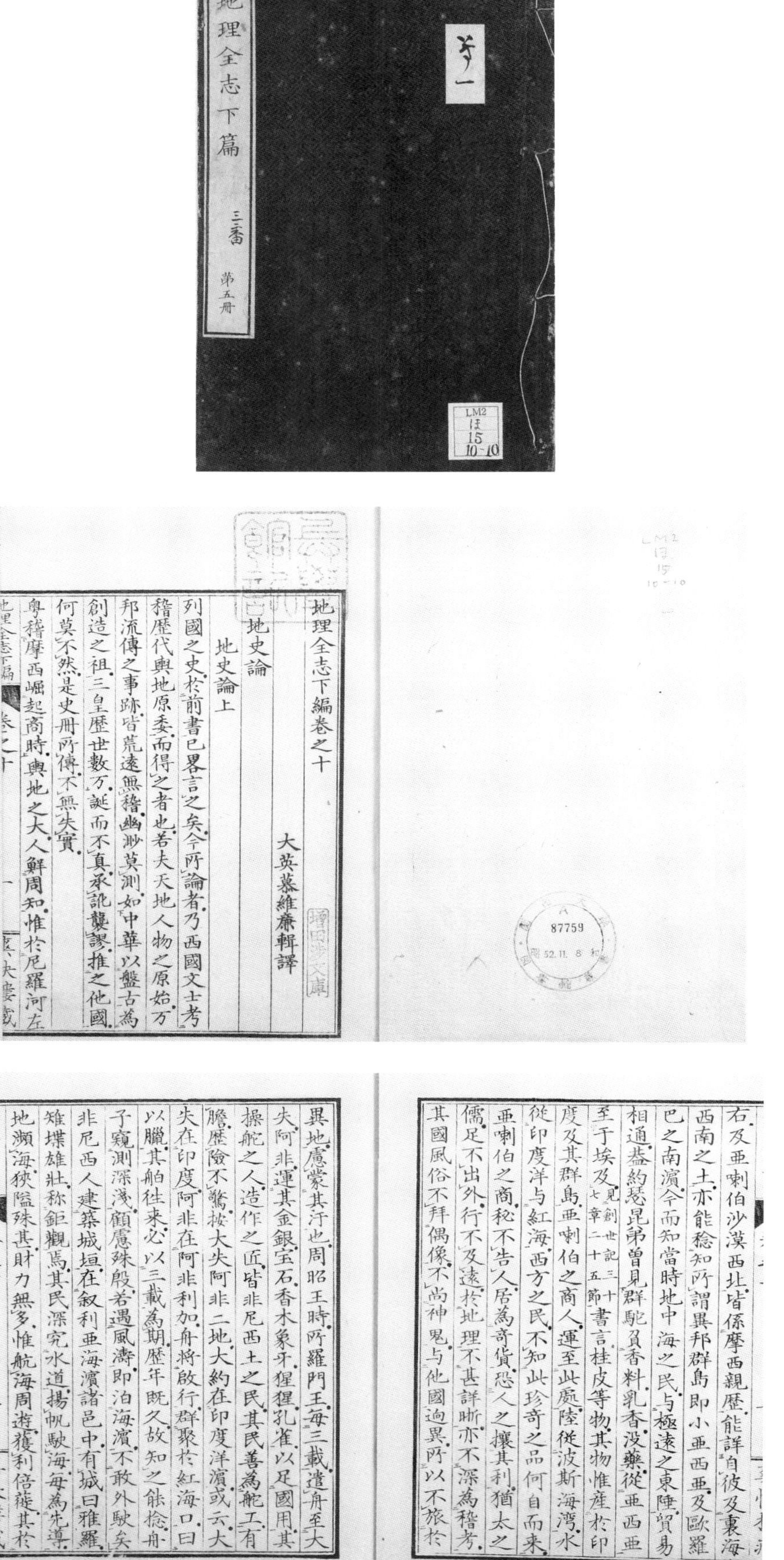

地理全志下編卷之十　大英慕維廉輯譯

地史論

地史論上

列國之史於前書已畧言之矣今所論者乃西國文士考稽歷代與地原委而得之者也若夫天地人物之原始万邦流傳之事跡皆荒遠無稽幽渺莫測如中華以盤古為創造之祖三皇歷世數万誕而不真承訛襲謬推之他國何莫不然是史冊所傳不無失實

粤稽摩西崛起商時與地之大人鮮周知惟於尼羅河左右及亜喇伯沙漠西北皆係摩西親歷能詳自彼及東海西南之土亦能稔知所謂異邦群島即小亜西亜及歐羅巴之南濱今而知當時地中海之民与極遠之東陸貿易相通葢約瑟昆弟曾見群駝負香料乳香没藥從亜西亜至于埃及見創世記三十七章二十五節書言桂皮等物其物惟産於印度及其群島亜喇伯之商人運至此處陸從波斯海湾水從印度洋与紅海西方之民不知此珍奇之品何自而来亜喇伯之商秘不告人居為奇貨恐人之攘其利猶太之儒足不出外行不及遠於地理不甚詳晰亦不深為稽考其國風俗不拜偶像不尚神鬼与他國迥異所以不旅於異地處蒙其汙也周昭王時所羅門王每三載遣舟至大夫阿非運其金銀宝石香木象牙猩猩孔雀以足國用其操舵之人造作之匠皆非尼西土之民其民善為舵工有膽歷險不驚按大夫阿非二地大約在印度洋濱或云大夫在印度阿非在阿非利加舟將啟行群聚於紅海口曰以臘其舶往来必以三載為期歷年既久故知之能捻舟子窺測深淺頗處殊般若遇風濤即泊海濱不敢外駛矣非尼西人建築城垣在叙利亜海濱諸邑中有城曰雅羅雉堞雄壯称鉅觀焉其民深究水道揚帆駛海毎為先導地瀕海狹隘殊甚財力無多惟航海周遊獲利倍蓰其於

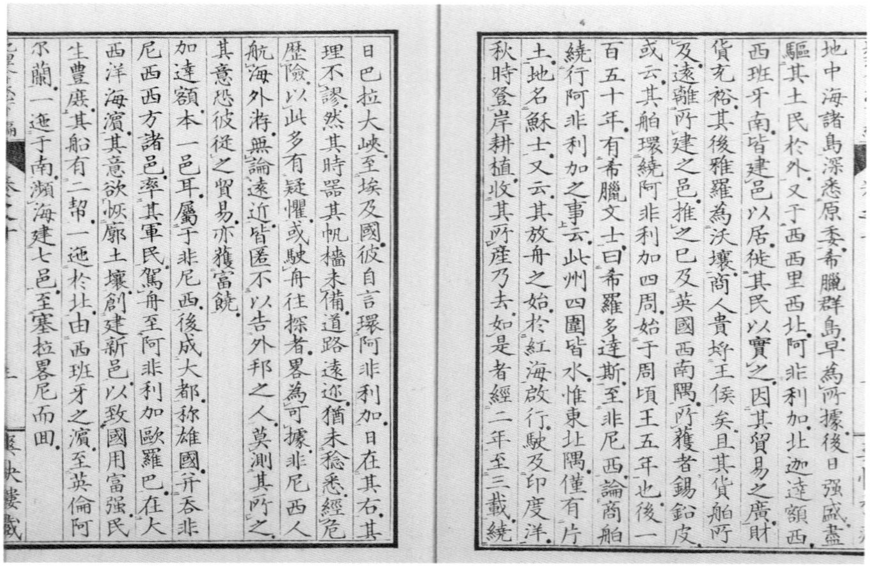

地中海諸島深悉原委希臘群島早爲所據後日強盛盡
驅其土民於外又于西西里西北阿非利加北迦達額西
西班牙南皆建邑以居徙其民以實之因其貿易之廣財
貨充裕其後雅羅爲沃壤商人貴埒王侯矣且其貨舶所
及遠雖所建之邑推之巳及英國西南隅所獲者錫鉛皮
或云其舶環繞阿非利加四周始于周頃王五年也後一
百五十年有希臘文士曰希羅多達斯至非尼西論商舶
繞行阿非利加之事云此州四圍皆水惟東北隅僅有片
土地名穌士又云其放舟之始於紅海啟行駛及印度洋
秋時登岸耕植收其所産乃去如是者經二年至三載繞

日巴拉大峽至埃及國彼自言環阿非利加日在其右其
理不謬然其時器具帆檣未備道路遠迩猶未稔悉經危
歷險以此多有疑懼或駛舟往探者畧爲可據非尼西人
航海外洋無論遠近皆匿不以告外邦之人莫測其所之
其意恐彼從之貿易亦獲富饒
加達額本一邑耳屬于非尼西後成大都稱雄國幷吞非
尼西西方諸邑率其軍民駕舟至阿非利加歐羅巴在大
西洋海濱其意欲恢廓土壤創建新邑以致國用富強民
生豊厥其船有二帮一䢓於北由西班牙之濱至英倫阿
不蘭一進于南瀕海建七邑至塞拉畧尼而回

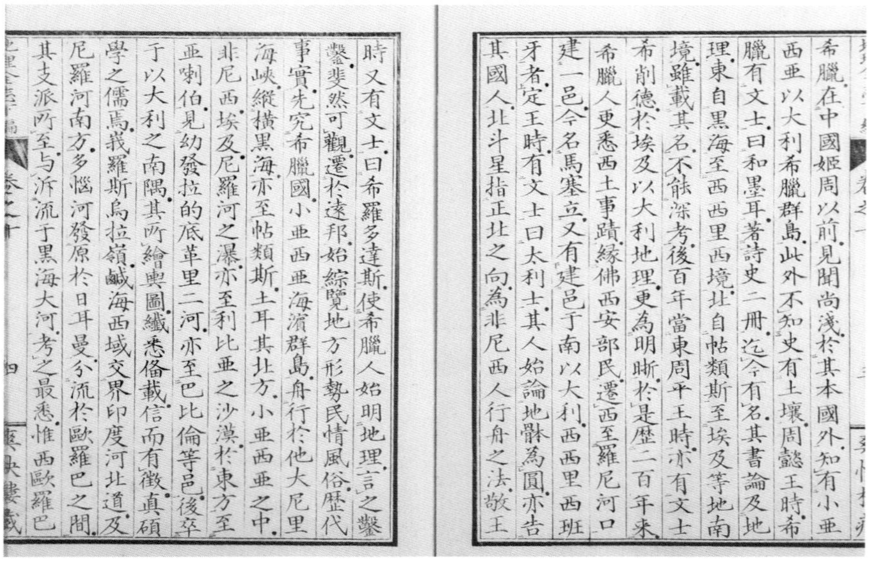

希臘在中國姫周以前見聞尚淺於其本國外知有小亞
西亜以大利希臘群島此外不知史有土壤周懿王時希
臘有文士曰和墨耳著詩史二冊迄今有名其書論及地
理東自黒海至西西里西境北自帖類斯至埃及等地南
境雖載其名不能深考後百年當東周平王時亦有文士
希削德於埃及以大利地理更爲明晰於是歷二百年來
希臘人更悉西土事蹟緣佛西安部民遷西至羅尼河口
建一邑今名馬塞立又有建邑于南以大利西西里西班
牙者定王時有文士曰太利士其人始論地體爲圓亦告
其國人北斗星指正北之向爲非尼西人行舟之法敬王

時又有文士曰希羅多達斯使希臘人始明地理言之鑿
鑿斐然可觀還於遠邦始綜覽地方形勢民情風俗歷代
事實先究希臘國小亞西亜海濱群島舟行於他大尼里
海峽縱横黒海亦至帖類斯土耳其北方小亜西亜之中
非尼西埃及尼羅河之瀑亦至利比亜之沙漠於東方至
亜喇伯見幼發拉的底革里二河亦至巴比倫等邑後卒
于以大利之南隅其所繪輿圖纖悉備載信而有徵眞碩
學之儒焉我羅斯島拉嶺鹹海西域交界印度河北道及
尼羅河南方多惱河發原於日耳曼分流於歐羅巴之間
其支派所至与沂流于黒海大河考之最悉惟西歐羅巴

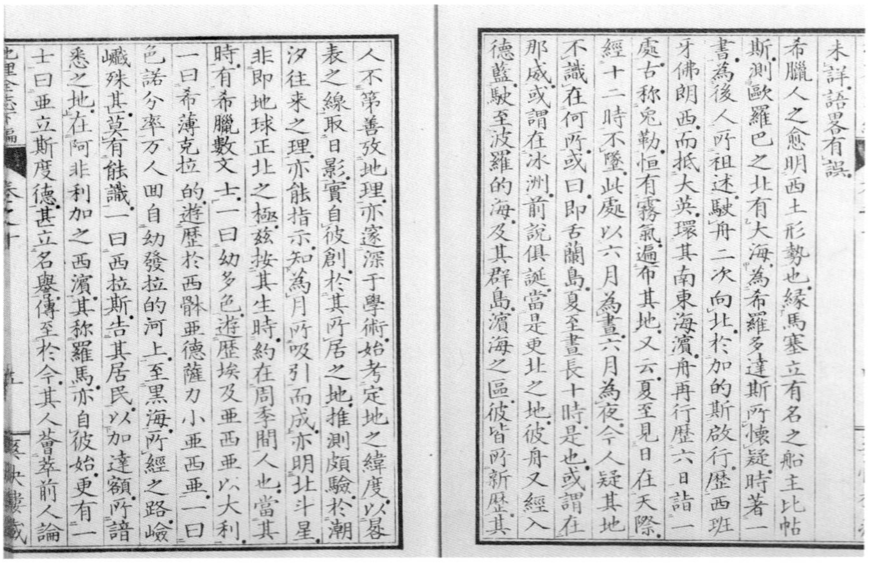

未詳語畧有誤
希臘人之愈明西土形勢也縁馬塞立有名之船主比帖
斯測歐羅巴之北有大海爲希羅多達斯所懐疑時著一
書爲後人所祖述駛舟二次向北於加的斯啟行歷西班
牙佛朗西而抵大英環其南東海濱舟再行歷六日詣一
處古稱兎勒恒有霧氣遍布其地又云夏至見日在天際
經十二時不墜此處以六月爲晝六月爲夜今人疑其地
不識在何所或曰即丢蘭島夏至晝長十時是也或謂在
那威或謂在冰洲前說俱誕當是更北之地彼舟又經入
德藍駛至波羅的海及其群島濱海之區彼皆所新歷其

人不第善致地理亦邃深于學術始考定地之緯度以晷
表之線取日影實自彼創於其所居之地推測頗驗於潮
汐往來之理亦能指示知爲月所吸引而成亦明北斗星
非即地球正北之極茲按其生時約在周季間人也當其
時有希臘數文士一曰幼多色遊歷埃及亜西亜以大利
一曰希薄克拉的遊歷於西骼亜德薩力小亜西亜一曰
色諾分率万人回自幼發拉的河上至黒海所經之路嶮
巇殊甚莫有能識一曰西拉斯吉其居民以加達額所諳
悉之地在阿非利加之西濱其称羅馬亦自彼始更有一
士曰亜立斯度德其立名輿傳至於今其人薈萃前人論

地之説。成為一書。以裨後學。彼以為星有見於希臘。不見于埃及。推其故。可證地體為圓之理。亦察地四周之廣大。核其里數。其數雖有不足。而其法寔為精妙。厥後一千八百年。西國亦有操舟者。名可侖波。用其法以攷亜墨利加之地焉。彼亦論錫蘭島過印度塞内牙河西流入海。其源与尼羅河相近。加白的山。及大英阿尓蘭為佛朗西北方之大島。

亜立斯度德尓之弟子。名亜力山大。為君於馬基頓。聲聞廣播。率軍至中亜西亜。軍中多文士。察其所歴形勢。凡民風俗尚。生物動植。無不周覧焉。既滅波斯。行東北至阿毋約林兩河之濵。行東南至印度。昔西方之民。聞印度為富饒之國。人厥物阜。故欲得其地。以恢廓土壤。經印度固斯山。及印度五河。入於本若比内境。建舟楫通貿易。其舟萃於印度河口。達於波斯湾。抵一邑。今名鮓色。歴程約八旬。今則旬餘可至。時（周顯王四年）其君既薨。國遂分裂。將軍各據一土。其東方之將。名尼加多。至恒河。与其酋戰。如是希臘之人。于印度之部落。愈能詳審。且諳其俗。尚其民性情機巧。即其所産禽獸草木。亦能識之。亦有田疇。其穀宜稲。有水以資灌漑。察其稲如何耕植。種甘蔗木棉。其棉用以織布。精潔細緻。西藏有山羊之毛。組織成巾。燦然可觀。香料。

鴉片。樹膠。堅鋼等物。草木可觀。棕櫚尤美。亦産象。有畜於家。有遊于野者。雙峰駝。麀有鬣如馬。印度之民。分為數等。名分各定。不能変易。祖父所執之業。子孫不能改也。耳鼻及唇。各飾以環。製雨蓋以禦雨。其酋蒙帕。

亜力山大建一城。在尼羅河之側。即以己名名之。凡碩學之士。群萃其中。在埃及希臘列朝之時。久称極盛。名譽昭著。有幾何之學。詳講地輿形象之廣大。歴數之學。得以大明者。實自彼始。諸士中有義拉度斯體奈斯。為衆領袖。城中建寶蔵書史甚夥。推為藝林。其人始規地之廣大。以量經線之弧。其法實不謬也。在上埃及之亜瓆安城。夏至時。日在天頂。直射不偏。即深井之底。亦有光耀。在彼時亜力山大都城。日遠天頂約七度十二分。由是論之。兩地相隔之路。可以推矣。惟其人忘日之地半徑差。亦不知此兩地不歸於一經線。相遠約三度。雖有差謬。然測地球四周。其法實創自彼。論地之政文質三者。頗能明晰。彼深信地體正圓。其説謂西洋甚大。不能至印度。職由此故。非謂其道之不通也。

羅馬昔為強盛之邦。勤於武事。常耀兵於遠。故於列國之疆土。能備悉焉。大將有西比阿者。其兵始至西班牙全境。後有他將兵至摩洛哥阿尓及。又有路克勒斯本貝者。兵至亜尓美尼馬加索隘口。又有該撒者。兵至佛朗西与英南境。最後有加勒斯者。兵至亜喇伯偏隅。攷此人當亜古士督朝。其時有察地理之名士曰斯德拉薄。卒於西漢孺子嬰三年。親察羅馬疆輿。畧得其半。自亜尓美尼至推羅海濱。自黒海至埃及南境。於其形勢風俗。論之綦詳。至於地球他處。亦多採訪而得之。在東方至中國。祇聞其名而已。北方自易北河口至敦河。其外皆非所知。在南方阿非利加。僅知其半。意謂印度大西二洋相連。後葡萄牙人試行之果。自大西入印度。在西方於彼意度温道之中。過大西洋尚有地居民。異於東州。彼於數事。亦有舛謬。斯德拉薄莽興國之後。未幾羅馬兵士於歐之中北方多能詳悉。大將德路薩兵至日耳曼之威塞河。在瑞的西湾。亦見北海。後有日耳曼以格斯者。兵至日耳曼之易北埃乜斯二河。當革老丟斯為國主時。以英倫為羅馬之一部。及亜克力哥拉為王。兵過蘇格蘭。至克藍比安山。其舟亦行自佛的河至古蘭痾哥内二島。如是始悉英之全境。是時有士大西德斯著書。論此方日入之光返照至日再出。又言北曉及永靜之海。所謂高緯度是也。有士名不力呢者。始言斯干的那維及那威。以那威為島。其民舟行至古蘭。時羅馬人尋覓波羅的海。至芬蘭湾。未知斯干的那維本歐之

一隅印度洋之信風始述自希巴拉斯知此風吹有定期
賴此東北信風自阿非利加至印度亦賴西南信風而回
如是舟楫往来甚為便捷矣此時有人名亞立安撰一書
論商舶經行之道由巴白曼德峽至馬拉巴海濱又考察
一地人度之以為頗似中華論中土之地理者彼寔開其
端焉又云恒河之外洋海有島名曰金島在日所出之下
亦居東方極邊産龜殼最為珍貴再北有西奈國其內有
都城垣堞宏壯名曰帖奈産絲運至孟買其地人憚其遠
頗不易至其接壤之區至黑海裏海之邊西奈國之邊境
有市集貿易甚廣每歲一至其地有韃靼人群萃而處性

甚野悍不嫻禮義焉漢桓帝時大秦王安敦遣使至中國大秦即羅馬也
古昔地輿之理至獨列米而大備其人生於埃及居於亞
力山大其所著之書与斯德拉薄之書迥異斯德所言者
祇詳地政地質獨列米言及地文其書八冊名地理全志
中繪輿圖藝苑中頗著名譽至一千四百年其名益彰著
此書之意欲明地之界限以經緯二線測之每線分三百
六十段令称段為度二線前人雖用之惟獨列米以此始
定經緯二度度量之數所畫緯線之處較今差同然舛謬
亦不少其所畫經線差錯更甚無一相合如地中海差長
二十度恒河口誤置東方差遠四十六度又畫西境午線

過加拿列島東境經線過中華為一百八十度如是則東
西相遠地球之半較其四周實數約差八分之一然雖有
差謬至一千四百餘年使西人亦由此自西洋即望至印
度又使人因之尋覓亞墨利加不可謂非一助也彼于地
理識其遠近雖勝前人所言數處形象廣狹及海濱之界
址俱誤如云裏海有橢圓之形自東至西其寔自北至南
言錫蘭島大逾四倍阿非利加北方海濱之線太直亞西
亞州其長迤邐西南与阿非利加相接則印度洋為其所
掩矣

地史論中

羅馬一統之國在滅亡之時居民叛亂有諸部生番頑悍
異常從北列邦未入版圖之地駭竄入于歐州古之名邦
遺蹟焚燬蕩然前人著述列祖訓誡忘失殆盡民心恐懼
恒有危險不敢遠遊歷經千載無輿地圖史無甚新異可
廣見聞惟在北方稍有知識非甚才智而有膽畧勇于任
事較衆尤勤彼至波羅的海濱其民愚魯粗暴教師崎嶇
至彼其功必勤勞而後獲也中有英薩索尼之人更為奇
特之士曰安斯加八百五十年遊行嗹國瑞顛南方此二
地始皆未穩其民兇頑每殺人以事鬼彼至其地戒其為
惡英土之君亞非烈勤孜外邦輿地備極諮諏有所見聞

則書以諭民彼遣使臣至印度最遠之區周恤使臣返國
得其土產珍奇物玩中有真珠香料四五百年中有西班
牙人曰阿羅西其人著述一書論峩羅斯之境土英君得
是書譯以國語傳播民間時有二船主一曰烏非斯但一
曰阿的利彼二人曾適於王宮亞非烈詳問之烏非前已
駛舟於波羅的海經普魯士濱從維士都拉河口至於峩
境所論之風土俗尚娓娓可聽阿的利即那威部長彼環
於北角行舟至白海獵于其地獲海馬其齒皮可用
斯時冰洲之地始為著明歐羅巴北方海盜遊弈無定忽
得一島曰發祿據而有之遂為藪穴此事未幾當八百六

十一年有盜魁航海回島遇風驅之至素所不識之地泊
舟登岸陟山欲窺察其勢四無人聲亦無室廬惟有叢林
茂樹掩映山谷彼欲返發祿時天雨大雪故名其島曰雪
洲後人曰冰洲厥後盜屢至其境及那威人遷而居之遂
知其地為海中孤島更閱一百年冰洲之人覔得海濱屬
於西方人欲盡探其境又得一島相近法威尔角時當春
令見鄰土草綠名曰綠土西人今名之曰哥里蘭葢錫此嘉名以冀
兆姓之群來焉九百八十年即宋太宗三年新邑以建經
閱數百年猶留其遺跡當時此方之民遷於其土者日以
漸繁至一千四百有九年即明之成祖十四年其地之民

不復著名無國史之足攷蓋已胥歸於殲滅亦不能深究
其故追溯在一千三百四十八年於歐之北瘟疫流行死
亡甚衆或者傳染於哥里蘭死傷大半其不死者為土人
鴨斯基毛所殲迄今室廬遺址街衢舊跡常見於海濱故
知其地曾有居民也考之冰洲所傳之紀備載其事其書
亦載亜墨利加為哥里蘭人所窺察前於哥侖波五百年
紀述確然無可疑也有舟人遇暴風誤其途後泊于西南
見有陸地即哥里蘭是也閲數年冰洲之民於寒冬長夜
之時所劇談笑語者惟以新拓之地互相討論一千年即
宋真宗十一年有數舟揚帆抵所指示之地窺其形勢草

木不生惟磐石嶙峋故呼之曰石地以今度之即新著大
島之東南也又行至低濱有山嶄然壁立白沙遍地林木
繁雜故呼之為木地今按其形勢即新蘇格蘭也再行至
海濱詣一地土壤豊腴即止而居之以過嚴冬地產葡萄
甚甘美不可勝計以今度之當在合衆部新英倫其地於
冬至晝短自辰二刻至申六刻為一日不過四時半而已
今知其地緯線在四十一度二十四分十秒羣舟春始返
居民聞有新地羣往觀之未知其遷居建邑惟時斫林木
獵取獸皮
斯干的那維之民能操舟在北洋中從那威至冰洲當其

時歐地在他處之民不敢駛行大洋惟沿濱而行約七百
餘年亜剌伯回教之人戰於西班牙而據其地亜土地理
之士言海在西方風霧甚多名暗海亜西亜東北海亦名
曰黒暗之海一千一百餘年有士以的利西云無人能詳
大西洋者因舟行難險黒霧迷漫水深風暴中有羣島居
民或有或無以此舟人無敢深入行于其濱心常惴惴焉
此處浪高如山惟不四裂若勢更裂舟則竟不能行矣有
商舟駛行地中海紅海印度洋北濱以駱駝運載中阿非
利加貨物過撒哈拉沙漠至于北方亦運克什米尓印度
之貨物至西方在一千二百年至一千四百年其中歐地

之一至亜西亜極遠之處多深察而詳究之其事甚要今
畧陳其說於下
按前羅馬將滅之時亜西亜北狄凶悍頑梗群萃于歐羅
巴如洪水驟至淪没沃壤而禮義之邦因為所毀至一千
二百年歐民無不悚懼意或復遭此刼蒙古成吉思可汗
始居阿尓泰山麓出兵征伐中亜西亜及東亜西亜之大
半飈飛電掃直擣裏海經窩瓦河焚掠峩羅斯波蘭匈牙
利西里西以懼两國之民謂亦將擾其境土而奪其所有
西民欲免斯患遣使于亜西亜之大汗于是亜州之境西
人愈能詳晰一千二百四十五年宋理宗即位之二十年

奉羅馬教旨有以大利人加比尼約翰為使臣之首使于
蒙古帳由裏海北去亦從此回至本國尓時備歴艱辛因
西卑利冬有冱寒凛冽異常彼恒臥於雪中後著一書摭
拾其所見所聞所經歴之事詳載各部之風俗途經裏海
東陲見髑髏徧地滿目凄涼因成吉斯可汗血戰沙場此
其跡也後八年有比利時人路布路幾斯為佛國主路易
第九所遣行至蒙古求和以窺察之君士但丁啟行至哥
力米諳敦河後至窩瓦河最後至烏拉河彼謂烏拉河之
東沙漠浩浩過此周遊蒙古朝見可汗由阿斯達于髙加
索隘區而回計往返之時約二年三月彼謂至蒙古營壘

曾見宋人得聞中華語言文字焉始知犛牛產于中亜西
亜山巔有巨力尾如馬背腹都有長毛其足小於他牛而
更猛鷙角長而直能觝觸人
歐羅巴君因心懷憂懼爰遣使臣至於東州此時民之私
往其地者欲廣見聞亦有射利之徒思購奇貨始學技藝
蒙古人待之良厚与之財而賜之寵使之擅名譽焉其中
有特出者威内薩人波羅馬可彼啟行在一千二百七十
一年其時世祖忽必烈據有華夏始称元代使臣在京都世
祖名見優加賞賚拜爵于朝使臣由是服華服循華俗效
華言世祖屢遣至他邦寵任特深不過三年洊升封疆大

吏後波羅馬可欲返世祖不許馬可乃微服隱行私離中土從印度羣島印度洋波斯灣德比孫君士但丁而行後至威内薩計其往返約二十四年為一千二百九十五年後著一書備述聞見士民觀之無不稱異乃更從之以探外邦形勢彼所稽考數地近時始有人詣之以察其言之是否至其地而所見所聞与書符合彼云中亜西亜巴米耳高原燃火光不炎耀色与常異以之燔炙亦遜他處今普魯士有名士曰洪波的明于地理嘗陟高嶺精察之而知其言之不謬緣地甚高天空之氣殊輕也馬可亦云此原為天下最高之區揆其形勢據兩高山之間有一河水

甚清洌其源出于大湖其地生草肥美甲于他處瘦畜食之十日即豐腯此水乃阿母河也發源大湖即西利格湖英之将士烏德在一千八百三十八年歴險至之而證馬可所言彼云巴米耳之原高于海面一千五百六十丈土人呼之為地頂前有大湖在西方發流為阿母河土人呼之為草肥澤此草食瘠馬不至二十日即膘壮力健羊產羔每歳得二馬可亦論中國之名省城又論黄河揚子江及舟楫市鎮民居稠密俗異風殊勤于貿易製造磁器之局生塩之石紙銀蠶絲香麝孔雀等物又言中國南洋及信風南朔煤可燔炙於其時歐邦人未知之也獨茶尚

未論及彼嘗論香料芬芳之品大約茶亦在其中北亜西亜多藪澤一歳中為冰雪弥満者習以為常其民用鹿挽車有獸皮最珍貴如是則西卑利之形勢亦言之綦詳矣彼論南洋羣島瑣屑備載居於蘇門答臘凡歴五月言其地產象犀棕櫚椰子薏苡至安大滿島摩鹿加島錫蘭及印度諸地皆歴歴詳明疏其事跡

於其後有數人出遊外邦所至之地畧言如左有日之阿得利經波斯至馬拉巴海濱循錫蘭蘇門答臘爪哇婆羅洲登岸在中國之南從此抵北京其四國也由中亜西亜至歐羅巴其周游之時自一千三百十八年至一千三百

三十年計其時在元英宗朝又有摩洛哥人名巴土大至埃及叙利亜亜喇伯波斯布哈尔經印度固斯山入印度後詣馬地維斯島錫蘭蘇門答臘中國返至阿非利加經撒哈拉沙漠至尼日河邊考其時自一千三百二十五年至一千三百五十三年為英宗泰定朝又有以大利之商名北格臘的啟行自亜速海循羣駝運載之路至中國長城後抵北京著一書細詳曲折使後之商賈不迷所向啟行時在一千三百三十五年又有西班牙人名恩薩勒斯為使臣奉國王之命啟行于一千四百有三年自君士但丁至德比孫經亜尔美尼北波斯哥喇森復至薩馬干即

此時最大之都城也

一千四百年後始攷洋海之道迄一千五百年有一州綿亘形勢長廣貫于緯度南北州中氣候寒暑地形高低多有不同歐羅巴人至是乃悉知之葡萄牙人始考海道君名顯理聰慧明察勤於庶事言出維行事無或滯彼聞回教所言之幾内亜土壤膏腴多有寶藏定意至彼欲究其地從海而行居与三維森角相近欲經理海舟駛行之事歐羅巴船主巳抵南界名曰嫩角在二十八緯度四十分北去日巴拉大峡之南約二千里其角葡船亦易過之吏南有地名巴沙多角波流洶湧海底多石暫阻其行舟行

時忽為暴風所驅飄至大洋泊一島人名之為波多三多明年即一千四百十九年至馬德辣島昔巳為英人所至之地一千四百三十三年方出巴沙多角後十年亦過巴郎哥角後四年亦過威的角又二年至亜索利島復至峨朴威德島再經歴二十年船已行至東比利又至非難多北島比鄰色島在赤道北一度五十分亦有多美亜耶本島一千四百八十四年有船主名堪舟行于公額本參拉海濱至二十二緯度南後二年亦有船主名太士其人至窩拉斯角在二十九緯度南近于荷蘭日河于其處舟遇暴風逐至大洋斯時飄泊無定再抵海濱在阿非利加南

境環繞而過彼亦不自覺迨至返時始知之其地陡遇波
浪堆若壁立故名大浪山後易之爲好望角以可望至印
度也後十一年一千四百九十七年由其道至印度其爲
便捷葡有船主名華斯哥德加馬其人從是道率三舟至
海濱如是則西邦與印度相通至近時可以通商獲利設
教傳道皆由乎此
當舟未環行阿非利加之時前數年有人經大西洋至西
州爲最要之事備載如左哥侖波生于熱那在一千四百
四十五年幼時即學操舟及長其勤敏有名與于舟楫之
事無不明曉至馬德辣亞索利加拿利諸島幾内亞英倫

自英倫至冰洲在一千四百七十七年凡古今輿地之圖
無不深知彼信昔之獨利米所著書以地體爲圓四周較
小与亞西亞州東西尤長之理彼意謂歐舟之行向西後
必至中土鄰境有數事可據此一定之理如時見巨蔗亦
有草木浮于大西洋自西而至狀与歐異亦有雕刻木奇
形時浮至馬德辣島亦有人尸飄至亞索利島其容貌与
阿非利加歐羅巴之人實異也哥侖波詳證其事確然不
誤國人目爲狂妄不信其說彼貧無力人或失信然志識
堅定故重與至今後西班牙主非多難女主依撒伯允哥
倫波之請遣至其地以察是否在一千四百九十二年時

放三舟歷三月而抵亞墨利加之三薩瓦多島在巴哈麻
羣島中亦有二島一名古巴一名三多明各如是則大西
洋行海之途因以漸啟而稍有人跡矣古巴島哥侖波以
意揣之以爲印度固持其說而不変至于終身因此沿訛
至今亞墨利加之士民群呼爲印度人矣閱一年哥侖波
再放舟啟行于加的士羣舟尾焉探得加里比牙買加薄
多里哥數島後五年又至馬復覓得特里尼答島至南亞
墨利加之海濱相近疴里諾哥河口閱四年又至探得閩
都拉斯莫斯及多海濱于時英主顯理第七亦遣舟而往
加波的船主客居于英其人始至亞墨利加州相近拉巴

拉多在一千四百九十七年哥侖波至其境不見亞墨利
加迨至明年彼先見西印度羣島故人称美之以其尋覓
西州彼爲之創焉亞墨利加之名始于佛稜斯人名亞墨
利吾舟至亞墨利加後于哥侖波一年如是称以是名
在昔洋海人懼涉險至彼時人聞哥侖波舟回覓得新壤
遂有多人羣起欲詣其境因知彼侈談其土富饒多産寶
物故利心頓熾欲往之念益堅亦有好異驚奇之輩率其
狂興登舟至彼因其在國無恒心不如至異地以探幽攬
勝也英与西班牙葡萄牙佛朗西諸國主亦遣兵船往據
其地如是經大西洋而覓新地者見聞愈速一千四百九

十八年夏閒加波的再至其境從英國啟行詳考北亞墨
利加海濱從新著大島至佛羅葦達後二年船主高抵畧
從葡萄牙而往踵其所行之道入勞棱斯湾經拉巴拉多
海濱將近黒孫濱西班牙人名巴斯的大亦往彼地考察
前哥侖波同舟之友名本森駛入亞馬孫河口環繞巴西
羅克角南歐人過西半球之赤道彼實爲始有人名加不
拉爲葡萄牙再遣舟至印度之使其舟被赤道平流飄至
西方忽抵南亞墨利加幾至桑薩瓦多一千五百十三年
有人名巴尔波亞欲窺察南亞墨利加境内之地在大利
俺湾濱有新邑彼爲之主聞居民相謂曰陟山之巔可見

沃壤望大洋彼乃攜數人而往登山与巴那馬低狹之區
相隔其程危險閲二十六日至最高之山腰從人止焉巴
波亞獨造其巔見太平洋廣無涯涘日返照四射海濱有
林木葱茂田畝縱横河水曲折覽之不勝奇異繼与從人
至海販涉水衷甲執旂一手持劍揚聲而呼曰西班牙之
君王妃后至尊至貴万壽無疆我頼其君得此海據此地
如有他君或崇基督或拜偶像欲得其地我必阻之洋海
彼名南海因向南而見之也巴波亞聞居民云在南方有
地産金不可勝計亦有駕重之獸土人畫其像于沙見之
約畧似駝其地即名秘魯獸即秘魯之駝也

船主在西州狭地之中覓路至太平洋從此可抵印度中
國當時之民意其地離印度中國不遠在亜墨利加温道
間尋覓不得復至南北緯度求之一千五百十五年若安
太士測海時至巴拉他河口入其内境以察形勢与民戰
門而没後一年加波的亦有此舉三次至北亜墨利加海
濱至北方六十七緯度半入黒孫湾在彼適値舟子作亂
遂回國時有最要之事幾至得成爰略言之有西班牙人
曰麥折倫前至印度摩鹿加島操舟之業甚精惟較哥侖
波稍遜耳彼度知南亜墨利加海濱在南緯度其地斜迤
而西彼以意測之謂南方有洋甚廣可通其道如在阿非

利加南方然若折而過南後經西可抵摩鹿加島矣如是
西班牙之王（即日耳曼王名査尓斯第五）与之舟揖遂啓行在一千五
百十九年舟由偏西南而行抵巴拉他河循南洋海濱閲
一年覓得海峡入其内至今其峡呼為麥折倫復由峡至
西入于太平洋自東南至西北經大洋歴三月餘抵馬利
亜納島舟行歴九千里祇遇両小島而已杳無人跡舟中
乏食咸生疽甚苦頼天氣清淑風恬浪息故名太平洋其
時有文士紀述行舟之事因遇多艱謂後遂無敢環海四
周者麥折倫後泊非里比納島後与民門懦弱不振没于
戰事舟人道去抵婆羅洲摩鹿加島後過好望角回西班

牙時在一千五百二十二年如是計其里數約十四万里
啓行之年去有五舟迨回國僅存一舟始舟中有二百三
十六人迨返不過十八人而已
麥折倫環行地之四周不特實測亜墨利加南方之界与
太平洋大西洋両水相接亦始論定地骵為圓因此事子
遺之人其長名加揶西巴斯丁封以顯爵世襲勿替賜以
印内鏤球形球四周鐫字曰尓始環我或云返國時至峧
朴威徳島其地有葡萄牙所徙之人此日如準以舟中之
期為安息第三日如以歐羅巴計之則在第四日云由是
推之舟中似誤失一日此事本奇誕迄今可細曉其理焉

英有文士名黒尓舌耳詳釋斯事畧為詮次如後晝夜以
日与星迭為顯見而成蓋因地球盤旋人見日星出没相
繼人行於地中心四周其數若干則在地見星日數亦相
符地球行人亦与之倶行如人舉足自向地中心四周順
之而行至返於本地則視地球行而人不舉足者數加一
次而晝夜亦多一次矣逆之而行至返於本地則數減一
次而晝夜亦少一次矣夫地球盤旋自西至東若人恒向
西行与地球環繞之向相背則必失一日毎日更長如向
東与地球環繞之向相合則必多一日毎日更短此日數
之多少長短与人之居其所而不遷者較之則有別矣此

事乃舟行洋海者往往有之不足異也以是理推之有二
人啓行同時同地皆欲環球以行惟相背而馳一向東一
向西亦同時而返國所異者惟所核之數差有二日人恒
向西行至其回時則在安息第一日人恒向東行至其回
時則在安息第三日惟宅土之人則為安息第二日如是
則日數多少不論行于何緯度皆如是惟必由東西經線
而行以成其日數之多少所行之時不論何年而日多少
之數亦如是
當其時歐羅巴人於外邦之地考之更為詳審在昔所知
地輿接壤殊狭今則始知此外有地廣遠無垠寀始用指

南針以定方向航海之人駛行於遠更属便利此器未審
其原行之已久或華人所作西人從而效之亦未由知之
矣指南針並不直指南北有時偏東偏西而毎處各有不
同此理在一千二百五十年西人始知之於其前中國儒
者亦嘗論及焉惟哥侖波始行舟之時覺有一處在大西
洋無差岐之線其地喩翕鐬氣線与地球經線相合向西遂
有差岐如是西國文士千地面喩翕鐬氣之理更為深究約
尓時三十年中西州海濱之南北高緯度窮其形象知地
球有橢圓形為確鑿不刊之論亦見河口比昔所考之河
更大如巴拉他亜馬孫痾里諾哥勞稜等河是也于亜墨

利加中所見人民新種風俗言語異于東州草木生物形狀各殊多有新奇之象貿易風与洋海平流其理已言之矣在天空衆星羅列見于南方北方之民未之及見麥折倫始考二雲光如白帶暨燦列星宿環繞南極

東州之民已得西州新土拓其封疆[blacked out]乃其民負罪忘恩考之万邦史冊歐羅巴人始過大西洋所行更為暴厲至今讀史者猶為憤惋自哥侖波而外從之者大半有珍物覩即攫取或与土民貿易恣其凶悍不念撫恤新得之土西班牙葡萄牙之民惟尚虛文[blacked out]

[blacked out]及以其為惡迹不執于正矣其民身家田產悉歸西葡二國統轄不得自專西葡時或秉機攫物民以為非者必更加荼毒史冊所載不第於其虐民之事諄諄詳述也亦言[blacked out]以公義斷之違法之人必陷乎罪待人苛者其罰必歸諸己貪不義之利而致富者其利必詛及于身西葡所作不軌結黨橫行以攘奪貨物為務其間各懷嫉妬日尋干戈民遭変亂無有寧宇新邑毀不啻地獄矣西葡之酋長或為國人所殺其餘之羽黨土民羣起戮之西班牙聚西州之錢不可勝計然因其搆兵于外所需浩繁猶不足用日漸匱乏彼在西州屬地廣大然當時

厠于歐羅巴中則為藐小之國矣昔則據上游之勢兵力饒勇國威赫奕迄今為禮義之邦孱弱不振財用已竭至于葡萄牙國其陵夷衰微亦如是也

地史論下

一千五百二十年餘亞墨利加內地或為人所測而知其形勢焉有西班牙人名各尔的斯率其軍旅至墨西哥有人名比薩羅亦出兵覓得秘魯智利葡萄牙之船主離其國得巴西考其土壤之廣大林木之森茂葡王欲之俾其煩使列侯往各自闢土免其貢賦其時瀕海之區所未歷者皆能詳考前所偶歷復細為稽核一千五百二十四年佛朗西王名法蘭西第一遣羣舟往合衆部舟主名法拉撒努既抵合衆周覽其地後十一年亦有他舟往馬舟主名加的力行舟于勞棱河抵蒙的亞後四年亦有舟主名亞羅亞至加里福尼湾細加考核規度形勢未幾瀕海之地至哥侖波河皆已周知而備覽焉自亞墨利加之河口舟屢經太平洋至摩鹿加島舟行之時遇巴不亞比留与加羅黎那數島亦抵馬其薩島其事在一千五百九十五年麥折倫之舟始環地球而行其後英人之舟繼之舟主名德頽克再啟行時在一千五百七十七年過麥折倫峽經智利秘魯墨西哥海濱過大洋達非里比納島由好望角返歐羅巴離家約二年九月後六年復有英人名加温的市行舟于海始覓得三厄里那島今為英之屬地往返約二年二月後十年荷蘭人名萬怒尔的行地球四周約三年返國

粤若古昔北冰洋之土鴻荒未闢人莫有知之者自人意測之由歐羅巴北角可達印度道路殊近行李無虞較出大西印度二洋為坦途矣英王名義德瓦得第六与倫敦之商遣舟詣北冰洋海以試其途可行否事在一千五百五十三年有三舟至歐北方其地路甚險惡二舟沉壞一舟抵白海濱殊冒危險後三年又遣舟偵察舟主名百羅斯至丕加德斯島為冰所阻以意度之或見新森拉東南亦未可知也至一千五百八十年再遣舟往仍不得前操舟者備嘗難苦重霧溟濛泊舟于冰山俟冰山行過然後返里荷蘭人意欲亦從東北遣船主名巴鄰斯精於操舟遣之三次猶不得越冰流而達彼岸惟至八十緯度北見熊島与斯必巴然海濱新森拉北方環而過之其地寒威凛冽冬時舟人居此因冰膠舟不能行後毀于冰巴鄰斯張幕于岸後著書述其苦況以及救急衛生之方備載于上長夜三月宜操何業鐘表皆因冷不行更用何法以驗時刻以後見日始升稍有微光覩之喜不自勝俄有北極

之熊時欲攫人而与之鬥其書光怪陸離人喜覽之亦海
外之奇聞也以是觀之人始在最高緯度得過冬時咸頼
[illegible]与其所作勤慎行軌于正也
英國有舟主欲至印度舟從東北行亦有從亜墨利加西
北而至彼者有二舟主一名弗羅比撒一名大非斯經哥
里蘭海尋覓海峡得其二以二人之名名之一千六百十
年有舟主名黒孫亦欲自西北而抵印度入亜墨利加内
海湾即今所名黒孫海湾者是也始人以為即太平洋之
一支閲二年船主入登經其湾思至日本乃抵湾西境而
遂為所阻後四年有二人一名排緑一名巴芬過大非斯

海峡外抵巴芬海湾歴七十四緯度北至于地球他處西
班牙船主考察大地知地面空闊浩無涯涘不可以尋常
意計測也一千六百有五年有人名基羅斯舟從秘魯之
加劳啟行尋覓他希的島昔麥折倫以太平洋為一片汪
洋中無乾土彼細察之知其中峰島羅列因此推之南洋
有州与北方之州大小亦無區別矣後一百五十年中人
度其理以為不謬也基羅斯之副名到勒斯其舟被暴風
所吹離羣舟而抵一峡在澳大利巴不亞之間入斯峡者
彼為之創故峡遂以其名名之彼行時見南方有片土或
即約克角是也

自一千六百年至一千七百年荷蘭船主考察洋海備極
周詳不第貿易之舟抵巴達維亜（華名噶羅巴）以通貨財亦遣
他舟遠至列邦專以詳究地理為急務荷蘭人始見澳大
利大島較到勒斯自北方見之者約前數月在一千六百
十六年荷蘭人考澳大利亜之西濱自南帯至二十八緯
度次第周覧名其地曰安徳拉先是約一載荷蘭人得一
道抵太平洋較由麦折倫峡更易而速其道即環鍊府依
句而行抵極南之地名合尼角一千六百四十二年有荷
蘭人達斯曼稽考洋海之地尤為精勤覓得新西蘭抵澳
大利海濱至萬地曼蘭島及數孤島又詣友島及非支島

此時歐羅巴人遷于亜墨利加境中于是其地之形勢見
之甚確一千六百有七年合衆之勿吉尼部英人始得之
徙民以實其境建室廬通舟楫成一都會馬閲十三年英
國教會中人官吏待之甚酷遂適于彼一千六百有八年
佛朗西人建幾百城其地多植葡萄産核桃後七年荷蘭
人遷于黒孫河上後二十三年瑞顛人遷于合衆部之徳
拉瓦河濱至印度中國日本以及尼羅河發源之境外無
不有轍跡焉緣此更能稔知外邦形勢所著輿圖纖悉備
載駸駸乎遠勝于昔矣一千六百三十年有紅去斯者文
士也昔獨列求于地球所[illegible]亜西亜東方之經度一百八十

彼減其數為一百六十五後五年有貝釋喀以昔所畫馬
塞立至亜拉波為四十度彼測而減之為三十度佛朗西
之經度亦為文士測定西方減一度南方減半度至清康
熙時士在中國徧繪輿圖兼及外方属國界限縦横不爽
累黍後人傳為美談以為精于地理者莫西士若也
哥里蘭内地之形勢皆[illegible]士所推測而詳考以明示
後人者也有人意謂昔之那威人曾遷此地歴年久未審
有無欲往跡之一千七百二十一年有那威教士名以基
的偕四十六人共詣其地建邑築室迄今猶存惟是昔之
那威人未由踪跡彼傳教于土民甚為勤労後閲十二年

日耳曼人亦至斯地助其傳道設教多行善事以禮訓迪
其民其時亜西亜東北為峩羅斯船主稽考甚詳在昔貿
易之舟行于北亜西亜海濱其意惟欲獲海馬而已外此
則非所知也一千七百二十五年峩君彼得薨此時亜西
亜東北与亜墨利加土壌相接与否人無從知之當彼得
遘疾時欲遣人以察斯事後其后加他隣秉政遣羣舟往
彼船主名白令詳考西鼻利大河後至大拉該海（又名荷各得斯格海）
欲窺畧東北海濱之形勢于時人覓得白令海峡在東
西二州之間峩軍征西鼻利人至東角即在亜西亜東北
之邉隅也一千七百四十一年白令再啟行至堪察加又

至以来斯山為北亜墨利加極高之嶺。此時其地与亜墨利加接壤与否。或為東西二州之島。人不能知也。後一年。有人始至新森拉東方。以獲海馬為業。死于小河之中。在七十一度四十分北。
當時太平洋中有數帮舟駛行。其舟主有名當別尓有名克立白等。有名羅彜温所究洋海之地。無關輕重也。一千七百四十年。即清康熙十八年。英之舟主名安孫環行地球四周。備嘗困苦。操舟者雖歴險阻。船主智慧愈生。多刱奇法。其所究察者。亦無稗於後學。厥後二十四年。有名排倫探得發哥蘭島。窮其形勢。昔人不過遥見而已。至彼始

得之。閲三年。舟主名瓦立斯尋覓會特孫代挨哥蒙加羅的數島。復覓得他希的袮沃土馬。當時有舟主名加的拉与之偕行。忽値暴風。舟遂分駛。加的拉覓得心的改尼島。始行於新耳蘭新比勒敦海峽之間。於時佛朗西人始遣舟環行洋海。舟主名布芹非尓彼出太平洋之時。適値英著名之舟主名古各。入其洋。其前舟主或有經歴大洋所深究者。不過赤道相近之狹處。其南北廣大之區。蹤跡不及。一千七百六十八年。在清乾隆三十三年。古各之舟始啟行。欲於南半球窺察水星過太陽。越一年後見之于他希的適在天氣清明。四無纖雲之時。細考公會島。後行舟

至西南。思在太平洋中。靡不探覽。而窮其原委焉。復抵新西蘭。在昔達斯曼所抵處對岸。前人以意度之。謂其地毘連南極。彼以其説為不然。環行四周。知其地為島。舟泝流其中。中有狹峽。今即名古各峽。後抵澳大利於其東方海濵。人所未歴者。詳究其地。約七千里。凡地所産之走獸。彼亦能識名。地曰新南維里斯。復有一地。曰包大尼湾。草木繁雜。皆奇形異種。又得查客孫為悉德尼巴拉馬大之海口。凡離英國約三年。然後旋歸。彼雖定新西蘭澳大利島。為非南州。當時亦有説者。謂更駛向南。可抵南州。古各欲辨其是否。故再至其地。其舟於一千七百七十二年。清乾

隆三十七年。始啟行。越三載而返。約經歴洋海二十万里。在南冰海行舟。屢易方向。經南平洋。達于高緯線七十一度十五分。此處為冰所阻。行時覓得數小島。伊古以来。未有如是之探遐索幽者。因此可知在南洋中。別無南州為人跡可至之地矣。古各第三次行舟時在一千七百七十六年。後二年餘。其人為他希的土番所殺。先是舟行試通由太平洋至大西洋。經亜墨利加東北。乃尋得三維斯島。舟亦通白令海峽。從西州西北。至冰角緯線七十度二十九分。冰高如牆。阻舟不前。此處為尋覓海地之極北界限。至一千八百二十六年。清道光六年。未有能過之者。古各

操舟之能。列邦聞風称美。彼于所得新地。詳加考察。又將前人所言。身歴實按。歴歴不爽。[illegible]舟中水手。盡從古各得治疽之法。先是舟人多以此殞命。古各為之調節食飲。使疽毒不生。舟行三年。僅斃一人。南冰太平二洋形勢。至彼始明。當古各考察南半球形勢時。一千七百八十六年至八十八年。佛朗西船主比路西始考察北平洋海濵之線。在亜西亜亜墨利加界。日本滿洲海濵。庫頁西名撒該連亜西亜中分。以海峽。又与薩峒馬分以海峽。故定此處為島。北亜墨利加海濵數處。亦為究及。後六年。亜墨利加西北之濵經界盡得。有荷蘭人名万古注

者。英國主使之。經四年。勤于察地。測知哥倫比河。迤至西北。均有海口海島。先是人未知自奴德加澳至黒孫湾。其間或陸地。或水道。由此可通大西太平二洋。英人有至北亜墨利加捕獸。脱其皮為貨之商。始歴歴察究北亜墨利加内地之形勢。一千七百五十年。加拿大湖黒孫湾以外。彼土人所言。茫昧無稽。一千七百六十九年。有人名曰希尓尼。從黒孫湾濵營市啟行。欲測哥比明河。凡三至而後得之。隨至北冰洋。後九年。諸湖自蘇比畧湖西北。抵亜他巴斯加地。皆已尋覓。後十一年。有英人名曰馬更些。從亜他巴斯加湖北方。由大熊奴二湖至一河。令

稱馬更些河希尔尼馬更些遊歷往返而北亜墨利加之
地理更明覲斯時輿圖西州幾与北極相接惟此二士行
北皆遇洋海彼處相離約有二十經度至一千七百九十
二年馬更些歴程尤險従亜他巴斯加湖上平河至其源
在洛機山後由他河下入太平洋支派相近威里士島仍
返本土歐羅巴人横過北亜墨利加自西至東者自彼為
始一千八百有四年有二人一曰路易斯一曰喀拉客行
自合衆部由密蘇里河洛機山哥倫比河至太平洋當其
時有合衆部将士測密士西必河道由亜堪薩斯河上密
士西必河之源従此北亜墨利加曠野河湖山谷部落土

産皆為辨明北方未悉之時南亜墨利加已為文士深究
普魯士有二著名之士一名哄波的一名明不藍時一千
七百九十九年至一千八百有三年此二人在赤道之地
考察形勢以天文經緯線定地三百餘所之方位前此西
北海濱輿圖所畫緯線過于迤南彼為更正亦察出痾里
諾哥河一支與亜馬孫河相連又考委内揣拉鄰境形勢
凡五次過安的斯大山細測其崇原火山其巔高于氷雪
之處
一千七百五十年北阿非利加内地雖近歐州見之易入
然与羅馬國興之時同未深悉因沙漠甚熱氣候甚疫河

道甚少故欲測者畏難而止一千七百七十年清乾隆十
五年英有旅人名不魯斯得亜比西尼或名東尼羅河之
泉百五十年前[illegible]士至此故其地居于巳測地理之
界一千七百九十三年有旅人名曰不老尼向西入達夫
尔詳明西尼羅河道其西出者為一大支英有數人合成
公會名阿非利加會其意欲覓上尼羅河之隣境當時屢
試達其内地尼日河者宿聞其名一千七百九十六年前
歐人未見時英人名曰巴尔克蒙痾従阿非利加西濱行
而得之一千八百有五年蒙痾再啓行卒為土番所殺尼
日河之原委竟未能窮至一千八百三十年英人名曰蘭

得尔斯測此河与哥拉河相連而入北寧湾又有二人名
舟寒克拉北登啓行自的波里由駱駝所行之道過撒哈
拉沙漠得北阿非利加内地于一千八百二十三年見雜
德大湖克拉北登後由南方至一城名索加土城前自北
来亦至此處是為始自的波里達北寧之創舉也一千八
百二十六年清道光六年英人名来鷹明年有人名改力
皆至丁巴都為商賈薈萃之區南阿非利加内地巳通拉
大古為此朱亜那部都城在痾蘭日河北界當一千八百
有六年岐朴哥羅尼為英属土時也後六年有白舌尔者
亦至拉大古明年英教師至此又七年過此而北敎民以

禮義力田使入正道一千八百三十四年英医士斯米帖
更北欲盡得彼地形勢
一千七百八十八年清乾隆五十三年英人始遷至澳大
利建邑在査克孫海口于是澳大利形勢畧為詳明有二
船主一曰巴斯一曰法林得斯測海濱新地澳大利萬地
曼蘭兮以海峡今名巴斯峡惟其地多有未悉至一千八
百十八年与後四年中船主名經始親往細測惟迤西北
亦有海濱至今猶未詳也除東南西南二隅外澳大利内
地近時人皆不知或測其形勢大概在海濱平列之區無
人行其中土

歐國復平之時有士再度從西北道可抵印度一千八百
十八年清嘉慶二十三年英有船主名曰羅斯啓行由亜
墨利加北方欲覓自大西洋至太平洋海道達否知巴芬
前測之湾名巴芬湾者其地勢為可據也明年英船主名
巴利往巴芬湾向西由藍加斯德澳至經線倫敦偏西一
百十三度四十六分尋覓墨尓非尔等島亦定哥里蘭与
藍加斯德澳北方之地昔人所言与亜墨利加相連者今
知其非是後二年巴利再至居嚴寒氷雪之地者凡過二
冬測黒孫湾東北濱亦如島形後三年三至壊其一舟竟
無所得于是國主命人覓地之事暫止有人意謂遇水則

以輕舟遇堅冰則以麅車可直抵北極。一千八百二十七年巴利欣然而往。自斯必巴然島北方。啟行于冰上。抵緯線八十二度四十分。此為極高緯度人跡所至。離北極僅一千六百里。至此而其勢不得不回者。縁風吹冰田南行。巴利之舟努力前進。欲北反南。
前希尓尼馬更些所測亜墨利加北濵。為北冰洋所漂。于是英王遣法藍格林往彼驗其濵迹。在他舟駛行冰洋之時。一千八百十九年。自黒孫湾啟行。經曠野。至數大湖。輕舟行于下哥比明河口。即遇北冰洋。考察海濵。向東至復回角。往返一万七千里。風餐冰宿。土人加以危苦異常。彼日夜祈▆▆▆互相勸勉。故入險出險。心能安慰。後六年法藍格林越險再往。鑒于前轍。豫為之計。自馬更些河向西海濵。究其曠地。東抵哥比明河。四周悉究其時。船主名比智。自白令峽往測。幾与法藍格林相遇。亜墨利加北方向東盡處。亦為船主名羅斯二次考察。時一千八百二十九年至後四年中。冬居極寒之地。國人皆以為必不生還。其舟行時。究喻銕氣之北極。其經線北京偏西約百十一度。緯線七十度五分十七秒。又有船主名巴克与黒孫湾會士。全究斯土。今知西州北界大概七十緯度。東州北界畧同。惟亜西亜北方有地。稍稍更北。

近時南半球高緯度亦為細測。昔古各考南冰洋並無大州。以及金類紛繁。草木不能生。人民可居。惟古各所抵之界。与南極中。或有曠地。或為冰洋。均未可定。迨佛朗西。合衆部。大英各國遣船。以考此事。測南冰洋。實有其地。其先商船捕鯨之時。得數島而指示後人。從此徧覔矣。一千八百十六年。清嘉慶二十一年。英船主名斯米帖覔得南舌蘭數島。其巔終歲有雪。其地在合尼角東南。後五年。峨羅斯船主名北令厚森。又于此處覔得彼得第一島。在緯線六十八度五十七分。彼時覔地者。此為極南。後二年。英船主究德尓。在小捕鯨船。達于緯線七十四度十五分。又為是時極南之境。一千八百三十一年。清道光十一年。船主名比斯哥覔安德比島。在南寒道内。好望角南方。明年又究數島海濵之界。為合尼角南方。後八年。英船主名巴林尼舟行新西蘭捕海狗。于途覔巴林尼數島。即火山所吐。又得海濵。今名薩比利那土。以上皆商船覔地之事。一千八百四十年。清道光二十年。佛朗西王遣使者名德非尓。駕二舟啟行。自萬地曼之合巴敦。後十九日。遇地。在巴林尼所抵之海。約在南寒道緯度。此處徧地皆雪。草木不生。形勢為壑隅海口。其高約一千三百五十尺。海濵之線。測至五百里。名亜德来地。氣候甚寒。舟人僵凍。不前而返。斯時合衆部船主名維尓格斯舟入南冰洋。較佛船更東。遇海濵之線。一月舟行向西。經巴林尼德非尓所究之地。凡行五千六百里。途中所見有地。或似地非地。海濵之線。未定聯絡与否。若察其實連。則知南冰州之界限。即前巴林尼所究之地也。佛合船主各察之後。未幾大英船行南冰洋。所入較前更東。所定緯線。更有關係。佛合船主不能過六十七緯度。因其船不敵冰山衝壓之勢也。英船主名羅斯。乘甚堅之船。放入冰田六百餘里。過此即為大海無冰。彼見海濵高嶼。迤邐向南。今名維多利土（大英女主名）至七十八緯度。此為人跡不到極南之地。倘羅斯所考者。与前巴林尼德非尓維尓格斯已得之地相連。可為南州凹入之濵。彼見火山。高于海面一千二百丈。吐燄生煙。名曰以利晋斯。再東名德棘。此山畧低而無烟燄。凡歴南冰洋者。輙危萬狀。愈南愈寒。冰山阻之。不能前進。
近時人雖屢獲新地。但勿以此外為更無可察究者。南北極相近之區。与阿非利加澳大利内地。在地球圖中尚留空處。中亜西亜与馬米葦島中數大島。僅為畧知。阿非利加内地。近有地已覔。一千八百四十九年。英教士在東方得一髙山。名幾利滿沙羅。緯線三度四十分南。此山聯絡甚多。高于氷雪之線。依前獨列米所言。測為尼羅河之源。

又有教士在南方覓得一湖名牙密髙于海面二千八百
尺在緯線二十度二十分南有大河自北流入可治為諸
道駕舟向北行教通商獲益耳目在澳大利島者有行陸
路自東往西之人探其中土為土番所傷或有死者即未
死傷經六月無糧緣此陸行艱危萬状今有船主自南河
而入經四千里雖内地蒙晦未開他日必精華盡出一千
八百四十五年英船主名法藍格林行至亜墨利加北方
考察白令海峽至藍加斯德澳得達与否迄今無耗諸船
往訪未得恐此二舟數百人盡為波臣矣有人云或在彼
已抵無冰之海為冰田冰山阻其歸路也今有船主名麥

格羅尓往訪法藍格林覓得西州冰洋東西相通以上考
地史之大畧既畢

地理全志巻十終

東都書林　山城屋佐兵衛藏板畧目録

日本紀畧 十冊　日本後紀 十冊　令義解 十冊
通鑑綱目　康熙字典 四十冊　四書集註 十冊
尚書正義 十冊　小學合纂 四冊　小學 校本 二冊
漢魏公全集 十六冊　周易述義 八冊　管子纂詁 十二冊
甘雨亭叢書 [illegible]　同 清華摺 五冊　同 別集 八冊
唐陸宣公全集註 十冊　四書正文 五冊　遜初堂易論 一冊
歐陽論範 二冊　藝林蒙求 六冊　闢邪小言 四冊
獻替録 三冊　同 後編 二冊　剣甲新論 一冊
新論 冊　正志齋稽古録 一冊　責難解 同上 一冊

蘇東坡詩集　陶淵明集 三冊　中晩唐廿家絶句 三冊
晩唐詩選 四冊　晩唐詩鈔 十六冊　宋詩選 二冊
真山民詩集 一冊　宋三大家絶句 一冊　廣三大家絶句 一冊
宋詩清絶 一冊　曽茶山集 二冊　談唐詩選 一冊
王荊公絶句 四冊　李忠定公奏議選 一冊　宋忠簡公文鈔 二冊
随園文鈔 三冊　朱之蕃詠物　西湖竹枝 二冊
金詩佳絶 一冊　三體詩 校本 一冊　三體詩絶句解 三冊
古今名詩選 一冊　穀堂遺稿抄 四冊　今四家絶句 二冊
栗山文集 五冊　栗山詩集 三冊　司馬文正公傳家集選 六冊
寧静閣詩集 初集 五冊　同 二集 三冊　放翁詩話 一冊

西遊記程 一冊　宋三家詩話 一冊　詁然齋詩訣 一冊
徐而菴詩話 一冊　徐而菴雅論 一冊　五山堂詩集 一冊
五山堂詩話 五冊　同 補遺 三冊　同和歌題絶句 一冊
墨林 [illegible]　晩唐百家絶句 五冊　[illegible]記畧 二冊
[illegible] 一冊　士道要論 一冊　永寧問答 一冊
近古史談 四冊　孫子合契 二冊　古文孫子
孫子評解 十三冊　[illegible] 前編 七冊　同 後編 七冊
四戰紀聞 四冊　[illegible] 一冊　武術流祖録 一冊
左傳雕題略 六冊　左傳附注 四冊　左傳補[illegible] 一冊
揚子方言 一冊　孟子約解 三冊　清三朝事畧 一冊

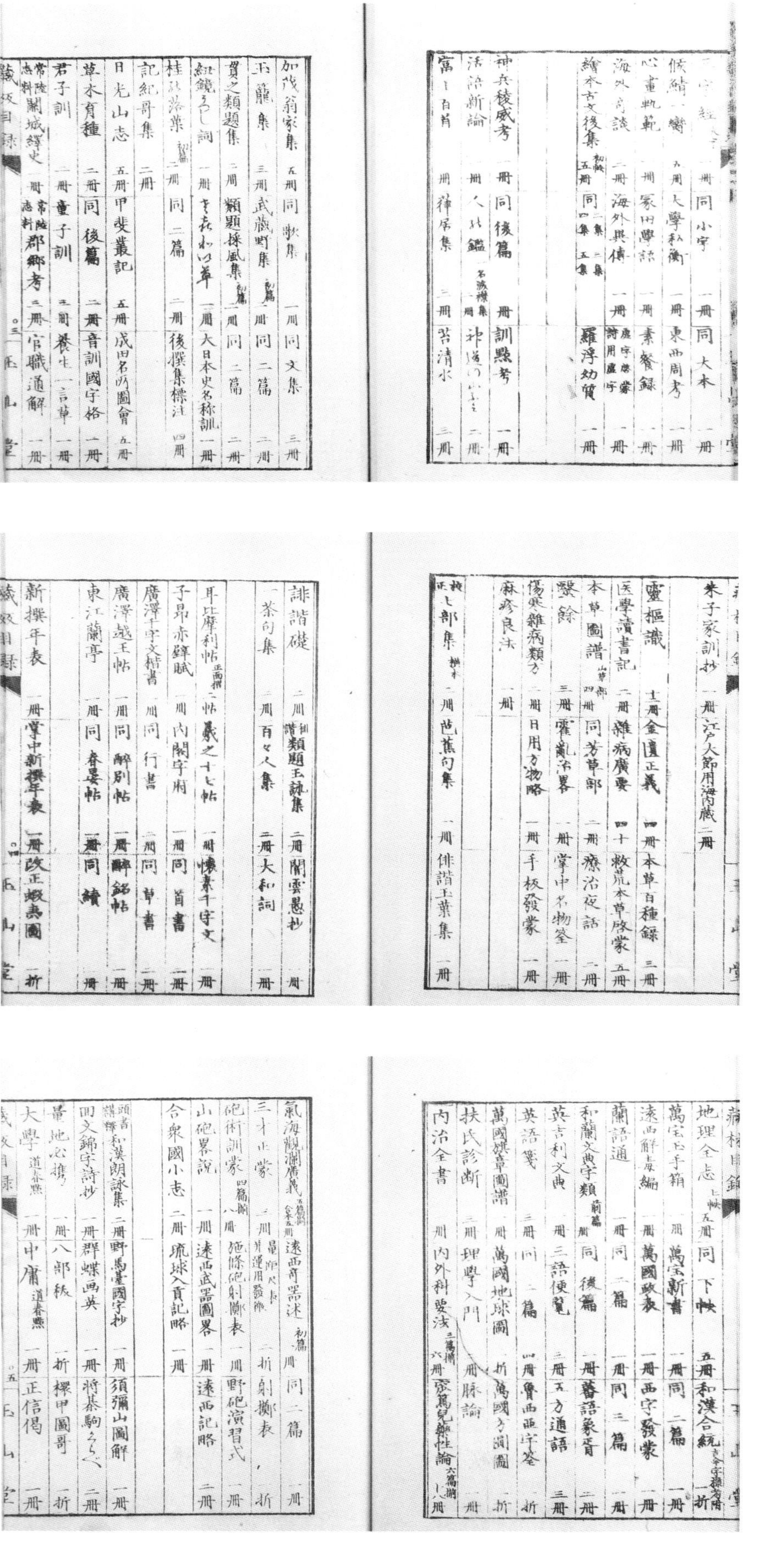

一字經 一冊 同 小字 一冊 同 大本 一冊
候補一覽 一冊 大學私衡 一冊 東西周考 一冊
心畫軌範 一冊 家田學話 一冊 素餐録 一冊
海外異談 一冊 海外異傳 一冊 羅浮幼質 一冊
繪本古文後集 五冊 同 四集 五集 一冊
神兵稜威考 一冊 同 後篇 一冊 訓點考 一冊
活語新論 一冊 人代鑑 一冊 神道 二冊
富士百首 一冊 稚居集 三冊 若清水 三冊

加茂翁家集 五冊 同 歌集 一冊 同 文集 三冊
玉籠集 三冊 武藏野集 一冊 同 二篇 二冊
賀之類題集 二冊 類題採風集 一冊 同 二篇 二冊
紅鏡 一冊 一冊 大日本史名稱訓 一冊
桂林落葉 二冊 同 二篇 二冊 後撰集標注 四冊
記紀哥集 二冊
日光山志 五冊 甲斐叢記 五冊 成田名所圖會 五冊
草木育種 二冊 同 後篇 二冊 音訓國字格 一冊
君子訓 一冊 童子訓 二冊 養生一言草 一冊
常陸志料 闕城釋史 一冊 常陸志料 郡鄉考 三冊 官職通解 一冊

朱子家訓抄 一冊 江戸大節用海内藏 二冊
靈樞識 十二冊 金匱正義 四冊 本草百種録 三冊
医學讀書記 二冊 雜病廣要 四十冊 救荒本草啓蒙 五冊
本草圖譜 四冊 同 芳草部 二冊 療治夜話 一冊
醫餘 三冊 霍亂平畧 一冊 掌中名物筌 一冊
傷寒雜病類方 一冊 日用方物略 一冊 手板發蒙 一冊
麻疹良法 一冊
校正七部集 一冊 芭蕉句集 一冊 俳諧七葉集 一冊

誹諧礎 二冊 和漢類題玉詠集 二冊 閑雲愚抄 一冊
一茶句集 一冊 百々人集 二冊 大和詞 一冊
耳比摩利帖 一帖 蘭亭十七帖 一冊 懷素千字文 一冊
子昂赤壁賦 一冊 内閣字府 一冊 同 草書 一冊
廣澤千字文楷書 一冊 同 行書 一冊 同 草書 一冊
廣澤越王帖 一冊 同 醉别帖 一冊 醉銘帖 一冊
東江蘭亭 一冊 同 春晏帖 一冊 同 續 一冊
新撰年表 一冊 掌中新撰年表 一冊 改正蝦夷圖 一折

地理全志 上帙五冊 同 下帙 五冊 和漢合統 一折
萬寶玉字箱 一冊 萬寶新書 一冊 同 二篇 一冊
遠西醫方名物考 一冊 萬國政表 一冊 西字發蒙 一冊
蘭語通 一冊 同 二篇 一冊 同 三篇 一冊
和蘭文典字類 前篇 一冊 同 後篇 一冊 蕃語象胥 二冊
英吉利文典 一冊 三語便覽 三冊 五方通語 三冊
英語箋 三冊 同 二篇 四冊 一折
萬國旗章圖譜 一冊 萬國地球圖 一折 萬國方圖 一折
扶氏診斷 二冊 理學入門 一冊 脉論 一冊
内治全書 一冊 内外科要法 六冊 八冊

氣海觀瀾廣義 遠西奇器述 初篇 一冊 同 二篇 一冊
三才正蒙 一冊 量地 一冊 射擲表 一折
砲術訓蒙 四篇八冊 砲際砲射擲表 一冊 野砲演習式 一冊
山砲畧說 一冊 遠西武器圖畧 一冊 遠西記略 二冊
合衆國小志 二冊 琉球入貢記略 一冊
頭書和漢朗詠集 二冊 野馬臺國字抄 一冊 須彌山圖解 一冊
四文錦字詩抄 一冊 群蝶画英 一冊 將碁駒 一冊
量地必携 一冊 八部稜 一折 標甲圖哥 一折
大學 道春點 一冊 中庸 道春點 一冊 正信偈 一冊

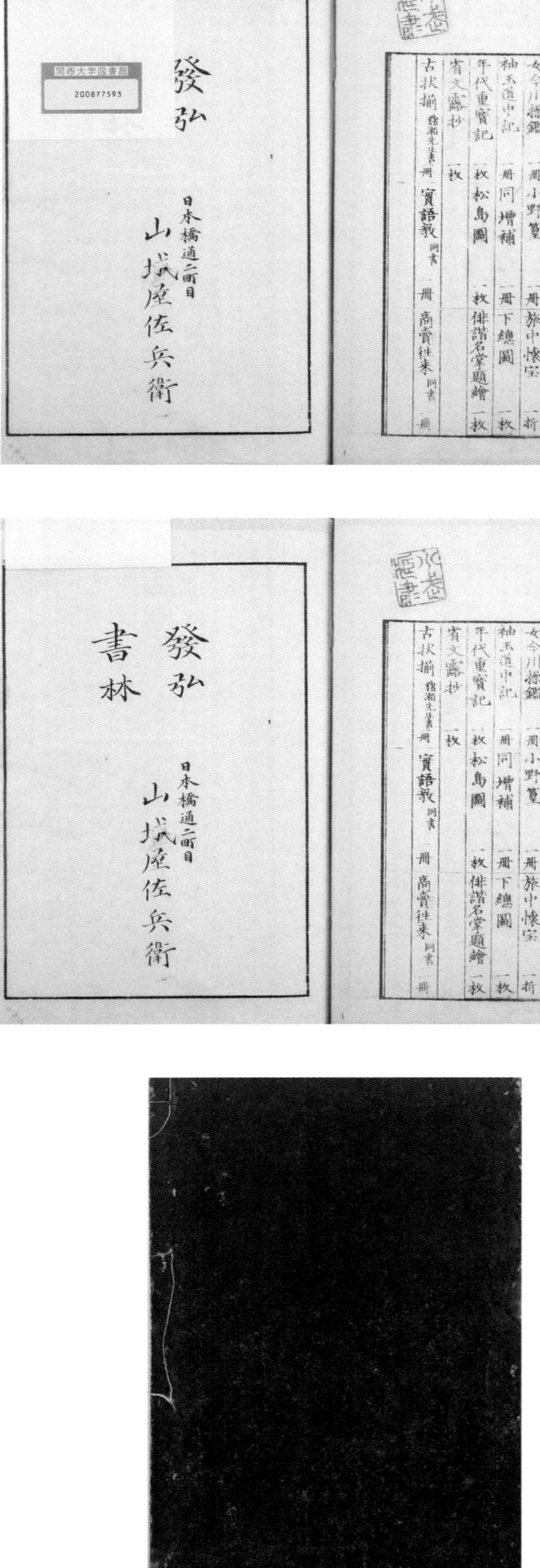
發弘
書林
山城屋佐兵衛

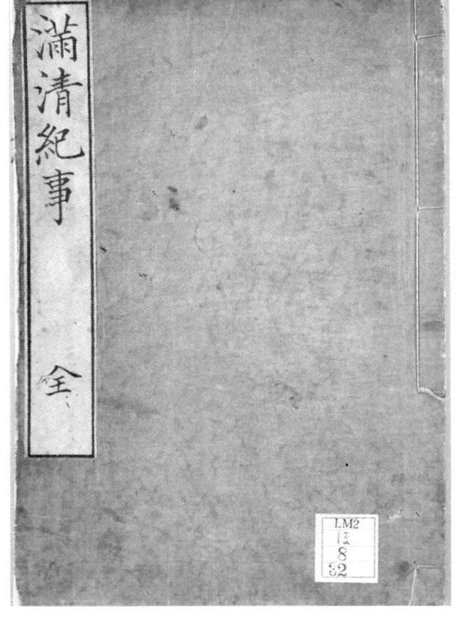

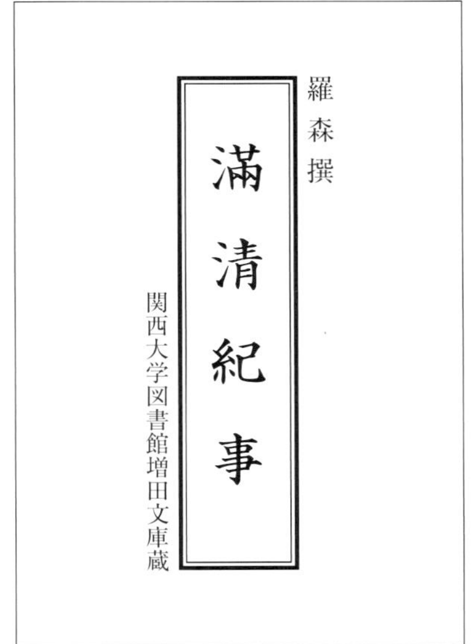

滿清紀事

勝海舟『開國起原』ニハ本書ヲ
廣東羅森著ト題ス

滿清紀事此編本無標題世或呼爲滿清紀事今姑從之
山谷清凉樹木陰蔚翠巒疊翠石澗飛泉于此閒遊
打坐正可敲棋琢句亦乏論古談今非謂已之多聞
亦本衆人所共知者耳古人有言曰不知天文不知
地理不知敵國之言不可以爲將故曰知彼知己百
戰百勝而不禁[illegible]然於中華也中華地廣人衆財物
豐饒卑天子在上俱以德教爲政治體義以交孚精
明壽考勤政愛民幅幀廣大四海安寧盤古至今未
有于玆之盛滿自清朝開國以來順治在位十八年
康熙在位大免天下民稅一次當時章程尚未定而

聖祖力以成之在位六十一年及至雍正明而略刻
賤[illegible]王戮年羹堯在位十三年乾隆登位時除上
元民豐物阜開闢新疆數千里大免天下民稅一次
遊江南二次時臺灣叛逆命福康安帶兵不數月而
平之在位六十年而與子另爲太上皇三年嘉慶即
位各國夷人旺于廣州貿易瀕闢年中入息甚多夷
人每受官民扶制番人勢弱未可如何道光登極越
年省城大火燭癸巳我天保四年清道光十三年兩大水時鴉片
大盛荼遍民寰皇上命林文忠來粵禁烟唐番互結
鴉片毀消人民遵從義律被困功效將成忽然罷任

再命琦善來山到來夷人揚眉吐氣義律伯貊提兵
攻擊廣城稱言要償還鴉片烟項與人秀才多獻善
策糾率壯民殺却伯貊各處百姓奮力三元里義勇
齊出大將軍恐懼而開城以六百萬金而退敵於是
英人復乘火船上天津攻鎭江所到之處勢如破竹
連河阨要之區江寨京城人心爲之震動皇上乃以
二千一百萬分三年而與之准其於寧波上海福州
厦門香港五所開港貿易與者共議設三十六款章
程以爲永遠和好之計初時民心尚多疑惑及見番
人設立學校教育士女英村委命有司批斷民頃曲

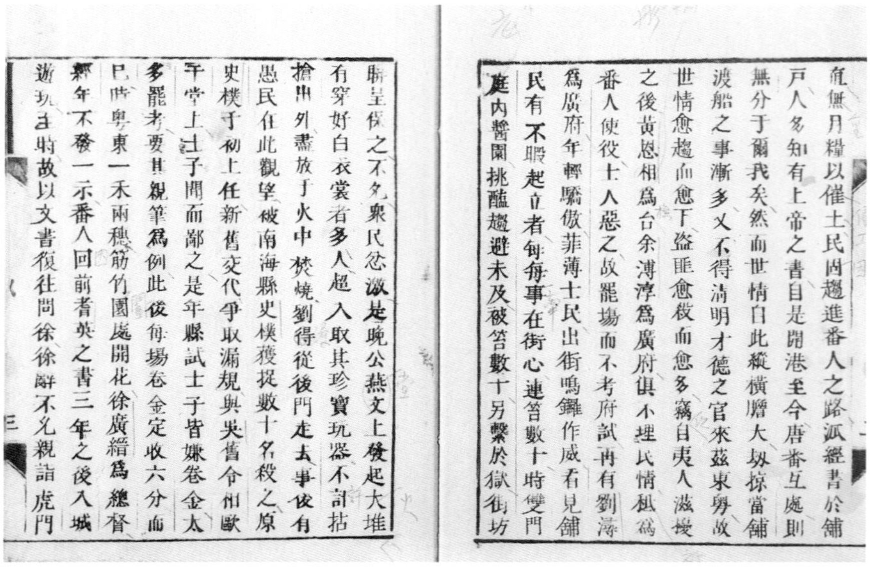

衎無月糧以催土民因趨進番人之路派經書於舖戶人多知有上帝之書自是開港至今唐番互處則無分于爾我矣然而世情自此縱橫膽大劫掠當舖渡船之事漸多又不得淸明才德之官來茲東粤故世情愈趨而愈下盜匪愈殺而愈多竊白夷人滋擾之後黄恩相爲台余溥淳爲廣府俱不埋民情秖爲番人使役士人惡之故罷場而不考府試再有劉潯爲廣府年輕驕傲菲薄士民出街鳴鑼作威看見舖民有不暇起立者每每事在街心連笞數十時雙門底內醬園挑醢趨避未及被笞數十另繫於獄街坊

聯呈保之不允衆民忿激是晚公燕文上發起大堆有穿好白衣裳者多人超入取其珍寶玩器不計括搶出外盡放于火中焚燒劉得從後門走去事後有愚民在此觀望被南海縣史樸獲捉數十名殺之原史樸于初上任新舊交代爭取漏規與其舊令相毆午堂上士子聞而鄙之是年縣試士子皆嫌卷金太多罷考要其親筆爲例此後每場卷金定收六分而巳時粤東一禾兩穗筋竹園處開花徐廣縉爲總督新年不發一示番人回前者英之書三年之後入城遊玩至時故以文書復往問徐徐辭不允親詣虎門

三

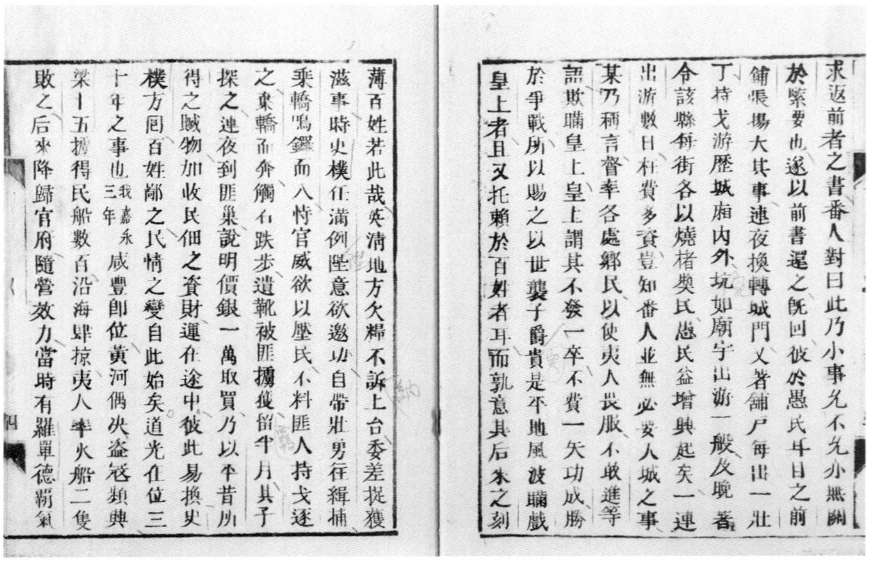

求返前者之書番人對曰此乃小事允不允亦無關於緊要也遂以前書還之旣回彼於愚氏斗日之前舖張場大其事連夜換轉城門又著舖戶每出一壯丁持戈游歷城廟內外坑如廟宇出遊一般及晩著令該縣每街各以燒豬奬氏愚氏益增興起矣一連出遊數日枉費多資豈知番人並無必要入城之事某乃稱言督率各處鄉民以使夷人畏服不敢進等語欺瞞皇上皇上謂其不發一卒不費一矢功成勝於爭戰所以賜之以世襲子爵貴是平地風波瞞戲皇上者且又托賴於百姓者耳而孰意其后來之刻

薄百姓若此哉英淸地方久糈不訴上台委差捉獲滋事時史樸任滿例陞意欲邀功自帶壯男往緝捕乘轎鳴鑼而入恃官威欲以壓民不料匪人持戈逐之棄轎而奔觸石跌歩遺靴被匪擄獲留半月其子探之連夜到匪巢說明價銀一萬取買乃以平昔所得之贓物加收民佃之資財運在途中彼此易換史樸方回百姓鄙之民情之變自此始矣道光在位三十年之事也（我嘉永三年）咸豐卽位黄河偶決盜寇類興粱十五擄得民船數百沿海肆掠夷人率火船二隻敗之后來降歸官府隨營效力當時有羅單德羂氣

四

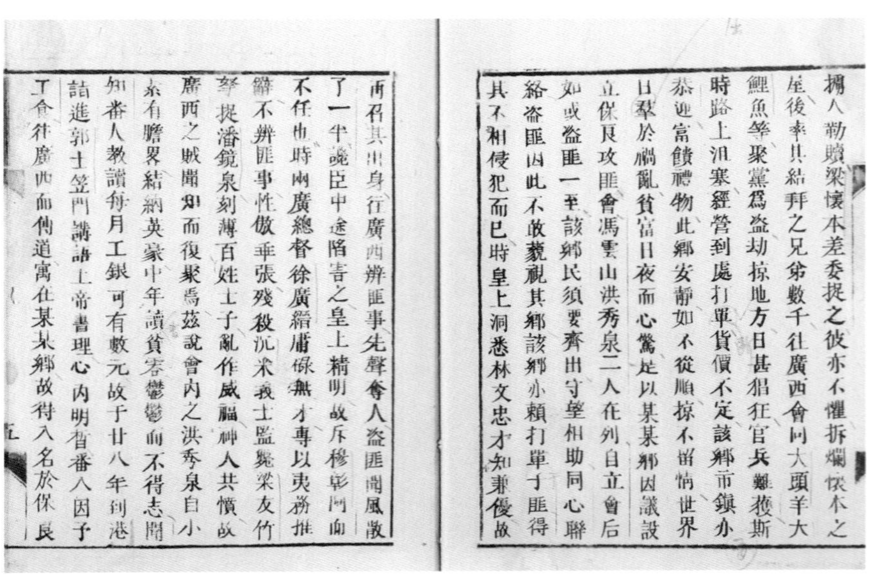

擄人勒贖粱懷本差委捉之彼亦不懼拆爛憬本之屋後來其結拜之兄弟數千往廣西會同大頭羊大鯉魚等聚黨爲盜劫掠地方日甚猖狂官兵難捕斯時路上洱塞經營到處打單貨價不定該鄉市鎭亦恭迎富饒禮物此鄉安靜如不從順掠不留情世界日舉於禍亂貧富日夜而心驚是以某某鄉因議設立保良攻匪會馮雲山洪秀泉二人在列自立會后如或盜匪一至該鄉民須要齊出守壘相助同心聯絡審匪因此不敢藐視其鄉該鄉亦賴打單于匪得其不相侵犯而已時皇上洞悉林文忠才知兼優故

再召其出身往廣西辨匪事先聲奪人盜匪聞風散了一半詎臣中途陷害之皇上精明故斥穆彰阿而不任也時兩廣總督徐廣縉庸碌無才專以夷務推辭不辨匪事性傲乖張殘殺沉求義士監點梁友竹舉捉潘鏡泉刻薄百姓士子亂作威福神人共憤故廣西之賊聞知而復聚焉茲說會內之洪秀泉自小素有膽畧結納英豪中年讀貧害鬱鬱而不得志聞知番人教讃每月工銀可有數元故于廿八年到港詣進郭士笠門講讀上帝書理心內明習番人因子丁食往廣西而傳道寓在某某鄉故得入名於保良

五

會內馮雲山亦因貧了須門入教頼番人上食往西
教書初年寓居黄宅次年寓曾宅有秀才張姓者言
他邪教指其毀爛社壇廟宇而梟官即飭差拿黄
曾二人及馮雲山於獄將黄曾二人押斃馮雲山用
些小錢賄囑差房照傾是以知縣見他雖是邪教並
未滋出事端故寬之而遞解回花縣回家既久難竟
生涯復往廣西官差查覺再來戈獲遞友兄弟奸報
不平將差敵打或至被傷差走稟官稱爲叛逆官即
提兵以勦其鄉此時危急騎虎難下洪秀泉馮雲山
故糾合鄉民而與官兵相拒同小致大巳酉皇命周

天爵向榮提兵勦之相持久不克洪秀泉等乃率其
鄉民蓄髮易服不准搶掠百姓法律整嚴行軍蕭虔
創志恢復明朝年與滿州爲敵奮勇直前比楚項羽
之破釜沉舟採用機謀效漢光武之中興起義初時
鄉民婦女共計不過數百官兵四伏環而攻之洪秀
泉倡其鄉民入踞山谷合理山內之家及婦女操戈
禦敵男則當兵女則供食分行皆伍視死如歸官員
數次引兵入洞勦其巢彼每誘敵而取勝斯時盜首
大鯉魚等已降官兵隨營用命官遣其爲先隊令攻
洪黨洪黨深溝高壘待夫銳氣一墮而冲之士卒死

傷丘積矣行都統烏蘭泰者自請奮勇當先帶兵相
拒年餘被炮傷足而斃張敬修招集壯勇耗費多貪
屢次交鋒未能殺勝所招義勇反擾鄉民兵勇所至
財物一空盜匪掠民猶留餘地故百姓之惡兵勇亦
甚于盜賊也是年八月日食殆甚皇詔頒行輕徵民
稅秋闈圍省武秀欲勝罷試爲頑登究不英清會昌
擾亂數月撫台葉廷琛帶兵滅之另黨後十八擾亂
翁源也於羅境墟內葉廷琛帶兵圍之意欲絕其糧
食連該處之良民老幼俱皆餓死入境內而臭穢不
堪此葉廷琛之亦損於陰隲巳且夫君生國賀也兵

戈係事也戰勝攻取之機不遇無事然而行軍紀律
須本於愛民果能得法以視民如子曾見簞食壺漿
恭迎毋寧再之師矣果能不愧於爲民父母亦見從
征犯雖斷無委而去之民矣善用兵者不惜其地而
惜其民善將兵者不攻其民而攻其心故曰得道者
多助失道者寡助而不奈今人道憶于今日也夫今
日於太平無事之時官門上下無非以利交往即此
有事之秋大小官員而亦專門粉飾佐愈尊而愈驕
總無計於下問雖有功能[非]錢不錄務兆美行枉變
難伸仁隸差房倚權恃勢官門訟獄財富惟視所貴

皇上英明昇新革故若不洗除舊染之汚則民心也
離而在彼無怪兵民之棄甲曳兵矣此時洪秀泉會
內人漸充多辛亥八月初一向榮提兵伏道勦之洪
黨亦以兵相拒自辰至酉勝敗未分洪黨還韋正暗
遣糾衆遠出兵後官兵相拒之際而不知永安已陷
矣於是官兵退後數里無警洪秀泉亦以永安添守
壬子正月我嘉永五年清咸豊二年廣西梧州府忽有波山艇數
十號突到驛前關吏不乃暂查船內冲出多人提刀
觔牌直扨關廠梧州府閉城數日賊乃獲利而去二
月洪黨大隊人離却永安州假圍桂府至四月初一

日忽解圍入湖南四月十四攻郴州傍東統道連陷
道州桂陽嘉禾永興安仁醴陵攸縣竟于七月二十
八日徑至長沙圍其城于夜又解圍北向途中出示
奉承□天運太平國總理機都督大元帥爲大洪
爲剴切曉諭伐暴救民事照得天下貪官甚于強
盜衙門活吏無異虎狼皆由君上之柔懦遠君子
而近小人賣官鬻爵壓抑賢才以致利風日熾上
下交征富貴者縱惡不究貧窮者冤莫伸言之痛
心殊堪髮指即錢漕一事近益數倍三十年之粮
銀免而後再徵民之財盡矣民之苦極矣我等仁

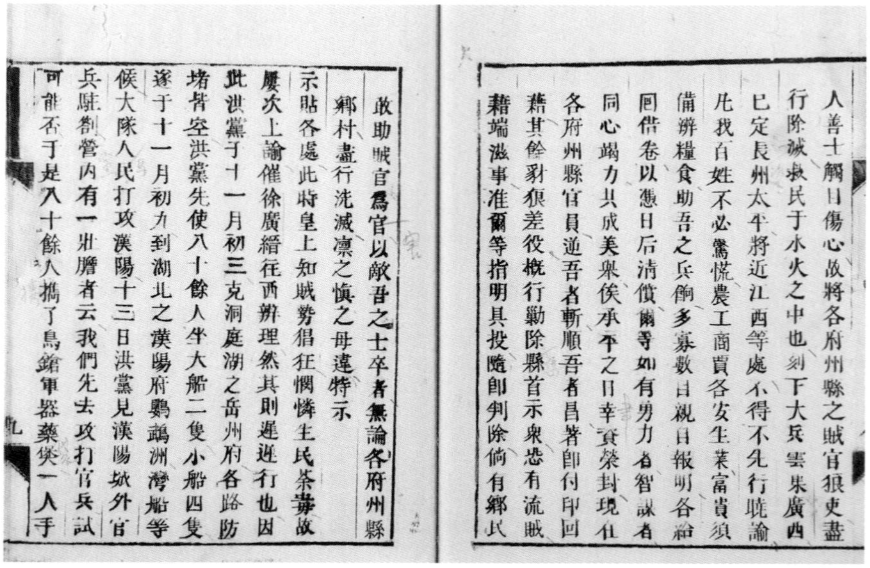

人善士觸目傷心故將各府州縣之賊官狠吏盡
行除滅救民于水火之中也刻下大兵雲集廣西
已定長州太平將近江西等處不得不先行曉諭
尓我百姓不必驚慌農工商賈各安生業富貴須
備辦糧食助吾之兵餉多寡數目親自報明各給
回借卷以憑日后清償倘有勇力智謀者
同心竭力共成美果俟承平之日幸賞榮封現在
各府州縣官員逆吾者斬順吾者昌著即付印回
藉其餘豺狼差役概行勦除縣首示衆恐有流賊
藉端滋事准爾等指明具投鳴即刻除倘有鄉民

敢助賊官爲官以敵吾之士卒者無論各府州縣
鄉村盡行洗滅凛之愼之毋違特示
示貼各處此時皇上知賊勢猖狂憫憐生民荼毒故
屢次上諭催徐廣縉往西辦理然其則遲遲行也因
此洪黨于十一月初三克洞庭湖之岳州府各路防
堵皆空洪黨先使八十餘人坐大船二隻小船四隻
遂于十一月初九到湖北之漢陽府鸚鵡洲灣船等
候大隊人民打攻漢陽十三日洪黨見漢陽城外官
兵駐劄營内有一壯膽者云我們先去攻打官兵試
可能否于是八十餘人携了鳥鎗軍器藥共一人手

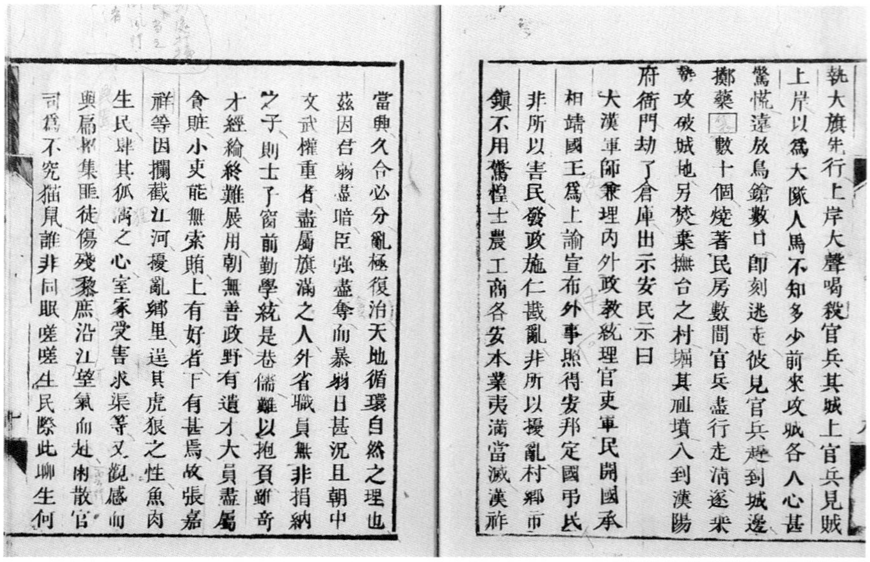

執大旗先行上岸大聲喝殺官兵其城上官兵見賊
上岸以爲大隊人馬不知多少前來攻城各人心甚
驚慌違放鳥鎗數口即刻逃走彼見官兵趣到城邊
擲藥□數十個燒著民房數間官兵盡行走清遂夾
勢攻破城地另焚棄撫台之村塌其祉墳入到漢陽
府衙門劫了倉庫出示安民示曰
大漢軍師兼理内外政教統理官吏軍民開國承
相靖國王爲上諭宣布外事煕得安邦定國弔民
非所以害民發政施仁戡亂非所以擾亂村鄉市
鎭不用驚惶士農工商各安本業夷滿當滅漢祚

當興久合必分亂極復治天地循環自然之理也
茲因君弱臣强盡奪而暴弱日甚況且朝中
文武權重者盡屬旗滿之人外省職員無非捐納
之子則士子窗前勤學統是巷儒難以抱負蓋奇
才經綸終難展用朝無善政野有遺才大員盡屬
貪贓小吏罷無索賄上有好者下有甚焉故張嘉
祥等因攔截江河擾亂鄉里逞其虎狼之性魚肉
生民肆其狐满之心室家受害求渠等又觀感而
興扁聚集匪徒傷殘黎庶沿江望氣而逃兩散官
司爲不究猫鼠誰非同眼嗟嗟生民際此塲生何

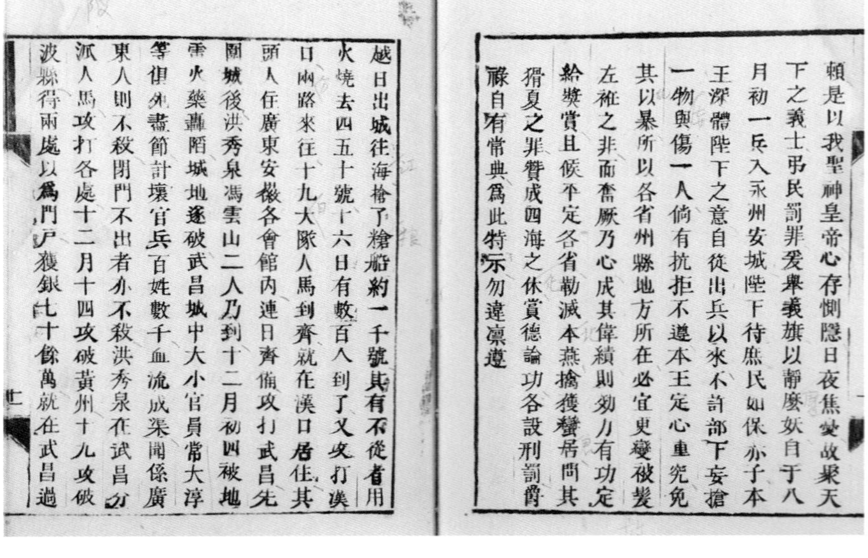

賴是以我聖神皇帝心存惻隱日夜焦憂故聚天
下之義士弔民罰罪爰舉義旗以靜麼妖自于八
月初一兵入永州安城陛下待庶民如保赤子本
王深體陛下之意自從出兵以來不許部下妄搶
一物與傷一人倘有抗拒不遵本王定心重究免
其以暴所以各省州縣地方所在必宜吏變被髮
左衽之非而奮厥乃心成其偉績則効力有功定
給獎賞且候平定各省勦滅本燕擒獲蠻帑問其
猾夏之罪贊成四海之休賞德論功各設刑罰爵
祿自有常典爲此特示勿違凛遵

越日出城往海搶了糧船約一千號其有不從者用
火燒去四五十號十六日有數百人到了又攻打漢
口兩路來往十九大隊人馬到齊就在漢口居住其
頭人在廣東安徽各會館内連日齊備攻打武昌先
圍城後洪秀泉馮雲山二人乃到十二月初四被地
雷火藥轟陷城地遂破武昌城中大小官員常大淳
等俱死盡節計壞官兵百姓數千血流成渠聞係廣
東人則不殺閉門不出者亦不殺洪秀泉在武昌分
派人馬攻打各處十二月十四攻破黄州十九攻破
波縣得兩處以爲門戸獲銀七十餘萬就在武昌過

年有姓錢名江者浙江人也素有膽客博学多聞林
則徐辦烟時同他來粤辦理書文事務因林則徐貶
流落粤東當時番人見伏後其再欲鼓衆以拒夷聯
同紳士上明倫堂官又王和其猶辦論梁星源謂其
刁變擭而審之彼立不跪官怒責之監其數月遞解
回籍自此在家悶悶而不舒適聞洪秀泉破了武昌
其挾宿恨欲報前仇故不遠千里而相見勸洪黨舍
西而東因獻一策于洪秀泉其策內所言西川不可
守如劉先主當日先有諸葛之賢後有姜維之勇六
密九代不得中原寸土今欲以區區之地而敵天下

決然不可不若取了南京心腹之地建都以圖進取
內有興王策數欵秀泉覽而悅之即遵其計行事明
年（我嘉永六年 咸豊三年癸丑）正月初四洪秀泉盡行上船居住
共有船二千餘只順流東下十一日攻破九江府官
兵退守小姑山洪黨由北口而出由大江直落官兵
不敢動他獨有上海道台吳夾招得廣東頭猛船華
船十餘隻裝有紅毛大砲六百餘位在小狠山徜力
到剿他屯海邊築堤相拒是夜二鼓即於堤內登起
燈籠而轟之連放傷殘六十餘人及至天明廣船人
少吳夾之大砲船隻盡為所得正月十[八]攻破安慶

廿二攻破蕪湖殘殺官兵數百得銀三十餘萬另獲
糧米婦女不可勝計官兵退守南京及鎮江府總督
陸建瀛盡引其兵屯于城內不與屬員面議將軍三
司會銜奏之吳夾得寇信付于番人請其火船往攻
洪黨于此夜用酒埋以兩桶相蓋每埋掛明燈一枚
浮於水面順流而至黑夜之際滿風蕩漾其埋似有
人遊於水面番人懼其將近速即放砲轟之火藥將
竭洪黨乃以伏兵齊出拿住火船之大使一名番人
仍以兵糧為禮說妥二月初十日寸時洪黨用雲梯
登城越入天明已將南京四門盡閉截殺官兵旗滿

兵者不計其數百姓跟從官兵逃出亦殺害十三日
開城捉百姓去搬尸首十五日閉城拘百姓入隊不
从者隨之討洪黨自廣西猖獗以來算南京殺人至
多淮河之水俱紅臭不堪總督陸建瀛將軍祥厚各
大員等或有盡節或有砲死真是聞者傷心見者流
淚推梁星源則被錢江殺分為數段以報前仇于是
洪秀泉在南京修整明舊宮殿居住內外掛聯二對
其聯曰

獨手擎天重整大明新氣象
單心報國除清外域異衣冠

虎賁三千直掃幽燕之地
龍飛九五重開堯舜之天

連日飲太平宴三日大封會友以錢江為大司馬總
理軍民事務又命良工加築扼台于城外固守撥其
新入隊者守之湖南湖北入隊者守二重城其長髮
者守裏重城洪秀泉上戴天冠身穿黃龍袍用黃綢
紗腰其次用紅紬又次用紅布洪黨人馬合埋多少
未知其詳時濮倘阿為欽差剿辦匪事八品太純柔
懦太過心存惻隱不事殺人故以之為太平宰相則
有餘以之為征討大員則不足徐廣縉專巧欺瞞泯

詳報勝賜遇必隆亦不明於賞罰擁兵自護怯懼不
前上諭屢責其當頭剿截而不遏賊已陷城數日尚
不覺故皇上震怒將他拿解還京二月廿九日洪黨
分發人馬兩隊一打破揚州一打破鎮江正欲進兵
適遇京兵萬餘蒙倫七千山東河南山西陝西四川
甘肅各省其兵二萬餘又欽差向榮帶兵三萬五千
廣東壯勇一萬餘俱已到齊離南京十餘里或數十
里下營商議合兵攻勦此次洪黨之心亦慌故將揚
州鎮江人馬暫回南京拒守所以人馬亦不暇進兵
而前也上海蘇州松江三四府地方于三月初七夜

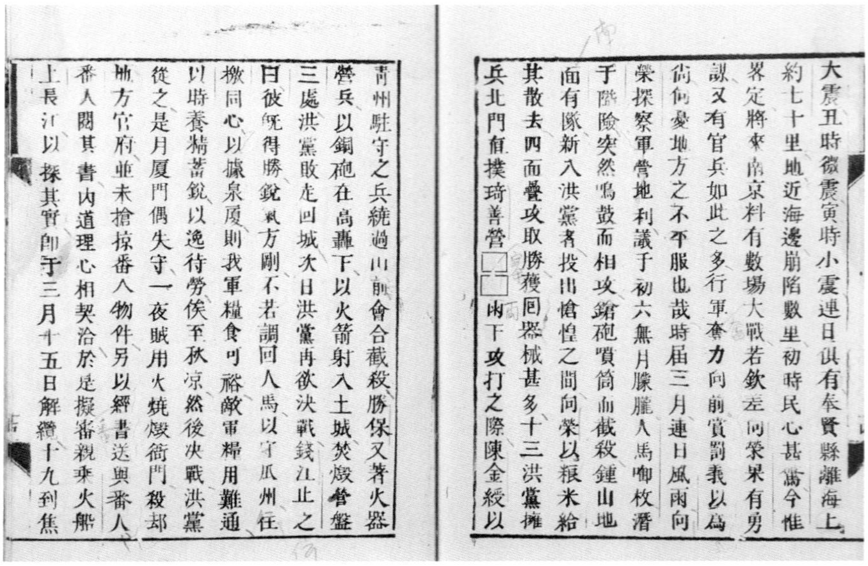

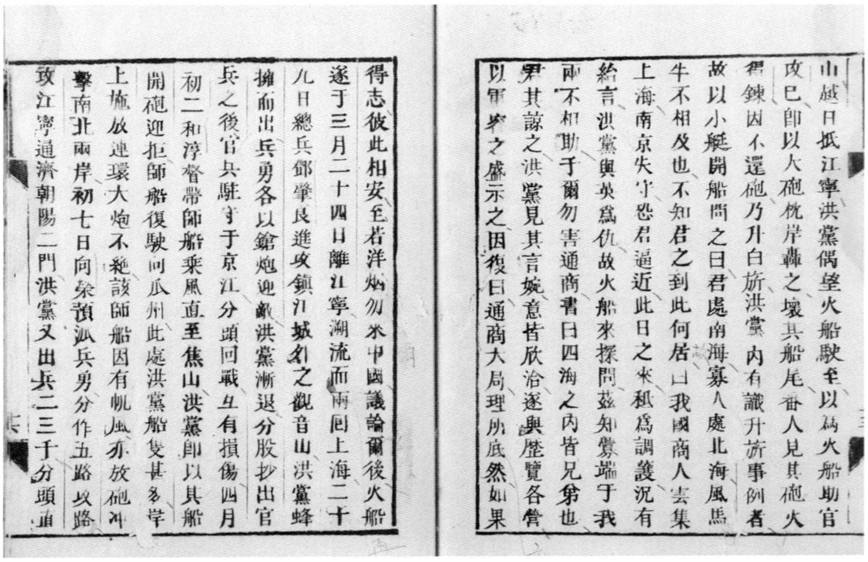

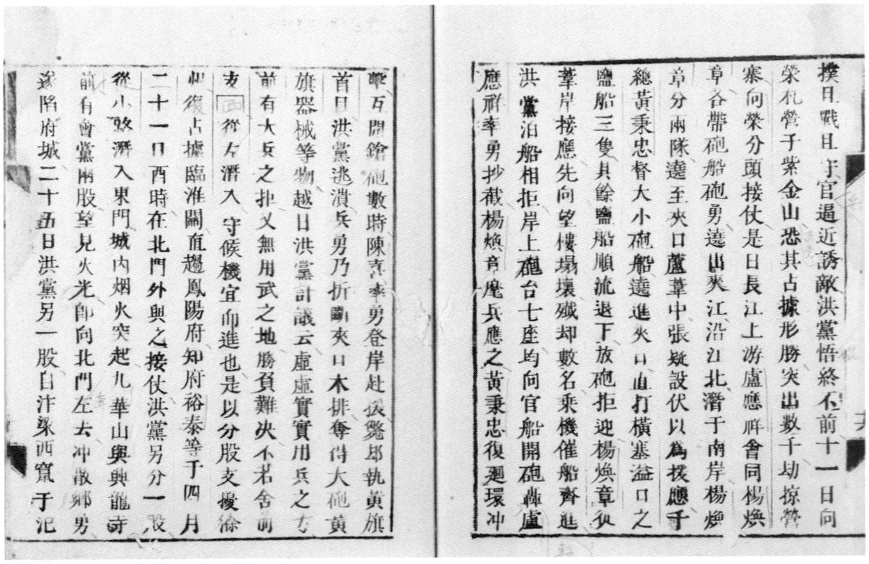

大震丑時微震寅時小震連日俱有奉賢縣離海上
約七十里地近海邊崩陷數里初時民心甚驚今惟
畧定將來南京料有數場大戰若欽差向榮果有勇
謀又有官兵如此之多行軍奮力向前賞罰嚴以爲
何憂地方之不平服也哉時屆三月連日風雨向
榮探察軍營地利議于初六無月朦朧人馬啣枚潛
于險突然鳴鼓而相攻鎗砲噴筒而截殺鍾山地
面有隊新入洪黨者投出倉惶之間向榮以粮米給
其散去四面疊攻取勝獲回器械甚多十三洪黨擁
兵北門直撲琦善營[□□]内下攻打之際陳金綬以

青州駐守之兵繞過山前會合截殺勝保又著火器
營兵以銅砲在高轟下以火箭射入土城焚燬營盤
三處洪黨敗走回城次日洪黨再欲決戰錢江止之
曰彼既得勝銳氣方剛不若調回人馬以守瓜州任
撤同心以據泉厦則我軍糧食可裕敵軍糧用難通
以時養精蓄銳以逸待勞俟至秋涼然後決戰洪黨
從之是月厦門偶失守一夜賊用火燒燬衙門殺劫
地方官府並未搶掠番人物件另以經書送與番人
番人閱其書內道理心相契洽於是擬番親乘火船
上長江以探其實即于三月十五日解纜十九到焦

山越日抵江寧洪黨偶望火船駛至以爲火船助官
攻已即以大砲枕岸轟之壞其船尾番人見其砲火
猖獗因不還砲乃升白旂洪黨内有識升旂事例者
故以小艇聞船問之曰君處南海寡人處北海風馬
牛不相及也不知君之到此何居曰我國商人雲集
上海南京失守恐君逼近此日之來秖爲調護況有
約言洪黨與英爲仇故火船來探問茲知釁端于我
兩不相助于爾勿害通商書曰四海之内皆兄弟也
界其諒之洪黨見其言婉意皆欣洽遂與歷覽各營
以軍容之盛示之因復曰通商大局理所底然如果

得志彼此相安至若洋烟勿禁中國議論爾後火船
遂于三月二十四日離江寧溯流而兩回上海二十
九日總兵鄧肇良進攻鎮江城外之觀音山洪黨蜂
擁而出兵勇各以鎗炮迎敵洪黨漸退分股抄出官
兵之後官兵駐守于京江分頭回戰互有損傷四月
初二和淳督帶師船乘風直至焦山洪黨即以其船
開砲迎拒師船復駛向瓜州此處洪黨船隻甚多岸
上施放連環大炮不絶該師船因有帆風亦放砲冲
擊南北兩岸初七日向榮預派兵勇分作五路攻路
攻江寧通濟朝陽二門洪黨又出兵二三千分頭直

撲日戰且守官逼近誘敵洪黨悟終不前十一日向
榮札營于紫金山恐其占據形勝突出數千劫掠營
寨向榮分頭接仗是日長江上游盧應翔會同楊煥
章各帶砲船砲勇遠出夾江沿江北潛于南岸楊煥
章分兩隊遠至夾口蘆葦中張疑設伏以爲援應于
總黃秉忠督大小砲船遠進夾口直打橫塞溢口之
鹽船三隻其餘鹽船順流退下放砲拒迎楊煥章伏
葦岸接應先向望樓塌壞殲却數名乘機催船齊進
洪黨泊船相拒岸上砲台七座均向官船開砲轟盧
應翔率勇抄截楊煥章麾兵應之黃秉忠復迴環冲

擊万開鎗砲數時陳春率勇登岸赴援斃却執黃旗
首日洪黨逃潰兵勇乃折斷夾口木排奪得大砲黃
旗器械等物越日洪黨計議云虛虛實實用兵之妙
前有大兵之拒又無用武之地勝負難決不若舍前
支[□]從左潛入守候機宜而進也是以分股攻擾徐
州復占據臨淮關直趨鳳陽府知府裕泰等于四月
二十一日酉時在北門外與之接仗洪黨另分一股
從小路潛入東門城内烟火突起九華山興與龍寺
前有會黨兩股望見火光即向北門左右冲散鄉勇
遂陷府城二十五日洪黨另一股自汴梁西竄于汜

縣盤踞城中安設鎗砲守禦將軍托明阿提兵進剿
滿洲官兵以連環鎗砲四面圍攻傷殘無數黨見孤
城難守自東門竄出屯于東西兩土山上糾合三路
賊爲犄角分擾于河南蔓延于山陝皇上命江南安
徽各路大員添調精兵分路防剿令總兵董占元陞
任山東兗州花里遜布督帶大名宣化正定官兵馳
赴河北會同河北總鎮辦理防勦事務直隸總督訥爾經
額即日出省統兵接應蒙古三盟王哲里木等各派
蒙古兵由熱河圍場前來調集察哈爾官兵近畿一
帶大兵雲集欽命訥爾經額總督各路帶兵大員奮

勇前進以爲山東河南後路應援京師十萬禁兵均
已調齊以俟攻剿都統西凌阿督帶黑龍江官兵在
浦散住民房來安盤洪黨乘其無備暗兵襲之由洛
湖河擾及温縣亳州失守知州孫椿等陣亡復潛往
于劉家口在南岸施放鎗砲總兵邵辰等巡防渡口
同時星散北岸師船概自燒燬兩日不見回踪斯來
得救兵互護五月初七搶入府城留德寸河南巡撫
陸應穀奏稱賊匪竄至汴梁是夜大雷大雨賊營火
藥皆濕城外濠水驟深數丈十三連日賊匪攻城屢
敗據衆傳說夜深攻城緊急之時一長身赤面入手

執大刀往來指揮左右前後隨護之人亦復不少且
見兵勇下城每有持燈指引者行走如飛賊因敬畏
不前以致敗遁請加封號時湖北廣濟縣蔡潤蹤徵
□民佃既經兵火者未曾分開應徵應免之處希圖
一律蠲緩鄉民不服持戈聚抗官此後有鄉民欲赴
隸縣收著爲別處鄉民設詞攔阻鮑署令不善調停
反帶兵勇殲拴數十因此鄉民愈聚愈多該縣復請
上憲發兵勦捕琦善咨調援殘九百子之兵不堪用
是晚衆鄉民一齊闖至縣署聲稱要尋鮑令報仇鮑
令率同縣守挺身出外彈壓均被殘害衙署亦被焚

燒臬司江忠源統帶楚勇千餘東下一面會同提督
阿勒經阿挑選兵丁配齊器械刻日帶赴廣濟接辦
以期迅速蔵事但須善力乃不致逼手附會也月中
廣西興安縣高坪村土匪聚衆拜會知縣蔡映符前
往查拿會糾移黨闖入縣城戕官奪犯竄入靈川盤
踞城內安砲抗拒許祥先張敬修分路進攻賊始棄
城潰逃暹羅貢使行抵商邸所有賞賚各物御書均
被搶去著補償還改道護送回國湖南桂東縣有江
廣會黨二千餘盤踞三都橋肆行刼掠焚燬汛署二
十九日未刻撲城該縣會同武營勾兵出城堵禦衆

寡不敵會黨分股擁進城門斷絶歸路諸兵政護曾
黨聞分股于上猶龍泉等縣城內衙署門格均打毀
錢糧倉庫搶去無幾禁犯乘間脫逃居民或被搶掠
復又散擾于永興縣由山路竄入三河州地方山頂
駐札伐木結寨該處係高山峻嶺有徑三條官兵兩
路堵禦僅留一路出入架砲防堵衡州府屬安仁縣
復有一股竄集請兵防堵駱秉章遂飛咨于江西巡
撫不分畛域一體勦辦六月初八訥爾經額奏稱水
定河南水漫堤頂自本年中長水一丈五尺連原底
共深二丈餘適當黑夜水勢猛驟人力難施塌却三

十七丈衝動大溜民間房舍田禾間有冲壞淹浸相
應請旨赴監緊修毋致場刷捻寬一面行查波淹各
村庄輕重情形應否撫邺具奏十九合兵進攻商定
此股多係粤西湖廣會黨形踪詭巧或分五六股突
出一見官兵又復嘯聚藏匿並於懷慶城之東南一
帶接連豎立木壘暗施鎗砲各隘口設有陷坑竹地
雷埋伏遍插旗幟遙作聲援虛實無辨參將崇安奮
攻木壘砲傷陣亡二十一給事中張祥晉以粤西興
軍兩載以來所費不下三千餘萬之多奏亟籌經內
費以濟時需一請開內地墾粟花稅比照茶酒等物

一律收稅一 請將內府舊有金器改鑄金錢與紋銀
一律並行一 請將京城現舖程章程推廣各直省一
體辦理硃批該部議奏七月中旬彗星見于西方廣
西梧州府陳因大鯉魚雖有歸降之名究無降順之
實六月廿七恩華親督文武員弁統帶吉林黑龍江
及直隸山東各省兵由二十里舖直抵丹河會黨分
旗從林內轉出官兵以連環鎗砲拒敵洪黨退后官
兵將其房舍焚燬百餘間二十九連日復督官兵過
河擒殺會黨退入木城不出情形巧詐營壘尚多官
兵亦不敢遽進至大名鎮董占元先于二十一日帶

兵直搗懷慶北關督率遊擊薛成龍等官員共一十
二名員兵攻察俱被受傷陣亡兵丁亦復不少七月
二十二日府遣其子先代勇士誘于庸擒而戮之另
將衙內之首目舞弊者斬却地方頗安七月中旬上
海吳爽行文到粵東調發南洋船數十號壯勇數千
由洋面往上海不料八月初旬劉元領伏黨友數百
于是夜登岸而用火攻下衙口將其誘出伏兵統後
兵獲勝兵勇一時逃散吳爽被押于會館會黨監與
之閉方要佗實將洋船寫明送是晚吳爽失了印信
一顆後頼花旗領事帶入行商二十三日分兵各剿

拒明阿若祿等攻其北勝保攻其東南黨仍堅閉暗
施鎗砲抵敵官兵列隊前進黨亦分股突出各放鎗
砲互有損傷黨于心隄淺水之處分股接應官亦分
兵抖截而退二十六日復分馬步各軍前進黨于木
城內及各隘口施放鎗砲或出或入官兵亦不敢直
前二十七辰早勝保攻其南托明阿等分擊東北兩
面屢由隄北邊出兵後東北木壘遍插旗幟暗放大
砲兵傷百數官兵鎗砲直進亦斃會黨不少天已昏
暮正在收隊黨于東南北表路以出禾內突出因將
黑夜馬隊官兵未能擊壓傷殘官兵甚多亦是退下

列營普祿即著兵丁拈鎗拈砲並放一時之久黨乃
擊退

第一部　『地理全志』と『満清紀事』

有所不爲齊雜錄　第二十

治安策　滿清記事　咸豐帝上諭
清國擾亂數種

治安策

南海　羅森

粤自番人見伏之後、游民自此縱橫胆大、拜會掠劫之事漸多矣、廣西之釁、由此伏矣、朝廷洞悉林文忠[則徐]才智兼優、故再召出身、往西勦辦、先聲奪人、盗匪聞風、一時幾于盡散、厥後中途病故、承辦之官、多招壯勇、反擾鄉民、兵勇所至、財物一空、盗寇掠民、猶留餘地、由是百姓之惡兵勇、更甚於盗賊、夫蒼生國寶也、兵戈危事也、戰勝攻取之機、不患無策、患無愛民之心、故善用兵者、不惜地而惜其民、善將兵者、不攻民而攻其心、予於今日竊慨然矣、當今之時、官門上下、惟利交征、衙吏官員、專門粉飾、皀隷房差、倚權恃勢、官司訟獄非不行、而爲上者、又復驁傲自居、不體下情、無怪民離散在彼而不在此也、竊自粤西興軍、兩載以來、所費不下三千餘萬、曠日持久、迄無寸效、何者彼實未覩於先後虚實之説耳、方今四方鋒□、出沒靡常、我若以實兵攻之、則彼必乘虚而入、惟我以虚兵誘其實、另以實兵勦其支、斯枝削則本搖、而盗氣可屈、獨是最難强者、百姓之從違、最易覘者、羣情之向背、故欲操必勝之權、莫先於民、而民心之得、尤在於推好惡同憂樂明賞罰嚴號令肅隊伍密巡邏、上下聯以一心、庶收臂指之效、古人有言曰、剋敵之要、在乎將得其人、固守之方、在乎民得其心、此之謂也、爰陳管見、謹列於左、

一申軍令以彰國條、清朝開基以來、英明遞禪、威震中華、雖金川臺灣之叛、不數月而平矣、由此太平日久、民不知兵、兼之粮餉羈微、兵暇分心而貿易、一□時當服役、砲響畏怯於軍前、鋒鏑既接、誰欲當先、前途倒戈、後卽逃潰、夫人情莫不怯死而貪生、法度不嚴、何以整軍容肅士氣、王者之師、愛民爲先、所過秋毫無犯、師律貞而武功立、此爲將任之一端也、

一明賞罰以服衆庶、一輕一重、理亂攸關、宥之以恩、自新者思歸命、斷之以法、懷懼者姑免偸生、勿徇私情、以杜姑息之漸、勿爲吝嗇而啓怨忿之端、自昔能建奇功、或拯危厄、未必皆是絜矩純良之士、珠玉不以瑕纇而不珍、髦彥不以過失而不用、古有始爲□讎、

終爲卿相者、驅駕擾馴、唯在所馭、明黜陟而鼓士氣、此爲奬勵之一端也、

一備兵器以壯攻守、兩陣對壘、巨砲爲先、所貴鐵模鑄就、界尺居中、轟擊可能達遠而有準。兩接伏、鎗矢開排、更宜花筒爲備、矢革衞前、駐扎自有所靠而不驚、若夫火藥、須按泰西銅欲之法、傾淨製造、勢力倍增、各器必使兵丁輪日磨刷、廼器物光瑩奪目、爲用自有威嚴、鼓之則進、金之則止、一吹而行、再吹而聚、所謂工欲善其事、必先利其器、此爲武備之一端也、

一嚴防守以決軍機、虚ゝ實ゝ、敵人莫得窺伺其微、行迎駐守、敵人莫俾屯於地利、故善防守者、防於所不守也、守而固者、守於所不攻也、故所欲戰、敵雖高壘深溝、不得不與我戰者、攻其所必救也、所不欲戰、雖畫地而守、敵不得與我戰者、乖其所之也、玆之城垣市鎭、守禦俱疎、巡緝廢弛、敵人或潛跡而莫知、內患或將萌而莫覺、詩云戰ゝ兢ゝ、亦爲防虞之一端也、

一敎隊伍以從法度、聖天子偃武而不忘武備、養兵而不弛兵威、今之食粮當兵、ゝ荒韜演、進退而依隊伍者少、孫子曰、將弱不嚴、敎道不明、吏卒無常、陣兵縱横、敗之道也、按泰西之兵、取無室家、與足粮食、次之進退步履、無有參差、以之防守巡邏、無得懈坐、統以六卿、帥以夫長、頭陣勝、四倍奬、再陣勝、八倍奬、連勝三陣、乃全給之、若於第三次敗、而頭二次之功、半歸烏有、此故初奮力、而終更如財命相連矣、奬勵若是、總之敎練宜多、此爲壯軍之一端也、

一聯郷曲以靖閭閻、各處郷民、倶有表率、一方公所、亦有主持、但今世道澆漓、後生強悍、識理者轉多緘口退避、此誠父兄之敎不行、衿耆之權下振耳、爲民上者、若肯平心下氣、詢于芻蕘、聯絡衿耆、不耻下問、無事則遺族老以導愚頑、有事則聯族老而商辨理、各郷老戴慕於已、卽各郷老爲已用矣、子弟豈有不相率而從事哉、間有不遵約束者、在上之耳目亦近、由近及遠、擇善奬之、亦爲致治之一端也、

一設義學以化童蒙、古者亦有義學之擧、故士習端方、人材蔚起、近今文風日薄、師道不隆、民間年中、簽題雖多、反喜於建醮會景之用、甚嘆世人以有用之錢財、耗費於無益之地也、爲民上者、果能着油鹽茶當、綢緞各行、按年簽助規餉、以于官荒地段、多建義學、訪薦明師、敎育貧富子弟、無庸束脩、月中講論善書聖訓、敎人以悔過行功、有德者薦而升之、有才者拔而用之、師道立、則善人多、此爲文敎之一端也、

一親賢才以輔國政、文藝爲後、德行爲先、故聖王不以辭盡人、不以意選士、凡制爵祿、衆公之、先論其才、乃授以職、所學必試以事、而考于成、然後苟妄不行、眞實在位、若知賢而用之、則勿以資格而拘之、古之賢侯將相、多出微賤、一旦感遇知音、振奮之情彌切、當今財勢是重、正比英雄蟄屈之時、卽大臣保奏者、無非公侯世官之子、豈知貧賤憂戚、正彼蒼磨勵英豪之資、險阻艱難、悉上帝鼓舞賢才之具、古者闢門籲俊、此爲輔理之一端也、

一崇朴儉以重淳風、今人專言勢利、俗尚奢華、而冠婚喪祭之繁華無論已、誠有取數十年之蓄積、不足以供一朝之用、以天地造物之生成、而給一人嗜慾之私、由是門風日大、敷演日繁、一不知稼穡之

艱難、迨後不勝而困苦、因此倖幸之心賜日作、貧窮遂不甘於守分、故聖人制禮、惟於相稱、禮以多爲貴、不得簡略以爲安、禮以少爲貴、不得奢靡以相尚、崇朴儉而得中、亦維世道之一端也、

一淸訟獄以免民累、淸之法主於明、ゝ則能判曲直、不致糊塗而尸位、夫訟乃輿情所屈、愼勿遷擱游□、延阻蒼生之望、獄乃性命所關、愼勿偏情率性、致乖好生之心、逼勒口供、混拿了案、竊睹房差之大無良者矣、案懸不結、尋節生枝、歷見爲官多等如是者矣、方今朝廷愛民誠切、在下総非認眞、因想古人折獄、而民畏之如雷霆、理訟、而民仰之如日月者、誠爲愛民之一端也、

一省威猛以撫羣黎、大平盛世、愚民安分、官威尙可懾服之、今時恃威則無益矣、甞見位尊而高堂ゝ、傲氣作威、迤ゝ聲音顏色、拒人于千里之外、無怪善言之難近、志士之裹足不前也、今天下言州縣爲親民之官、亦曰父母官、無如居移氣、養移體、是有父母之名、遂失父母之實、古聖人天下爲一家、如慈父之愛子、好問察言、敬敷五敎在寬、夫恭不侮而寬得衆、此爲親民之一端也、

一察房差以免積弊、世間皂役、多是倚權恃勢而淩民者、語云富不與官爭、小民懦弱、何敢與之而抗氣、一法立、一弊生、若不嚴防皂役、官規所以日壞、民情所以受屈也、體郵民者、盍其朂諸、夫差役下流人耳、居上而使下、理應按月給以工銀、則何今之承充差房者、反需饋禮數千而後得哉、此一旦當差、其中□弄可不問而知矣、毋得執票勒索、毋得倚勢欺民、毋得窩娼開賭、毋得苛刻案件之人、時稽訪察、誠爲除暴之一端也、

一輕狀金以伸民望、稟費難免、多亦非宜、議限微些、以裁滋擾、外國規條猶是、誠以百姓之案件紛繁、群黎之貧富不一、若照今時事例、則每入一稟、須銀數元、到訊另要派堂規矩、行牌亦要票金、差房亦要使用、種ゝ苛求、不一而足、是朝廷設官以理民、悉足以病民耳、彼小民之欲行赴愬者、無如費用難支、是以被屈、寧甘忍受、寃枉終以難伸、通世務以快輿情、亦爲行政之一端也、

一免加征以遂民業、如欲革其積弊、須窮致弊之由、小民賴此產業以養家、生齒日繁、支用尙且不足、仍復于租稅而加之、民情既苦而益苦矣、或以大斗而收、或以大秤而入、或以公務而添征、或以官佃而增稅、此加征故多釀成禍患也、先王之制賦入、故必以丁夫爲本、無求于三則之外、不以務穡增其稅、不以輟稼減其租、民安居而樂業、此爲撫郵之一端也、

一遏淫風以正人心、近來風俗不古、差役多是窩娼漁利、凡女子之有顏色者、自小買育寮中、以求出息、而貪利之徒、又不計及陰隲之事、故娼寮日盛、而私寨亦多、更有三姑六婆、每煽良婦、而爲不法之事、故于街前粘貼下胎之藥甚多、此見人心風俗之變矣、聖人治世、必宣正道以遏淫風、遏之則莫如禁賣爲娼、重稅娼寮、輕限妓價、其難綱利害自消除、則爲新民之一端也、

一禁賭博以塞盜源、民間子弟、好賭必離守業、僥倖之心遂生、故贏錢則風花雪月、輸錢則鼠竊狗偸、以覔生涯則怠惰、而習與性成、以使傭工、則畏勞而貪婪不足、近今盜匪日多、好賭者居于大半、試思市城賭館大、則每月衙規九百、中亦數百、此豈眞能公道交易哉、入門則望以幇其費用、此不問而知矣、不賭是贏錢、亦爲興利之一端也、

一屛異端以維正道、聖王治天下、無外脩齊之理、而異端不貴焉、世
間無父無君、眞欲出家者、世無幾人、果有此人、此人猶不害于世
界、然世無幾人、而異端之害人深矣、嘗見近今、僧尼雖有食齊之
名、究無食齊之實、或於市井言世利、或於民間煽惑人、更有代夫
不善者、而拜神求禱、多方賺錢、言難悉數、所宜置寺門于海外、
俾其不得而入市廛、亦爲風化之一端也、

一超女苦以布王猷、聖王治天下、必先於鰥寡孤獨、而況女子之無辜
受屈者哉、蓋一陰一陽、上帝造端乎夫婦、于今生齒日繁、貧富不
一、故有買奴買婢之條、亦有三妻五妾之例、此毋論已、然而被賣
爲娼者、非其所欲、即宜矜之、矜之則莫若出示任其從良、一到官
前問明、立即任其所往、買主毋得以身價留難、差房毋得倚勢而勒
索、此外國亦有是例、嘗見今之買女爲娼者、多寫身價、故自少
至老、終不脫離其苦、此中國從良之例不行矣、至若以女子束脚而
悅心目、奔走艱難、心誠何樂、貧寒之家、自行作事、受苦益深、
故超女苦、亦爲施德之一端也、

(朱)嘉永甲寅五月廿二日一校了

(朱)滿清紀事

山谷清涼樹木陰蔚群巒疊翠石澗飛泉于此間遊打坐正可敲棋琢句亦足
論古談今非謂己之多聞亦本衆人所共知者耳古人有言曰不知天文不知
地理不知敵國之言不可以爲將故曰知彼知己百戰百勝而不禁怳然於中
華事也」中華地廣人衆財物豐饒聖天子在上俱以德敎爲政治禮義以交
孚精明壽考勤政愛民幅隕廣大四海安寧盤古至今未有于玆之盛」溯自
清國開國以來順治在位十八年康熙在位大免天下民税一次當時章程尚
未定而聖祖力以成之在位六十一年及至雍正明而略刻貶削親王戮年康
堯在位十三年」乾隆登位時際上元民豐物阜開闢新疆數千里大免天下
民税一次下遊江南二次臺灣叛逆命福康安帶兵不數月而平之在位六十
年而與子另爲太上皇三年嘉慶即位各國夷人旺于廣州貿易海關年中入
息甚多夷人每受官民挾制番人勢弱未可如何」道光登極越年省城大火
燭癸巳而大水時鴉片太盛毒遍民衆皇上命林文忠來粤禁烟唐番互結鴉
片毀消人民邀從義嗶被困功效將成忽然罷任再命琦善奕山到來夷人揚
眉吐氣義嗶伯貊提兵攻擊廣城稱言要償還鴉片烟項擧人秀才多獻善策
統率壯民殺却伯貊各處百姓奮力三元里義勇齊出大將軍恐懼而開城以
六百萬金而退敵於是英人復乘火船上天津攻鎭江所到之處勢如破竹運
河扼要之區阻塞京城人心爲之震動皇上乃以二千一百萬分三年而與之
准其於寧波上海福州厦門香港五所開港貿易與耆英議設三十六欵章程
以爲永遠和好之計」初時民心尚多疑惑及見番人設立學校教育士女英
材委命有司折斷良頑曲直重月粮以僱工民因趨進番人之路派經書於舗
戸人多知有上帝之書自是開港至今唐番互處則無分于爾我矣」然而世
情自此縱横胆大劫掠當舖渡船之事漸多又不得清明才德之官來玆東粤
故世情愈趨而愈下盜匪愈殺而愈多」竊自夷人滋擾之後黄思桐爲撫台
余溥淳爲廣府俱不理民情祇爲番人使役士人惡之故罷場而不考府試」
再有劉潯爲廣府年輕驕傲菲薄士民出街鳴鑼作威看見舖民有不暇起居
者每每牽在街心連笞數十時双門廷內醬園挑醢超避未及被笞數十另繫

於獄街坊聯呈保之不允衆民忿激是晩公堂之上發起大堆有穿好白衣裳者多人超入取其珍寶玩器不許拈搶出外盡放于火中焚燒劉潯從後門走去事後有愚民在此觀望被南海縣史樸獲捉數十名殺之」原史樸于初上任新舊交代爭取漏規與吳舊令相毆于堂上士子聞而鄙之是年縣試士子皆嫌卷金太多罷考要其親筆爲例此後每場卷金定收六分而已」時粵東一禾兩穗筋竹閪處開花徐廣縉爲総督經年不發一示番人因前耆英書納三年之後入城遊玩至時故以文書復徃問徐徐辭不允親詣虎門求返前者之書番人對曰此乃小事允不允亦無關於緊要也遂以前書還之」既回彼於愚民耳目之前舖張揚大其事連夜換轉城門又着舖戶每出一壯丁持戈遊歷城廂內外比如廟宇出遊一般及晩着令該縣每街各以燒楮奬民愚民益增興趣矣一連出遊數日枉費多資豈知番人並無必要入城之事」其乃稱言督率各處鄉民以使夷人畏服不敢進等語欺瞞皇上皇上謂其不發一卒不費一矢功成勝如爭戰所以賜之以世襲子爵實是平地風波瞞戯皇上者且又托賴於百姓者耳而孰意其後來之刻薄百姓若此哉英清地方欠粮不納上召委差捉獲茲事時史樸任滿例陞、（句讀ハ原ノマヽ）意欲邀功、自帶壯勇、往緝捕、乘轎鳴鑼而入、恃官威欲以壓民、不料匪人持戈逐之、棄轎而奔、觸石跌歩遺靴、被匪擄獲覊留半月、其子探之連夜到匪巢説明、價銀一萬取贖、乃以平昔所得之贓物、加收民佃之資財、運在途中、彼此易換、史樸方回、百姓鄙之、民情之變自此始矣、道光在位三十年之事也」咸豐即位、黄河偶缺、盜寇頻興、梁十五擄得民船數百、沿海肆掠、英人率火船二隻敗之、後來歸降官府、隨營效力、當時有羅單德覇氣擄人勒贖、梁懐本義委捉之、彼亦不懼、拆爛懐本之屋、後率其結拜之兄弟數千、往廣西會同大頭羊大鯉魚等、聚黨爲盜、劫掠地方、日甚猖狂、官兵難獲」斯時路上阻塞、經營到處打單、貨價不定、該鄉市鎭、亦要恭迎、當饋禮物、此鄉安靜、如不從順、掠不留情、世界日擧於禍亂、貧富日夜而心驚、是以某某鄉、因議設立保良攻匪會、馮雲山洪秀泉二人在列」自立會後、如或盜匪一至、該鄉民須要齊出守望相助、同心聯絡、盜匪因此不敢藐視其鄉、該鄉亦願打單于匪、俾其不相侵犯而已、時皇上洞悉林文忠才知兼優、故再召其出身、往廣西而辨匪事、先聲奪人、盜匪聞風散了一半、讒臣中途陷害之、皇上精明故斥穆彰阿而不任也、時兩廣總督徐廣縉庸碌無才、專以夷務推辭、不亦匪事、性傲乖張殘殺、沈米餞士監甃梁友竹、怒捉潘鏡泉刻薄百姓士子亂作福威神人共憤故廣西之賊聞知而後聚焉茲說會內之洪秀泉自小素有胆略結納英豪中年讀書貧寒嘐々而不得志聞知番人敎讀每月工銀可有數元故于廿八年到港詣進郭士笠門講論上帝書理心內明晰番人因予工食往廣西而傳道寓在某ゝ鄉故得入名於保良會內憑雲山亦因貧于澇門入敎領番工食往西敎書初年寓居黄宅次年寓曾宅有秀才張姓者他邪敎指其毀爛社壇廟宇而稟官官即飭差拿黄曾二人及憑雲山於獄將黄曾二人押甃憑雲山用些小錢賄囑差房照顧是以知縣見他雖是邪敎並未滋出事端故寛之而遞解回花縣」回家既久難覔生涯復往廣西官差査覺再來戈獲適友兄第好報不平將差毆打或至被傷差是稟官稱爲叛逆官即提兵以剿其鄉此時危急騎虎難下洪秀泉憑雲山故糾合鄉民而與官兵相拒因小致大已酉皇命周天爵向榮提兵剿之相持久不克洪秀泉等乃率其鄉民畜髮易服不准搶掠百姓法律整嚴行軍庸虔創志恢復明朝專與滿州爲敵奮勇直前比楚項羽之破釜沉舟採用機謀效漢武之中興起義初時鄉民婦女共計不過數百官兵四伏環而攻之洪秀泉倡其鄉民入踞山谷

合理山內之家及婦女操戈禦敵男則當兵女則挑食分行束伍視死如歸官
員數次引兵入洞剿其巢彼每誘敵而取勝斯時盜首大鯉魚等已降官兵隨
營用命官遣其爲先隊合攻洪黨深溝高壘待夫銳氣一墮而冲之士卒死傷
如積矣有都統烏蘭恭者自請奮勇當先帶兵相拒年餘被炮傷足而斃張敬
修招集壯勇耗費多資屢次交鋒未能殺勝所招義勇反擾鄉民兵勇所至財
物一空盜匪掠民猶留餘地故百姓之惡兵勇而更甚于盜賊也是年八月日
食殆甚皇詔頒行輕徵民稅秋圍闈省武秀欲聯罷試爲顧登寃不果英清曾
昌擾亂數月撫台葉廷琛帶兵滅之另黨淩十八擾亂翁源屯於羅境墟內葉
廷琛帶兵困之意欲絕其粮食連該處之良民老幼俱皆餓死入境內而臭穢
不堪此葉廷琛之亦有損於陰隲已且夫蒼生國寶也兵戈危事也戰勝攻取
之機不患無策然而行軍紀律須本於愛民果能得法以視民如子曾見簞食
壺漿恭迎毋畏寧爾之師矣果能不愧於爲民父母亦見從征犯難斷無委而
相去之民矣故善用兵者不惜其地而惜其民善將兵者不攻其民而攻其心
故曰得道者多助失道者寡助而不禁令人追憶于今日也夫今日於大平無
事之時官門上下無非以利交征卽此有事之秋大小官員而亦專門粉飾位
愈尊而愈驕總無肯於下問雖有功能非錢不錄芻蕘美行枉鬱難伸皂隷差
房倚權恃勢官門訟獄財富惟親所貴皇上英明昇新革故若不洗除舊染之
汚則民心已離而在彼無怪兵民之棄甲曳兵矣此時洪秀泉會內人漸充多
辛亥八月初一向榮提兵伏道勦之洪黨亦以兵相拒自辰至酉勝敗未分洪
黨遣韋正暗渡斜谷遶出兵後官兵相拒之際而不知永安已陷矣於是官兵
退後數里爲營洪秀泉亦以永安添守壬子正月廣西梧州府忽有波山艇數
十號突到關前關吏不及稽査船內冲出多人提刀舞牌直劫關廠梧州府閉
城數日賊乃獲利而去二日洪黨大隊人雖劫永安州俄圍桂林府至四月初

一日忽解圍入湖南四月十四攻柳州傍東繞道連陷道州桂陽嘉禾永興安
仁醴陵攸縣竟于七月二十八日逕至長沙圍其城于夜又解圍北向途中出
示
奉承　天運太平國總理軍機都督大元帥萬大洪爲剴切曉諭伐暴救民事
照得天下貪官甚于强盜衙門活吏無異虎狼皆由君之柔懦遠君子而近小
人賣官鬻爵壓抑賢才以致利風日熾上下交征富貴縱惡不究貧窮者有寃
莫伸言之痛心殊堪髮指卽錢漕一事近益數倍三十年之粮銀免而後再徵
民之財盡矣民之苦極矣我等仁人善士觸目傷心故將各府州縣之賊官狼
吏盡行除滅救民于水火之中也刻下大兵雲集廣西已定長洲太平將近江
西等處不得不先行曉諭凡我百姓不必驚慌農工商買各安生業富貴須備
辦粮米助吾之兵餉多寡數目親自報明各給回借卷以憑日後淸償爾等如
有勇力者智謀者同心竭力共成美擧俟承平之日聿資榮封現在各府州縣
官員逆吾者斬順吾者昌着卽付卽回籍其餘豹狼差役槪行勦除縣首示衆
恐有流賊藉端滋事准爾等指明具投隨卽剿除倘有鄉民敢助賊官爲害以
敵吾之士卒者無論各府州縣鄉村盡行洗滅稟之愼之毋違特示
示貼各處此時皇上知賊勢猖狂憫憐生民荼毒故屢次上諭催徐廣縉往西
辦理然其則遲ゝ行也因此洪黨于十一月初三克洞庭湖之岳州府各路防
堵皆空洪黨先使八十餘人坐大船二隻小船四隻遂於十一月初九到湖北
之漢陽府鸚鵡洲灣船等候大隊人馬打攻漢陽」十三日洪黨見漢陽城外
官兵徃剳營內有一壯膽者云我們先去攻打官兵試之可能否于是八十餘
人携了鳥鎗軍器藥煲一人手執大旗先行上岸大聲喊殺官兵其城上官兵
見賊上岸以爲大隊人馬不知多少前來攻城各人心甚驚慌遶放鳥鎗數口
卽刻逃走彼見官兵趕到城邊擲藥煲數十個燒着民房數間官兵盡行走淸

遂承勢攻破城池另焚棄撫台之材掘其祖墳入到漢陽府衙門刼了倉庫出
示安民示曰大漢軍師兼理內外政教統理官吏軍民開國承相靖國王左爲
上諭宣布中外事照得安邦定國弔民非所以害民發政施仁戡亂非所以擾
亂村鄉市鎮不用驚惶士農工商各安本業夷滿當滅漢祚當興久合必分亂
極復活天地循環自然之理也玆因君弱盡暗臣强盡貪而暴弱日甚況且朝
中文武權重者盡屬旗滿之人外省職員無非捐納之子則士子聰前勤學統
是巷儒難以抱負雖奇才經綸終難展用朝無善政野有遺才大員盡屬貪贓
小吏能無索賄上有好者下有甚焉故張嘉祥等因攔截江河擾亂鄉里逞其
虎狼之性魚肉生民肆其狐淫之心室家受害求渠等又覩感而興焉招集匪
徒傷殘黎庶沿江取稅到處打擾搶掠商民當之者迎刄而倒風行士庶聞之
者望氣而趍雨散官司爲不宄猫鼠誰非同眠嗟々生民際此聊生何賴是以
我聖神皇帝心存惻隱日夜焦憂故聚天下之義士弔民罸罪爰擧義旌以靜
變妖自于八月初一兵入永安州城陛下待庶民如保赤子本王深體陛下之
意自從出兵以來不許部下妄傷一人倘有抗拒不遵本王定必重究免其以
暴所以各省州縣地方所在必宜更變披髮左袵之非而奮厥乃心成其緯績
則效力有功定給奬賞且俟平定各省勦滅北燕擒獲蠻君問其蹂夏之罪賛
成四海之休賞德論功各設刑罰爵祿自有常典爲此特示毋違凛遵」越日
出城往海搶了粮船約一千號其有不從者用火燒去四五十號十六日有數
百人到了又攻打漢口兩路來往十九大隊人馬到齊就在漢口居住其頭人
住廣東會舘廣西安徽各會舘內連日齊備攻打武昌先困城後洪秀泉遝雲
山二人乃到十二月初四被地雷火藥轟陷城池遂破武昌」城中大小官員
常大淳等俱死盡節計壞官兵百姓數千血流成渠開係廣東人則不殺閉門
不出者亦不殺洪秀泉在武昌分派人馬攻打各處十二月十四攻破黃州十

九攻破波縣得兩處以爲門戸獲銀七十餘萬就在武昌過年有姓錢名江者
浙江人也素有膽略博學多聞林則徐辨烟時同他來粤亦理書文事務因林
則徐被貶流落粤東當時番人見伏後其再欲鼓衆以拒夷聯同紳士上明倫
堂官已主和其猶辨論梁星源謂其刁蠻獲而審之彼立不跪官怒責之監其
數月遞解回籍自此在家悶々而不舒適聞洪秀泉破了武昌其挾宿恨欲報
前仇故不遠千里而相見勸洪黨舍西而東因獻一策于洪秀泉其策內所言
西川不可守如劉先生當日先有諸葛之賢後有姜維之勇六出九伐不得中
原寸土今欲以區々之地而敵天下決然不可不若取了南京心服之地建都
以圖進取云云內有興王策數欵秀泉覽而悅之卽遵其計行事」明年正月
初四洪秀泉率衆盡行上船居住其有船二千餘只順流東下十一日攻破九
江府官兵退守小姑山洪黨自北口而出由大江直落官兵不敢動他獨有上
海道臺吳爽招得廣東頭猛船華船十餘隻裝有紅毛大砲六百餘位在小狼
山奮力攻剿他屯海邊築堤相拒是夜二鼓卽於堤內竪起燈籠而轟之連夜
傷殘六十餘人及至天明廣船人少吳爽之大砲船隻盡爲所得正月十八攻
破安慶廿二日攻破蕪湖殘殺官兵數百得銀三十餘萬另獲粮米婦女不可
勝計官兵退守南京及鎭江府總督陸建瀛盡引其兵屯于城內不與屬員面
議將軍三司會街參之吳爽復寫信付于番人請其火船往攻洪黨于此夜用
埕以雨帽相盖每埕掛明燈一枝浮於水面順流而至黒夜之際淸風蕩漾其
埕似有人遊於水面番人懼其將近連卽於炮轟之火藥將竭洪黨乃以伏兵
齊出拿住火船之大伙一名番人乃兵粮爲禮說妥二月初十日子時洪黨用
雲梯登城越入天明已將南京四門盡開截殺官兵旗滿死者不計其數百姓
跟住官兵逃出亦被殺害十三日開城捉百姓去搬尸首十五日閉城拘百姓
入隊允不者隨之計洪黨自廣西猖厥以來算南京殺人至多淮河之水俱紅

一四〇

梟不堪總督陸建瀛將軍祥厚各大員等或有盡節或有炮死眞是聞者傷心見者流淚惟粱星源則被錢江數分爲數段以報前仇于時洪秀泉在南京修整明朝舊宮殿居住內外掛聯二對其聯曰獨手擎天重整大明新氣象單心報國除淸外域異衣冠」虎賁三千直掃幽燕之地龍飛九五重開堯舜之天」連日飲太平宴三日大封會友以錢江爲大司馬總理軍民事務又命良工加築垷炮臺于城外固守撥其新入隊者守之湖南湖北入隊者守二重城其長髮者守猩重城洪秀泉上戴天官身穿黃龍袍用黃縐紗腰帶其次用紅綢又次用紅布洪黨人馬合埋多少未知其詳時賽尙阿爲欽差勦辦匪事人品太純柔懦大過心存惻隱不事殺人故以之爲太平宰相則有餘以之爲征討大員則不足徐廣縉專巧瞞混詳報勝賜遏心隆力亦不明於賞罰擁兵自護怯懼不前上諭屢着其當頭勦截而不邀賊已陷城數日尙不覺故皇上震怒將他拿解還京二月廿五洪黨分發人馬兩隊一打破楊州一打破鎭江正欲進兵適遇京兵萬餘索倫七千山東河南山西陝西四川甘肅各省共兵二萬餘又欽差向榮帶兵三萬五千廣東壯勇一萬餘俱已到齊離南京十餘里或數十里營商議合兵攻勦此次洪黨之心亦慌故將楊州鎭江人馬暫回南京拒守所以人馬亦不暇進兵而前也上海蘇州松江三四府地方于三月初七夜大震巳時微震寅時小震連日俱震有奉賢縣離上海約七十里地近海邊崩陷數里初時民心甚驚今惟略定將來南京料有數場大戰若欽差向榮果有勇謀又有官兵如此之多行軍奮力向前賞罰義以爲尙何憂地方之不平服也哉時屆三月連日風雨向榮探察軍營地利議于初六無月朦朧人馬銜枚潜于隘險突然鳴鼓而相攻鎗炮噴筒而截殺鍾山地面有隊新入洪黨者投出愴惶之間向榮以粮米給其散去四面疊攻取勝獲回器械甚多十三洪黨擁兵北門直撲琦善營寨兩下攻擊之際陳金綬以靑州駐守之兵繞過山前會合截殺勝保又着火器營兵以銅炮在高轟下以火箭射入土城焚燬營盤三處洪黨敗走回城次日洪黨再欲決戰錢江止之曰彼旣得勝銳氣方剛不若調回人馬以守瓜州徃檄同心以據泉厦則我軍粮食可裕敵軍粮用難通以時養精蓄銳以逸待勞俟至秋涼然後決戰洪黨從之是月厦門偶失一夜用火燒燬衙門殺却地方官府並未搶掠番人物件另以經書送與番人番人閱其書內道理心相契洽是擬番親乘火船上長江以探其實卽于三月十五日解纜十九到焦山越日抵江寧洪黨偶望火船駛至以爲大船助官攻已卽以大砲枕岸轟之壞其船尾番人見其炮火得鍊因不還炮乃升白旂洪黨內有識升旂事例者故以小艇開船問之曰君處南海寡人處北海風馬牛不相及也不知君之到此何居曰我國商人雲集上海南京失守恐君逼近此日之來祇爲調護況有給言洪黨與英爲仇故大船來探問玆知釁端于我兩不相助于爾勿害通商書曰四海之內皆兄弟也君其諒之洪黨見其言婉意皆欣洽遂與歷覽各營以軍容之威示之因復曰通商大局理所應然如果得志彼此相安至若洋烟勿來中國議論之後火船遂于三月廿四日離江寧溯流而西卽回上海廿九日總兵鄧肇良進攻鎭江城外之觀音山洪黨蜂擁而出兵勇各以鎗炮迎敵洪黨漸退分股抄出官兵之後官兵駐守于京口分頭回戰互有損傷四月初二和淳督帶師船乘風直至焦山洪黨卽以其船開砲迎拒師船復駛向瓜州此處洪黨船隻甚多岸上施放連環大砲不絕該師船因有帆風亦放炮冲擊南北兩岸初七日向榮預派兵勇分作五路攻江寧通濟朝陽二門洪黨亦出兵二三千分頭直撲且戰且守官兵逼近誘敵洪黨始終不前十一日向榮扎營于紫金山洪黨恐兵占據形勝突出數千㧞掠營塞向榮揮兵分頭接仗是日長江上游盧應祥會同楊煥章各帶炮船炮勇遶出夾江沿江北潜于南岸楊煥章分兩隊遶至夾江蘆葦中張疑設伏以爲援應

千總黃秉忠督大小炮船遶進夾江直擊横寨隘口之鹽船三隻其餘鹽船順
流退下放炮拒迎楊煥章從葦岸接應先向望樓踢壞殲却數名乘機催船齊
進洪黨泊船相拒岸上炮臺七坐均向官船開炮轟擊廬應祥率勇抄截楊煥
章麾兵應之黃秉忠復廻環沖擊互開鎗炮數時陳喜率勇登岸赴援斃却執
黃旗首目洪黨逃潰兵勇乃拆斷夾口木排奪得大炮黃旗器械等物越日洪
黨計議夫虛々實々用兵之力前有大兵之拒又無用武之地勝負難決不若
舍前支西從虛潛入宜候機宜而進也是以分股支擾滁州復占據臨准關直
超鳳陽府知府裕泰等于四月廿一日酉時在北門外與之接仗洪黨另分一
股從小路潛入東門城內煙火突起九華山與興龍寺前有會黨兩股望見火
光即向北門奔去沖散鄉勇遂陷府城廿五日洪黨另分一股自汴梁西竄于
汜縣盤踞城中安設鎗炮守禦將軍托明阿提兵進勦滿漢官兵以連環鎗炮
四面圍攻傷殘無數洪黨見孤城難守自東門竄出屯于東西兩土山上糾合
三路以爲犄角分擾于河南蔓延于山陝皇上命江南安徽各路大員添調精
兵分路防勦令總兵董占元陞任山東袞州花里遜布督帶大名宣化正定官
兵馳赴河北會同河北總鎭亦理防勦事務直隸總督訥爾經額即日出省統
兵接應蒙古三盟王哲里木等各派蒙古兵由熱河圍場前來調集察哈爾官
兵近畿一帶大兵雲集欽命訥爾經額總督各路帶兵大員奮勇前進以爲山
東河南後路應援京師十萬禁兵均已調齊以俟攻勦都統西凌阿管帶黑龍
江官兵在浦散住民房未安營盤洪黨乘其無備暗兵襲之由洛渡河擾及温
縣亳州失守知州孫椿等陣亡復潛徑于劉家口在南岸施放鐵砲總兵邵懿
辰等巡防渡口同時星散北岸師船概自燒燬兩日不見回踪斯未得救兵至
護五月初七搶入府城歸德失守河南巡撫陸應穀奏稱賊匪竄至汴梁是夜
大雷大雨賊營火藥皆濕城外濠水驟深數丈十三連日賊匪攻城屢敗據衆

傳說夜深攻城緊急之時一長身赤面手執大刀往來指揮左右前後隨護之
人亦復不少且見兵勇下城每有持燈指引者行走如飛賊因徵畏不前以致
敗遁請加封號時湖北廣濟縣蔡潤琛徵收民佃既經兵火者未曾分開應征
應免之處希圖一律鐲緩鄉民不服持戈聚抗官此後有鄉民欲赴該縣收首
爲別處鄉民設詞攔阻鮑署令不善調停反帶兵勇殲拴數十因此鄉民愈聚
愈多該縣復請上憲發兵勦捕琦善咨調疲殘九百予之兵不堪用是晩衆鄉
民一齊闖至臬署聲稱要尋鮑令報仇鮑令率同縣守挺身出外彈壓均被戕
害衙署亦被焚燒縣司江忠源統帶楚勇千餘東下一面會同提督阿勒經阿
挑選兵丁配齊器械刻日帶赴廣濟接應亦以期迅速藏事但須善辦乃不致
逼于附會也月中廣西興安縣馬坪村土匪聚衆拜會知縣蔡映符前往査拿
會糾夥黨闖入縣城戕官奪犯竄入靈川盤踞城內安炮抗拒許祥光張敬修
分路進攻賊始棄城潰逃暹羅貢使行抵商邱所有賞賚各物御物均被搶去
着補須還改道護送回國湖南桂東縣有江廣會黨二千餘盤踞三都橋肆行
刼掠焚燬汎署二十九日未刻撲滅該縣會同武營分兵出城堵禦衆寡不敵
會黨分股擁進城門斷絶歸路請兵救護會黨聞風分股于上猶龍泉等縣城
內衙署門格均打毀錢糧倉庫搶去無幾禁犯乘間脱逃居民或被搶掠復又
散擾于永興縣由山路竄入三河洲地方山頂住扎伐木結寨該處係高山峻
嶺有徑三條官兵兩路堵塞僅留一路出入架炮防堵衡州府屬安仁縣復有
一股竄集請兵防堵駱秉章遂飛咨于江西巡撫不分畛域一體勦辦六月初
八訥爾經額奏稱永定河南水漫隄頂自未至申長水一丈五尺連原底共深
二丈餘時當黑夜水勢猛驟人力難施塲却三十七丈掣動大溜民間房舍田
禾間有沖壞淹漫相應請旨赶緊監修毋致塲刷愈寬一面行査被淹各村庄
輕重情形應否撫卹其奏十九合兵進攻商定此股多係粤西湖廣會黨形踪

一四一

譎巧或分五六股突出一見官兵又復嘯聚藏匿並于懷慶城之東南一帶接連豎立木壘暗施鎗炮各隘口設有陷坑竹簽地雷埋伏遍挿旗幟遙作聲援虛實莫辨參將崇安奮攻木壘炮傷陣亡二十一費以濟時需一請開內地罌粟花稅比照茶酒等物一律收稅一請將內府舊存金器改鑄金錢與紋銀一律並行一請將京城現收舖租章程推廣各直省一體辦理硃批該部議奏七月中旬彗星見于西方廣西梧州府陳因大鯉魚雖有歸降之名究無降順之實六月廿七恩華親督文武員弁統帶吉林黑龍江及直隸山東各省官兵由二千里舖直抵丹河會黨旗從林內轉出官兵以連環鎗炮拒敵洪黨退後官兵將其房舍燒燬百餘間二十九連日復督官兵過河掩殺會黨退入木城不出情形巧詐營壘尙多官兵亦不敢遽進至大名鎭董占元先于二十一日帶兵直搗懷慶北關督率遊擊薛成龍等官員共一十二名直兵攻寨俱破受傷陣亡兵丁亦復七月廿二日府遣其子先伏勇士誘于席捲而戮之別將衞內之差目舞幾者斬却地方賴安七月中旬上海吳爽行文到粵東調撥南洋船數十號壯勇數千由洋面往海上不料八月初旬劉元預伏黨友數百于是夜登于瓦面用火擲下衙日將其誘出伏兵統後兵獲勝廿三日分兵各勦托明阿善祿等攻其北勝保攻其東南黨仍堅閉暗施鎗炮抵敵官兵列隊前進黨亦分股突出各放鎗炮互有損傷會黨于沁隄淺水之處分股接應官亦分兵拒截而退廿六日復分馬步各軍前進黨于木城內及各隘口施放鎗炮或出或入官兵亦不敢直前廿七日辰早勝保攻其南托明阿等分擊東北兩面屢由隄北遶出兵後東北木壘遍挿旗幟暗放大炮兵復百數官兵鎗炮直進亦斃會黨不少天已昏暮正在收隊黨于東南北各路以田禾內突出因時黑夜馬隊官兵未能擊壓傷殘官衆甚多于是退下列營善祿即著兵丁招招鎗炮並放一時之久黨乃擊退給事中張祥晉以粤西興軍兩載以來 所 費 不下三千餘萬之多奏爲亟籌經內兵勇一時 逃散 吳爽 被押 會舘于會黨監與之盟方要他實將洋船寫明送是晚吳爽失了印信一顆後賴花旂領事帶入行高

紀事道光癸巳至咸豐三年癸丑八月按廣東羅森避亂亞黒利加癸丑八月駕鮑厦丹師船甲寅正月抵浦賀港故所見聞記事止于此

添川栗編『有所不為斎雑録』（中野同子出版、一九四二年）

国立国会図書館蔵

第二部　平山省斎関係資料

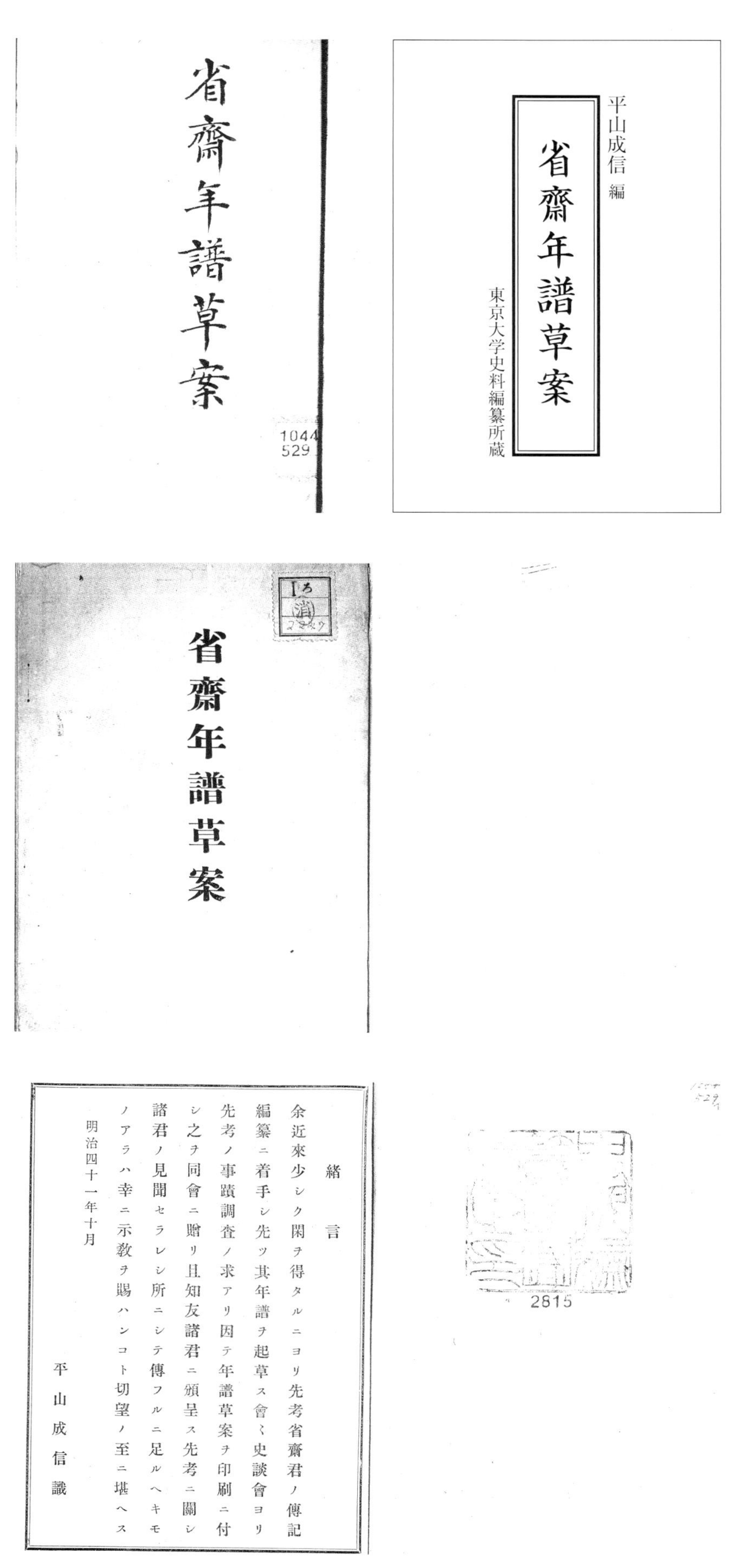

平山成信 編

省齋年譜草案

東京大学史料編纂所蔵

省齋年譜草案

省齋年譜草案

緒言

余近來少シク閑ヲ得タルニヨリ先考省齋君ノ傳記編纂ニ着手シ先ツ其年譜ヲ起草ス會〻史談會ヨリ先考ノ事蹟調査ノ求アリ因テ年譜草案ヲ印刷ニ付シ之ヲ同會ニ贈リ且知友諸君ニ頒呈ス先考ニ關シ諸君ノ見聞セラレシ所ニシテ傳フルニ足ルヘキモノアラハ幸ニ示教ヲ賜ハンコト切望ノ至ニ堪ヘス

明治四十一年十月

平山成信識

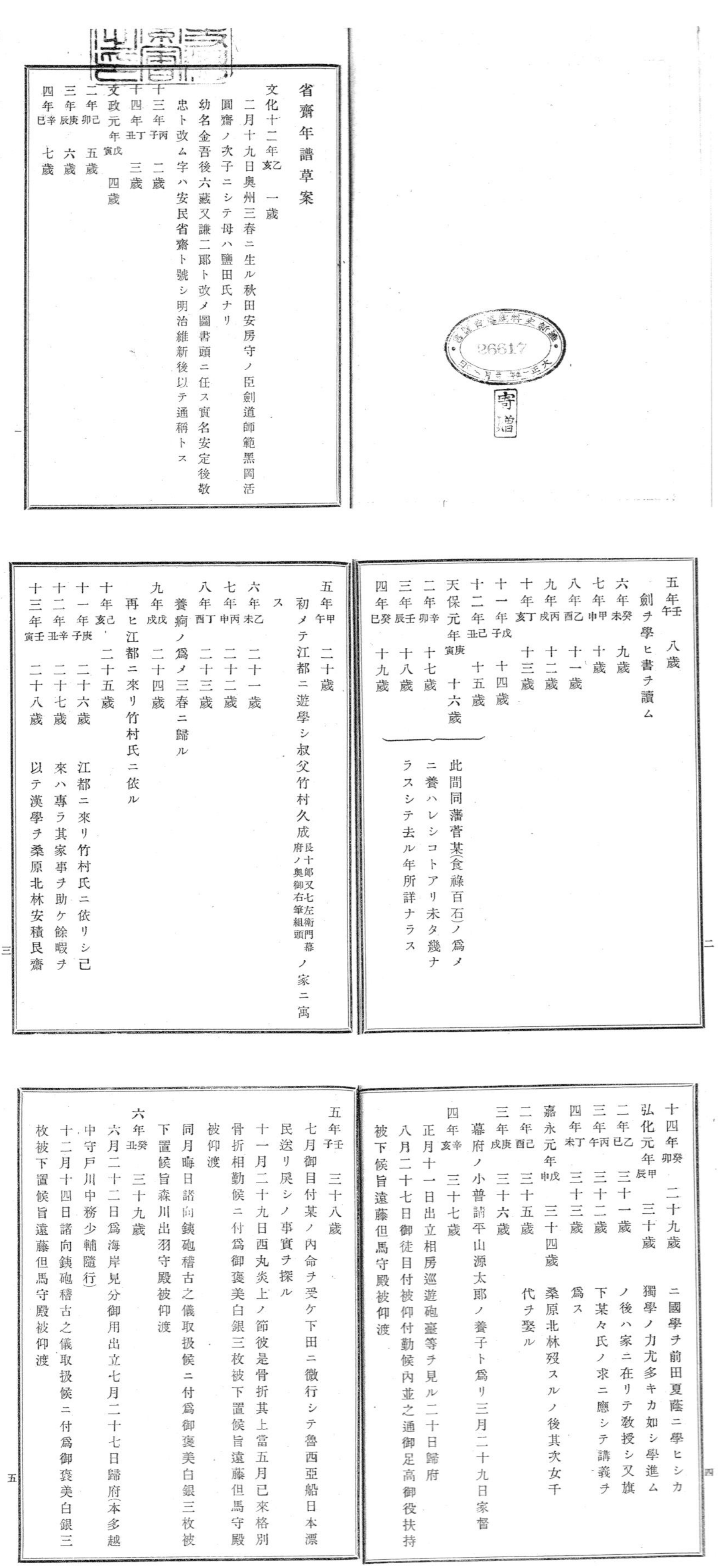

省齋年譜草案

文化十二年乙亥　一歳
二月十九日奥州三春ニ生ル秋田安房守ノ臣劍道師範黒岡活圓齋ノ次子ニシテ母ハ鹽田氏ナリ
幼名金吾後六藏又謙二郎ト改メ圖書頭ニ任ス實名安定後敬忠ト改ム字ハ安民省齋ト號シ明治維新後以テ通稱トス
十三年丙子　二歳
十四年丁丑　三歳
文政元年戊寅　四歳
二年己卯　五歳
三年庚辰　六歳
四年辛巳　七歳

一

五年壬午　八歳
劍ヲ學ヒ書ヲ讀ム
六年癸未　九歳
七年甲申　十歳
八年乙酉　十一歳
九年丙戌　十二歳
十年丁亥　十三歳
十一年戊子　十四歳
十二年己丑　十五歳
天保元年庚寅　十六歳
二年辛卯　十七歳
三年壬辰　十八歳
四年癸巳　十九歳
此間同藩菅某（食祿百石）ノ爲メニ養ハレシコトアリ未タ幾ナラスシテ去ル年所詳ナラス

二

五年甲午　二十歳
初メテ江都ニ遊學シ叔父竹村久成（長十郎又七左衛門幕府ノ奥御右筆組頭）ノ家ニ寓ス
六年乙未　二十一歳
七年丙申　二十二歳
八年丁酉　二十三歳
養痾ノ爲メ三春ニ歸ル
九年戊戌　二十四歳
再ヒ江都ニ來リ竹村氏ニ依ル
十年己亥　二十五歳
十一年庚子　二十六歳　江都ニ來リ竹村氏ニ依リシ已來ハ專ラ其家事ヲ助ケ餘暇ヲ以テ漢學ヲ桑原北林安積艮齋
十二年辛丑　二十七歳
十三年壬寅　二十八歳

三

十四年癸卯　二十九歳　ニ國學ヲ前田夏蔭ニ學ヒシカ獨學ノ力尤多キカ如シ學進ムノ後ハ家ニ在リテ教授シ又旗下某々氏ノ求ニ應シテ講義ヲ爲ス
弘化元年甲辰　三十歳
二年乙巳　三十一歳
三年丙午　三十二歳
四年丁未　三十三歳
嘉永元年戊申　三十四歳　桑原北林歿スルノ後其次女千代ヲ娶ル
二年己酉　三十五歳
三年庚戌　三十六歳
幕府ノ小普請平山源太郎ノ養子ト爲リ三月二十九日家督
四年辛亥　三十七歳
正月十一日出立相房巡遊砲臺等ヲ見ル二十日歸府
八月二十七日御徒目付被仰付勤候內並之通御足高御役扶持被下候旨遠藤但馬守殿被仰渡

四

五年壬子　三十八歳
七月御目付某ノ內命ヲ受ケ下田ニ微行シテ魯西亞船日本漂民送リ戻シノ事實ヲ探ル
十一月二十九日西丸炎上ノ節彼是骨折其上當五月已來格別骨折相勤候ニ付爲御褒美白銀三枚被下置候旨遠藤但馬守殿被仰渡
同月晦日諸向鉄砲稽古之儀取扱候ニ付爲御褒美白銀三枚被下置候旨森川出羽守殿被仰渡
六年癸丑　三十九歳
六月二十二日爲海岸見分御用出立七月二十七日歸府（本多越中守戸川中務少輔隨行）
十二月十四日諸向鉄砲稽古之儀取扱候ニ付爲御褒美白銀三枚被下置候旨遠藤但馬守殿被仰渡

五

安政元年寅甲　四十歳
正月十三日浦賀表江亞墨利加船渡來ニ付爲御用出立（鵜殿民
部少輔隨行）
同月十六日浦賀表江罷越候ニ付爲御暇金拾兩被下置候旨本
庄安藝守殿被仰渡在勤中ニ付名代ヲ以頂戴
三月二十二日御用相濟歸府首トシテ將軍上洛諸藩徵集國是
一定ノ議ヲ爲セシモ時論ニ容レラレス
同月二十四日松前幷蝦夷地江爲御用罷越候ニ付御暇金拾兩
被下置候旨遠藤但馬守殿被仰渡
四月四日出立（堀織部村垣與三郎隨行）
同月二十四日三厩着同所滯在中松前ノ家臣來リテ曰ク彼理
軍艦ヲ率ヒテ箱館ニ入リ物情騷然タルニヨリ平山謙二郎ヲ
シテ應接セシメラレンコトヲ請フト因テ同月晦日安間純之　六

進武田斐三郎ト三厩ヲ發シ松前ヲ經テ箱館ニ至リ五月六日
亞人ニ應接ス八日早天亞船出帆人心安堵ス十一日箱館出立
六月二日宗谷ニ於テ堀村垣等ニ會シ十七日出立唐太ニ入ル」
十一月二十四日内海御臺塲御普請御用相勤候ニ付爲御褒美
金貳拾兩且同斷目論見御用骨折候ニ付別段同拾兩被下置候
旨本多越中守殿被仰渡在勤中ニ付名代ヲ以頂戴
同月二十八日松前幷蝦夷地御用相濟歸府
十二月十二日出精相勤候ニ付御勘定格被仰付勤候内百五拾
俵高ニ御足高被下候旨松平和泉守殿被仰渡
同月十五日下田表江亞墨利加幷魯西亞船渡來ニ付爲御用罷
越候ニ付爲御暇金貳枚服時貳ツ被下置候旨阿部伊勢守殿被
仰渡
同日夕城中ヨリ直ニ出立　七

同月晦日松前幷蝦夷地東西海岸其外見分御用骨折候ニ付爲
御褒美金四拾兩被下置候旨阿部伊勢守殿被仰渡在勤中ニ付
名代ヲ以頂戴
竹村久成ノ末男成之助（後成一郎又成信ト改ム）ヲ養テ子ト爲ス
二年卯乙　四十一歳
正月四日五條ノ義譯ヲ草シ米國使節啊𠺕ヲ説諭ス使節渙然
領服上陸シテ出張官吏ニ謁謝シ翌五日出帆ス
同月十一日下田表御用相濟歸府
同月十五日下田表御用仕廻罷歸候ニ付御目見被仰付
二月二日下田表江爲御用罷越候ニ付爲御暇金貳枚時服貳ツ
被下置候旨阿部伊勢守殿被仰渡
同月十日出立（岩瀬忠震隨行）
三月十二日爲急御用出府同月二十日出立　八

五月二日右御用相濟歸府
同月四日大筒鑄立車臺其外製造御用相勤候ニ付爲御褒美白
銀拾五枚被下置候旨阿部伊勢守殿被仰渡
同月十五日下田表御用仕廻罷歸候ニ付御目見被仰付
九月十日下田表御取締筋之御用相勤候ニ付爲御褒美白銀拾
七枚被下置候旨阿部伊勢守殿被仰渡
十二月廿四日馬揃幷行軍之体上覽御用相勤候ニ付爲御褒美
白銀七枚被下置候旨阿部伊勢守殿被仰渡
三年辰丙　四十二歳
二月十二日諸向鐵砲稽古之儀骨折候ニ付白銀三枚被下置候
旨阿部伊勢守殿被仰渡
四月十六日下田表御取締向爲見廻品川沖出船二十二日右御
用相濟歸府（岩瀬忠震隨行）　九

五月四日講武所御取建御普請御用相勤候ニ付爲御褒美白銀
拾枚被下置候旨阿部伊勢守殿被仰渡
七月二十七日下田表江爲御用被差遣候間早々出立致候樣可
被申渡候事但馬守殿御渡修理殿申渡（下田奉行江）
同月二十八日但馬守殿御渡
平山謙二郎儀最初ヨリ亞墨利加人應接之樣子モ委細相心
得居候者之儀ニ付今度其地江被差遣候間官吏一條等之應
接柄都而心附候儀者無伏蔵其方幷支配向江モ示談致候樣
申渡置候間其方共者勿論支配向江モ萬事無隔意申渡爲國
家宜樣可被取計候事
同日伊勢守殿口上民部少輔殿被仰渡
官吏可相成一日モ延シ候方ニ應接致シ可申乍去若江戸表
江相迫リ自分共江直談致シ度抔申出候期ニ至リ差免候而　十

者十分之事ヲ可申出候間夫迄ニ不相成最早迚モ難届機合
迄説得致シ右等之事不申出已前不得已事場合相成候ハヽ
可差免尤十分ニ國法之段先方迷惑不相成程ニ取極方申談
シ彼方承服之上左候ハヽ政府江可伺旨申渡一應伺之上可
取極被仰渡候事尤下田奉行應接向者如何樣相成居候共謙
二郎存付ヲ以別ニ如何樣ニモ機軸ヲ出シ應接ヲ遂ク御爲
宜候樣可取計
同人儀ハ箱館應接方モ行届本條約爲御取替之節モ御印是
非記載致シ度段申立候處同人説得方行届自分共印ニ而相
濟候等應接方妙ヲ得候人物故如何樣ニモ骨折都合宜相整
候樣出精可致同人江申渡候ニ付申渡候也
同日下田表江亞墨利加船渡來ニ付爲御用罷越候ニ付爲御暇
金貳枚時服貳ツ被下置候旨久世大和守殿被仰渡　十一

同日夕城中ヨリ直ニ出立
八月二十四日爲中歸歸府廿八日品川沖出船(岩瀨忠震同船)
九月四日
長崎表江英吉利船渡來之趣右應接方之儀長崎奉行幷在勤
御目付江御任セ相成候得共猶使節船等入港イタシ條約ニ
關係イタシ候儀難計申論方之摸樣ニ寄候而者水野筑後守
儀先役之節右條約取扱候事ニ付時宜次第支配向召連彼地
江早々出立申渡候儀可有之段相達候間謙二郎儀モ可被差
遣候ニ付得其意可被申渡候尤筑後守儀彌出立ニ茂相成候
ハ、其段可相達候間謙二郎儀ハ下田表ヨリ直ニ長崎表江
相越永井玄蕃頭岡部駿河守差圖チ請應接方其外骨折取扱
候心得ニ罷在候樣是又可被申渡置候事
(此內達ニ對シ岩瀨忠震ヨリ下田之御用不相濟內ハ御請

十二

難相成旨上申セリト云)
同月十四日右御用相濟歸府
同月二十日
長崎表江英吉利使節船渡來候ハ、土岐丹波守初爲應接役
々被差遣ニ付其節謙二郎儀モ右御用ニ付別段彼地江差遣
候間右之心得ニ罷在候樣可被申渡候事
同月二十三日下田表御用仕廻罷歸候ニ付御目見被仰付
同月二十四日英吉利使節ノ渡來チ待タス我ヨリ進ンテ使節
チ香港ニ差遣シ條約ノ豫議チ爲シ兼テ諸般ノ視察チ爲スヘ
キコトチ建議シ幸ニ採納チ得ハ自己チモ隨員中ニ加ヘラレ
ンコトチ請フ
同日格別出精相勤候ニ付御細工頭格被仰付勤候內貳百俵之
高ニ御足高被成下候旨阿部伊勢守殿被仰渡

十三

十二月十五日大筒製造等之御用相勤候ニ付爲御褒美金壹枚
被下置候旨阿部伊勢守殿被仰渡
同月二十四日講武所建增御普請御用相勤候ニ付爲御褒美白
銀拾枚被下置候旨阿部伊勢守殿被仰渡
四年丁巳　四十三歳
三月十七日蕃書調所御取建御修復中見廻立合御用相勤候ニ
付爲御褒美白銀七枚被下置候旨阿部伊勢守殿被仰渡
五月二日長崎表江爲御用罷越候ニ付御暇金貳枚時服貳ツ被
下置候旨堀田備中守殿被仰渡
同月十九日大森村町打塲御修復中見廻リ相勤候ニ付爲御褒
美白銀拾枚被下置候旨堀田備中守殿被仰渡
同月二十一日出立(水野忠德岩瀨忠震隨行)
閏五月二十八日鍋島領チ通過スルノ際岩瀨忠震ト共ニ反射

十四

爐チ一見シ藩主鍋島肥前守齊正ニ謁ス
長崎ニ於テ和蘭商法ノ規約チ改革シ寛永已來年々銅六十萬
斤チ交付スルノ法チ廢スルノ件ニ盡力ス
歸途天草島肥筑海岸ヨリ四國紀勢等ノ要地チ巡視ス
八月十八日講武所風破之箇所御修復幷御軍制調所其外共御
普請御用相勤候ニ付爲御褒美白銀五枚被下置候旨堀田備中
守殿被仰渡在勤中ニ付名代チ以頂戴
十一月十三日長崎表御用相濟歸府
同月十五日長崎表御用仕廻罷歸候ニ付御目見被仰付
十二月十六日內海御臺塲其外風損御普請御用相勤候ニ付爲
御褒美白銀拾五枚被下置候旨堀田備中守殿被仰渡
同日諸向銕砲稽古之儀取扱候ニ付爲御褒美白銀貳枚被下置
候旨堀田備中守殿被仰渡

十五

同月二十九日長崎表江爲御用罷越入組候取調物精出取扱其
上歸府之節所々見分チモ致シ人少ニ而格別骨折相勤候ニ付
爲御褒美金貳枚時服貳ツ被下置候旨堀田備中守殿被仰渡
五年戊午　四十四歳
正月十四日深川越中島調練場築立其外御普請目論見御用相
勤候ニ付爲御褒美白銀七枚被下置候旨堀田備中守殿被仰渡」
同月十五日京都江罷越候ニ付御目見被仰付拜領物者內藤紀
伊守殿被仰渡金貳枚時服貳ツ頂戴
同月十六日近來御用多之處格別心配骨折相勤候ニ付別段之
譯チ以御賄頭格永々御目見已上被仰付候旨內藤紀伊守殿被
仰渡
同月二十一日出立(堀田正篤上京ニ付川路聖謨岩瀨忠震等ト
共ニ隨行)

十六

四月二十日右御用相濟歸府
岩瀨忠震ノ旨チ承ケ屢ゝ越前家臣橋本左內ト往復贈答ス
同月二十八日京都ヨリ罷歸候ニ付御目見被仰付
六月二十八日魯西亞船渡來ニ付應接爲御用神奈川表江出立」
七月三日歸府
同月九日御書物奉行被仰付並之通御足高御役扶持被下置候
旨內藤紀伊守殿被仰渡
十二月二十四日先役之節去年已來格別御用多之處骨折相勤
候ニ付爲御手當金拾兩被下置候旨遠藤但馬守殿以御書付被
仰渡
六年己未　四十五歳
七月十三日先役之節野戰連砲鑄立車臺製造等之御用相勤候
ニ付爲御手當白銀拾枚被下置候旨遠藤但馬守殿以御書付被

十七

仰渡
九月十日思召有之候ニ付御役御免小普請入差扣被仰付候旨
於本多越中守殿御宅御同人被仰渡(将軍世子論ノ爲メナリ)
十二月二十九日差扣御免相成候旨脇坂中務大輔殿御書付ヲ
以被仰渡同日甲府勝手小普請被仰付候旨以御書付御同人卽
刻被仰渡候段大島丹波守申渡
萬延元年庚申　四十六歳
四月十四日出立同十七日甲府着(甲府ニ在ル間ハ專ラ子弟ニ
教授ス)
文久元年辛酉　四十七歳
甲府ニ在リ
二年壬戌　四十八歳
九月七日格別謹愼之趣ニ付別段之譯ヲ以被召返江戸小普請

十八

入被仰付候旨去五日之以宿次御老中方ヨリ被仰下候旨太田
筑前守申渡
同月十七日出立二十日歸府
十月二十二日箱館奉行支配組頭勤方被仰付並之通御足高御
役扶持勤金共被下之旨水野和泉守殿被仰渡
十二月二十八日出立
三年癸亥　四十九歳
正月二十三日箱館着
二月十八日箱館奉行支配組頭被仰付
元治元年甲子　五十歳
箱館ニ在リ
慶應元年乙丑　五十一歳
九月九日格別出精相勤候ニ付別段之譯ヲ以布衣被仰付百俵

十九

之高ニ御加增被成下候旨水野和泉守殿御書付ヲ以被仰渡候
旨小出大和守申渡
同日當地江罷越候樣可被申渡候妻子モ召連彼地引拂可申候
尤急之儀ニ而者無之候條其心得ニ而致支度道中モ常体之日
積ニ而罷越候樣可被申渡旨水野和泉守殿御書付ヲ以被仰渡
候旨小出大和守申渡
同月二十六日出立十一月三日歸府
十一月十一日二丸御留守居被仰付旨水野和泉守殿被仰渡
同日外國奉行役所江罷出外國御用取扱可申依之二丸御留守
居勤方ハ御免被成候旨御同人被仰渡
十二月二十八日御目付被仰付候旨松平周防守殿被仰渡
外國御用立合被仰付候旨稲葉兵部少輔殿被仰渡
二年丙寅　五十二歳

二十

正月十八日大阪表江御用有之候間早々上坂候樣可被致候事」
二月二日御用有之候間上坂候樣相達置候處此節早々出立候
樣可被致尤御軍艦江乘組罷越候而も不苦候事
同月十二日出立同二十一日大坂着
同月二十二日藝州表御用被仰付候間壹岐守江附添之心得ヲ
以早々出立可被致候事
同月二十六日小笠原壹岐守隨行出立同二十八日廣島着
五月二日小笠原壹岐守隨行廣島出立小倉着
八月朔日小倉出立陸路ヲ經テ同月九日長崎着
同月十二日出立鍋島閑叟ノ求ニヨリ佐賀ニ到リ閑叟面會ノ
後同月二十四日大坂着
同月二十六日御目見被仰付九州之事情ヲ上申ス
同月同日御進發御供被仰付候事

二十一

同月二十九日外國奉行被仰付候旨板倉伊賀守殿被仰渡
同日江戸表江爲御用被差遣候間早々出立候樣御書付ヲ以御
同人被仰渡
同月晦日出立九月六日歸府
九月十六日圖書頭ト改名之儀伺濟
十月十一日外國人應接モ度々致候ニ付御羽織被下候旨井上
河内守殿被仰渡
十月二十六日御用有之候間早々上京候樣可被致候
十一月八日出立同月十日熱海着佛公使應接同月十六日出帆
同月十八日大坂着同月二十日上京
同月二十八日急御用有之江戸表江被差遣候ニ付而者長鯨丸
御船江乘組罷越候樣可被致候事
同月二十九日出立十二月二日兵庫出帆同月五日歸府

二十二

十二月四日近々各國公使大阪江御呼寄御目見被仰付候ニ付
右御用懸可被相勤候事
同月十日横濱ニ到リ佛公使應接同所一泊同月十三日出立上
京同月十八日着京
同月二十三日出立(德川民部大輔佛國渡航御用)
三年丁卯　五十三歳
正月四日歸府
同月十一日德川民部大輔出帆ニ付同月十五日出立上京同月
二十日着京
二月十日對州江爲御用被差遣候間早々出立可被致候事(佛蘭
西朝鮮戰爭アリ因テ朝鮮ヲ論シテ開國セシムルノ目的ニシ
テ時宜ニヨリ對州ヨリ朝鮮ヘ渡航スヘキノ命ヲ受ク)
同月十八日於御前端溪硯及唐筆六本拜領

二十三

同月二十六日於御前御書御画二幅拜領
同月二十七日出立三月四日歸府
三月二十五日出帆同月二十八日大坂着
四月二十四日若年寄並外國總奉行念入可相勤候
同日御用有之候ニ付一ト先歸府可被致候出立并歸府ノ月日
不詳）
七月十一日出立上京（各國公使上坂御用）同月二十日着京
八月朔日出帆同月三日土州高知着（英國水夫殺害嫌疑取調御
用）同月十日出帆長崎ニ赴ク
土藩關係事件ハ嫌疑解ケ一段落チ告ケタレ氏浦上郷耶蘇信
者處分事件ニ付佛國トノ關係頗ル紛糾ス
九月某日長崎出帆同月二十三日歸京
十月朔日出立同月十六日歸府其途中ヨリ豆州熱海ニ赴キ同

二十四

地滞留ノ佛公使ニ面會耶蘇信者ノ件チ辨明シ事情疏通ス將
軍報チ得テ頗ル滿足セラレ永井尙志チシテ其旨チ傳ヘシメ
ラル
十一月二十四日品川出帆上京（對州出張御用）同月二十九日大
坂着十二月朔日着京
十二月十四日下坂（政變ノ爲メ對州出張中止）
明治元年戊辰　五十四歳
正月八日大坂出帆同月十二日歸府
同月二十三日若年寄被仰付辭表チ上ツル
二月九日御役御免被成候
同月十一日於　朝廷官位被召上候趣御達者無之候得共御布
告相成候由ニ付登城不相成旨被仰出
同月十九日逼塞被仰付

二十五

四月八日兼而逼塞被仰付置候其方事可被處嚴科之處格別之
寛典ヲ以處置可致旨　勅諚ニ付永蟄居被仰付候
九月八日隠居願之通成之助江家名相續被命之
十月二十八日駿州移住ノ爲メ品川出帆十一月朔日靜岡着
十一月八日八幡村神主八幡主殿配下社僧西光院方ニ寓シ子
弟ニ教授ス
二年己巳　五十五歳
駿府ニ在リ
十一月向後外出等不苦旨被申達
三年庚午　五十六歳
正月五日特旨ヲ以テ罪ヲ免セラル、ニ付他行不苦旨ヲ達セ
ラル
四月出京五月歸駿九月再ヒ出京十月歸駿

二十六

四年辛未　五十七歳
八月出京十一月歸駿
五年壬申　五十八歳
三月出京七月歸駿同月東京ニ歸住シ子弟ニ教授ス
九月二十五日權少教正ニ補ス
六年癸酉　五十九歳
二月二十二日權中教正ニ補ス
三月四日氷川神社大宮司ニ任シ權中教正ニ兼補ス
十一月四日中教正ニ補ス
七年甲戌　六十歳
四月四日依願免官中教正ニ專補ス
八月十九日權大教正ニ補ス
八年乙亥　六十一歳

二十七

三月二十二日日枝神社祠官ニ任ス
九年丙子　六十二歳
四月二十二日氷川神社大宮司ニ任シ權大教正ニ兼補ス
五月十日日枝神社祠官ニ兼任ス
同月二十三日正七位ニ叙ス
十年丁丑　六十三歳
十二月八日廢官同月十二日氷川神社宮司ニ任ス
十一年戊寅　六十四歳
十二年己卯　六十五歳
五月十日大教正ニ兼補ス
十三年庚辰　六十六歳
大成教會ヲ結集シ其教長ト稱ス
十四年辛巳　六十七歳

二十八

十五年壬午　六十八歳
一月二十三日依願免官大教正ニ專補ス
五月大成教特立ノ許可ヲ得其管長ト稱ス
十六年癸未　六十九歳
二月二十日特旨ヲ以テ位一級ヲ進メラレ從六位ニ叙ス
十七年甲申　七十歳
八月九日神道總裁ヨリ大成教管長申付ケラル
十八年乙酉　七十一歳
十九年丙戌　七十二歳
二十年丁亥　七十三歳
二十一年戊子　七十四歳
二十二年己丑　七十五歳
三月十日佐久間象山贈位祝祭ノ齋主ト爲リ歸途疾ヲ獲大患

二十九

ニ陷リ殆ト起タス六月ニ至リテ纔ニ愈ユ

二十三年庚寅　七十六歳

五月前年ノ疾再發二十二日卒去

三十

附録

省齋年譜ニ添ヘテ史談會ニ贈レル書簡

拜誦然者亡父事蹟御承知相成度旨敬承右ハ先般來取調中ニテ年譜草案丈出來致シ居候間別冊差出申候

亡父ハ別冊年譜ニ記載致シ置候通リ奥州三春ノ産ニテ十四歳ノ時般若心經ヲ讀ミ感スル所アリ僧トナラントセシモ父母之ヲ允ルサス其後伊洛淵源錄ヲ讀ミ道學ヲ以テ自ラ任スルノ志ヲ起シ申候處江都ニ遊學シ其叔父竹村久成ノ家ニ寓シ其世話ヲ受クルニ及ヒ仕官ニ念ヲ生セシ儀ニテ漢文自叙中ニ曰ク

既而自謂、爲儒敎育英才、是乃不得志乎當世者之爲、未若爲吏而堯舜（舜）其君民之爲勝、若不得其志焉、則退而敎授亦未晩也、遂誓天地神明、曰稟性椎魯薄弱、恐不足以果夙志、冀使精神强旺以堪大事、是爲天下蒼生、非敢以私利也、後日々拜天地宗廟、輒必以斯語、

三十一

毎遇大艱難大恐懼、如有神敎之者、

江戸遊學中ハ常ニ竹村久成ノ世話ニ相成同家ノ執事代リト爲リ家事ヲ助ケ其餘暇勉學致候次第久成ハ深ク亡父ヲ信用シ之ヲ視ル子ノ如ク亡父モ亦久成ニ事フルコト父ノ如ク一意竹村家ノ爲ニ盡力シ旗下某々ノ求ニヨリ講義ヲ爲セシモ久成昇進ノ便ヲ圖リシ儀ニテ久成ノ女谷子七十餘歳ノ高齢ヲ保チ明治四十一年三月死去ス賢名アリヲ大久保忠寛一翁子爵ニ嫁セシムル事ニ付斡旋太タ力メタルモ亦竹村家ノ爲メニ良キ親戚ヲ得度シトノ微意ニ外ナラス久成死去後モ斷エス同家ノ世話致シ申候

亡父ノ師桑原北林ハ武州兒玉郡吉田林村ノ産ニテ江戸ニ於テ敎授ヲ爲セシ人ニテ北林死去後男子ナク女子一人ノミニ付親族等切ニ亡父ノ桑原氏ヲ嗣カンコトヲ求メ候得共亡父ハ獨立一家ヲ成ス所存故之ヲ辞シ遂ニ北林ノ女千代子ヲ貰ヒ受ケ桑

三十二

原ノ家ハ別ニ川上花顚ノ門人高橋六郎ト申ス者ヲ撰定シテ相續セシメ申候六郎ハ廉輔ト改稱シテ幕吏ト爲リ明治維新後判事ニ任セラレ候其養子芳樹ハ亡父ノ門人ニテ現今伊勢神宮ノ少宮司相勤居申候

安政甲寅蝦夷松前ノ旅行ハ風餐露宿頗ル困苦ヲ極メタル様子ニテ亡父死去後篋底ヨリ數莖ノ枯草ヲ入レタル紙包ヲ發見セシニ其上ニ左ノ文字ヲ記シアリ

安政元年甲寅七月十日採

マーヌイノ河原艾

奉旨從堀織部利熙渉唐太島巡西岸踰高山絶域無人之境抵東岸至于眞阿縫採海岸石間菁草袖之使兒孫不忘余報國之苦辛云此地距日本地方七百余里

平山敬忠錄

安政甲寅彼理再ヒ渡來ノ節其應接ニ關係セシ已來戊午ニ至ル

三十三

迄斷エス外交事務ニ鞅掌シ甲府ニ謫セラレ三年後召還セラレテ箱館ニ赴任致セシカ同所モ開港場故多少外國人關係ノ事務アリ在勤三年ニシテ慶應乙丑歸府二丸留守居ニ昇進シ目付外國奉行外國惣奉行ヲ歴テ若年寄ニ任セラル、迄滿二年餘ノ間防長事件ノ爲メ廣島小倉ニ數月ヲ過コセシ外常ニ外交ノ局ニ當リ候故幕府諸有司中尤モ長ク外務ニ盡瘁セシ者ノ一人ト存候

亡父ハ深ク岩瀬忠震ノ知遇ヲ得テ喜憂ヲ同シウシ其意見書等亡父ノ筆ニ成レルモノ亦尠カラス共ニ安政ノ大獄ニ遭ヒテ嚴譴ヲ蒙リ甲府江都東西離居ノ後モ斷エス書簡ノ贈答詩篇ノ寄示アリ交際親密ヲ極メ候忠震ニ次テ懇親ナリシハ永井尙志水野忠德堀利熙山口直亮柴田剛中等ノ諸氏ニテ大久保忠寛ハ親戚ノ間柄ニ有之閣老ニ在リテハ小笠原長行板倉勝靜松平乘謨

三十四

今ノ伯爵大給恒等ニテ殊ニ板倉ハ松叟ト改稱セシ後亡父神道大成敎會ヲ組織スルノ際モ創立員ノ一人ト爲リ終生親密ニ致シ申候

維新後ハ全ク意ヲ政事ニ絶チ屢々小生共ニ對シテ政事ハ恰モ自分ノ嘔吐セシモノヲ見ルカ如キ心地ニテ實ニ厭キ果テタリト申シ居リ候

從來子弟ヲ敎育スル事ヲ好ミ竹村久成ノ家ニ寓居セシ頃モ餘暇ヲ以テ敎授ヲ爲シ甲府謫居ノ間ハ門人頗ル多ク箱館在勤ノ節モ常ニ數名ノ門弟アリ靜岡ニ移住セシ後ハ專ラ敎授ヲ爲シ東京ニ歸住セシ已來モ同樣門弟ヲ敎育シ居リ申候

明治五年敎導職ト爲リシハ其頃舊知ノ稻葉正邦氏等ヨリ勸告セラレタルニ由リ就職後武州一ノ宮氷川神社ノ宮司ニ兼任シ時ノ縣令白根多助氏ヲ佐ケテ神殿改築之事ヲ完了シ又府下日枝神社ノ祠官ヲ兼ネ候節ハ同社々格ノ卑キヲ歎シ上請ノ末別

三十五

格官幣社ニ昇格セラル、ニ至リ候
府下ハ勿論群馬埼玉静岡其他各地巡廻教導之外鍛冶橋監獄幷
宇都宮監獄ノ說敎ニ盡力シ又日本赤十字社之事業ハ耶蘇敎ニ
關係ストノ誤解未タ除カサル頃神道家ヲ以テ率先之ヲ賛成シ
タル等退隱ノ身ナカラ終年寸暇ナキ有樣ニテ自家經歷ノ事柄
記述候事ハ自身モ其志アリ小生モ數次勸告致候又明治八年中
外務省ヨリ外交沿革記述ノ囑托ヲ受ケシ事モ有之候得共遂ニ
之ヲ果サスシテ世ヲ去リシハ甚タ遺憾トスル所ニ候
亡父ハ强壯ノ体格ニテハ無之若年之頃江戸遊學中肺患發セサ
ルヤノ恐レモアリ暫ク歸郷加養セシ事アリ其節母大ニ心痛日
々親カラ灸治ヲ行ヒタル由再ヒ出府後追々丈夫ニ相成幕吏ト
爲ルニ及ヒテハ常ニ劇務ニ服シ或ハ地方出張ノ命ヲ受ケ宅ニ
歸ラス直ニ城衙ヨリ出發セシ事アリ又ハ數夜眠ラサル事アリ

三十六

慶應丙寅丁卯兩年ノ間ニハ江都ト京坂トノ間ヲ往復スル事海
陸十四回ニ至レル等隨分無理ナル事モ致シ候得共能ク之ニ堪
ヘタルハ不思議之樣ニ存シ候明治十六七年ノ頃心臟病ニ罹リ
其後背ニ癰ヲ發シ候得共全愈二十二年三月佐久間象山ノ贈位
祝祭アリ象山ハ相識ノ人ニモ有之旁其齋主タル事ヲ快諾シ雨
ヲ冒シテ祭塲ニ列シ午前ヨリ午後五時ニ至リシカ翌日發熱肺
炎肋膜炎ヲ併發シ纔ニ死ヲ免レタルモ健康舊ニ復セス翌二十
三年五月「インフルエンザ」ニ罹ルヤ舊痾再發臥床僅ニ六日享年
七十六ニテ長逝致候
亡父ハ子ナク小生ハ竹村久成ノ末子ニテ出生後直ニ引取リ養
育セラレ候爲メ官ヘハ實子トシテ届出アリ小生自身モ生長後
迄ハ實子ト心得居候後ニ至リ嗣子一人ニテハ心細シト申ス事
ニテ鹽田氏（亡父實母ノ生家）ノ末男ヲ貰ヒ受ケ英三郎（後英三ト

三十七

改ム現今農商務省技師兼特許局審査官）ト稱セシメ候
已上ハ聊カ年譜ノ補欠トシテ開陳致候迄ニテ詳細ハ他日傳記
編成印行之上一本可差出候間夫ニテ御諒知可被下候敬白
明治四十一年十月　平山成信
史談會御中

三十八

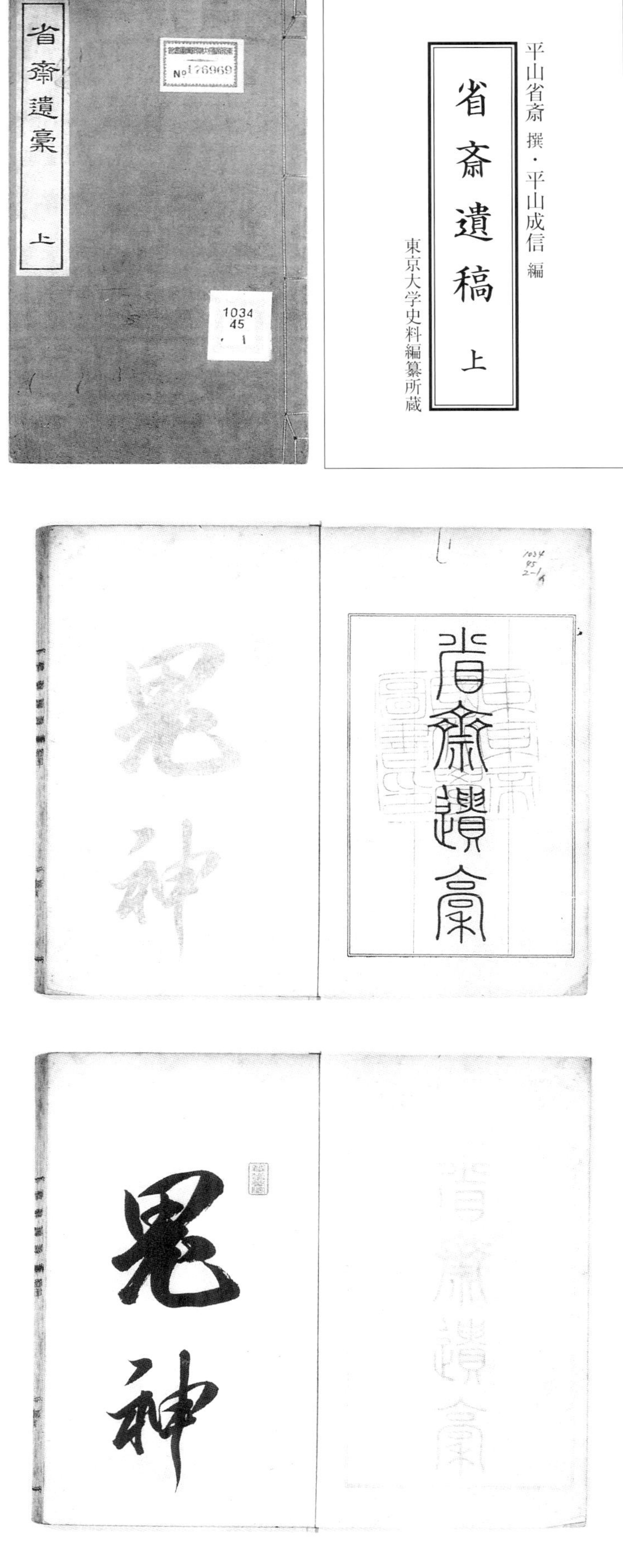
省斎遺稾　上
No 176969
1034
45
・1
平山省斎 撰・平山成信 編
省斎遺稿　上
東京大学史料編纂所蔵
省斎遺稾
鬼神

平山省齋先生墓表

參國家之機務、而當外交之要衝、維持風教、而誘掖後進、有一於此、足以傳於千載、況并有之、如我省齋先生者乎、先生諱敬忠、字安民、稱謙二郎、省齋其號、後以爲通稱、考曰黑岡活圓齋、以擊劍事三春藩、妣鹽田氏、先生弱冠、讀伊洛淵源錄、有以道學自任之意、既而自謂爲儒教人、不得志於當世者之所爲、大丈夫應顯君澤民、以報國家爾、於是游江戸、繼幕臣平山氏後、嘉永四年辛亥、擢徒目付、六年癸丑五月、米利堅國使節彼理入浦賀港、物情騷然、先生受命、巡視房總相武沿海地形、安政元年甲寅春、米使再到金川港、二年又來下田港、先生往參應接之事、又與目付堀利熙等、巡視蝦夷、窮唐太島、遂巡東北沿海而歸、四年丁巳、與勘定奉行水野忠德目付岩瀨忠震赴長崎、會露西亞和蘭二公使、議貿易事、廢歲輸丁銅之約、五年七月、補書物奉行、先是先生屢進秩加俸至此、又有斯命、蓋異數也、當是時、幕府政衰、內憂外患並至、而大將軍溫恭公暴薨、昭德公襲職、井伊直弼爲大老、大興黨獄、先生坐罷職、謫于甲府、居三年、起補函館奉行支配組頭、班布衣、慶應元年乙丑十一月、轉二丸留守、攝外國事務、尋改目付、會幕府奉勅討毛利氏、先生從老中小笠原長行、赴小倉監鎭西諸藩兵、二年八月、補外國奉行、敍從五位下任圖書頭、三年丁卯四月、擢若年寄並外國總奉行、是冬受命、使朝鮮、到京師、見大將軍內府公、稟使事、會公復政權、赴大坂、尋有伏見之變、乃從公東歸、補若年寄、移病不參衙、無幾罷職、明治元年戊辰四月、先生被朝譴、屏居于家、頃之移于靜岡、從德川氏也、先生爲人沈毅堅忍、最惡宴安、奉身儉素、而興公益敎人急、莫所顧惜、幼好讀書、亦無常師、其在甲府及靜岡也、集徒敎授、諄諄不倦、雖在官日、弟子不絕跡、先生起於寒微、陞顯達、當外交始興、議論鼎沸之際、常周旋于其間、拮据鞅掌、解紛料理盤錯者不可勝數、其從長行監軍于小倉也、諸藩兵槪懷觀望逗撓不進、而昭德公之訃適至、長行乘夜航于長崎、先生知事不可爲、晝夜兼行、到長崎、則長行既東歸矣、後先生常語人曰、余閱世故當艱局多、然苦心焦慮、莫過此時、一念及此、爽然自失焉、三年正月、先生遇赦歸東京、卜居于城北白山、號素山道人、自此絕意官途、以振張國敎爲己任、周游東西、遍敬神愛國之道、遂立一派、稱神道大成敎、信徒甚衆、嘗慨大宮氷川社頹敗、請官募貲、再造殿宇、又奏請陞東京日枝社爲官幣社、先是先生補權少敎正、兼氷川神社宮司及日枝神社祠官、後累進大敎正、敍從六位、二十三年五月二十二日病歿、壽七十有六、神宮祭主久邇宮賜謚曰素山彥弘道命、葬于谷中之塋域、配桑原氏、生二男、長成信嗣、次英三別成家、初余之遇先生于長崎也、在安政丁巳之歲、一見知其爲名士、爾後海內多故、音問不通、唯聞幕府有平山謙二郎、明治中興、余官於朝、先生亦在東京、於是日夕過從、益

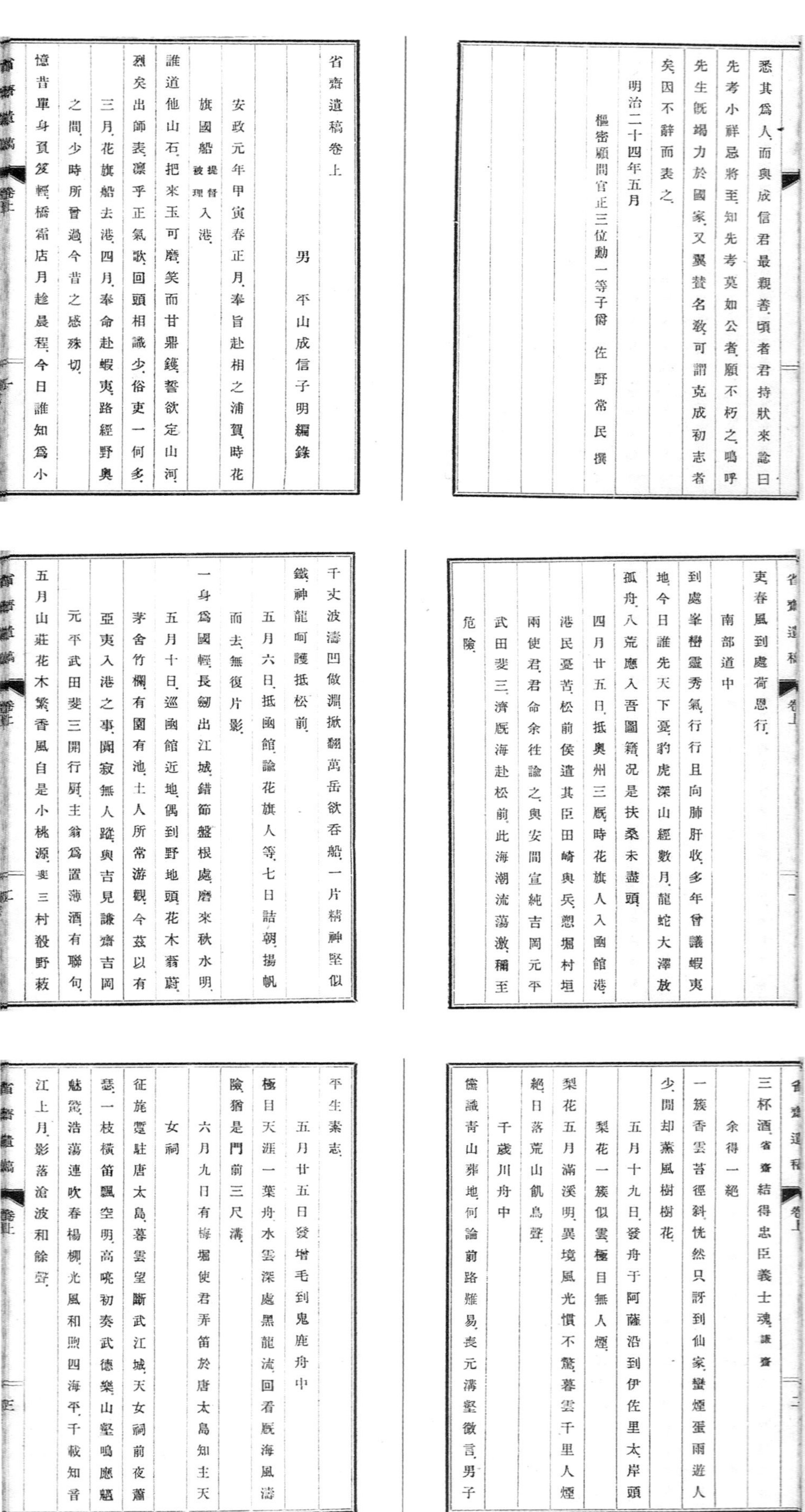

悉其爲人而與成信君最親善頃者君持狀來諗曰
先考小祥忌將至知先考莫如公者願不朽之嗚呼
先生既竭力於國家又翼賛名教可謂克成初志者
矣因不辭而表之
明治二十四年五月
樞密顧問官正三位勳一等子爵　佐野常民撰

省齋遺稿卷上
男　平山成信子明編錄
安政元年甲寅春正月奉旨赴相之浦賀時花
旗國船 提督彼理 入港
誰道他山石把來玉可磨笑而甘鼎鑊誓欲定山河
烈矣出師表凜乎正氣歌回頭相識少俗吏一何多
三月花旗船去港四月奉命赴蝦夷路經野奥
之間少時所曾過今昔之感殊切
憶昔單身負笈輕橋霜店月趁晨程今日誰知爲小
吏春風到處荷恩行
南部道中
到處峯巒靈秀氣行行且向肺肝收多年曾議蝦夷
地今日誰先天下憂豹虎深山經數月龍蛇大澤放
孤舟八荒應入吾圖籍况是扶桑未盡頭
四月廿五日抵奥州三厩時花旗人入函館港
港民憂苦松前侯遣其臣田崎與兵衞堀村垣
兩使君君命余往諭之與安間宣純吉岡元平
武田斐三濟既海赴松前此海潮流蕩激稱至
危險

千丈波濤凹做淵掀翻萬岳欲呑船一片精神堅似
鐵神龍呵護抵松前
五月六日抵函館諭花旗人等七日詰朝揚帆
而去無復片影
一身爲國輕長劍出江城錯節盤根處磨來秋水明
五月十日巡函館近地偶到野地頭花木蓊蔚
茅舍竹欄有園有池土人所常游觀今茲以有
亞夷入港之事闃寂無人蹤與吉見謙齋吉岡
元平武田斐三開行厨主翁爲置薄酒有聯句
五月山莊花木繁香風自是小桃源 斐三 村殺野萩
三杯酒 省齋 結得忠臣義士魂 謙齋
余得一絕
一簇香雲苔徑斜恍然只訝到仙家蠻煙蛋雨遊人
少開却薰風樹樹花
五月十九日發舟于阿蘇沿到伊佐里太岸頭
梨花一簇似雲極目無人煙
梨花五月滿溪明異境風光慣不驚暮雲千里人煙
絕日落荒山飢鳥聲
千歲川舟中
儘議青山葬地何論前路難易喪元溝壑徵言男子

平生素志
五月廿五日發增毛到鬼鹿舟中
極目天涯一葉舟水雲深處黑龍流回看厩海風濤
險猶是門前三尺溝
六月九日有梅堀使君弄笛於唐太島知主天
女祠
征旆蹔駐唐太島暮雲望斷武江城天女祠前夜蕭
瑟一枝橫笛飄空明高吭初奏武德樂山墜鳴應魑
魅驚浩蕩連吹春楊柳光風和煦四海平千載知音
江上月影落滄波和餘聲

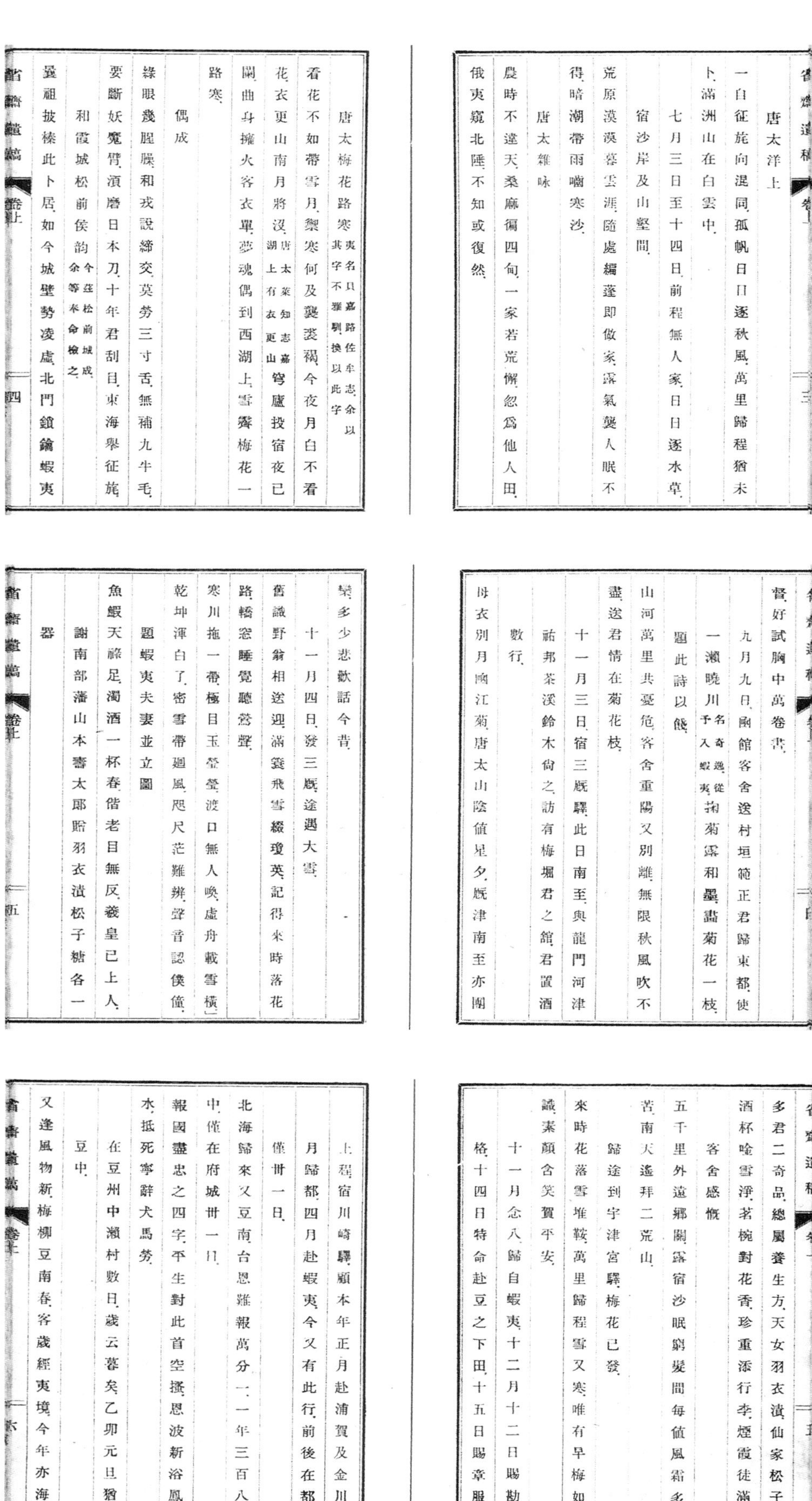

省齋遺稿 卷上

唐太洋上
一自征旆向渾同、孤帆日日逐秋風、萬里歸程猶未
卜、滿洲山在白雲中、
七月三日至十四日、前程無人家、日日逐水草、
宿沙岸及山壑間、
荒原漠漠暮雲涯、隨處編蓬即做家、露氣襲人眠不
得、暗潮帶雨嚙寒沙、
唐太雜咏
農時不違天、桑麻徧四甸、一家若荒懈、忽爲他人田、
俄夷窺北陲、不知或復然、

省齋遺稿 卷上 四

唐太梅花路寒（夷名只嘉路佐牟志、余以其字不雅馴、換以此字）
看花不如帶雪月、禦寒何及襲裘褐、今夜月白不看
花、衣更山南月將沒、（唐太萊知志嘉湖上有衣更山）穹廬投宿夜已
闌、曲身擁火客衣單、夢魂偶到西湖上、雪裏梅花一
路寒、
偶成
綠眼幾腥臊、和戎說締交、莫勞三寸舌、無補九牛毛、
要斷妖魔臂、須磨日本刀、十年君刮目、東海擧征旆、
和霞城松前侯韵（今茲松前城成、余等奉命檢之、）
曼祖披榛此卜居、如今城壁勢凌虛、北門鎖鑰蝦夷

省齋遺稿 卷上

督、好試胸中萬卷書、
九月九日、函館客舍送村垣範正君歸東都、使
一瀨曉川（名奇逸、從予入蝦夷、）掬菊露和墨、畫菊花一枝、
題此詩以餞、
山河萬里共憂危、客舍重陽又別離、無限秋風吹不
盡、送君情在菊花枝、
十一月三日、宿三厩驛、此日南至、與龍門河津
祐邦茶溪鈴木尙之、訪有梅堀君之館、君置酒
數行、
母衣別月函江菊、唐太山陰値星夕、厩津南至亦團

省齋遺稿 卷上 五

欒、多少悲歡話今昔、
十一月四日、發三厩、途遇大雪、
舊識野翁相送迎、滿簑飛雪綴瓊英、記得來時落花
路、轎窓睡覺聽鶯聲、
寒川拖一帶、極目玉瑩瑩、渡口無人喚、虛舟載雪橫、
乾坤渾白了、密雪帶廻風、咫尺茫難辨、聲音認僕僮、
題蝦夷夫妻並立圖
魚蝦天祿足、濁酒一杯春、偕老目無反、羲皇已上人、
謝南部藩山本壽太郎贈羽衣漬松子糖各一
器

省齋遺稿 卷上

多君二奇品、總屬養生方、天女羽衣漬、仙家松子糖、
酒杯唫雪淨、茗椀對花香、珍重添行李、煙霞徒滿囊、
客舍感慨
五千里外遠鄕關、露宿沙眠鬢髮間、每値風霜多少
苦、南天遙拜二荒山、
歸途到宇津宮驛、梅花已發、
來時花落雪堆鞍、萬里歸程雪又寒、唯有早梅如舊
識、素顏含笑賀平安、
十一月念八、歸自蝦夷、十二月十二日賜勘定
格、十四日特命赴豆之下田、十五日賜章服、即

省齋遺稿 卷上 六

上程、宿川崎驛、顧本年正月赴浦賀及金川、三
月歸都、四月赴蝦夷、今又有此行、前後在都者
僅卅一日、
北海歸來又豆南、台恩雖報萬分一、一年三百八旬
中、僅在府城卅一日、
報國盡忠之四字、平生對此首空搔、恩波新浴鳳池
水、抵死寧辭犬馬勞、
在豆州中瀨村數日、歲云暮矣、乙卯元旦猶在
豆中、
又逢風物新、梅柳豆南春、客歲經夷境、今年亦海濱、

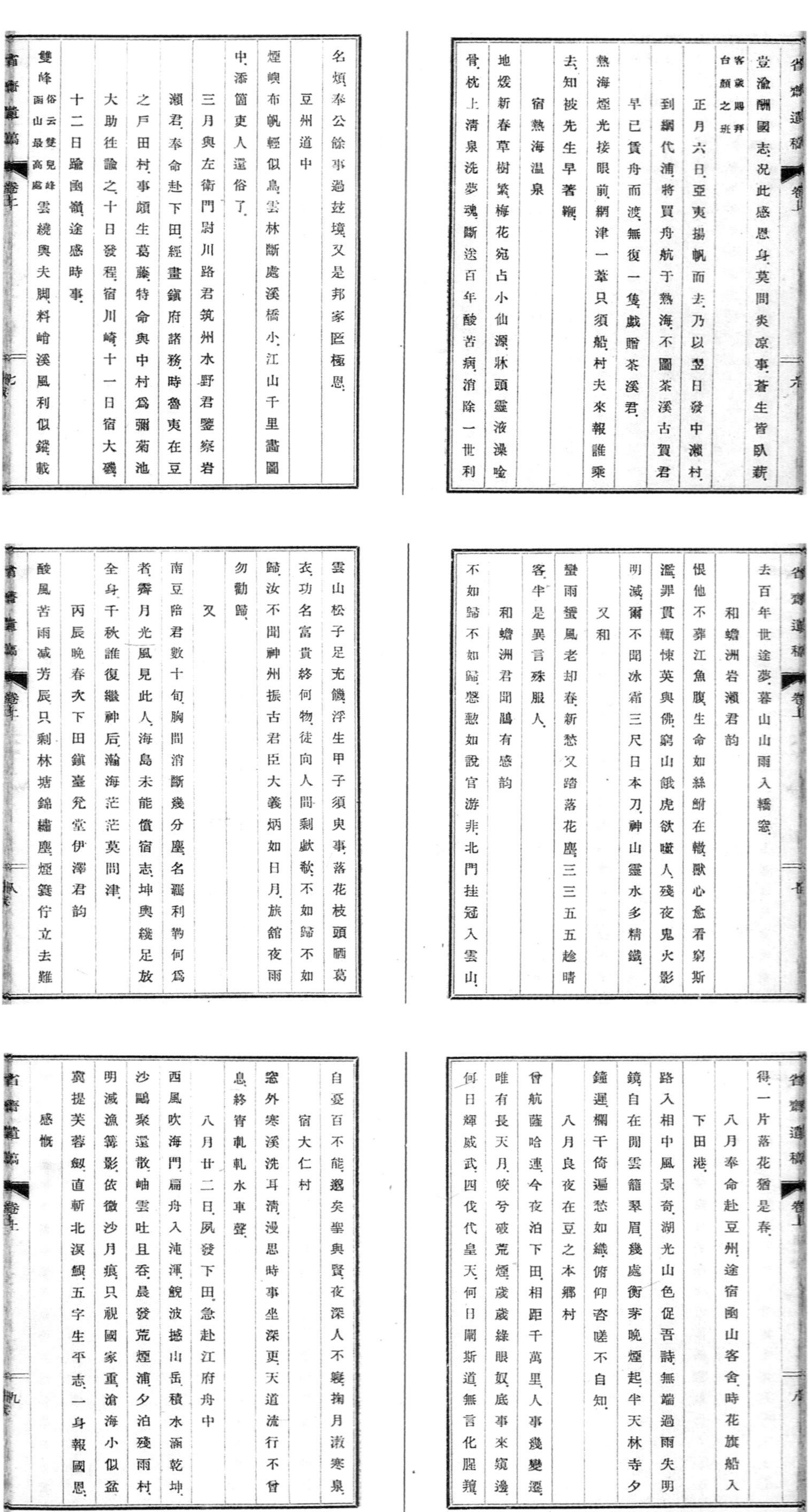

豈渝酬國志、況此感恩身、莫問炎凉事、蒼生皆臥薪、
客歲賜拜台顏之班

正月六日、亞夷揚帆而去、乃以翌日發中瀬村、
到網代浦、將買舟航于熱海、不圖茶溪古賀君
早已賃舟而渡、無復一隻戯贈茶溪君、
熱海煙光接眼前、網津一葦只須船、村夫來報誰乘
去、知彼先生早著鞭、

宿熱海温泉
地煖新春草樹繁、梅花宛占小仙源、冰頭靈液澡喰
骨、枕上清泉洗夢魂、斷送百年酸苦病、消除一世利
名傾、奉公餘事過玆境、又是邦家區極恩、

豆州道中
煙嶼布帆輕似鳥、雲林斷處溪橋小、江山千里畫圖
中、添箇吏人還俗了、

三月與左衛門尉川路君、筑州水野君、鑒察岩
瀬君、奉命赴下田、經畫鎭府諸務、時魯夷在豆
之戸田村、事頗生葛藤、特命與中村爲彌、菊池
大助往論之、十日發程、宿川崎、十一日宿大礒、
十二日踰函嶺、途感時事、

雙峰俗云雙見峰函山最高處雲繞輿夫脚、料峭溪風利似鐵戟

去百年世途夢、暮山山雨入轎窓、
和蟾洲岩瀬君韻
恨他不葬江魚腹、生命如絲鮹在轍、獸心愈看窮斯
濫、罪貫輙悚英與佛、窮山餓虎欲噬人、殘夜鬼火影
明滅、爾不聞冰霜三尺日本刀、神山靈水多精鐵、
又和
蠻雨蜑風老却春、新愁又踏落花塵、三三五五趁晴
客、半是異言殊服人、
和蟾洲君聞鵑有感韻
不如歸不如歸、慇懃如說宦游非、北門挂冠入雲山、

雲山松子足充饑、浮生甲子須臾事、落花枝頭曬葛
衣、功名富貴終何物、徒向人間剩歔欷、不如歸不如
歸、汝不聞神州振古君臣大義炳如日月、旅館夜雨
勿勸歸、
又
南豆陪君數十旬、胸間消斷幾分塵、名韁利靮何爲
者、霽月光風見此人、海島未能償宿志、坤輿幾足放
全身、千秋誰復繼神后、瀚海茫茫莫問津、
丙辰晚春次下田鎭臺兌堂伊澤君韻
酸風苦雨減芳辰、只剩林塘錦繡塵、煙簑佇立去難

得、一片落花猶是春、
八月奉命赴豆州、途宿函山客舍、時花旗船入
下田港、
路入相中風景奇、湖光山色促吾詩、無端過雨失明
鏡、自在閒雲籠翠眉、幾處衡茅晚煙起、半天林寺夕
鐘遲、欄干倚遍愁如織、俯仰咨嗟不自知、
八月良夜在豆之本鄉村
曾航薩哈連、今夜泊下田、相距千萬里、人事幾變遷、
唯有長天月、皎兮破荒煙、歲歲綠眼奴、底事來窺邊、
何日輝威武、四伐代皇天、何日闢斯道、無言化腥羶、

自憂百不能、邈矣擧與賢、夜深人不寢、掬月漱寒泉、
宿大仁村
窓外寒溪洗耳清、漫思時事坐深更、天道流行不曾
息、終宵軋軋水車聲、
八月廿二日、夙發下田、急赴江府舟中
西風吹海門、扁舟入沌渾、鯢波撼山岳、積水涵乾坤、
沙鷗聚還散、岫雲吐且吞、晨發荒煙浦、夕泊殘雨村、
明滅漁篝影、依微沙月痕、只視國家重、滄海小似盆、
寶提芙蓉劍、直斬北溟鯤、五字生平志、一身報國恩、
感慨

釋褐何嘗在溫飽。做官素不爲身家。百年富貴草頭
露。盞世功名雨裏花。鼎鑊由來須笑受。死生常事莫
長嗟。丈夫報國誓天地。一片冰心玉沒瑕。

客舍感懷 次蟾洲君見寄詩韵

芭蕉殘雨滴窓紗。八度春秋南豆涯。自甲寅年至今年于役下田凡八度
爵勃男兒四方志。夢魂夜夜到瓜哇。
倒縣手解此時然。蠢爾萬邦咸仰顔。峨船果果載天
日。景山公所造艦曰旭日丸。近世本邦大艦嚆矢。照破腥雲穢霧間。

九月二日。喝蘭船入港。會話于公廳。四日抵彼
船。略扣其所見。積疑冰釋者十之五六。

邂逅喝蘭客。匆匆扣路程。賴因一塲話。粗察五洲情。
況渉瓜哇島。而游龍動城。壯哉廟廊策。要拔萬邦精。
近日廟堂有遣留學生於瓜哇之議。故及。

客舍雜咏

紅葉黄花秋取次。征途日月過容易。宵長適讀蝸行
書。誰識客中餘樂地。
絡緯聲中月上牀。一年强半在他鄕。無限凄風吹客
恨。慣來渾是屬平常。

逢重九

重陽風雨在天涯。雁語蟲聲愁正加。强借酒杯摘籬
菊。菊花只似故園花。

用王維韻

豆南風雨逢重九。昨夜寒燈夢二親。遙憶故園黄菊
酒。團欒應說遠征人。

歸途過伊東崎。暴風舟將覆。寄蟾洲君。

與君幾度踏波濤。鯢鰐將呑一小刀。小刀風撲飄如
葉。賴試生平膽氣豪。

丙辰九月。賜細工頭之班。風憲木村楷堂君贈
詩云。可無大賞報殊勞。果爾皇天賜寵褒。秣馬
凄風瓊浦雨。歸帆殘月下田濤。文章百錬才誰
敵。忠義千磨死不撓。終俾髯奴懷我德。何煩日
本斷魔刀。余和其韻

奚算區區犬馬勞。新恩條此辱殊褒。曾經朔雪千重
險。要踏西溟萬里濤。獨向皇天誓不貳。自期鈍鐵折
無撓。賴憑廊廟諸賢力。欲試神龍匣裏刀。

諏訪湖和蟾洲君韵 以下二十七首係丁巳西征作

銷金帳裏擁姬人。爲識山家活計艱。冰堅湖面平如
鏡。夫婦擔薪涉此間。

輿中雜詠 仝上

層巒壓人山又山。瀑泉懸處管窺天。今朝來上馬籠
嶺。濃尾平田綠若煙。

途中口號

誰識征途樂。躋雲又踏霞。晩來投驛舍。安臥似歸家。
千里不齎糧。到邊如故鄕。不窮經世策。何以報恩光。

和蟾洲君韵

每遇景奇忘路艱。巍巍淺嶽擧頭看。峯巓火似焚天
柱。又是坤輿一大觀。淺間岳
溪水淙淙響。猿聲隔翠微。嶺顛猶積雪。五月冷征衣。
追分
俗樸偏鄕想結繩。荒城斷碣古堪徵。宵宵燒葉談風
土。野叟溪翁是好朋。岩村田
當日中原逐鹿忙。離離彼黍半茫茫。荒煙埋了英雄
骨。又屬春風夢一塲。桔梗原

布引瀑泉

久聞布引泉。名勝不虛傳。毒暑追聲散。芳茶掬沫煎。
蒼崖挂銀漢。暝谷起寒煙。自訝衣裳濕。匡廬風雨天。

宿周州宮市驛。前路佐波川津絕

濕透窓紗冷客衣。雲横周嶺雨霏霏。孤燈半夜寒花
落。乍報河流六尺肥。

永福菴 寛永中僧隠元歸化所築。篇字庭除。皆倣明制。

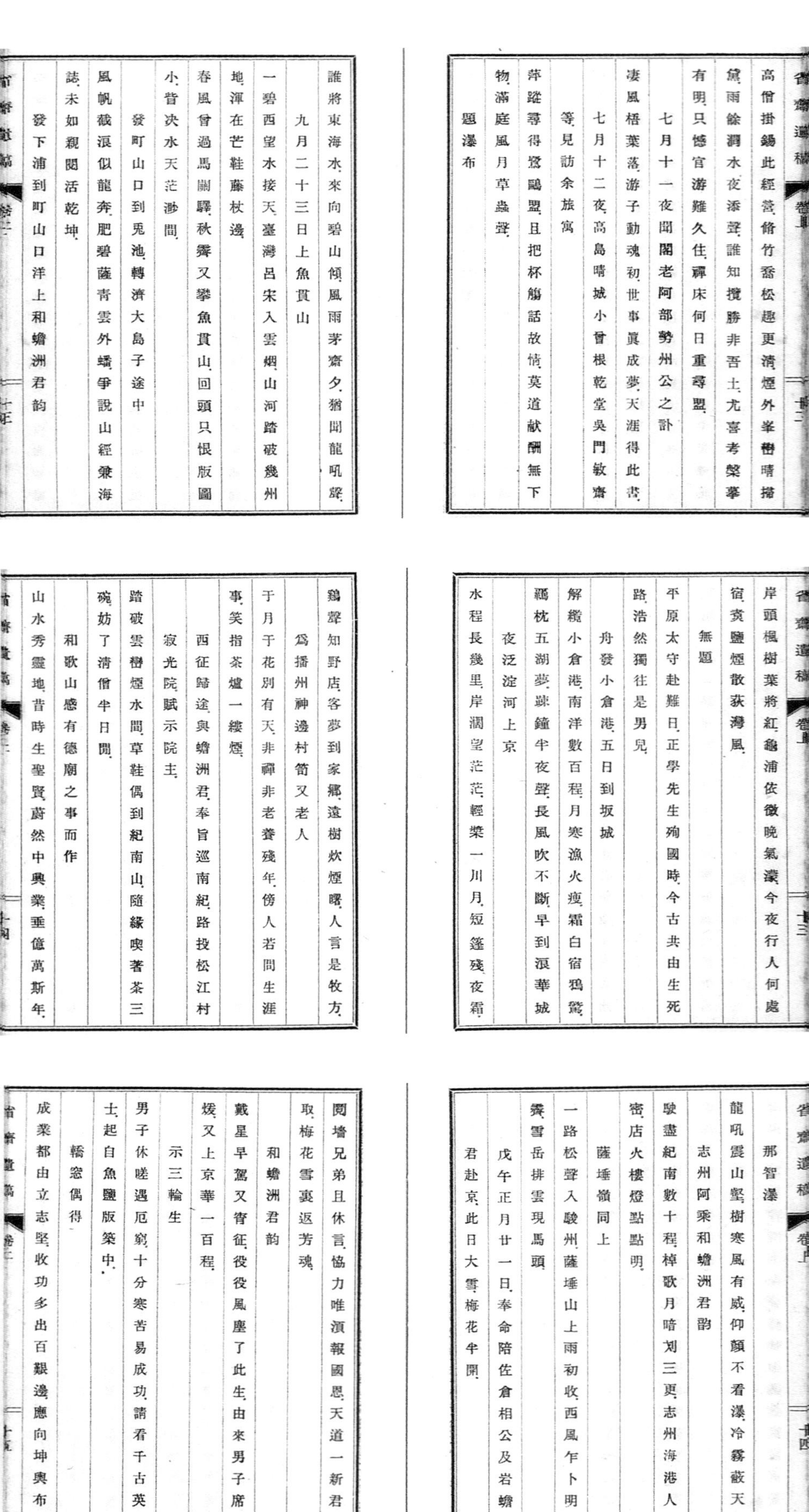

高僧掛錫此經營脩竹喬松趣更清煙外峯巒晴擂
黛雨餘澗水夜添聲誰知攬勝非吾土尤喜考槃搴
有明只憾官游難久住禪床何日重尋盟
七月十一夜聞閣老阿部勢州公之計
淒風梧葉落游子動魂初世事眞成夢天涯得此書
七月十二夜高島晴城小曾根乾堂吳門敏齋
等見訪余旅寓
萍蹤尋得鷺鷗盟且把杯觴話故情莫道獻酬無下
物滿庭風月草蟲聲
題瀑布

誰將東海水來向碧山傾風雨茅齋夕猶聞龍吼聲
九月二十三日上魚貫山
一碧西望水接天臺灣呂宋入雲烟山河踏破幾州
地渾在芒鞋藤杖邊
春風曾過馬關驛秋霽又攀魚貫山回頭只恨版圖
小昔決水天茫渺間
發町山口到兎池轉濟大島子途中
風帆截浪似龍奔肥碧薩青雲外蟠爭說山經兼海
誌未如親閱活乾坤
發下浦到町山口洋上和蟾洲君韻

岸頭楓樹葉將紅龜浦依微晚氣濛今夜行人何處
宿黃鹽煙散荻濤風
無題
平原太守赴難日正學先生殉國時今古共由生死
路浩然獨往是男兒
舟發小倉港五日到坂城
解纜小倉港南洋數百程月寒漁火痩霜白宿鴉驚
羇枕五湖夢疎鐘半夜聲長風吹不斷早到浪華城
夜泛淀河上京
水程長幾里岸濶望茫茫輕槳一川月短篷殘夜霜

鷄聲知野店客夢到家鄕遠樹炊煙曙人言是牧方
爲播州神邊村筒又老人
于月于花別有天非禪非老養殘年傍人若問生涯
事笑指茶爐一縷煙
西征歸途與蟾洲君奉旨巡南紀路投松江村
寂光院賦示院主
踏破雲巒煙水間草鞋偶到紀南山隨緣喫著茶三
碗妨了淸僧半日閒
和歌山感有德廟之事而作
山水秀靈地昔時生聖賢蔚然中興業垂億萬斯年

那智瀑
龍吼震山壑樹寒風有威仰頭不看瀑冷霧蔽天飛
志州阿乘和蟾洲君韻
駛盡紀南數十程棹歌月暗刻三更志州海港人煙
密店火樓燈點點明
薩埵嶺同上
一路松聲入駿州薩埵山上雨初收西風乍卜明朝
霽雪岳排雲現馬頭
戊午正月廿一日奉命陪佐倉相公及岩蟾洲
君赴京此日大雪梅花半開

閱墻兄弟且休言協力唯須報國恩天道一新君看
取梅花雪裏返芳魂
和蟾洲君韻
戴星早駕又宵征役役風塵了此生由來男子席難
煖又上京華一百程
示三輪生
男子休嗟遇厄窮十分寒苦易成功請看千古英雄
士起自魚鹽版築中
韜窓偶得
成業都由立志堅收功多出百艱邊應向坤輿布王

化浴身東海誓皇天
　龜山途中
柳塘梅塢短長程處處春流拍岸生二月上頭京洛
路村村煙雨亂鶯聲
　二月二夜勢州龜山客舍感時事而有此作
紛紛五洲亂若麻獨逸佛耶葡萄牙中有桀黠似秦
楚西暎咭唎北鄂羅各有正朔有治方舊國稱帝新
稱王幾隻巨艦幾門礮梯山航海互誇張和則盟約
通貿易戰則連兵迭相僵夷狄非復昔時比滿清不
察招創傷吾國東方一乾坤絕無外患金甌完二百

餘年皷腹樂寔是祖宗雨露恩近者綠眼來求好萬
里重譯欵海門男兒致志在斯秋熟計只應國恩酬
議者說和或論戰戰失于剛和失柔和者偸安貪寵
祿惟避勢餘覗靡蓋日復一日徒蹬踖覆巢豈有完
卵留王衍秦檜皆國賊先執此輩刎其頭膠柱主戰
亦迂腐不審彼已慚孫武馬服君子易言兵先人遺
矩渾齟齬峡山公子徒好戰宿老苦諫輒抗拒暴虎
馮河獨自用故墟凄凉長榛莽盡把輿圖仔細看吾
於五洲位中部正當八疊鍼路程捕鯨載貨舶萬數
淼渺洋中絕水薪颶潮卷船船掀舞歲葬魚腹幾千

人仰吾港口如慈父捧書懇籲求通市長免鯨波覆
沒苦吾若待渠如仇讐拘囚其人擢其觵渠亦天地
所生民不啻買怨鬼神怒萬邦來寇無寧日衆寡不
敵理先睹士疲奔命民瘁路折戟枯骨空委土曲在
吾儂直在渠終遭群狠咬一虎或謂錄府斬元使眞
爲千秋大快事至今嘖嘖說偉功孰識古今形態異
羯奴乘運呑華夏瀚海馳命辭傲肆强逼方物爲藩
臣崚斥固不待神智日和日戰両糊塗其誤國事歸
一途俗吏書生濶時務安知廊廟有遠圖草莽遺才
皆禮致蹇蹇鄂鄂賛宏謨天下何世無具眼唯須協

力同馳驅寄語山林俊傑士何不奮躍登雲衢如今
世界一變期粗似戰國七雄時虎踞狼視各據土鷹
揚鷙搏交相窺天文推步極精微砲艦器械競新奇
敎化獨虧先聖道回回瑪默基利斯老死未聞仁義
懿終古不見囊中錐歷山南翁稱豪傑竟無唐虞龍
鳳姿閣龍墨瓦强志力詎望百世帝王師嘗嘗滔滔
獺祭魚惟智惟力相雄雌畢竟天降賢聖君一洗寰
宇定鴻基幸是吾邦峙東海　天神皇統垂萬載君
臣大義日月明夐異車書追世改人口億萬性忠烈
五金九穀用不竭天祐如斯非偶然何况列聖愼貽

厥風雲待時圖長征爲披洪荒掃膻腥我武維揚文
敎開綏撫萬邦乳孩嬰懋德坤輿霖雨洽戢暴五洲
雷霆轟克纉上帝化育功糾合八紘爲主盟初開軒
豁開胸臆漸向四方伸羽翼滿清覆轍有殷鑒廓然
廣交瀛外國貿遷有無收國利充實府庫培兵力遠
航諸洲察盈虛旁拓窮髮宏疆域採彼所長充我用
經綸何敢出蠡測譬如寒梅冒雪霜春風忽破馥郁
香又似神龍混魚鼈一旦吟雲昇九蒼天命人心所
與歸蠻珍海錯輸帝鄉暍臯悉化從鸞鳳宇內稽顙
覲國光古來忠臣偉績多勤王勳業勝此麼君不聞

丈夫不虛生世間一片丹心誓山河
　偶得
無始已來妄作身妄身脫了見眞神無量煩惱雲煙
散方是乾坤濶步人
　戊午春同復齋林君奉旨在洛既而抵浪華又
　歸洛旬日間聚散不一
十里鶯花通兩都南來北去敢言劬人間離合將何
比一幅春風萍水圖
　題和氣清麿肖像應維貞索
一片精忠吐作虹驅除毒雨與酸風滿城花柳皆依

舊萬古春融和氣中

三月念五蟾洲君歸東都余送之大津嗚呼客中送客常爲悲酸況時事多難不可言乎

幾回綰柳難成別連步一程仍一程零雨蕭條憂國淚歸鴻斷續度雲聲昨時聯袂踰函嶺今日分襟發洛城浮世苦酸深似海未如客舍送君情

四月五日發洛歸東都慨然而賦此日風雨

杜宇聲聲斷送春滿城風雨北歸人乾坤俯仰空揮淚愧我丹誠未感神

濃州途中

洛陽昨日落花風新綠今朝鐵嶺東從玆無復繁華夢起臥雲樹煙樹中

宿濃州今須驛伊藤次郎大家相傳慶長中神祖戰于關原凱旋日立此家庭前石梁曰天下踏石後寬延中朝鮮信使李鳳煥題以太平巖三大字今以爲扁額揭諸楣間

神軍十萬凱旋夕血灑錦袍矛戟赤今日太平人須歌請看一片舊營石

過關原古戰場

戰骨空青苔何人不墮淚鶯花萬古春出此荒煙地

宿岐蘇山中

要試新茶味凭欄汲瀑泉夜深月侵砌破榻抱雲眠

聞杜宇

背決縱橫三萬程丹心報國一身輕丈夫爭灑女兒淚遮莫五更啼血聲

岐蘇山中

出碧山來入碧山征途賴得二旬閒斯中何復說艱苦夕臥晨行泉石間

雲棧煙橋到處横溪流激石碎寒瓊耳邊不挾市朝事灑灑聲中十日程

宿福島驛

杜鵑啼破月三更一穗殘燈照影明爲是狂愚獻芹急歸心夜夜夢江城

鳥居嶺

石路苔蹊犖确間滿身還帶白雲攀回頭天外青如髮知是昨朝鞋底山

駒岳

懸軍萬里事長征凜凜威風旭日明千載回頭恨何盡駒峯擎雪白於旌

七月九日拜書物奉行

遠役西溟又北門今朝秘閣幸叨恩天公永賜優游地風白楓山月一痕

巖田春塘翁自少至老清介謹愼有古循吏之風廟議新賜俸永爲幕府之臣余知翁最熟二十八字以記喜

七十餘年刀筆中氷清玉潔見純忠星垣今日眼如電振起滿朝廉吏風

中秋不見月客歲今夜在崎澳同蟾洲君及東洲等賞月月光清朗與海山相輝映瓊浦之名洵不虛也句中故及

頑雲底事妬秋多試問蒼翁意奈何空使情懷感今昔不看光彩滿山河蕭蕭雨和蟲聲注淅淅風傳雁語過那似去年瓊浦月清輝萬里湧金波

楓山雜咏

索索凄風夕黃楓葉自紛禽蟲三代樂星月九經文身世清於水功名淡似雲雖然才力拙一日不忘君

戊午除夕

天上雙輪似水流人間逆旅任沈浮自嘲除夕無忙事閒展輿圖檢五洲

梳風沐雨昨彷徨今日閒居與世忘蝦夷山水紫溟

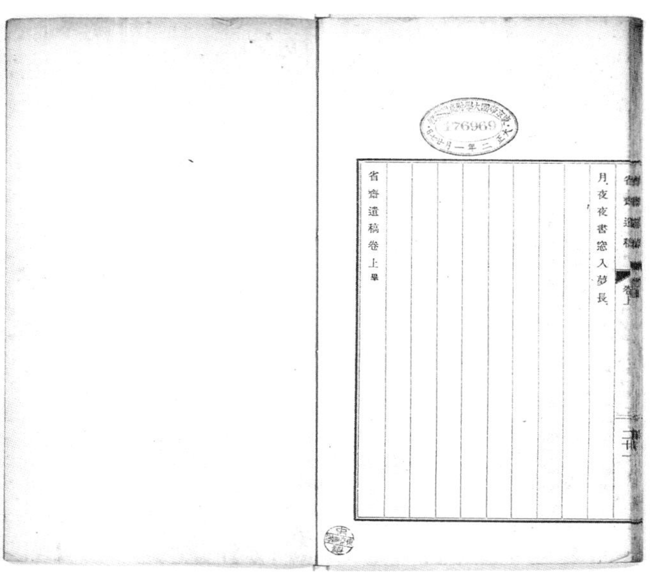
省斎遺稿巻上
月夜夜書窓入夢長
176969

東京大学 史料編さん所
6800105717

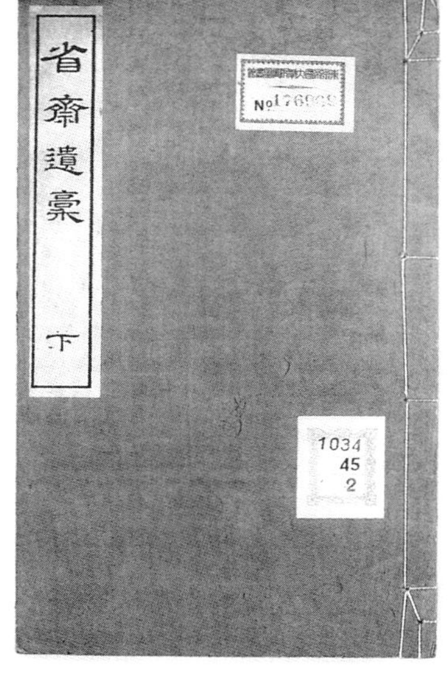
省斎遺稾　下
No.176969
1034
45
2

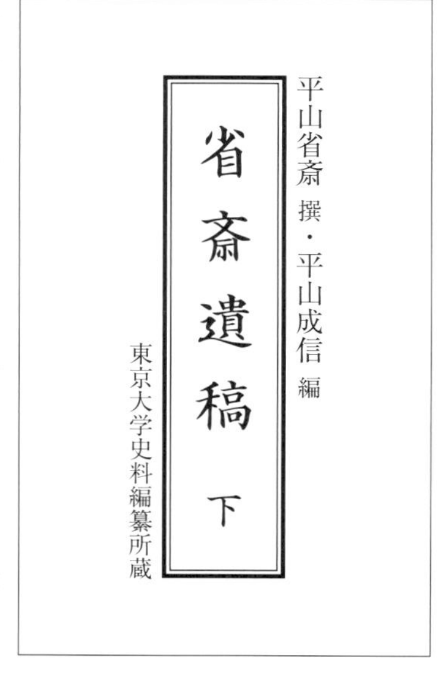
平山省斎 撰・平山成信 編
省斎遺稿　下
東京大学史料編纂所蔵

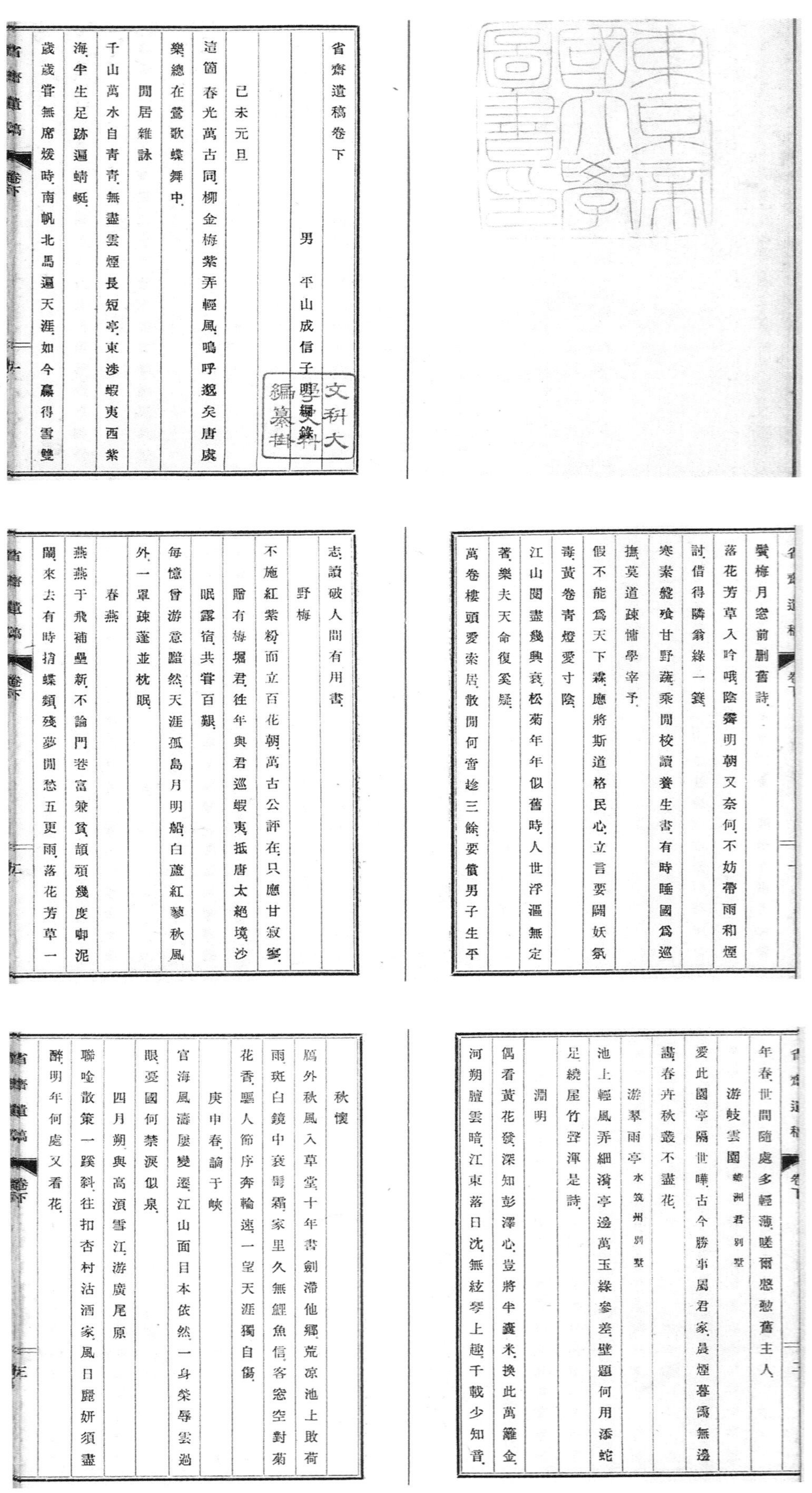

經世不關疎懶身閒過芳草落花春石交金契皆淪
隱誰是廟廊憂國人
我與君同論峽中且將萬事托天公枕頭覺破榮枯
夢一片飛花半夜風

將赴峽別栖碧夫堂二兄

今宵分袂去何日扣君居交淡水相似意芳蘭不如
春風幾年別夜雨數行書只有同心契長天月一梳

寄懷江都故人

分手落花春雨餘相思霜葉雁斷初無邊雲樹千行
淚寄在長箋幾字書

峽陰雲暗雁音疎夜雨幽窓撿舊書何日家江攜手
去秋風一艇釣鱸魚

峽中雜咏

好與塵緣風馬牛人間萬事付悠悠北窓高臥羲皇
夢東岳幽尋謝老遊秋月山樓待雲霽春風野寺爲
花留武城舊友如相問身是江湖不繫舟
隨縁來住古僧房圍屋雲巒碧作牆一卷仙經一瓢
水乾坤何處不家鄉

辛酉新春

柳金梅玉飾新年幾處鶯聲隔淡煙借住僧房眠食

足不須多貯買山錢
梅唇差綻柳眉舒似笑頑生學蠹魚升平恩澤無由
報只爲兒童課六書
驕闐車馬去朝天城皷鼕鼕霜滿韉來住山中無一
事布衾夢暖聽鶯眠

枕上偶成

宿志十年猶未酬轗軻抱病臥林邱數聲斷雁過樓
外一穗殘燈照枕頭歷代廢興雲幾變人生起伏水
東流笑吾豪氣難消盡魂夢猶能繞五洲

和蟾洲君

行嶮山澤中將與猿鶴老胸襟無炎涼何復著濕燥
寒煙數家村疎砧帶月搗秋風送雁群索居感舊好
記得墨江樓把臂放幽抱鳥慕一枝安魚依深潭藻
請讀南華經此外不復道

哭鴎所君　蟾洲君改號鴎所

北馬南帆共苦辛燕風雁雨幾秋春寧知一旦成長
別去作玉樓應召人
天道非耶欲斷腸數行遺墨涙千行遙懷幽夕送車
處淅瀝悲風吹白楊

壬戌九月七日有東歸之命示峽中子弟留別

綿綿離恨斷鴻鳴分袂山中舊弟兄一意宜愍忠與
孝讀書愼莫墜其名

九月十七日勝沼別土人子弟等祖者八十人

山北村童水北翁程程相送祖秋風幾回綰柳情何
切微雨蕭蕭古驛中

猿橋

鷄鳴茅店曉蕭蕭月落前山失半腰輿底夢殘霜氣
冷猿聲斷處過猿橋

歸都

雙鬢三秋白漸加洪恩海岳始歸家掃苔拜跪先人

墓且薦幽香野菊花

訪岐雲園

論客歸來重叩門荒涼一逕碧苔繁階前松菊留遺
愛懷舊何人不斷魂

十月念一奉函館組頭勤方之命十二月念八
發東都

重縮長亭新柳枝蕭蕭白髮涉天涯莫言邊境親朋
少驛路梅花盡舊知

癸亥正月十四日宿沼宮內大雪

落日林梢噪晩鴉孤村投宿似歸家不知半夜茅簷

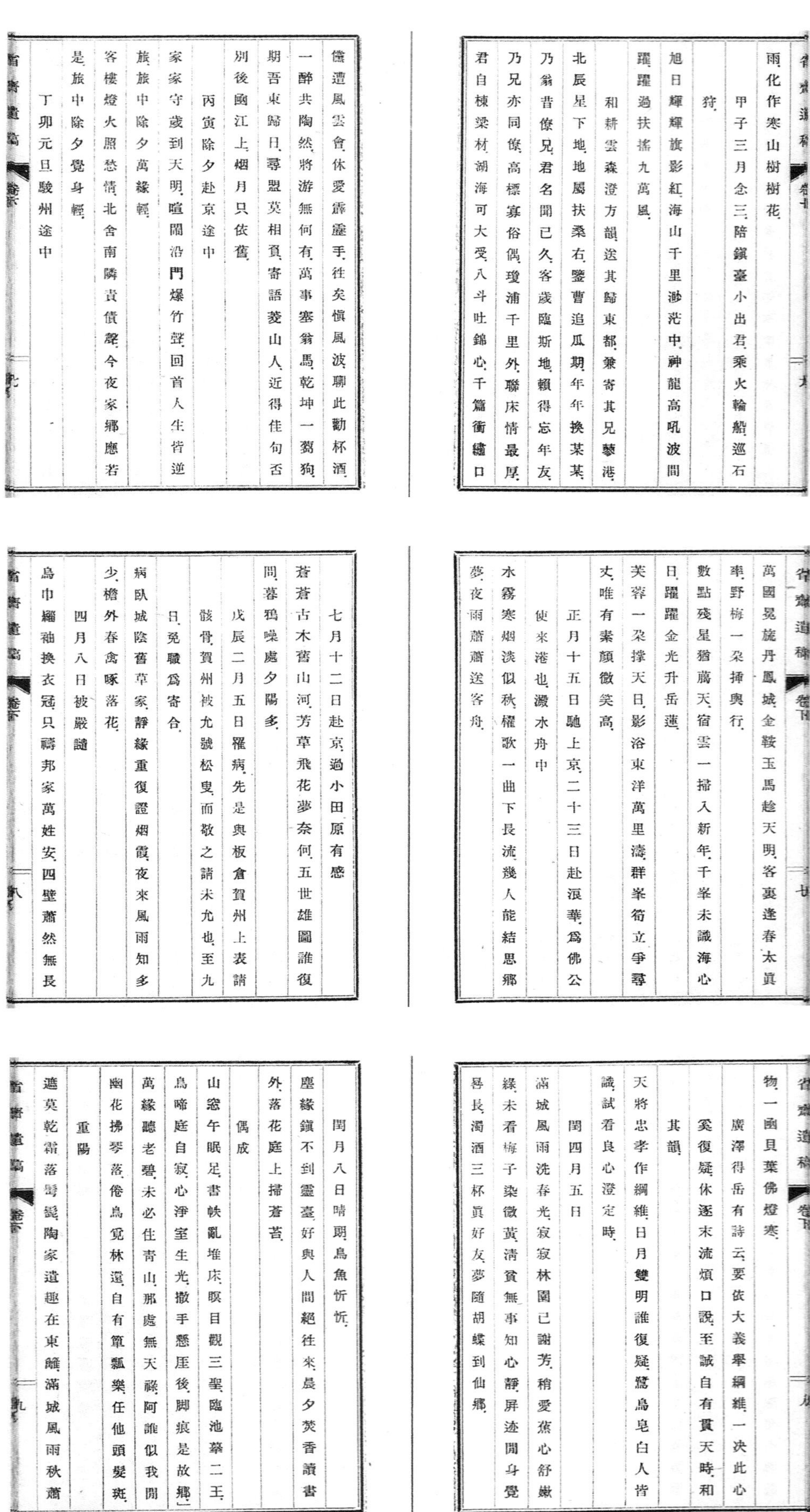

雨化作寒山樹樹花。
甲子三月念三陪鎭臺小出君乘火輪艦巡石
狩
旭日輝輝旗影紅。海山千里渺茫中。神龍高吼波間
躍。躍過扶搖九萬風。
和耕雲森澄方韻送其歸東都兼寄其兄蓼港
北辰星下地。地屬扶桑右。鑒曹追瓜期。年年換某某。
乃翁昔僚兄。君名聞已久。客歳臨斯地。頼得忘年友。
乃兄亦同僚。高標寡俗偶。瓊浦千里外。聯床情最厚。
君自棟梁材。湖海可大受。八斗吐錦心。千篇衝繡口

儀。遺風雲會。休愛霹靂手。往矣愼風波。聊此勸杯酒。
一醉共陶然。將游無何有。萬事塞翁馬。乾坤一芻狗。
期吾東歸日。尋盟莫相負。寄語菱山人。近得佳句否。
別後國江上。烟月只依舊。
丙寅除夕赴京途中
家家守歳到天明。喧鬧沿門爆竹聲。回首人生皆逆
旅。旅中除夕萬縁輕。
客樓燈火照愁情。北舍南隣責債聲。今夜家郷應若
是。旅中除夕覺身輕。
丁卯元旦駿州途中

萬國晃旒丹鳳城。金鞍玉馬趁天明。客裏逢春太眞
率。野梅一朶揷輿行。
數點残星猶薦天。宿雲一掃入新年。千峯未識海心
日。躍躍金光升岳蓮。
芙蓉一朶撑天日。影浴東洋萬里濤。群峯筍立爭尋
丈。唯有素顏微笑高。
正月十五日馳上京。二十三日赴浪華。爲佛公
使來港也。瀫水舟中
水霧寒烟淡似秋。權歌一曲下長流。幾人能結思郷
夢。夜雨蕭蕭送客舟。

七月十二日赴京。過小田原有感
蒼蒼古木舊山河。芳草飛花夢奈何。五世雄圖誰復
問。暮鴉噪處夕陽多。
戊辰二月五日罷病。先是與板倉賀州上表請
骸骨。賀州被允號松叟。而敬之請未允也。至九
日。免職爲寄合。
病臥城陰舊草家。靜縁重復證烟霞。夜來風雨知多
少。檐外春禽啄落花。
四月八日被嚴譴
烏巾繿袖換衣冠。只禱邦家萬姓安。四壁蕭然無長

物。一函貝葉佛燈寒。
廣澤得岳有詩云。要依大義擧綱維。一决此心
奚復疑。休逐末流煩口説。至誠自有貫天時。和
其韻。
天將忠孝作綱維。日月雙明誰復疑。鷺烏皂白人皆
識。試看良心澄定時。
閏四月五日
滿城風雨洗春光。寂寂林園已謝芳。稍愛蕉心舒嫩
緑。未看梅子染微黃。清貧無事知心靜。屛迹閒身覺
晷長。濁酒三杯眞好友。夢隨胡蝶到仙郷。

閏月八日晴朗。鳥魚忻忻。
塵縁鎖不到靈臺。好與人間絶往來。晨夕焚香讀書
外。落花庭上掃蒼苔。
偶成
山窓午眠足。書帙亂堆床。瞑目觀三聖。臨池摹二王。
鳥啼庭自寂。心淨室生光。撤手懸厓後。脚痕是故郷。
萬縁聽老碧。未必住青山。那處無天祿。阿誰似我閒。
幽花拂琴落。倦鳥覓林還。自有簞瓢樂。任他頭髮斑。
重陽
遮莫乾霜落鬢鬚。陶家遺趣在東籬。滿城風雨秋蕭

琵喜看黃花似舊時。

移住駿州

秋風千里乃移家。一擔奚囊一鹿車。誰識征人多少恨。江城九月別黃花。

矮樓賃得膝堪容。簷外溪流水自春。來住駿州又何幸。晴窗日對玉芙蓉。

林園雜興

未了烟霞劫。林泉尋舊盟。黃花經雨瘦。紅葉映松明。山鳥天眞語。溪流譜外聲。聞爲風月主。無夢到浮生。

己巳新春偶得

鳥聲泉語報青春。晨起掃除几案塵。恰喜跫然敲戶客。棋朋詩伴意中人。

聖言千古炳如星。底事人人醉不醒。喫飯穿衣皆至道。鳥啼花發是眞經。

枉過浮生五十春。香烟茶露了閒身。聽鶯高臥三竿日。落得乾坤無用人。

一曲池塘一字家。蒲團曲几散生涯。香山居士放言句。康節先生好事車。窗破尤宜看嶺月。墻頹却喜領隣花。鐘殘漏盡歸來晚。世上功名幾戰蝸。

三月三日

來住芙蓉萬仞南。數間茅屋鎖烟嵐。家園松菊尋常記。世海風波仔細諳。鬢髮百年今半百。鶯花三月又初三。浮榮一霎黃粱夢。化作青山白石談。

四月四日向山黃村望月樓。軒諸子會于臨濟寺。共賦青山招隱得徵

烟雨初晴紫蕨肥。新陰分綠染人衣。幽禽有語君知否。如許好山胡不歸。

送宮崎水石之東京

每憾相見晚。聞說有東行。詎堪叙別語。杜鵑爲我鳴。君自曠世器。疑是列星精。眼照三千界。胸貯十萬兵。曾游大瀛外。長劍叱鯨鯢。持論已卓犖。談鋒亦縱橫。贍博無不該。豈啻文章名。不讓宋彥國。敢羞漢賈生。去年移岳麓。烟霞結同盟。抵掌談今古。情交若弟兄。愍懃君自愛。雲霄有前程。

相良途中

白砂十里踏晴烟。葉葉漁舟蘆荻邊。數點燈光遠村暮。殘陽猶在岳蓮巓。

游峽途中

巖棧溪橋樹杪橫。杖尖鞋角白雲生。深山五月春耶夏。杜宇聲中黃鳥聲。

松聲

幽鳥牽人入翠微。松聲如水灑衣時。蒼龍唫歇淵雲起。不此山中無此奇。

庚午元旦

萬古山光烟雨餘。杜門久與世情疏。梅花香裏繩床上。咀嚼先天無字書。

春草　草堂課題

出門豐草軟於綿。依舊春風又一年。討句池塘芳入夢。送人別浦雨如烟。牧童分與乳牛嚙。樵父同倶野鹿眠。要問王孫當日恨。斜陽原上碧連天。

和中村敬宇韻

萬劫看來傀儡。百年依舊漁樵。偶遭道友來扣。一笑不知過橋。

疏狂愧作書簏。豈敢甘章句囚。由來有鼈三足。何用誇龜六眸。

春深山寺花落。秋老湖天雁排。眞假之中得性。形骸之外忘懷。

憶兒成信

分袂江城花樹中。駿南落木又秋風。雨窗燈火照岑寂。憶昨倶分一穗紅。

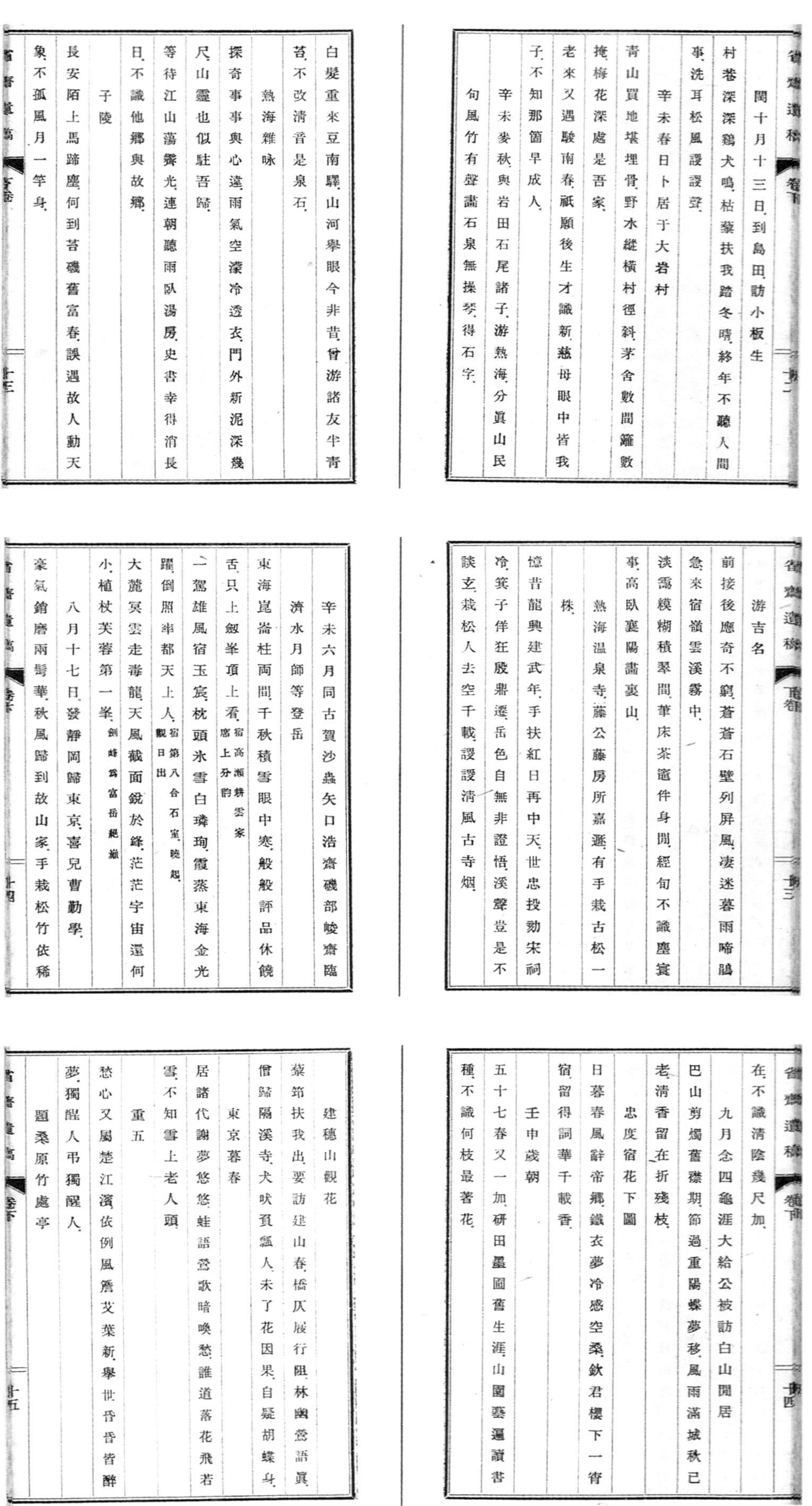

省齋遺稿　卷下　十二

閏十月十三日、到島田訪小板生

村巷深深鷄犬鳴、枯藜扶我踏冬晴、終年不聽人間事、洗耳松風謖謖聲。

辛未春日卜居于大岩村

青山買地堪埋骨、野水縱横村徑斜、茅舎數間籬數掩、梅花深處是吾家。

老來又遇駿南春、祇願後生才識新、慈母眼中皆我子、不知那箇早成人。

辛未麥秋、與岩田石尾諸子、游熱海、分眞山民句風竹有聲謡石泉無操琴得石字

省齋遺稿　卷下　十三

游吉名

前接後應奇不窮、蒼蒼石壁列屛風、凄迷暮雨啼鵑急、來宿嶺雲溪霧中。

淡靄模糊積翠間、華床茶竈件身閒、經旬不識塵寰事、高臥襄陽畫裏山。

熱海温泉寺、藤公藤房所嘉遯、有手栽古松一株

憶昔龍興建武年、手扶紅日再中天、世忠投劾宋祠冷、箕子佯狂殷鼎遷、岳色自無非證悟、溪聲豈是不談玄、栽松人去空千載、謖謖清風古寺烟。

省齋遺稿　卷下　十四

在不識清陰幾尺加。

九月念四龜涯大給公被訪白山閒居

巴山剪燭舊襟期、節過重陽蝶夢移、風雨滿城秋已老、清香留在折殘枝。

忠度宿花下圖

日暮春風辭帝鄉、鐵衣夢冷感空桑、欽君櫻下一宵宿、留得詞華千載香。

壬申歳朝

五十七春又一加、研田墨圃舊生涯、山園蠹遍讀書種、不識何枝最著花。

省齋遺稿　卷下　廿三

白髪重來豆南驛、山河擧眼今非昔、曾游諸友半青苔、不改清音是泉石。

熱海雜咏

探奇事事與心違、雨氣空濛冷透衣、門外新泥深幾尺、山靈也似駐吾歸。

等待江山霽光連朝聽雨臥湯房、史書幸得消長日、不識他鄉與故鄉。

子陵

長安陌上馬蹄塵、何到苔磯舊富春、誤遇故人動天象、不孤風月一竿身。

省齋遺稿　卷下　廿四

辛未六月、同古賀沙蟲矢口浩齋磯部峻齋臨濟水月師等登岳

東海崑崙柱兩間、千秋積雪眼中寒、般般評品休饒舌、只上劍峯頂上看。宿高瀬耕雲家席上分韵

一駕雄風宿玉宸、枕頭氷雪白璘珣、霞蒸東海金光躍、倒照率都天上人。宿第八合石室曉起觀日出

大麓冥雲走毒龍、天風截面鋭於鋒、茫茫宇宙還何小、植杖芙蓉第一峯。劍峯爲富岳絶巓

八月十七日、發靜岡歸東京、喜兒曹勤學

豪氣銷磨兩鬢華、秋風歸到故山家、手栽松竹依稀

省齋遺稿　卷下　廿五

建穗山觀花

藜笻扶我出、要訪建山春、磴仄履行砠、林幽鶯語眞、僧歸陽溪寺、犬吠負瓢人、未了花因果、自疑胡蝶身。

東京暮春

居諸代謝夢悠悠、蛙語鶯歌暗喚愁、誰道落花飛若雪、不知雪上老人頭。

重五

愁心又屬楚江濱、依例風簷艾葉新、擧世昏昏皆醉夢、獨醒人弔獨醒人。

題桑原竹處亭

流水低橋掩小扃遶簷幽竹是君亭自公退食無些
事開爲兒童課孝經

用細川顆之韻

五十已過無寸功秋霜春雨變遷中垂成事業幾蹉
跌不若高眠林下風

函山題金泉樓壁

檻外溪聲枕上風秋生竹簟浴衣中囊錢買得先天
福半日奇涼屬此翁

甲戌十二月念五抵横濱迎雪津佐野公自歐
洲歸兒成信亦同舟

印度海風吹客衣芙蓉峯雪自依依滿船所載非珠
玉採取邦家眞寶歸

有感

盤根錯節歲將闌後虎前狼世步難滿目風雲朝暮
變回頭天外玉蓮寒

徴禽塡海事多差垂老空嗟雙鬢華要爲兒童拈禿
筆責他學業報邦家

乙亥新正

挿門松竹與祥烟逝者如斯又一年依舊春風無束
縛于梅于柳自由權

乙亥除夕

殘臘今宵盡寒燈夢不成讀書期了悟認道自分明
塵累悠然去心源徹底清盆梅倶守歲知是我前生

丙子三月五日喜黑田井上兩大使使三韓講
和歸朝

起戎出好一言中鎭使皇威耀大東官柳野梅皆得
意江山無處不春風

丁丑新春

青帝無偏愛朱門與草堂林喧鶯學語氷解水成章
柳處風牽夢梅邊雪有香悠悠身世事一笑付昊蒼

富士峯

八朶芙蓉稱獨尊凝靑屛碧也何言東方有此乃翁
在五嶽三山皆子孫

戊寅新年

孜孤萬千歸一神東風吹度柳眉伸莫言脩道無餘
晷百歲猶存卌七春

二月十一日兒成信奉　命赴佛國兒少小志
法律之學此行欲深究焉因及 次韵留別作

應爲國家圖報酬此言纔足了離愁只祈日域旌旗
耀莫伴巴城花柳游法律精徴蓄衷府經綸事業搭

歸舟三秋刮目深期爾看破乾坤做小球

送長子成信兼示在澳次子英三

茫々學海問津難喜汝青年耐苦酸欲別無言雙淚
下前程萬里禱平安

和藤澤梅南韻時在前橋客舍

挂冠自許頤先生偶向烟霞深處行細雨牡丹游子
涙斷雲杜宇故園情寫來磅礴山河氣放下依違升
斗榮好箇研田無旱澇于花于月事躬耕

己卯除夕懷兒在海外

來鴻去燕欲三年華髮明朝又一年兒在茫々大瀛
外悄吟燈下送殘年

庚辰新年書懷

自笑迂疎老未休百年徒抱萬年憂羽鱗翔泳今猶
昔草木榮衰春又秋蠳蟻負山力何小綱維墜地涙
難收東邦賴有傳家鏡分與餘光照五洲

觀養老瀑布

如笑青山濃霧横飛泉聲作雨來聲明時賴有公園
設千載長傳孝子名

夢中所得

月有浮雲花有風人間逆旅百年中試開道眼觀眞

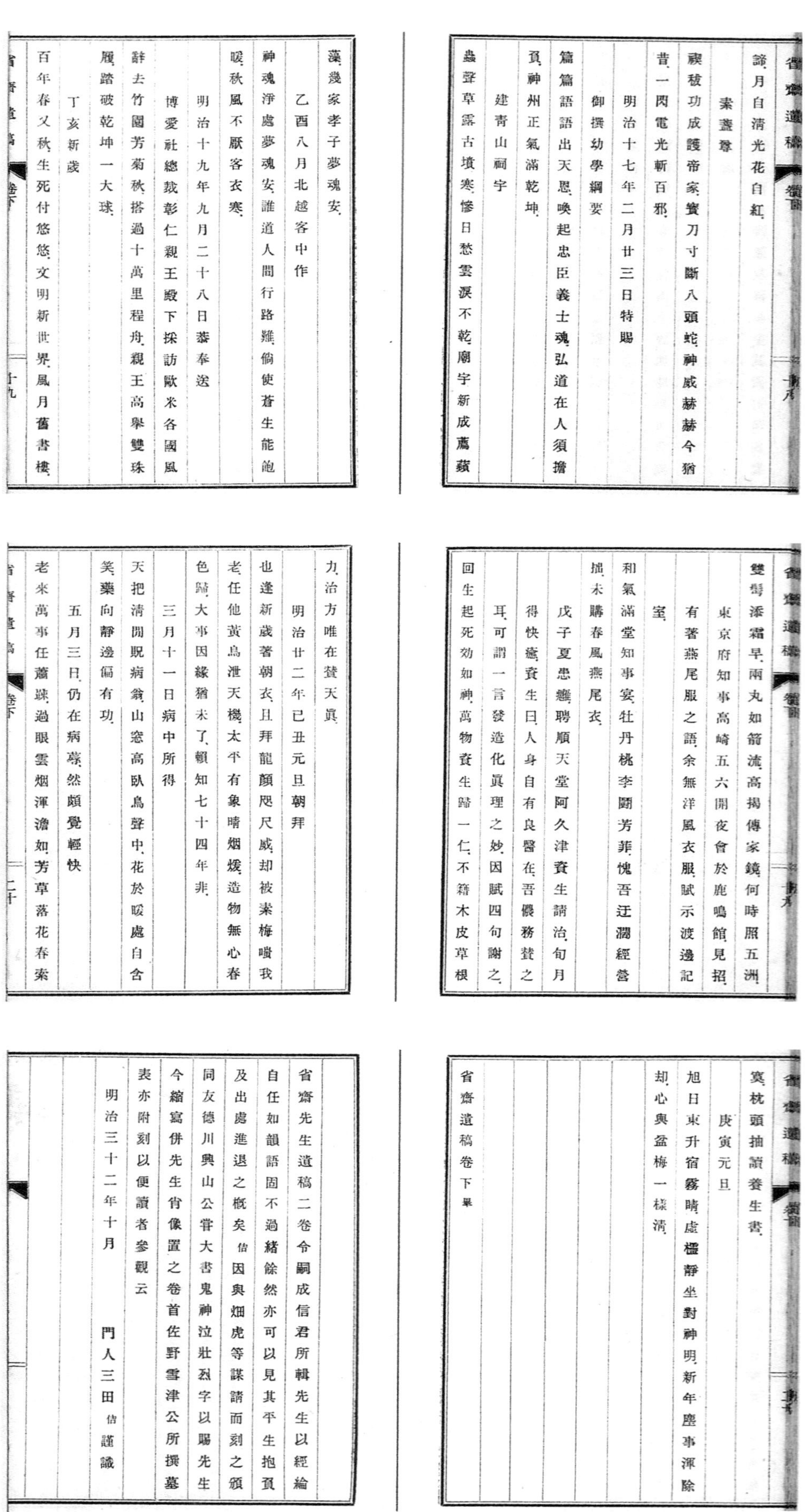

諦月自清光花自紅。
素盞鳴尊
禊稜功成護帝家寶刀寸斷八頭蛇神威赫赫今猶
昔一閃電光斬百邪。
明治十七年二月廿三日特賜
御撰幼學綱要
篇篇語語出天恩喚起忠臣義士魂弘道在人須擔
負神州正氣滿乾坤。
建青山祠宇
蟲聲草露古墳寒慘日愁雲淚不乾廟宇新成薦蘋

藻幾家孝子夢魂安。
乙酉八月北越客中作
神魂淨處夢魂安誰道人間行路難倘使蒼生能飽
暖秋風不厭客衣寒。
明治十九年九月二十八日恭奉送
博愛社總裁彰仁親王殿下採訪歐米各國風
辭去竹園芳菊秋搭過十萬里程舟親王高擧雙珠
履踏破乾坤一大球。
丁亥新歲
百年春又秋生死付悠悠文明新世界風月舊書樓。

雙鬢添霜早兩丸如箭流高揭傳家鏡何時照五洲
東京府知事高崎五六開夜會於鹿鳴館見招
有著燕尾服之語余無洋風衣服賦示渡邊記
室
和氣滿堂知事宴牡丹桃李鬪芳菲愧吾迂濶經營
拙未購春風燕尾衣。
戊子夏患癰聘順天堂阿久津資生請治旬月
得快癒資生曰人身自有良醫在吾儕務養之
耳可謂一言發造化眞理之妙因賦四句謝之
回生起死効如神萬物資生歸一仁不藉木皮草根

力治方唯在養天眞。
明治廿二年己丑元旦朝拜
也逢新歲著朝衣且拜龍顏咫尺威却被素梅嘲我
老任他黃鳥泄天機太平有象晴烟煖造物無心春
色歸大事因緣猶未了顧知七十四年非。
三月十一日病中所得
天把淸閑貺病翁山窓高臥鳥聲中花於暖處自含
笑藥向靜邊偏有功。
五月三日仍在病蓐然頗覺輕快
老來萬事任蕭疎過眼雲烟渾澹如芳草落花春索

寞枕頭抽讀養生書。
庚寅元旦
旭日東升宿霧晴虛櫺靜坐對神明新年塵事渾除
却心與盆梅一樣淸。

省齋遺稿卷下畢

省齋先生遺稿二卷令嗣成信君所輯先生以經綸
自任如韻語固不過緒餘然亦可以見其平生抱負
及出處進退之概矣信因與烟虎等謀請而刻之頒
同友德川興山公嘗大書鬼神泣壯烈字以賜先生
今縮寫併先生肖像置之卷首佐野雪津公所撰墓
表亦附刻以便讀者參觀云
明治三十二年十月　門人三田信謹識

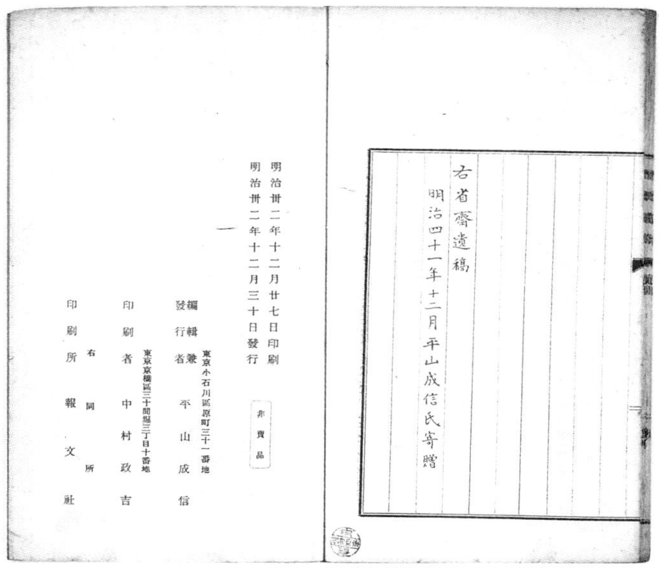

右省齋遺稿
明治四十一年十二月平山成信氏寄贈

明治卅二年十二月廿七日印刷
明治卅二年十二月三十日發行

非賣品

編輯兼發行者　東京小石川區原町三十一番地　平山成信
印刷者　東京京橋區三十間堀三丁目十番地　中村政吉
印刷所　右同所　報文社

附言

本年四月省齋先生遺稿ヲ再版セント令孫男爵平山洋三郎君ニ謀ル君曰ク來月二十二日ハ恰モ省齋先生五十年忌ニ當リ祭典ヲ行ヒ之ヲ靈前ニ供ヘントス幸ナル哉ト

此書再版ニ方リ旣往ヲ回顧スレバ轉タ感慨ニ堪ヘズ曾テ省齋先生安政季年甲府ニ謫セラレ居ル事約三年時ニ先考植村厚十郎泰壽甲府城衞士假監察タリ始テ先生ニ謁シ師トシテ教ヲ乞フニ至ル先考三十歲ノ時ナリ、而シテ先考卒後本年五十五年ニ當ル明治十二年遠江國ヨリ上京スルヤ先考ト共ニ白山ニ到リ先生ニ謁ス時ニ迂生十八歲其後家政維持ノ爲メ小吏トナリ北海道開拓ニ從事ス廿二年官ヲ辭シ實業界ニ入リ北海道炭礦鐵道會社支配人札幌麥酒會社取締役トシテ札幌ニ住ス、三十九年惠比須、札幌、旭、三麥酒會社合併スルニ至リ居ヲ東京ニ定ム偶々靜岡育英會ニ入會シ故平山會長ニ面會ス舊義ヲ偲ビ爾來平山成信君ノ指導ヲ受ク省齋先生ノ遺稿ヲ得タル此時ニアリ故ニ之ヲ再版スルニ先生ノ年譜ヲ加ヘ一巻トナシ其若干冊ヲ先考ニ代リテ省齋先生ノ靈前ニ供ヘントシ之ヲ畑虎之助君ニ謀ル君亦諸シテ之レガ校正ヲナス、而シテ殘餘ハ同友ニ頒チ以テ讀者ノ參觀ニ供ヘントス

昭和十五年五月十日　門人植村泰壽男澄三郎泰澄謹識

北海道大学附属図書館蔵 平山成信編『省斎遺稿並ニ年譜』（東京：久保春海 一九四〇年）より

平山省齋肖像

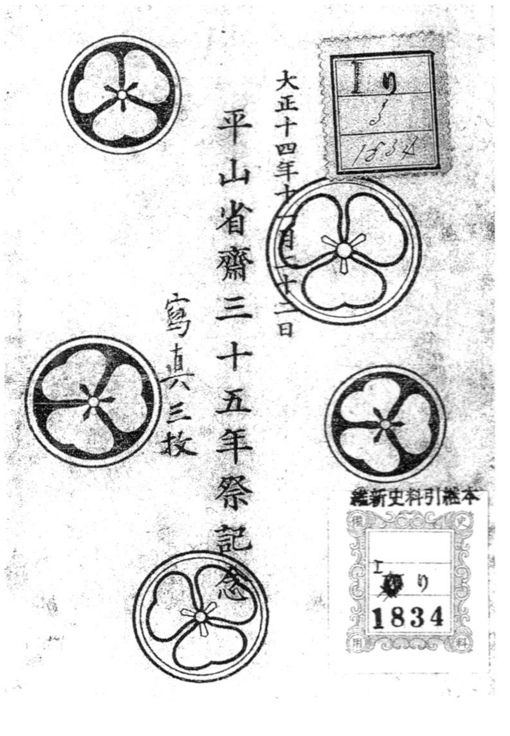

釋褐何嘗在温飽做官第不為
身家百年富貴草頭露蓋世功
名雨裏華窮達由来須看破死
生常事莫長嗟丈夫報國誓天
地一片丹心主没瑕

平山省齋自警詩　小曽根乾堂書

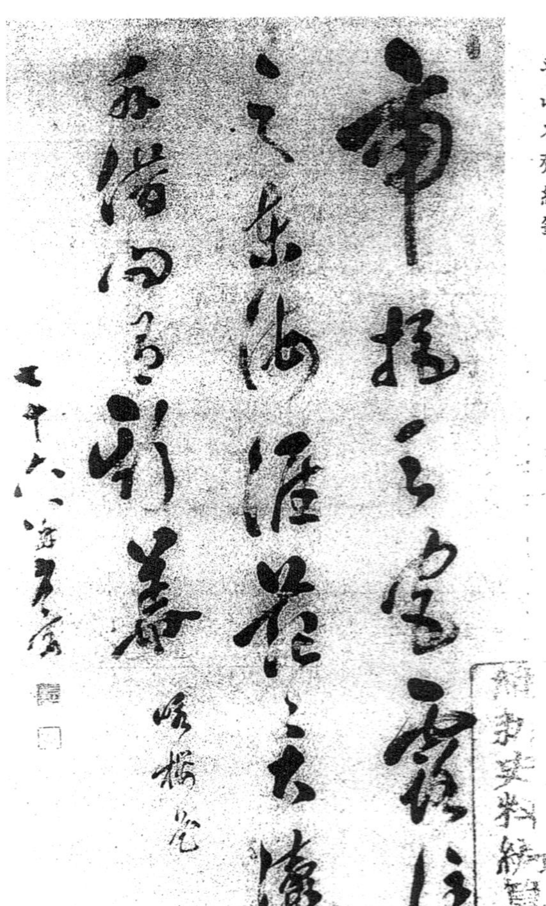

平山省齋絶筆

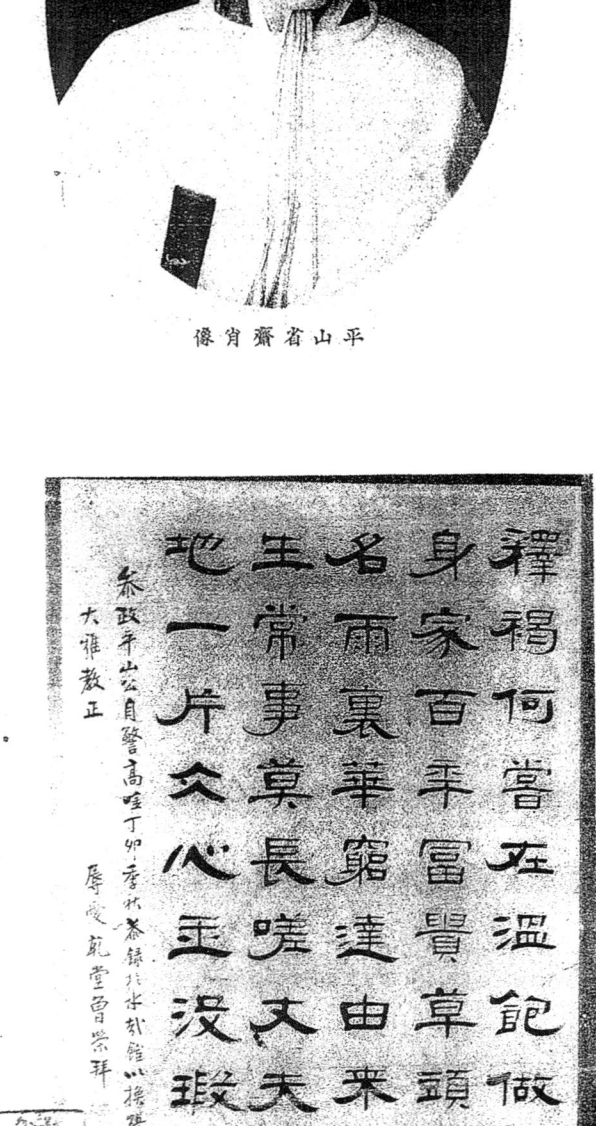

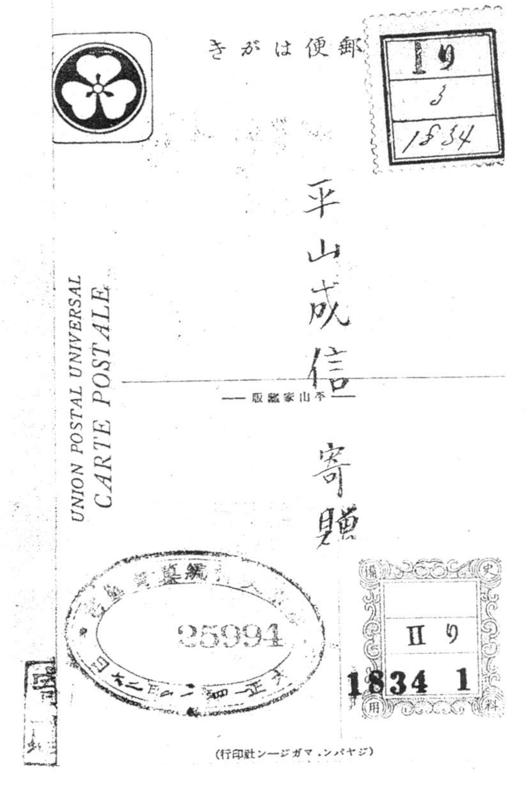

平山成信肖像
財團法人清明會『平山會長を憶ふ』（清明文庫発行、昭和６年）より

平山省齋小傳

省齋初名ハ謙二郎圖書頭ニ任セラレ明治以後ハ雅號省齋ヲ以テ通稱トス文化十二年奥州三春ニ生マル秋田安房守ノ臣黒岡活圓齋（劍道師範）ノ次子ニシテ母ハ鹽田氏ナリ天保五年江戸ニ來リテ叔父竹村七左衛門（幕府ノ右筆組頭ニシテ成信ノ實父）ノ家ニ寓シテ家事ヲ助ケ其餘暇ヲ以テ桑原北林、安積艮齋、前田夏蔭等ニ就キ和漢ノ學ヲ修ム。

嘉永三年幕臣平山源太郎ニ養ハレテ其家ヲ嗣キ同四年徒目付ト爲ル彼理ノ渡來ニヨリテ外交國防ノ事務俄ニ重要ヲ加フルノ際常ニ其方面ニ當リテ苦心盡力ス安政元年目付堀織部ノ隨員ト爲リテ蝦夷唐太ヲ巡視シ歸來又外務ニ鞅掌セシカ同五年書物奉行ニ轉シ次テ同六年免官謹愼ヲ命セラレ甲府ニ赴ク文久二年赦サレテ江戸ニ歸リ箱館奉行支配組頭ト爲リ慶應元年二丸留守居ニ任セラレ更ニ目付ニ進ム其間特ニ外交事務ヲ擔當シ同二年外國奉行ト爲リテ圖書頭ト稱シ外國惣奉行若年寄ニ歴任ス明治元年嚴譴ヲ蒙リテ隱居シ謹愼中德川氏ニ從ヒテ駿州靜岡ニ移リ專ラ子弟ヲ教育ス同三年謹愼ヲ免サレ同五年東京白山ノ家ニ歸臥セシニ權少教正ヲ命セラレ大教正ニ累進シ氷川神社大宮司及日枝神社祠官ヲ兼ヌ其後神道大成教ヲ創立シテ管長ト爲リ一意國教ノ宣布ト子弟ノ教育トニ努力シ同二十三年五月病ヲ獲テ卒去ス齢七十六谷中天王寺ノ塋域ニ葬ル。

平山省斎

男爵　平山成信

一

亡父平山省齋は明治二十三年庚寅五月七十六歳を以て卒去した。その長い生涯のうち幕府に仕へて政治に參與した期間は十六箇年で明治以後の二十三年間は神官教導職等の生活であった。卽ち幕臣としての生活は全生涯の五分の一弱で、甚だ短期間であったに拘らず、亡父としての面目が此間最も多く發揮せられた。お目見得以下の輕輩から、目付外國奉行、外國惣奉行を歴て、若年寄にまで昇進して、當時異數の立身を為したるものだ。併し亡父の性格には慥に政治的と宗教的との両面を備へてゐ記ことは、「省齋自叙」の一文と讀むと首肯せらるる。曰く

『年十四。讀無垢道人注般若心經。頗有省。脫然將歸乎空門。而父不允。適讀伊洛淵源錄。慕周程張邵諸君子之懿行。慨然有以道學自任之志。日夜讃研經史。頗覺有得焉。既而自謂。爲儒教育英才、是乃不得志乎世者之爲。未若為吏而堯舜其君民之爲勝。若不得其志焉。則退而教授亦未晚也。』

とある。その次に

『是爲天下蒼生、非敢爲私利也。』

と其抱負を述べてゐる。そしてこの抱負實現の爲に、時には吏となり、志を得ざれば退いて教授する。要するに天下蒼生の為に盡すの念は一つであったのだ。

二

省齋は文化十二年乙亥二月十九日奥州三春に於て生れた。父は黒岡活圓齋、三春侯秋田安房守の臣で劍道師範をしてゐた。母は鹽田氏、省齋は次子であった。幼名は金吾後六藏又謙二郎と改め、慶應二年九月圖書頭と改名した。實名安定、後敬忠と改めた。字は安民、省齋と號してゐたが、明治維新後は省齋を通称とした。八歳にして劍を學ひ書を讀み二十歳まで三春に居たが、此年天保五年笈を負うて江都に遊學し、叔父竹村久成の家に寓した。久成は長十郎又七左衛門と稱し、幕府の奥御右筆で後組頭に昇進した。省齋は竹村家の執事代りと爲り家事を助け其餘暇を以て漢學を桑原北林、安積艮齋に、國學を前田夏蔭に學んだが、孰れかといふと獨學の力が最も多かったやうだ。學進むに及んで後は、家に在って子弟を教授し、又旗下某々氏の求に應じて講義をした。

叔父久成は深く省齋を信用し、之を視ること子の如く、省齋亦久成に事ふること父の如く、一意竹村家の爲に盡力した。旗下某々の求によつて講義をしたのも、要するに久成昇進の便を圖つたのである。又久成の女谷子を大久松忠寛に嫁せしめるに斡旋大に努めたのも矢張りこの意味からであった。此間、嘉永元年三十四歳で桑原北林の次女千代子を娶つた。同三年、幕府の小普請平山源太郎の養子となり、三月二十九家督を相続した。時に年三十六歳。

三

嘉水四年辛亥八月二十七日は省齋の立身の門出の日であった。此日始めて御徒目付を仰付られた。自叙傳中の幕吏生活の第一行は

『七月七日。承密旨。潜行於豆相間。時老槍船載我漂我來于豆下田。紛々有物議。』

と書出してある。卽嘉永五年七月、魯西亜船が日本漂民を送り戻しに伊

豆の下田へ着いた時、御目付某の内命を受けてその事實を探りに行ったのである。當時對外關係が次第に濃厚となり、幕府は大に海防に意を注いだ。翌年の嘉永六年癸丑五月亞米利合衆國の使節ペルリが軍艦四隻を帥ゐて相模の浦賀に來たことは、眞に驚天動地の大事であった。幕府は浦賀奉行をして、翌年を期して、通商互市に對する回答を與ふる旨を約し、翌安政元年甲寅正月十三日米艦が再び浦賀表へ來た時には幕府は林大學頭、鵜殿民部少輔等を派して米使に應接せしめた。卽ち神奈川條約の訂結せられた時である。亡父省齋は此時鵜殿民部少輔に隨行して浦賀に到り外交官として最初の經驗を味はつたものである。當時折衝の模様は何うであったか。米使の漢文通譯清人羅森なるものが、その後香港の英華書院から刊行してゐる漢文月刊雜誌『遐邇貫珍』といふのに『日本日記』の一文を掲載し、日本の使節隨員の人物や談判に關する觀察や感想を述べてゐる。

『日本官艇。亦有百數泊于遠岸。皆是布帆。而軍營器械。各亦準備。以防仁之不仁。次日有官艇二三隻來視火船。艇尾挿一藍白旗。上寫御用二字。亞人招之上船。以禮待之。與其玩視船上之鐵炮輪機等物。各官喜悦。予見其官粧飾。則濶衣大袖。腰佩雙刀。束髮剃去腦信一方。足穿草履。以錦褌外套至腰。不同言語。與其筆談。其亦叙邂逅相遇。』云々。

と其時の光景、日本使節の風俗を叙してゐる。次に人物の一節に

『有平山謙二郎者。其人純厚博學。趨而問予中國治亂之端。予將平日記録之事。及治安策視之。其付來一信曰。仁臺文章煥發。議論正大。昨日賓會之事。末遑詳讀。願借冊子携回一涉。下日完璧于横濱公館云。予因與之。閲畢送返。亦答予書曰』

として省齋よりの來翰を擧げてゐる。幕府は米人の來航露人の情下等に刺撃せられ蝦夷唐太問題に注意し、堀織部村垣與三郎の両氏を視察に遣す事になり、省齋は堀に隨行して四月二十四日三厩に着き滞在中松前の家臣が來て、ペルリ軍艦を率ゐて箱館に入り物情騒然たる有様であるから、是非一行中の平山謙二郎をして應接せしめられたい——との請により、同月晦日安間純之進、武田斐三郎と三廐を發し、松前を經て箱館に至り、五月六日ペルリと應接してゐる。清人羅森の日記に

『越數日。平山謙二郎。與安間純之進等。由江戸前來。約返下田與林大學頭以定箱館行歩之規。予將臨別。謙二郎以唐詩録扇贈予曰。渭城朝雨浥輕塵。客舍青青柳色新。勸君更盡一杯酒。西出陽關無故人。』

と記してゐる。省齋の自叙傳には

『六日。赴米将被理艦。而筆語諭以大義。被理領伏。八日夷船盡揚帆無片檣』

としてゐる。六月二日宗谷に於て、堀、村垣等と會し、十七日出立して唐太に航し同島の極北を調査した。この旅行は風餐露宿頗る困苦を極めたもるらしく、亡父死去後篋底から數莖の枯草を入れた紙包を發見したが、其上に左の文字を記してあった。

安政元年甲寅七月十日採
マーヌイノ河原莪
奉旨從堀織部利熙渉唐太島巡西岸踰高山絶域無人之境抵東岸至于眞阿縫採海岸石間青草袖之使兒不忘余報國之苦辛云、此地距日本地方七百餘里　平由敬忠録

唐太の旅行は三箇月に亘り、八月廿五日函館に歸つたが、休息する暇もなく九月一日に今度は露西亞の軍艦が函館に來たので、又もや應對の事に任じ、露艦は六日出港した。歸途松前に到り福山新城の落成を檢し十一月廿八日に歸都してゐる。十二月十二日出精相勤候かどて御勘定格となり、百五十苞を賜はつた。此月の十四日、又も亞米利加船と露西亞船が伊豆下田に來航したので、省齋は至急出張の命令を受けて下田に赴いた。此時の米國使節との折衝は却々に困難であったらしい。米人は是非條約批准の為め将軍の署名調印を強要せしも當時の制度にては老中の記名で濟まさなければならぬので談判行き詰まつたのである。自叙傳の一節に曰く。

『花旗使節啊咀性桀傲。長官等頗困窘。往復數回。晝夜不寐數日。

余以乙卯年正月四日。晨趨拜日光祖廟。而論之以短文。恐象胥氏不盡其義也。啊咱渙然領服。翌五日。拔錨而去。長官等大喜。』云々

其後三月十日豆州戸田村で露西亞人と、七月廿八日同じく下田で亞米利加使節ハルリスと應對してゐる。歸來勤勞を以て二百俵に加增され御細工頭格となった。參考の爲めに當時遠藤但馬守から下田奉行への申渡を掲載する。文中官吏とはハリスの事を指すのである。

平山謙二郎儀最初ヨリ亞墨利加人應接之様子も委細相心得居候者之儀ニ付今度其地へ被差遣候間官吏一條等之應接柄都而心附候儀者無伏藏其方並支配向へモ示談致候様申渡置候間其方共者勿論支配へモ萬事無隔意申渡爲國家宜様可被取計候事

同じく阿部伊勢守から岩瀬民部少輔への口上は

官吏可相成一日モ延シ候方ニ應接致シ可申乍去若江戸表へ相迫リ自分共へ直談致シ度杯申出候期ニ至リ差免候而者十分之事ヲ可申出候間夫迄ニ不相成最早迚モ難屆機合迄說得致シ右等之事不申出已前不得已事場合相成候ハハ可差免尤十分ニ國法之段先方迷惑不相成程ニ取極方申談シ彼方承服之上左候ハハ政府へ可伺旨申渡一應伺之上可取極被渡候事尤下田奉行應接向者如何様相成居候共謙二郎存付ヲ以別に如何様ニモ機軸ヲ出シ應接ヲ遂グ御爲宜候様可取計

同人儀は箱館應接方モ行屆本條約爲御取替之節モ御印是非記載致度シ段申立候處同人說得方行屆自分　共印ニ而相濟候等應接方妙ヲ得候人物故如何様ニモ骨折都合宜相整候様出精可致同人へ申渡候也。

以上の如く亡父省齋は當時外國使臣の應接には必要なる一人者となつてゐた。長崎へ英吉利使節船が來航するに際し、土岐丹波守に隨從して差遣される內命を受けたが、英利使節の渡來を待たず、我より進んで使節を香港に差遣し條約の豫議をなし、兼て諸般の視察を爲すべきことを建議し、「幸に採納を得は自己をも隨員中に加へられことを請ふ」と附言してゐる。

安政四年五月には水野筑後守、岩瀬肥後守に隨行して長崎に赴き、和蘭商法の規約を改革し、寛永己來年々銅六十萬斤を交付するの法を廢するの件に盡す所があつた。其功空しからず安政五年正月に御目見得已む上に立身をした。自叙傳に

安政五年戊午正月十六日。近時國事多艱為國家憂勤無比。特命賜御賄頭格以爲世々謁大君之班。

と叙してゐる。嘉永三年四月、御徒目付に任ぜられて以來玆に八年目、四十四歳で此光輝ある辭令に接し同年七月御書物奉行の閑地に移され堀閣老が條約條勅許願の爲め上京した折も川路、岩瀬に隨行したが使命の果されなかつたのには大に悲觀したらしく、江戸に歸りたる後、翌安政六年九月十日に、思召有之候ニ付御役御免小普請入差扣を仰付られ、十二月廿九日に甲府に着いて謫居生活に入つた、時に四十六歳。安政六年は謂ふ迄もなく有名な歴史上の『安政の大獄』のあつた年で、人心恟々、物情騒然たる時であつた。省齋の嚴譴をうけたのも將軍世子論の爲で、一橋慶喜公を推して將軍の繼嗣とする事を主張をし諸名士同様井伊大老の睨む所となつたのである。當時の心事を知る爲めに自叙の一節を―

嗚呼自筮仕至于今。殆九年。勤勞王事。東奔西走。風帆雨馬。不暇旰食。忘身以殉國家。誓天地神明不存絲毫私心。何也。曰釋褐爲吏。則爲天下蒼生。而非敢爲利祿私計也。冀皇天在上。昭々照誠。天下後世有公議輿論之不滅者。惡知今日之謫。非皇天后土賜磨練玉成之地乎。蓋所當伸不得志於當世者之業。而非窘窮之路也。宜修身力學進道積德以教育天下英才。以造他日堯舜。其君民以繼吾之志於無窮者。則足以償夙志焉爾。

四

甲府に謫居すること三年。此間は帷を垂れて書を讀み、郷中の子弟を教育した。許されて東部へ歸つたのが文久二年九月廿日である。越えて十月二十二日に箱館奉行支配組頭に任ぜられ、文久三年正月廿三日に着任してゐる。奉行小出大和守を輔けて北地の開發に盡力した。慶應元年九月、布衣の班に列せられた。此年十一月二丸御留守居となり外國御用

取扱を命ぜられ、間もなく御目付に進み外國御用立合を命せられて依然外交に關係して居つた。

恰度此頃は安政大獄のあとを承けて攘夷と開港論とで常に血腥い事件が各所に絶えなかつた。同時に幕府の勢威が漸次衰頽に傾き、元治の變があつて次いで長州の再征伐となり、將軍家茂親ら大阪に至つて全軍を指揮するといふ大騒ぎであつた。省齋は閣老小笠原壹岐守に随行して廣島に出張し永井尚志と長州處分に苦心し、小笠原閣老と小倉に進んだが家茂將軍薨去せられ小笠原閣老は俄に大坂に引上げ省齋は小倉を去りて日向に引上げ長崎に赴き大坂に歸つた。其間の苦心は容易ではなかつた。

三年四月若年寄並外國總奉行に任ぜられた。將軍家茂の薨去後一橋慶喜その跡を繼ぎ、孝明天皇の崩御、明治天皇の踐祚などがあり、まつたく世の中は鼎の沸くやうな騒ぎであつた。しかも此間に長崎に於ける英國水夫殺害事件、浦上郷耶蘇教信者處分事件等外交上の難問續出し、又朝鮮と佛國との紛爭調停、德川民部大輔の佛國差遣等の要件も起つたが、省齋は皆關係せざるものはなかつた。佛蘭西と朝鮮とが戰端を開いたので、日本が其調停を試みる事になり、幕府は外國總奉行平山圖書頭敬忠即ち省齋を正使に、目付古賀筑後守を副使に任じて其事に當らしめたのである。左に右に關する省齋の日記の一節を抄録する。

丁卯二月四日於大坂佛公使申立候大綱の一節

一朝鮮戰爭につき其機會に乘じ、御國威御信儀萬國に耀き候様被遊可然見込申上候事

同二月七日於大坂御城佛公使ロセスへ御對話の一節

（大君）朝鮮へ其國より討伐の事ありと承り候も始末柄承り舊交の國故和議爲取扱へく哉被存候に付其人を選可差遣候間事情細示可有之候

（公使）アドミラールより戰爭場之地圖戰爭之模様認候一冊差出申候右者差上候間御慰にと相成候哉と爰に持參仕候

同國極鎖國之風に而近來弘法法師九人永々在留致居候を一朝慘剋に殺害いたし候に付アドミラールの權を以復讐いたし候其後亞船へ英人二人乘組居候を焼之一人も不殘焼討いたし候同國は大閤討伐已來御舊交之由大君右之通無名之師を起し候を御説得和議御取扱も被仰付朝鮮承服仕候はゞ佛に而引受聊御不都合無之様取計可申候

偶々大政奉還のことあり、因て朝廷右の事を稟申したるに使節差遣の擧を遂行せよとの勅命あつたれども戊辰の變の突發で萬事休した。省齋は、慶喜將軍の側向に在つて專ら文翰の事に任じ、將軍東下後引續き江戸に歸り、同年正月二十三日若年寄内國事務從裁を仰付けられ辭したが許されず、二月九日遂に御役御免となつた。卽ち同月十一日

朝廷官位被召上候趣御達者無之候得共御布告相成候由ニ付登城不相成旨

を申渡され、同十九日逼塞、四月八日

兼而逼塞被仰付置候其方事可被嚴科之處格別之寛典ヲ以處可致旨勅諚に付永蟄居被仰付候

といふ嚴命に接した。甲府謫居以來茲に七箇年間、五十四歳を以て政治生活が終焉を告げたのである。其自叙傳に

嗚呼為國家竭微衷。國歩艱難至此極。何以償之。他日有期于兒孫。赤心以報國之事業爾。

甲府左遷當時と同じい感懐を逃べて一篇を結んでゐる。幕吏生活は前後を通じて十六年間、常に外交の局に當り、恐らく幕府諸有司中、最も長く外務に盡瘁せし者の一人であつたらう。

亡父は深く岩瀬忠震の知遇を得て喜憂を同じうし、其意見書等亡父の筆に成れるもの尠くない。共に安政の大獄に遭ひて嚴譴を蒙り、甲府江都東西離居の後も絶えず書簡の贈答、詩篇の寄示があり交際親密を極めた。次で懇親なりしは永井尚志、水野忠德、堀利熙、山口直亮、柴田剛中等の諸氏。大久保忠寛は親戚の間柄。閣老では小笠原長行、板倉勝靜、松平乘謨の諸氏。殊に板倉は松叟と改稱せし後、亡父神道大成教會を組織するの際も、創立員の一人と爲り終生親密にしてゐた。

五

明治元年九月隱居して十一月靜岡に移住し、市外八幡村八幡神社の傍に寓居して專ら子弟の教授を事とし、明治三年庚午正月五特旨を以て罪を免せられた。子弟を教授することは省齋の最も好む所であつたので、後東京に歸住してからも同様門弟を教育した。そして『政治は恰も自分の嘔吐せしものを見るやうで、實に厭になつた』と、全然意を政治に絕つたのである。

氷川神社の宮司日枝神社の祠官を兼ねてゐたが、明治十三年大成教會を結集して其教長となり、十五年大成教特立の許可を得其管長となつた。明治五年權少教正に任せられたる後　司教宣布の爲め四方に奔走し、明治二十二年三月十日、佐久間象山贈位祝祭の齋主となり、歸途疾を獲て大患に陷り六月纔に癒えたが、翌明治二十三年庚寅五月二十二日、前年の疾再發し七十六歳を以て卒去した。

紙幅に限りがあるので、茲に亡父省齋の略傳をものしたものに過ぎぬ。その時代の背景に伴ふ人物の批評の如きは、私としては一切之を省き、後世史家の判斷に委することゝした。

『中央史壇』第十二巻第九号『幕末明治人物史論』秋季特別号より

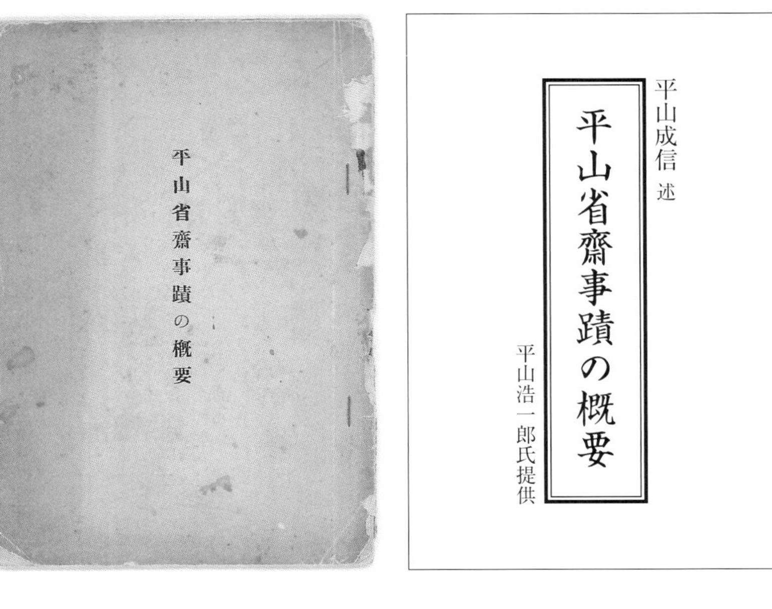

平山省齋事蹟の概要

（大正十五年六月十七日日本工業倶樂部に於て維新史料編纂會第十六回顧問委員會開會の節）講演

維新史料編纂會委員　男爵　平山成信君談

今日、顧問委員各位の御集會に際しまして、何か私から亡父省齋の事蹟に付て御話を申上げるやうに金子總裁から御希望を御傳へになりましたが、私に取りましては甚だ光榮の至りでございまするので、謹んで御請けを申しましたやうな次第でございます

亡父省齋の一世の事業を摘んで申上げますと、維新前は主として幕府の外交方面に活動致し維新後は意を全く政治に絶ち、國教の宣布と云ふやうなことに殘世を用ゐましたのでありまして、維新前後を通じて常に餘暇がございますれば、子弟の教育に力を用ゐました、大體はさう云ふやうなものでありますが、細かに申上げる

一

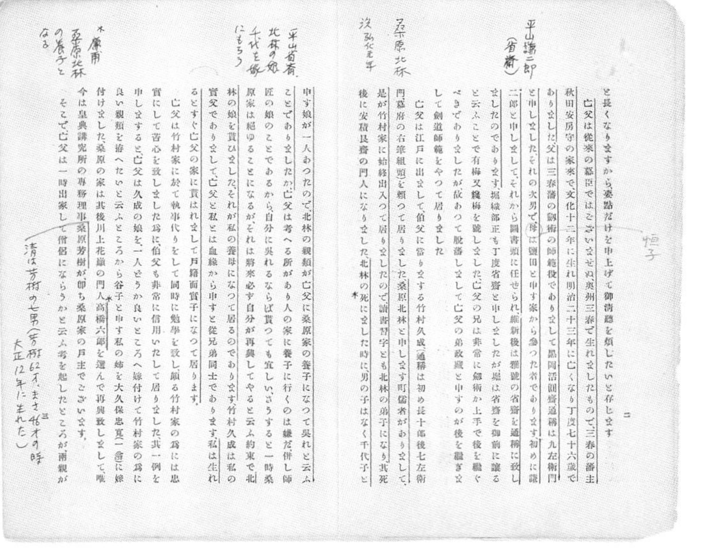

と長くなりますから、要點だけを申上げて御清聽を煩したいと存じます

亡父は從來の幕臣ではございませぬ、奥州三春で生れましたもので、三春の藩主秋田安房守の家來で、文化十二年に生れ明治二十三年に亡くなり丁度七十六歳でありました。父は三春藩の劍術の師範役でありまして黒岡活圓齋通稱は九左衛門と申しました、それの次男で、母は鹽田と申す家から參つた者であります。初めに謙二郎と申しまして、それから圖書頭に任ぜられ、維新後は雅號の省齋を通稱に致しましたのであります、堀織部正も丁度省齋と申しましたが、堀は省齋を御前に讓ると云ふことで有梅又綠梅を號しました、亡父の兄は非常に劍術が上手で後を繼ぐべきでありましたが、故あつて脫藩しまして亡父の弟政藏と申すのが後を繼ぎまして劍道師範をやつて居りました

亡父は江戸に出まして、伯父に當りまする竹村久成（通稱は初め長十郎後七左衛門幕府の右筆組頭）を頼つて居りました、桑原北林と申します町儒者がありまして、是が竹村家に始終出入つて居りましたので、讀書習字とも北林の弟子になり、其死後に安積艮齋の門人になりました、北林の死にました時に、男の子はなく千代子と

二

申す娘が一人あつたので、北林の親類が亡父に桑原家の養子になつて呉れと云ふことでありましたが、亡父は考へる所があり人の家に養子に行くのは嫌だ、併し師匠の娘のことであるから、自分に呉れるならば貰つても宜しい、さうすると一時桑原家は絶ゆることになるが、それは將來必ず自分が再興してやると云ふ約束で北林の娘を貰ひました、それが私の養母になつて居るのであります、竹村久成は私の實父でありまして、亡父と私とは血緣から申すと從兄弟同士であります、私は生れるとすぐ亡父の家に貰はれまして戸籍面實子になつて居ります。

亡父は竹村家に於て執事代りをして同時に勉學を致し、頗る竹村家の爲には忠實にして苦心を致しました爲に、伯父も非常に信用いたして居りました、其一例を申しますると、亡父は久成の娘を、一人どうか良いところへ嫁付けて竹村家の爲に良い親類を拵へたいと云ふところから谷子と申す私の姉を大久保忠寛（一翁）に嫁付けました、桑原の家は其後川上花嶺の門人高橋六郎を選んで再興致しまして、唯今は皇典講究所の專務理事桑原芳樹が、卽ち桑原家の戸主でございます。

そこで、亡父は一時出家して僧侶にならうかと云ふ考を起したところが、兩親が

三

源太郎の養子となり 省斎家督相続

嘉永六年(1853) ペルリ浦賀に来航(当時には省斎は関与していない)

安政元年 省斎、下田でペルリと応接(1854)

非常に悲んでそれを止めたので直にそれから學者になつて道を弘めやうと云ふ考も起しましたが又考を變へて寧ろ役人になつて善政を施した方が人の爲にならう若し志を得なければ其時退いて子弟を教育すると云ふ考で更に角役人になると云ふ決心をしたのでありますそこで幕臣になると云ふ順序になりまして其當時行はれて居りました所謂御家人の株を買ひ平山源太郎の養子に這入り養父は直く隠居して亡父に家督を讓つたと云ふ譯でありますそれは嘉永三年であつたと思ひます

其翌年に幕府の御徒目付と云ふ役に任ぜられました是が役人になつた始まりでありますが嘉永五年の頃になりますと海防問題が段々やかましくなつて來て居りますから主としてさう云ふ方面に勤務致しまして嘉永六年即ちペルリの參る年にはあの那には關係しませぬでしたが本多越中守戸川中務少輔等に附き添して江戸灣の見分即ち相模武藏上總安房の沿岸を視察いたしまして其復命書が殘いるのがありますが是は亡父が起草いたしたものであります。

所で安政元年から愈々種々困難なことに當つたのでありますが安政元年にペルリが再び參りまして下田條約が出來ました其時は下田へ參りましてあの一件に始終關係して居りますそこで愈々海防問題外交問題がやかましくなりまして蝦夷樺太をどうかしなければならぬと云ふ必要が起つて參りましたそれは御承知の如く露西亞人が段々樺太の方を南下して當時の久春古丹其後のカルサコフ唯今の大泊楠渓町でありますあの附近まで參つて三四十人の者が營舍を建つて永住をするやうな態度を示したのであります幕府も大段心配を致し一面又ペルリと條約を結びました結果行く行くは函館も開かなければならぬことになつたので北地は松前に委して置いてはいかぬから幕府に引上げて直轄にしなければならぬと云ふやうな形勢になつたので先づ取調員を出さうと云ふことで堀織部と村垣與三郎兩人を派出いたしまして亡父は其一行に加はつたのであります其當時下田の組頭に栄轉させやうと云ふ内意もありましたけれども亡父は寧ろ役人にならない内から蝦夷問題を心配し研究して居たから苦しくとも其方に行きたいと云ふことで下田の組頭になることは固く辭しまして蝦夷樺太に參つたのであります。

安政元年の四月に立ちまして十一月まで掛つて居ります當時のことでありますから頗る困難をしたやうで其處に日記を持つて參りましたがあれを御覽下されば分ります又其時は三厩から松前に渡つたのでありますが松前の方から早船で人が參りましてペルリが艦隊を連れて函館に入港した爲め函館の者が非常に騒動して居る丁度今度の一行の中には平山謙二郎と云ふ人が居るさうだが是は下田でペルリとも引き合つたさうだから其人を寄越して説得さして貰ひたいと云ふことで亡父は僅に二三の者と堀村垣に先立ちまして松前に渡りました其時は海が非常な荒れで船が引縫返り掛つたのでありますが幸ひに助かつて龜山に着し陸路函館に參りペルリの一行と談判をしたのでありますが通譯がないところがペルリが廣東人の羅森と云ふ大分學問もあつた男を通譯通辯に連れて來て居つたので亡父は筆談で談判をして能く事情が疎通したのでペルリは直ちに艦隊を連れて函館を立ちました、それで一同は漸く安心したと云ふやうなことが始まりであります。

其中に堀村垣の一行も參りまして一緒に蝦夷の西海岸の方をずつと廻りまして宗谷まで參り宗谷から久春古潭に渡りまして先年私は樺太に參つた時にあの邊を見て來たのでありますが唯今は御承知の通り大泊が盛んになつて居りまして彼處の海岸にちよつと突出した岡がありますあれが楠渓町と云ふ町で岡の後は人家が續いて大泊と楠渓町は一つものでありますが當時棧橋のあつた方は楠渓町ださうであります。

それから一行は白主と云ふ處に行きまして西海岸をずつと上つて九春内から山脈を越えて東海岸の眞縫と云ふ處へ出て又九春内に引返して白主から宗谷に渡つて歸つたのであります實は東海岸も廻りたかつたのでありますけれども交通の便運輸の便が甚だ缺けて居つて大勢では迚も廻れぬと云ふことで一行中の一部分が分れて鈴木尙太郎抔が東海岸を廻り揚とか村垣とか亡父なぞは眞縫に行つただけで引返したのでありますそれから蝦夷に戻りまして今度は東海岸をずつと廻りまして室蘭に出ました他の連中は鷲木から函館に歸つたのでありますが亡父は噴火灣を一周して函館に戻つた處堀織部が函館奉行を言ひ付けられたと云ふ命令が來たのであります

丁度松前藩の福山城が落成したのであの城が舊幕府時代の一番しまひに出來た城ぢやないかと私は思つて居ります目付が來たものですから堀織部が其築城檢分をすると云ふことになりまして亡父も其命を受けて再び福山に參りまして、それが濟んで函館に歸つて江戸に戻つて參つたのが先刻申します通り甲寅の年の十一月でありますす所が其時例の露西亞のプーチャチンが下田に參つて下田の海嘯で船を壞した際でありまする一面は米國のアダムスが下田條約の批准を請ひに來て居りました。

此アダムスと云ふ人は亡父の話を聽いて見ますと頗る剛腹な人間で初め來ました時も困つたが今度批准を請ひに來ました時に大きな難問題が起つたのでありますそれは今日から見れば何でもない問題でありますが當時は大問題であつたやうです向ふは大統領が條約に署名して居るからこちらも將軍に署名をしろと言うて迫る所が昔の例に依りますれば將軍はそんなものに自分で署名をすると云ふやうなことはないのでありまして閣老連名で濟まして居る、こちらは閣老連名で濟ませやうとするアダムスは中々きかない斯う云ふ譯で之には甚だ困つた年が明けて安政二年の正月の三日とか四日とかでありましたが亡父は非常な決心を以ちましてアダムスを説得し、やつとのことで納得させ閣老の連名だけで批准を濟ませました日記を見ますと是は決して自分の功ぢやない皇祖皇宗の御威徳で出來たことであると云ふやうなことが書いてあります。

其後は屢々下田と江戸を往復しハリスとの應接や岩瀬井上が全權で結びました條約の事も一切關係して居ります。

安政四年に長崎の貿易改革と云ふことが起りまして幕府から水野筑後守忠德岩瀬肥後守忠震等が主なる係りで亡父も隨行して長崎へ參り例の年々銅六十萬斤を輸出する條約を廢しましたが隨分大事件と傳へられて居りました。

其當時から佐賀藩では反射爐を造つて大砲の鑄造をやつて居つたのでありますが是は閑叟公の仕事でありますが佐賀の反射爐が早いのか江川の反射爐の方が早いのか兎に角併り前後しない時分からやつたので岩瀬が長崎の行きがけに反射爐を見て行かうぢやないかと云ふことで佐賀に參り閑叟公の款待を受けて反射爐を見ましたが其時閑叟公から亡父に下さいました書が二枚あります貿易改

革の用事が済みましてから、天草の海岸を檢分し肥後筑後肥前、紀州勢州等の沿岸をすつかり檢分して、江戸に歸つたのであります。

翌年安政五年になりましてから、例のハリスと結んだ條約の勅許を受けなければならぬと云ふ問題が起つて、皆樣御承知の通り堀田閣老が川路岩瀬などを連れて京都に出掛け、亡父も隨行し、正月に行つて、四月に歸つて來ましたが、勅許を受ける目的を達しませぬので、非常に難儀をしたのであります、岩瀬は一行に分れて先に江戸に歸りましたが、亡父が岩瀬を送つた詩などを見ますと悲觀落膽したやうな模樣が見えます。

玆で申上げなければならぬことは、其當時丁度例の將軍繼嗣問題が起つたことで、當時の諸侯又幕臣でも有爲な人は皆、斯う云ふ時勢だから賢明なる人を立てなければならぬ、卽ち慶喜公を立てなければならぬと云ふ論者で、橋本左內などは非常にそれを主張して居つた、橋本左內は京都に參つて居りまして、岩瀬も勿論其方の熱心家であつたものでありますから、岩瀬に直接會ふのは危いので亡父を經て岩瀬と始終內議をしたやうに見えます、亡父の日記の中にも、橋本左內が桃井伊織

と變名して來たと云ふやうなことも書いてあります、景岳全集の中にも數箇所に、其事が散見して居ります。

詰り此繼嗣問題が禍を爲して亡父も六年の大獄に引掛つた譯であります、五年に歸つて來まして間もなく、御書物奉行と云ふ閑職に轉任いたしました、是は體よく左遷させられた譯でありまして、其翌年嚴譴を蒙る前提なのであります、岩瀬も確か作事奉行か何かに遷されたのであります、さうして安政六年有名な大獄が起りまして幕臣も諸侯も又其家臣も慶喜公擁立の說を賛成した者は皆罰せられました。

亡父も六年の九月に免官の上閉門を仰せ付けられましたが、亡父の話に、どうもあの時は隨分心持が惡かつた、幕府の時分には吉凶により呼出の時刻が違ふのであるが、自分の呼出しは最も惡い時刻であつたから、或は切腹を言ひ付けられるのではなからうかとまで考へたと申しました、併し十二月に閉門を免るされまして、甲府勝手小普請を命ぜられ甲州に行つて謹愼することになりました。

翌年の萬延元年四月に甲州に遷りまして、母と私とは江戸に殘つて居りました

＊千代子
前出、桑原北林の娘

が、萬延元年文久元年文久二年になつても、まだ其謹愼が綏まないものですから、文久二年に後から母と私は甲州に參りました＊、亡父は甲州に居つて用もないので寺を借り、漢學の塾を開き、大分弟子がありました、先日山梨縣で出來ました甲府市史と云ふものを見ましたら、亡父は徽典館の敎官として來て居つたと云ふことが書いてありましたが、それは間違ひで、それなら結構ですが、謹愼を仰せ付けられて、行つて居つたのであります。

文久二年の九月に江戸に召し返されまして、直に函館奉行支配組頭と云ふものになりました、十二月に函館に出立しましたが、今度は全家引き纏めて、母も私も附いて參りまして、途中宇都宮で年が變はつて文久三年となり、函館に着いた時は私十歲でありました、其時の事などを考へて見ますと、今からは隨分嘘見たやうなことで、江戸から函館まで二十八日掛つて居ります、大抵毎日十里位づつ行くのであります。

其時は五稜廓が建築中でありまして、函館に奉行所がありました、五六箇月經つ間に五稜廓が出來て、龜田に引移り五稜廓の外に官舍町がありまして、其處に住ま

つたのであります、小出大和守と云ふ人が奉行でありましたが、年の若い人であるから、老巧な者をやつて其後見をさせると云ふやうな意味で、亡父は函館の方にやられたと云ふことを、後で人から聞いたのであります。

亡父は慶應元年江戸に呼び返されまして、十一月に歸り其月の中に二の丸留守居と云ふものに榮轉いたしました、二の丸留守居と云ふものは唯格式を附けただけでありまして、外國御用取扱と云ふ命令で外國の方のことばかりやつて居りまして、間もなく又其十二月更に御目付に任ぜられましたが、是亦外國御用立會と云ふ命令でありまして、外國方面に關係することは少しも違ひはなかつた、始終橫濱に往復して應接のことばかりやつて居りました。

慶應二年の春に上阪せよと云ふことで、其當時は征長問題の最中でありまして、大阪へ參りましたら、小笠原壹岐守附添廣島に參れと云ふ命令を受けまして、二月廣島に參つた、此壹岐守と云ふ人と亡父は余程古くから懇意であつたやうであります、と申しますのは、先刻申上げました蝦夷樺太の巡視に參つた時分に寄越された手紙後の壹岐守、其當時は敬七郎と云つて居ります、敬七郎長者と署名したもの

が殘つて居ります、小笠原子爵に承はつた處、其通りであると言つて居られます。

藝州へは永井尙志が大目付で參つて居りました、亡父は御目付で參つたので、心を合せて一生懸命にやつたやうであります、一寸此處に挾んで申しますが、宍戸備前でありますあれが矢張り長齋門でありまして、其時分から懇意であります、あの人は山縣半藏と云つて幕府の役人の家來になつて、蝦夷樺太巡視の一行に加はつて行かれた、其時又一緒に行つて大變懇意にして居られた、所が藝州では、長州の方から宍戸備後介で出て來られて、どうも世の中の變化と云ふものは妙なものだと云ふことを話したと言つて居りました。

省斎が役人
として最も
苦労した件
谷中の碑文に
も書かれて
いる

其中に小倉の方に壹岐守が行くことになりまして、亡父も附添つて參りました、五月六月と居つた、所がまあ非常に困難なことが起りまして、七月の三十日でありますか、小笠原閣老は突然軍艦で出てしまつた、詰り亡父其他の者は置き去りになつた、そこで小倉藩の激昂は想像するに難からぬ譯で、どうして吳れるのだと云ふ譯で、それでどう云ふことがあつても小笠原家の迷惑にならぬ樣にするからと云ふことで了解を得て、八月の一日に小倉を出て一行を召し連れて日田に引上げま

した、日田は御承知の通り幕領で郡代があり經濟上の策源地見たやうになつて居つたやうで、郡代は久保田治部右衞門と云ふんで、維新後靜岡で私も屢々會つた記憶があります、亡父は日田から熊本へ出て、熊本から長崎に行きました。

長崎へ閑叟公の使が來まして、是非話したいことがあるから佐賀に立寄つて吳れと云ふ、公は前に申上げました通り、安政四年に會つて懇意になつて居るものですから、其希望に應じ、軍艦で佐賀に參り有明灣に入り早津江と申す閑叟公が海軍の創立をやつた所から上がりまして佐賀に參り一泊して閑叟公に會つて、色々と時局に付て閑叟公の話がありまして、更に又船に乘つて大阪の方に歸つて來たのであります。

閑叟公から話されたと云ふことの一箇條に斯う云ふことがあります、一體親藩でもあれば兎も角も、小笠原壹岐守位のものを幕府が寄越して、九州の諸大名を引き指揮せしめやうなどとは大體間違つて居る、是は幕府の失策だと云ふことと、もう一つは、幕府はどうするか知らぬが、回復でも圖るならばどうしても海軍の力に依らなければいかぬと思ふ、と云ふやうなことも言つて居られます。

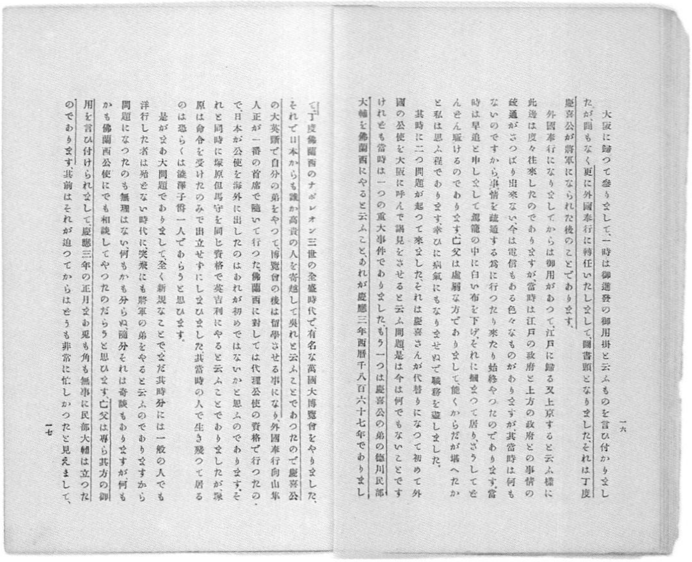

一六

大阪に歸つて參りまして、一時は御進發の御用掛と云ふものを言ひ付かりました、が、間もなく更に外國奉行に轉任いたしまして、圖書頭となりました、それは丁度慶喜公が將軍になられた後のことであります、

外國奉行になりましてからは御用があつて、江戸に歸る又上京すると云ふ樣に此邊は度々往來したのでありますが、當時は江戸の政府と上方の政府との事情の疏通がさつぱり出來ない、今は電信もある色々なものがありますが、其當時は何もないのですから、事情を疏通する爲に行つたり來たり始終やつたのであります、當時は早追と申しまして駕籠の中に白い布を下げ、それに摑まつて居り、さうしてどんどん驅けるのであります、亡父は虚弱な方でありまして、能くからだが堪へたかと私は思ふ程であります、幸ひに病氣にもなりませぬで職務を盡しました、

其時に二つ問題が起つて來ました、それは慶喜さんが代替りになつて初めて外國の公使を大阪に呼んで謁見をさせると云ふ問題、是は今は何でもないことですけれども當時は一つの重大事件でありました、もう一つは慶喜公の弟の徳川民部大輔を佛蘭西にやると云ふこと、あれが慶應三年西暦千八百六十七年でありまして丁度佛蘭西のナポレオン三世の全盛時代で、有名な萬國大博覧會をやりました、

一七

それで日本からも誰か高貴の人を寄越して呉れと云ふことであつたので慶喜公の大英斷で自分の弟をやつて、博覧會の後は留學させる事になり、外國奉行向山隼人正が一番の首席で隨いて行つた、佛蘭西に對しては代理公使の資格で行つたの。で、日本が公使を海外に出したのはあれが初めではないかと思ふのであります、それと同時に塚原但馬守を同じ資格で英吉利にやると云ふことでありましたが、塚原は命令を受けたのみで出立せずにしまひました、其當時の人で生き殘つて居るのは恐らくは澁澤子爵一人であらうと思ひます。

是がまあ大問題でありまして、全く新規なことで、まだ其時分には一般の人でも洋行した者は殆どない時代に、突飛にも將軍の弟をやると云ふのでありますから問題になつたのも無理はない、何もかも分らぬ、隨分それは奇談もありますが、何もかも佛蘭西公使にでも相談してやつたのだらうと思ひます、亡父は專ら其方の御用を言ひ付けられまして、慶應三年の正月まあ兎も角も無事に民部大輔は立つたのであります、其前はそれが迫つてからはどうも非常に忙しかつたと見えまして、

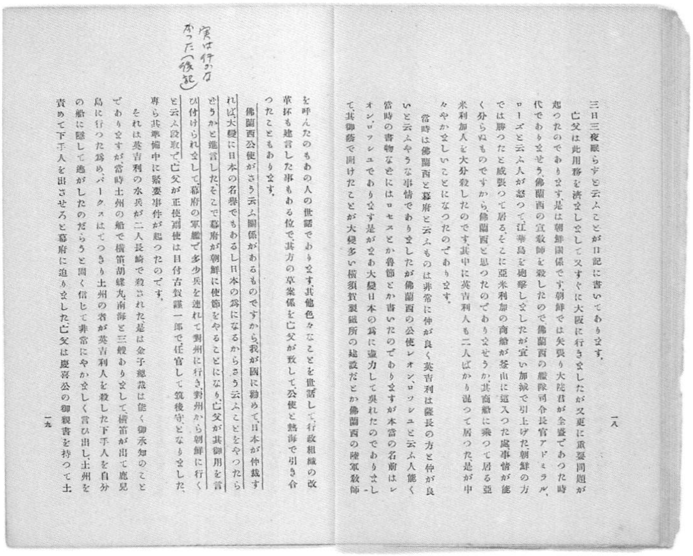

一八

三日三夜眠らずと云ふことが日記に書いてあります、

亡父は此用務を濟ましまして又すぐに大阪に行きましたが又更に重要問題が起つたのであります、是は朝鮮關係です、朝鮮では矢張り大院君が全盛であつた時代でありませう、佛蘭西の宣教師を殺したので、佛蘭西の艦隊司令長官アドミラル、ローズと云ふ人が怒つて、江華島を砲撃しましたが、宜い加減で引上げた、朝鮮の方では勝つたと威張つて居る、そこに亞米利加の商船が釜山に這入つた處、事情が能く分らぬものですから、佛蘭西と思つたのでありませうか、其商船に乘つて居る亞米利加人を大分殺したのです、其中に英吉利人も二人ばかり混つて居つた、是が中々やかましいことになつたのであります、

當時は佛蘭西と幕府と云ふものは非常に仲が良く英吉利は薩長の方と仲が良いと云ふやうな事情でありましたが佛蘭西の公使レオン、ロッシュと云ふ人能く當時の書物などにはロセスとか魯節とか書いたのでありますが本當の名前はレオン、ロッシュであります是がまあ大變日本の爲に盡力して呉れたのでありまして、其御蔭で開けたことが大變多い横須賀製鐵所の建設だとか佛蘭西の陸軍教師

一九

を呼んだのもあの人の世話であります、其他色々なことを世話して、行政組織の改革杯も建言した事もある位で、其方の草案係を亡父が致して、公使と熱海で引き合つたこともあります、

佛蘭西公使がさう云ふ關係があるものですから、我が國に勸めて、日本が仲裁すれば、大變に日本の名譽でもあるし日本の爲になるからさう云ふことをやつたらどうかと進言した、そこで幕府が朝鮮に使節をやることになり、亡父が其御用を言ひ付けられまして、幕府の軍艦で多少兵を連れて對州に行き、對州から朝鮮に行くと云ふ段取で、亡父が正使副使は目付古賀謹一郎で任官して筑後守、となりました、

實は行かなかった（後記）

專ら其準備中に緊要事件が起つたのです、

それは英吉利の水兵が二人長崎で殺された、是は金子總裁は能く御承知のことでありますが、當時土州の船で横笛、胡蝶丸、南海と三艘ありまして、横笛が出て鹿兒島に行つた爲め、パークスはてつきり土州の者が英吉利人を殺した下手人を自分の船に隱して逃がしたのだらうと聞く信じて非常にやかましく言ひ出し、土州を責めて下手人を出させろと幕府に迫りました、亡父は慶喜公の御親書を持つて土

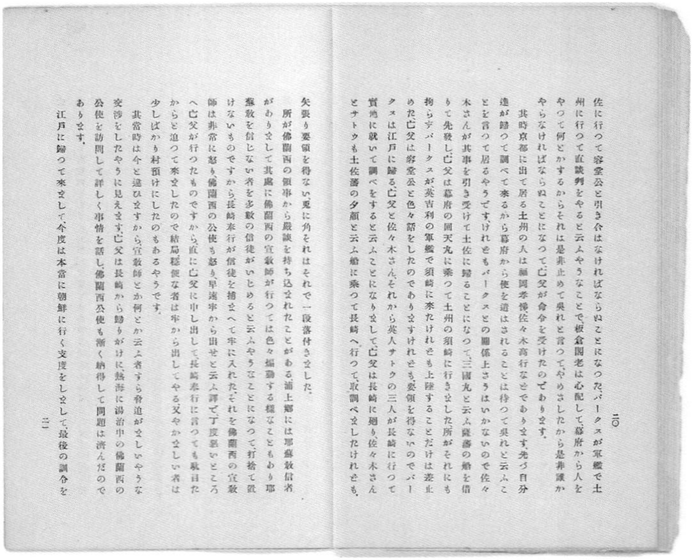

二〇

佐に行つて容堂公と引き合はなければならぬことになつたパークスが軍艦で土州に行つて直談判をやると云ふやうなことで板倉閣老は心配して幕府から人をやつて何とかするからそれは是非止めて呉れと言つて止めさしたから是非誰かやらなければならぬことになつて亡父が命令を受けたのであります。

其時京都に出て居る土州の人は福岡孝悌佐々木高行などであります、先づ自分達が歸つて調べて來るから幕府から使を遣はされることは待つて呉れと云ふことを言つて居るやうですけれどもパークスとの關係上さうはいかないので佐々木さんが其事を引き受けて土佐に歸ることになつて三國丸と云ふ藩の船を借りて先發し亡父は幕府の回天丸に乘つて土州の須崎に行きました處がそれにも拘らずパークスが英吉利の軍艦で須崎に來たけれども上陸することだけは差止めた亡父は容堂公と色々話をしたのであります兎も角も談判を待たないでパークスは江戸に歸る亡父と佐々木さんそれから英人サトウの三人が長崎に行つて實際に就いて調べをすると云ふことになりまして亡父は長崎に廻り佐々木さんとサトウも土佐藩の夕顔と云ふ船に乘つて長崎へ行つて取調べをしましたけれども、

二一

矢張り要領を得ない、それはそれで一段落付きました。

所が佛蘭西の領事から嚴談を持ち込まれたことがある浦上郷には耶蘇教信者がありまして其處に佛蘭西の宣教師が行つては色々煽動する様なこともあり耶蘇教を信じない者を多數の信徒がいぢめると云ふやうなことになつて打棄て置けないものですから長崎奉行が信徒を捕へて牢に入れたそれを佛蘭西の宣教師は非常に怒り佛蘭西の公使も怒り早速牢から出せと云ふ譯で丁度都合よく其處へ亡父が行つたものですから直に亡父に申し出て長崎奉行に言つて取計ひからと迫つて來ましたので結局信徒の者は牢から出してやる又やかましい者は少しばかり村預けにしたのもあるやうです。

其當時は今と違ひますから宣教師とか何とか云ふ者すら脅迫がましいやうな交渉もしたやうに見えます亡父は長崎から歸りがけに熱海に湯治中の佛蘭西の公使を訪問して詳しく事情を話し佛蘭西公使も漸く納得して問題は済んだのであります。

江戸に歸つて參りまして今度は本當に朝鮮に行く支度をしまして最後の訓令を

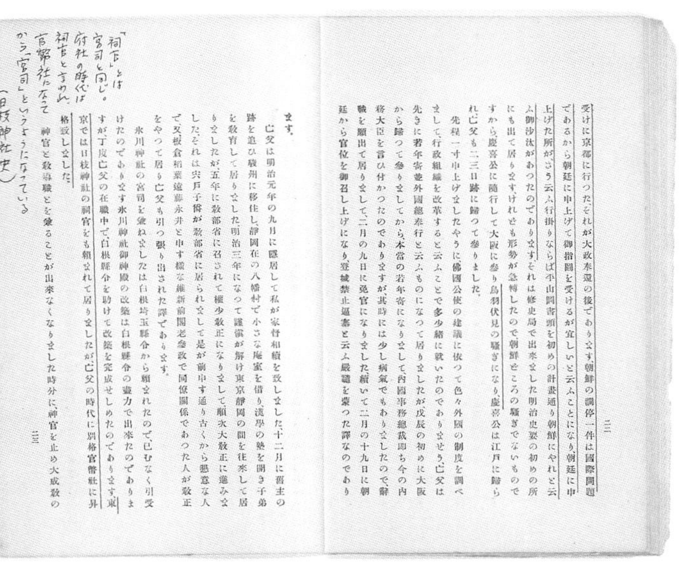

受けに京都に行つた、それが大政奉還の後であります、朝鮮の調停一件は國際問題であるから朝廷に申上げて御指圖を受けるが宜しいと云ふことになり、朝廷に申上げた所が、さう云ふ行掛りならば平山圖書頭を初めの計畫通り朝鮮にやれと云ふ御沙汰があつたのであります、それは修史局で出來ました明治史要の初めの所にも出て居ります、けれども形勢が急轉したので、朝鮮どころの騒ぎでないものですから、慶喜公に随行して大阪に參り鳥羽伏見の騒ぎになり、慶喜公は江戸に歸られ、亡父も二、三日跡に歸つて參りました。

先程一寸申上げましたやうに、佛國公使の建議に依つて色々外國の制度を調べまして、行政組織を改革すると云ふことで多少緒に就いたのでありませう、亡父は先きに若年寄並外國總奉行と云ふものになつて居りましたが、戊辰の初めに大阪から歸つて參りましてから、本當の若年寄になりまして、内國事務總裁即ち今の内務大臣を言ひ付かつたのでありますが、其時には少し病氣でもありましたので、辭職を願出て居りまして、二月の九日に免官になりました、續いて二月の十九日に朝廷から官位を御召し上げになり、登城禁止逼塞と云ふ嚴譴を蒙つた譯なのであり

二二

ます。

亡父は明治元年の九月に隱居して私が家督相續を致しました、十二月に舊主の跡を追ひ駿州に移住し、靜岡在の八幡村で小さな庵室を借り、漢學の塾を開き子弟を教育して居りました、明治三年になつて謹愼が解け東京靜岡の間を往來して居りましたが、五年に教部省に召されて權少教正になりまして、順次大教正に進みました、それは宍戸子爵が教部省に居られまして是が前申す通り古くから懇意な人で、又板倉稻葉遠藤永井と申す様な維新前閣老參政で同僚關係であつた人が教正をやつて居り亡父も引つ張り出された譯であります。

氷川神社の宮司を兼ねましたは白根埼玉縣令から頼まれたので、已むなく引受けたのであります、氷川神社御神殿の改築は白根縣令の盡力で出來たのでありますが、丁度亡父の在職中で、白根縣令を助けて改築を完成せしめたのであります、東京では日枝神社の祠官をも頼まれて居りましたが、亡父の時代に別格官幣社に昇格致しました。

神官と教導職とを兼ることが出來なくなりました時分に、神官を止め大成教の

二三

「祠官」とは宮司と同じ。府社の時代は祠官と言われ、官幣社になってから「宮司」というようになっている（日枝神社史）

一派を創立して管長になり明治二十三年に亡くなつたのでありますが、大成教と名つけましたのは集めて大成すると云ふ意味で、亡父の考では何でも構はないから色々なものを引き寄せ取纏めて置いて段々に純化すると云ふ方針で、或は禊もあり或は御嶽もあり又心學もあると云ふやうな按排に種々なものを部下としましたが、不幸にして亡くなりましたもので十分其目的を達することは出來ませぬでした、唯今大成教は神道十三派の一つになつて殘つて居るのでございます。

初めに申上げた通り亡父一生の前半は專ら外交方面に苦心し、後半は國教の宣傳に苦心し、殊に前後を通じて、甲州に居つた時及び靜岡に居つた時、又東京に歸りました後も、塾を開いて子弟を教育して居りましたのであります、身體は甚だ丈夫ではなく、痩せた人で、初め江戸に參つて居つた時分にも一度病氣になつて、國に歸り養生して又出て參りました養生は能くした人で、酒も飲みませぬし煙草も五十歳後に廢しました、其結果でありますか七十六歳まで生きて、隨分各方面で活動し困難を冒して參つたのであります。

極めて正直に勉強すると云ふ流儀の人でありまして、私に言うて聞かせたこと

二四

が三箇條あります、一つは自分は自分の盡すことを何でもしなければならぬ、自分の同僚中に怠け者か居るから、俺も怠けると云ふやうな心を決して起してはいかぬ、若し其者が病氣ででも引込んで居つたらどうする、だから同僚が怠けて居つたら自分一人でどんどんやれ、第二には功は成るべく長官に歸して自分がやつたやうな顔をしない方が宜しい、さうすれば長官はどうしても自分を信用するやうになるから、もう一箇條は糊口に困るやうなことをしてはいけない、食ふだけは困らぬやうにして置かなければいけない、さうせぬと何か議論が合はずに、而かも自分の意見を固く取つて徹底させやうと云ふ時に、役人をやめると明日から食ふに困ると云ふやうなことでは弱點となるから何時やめても食ふだけには困らないと云ふことだけはして置かなければならぬ、此三箇條を能く守れと云ふことを言はれましたが後から考へると亡父はそれを實行したやうであります、意見書の草案なぞを最初平山謙二郎と書いてあるのを長官の名に書き改めた形跡が殘つて居る、初め役人になつた時には方々に金を使つて、たつた十二文しか殘つてゐなかつたと云ふやうな風ですが、其後段々に心掛けて甲州に遷謫せられた時には少しで

二五

はありましたけれども土地を持つて居つて、私が根岸に母と一緒に居りました所にも二三間貸家があり、其中の一軒の藥屋に私共が居つたのであります、家族は糊口に窮せずに濟んだのであります、岩瀬水野永井抔は別けて懇意でありましたが、此水野は經濟の道に長けた人で、亡父は金を水野筑後守に預けて置き、私も時々駿河臺の水野の所に金を受取りにやられたことがあります、水野の息子が不肖で資產を使ひ盡し未亡人の末路は氣の毒な狀態でありました。

極く概略でございますけれども以上のやうな次第であります、御清聽を得まして誠に有難うございました。

二六

《平山家系圖》

平山家の祖先・省斎と英三、成信の關係及び桑原家との繋り

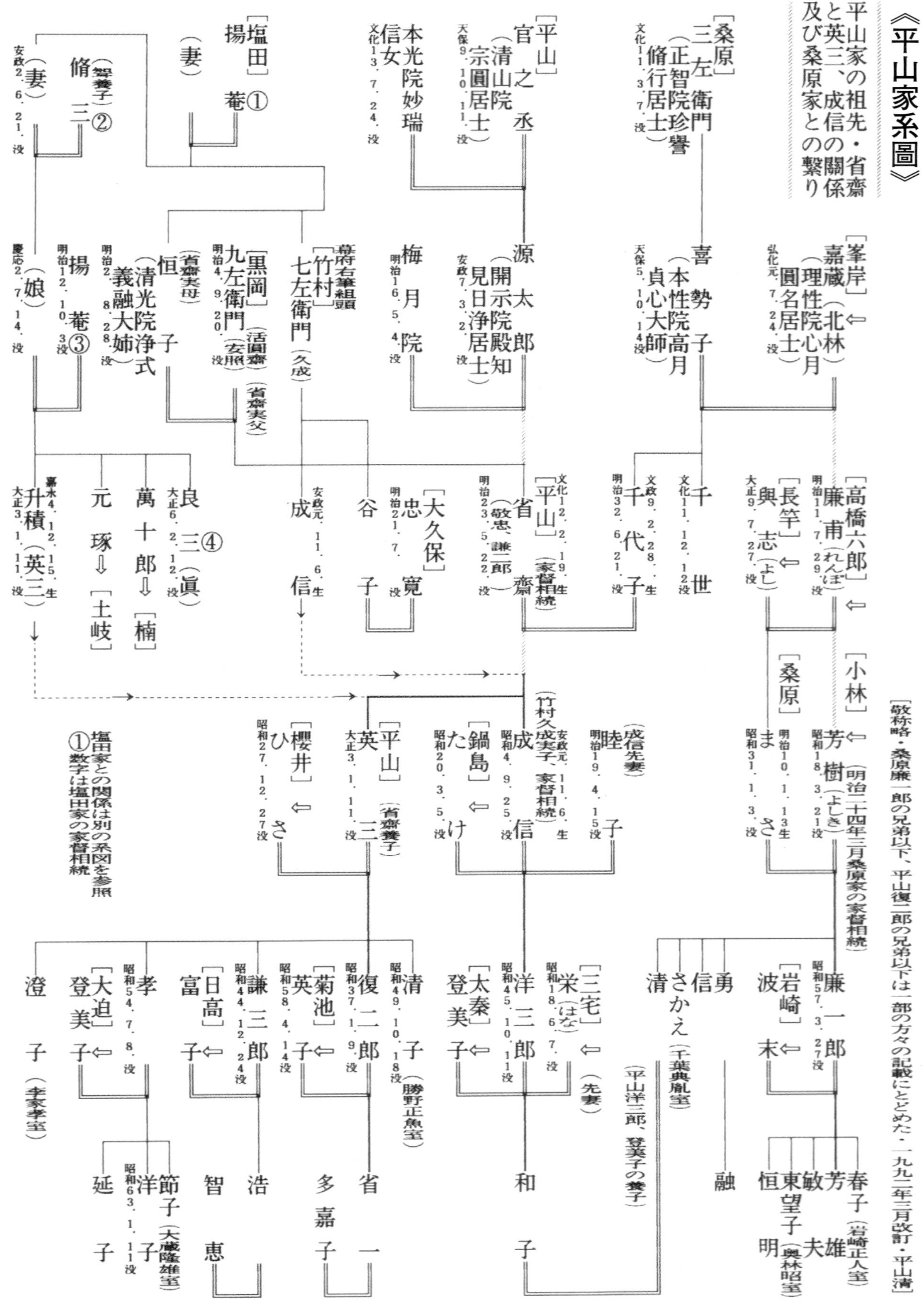

平山省斎(せいさい)　［文化12年（1815）～明治23年（1890）］

文化12年　　　　2月19日　奥州三春で黒岡活圓斎の次男として生まる。
嘉永 4年　36才　幕臣平山源太郎の養子となり、徒目付(かちめつけ)に補せらる（役人の始まり）
安政 2年　40才　アメリカ使節ペルリ來訪、應接に當り下田條約を結ぶ。次いで外國奉行に補せられるなど、專ら外交面を擔當し、將軍を輔佐して難局に當る。
慶應 2年　51才　圖書頭(ずしょのかみ)に任ぜらる。次いで3年、若年寄に擢でらる。
明治元年　53才　大政奉還により、徳川氏に従った故に朝譴を被り、静岡に謹愼。
明治 3年　55才　赦免により東京に歸り、居を白山に定める。
明治 8年　60才　３月、日枝神社祠官を拝命、同社を陞して官幣社とするやう奏請。
明治15年　67才　５月「神道大成教」を創立、教派神道の一派として敬神の道を説く。
明治23年　75才　５月22日病没、神宮祭主久邇宮謚(おくりな)を賜ひ、素山彦弘道命といふ。

◎　省齋の一生の前半は徳川將軍を輔佐して、專ら外交面で苦勞し、後半は國教の宣傳に尽した。身體はあまり丈夫ではなく、養生をよくし酒も飲まなかった。「先生ひととなり沈毅堅忍、最も宴安を悪み、身を奉ずること倹素なり」（碑文より）

平山成信(しげのぶ)　［安政元年(1854)～昭和14年（1929)］

安政元年　　　　11月6日、幕府の祐筆竹村七左衛門の末子として生まれ、若年寄外國奉行平山省齋の養子となる。
明治元年　14才　省齋謹愼に伴ひ家督相續。漢學のほか、時勢に鑑みて佛語を學んだ。
明治 6年　19才　オーストリア・ウイーン萬國博覧會に事務官として派遣せられ、２年間駐在。
明治11年　24才　駐フランス國公使館勤務、パリ博覧會事務を擔當。
明治24年　37才　第一次松方内閣の内閣書記官長となる。
明治39年　52才　叙勳二等　授旭日重光章、ついで４１年宮中顧問官。
大正 8年　65才　樞密顧問官に任ぜらる。
大正 9年　66才　日本赤十字社社長に就任。（逝去まで）
大正13年　70才　勲功により男爵を授けらる。

◎　専ら博覧會、赤十字社、教育界、産業界のために貢献し、公私の事業に盡力した。日本美術協會、博覧會協會、その他多くの團體の會長を勤めた。

◎學校關係　　明治44年　57才　「財團法人私立帝國女子專門學校」の設立を申請、認可されるともに、西澤之助氏に代って校長に就任。（逝去まで）
「以来無給で、徹頭徹尾至誠の人、恩雅高潔の士として朝野の敬愛を集め、育英のため工面算段し、私財を投じて校舎の完成に勤めた。」（同窓會誌「翠葉」より）

昭和 4年　75才　9月25日、胃癌のため白山の自宅で逝去。26日、日本赤十字社で社葬。

平山洋三郎　［明治33年(1900)～昭和45年(1970)］

明治33年　　　　6 月22日、平山成信の三男として生れる。
大正14年　25才　第一高等學校を經て東京帝國大學を卒業、農林省に入る。
昭和 2年　27才　東京営林局勤務
昭和 4年　29才　成信逝去により家督相續。
同年　　　　帝國女子專門學校の校長事務取扱となる。（昭和15. 12. まで）
昭和19年　44才　農林省各部局を經驗した後、東京営林局長。
昭和21年～26年　帝國女子專門學校及び相模女子大學理事長。
昭和45年　70才　10月11日、心筋梗塞のため逝去。　（同日、叙勲四等　授旭日章）

◎　昭和20年４月の空襲・校舎全燒への策等につき心を砕き、理事長としての心労は少なからぬものがあった。

平山省斎略年譜

元号	西暦	年齢	事蹟	社会事象
文化一二年	一八一五	一	二月一九日、奥州三春に生まれる。岩代国三春藩の剣道師範黒岡活円斎の次子。母は塩田氏。幼名金吾。通称謙二郎。後に省斎と号し、通称とした。	杉田玄白『蘭学事始』を著す。
天保五年	一八三四	二〇	江戸に遊学。叔父竹村久成の家に寄留。	稗三合一揆。
一一年	一八四〇	二六	漢学を桑原北林・安積艮斎に、国学を前田夏蔭に学ぶ。	阿片戦争勃発。
嘉永元年	一八四八	三四	桑原北林の没後、次女千代と結婚。	外国船次々来航。
三年	一八五〇	三六	幕府の小普請平山源太郎の養子となり、三月二九日に家督相続。	蘭学者高野長英自害。
四年	一八五一	三七	八月二七日、御徒目付となる。	ジョン万次郎琉球上陸。
安政元年	一八五四	四〇	正月一三百、浦賀表へアメリカ船渡来のために出張。三月二四日、松前蝦夷地へ出張。一一月二八日帰府。竹村久成の末男成之介を養子とする。一二月一五日、アメリカ船およびロシア船渡来のために下田表に出張。	日米和親条約締結。吉田松陰密航に失敗し、入獄。
二年	一八五五	四一	正月四日、五条の義訳を草し、アメリカの使節を説諭し、使節領服する。	鯰絵大流行。世直し待望。
三年	一八五六	四二	七月二七日、下田表へ出張。	隠れキリシタン検挙。
四年	一八五七	四三	五月二一日、長崎へ出張。和蘭商法の規約改革に尽力。	下田条約締結。
五年	一八五八	四四	正月一六日、御賄頭格永々御目見となる。六月二八日、ロシア船渡来の応接のために神奈川表に出張。七月、書物奉行に補せられる。	日米修好通称条約締結。
六年	一八五九	四五	九月一〇日、御役御免。甲府勝手小普請を命じられる。	安政の大獄。
万延元年	一八六〇	四六	四月一七日、甲府着。甲府では子弟に教授。	桜田門外の変。
文久二年	一八六二	四八	九月七日、格別謹慎が解け、江戸小普請を命ぜられる。	生麦事件。
三年	一八六三	四九	二月一八日、箱館奉行支配組頭を命じられる。	薩英戦争。
慶応元年	一八六五	五一	一一月一一日、二丸御留守居、外国事務を命じられる。目付に改められる。	坂本竜馬海援隊結成。

年	西暦	年齢	事項	世相
二年	一八六六	五二	二月一二日、大阪へ出張。二月二六日、小笠原壱岐守に随行し芸州へ出張。その後、広島から小倉・長崎に出張。八月二九日、外国奉行を命じられる。従五位下に叙せられ、図書頭に任じられる。	徳川慶喜第一五代将軍となる。長州征伐で大敗。
三年	一八六七	五三	一月四日、帰府。二月一〇日、対州へ出張。三月四日、帰府。四月二四日、若年寄ならびに外国総奉行を命じられる。八月三日、イギリスの水兵の殺害事件取調のために土州高知へ出張。土佐藩関係の事件は嫌疑が解け一段落。浦上郷キリシタン処分事件でフランスとの関係が紛糾。一〇月一六日、帰府。途中、豆州熱海に寄り、同地滞留のフランス公使に面会。キリシタンの件を弁明、関係修復を図り成果を得る。将軍、この知らせを聞き、満足の意を永井尚志を通して伝える。	明治天皇即位。ええじゃないか大爆発。パリ万国博覧会。大政奉還。坂本竜馬暗殺。王政復古。
明治元年	一八六八	五四	一月二三日、若年寄を命じられるが、辞表を提出。二月一一日、朝廷より官位を召し上げられ、登城禁止。同一九日、逼塞を命じられる。四月八日、格別の寛典を以って永蟄居を命じられる。九月八日、隠居。願い出が通り、成之助へ家名相続。一〇月二八日、駿州移住。	戊辰戦争。神仏分離令。江戸城開城。五箇条の御誓文。
三年	一八七〇	五六	正月五日、特旨により罪を免じられる。	大教宣布の詔。
四年	一八七一	五七	七月、東京に帰住し、子弟に教授する。九月二五日、権少教正に補せられる。	廃藩置県。岩倉使節団視察。
六年	一八七三	五九	二月二二日、権中教正に補せられる。三月四日、氷川神社大宮司に任じられる。一一月四日、中教正に補せられる。	徴兵令（国民皆兵）。征韓論。
七年	一八七四	六〇	四月四日、大宮司を依願免官。中教正に専補される。八月一九日、権大教正に補せられる。	自由民権運動。明六社結成。
八年	一八七五	六一	三月二二日、日枝神社祠官に任じられる。	新聞紙条令。

九年	一八七六	六二	四月二二日、氷川神社大宮司に任じられ、権大教正に兼補される。五月一〇日、日枝神社祠官に兼任。五月二三日、正七位に叙せられる。	神風連の乱。クラーク博士全人格教育実施。
一〇年	一八七七	六三	一二月八日、廃官。同一二日、氷川神社宮司に任じられる。	東京大学設立。西南戦争。
一二年	一八七九	六五	五月一〇日、大教正に兼補される。九月、大成教会を結集し、教長となる。	東京招魂社が靖国神社と改称。
一五年	一八八二	六七	一月二三日、依願免官。大教正に専補される。五月一五日、神道大成派独立の許可を得る。一一月六日、神道大成教を名乗り、管長となる。	軍人勅諭発布。立憲改進党旗上げ。
一六年	一八八三	六九	二月二〇日、特旨を以って位一級を進められ、従六位に叙せられる。	鹿鳴館開館。欧化政策の象徴。
一七年	一八八四	七〇	八月九日、神道総裁より大成教管長を申し付けらる。	秩父困民党蜂起。
二二年	一八八九	七五	三月一〇日、佐久間象山贈位祝祭の祭主となる。大患を患う。六月、回復。	大日本帝国憲法発布。
二三年	一八九〇	七六	五月、病気再発。同二二日、帰幽。神宮祭主久邇宮により、素山彦弘道命とおくり名される。	教育勅語発布。
昭和三年	一九二八		一一月一〇日、朝廷、平山省斎の生前の功を録して、従四位を追贈する。	第一回男子普通選挙実施。
この略年譜は、田中義能『神道大成教の研究』（日本学術研究会刊、昭和一一年）をもとに、佐野常民巽『平山省斎先生墓表』などを参照し、社会事情を加味して作成したものである。				

鎌田東二著『平山省斎と明治の神道－神道大成教立教百二十周年記念』（春秋社、二〇〇一年）より

第三部

岩瀬忠震関係資料

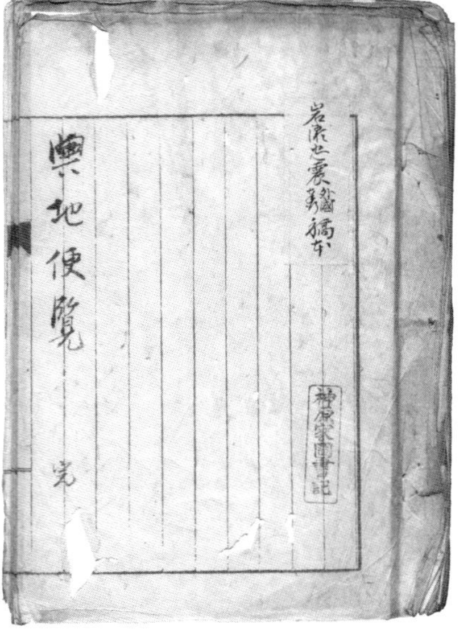

岩瀬忠震 編輯

輿地便覧

香川大学図書館神原文庫蔵

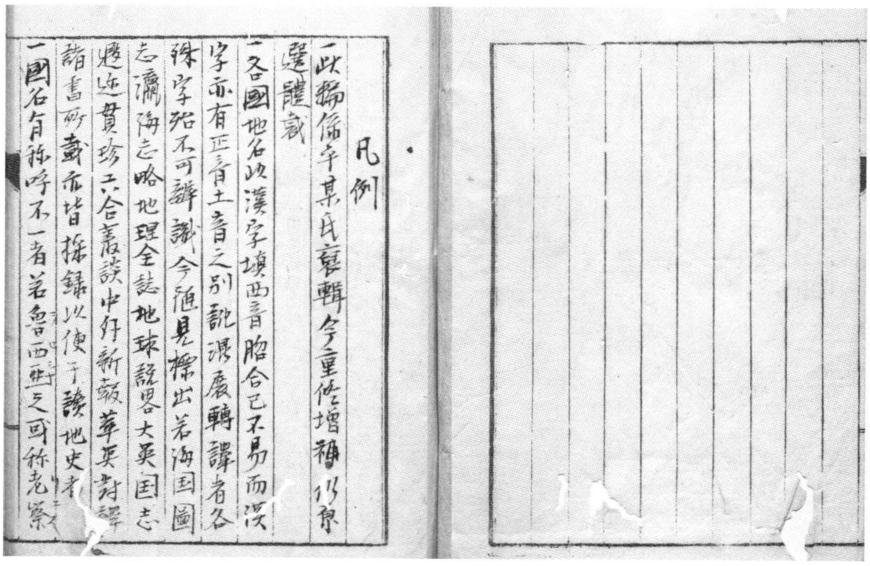

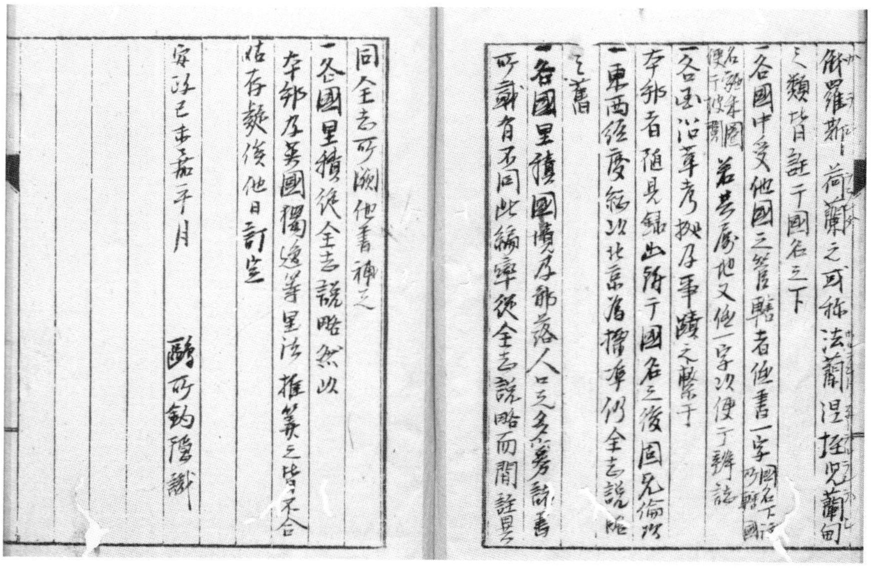

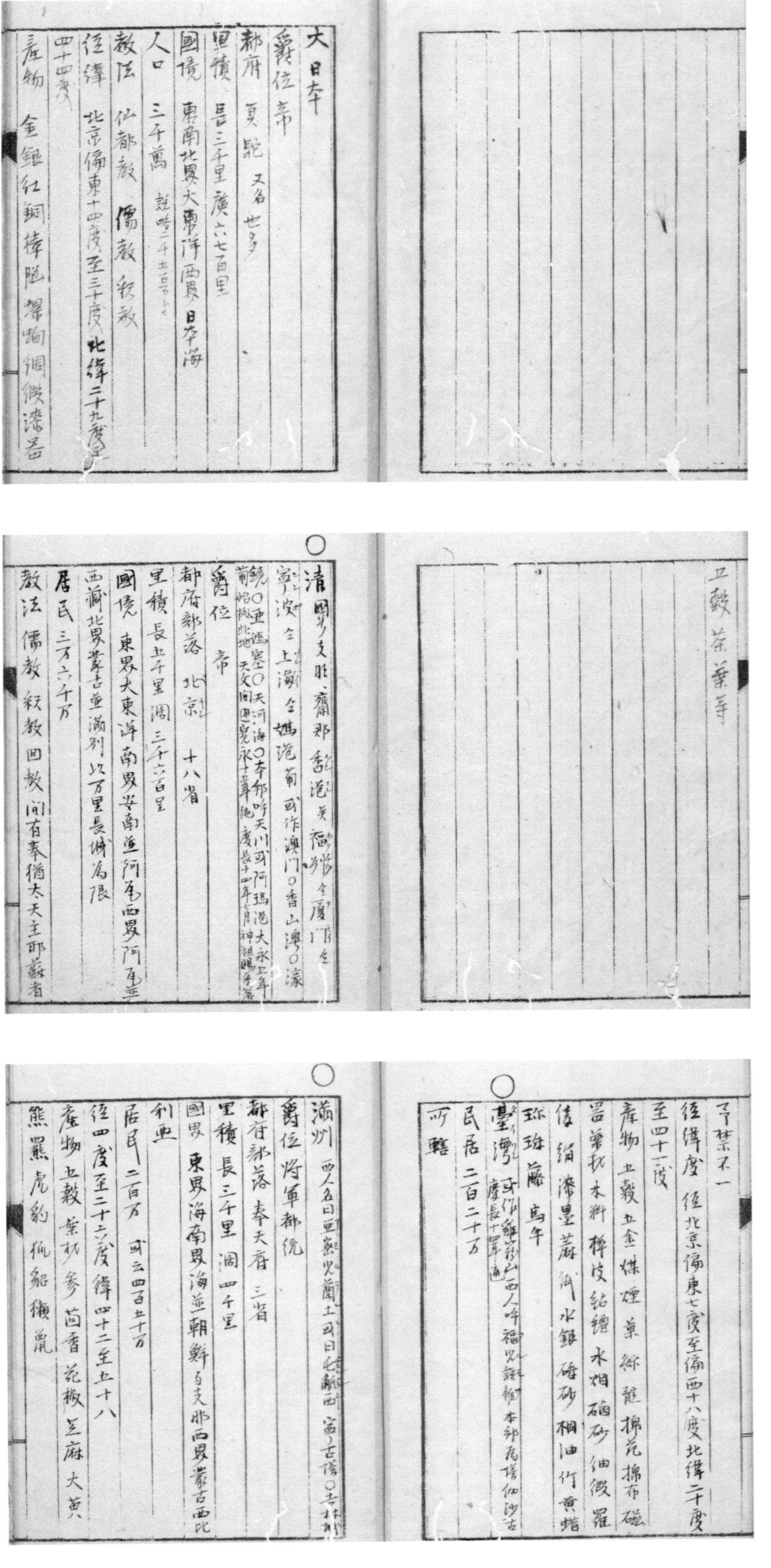

蒙古　王貝勒等世襲
都府　部落　科爾沁　四盟
里積　長四千里　闊五千里
國界　東界満州　南支那　西藏　西大布加利亜　北西比利
亜
居民　六百万
経七至西三十四　緯三十九至五十二
産物　参　塩　玉　松花石　高粱　棠材　騾馬　駱駝　（[illegible]）
鐔　大黄　蘑菇
新疆　乾隆時始行歴史

爵位　将軍駐防大臣管轄
都府　南北両路
里積　長千里　闊四千里
國界　東連青甫　南崑崙山　北壁西々域
居民　二百万
産物　穀　菓　瓜　菜　五金　玉石　皮貨　野獣　異禽
西藏　[illegible]
爵位　達頼喇嘛　札什喇嘛
都府　布達拉　八城　前藏　札什倫布　七城　後藏
里積　長千七百里　闊七千里

國界　東至四川　西北印度　南雪山　北崑崙山　青海
民居　千二百万
教法　黄々紅教　即大刺麻教
産物　棗　杏　麦　白葡萄　見眼豆　秋核桃　瑪瑙　珊瑚
車渠　硇砂　松蕋石　勲石　金青石　毛貨　黄連
朝鮮　高麗
爵位　王
都府　京畿　八道
里積　綿亘九百里　廣袤五百里
國界　東日本海　西支那　東海　南海峡　北満州

居民　五百余万
教法　士業儒教　俗宗釈教
産物　参　米　麦　棉　布　金　[illegible]　銀　錫　[illegible]　鰐魚
右六國為支那藩[illegible]
越南　トンキン　即安南　本交趾國
爵位　王
都府　順化　三十
里積　綿亘三千里　廣遥六百里
國界　東南界海　西暹羅　北支那
居民　千余万

教法　儒教　釈教
経七至十四　緯九至二十三
産物　五金　絲　茶　漆　蔗　蘇　棉　桂　椰　沙藤　肉桂
肉豆蔲　胡椒　白糖　象牙　木料　孔雀　猩猩　牛　犀牛
象　沈楠　諸香
[illegible]秦以後皆隸于漢　[illegible]　宋林邑自立為國　[illegible]
城今並占城　[illegible]
海國図志　嘉慶七年阮福映[illegible]
[illegible]

有破[illegible]
安南　慶長[illegible]年　[illegible]
[illegible]　慶長十年[illegible]
慶長十一年八月　神祖賜書于國王
慶長八年正月　十月　十年九月　十一月　十一月　十一年八月　九月
十三年七月八月
神祖賜書于國王　[illegible]
九十五年七月　又[illegible]
暹羅　シヤム　古扶南國
古分為兩國　北曰暹　南曰羅斛　明至正間暹始降于

羅斛而合為一國洪武中始稱暹羅
慶長十年九月十五年七月 神祖賜書于國王
元和七年九月九年閏八月 台徳公寛永六年九月大猷公
復書于國王
慶長十一年通
爵位 王
都府 爲國 或作要谷 一名郁哥 四土
里積 長四千里 濶千五百里
國界 東界安南之麻六甲並海西阿瓦北支那
居民 三百万

教法 釈教
西十一至十八 北四至二十二
産物 金 燕窩 荳蔲 沈香 胡椒 木料 銀 錫 鉛 白藤 藤席 茶 塩 兕 豹 犀 象牙 象牙 鹿角 犀角
麻六甲 或満剌加○麻那格○馬来潤○麻剌甲○馬剌他○麻六甲○麻喇甲
明史満剌加即古頓遜國唐曰哥羅富沙
爵位 王
里積 長二千五百里 濶狹不一或六百里
國界 東西南界海北暹羅
居民 三十万

教法 回々教
西十二至十八 北一至十二
産物 金 錫 瓷 端 燕窩 豆蔲 檳榔 血竭 咒茶 象牙 牛皮 木料 巴麻油
新嘉坡 或作新加坡○新州府○星忌利坡○息力○息辣○明史一名烏十[illegible]林
檳榔嶼 或作檳榔嶼
國界 在西北海口
緬甸 ビルマー マラハル
爵位 王
都府 阿瓦 或蒲甘 二土 十一省

里積 長三千里 濶六百里
國界 東界支那暹羅西至度南孟加拉海灣北西藏
居民 八百万
教法 釈教
西十六至二十三 北十六至二十七
産物 金 宝石 棉 烟 茶 嘉木 龍 穀 菓 土 油 塩 硝
牛 馬 象 鹿
（[illegible]一行）初為北古[illegible]別為一國乾隆年間北古人攻奪本國人軍驅逐之世國主業
海國圖志緬甸又謂之烏土[illegible]三國一曰阿瓦一曰

阿臘干一曰秋古
瓓環志略云緬甸今緬甸王所
天下郡國利病書云緬乃古朱波也[illegible]西南夷後謂
之撣唐謂之驃宋元謂之緬自永昌南山川形勢道
里脩阻因名之曰緬
北古 ○ 或作秋古 [illegible] 嘉慶年失[illegible]
都府 仝名
亜桑 或作亜齊○阿薩密
南掌 或作儂掌○又名老撾
原為緬國乾隆時役于緬甸其大半後為土司[illegible]

南方屬于暹羅
都府 三土
國界 東接越南西緬甸南暹羅北中國
教法 釈教
産物 世暹緬同
布魯克 或作不丹
爵位 王
都府 連西模致 或作礼什曲宗 二省
里積 長五百里 濶三百里
國界 東至西来西南包略南印度北西藏

釈教
西二十四至二十八
産物　棉花　大黄　黒金　紋石　牛馬
印度（インデヤ）　或作應帝亜○爐侭斤丹○忻都士坦○溫都斯坦○痕都斯坦○温都斯坦
○軒都斯丹○咽吡咥古身毒國乃五天竺之地
居民　一万七千万
西二十四至四十九　北八至三十四
産物　五穀　白糖　胡椒　果品　檀香　蘇木　青黛　鴉
片　棉花　金鋼鑽　宝石　棉花　珊瑚　瑪瑙　鉄　硝　象
虎　熊　豹　水牛　鹿　鷹　鸚鵡　珍珠　銀　錫　新子　乳

香　沈　兼　魚翅　水晶　硇砂　金
孟加拉　英　或作盂加拉○榜葛剌○嗑啊吡○明效呀○明呀
○繃加拉○嗑咪啊
清初英吉利高賈舟至印度之孟加拉購片土築砲台度居
雍乾隆二十年孟之疾英人因之拾擻英以兵攻之遂取孟加拉
乗勢進擊諸部由是印度全土帰英轄者十之九
都府　甲谷（カルカッタ）　或作加尔吉搭○架吉打○葛尔各太○渴恳骨挖○噶里噶達○加尔格得○甲谷他
爵位　総鎮
國界　在印度極東
塞哥（シーケース）　英　或作塞克○西刺○又名本若西域称乃克什米尓又作加治弥尓又加

支迷尔又夾氏米里　其國府之名
其國自古以此部為國名新唐書謂之箇失蜜人加涇弥
羅宋史加涇密元人称乞石米耳皆克什米尓之転音
乾隆年間商長林日星立國政治兵強翮國勢漫衰
嘉永三年為英吞併
都府　刺合　或作労尔○勒爾　二部　或云九部
里積　東西千里　南北二千五百里
國界　北印度大國　東北雪山環抱　与後蔵連　西阿
汗比路芝
網顛臘　英　或作麻打拉薩○嗟嚏拉噻○麻呀剌斯○麻達喇沙○麻特拉○馬達拉斯
大○曼達拉薩○嘛吁哩嚏
都府　加尔邪的　或作噶咧啲　五部
國界　在孟加拉之西南
孟買　英　或作孟賣○綳買○孟邁○嗑嚶　孟東称日邁所　明時葡萄牙埔歸康熙間乃英轄
都府　同名　三部
國界　在印度西界
信地　英　或作信度○阿布尔信
嘉永元年英有之　英属于孟買
都府　海德拉巴
里積　南北千里　東西五百里

國界　在西印度極西南　隔北塞哥西　與路之南　印
度海
蘇夫里　佛　或作本地治理○彭他者里
地理全志其余有数邑貢于英存藩僅存故号英設官
駐劄　代理其政
爵位　総督統轄
新地亜　或作新的亜○千寮自立之国
爵位　王
都府　加利耳　或作加利尔　三部
臥亜　或作俄亜○莪彌○本部呼為五和

永正十二年属葡　俗称小西洋
慶長十六年九月十七年九月　神祖賜書同年同月　神
祖及台徳公賜書于五和國刺史
錫蘭　英　セイロン　或作錫倫○斉攬○則蘭○則意蘭○西崙○士郎○則意蘭○則意拉○挂
鴻○則意布○錫狼
海國図志曰狼牙修國古僧伽剌國一名楞伽山又曰充曼
國又名宝渚即古之僧伽羅國也或云古摩迦陀國又獅子國
明時葡之埔尋為蘭所奪嘉慶間英逐蘭時酋長
所行残虐失民望英攻之内潰英有全島
爵位　総督駐劄

東七十四至西五十六 北四十五至七十八
産物 金 銀 銅 鉄 金鋼 宝石 獣皮 馬 羊 熊
高加索
所住 大臣 總轄
都府 浮非勒 或作浮勒城
里積 長二千三百里 広一千五百里
国界 東裏海 西黒海 南波斯
居民 二百五十万

教法 回教
西二十七至七十九 北四十至四十五
吉利郡島 或吉里利
波斯 （ペルシア）
伯提亜國

之大食…
建国之初…
爵位 王
都府 徳黒蘭 或作第希蘭

里積 長二千里 広二千五百里
国界 東阿富汗 俾路芝 西土耳其 南海湾 北裏海
西域
居民 五百五十万
教法 回教
西五十四至七十二 北二十五至四十
産物 五金 玉石 珠宝 塩
阿丹 （アラビー）

明史天方古筠冲地 一名天堂 又曰黙伽
回教祖國也
都府 麦加
里積 長五千里 広四千里
国界 東波斯 西紅海 北土耳其
居民 千万
教法 回教

西五十七至八十四 北十三至三十
産物 玉 銅 錫
海國図志
都府 六省
里積 長三千里 広四千里
国界 東波斯 西地中海 希臘海 南亜喇伯 北黒海
居民 千万
教法 耶蘇教 近奉回教者衆

腕子希臘海北至墺地利魯西亜　其國分布二洲
一謂欧羅巴一謂亜西亜其在亜西亜者不過藩属之
地○地分東土中土西土中東二土在亜西亜
居民　千二百万
教法　回教間奉額利教
北三十九至四十九
産物　五金　玉石　珠宝　五穀　棉花　烟葉　葡萄
咖啡　南果　蜜糖　鴉片　硝　塩　羊毛　橄欖油　牛馬
兵牛　獅子　豬　礬石　磺　香料　薬材
干地島　ケタ　或作甘的亜○干地阿○又名鉄利古

埃及総督領土及島帰督主
民居　二十八万
所轄
東都児格　阿丹　以上亜細亜
希臘　キリーケンラント　或作額利○厄勒祭亜○厄勒
斉亜○額力西○額里士○厄勒西亜
旧地属土耳其者四百年　天保三年希人叛去前七年
後頼魯英佛三國護庇國頼以立
爵位　王
都府　雅典　十部

右希臘土國乃今西土耳其之全土新希臘則雅典八一部古亜細納斯之南境也

里積　長百里広五百四十里或云南北五百里東西七百
五十里
國界　東至希臘北界土耳其東南地中海古希臘
土國乃今西土耳其之全土新希臘則雅典八一部古亜
細納斯之南境也
居民　九十万
教法　希臘教
北三十六半至三十九
産物　五穀　棉花　烟　橄欖油　葡萄酒　乾葡
萄　南果　蜜糖　羊毛　皮貨　橘子　蚕桑　牛羊

王泥西諸島　英　或倚阿尼○以阿尼　旧名賦曳乙蘭土
七島之義
爵位　大臣駐劄
都府　哥而府　或作哥而府
居民　二十万
伊太里諸國　國九　或作意大利亜○以他里○以大里○以
大理○伊大利○喚吠哩○埃地利○冝大里牙○以大
利○伊太里亜○古大秦國也後漢書大秦國一名犂
鞬○嗌哉薑○啰羅蜜
里積　長二千五百里広北千里南数十里

國界　東距亜得亜海北界墺地利瑞士西南
斜臨地中海
民人　二千三百万　係海島之数
教法　天主教
北三十七至四十七
産物　五穀　葡萄酒　橄欖油　橙　柑　雲絨細
棉布　羊毛布　玻璃　極細草帽　山羊　棉羊
牛　猪
薩丁尼亜　或作薩丁○薩地尼亜
勿務茶○戚尼斯倫巴多○朗巴能地○文化十年王國

爵位　王
都府　米蘭　或作彌郎　二部
撒丁　或作薩顛○撒而地泥亜○薩尓的尼亜
○沙里尼阿○沙力尼阿○撒地尼○捷羅那○沙
茅尼亜
地球説略云撒丁内有一城曰沼那亜可倫皮所生之
処瀛環志略摩納哥在撒丁境内
爵位　王
都府　多靈　或作土林○都靈　五部
國界　在多尔加納之西北与瑞士佛郎西接壌

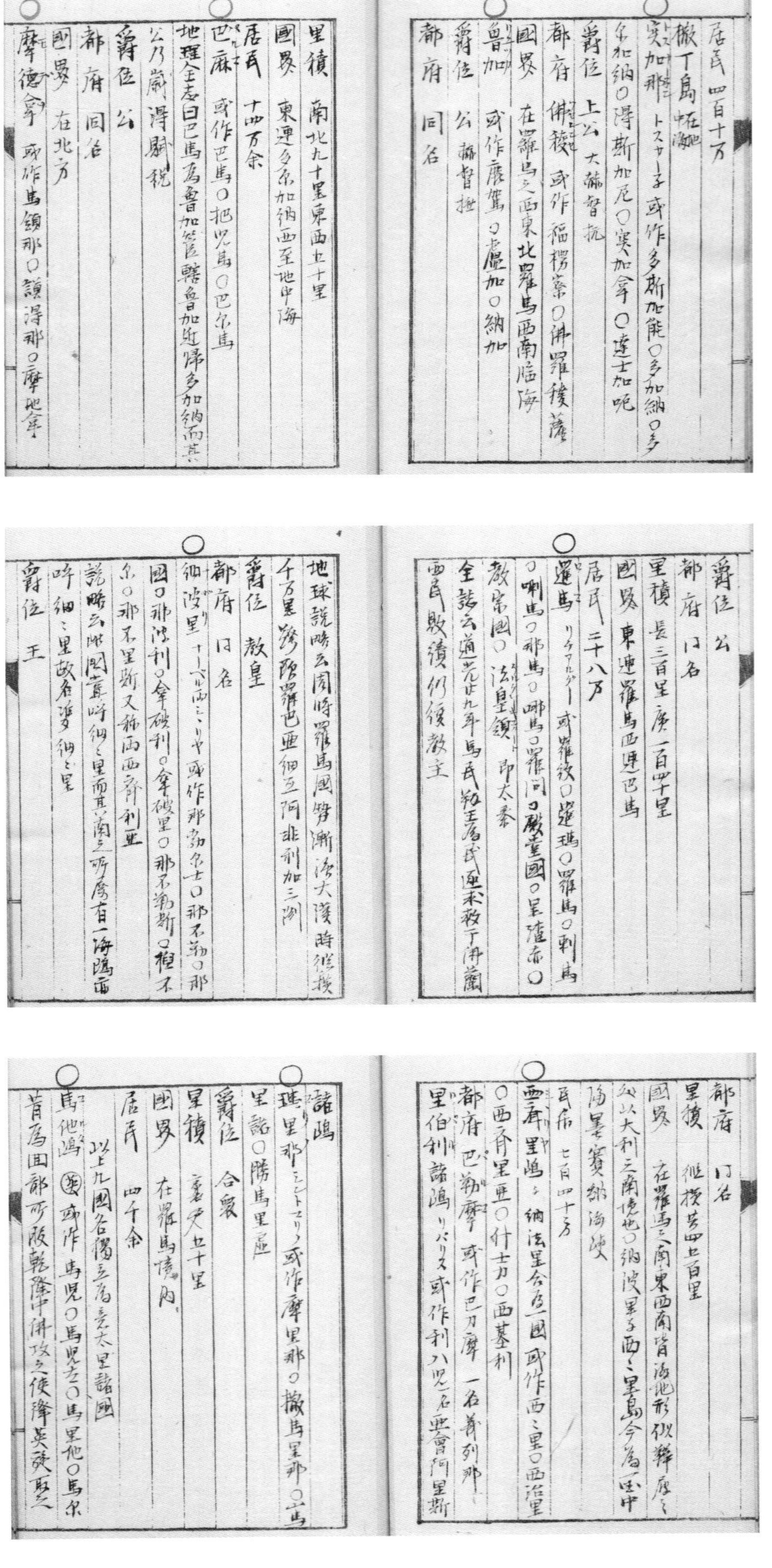

亜爾曼（独逸）聯邦合諸國　或作独逸〇独乙又名
入尔馬泥亜〇那麻尼〇那馬尼〇日耳曼〇日曼
尼〇阿理曼〇亜利曼〇阿里曼〇熱曼尼〇阿里曼
日耳曼〇日曼尼〇阿理曼〇亜利曼〇阿里曼〇
〇呂曼尼〇亜墨尼〇熱尔瑪尼〇者尔麻尼〇
亜勒馬尼〇單鷹〇耳曼列國〇阿勒曼〇
熱尔麻尼〇亜勒墨尼亜
里積　長二千三百里　廣二千九百里
居民　千六百万
教法　天主教　耶蘇教　猶太教

北四十五至五十七
産物　五穀　五金　葡萄酒　丹参　煤炭　塩　磁器
玻璃　羊毛布　麻布　大呢　時辰表　自鳴鐘〇
琥珀　牛馬　羊豕
孛漏生（普魯西）　或作巴爾里亜〇孛国〇巴爾也拉
〇罷辣運〇麻洼里阿〇歩馬〇巴華里
爵位　王
都府　伯林　或作慕尼克
里積　南北一千一百里　東西八百里
居民　四百七万

産物　細皮　靖玻璃　時辰表
塞遜（撒遜）　或作薩索尼〇沙瑣泥亜〇撒孫〇
撒遜〇薩克索尼亜
文化三年升王國
爵位　王
都府　德勒斯（徳勒斯）　或作德勒斯達
里積　東西五百里　南北三百里
國界　日耳曼適中之地
居民　百四十万
産物　銀　鐵　玄多

漢那耳　或作哈那洼〇華諾府路〇漢那
華〇漢挪威〇亜諾威尔
文化十二年升王國
爵位　王
都府　同名
里積　南北八百七十里　東西五百四十里
居民　百五十五万
威丁山（威丁堡）　或作味耳典〇洼旲麦〇尾敦堡〇磨
耳向署尔献〇哈尔領麦〇尾尔敦巴尔〇味耳典自
爵位　王

都府　塞甲都　或作斯都德牙尔
里積　南北五百里東西三百六千里
居民　百五十万人　或云百五十二万
産物　葡萄酒　谷果實
希西加邑　或作嘻耳希西〇黒西加西耳
爵位　候　鳩耳福思曾
都府　加邑　或作加司〇加塞尔〇加塞
里積　長四百里　廣二百五十里
國界　共挨塞連
居民　五十九万二千

産物　銀　銅　鉛　鐵
希西但邑　或作黒西〇挨塞
爵位　上公　大赫曾從
都府　但邑　或作覚斯達〇達拉摩斯達
里積　長三百二十里　廣二百里
國界　在亜諾威挂之西
居民　七十万
産物　麻　煙　葡酒
巴乙　或作麻領〇巴敦
爵位　上公

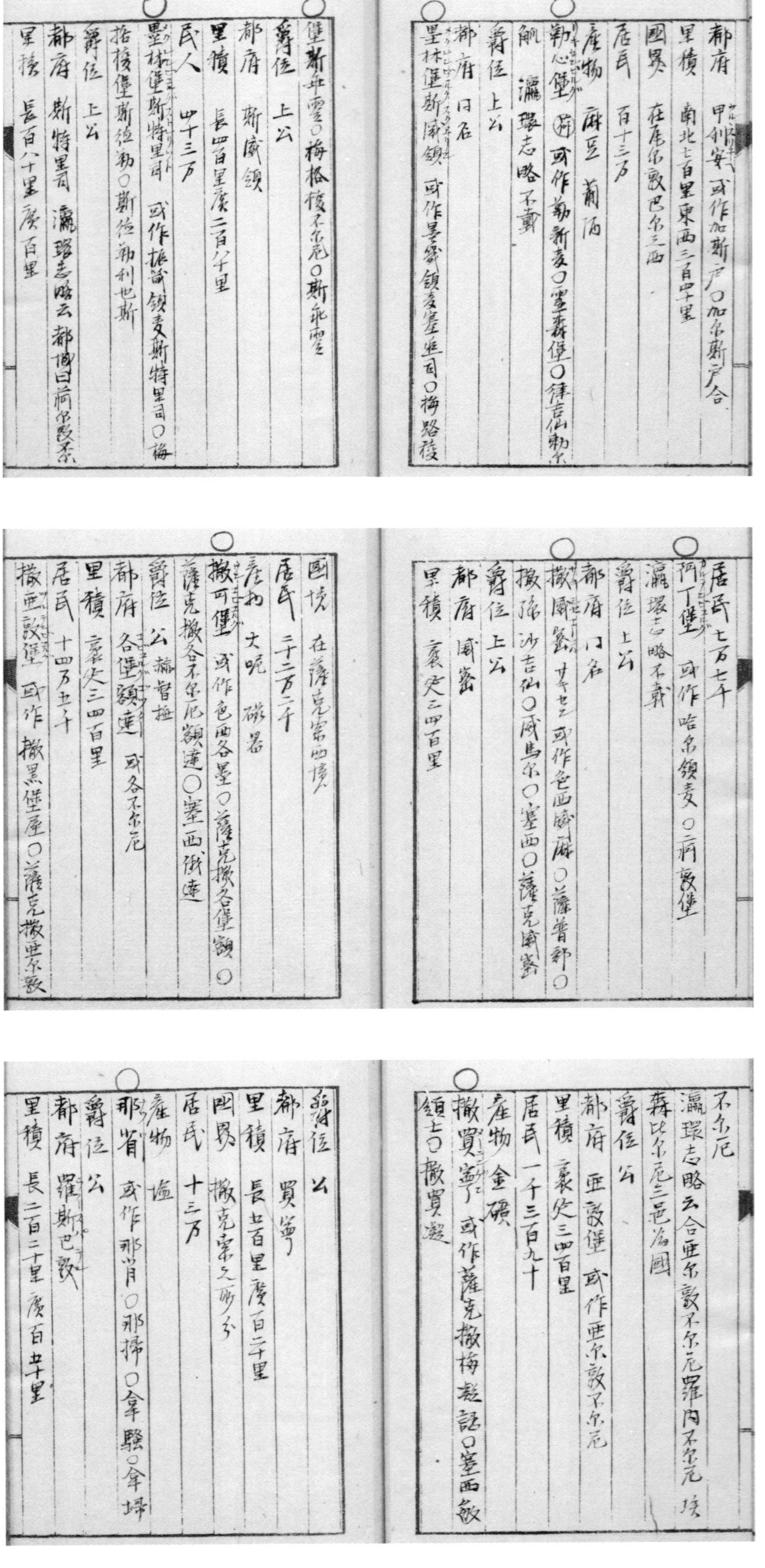

居民　三十三万
産物　葡萄酒　各果　蜂蜜
墨蹬士邑　或作不倫瑞克○墨云蘭斯遥
○保林師
爵位　公
都府　同名
里積　褒延二三百里
國界　地不相連有包普魯士境内者有括于西諾
威尓境内者
居民　二十四万二千

安合徳驫　或作菴哈尓特肯○安哈特肯
爵位　公
都府　徳驫
里積　百余里
國界　地錯雜列國中
居民　五萬六千
安合伯尼堡　或作菴哈尓曼麦○安哈墨林○伯
尓尼不尓
爵位　公
都府　伯尼堡

里積　百余里
國界　錯雜普魯士境内分上下二处
居民　三万八千
安合咯敦　或作安哈各遠
爵位　公
都府　咯敦
里積　百余里
國界　地分四处在黒哩巴河左右
居民　三万四千
知士丁　瀛環志略不載

爵位　公
都府　哥羅斯達
流斯額力司　或作留士咯勒斯○留斯哈勒斯
爵位　侯　豊瑟肯
都府　額力司
里積　長七十里廣五十里
居民　二万五千
流斯色力司　或作留士給拉○留斯玄士給利
斯　瀛環志略更増一國曰羅來斯的音保運
都城同名本属士給利斯為一國後分為二

爵位　侯
都府　色力司
里積　褒延數十里
居民　三万
斯瓜斯堡戸徳斯達　或作斯豚先麦魯那尓
司達○墨堡普特府○第士
爵位　侯
都府　戸徳斯達
里積　長九十里廣七十里
國界　在普魯士境内

居民　五万七千
斯瓜斯堡孫徳沙森　或作斯豚先麦循那瘦
循○墨堡循特瘦循
爵位　侯
都府　孫徳沙森
里積　長百三十里廣六十里
國界　在普魯士境内
居民　四万八千
知興蘇蘭喜遺人　或作搽深誌
爵位　侯

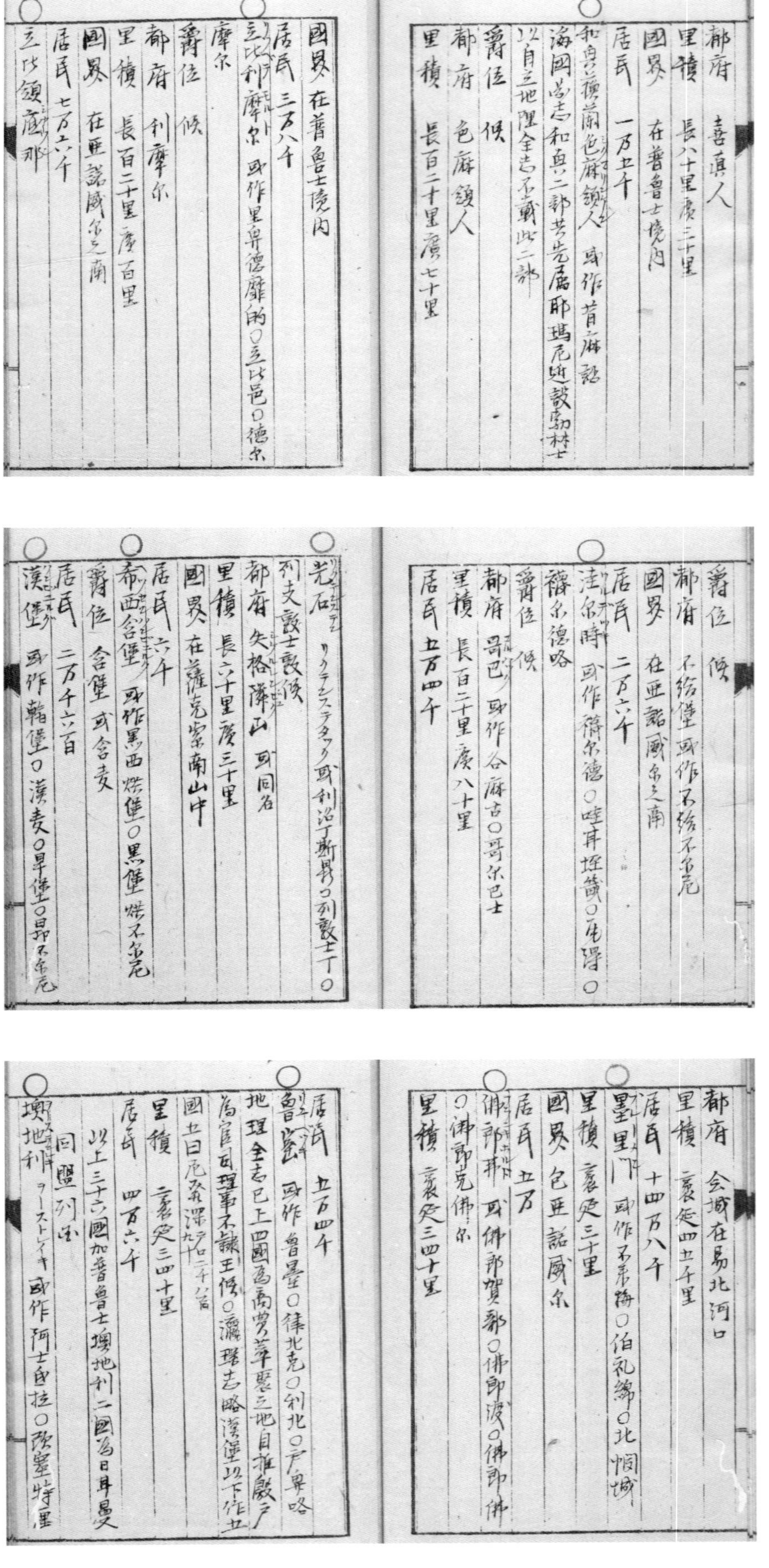
都府　喜真人
里積　長八十里廣三十里
國界　在普魯士境内
居民　一万五千
和典之領蘭色麻領人　或作首麻諾
海國図志和典二部共党居耶瑪尼近敦勒林士
以自立地理全志不載此二部
爵位　候
都府　色麻領人
里積　長百二十里廣七十里

國界　在普魯士境内
居民　三万八千
立比利摩尔　或作里弁德靡納○立比邑○德尓
摩尓
爵位　候
都府　利摩尓
里積　長百二十里廣百里
國界　在亜諾威尓之南
居民　七万五千
立比領底那

爵位　候
都府　不鈴堡　或作不鈴不尓尼
國界　在亜諾威尓之南
居民　二万六千
達尓時　或作籍尓德○哇耳垤義○尾得○
[illegible]尓德略
爵位　候
都府　哥巳　或作合麻古○哥尓巳士
里積　長百二十里廣八十里
居民　五万四千

光石　リクテンステタイン　或利沿丁斯畏○列敦士丁○
列支敦士登　候
都府　矢格澤山　或同名
里積　長六十里廣三十里
國界　在薩克索南山中
居民　六千
希西合堡　或作黒西燃堡○黒堡　燃不尓尼
爵位　合堡　或含麦
居民　二万千六百
漢堡　或作韓堡○漢麦○早堡士○昂不尓尼

都府　会城在易北河口
里積　裏延四五千里
居民　十四万八千
墨里門　或作不来梅○伯礼縁○北悃城
里積　裏延三十里
國界　包亜諾威尓
居民　五万
佛郎杯　或佛郎賀都○佛郎波○佛郎佛
○佛郎克佛尓
里積　裏延三四十里

居民　五万四千
呂北　或作魯曇○律北克○利北○戸卑咯
地理全志巳上四國為高界草聚之地自推敵戸
為官司理事不隷王侯○瀛環志略漢堡以下作五
國五日尼[illegible]
里積　裏延三四十里
居民　四万六千
以上三十六國加普魯士墺地利二國為日耳曼
同盟列國
墺地利　オーストレイキ　或作阿士氐拉○欧塞特里

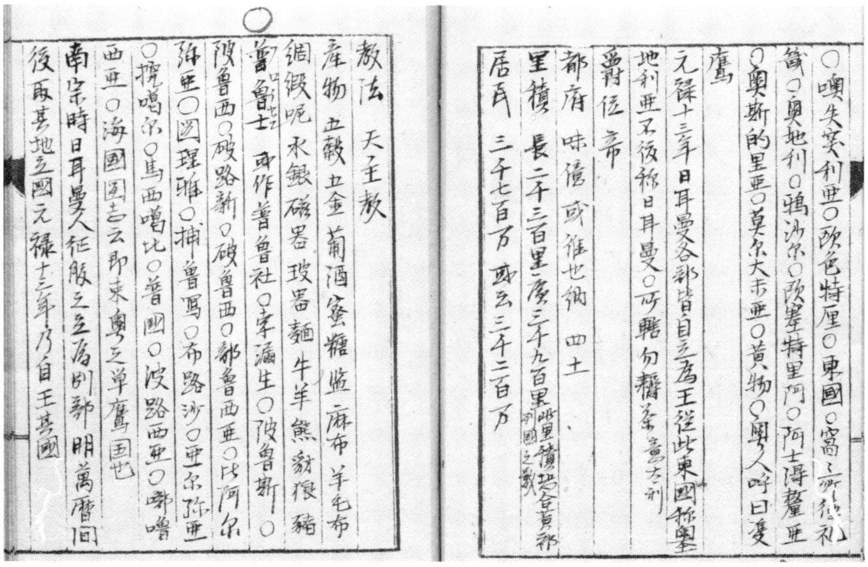
○嘆失実利亜○跛色特厘○東國○富ゞ所○征礼
翁○奥地利○鴨沙尓○跛塞特里阿○阿士得羅亜
○奥斯的里亜○莫尓大未亜○黄物○奥人呼曰夏
鳶
元禄十三年日耳曼各部皆自立為王従此東國称墨
地利亜不復称日耳曼○所轄分轄各意大利
爵位　帝
都府　味德　或作也納　四土
里積　長二千三百里　廣三千九百里　此里積地合日耳曼部列國之數
居民　三千七百万　或云三千二百万
教法　天主教
産物　五穀　五金　葡萄酒　蜜糖　塩　麻布　羊毛布
綢緞　呢　水銀　磁器　玻璃器　麺　牛羊　熊　貂　狼　猪
普魯士　或作普魯社○孛漏生○陂魯斯○
陂魯西○破路新○破魯西○都魯西亜○比阿尓
弥亜○圖理唯○捕魯寫○布路沙○亜尓弥亜
○撑喝尓○馬西喝比○普國○波路西亜○嘟噌
西亜○海國図志云即東奥之単鷹国也
南宋時日耳曼人征服之立為別部　明萬暦回
後取其地立國元禄十三年乃自王其國

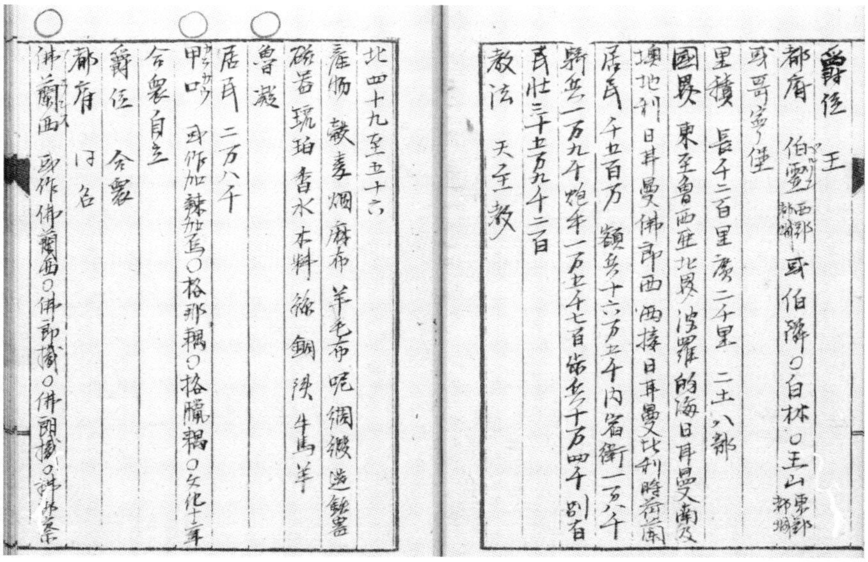
爵位　王
都府　伯靈　西部　或伯隣○自林○王山　東部都城
或哥尼斯堡
里積　長千二百里　廣二千里　二十八部
國界　東至魯西亜　北界波羅的海　日耳曼　又南及
奥地利　日耳曼　佛郎西　西接日耳曼　又比利時　荷蘭
居民　千五百万　額兵十六万五千　内宿衛一万八千
騎兵一万九千　炮手一万七千七百　鄉兵十万四千
民壮二十五万九千二百
教法　天主教
北四十九至五十六
産物　穀　麦　烟　麻布　羊毛布　呢　綢緞　造鉄器
磁器　琥珀　香水　木料　絲　銅　鉄　牛　馬　羊
魯凝
居民　二万八千
甲口ツ　或作加辣加馬○格那稠○格臘福○文化十年
合衆自立
爵位　合衆
都府　同名
佛蘭西　或作佛蘭西○佛郎機○佛朗機○

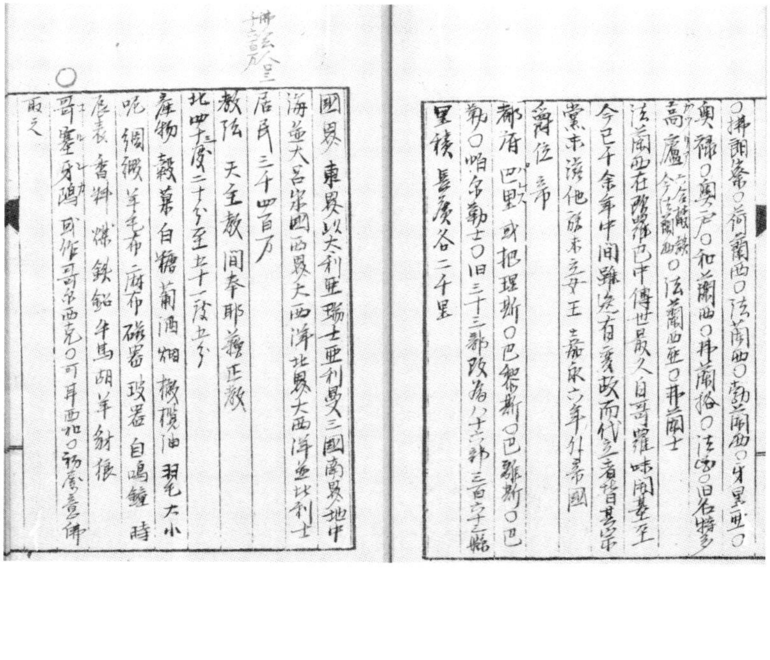
○拂朗察○荷蘭西○法蘭西○勃蘭西○牙里亜○
奥羅○奥戸○和蘭西○弗蘭西○拂蘭哈○法郎○旧名獦多
高盧　今佳利亜○法蘭西亜○弗蘭士
法蘭西在昔称巴中傳世最久自哥羅味聞基至
今已千余年中間雖迭有変改而代立者皆其宗
黨未嘗他族承立当王　嘉永六年称帝國
爵位　帝
都府　巴里　或把理斯○巴黎斯○巴離斯○巴
勒○帕令勒士○旧三十三部　改為八十六部　三百六十三縣
里積　長廣各二千里
國界　東界以太利亜　瑞士　亜利曼　三國　南界地中
海並大呂宋國　西界大西洋　北界大西洋並比利士
居民　三千四百万
教法　天主教　间奉耶蘇正教
北四十二度二十分至五十一度五分
産物　穀　葡萄　白糖　葡萄酒　烟　橄欖油　羽毛大小
呢　綢緞　羊毛布　麻布　磁器　玻璃器　自鳴鐘　時
辰表　香料　煤　鉄　鉛　牛　馬　明羊　射
哥塞牙鳴　或作哥尓西克○可耳西加○
所之

児〇伯律設児〇墨臘西尔斯　九省
里積　長二百里広四百里
國界　東界亜利曼列国南界佛蘭西西界佛
郎西並北海北界荷蘭
居民　四百三十万
教法　天主教
北五十至五十二
産物　五穀 百果 烟 疋 羊毛布 麻布 鉛 粗 煤
鉄 紋石 烟砂 牛馬 羊
瑞士（スイス）或作瑞沙蘭〇蘇微斯蘭土〇

瑞土〇赫爾維齊亜〇瑞士〇瑞西〇
東色楞〇里尔威西亜〇蘇益薩
爵位　合衆
都府　蘇黎世 或作蘇利赤　二十二部
里積　長八百里広七百里 或云東西五六百里南北
三四百里
國界　東界奥地利南海以大里西仏郎西界亜利
曼
居民　二百二十五万
教法　天主教

北四十六至四十八
産物　五穀 葡酒 佳乳餅 牛奶油 薬材 木料
羊毛布 麻布 自鳴鐘 時辰表 牛羊 麋鹿 熊
瑞典（スウエーデン）或作雪西洋〇雪際亜〇瑞丁〇蘇厄
祭〇士祜〇雪際〇瑞顛〇斉国〇蘇以天 一名瑟馬
尔加〇蘇亦斉亜〇綏亦咍〇綏林
爵位　王
都府　士突訓（ストックホルム）或作斯徳哥尔摩〇斯葛和林〇
斯曽福尔撲〇士篤恒　三部 或云二十四部又云十七部
里積　長四千里広千五百里

國界　東南界波羅的海西界挪耳回北界魯西亜
居民　四百三十万 或云二百九十万
教法　天主教
北五十七至七十
産物　五穀 蕃茄 魚 木料 金銀 紅銅 上鉄
礬 硫磺 皮 花紋石 牛羊 厳犬
那威（ノールウエーゲン ノルウエギア ノルラエギア）或作諾尔京〇
羅威〇那耳瓦〇諾尔勿入亜〇諾勿惹亜〇那蘭新
〇諾尔物〇埔的亜〇挪耳回
本属于嗹文化十二年会国公使会議以瑞地之近于嗹

者帰嗹以那威帰瑞由是合為一國
所轄
小安的烈中一島
都府　斜斯蔵安（クリスチヤニア）或作基督亜尼亜　十部
産物　木料
葡萄牙（ポルトガル ポルトガル）或作葡萄牙〇布路亜〇葡萄亜
〇葡萄庫耳〇葡萄鴛〇博尔都噶尔〇波尔杜瓦尔
〇波羅多加児〇波月都数〇博尔都噶亜〇博尔
託噶里牙〇布路叽士〇大西洋〇伯尔都牙里〇君西達
尼亜〇魯西達尼阿

爵位　王
都府　勒士門（リスボン リスホア）或作里斯本〇里西波亜
〇里斯玻亜〇刀士门〇力斯本　六部 或云修分八郡
里積　長千里広六百里
國界　東北界大呂宋南西界大西洋
居民　三百五十万 或云三百七十万
教法　天主教
北三十七至四十二
産物　五穀 百果 羊毛布 塩 葡酒 蚕 礬 礦
礦石 塩 石油

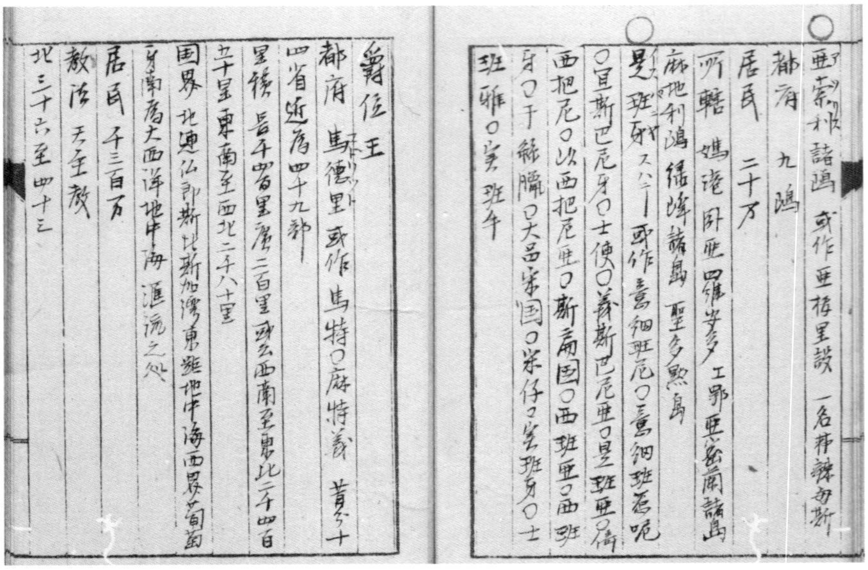

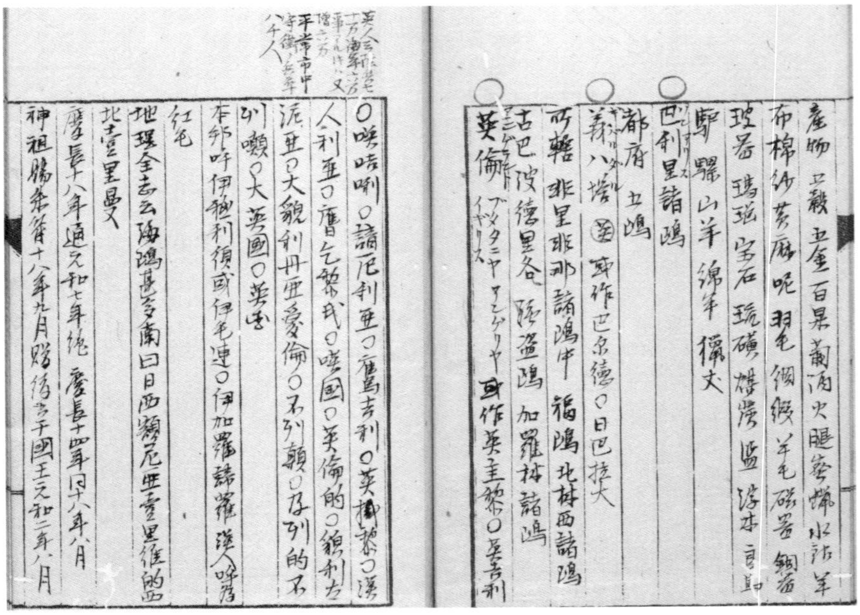

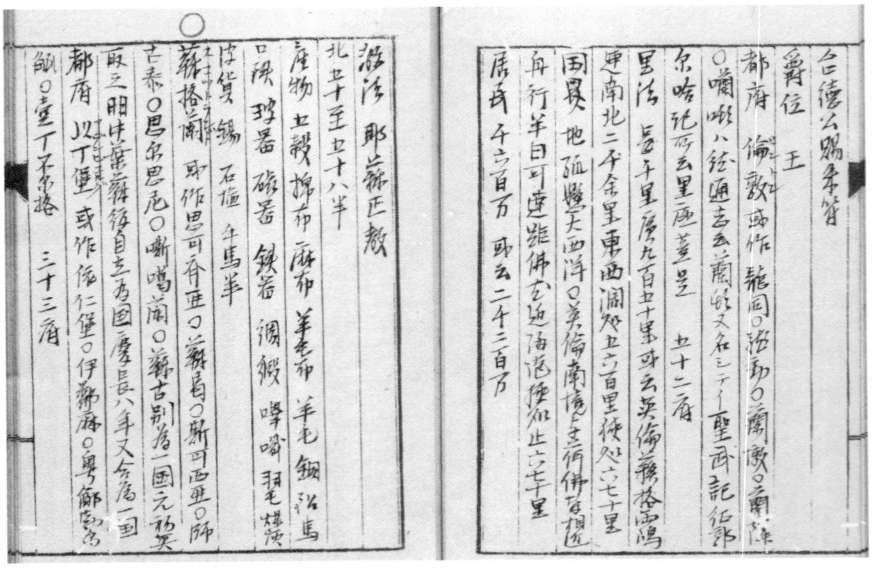

里積　長九百里　廣七百里
國界　在英倫之北
居民　二百六十万
産物　棉花布　洋布　麻布　襪　[illegible]　監
魚　鰲　鐵　呢　羽　毛　羊
屬地諸嶋　ヘブリデス　或作布比利的○歇當立田
三百嶋　有民居者四十
居民　六万
愛倫　或作愛耳蘭○阿尔蘭○埃蘭○耳倫
○倚耳蘭○壹尔蘭大○意而蘭大○意而蘭岙○

噯倫○意百尼○絲嶋
都府　土北林　或作都伯林○特伯林○嶺郡○
臘墨領　四部　三十二府
居民　八百万
産物　銅　鉄　錫　棉　麻布　棉布　豚　牛肉
魚　鰲　牛　羊　皮
所轄　灣那耳　墨陸士德　義八塔　僑阿尼諸嶋
馬他　士那嶋　新嘉伴　檳榔嶼　北古　亞來　砵呀
塞哥　細亜臘　夢貿　傍地　亞丁　錫蘭　伽爾各答
那塞　毛里西嶋　馬英諸嶋　[illegible]　沙勞利

洲　[illegible]　哩嶋　法低西都島　非基德島　亞墨細
英屬島　闌都拉斯　英斯加多地　叔若尔　小安的
烈島中女　字亜細　澳大利　班地文　新西蘭　三維
斯　諸島　新不路成或

北亜非利加
馬邏可　或作摩羅果○摩洛哥○馬勒格
摩拉哥○李亜剌伯廣国明時自立為西回国
自称帝
爵位　王
都府　同名亦云都城旧在馬邏哥可近遷于非斯弥
義斯內斯
里積　長千八百里　廣二千六百里
国界　東界阿尔及爾撒哈拉　與漢西洋　北界
地中海

居民　八百五十万　或云六百万
教法　回教
經緯　西百十四至百二十七　北二十八至三十六
産物　錫　白糖　藥材　棉花　木料　[illegible]
象牙　金箔　蜜糖　鶴鳥毛
阿尔及　アルヂール　アルキールス　或作阿尔尼亜○阿尔
日亜○阿尔及耳○阿利類○阿利及斯○古時謂
之戸孫尼阿　初為土耳其屬国今則為佛蘭郡
都府　同名　三土　亦云七部
里積　長二千七百里　廣二千里

国界　東都尼素南撒哈拉西馬羅可北地中
海
居民　二百万
教法　回教　間奉有猶大教者
産物　五穀　五金　果實　硝　[illegible]石　珊瑚　橄欖
尼泥　葡萄　皮貨
都尼素　或作堵尼素○都尼司○都利士
○突尼斯○都尼斯○土尼
萬曆時為土屬王位不世子由衆推擧仍請命于土
今則子孫相傳政由自出

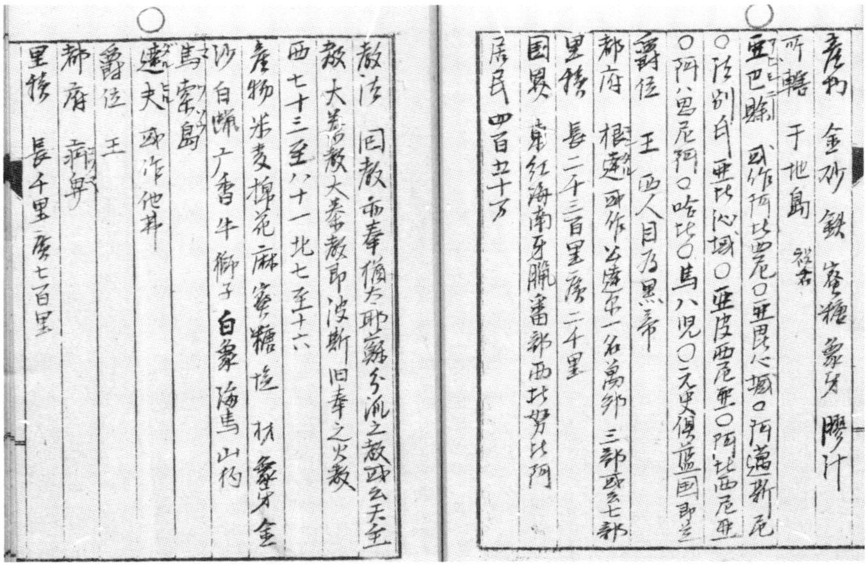

産物　金沙　銀　蜜糖　象牙　膠汁
所轄　于地島
亜巴暱　或作阿比西尼　亜毘心域　阿邁斯尼
爵位　王　西人目乃黒帝
都府　根迭　或作公達　一名萬鄂　三部　或云七部
里積　長二千三百里　廣二千里
国界　東紅海　南牙臘番部　西北努比阿
居民　四百五十万

教法　回教而奉猶太耶蘇分派之教　或云天主教大秦教　大秦教即波斯旧奉之火教
西七十三至八十一　北七至十六
産物　米麦　棉花　麻　蜜糖　塩　材　象牙　金沙　白蠟　广香　牛　獅子　白象　海馬　山竹
馬索島
遮夫　或作他井
爵位　王
都府
里積　長千里　廣七百里

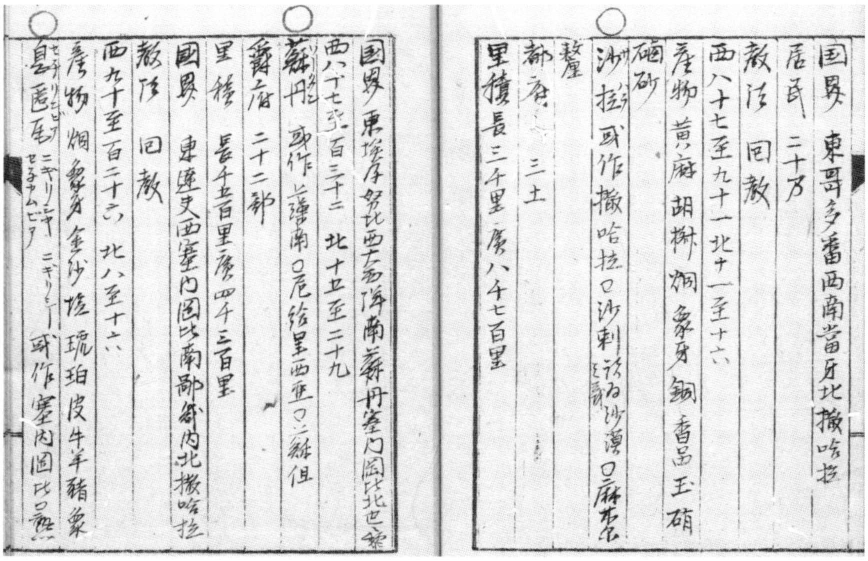

国界　東哥多番　西南當牙　北撤哈拉
居民　二十万
教法　回教
西八十七至九十一　北十一至十六
産物　黄麻　胡椒　烟　象牙　銅　香品　玉硝
硇砂
沙拉　或作撒哈拉　沙刺　沙漠
都府　三土
里積　長三千里　廣八千七百里

国界　東埃及　努比西　西大西洋　南蘇丹　塞内岡比　北地中海
西八十七至百三十二　北十五至二十九
蘇丹　或作蘇南　尼給里西亜　蘇但
爵府　二十二部
里積　長千五百里　廣四千三百里
国界　東蘇丹　西塞内岡比　南几内　北撒哈拉
教法　回教
西九十至百二十六　北八至十六
産物　烟　象牙　金沙　塩　琥珀　皮　牛羊　豬　象
塞内岡比　或作塞内岡比亜

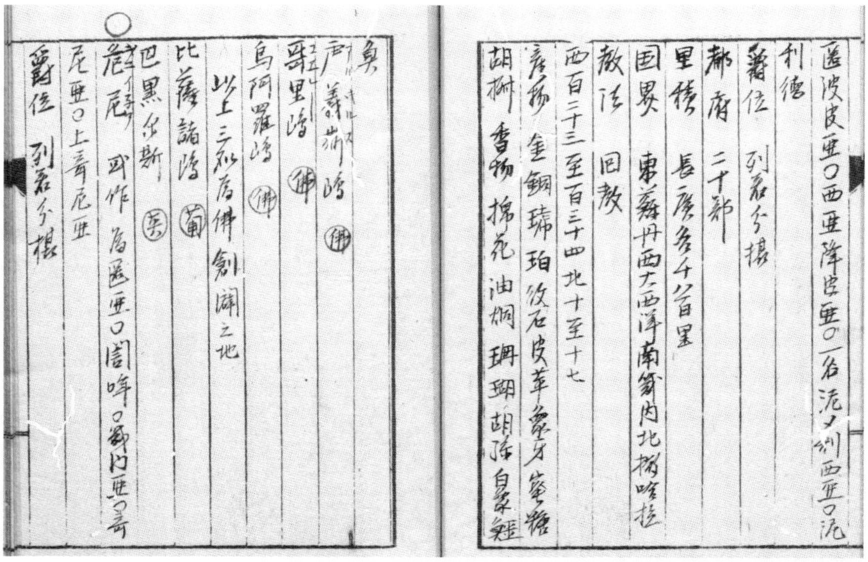

匿波皮亜　西亜　一名
利徳
爵位　列名分據
都府　二十部
里積　長廣各千五百里
国界　東蘇丹　西大西洋　南幾内　北撒哈拉
教法　回教
西百二十三至百三十四　北十至十七
産物　金　銅　琥珀　放石　皮革　象牙　蜜蠟
胡椒　香物　棉花　油　烟　珊瑚　胡椒　白象

阜
哥里峙　佛
烏阿羅峙　佛
以上三州　屬佛　闘之地
比蘇諸蕃　蘭
巴黒尔斯　英
居尼　或作居匿亜
尼亜　上幾尼亜
爵位　列名分據

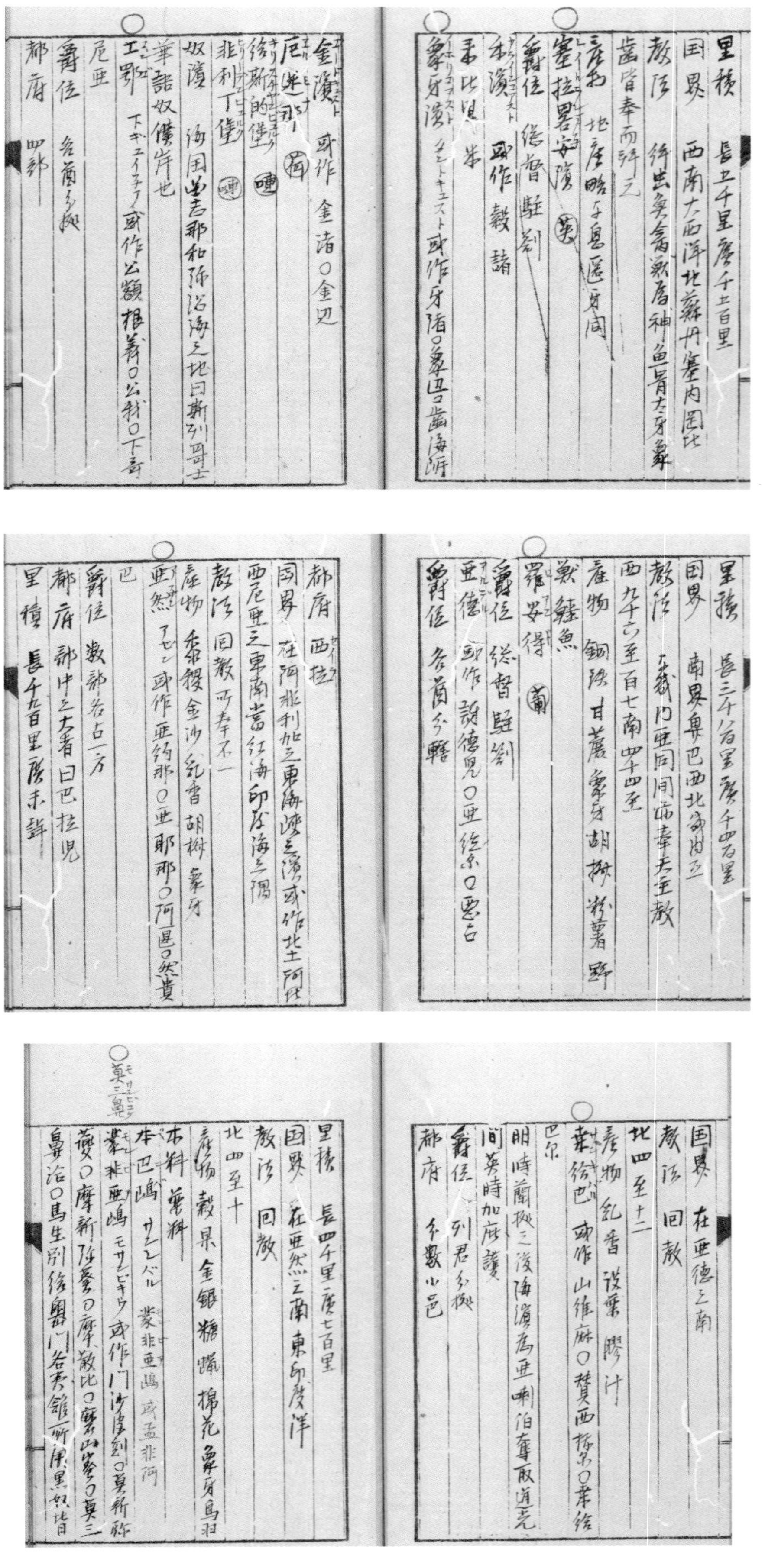
里積　長五千里広千五百里
国界　西南大西洋北蘇丹塞内岡比
教法　…
産物　地産略与息匿牙同
塞拉畧安潑
爵位　総督駐劄
布潑　或作穀諸
未比里弗
象牙潑　或作牙阿○象岡○歯海岸

金潑　或作金諸○金辺
厄迷那
後斯的俾
非利下俾
奴潑　海国図志那和除沿海之地曰斯列哥士
華語奴僕岸也
尼亜
爵位　各酋分拠
都府　四邦

里積　長三千八百里広千四百里
国界　南界臬巴西北両内亜
教法　大抵回亜同間有奉天主教
西九千六至百七南四十四至
産物　銅鉄甘蔗象牙胡椒黍薯野
獣鰐魚
羅安得
爵位　総督駐劄
亜德　或作諦德児○亜丁○悪白
爵位　各酋分轄

都府　西拉
国界　在阿非利加之東海渡之濱或作北土阿比西尼亜之東南當紅海印度海之隅
教法　回教亦奉不一
産物　乳香金沙乳香胡椒象牙
亜然　或作亜約那○亜耶那○阿匿○然貴
巴
爵位　数部各占一方
都府　部中之大者曰巴拉児
里積　長千五百里広未詳

国界　在亜德之南
教法　回教
北四至十二
産物　乳香没薬膠汁
桑給巴　或作山維麻○賛西抜児○桑給巴尔
明時蘭據之後海濱為亜喇伯奪取之
間英時加庇護
爵位　列君分拠
都府　分散小邑

莫三鼻給
里積　長四千里広七百里
国界　在亜然之南東印度洋
教法　回教
北四至十
産物　穀果金銀糖蠟綿花象牙鳥羽
木料　薬料
本巴島
蒙非亜島　或作門沙比剣○莫新骨

泛此土取事
爵位　諸酋分據或葡萄牙管轄
里積　長千四百里廣千六百里或云長四千五百里
廣千里
國界　在肯估巴之南
教法　回教　天主教
西七十六至八十三南十一至十七
産物　穀米金砂象牙銅鉄
祖法儀　或作初法臘○蘇華臘○疏華
臘○索發拉○肯谷馬舍莫太巴○摩諾摩

達巴
爵位　我君分轄
都府　新摩　或云同名　四部
里積　長廣均二千里
國界　在莫三鼻之西南
西七十九至八十六南十六至二十五
産物　金砂　象牙　甘蔗　樹膠　蜜臘

亜墨利加
亜米理駕　亜黙利駕　亜利里　亜麦嘉加　亜
美理加　墨利加　亜美利駕　米利里
魯廣地　文政八年魯西亜所得之
都府　九省
里積　長四千里廣三千六百里
國界　亜細亜魯之東隔僅陸海峡五十里
居民　六万
東七十六至百三　北五十四至七十二
産物　魚　毛皮

亜律諸嶋　アルー　或作亜律森
居民　百万
閭諸嶋　或作哥的哈○才庭阿○哥的亜
矢徳加諸嶋　或作薩治達嶋魯新闢一區曰
新阿千阿　或作纽阿古牙
哥里蘭　㖞　或作斯兒根徳○附蘭的亜
○緑顕国
爵位　総督駐劄
都府　如列安沙　南
里積　長四千里廣三千里

國界　東北太西洋西南巴芬海湾北
小氷洋
居民　七千
教法　耶蘇
英属地　伊斯蘭英得若亞以其多北亞耳八
年伊呑敗而棄之英遂壮有
爵位　総督駐劄
都府　多倫多
里積　長六千五百里廣一万里
國界　東大西洋西太平洋魯之属南米利里

教法　耶蘇　天主教等
東百三至百二十八北四十五至七十八
産物　土穀　木材　銅　陸　煤　石膏　鯨　牛羊
豕一類
東加拿他　或作羅阿加那達○谷納太○閒拿
達○上加拿太
都府　貴北　或作亀麦○貴壁○徐阜克
廿二部
里積　長千里
國界　在桒羅棱索河之上游伴京整屋西湖北

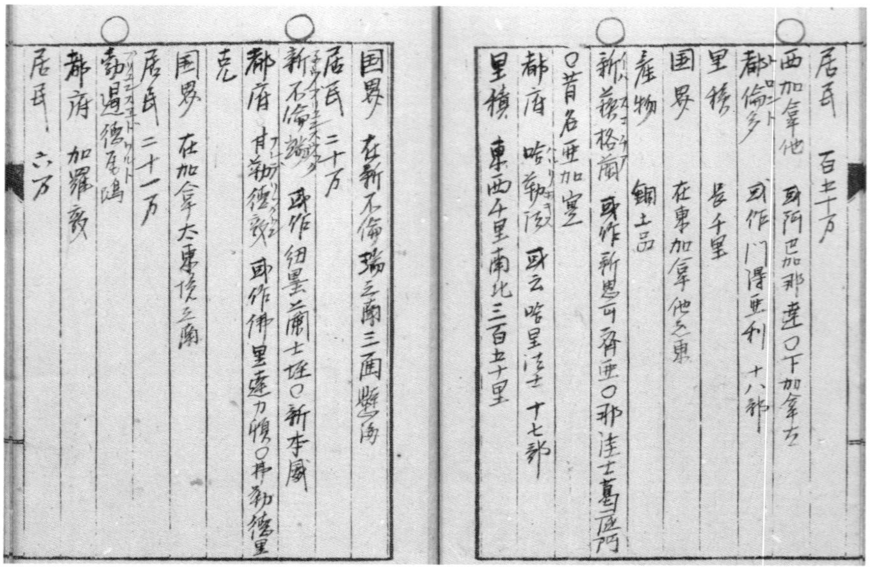

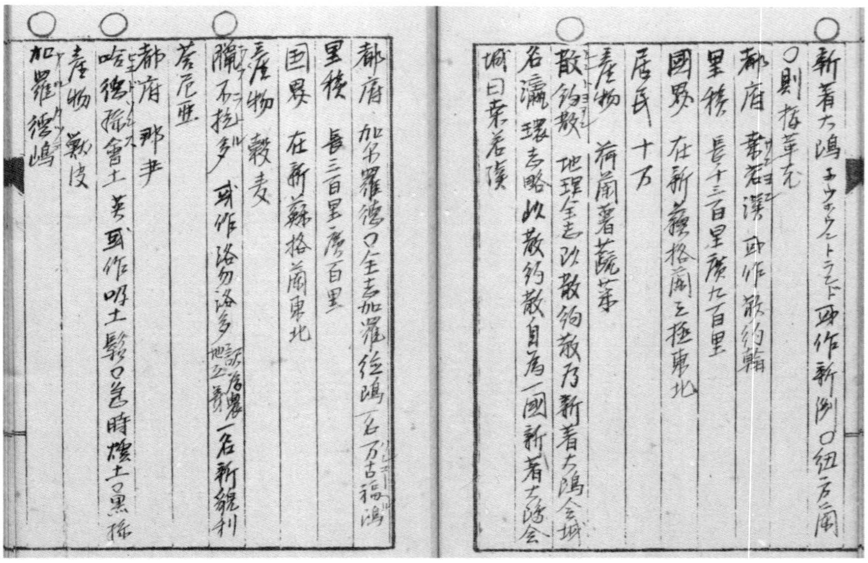

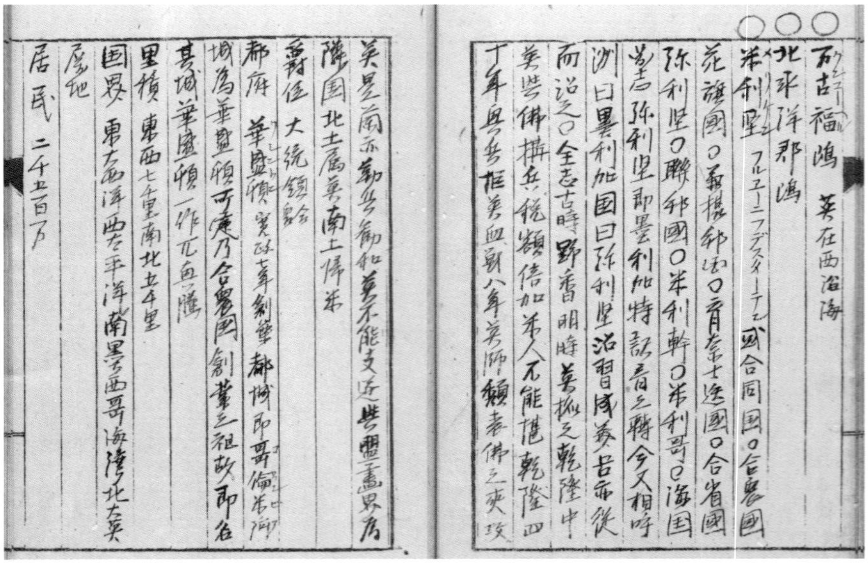

居民　百五十万
西加拿他　或作阿巴邪達○下加拿太
都府倫多　或作門得亜利　十八邦
里積　長千里
国界　在東加拿他之東
産物　銅土品
新蘇格蘭　或作新思可斉亜○邪達士葛匹阿
○首名亜加窒
都府　哈勒法　或云哈里法士　十七邦
里積　東西千里南北三百五十里

国界　在新不倫瑞之南三面臨海
居民　二十万
新不倫瑞　或作紐墨蘭士堆○新李威
都府　甘勒徳敦　或作佛里達力頓○弗勒徳里克
国界　在加拿太東隅之南
居民　二十一万
勃過徳島
都府　加羅敦
居民　六万

新着大島　或作新渉○紐方蘭
○則拉華尼
都府　新約翰　或作散約翰
里積　長千三百里広九百里
国界　在新蘇格蘭之極東北
居民　十万
産物　荷蘭薯蔬菜
散約翰　地理全志改散約翰乃新着大島会城
名瀛環志略改散約翰自為一国新着大島会城
城曰東若頓

都府　加尓羅徳○全志加羅徳島一名万古福島
里積　長三百里広百里
国界　在新蘇格蘭東北
産物　穀麦
臘不拉多　或作洛勿洛多　一名新貌利
亜尼亜
都府　那尹
哈徳孫会社　英国作哈土遜○為時黄土○黒孫
産物　獣皮
加羅徳島

万古福島　英在西沿海
北亜洋郡島
米利堅　或合同国○合省国○合衆国
花旗国○花旗邦○育奈士迭国○合省国
弥利堅○聯邦国○米利幹○米利哥○海国
葛志弥利堅即墨利加特記者之称今又相呼
沙日墨利加国曰弥利堅沿習成参若亦従
而沿之○全志古時野番明時英拠之乾隆中
英吉利撫兵税繁倍加衆人不能堪乾隆四
十年兵与拒英血戦八年英師頓衰佛之来攻

英吉利亦勤英兵疲不能支遂与盟画界為
隣国北土属英南土帰米
爵位　大統領
都府　華盛頓　實改華剣頓　都城即哥倫米阿
城為華盛頓所建乃合衆国創業之祖故即名
其城華盛頓一作瓦血騰
里積　東西七千里南北五千里
国界　東大西洋西太平洋南墨西哥海湾北大英
属地
居民　二千五百万

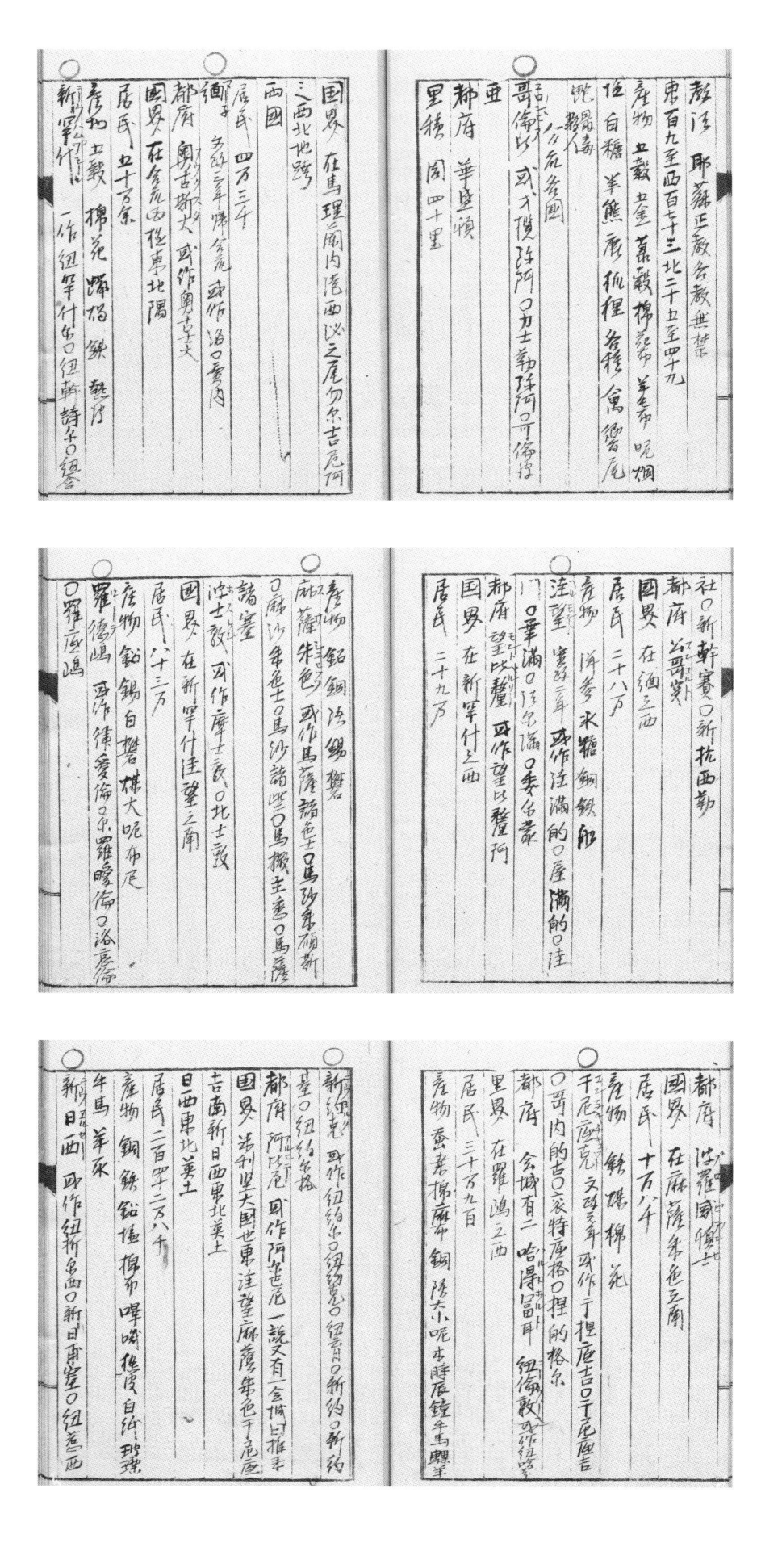

迷蘇利 ○迷蘇利
都府 渣法甸
国界 在阿干薩之北
居民 二十三万三千
産物 罌麦稲
威士干心 或作威士干遜 ○威斯滾申達多里
都府 馬的遜
衣呵華 一名衣阿威士
都府 同名
澤撒 嘉永三年

都府 奥斯汀
上加利福尼 俗名金山
都府 薩克蘭多 海口 剌万西斯哥
地理全志云以上衆部外西有土曰新尼哥大阿里
頓島 遠都墨西哥其民未進諸部之内
墨西哥 或作黙時科 ○墨西科 ○墨西果 ○
黙西可 ○美待可 ○迷塞哥 ○墨是可 一名新以
西把尼亜 ○古昔自主之国明時是拠之乾隆時
平叛共墨亦叛去不服至部人乃王道光三年様
三各部推官司理

爵位 合衆 各部推官司理
都府 同名 或云達拉尼那 廿一部 或云大部九
小部四
里積 長三千八百里 廣狭不一 或二千四百里 或五百里
或云長万里 極北廣三千里 極南不過四五百里
国界 東海湾西太平洋 東南危地馬拉 西北
米利堅
居民 七百万
教法 天主教
東二十二至百二十三 北十六至三十三

産物 五穀 菓穀 金銀 當銀 棉花 青黛
香料 木料 薬料 香草 有一出名芽蘭米墨人
巻 以為食
中亜墨利加
爵位 合衆 九部
里積 長三千五百里 廣千里 或二百五十里
国界 東加利比安海 西南太平洋 北墨西哥湾
居民 二百余万
教法 天主教
東百五十至百二十四 北七至二十二

亜地馬拉 或作哇的麻剌 ○瓜的馬拉
都府 同名 或云京城有二 一与国同名 一名亜蓬
剌井佗尔
里積 長三千七百里 廣或千里 或二百五十里
国界 西南大東洋 北墨西哥国並墨西哥湾
居民 二百万
教法 同教
東百五十至百二十四 北七至二十二
産物 五穀 金銀 棉花 青黛 木料 薬材 百
菓 白糖

薩尔瓦多
都府 三維森
開都拉斯 或作鼎度痛
都府 哥麻牙瓜
閃都拉斯
都府 百里斯
尼加拉瓜 都府 瓦的
哥斯德里加
都府 三若瑟
非得拉士

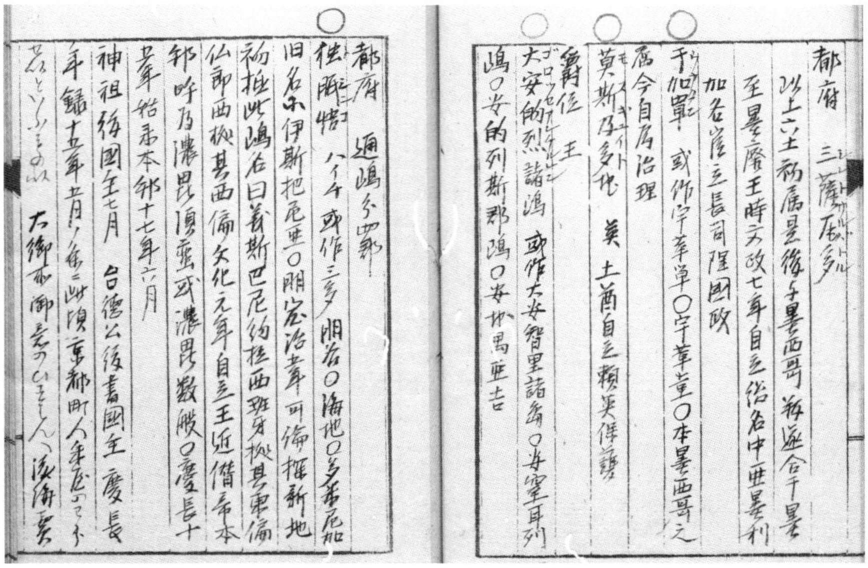
都府　三蕃尼多
以上六土初属是後千墨西哥叛逆合千墨
至墨磨王時文政七年自立給名中亜墨利
加合衆立長司理國政
干加覃　或作宇革単〇宇華董〇本墨西哥之
属今自居治理
莫斯及多他　英　土酋自立頼英保護
爵位　王
大安的烈諸嶋　或作大安智里諸島〇安寧耳列
嶋〇安的列斯那嶋〇安地馬亜吉
都府　通嶋多如郭
徃斯特　八千　或作三多明治〇海地〇多米尼加
旧名米伊斯把尼亜〇明宏治中所論擢新地
初極此嶋在日義斯巴尼約極西班牙极其東偏
仏郎西极其西偏文化元年自立王近借帝本
邦呼乃濃毘須蛮或濃毘数般〇慶長十
七年始来本邦十七年六月
神祖給國主七月　台徳公後書國主　慶長
十年歸十五年六月ノ条ニ此頃京都町人手原小
大御所御

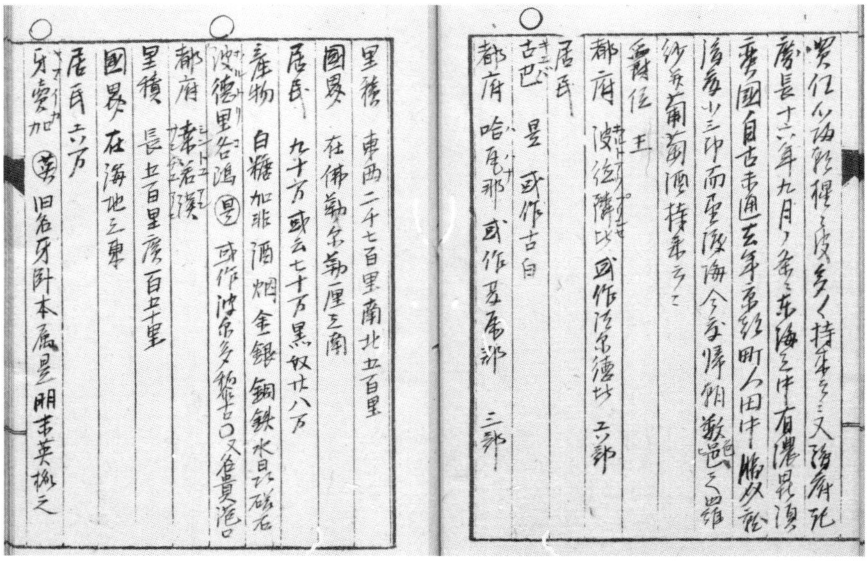
賞任ノ海路程ヲ度ル多ク持来ルニ又阿蘭陀
慶長十六年九月ノ条ニ東海之中有濃毘須
蛮國自古未通去年京都町人田中勝介到
彼而今三印而至彼海今度帰朝敷邑之羅
紗葡萄酒持来之
爵位　王
都府　波德隣比　或作波尓德比　二ツ郎
居民
古巴　是　或作古白
都府　哈瓦那　或作亞瓦那　三郎
里積　東西二千七百里南北五百里
國界　在佛勒尓勒厘之南
居民　九十万　或云七十万黒奴廿八万
産物　白糖　加非　酒　烟　金銀　銅鉄　水晶　磁石
波德里各嶋　（是）　或作波尔多黎各〇又名貴港
都府　桑若漢
里積　長五百里廣百五十里
國界　在海地之東
居民　六万
牙賣加　（英）　旧名牙買加本属是明末英搬之

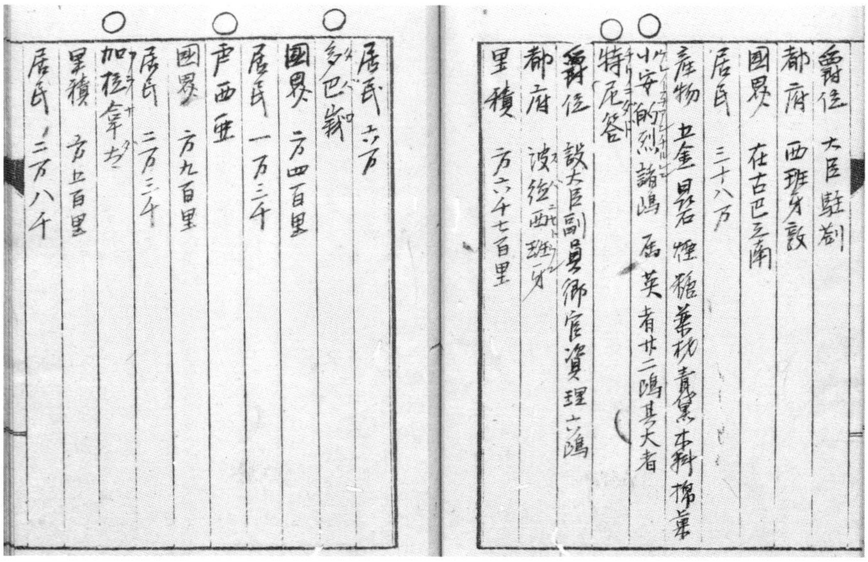
爵位　大臣駐劄
都府　西班牙設
國界　在古巴之南
居民　三十八万
産物　黄金　白砂糖　煙　雑　葉枝　青黛　木料　棉草
小安的烈諸嶋　属英者廿二嶋其大者
特尼答
爵位　設大臣副員御官資理六嶋
都府　波徳西班牙
里積　方六千七百里
居民　六万
多巴峩
國界　方四百里
居民　一万三千
聖西亜
國界　方九百里
居民　二万三千
加拉拿多
里積　方五百里
居民　二万八千

聞森
里積　方四百里
居民　二万七千
巴尓巴多
都府　童轄以上六嶋之臣在于此地
爵位　比日登
里積　方五百五十里
居民　十二万
散給
都府　巴斯的

里積　方二百余里
居民　二万三千
多米尼加
都府　綠蘇
里積　方九百里
居民　二万二千
安地封
都府　散約翰
里積　方三百五十里
居民　三万六千

属府者七嶋　其余少嶋皆大臣童轄御官治理
里積　方若二千五百里
居民　一万八千
属瑞典者一嶋
巴多羅謬嶋　或作桑巴尓多羅美
里積　方一百里
居民　一万五千
属西国者三嶋其大者　三古希斯
里積　方一百七十里

居民　四万五千
属佛蘭西者十嶋其大者
馬的尼加　或作馬耳的尼加
居民　十二万
里積　方一千里
瓜達廬披嶋　或作瓜他廬
里積　方二千里
居民　十二万八千
百慕大那嶋　或作怕露撈士○百而謨達○里
葛他一名蒲菲児諸嶋

都府　大小数百
里積　方七十里
國界　在巴哈麻東北
居民　一万
散若尓
爵位　大臣駐劄
巴哈麻那嶋
都府　同名　大小数百余嶋
里積　方一万五千里
居民　二万六千

巴夏馬　一名律窪設諸嶋
新不路風敦
都府　大臣童轄
爵位　那撈
右四那嶋總名西印度那嶋
南亜墨利加
新加拉那大　或作新王那達　旧名金加西
[illegible]文政元年[illegible]
天保十年[illegible]

爵位　推尼長理政事
都府　波哥大　五部　或云十八部
里積　長三千三百里　廣一千八百里
國界　東至委内瑞拉　西枕太平洋　南厄瓜多
北加利比海
居民　百五十万
東百六十三至百七十三　南二至北十二
產物　五穀　棉花　加非　烟　青黛　金銀　寶石　牛皮
水銀　糖
厄瓜多　昔百大國名　音加斯　明時爲是所敗

都府　基多　或作祈多　三部　或云八部
里積　長千里　廣二千三百里
國界　東巴西　南秘魯　西太平洋　北新加拉那大
居民　五十万
教法　天主教
東百七十二至百七十四　南五至北一
產物　五金　鹽　煤　木香　藥材
加拉巴哥群島　或作加[illegible]巴哥諸島
委内瑞拉
都府　加拉加斯　十三部

里積　長二千三百里　廣二千百里　或云長三千五百里
國界　東英之歪阿那　西新加拉那大　南巴西　北加利
比海
居民　二十万
教法　天主教
東百七十一至西百七十四　北二至十二
產物　五金　藥材　木料　靛　膠　糖　烟　棉　海牛
鱷魚　大蛇
以上三國可倫尋新地先取此土　建三都　即是也
各置大酋領之　文化七年　郡人逐西班牙守臣　擁
兵八年　遂自立爲可倫比亞國　天保二年　仍旧
三部　分爲三國
寛亞那　或作歪阿那　○晷亞那　○爲阿那　○
古牙那　通地屬于佛蘭英各設官駐劄
爵位　佛寛亞那　都府　加宴那　[illegible]
巴拉馬利波　[illegible]　都府　[illegible]
里積　長二千里　廣二千八百里
國界　南巴西　西委内瑞拉　北大西洋
居民　二十五万
西百六十九至百七十七　北二至八

產物　白糖　加非　棉花　香料　荳蔻　胡椒
藥材　青黛　花樹　檜　漆
巴西　或作巴拉西利　○布拉熱尔　○伯西児　○巴悉　○伯助西理　○蘇木國　明時葡
擁得其地　從國人條爲藩　文化五年　葡駆
西嘉慶間　葡王冊立其子爲巴西王　由是別爲海
西大國　不屬于葡　稱帝
爵位　王
都府　牙匿羅　或作來約熱內盧　○里約日内路　十
九部

里積　長八千七百里　廣八千里
國界　東大西洋　西新加拉那大　秘魯　玻利非烏拉
乖　南乖北大西洋　歪阿那
六百万
天主教
東百五十九至百七十九　北四至南三十
產物　金　銅　鐵　寶石　甘蔗　棉花　烟　加非
紅木　牛皮　藥材　百果　膠樹　靛　野牛　野馬
樹　獅　虎　鱷
秘魯　或作比路　○字露　○白露　○璧露　○伯

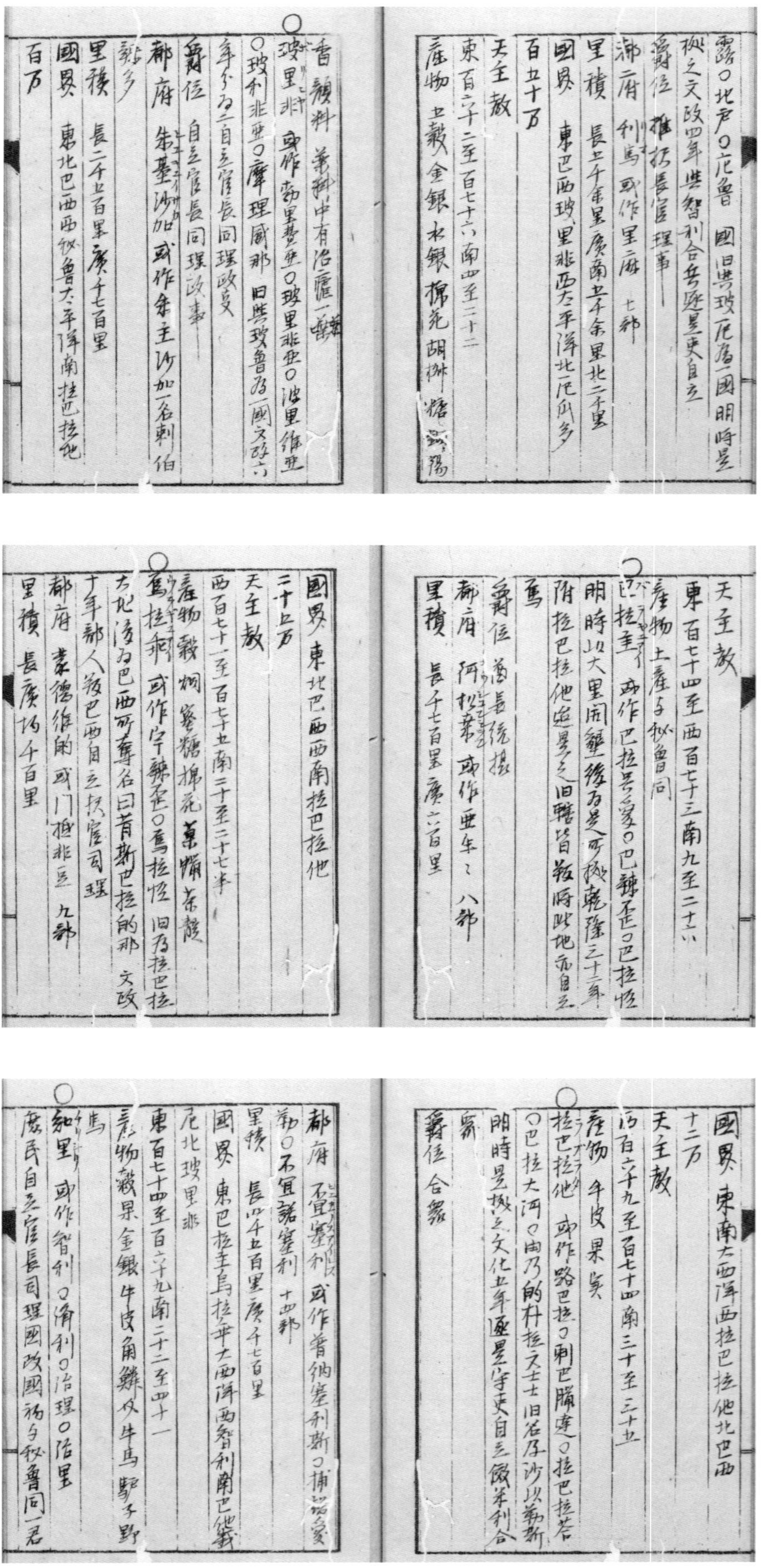

迨是秘秋魯遂攻得之我附于秘魯安永
二年是城之文化七年諸蕃應皆叛是智利
砍據上自権度力不支求援于拉巴拉他助兵
乃始得自立
爵位　今无
都府　聖亜郭　或作散地亜哥○山底阿俄○三
的牙阿○散地亜峨　八部
里積　長三千五百里廣四百里
國界　東拉巴拉他西南太平洋北玻里非
百五十万

天主教
東百七十二至百七十四南二十五至四十二
產物　金銀　銅　石炭　鉄　五穀　棉花　葡萄酒　百果
麺麻
巴太温　或作巴他我尼○伯達加尼亜○巴他我拿
○八的哥尼阿○巴羅尓那○智加　一名墨瓦蘭
人皆野番居无常処不與他國往来　而世所傳
長人國
里積　長三千五百里廣八百里或云南北三千里東
西千五百里

國界　東大西洋西太平洋南氷洋北拉巴拉
他
西百七十八至東百六十八南三十九至四十四
火地　明時墨瓦蘭再尋新地舟行數
月忽見大地荒儀無人迹入夜燐火乱飛命曰
火地　或鉄府係勾○鉄耳甚離係体勾
新哥蘭嶋　一名麻羅微年
爵位　設官駐劄
都府　波戸爺斯

洋海湾峡
太平洋　或太平海一名寧海○浄海或巨底南
平洋北平洋
東西三万里南北二万二千里
日本海　此路西峡
在本邦唐太之間
支那海　東海　或黄海　直隷海湾
南海　或南洋
廣南海湾　或東京湾
暹羅湾　或東京湾

大拉頓海　或荷哥斯尓海
庫頁峡　在唐太満州之間
東察加海　カムシカット　或作堪察加海○葛該失
烏实葛海　一名剌手海
百令峡　在亜細亜了墨利加之間
亜那的海湾
息力峡　在麻剌甲息力之間
麻剌甲峡　在麻剌甲蘇門答剌之間
民多羅海　在巴拉湾民答撓之間
明多羅峡　在呂宋明多羅之間

壹拉撓湾　在民答撓
西里伯海　在西里伯之北
波尼湾
多尓尼湾
叭哇海　在爪哇之北
萬他海　在麻鹿加之南
佛羅里斯海　在佛厄之北
巴拉巴峡　在波羅巴拉湾之間
麻剌加峡　在麻剌加蘇門答剌之間
新加峡　蘇門答剌邪之間

印度洋　或印度海　南北一万三千里東西一万三千里
巴尔克峡　在印度錫蘭之間
亜喇伯海　或為波剌斯海　亜喇伯地理全志地学正宗為波剌斯海
堪北湾　或作坎巴牙湾
波斯湾
忽魯謨斯峡
紅海　或亜剌比亜湾又西紅海又有東紅海図図志一名遍達水未詳所在

巴白曼徳峡　在紅海口
瑪喃海
珥呀湾
馬太板湾
捺別児満捏児峡
徳捏哥湾　在舊累
南氷洋　或南氷海
北氷洋　或北氷海　四周二万七千里
加拉湾
沃加牙湾

白海
阿尼牙湾
亜干日湾
義林湾
加里斯海
加里斯湾
阿比湾
窩以尾特峡
地中海
熱奴亜湾　或撻那　在伊

尾斯太湾　在納法里
達那湾　或達蘭多　仝上
納波里湾
多斯加能海
勒尼法叟斯峡　在哥而加鐵而地泥之間
墨實内峡　在西治里改大里之間
参児列尼斯海　鐵而地泥納法里之間
王泥西海
利板多湾
把特剌私湾

格倫的湾　一名勿爾曰亜海
亜得亜海
威你斯湾
澤利斯湾
希臘海　一名多鴎海　又名亜爾治説
又尼勒叅亜之耳西白名即多鴎之善
雷日那湾
西達拉湾　島尼北辺
加弗斯湾　仝上
馬ゝ拉海　或瑪尓謨剌海口馬本剌海　古名字

勒彦知斯
池大尼里峡　或歎児列私海又歎児里剌利海门
馬ゝ拉海希臘海即亜西亜之分界
黒海　一名太海又黒阿彦湖　古名亜歇諾私海
漢呼乃尼島鐵謨諾斯　在亜欧之间
君士但丁峡　一名ホ斯忽魯斯峡　亦与拉黒之間
阿藻海　或作阿鎮甫海の亜鎮甫海
亜速海　一名墨何的湖
比尼加利峡　一名傑耳都　往昔此峡亦名勒斯

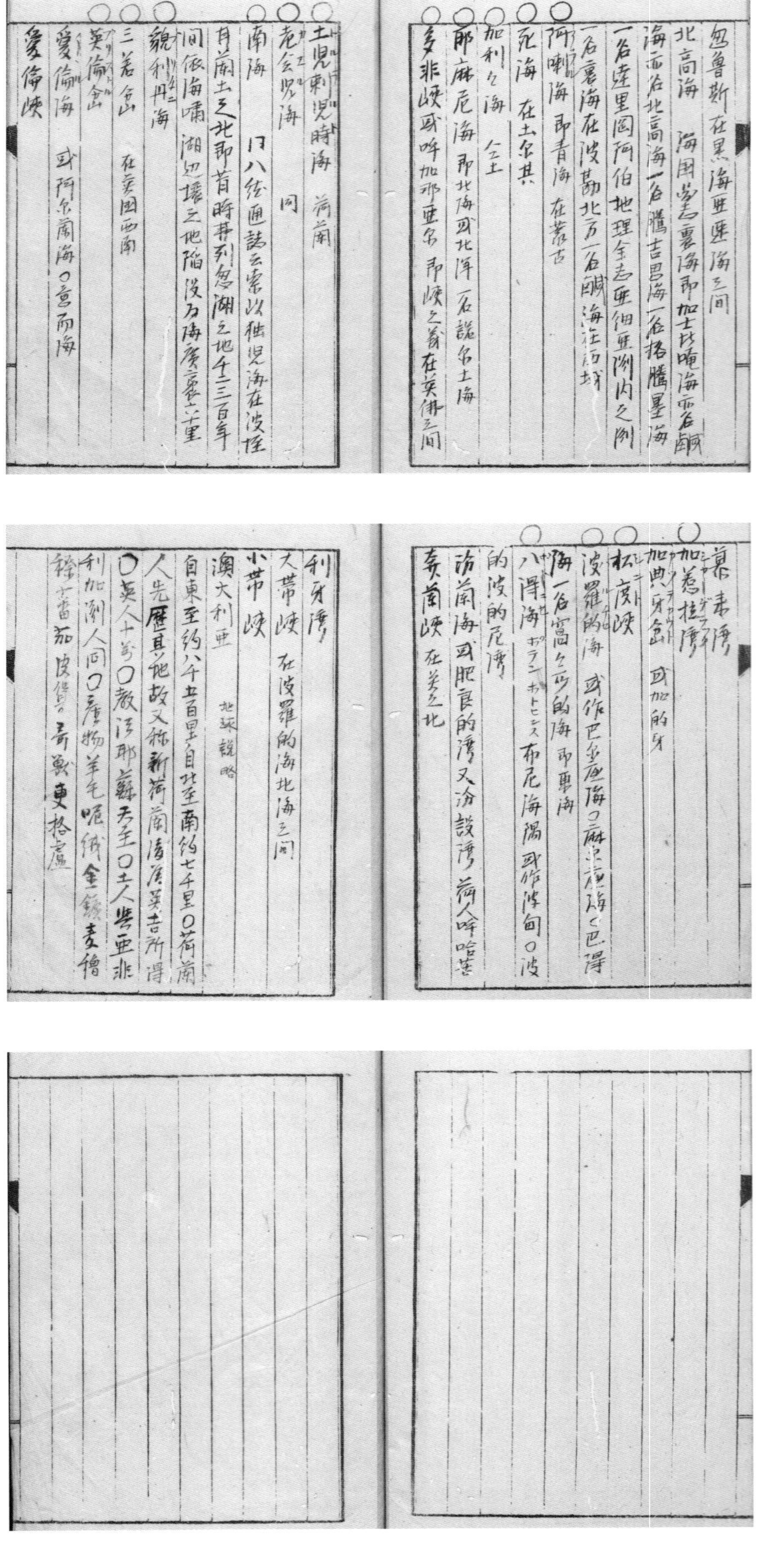

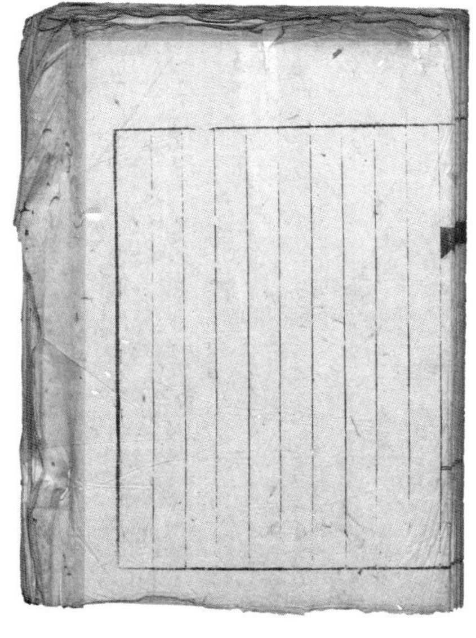

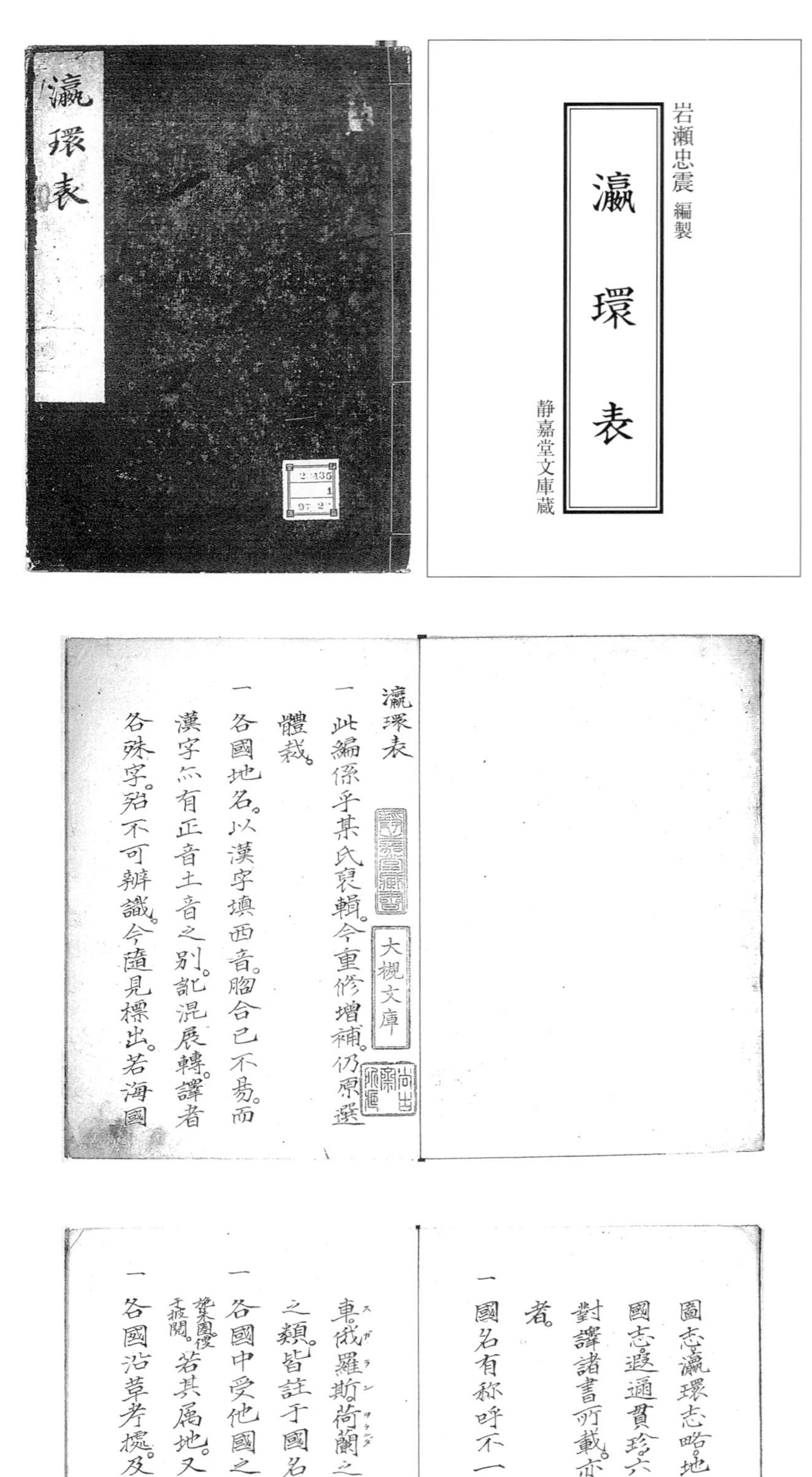
瀛環表
岩瀬忠震 編製
瀛環表
静嘉堂文庫蔵
瀛環表
一 此編係乎某氏裒輯。今重修增補。仍原選體裁。
一 各國地名。以漢字塡西音。脗合已不易。而漢字亦有正音土音之別。訛混展轉。譯者各殊字。殆不可辨識。今隨見標出。若海國
大槻文庫
圖志。瀛環志略。地理全志。地球說略。大英國志。遐邇貫珍。六合叢談。中外新報。華英對譯諸書所載。亦皆採錄。以便于讀地史者。
一 國名有称呼不一者。若魯西亞之或称邏車。俄羅斯。荷蘭之或称法蘭得。埵兒蘭甸之類。皆註于國名之下。
一 各國中受他國之管轄者。低書一字。國名下書所轄國名。若其屬地。又低一字。以便於辨認。
一 各國沿革考據。及事蹟之繫於

本邦者。隨見録出。附于國名之後。固無倫次。東西經度。総以北京為標準。仍全志説略之舊。

一　各國里積國境。及部落人口之多寡。諸書所載有不同。本編率從全志。而間註異同。

一　全志所闕者。他書補之。

一　各國里積。從全志説略。然以　本邦及英國獨逸等里法推算之。皆不合。姑存疑。俟他日訂定。

己未歳抄

鷗所鈞穏識

亜細亜

國號	爵位	都府部落	里積	國境	居民	教法	経緯度	産物
清 支那。[illegible]那 香港 英 福州 仝 厦门 仝 寧波 仝 上海 仝 媽港 葡 或作 澳门。香山湾。	帝	北京（ペキン） 十八省	長五千里 闊三千六百里	東界大東洋 南界安南并阿瓦 西界阿[illegible]及并西藏 北界蒙古并滿州以萬里長城為限	三万六千万	儒教 釈教 回教 間有奉天主耶穌者[illegible] 不一	経北京偏東七度至偏西十八度 北緯二十度至四十一度	五穀 五金 煤 烟 茶 絲 靛 棉花 棉布 磁器 藥材 木料 [illegible]皮 [illegible] 水烟 硝砂 [illegible] [illegible] 脩 [illegible] 墨 蘇

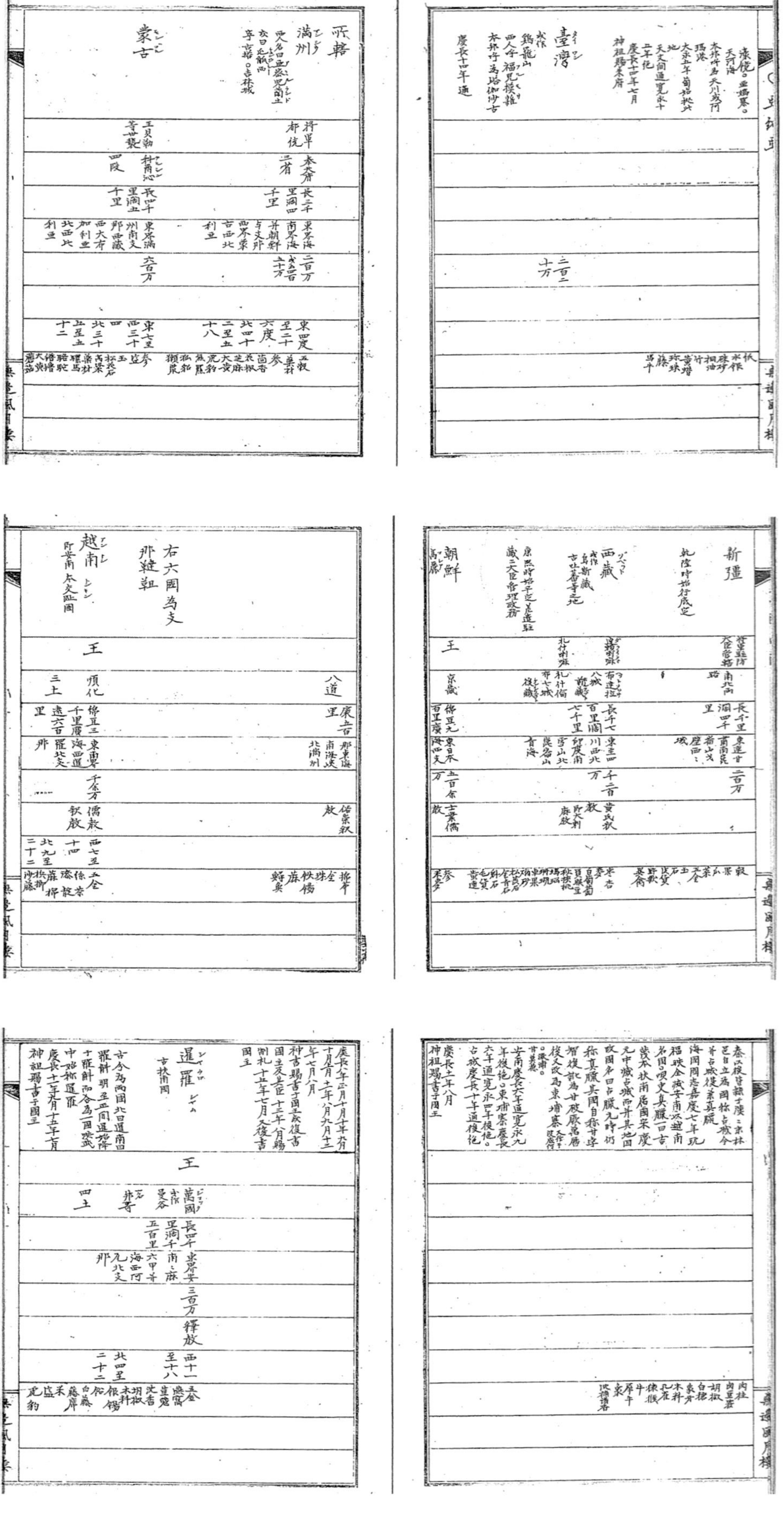

麻六甲

新嘉坡

細甸

北古

南掌

布魯克

印度

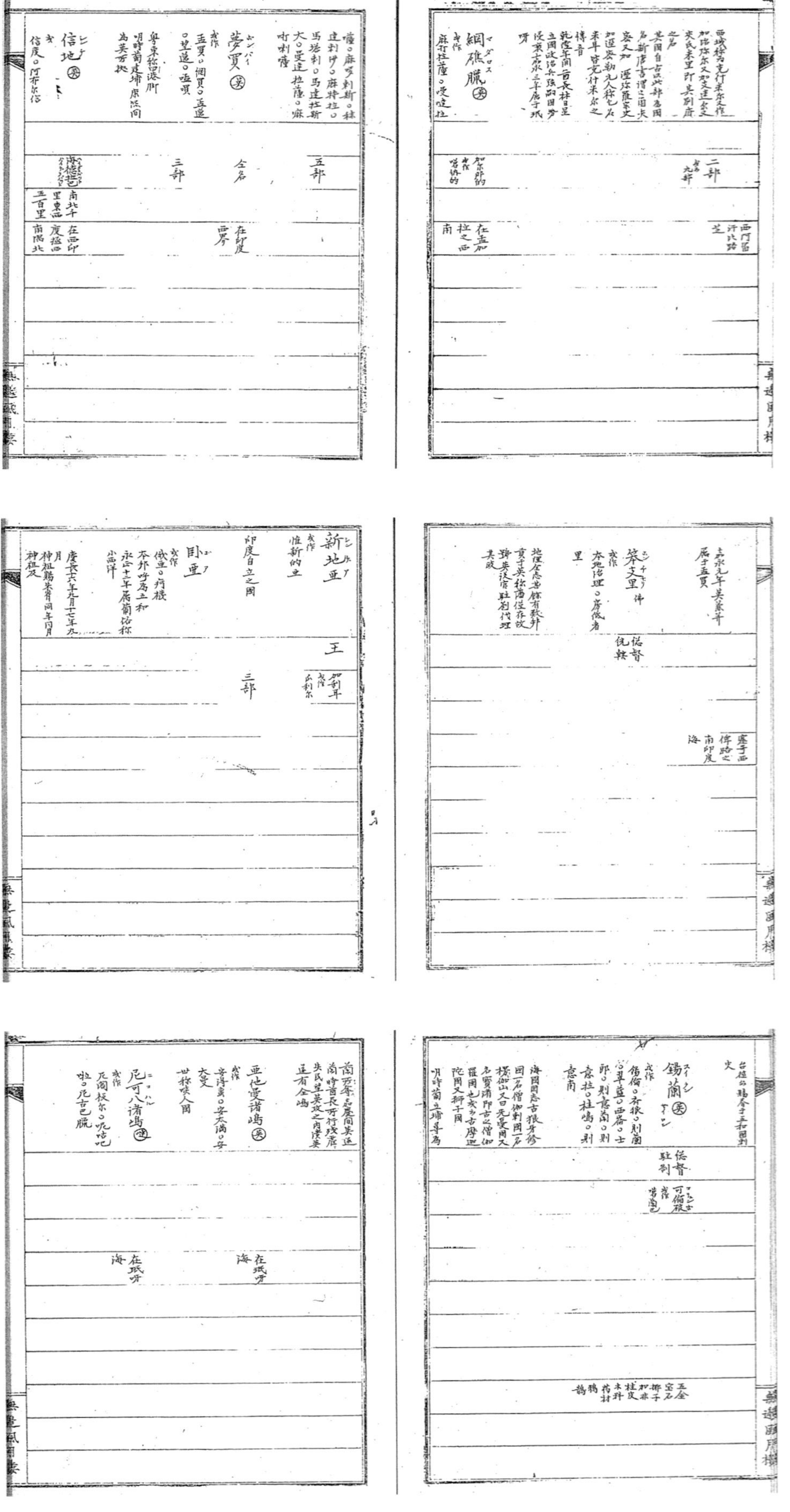

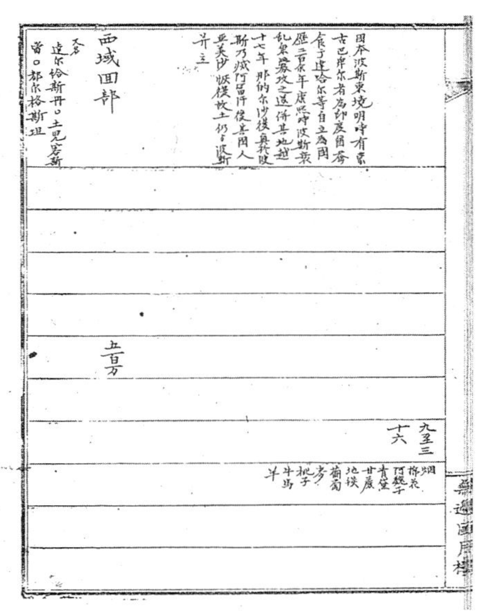

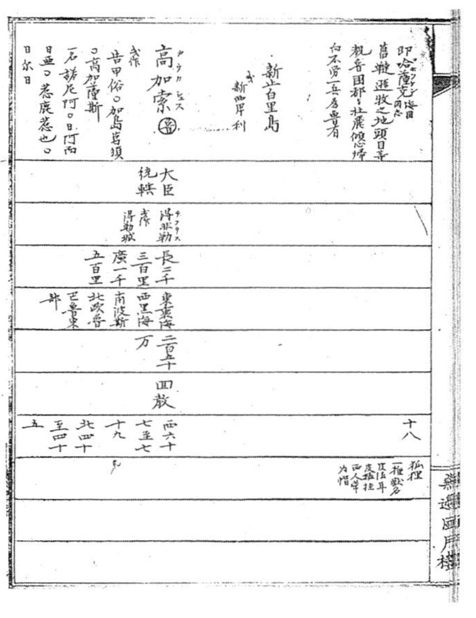

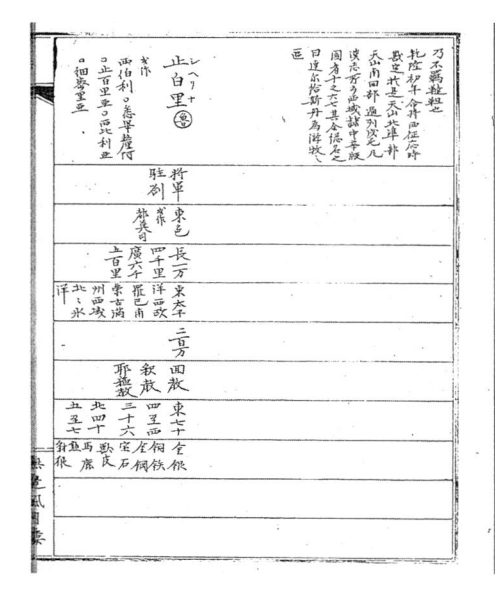

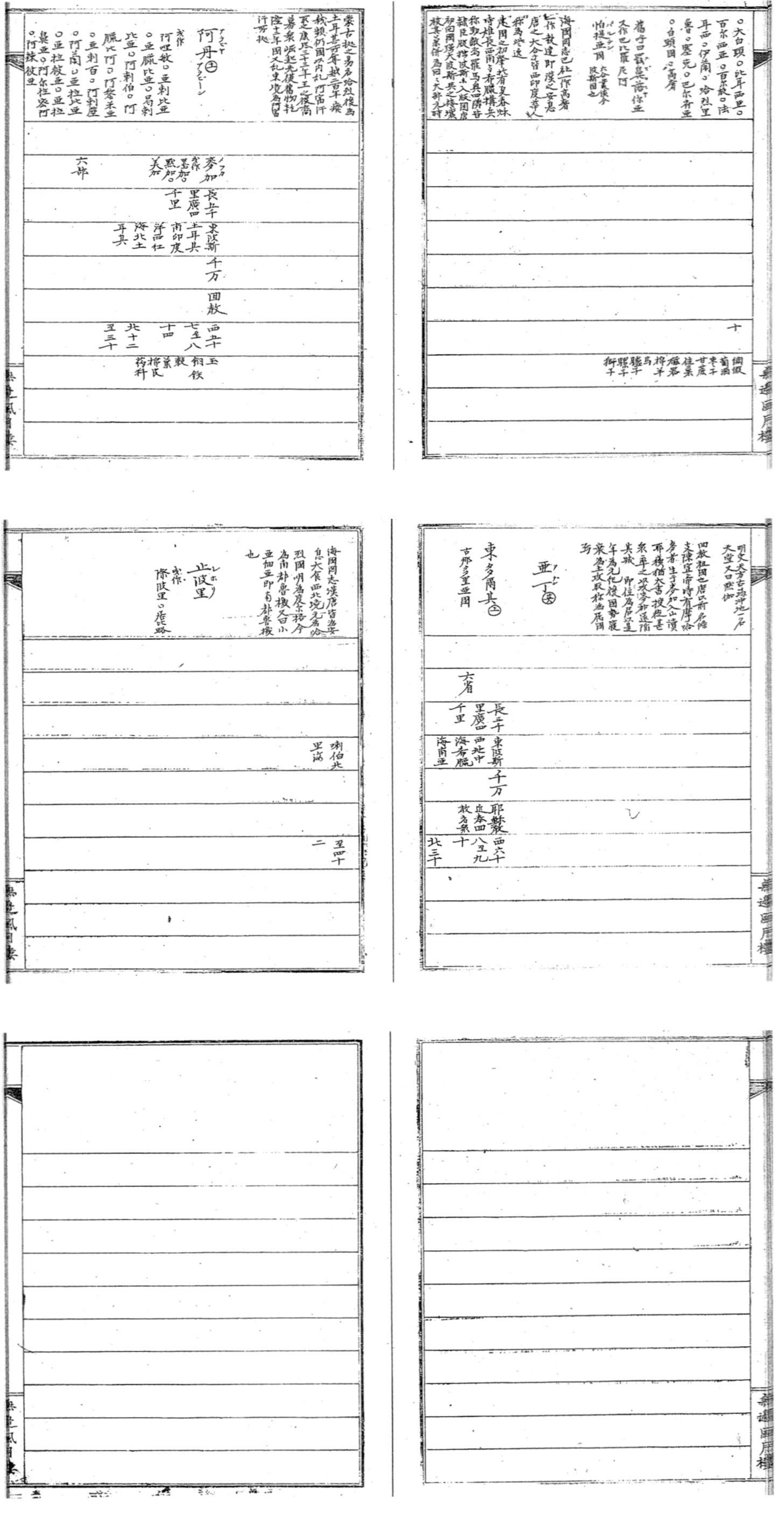

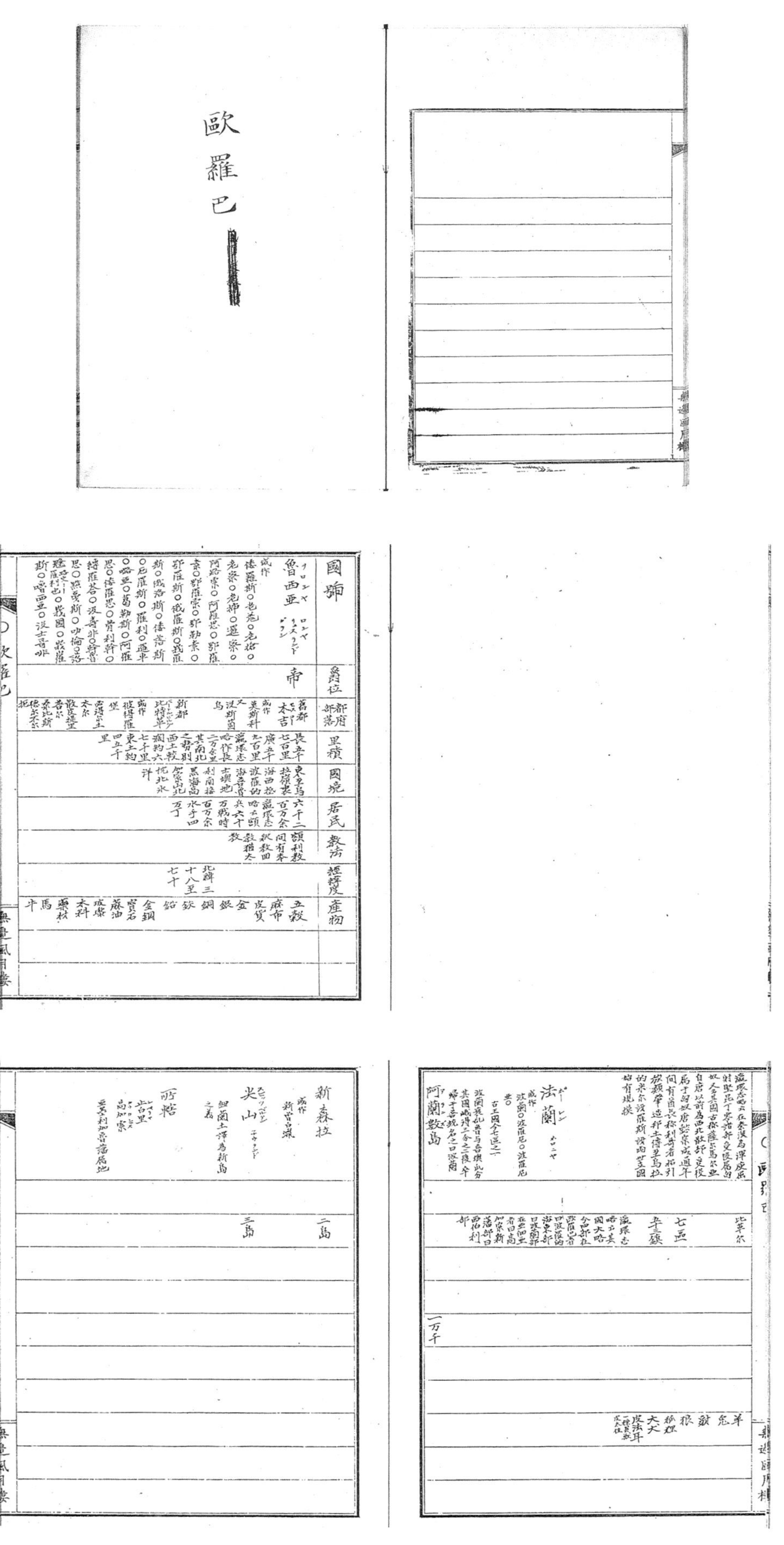

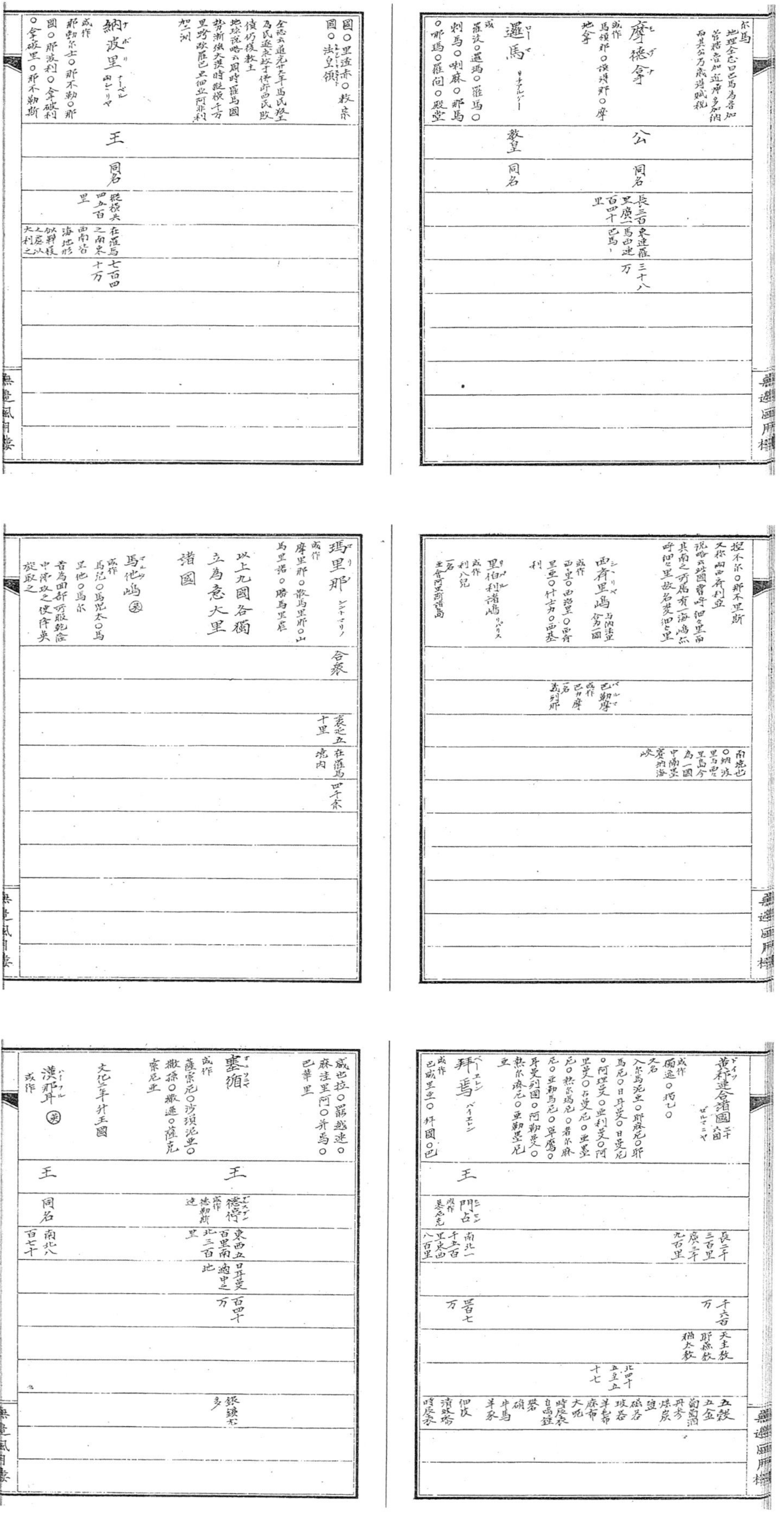

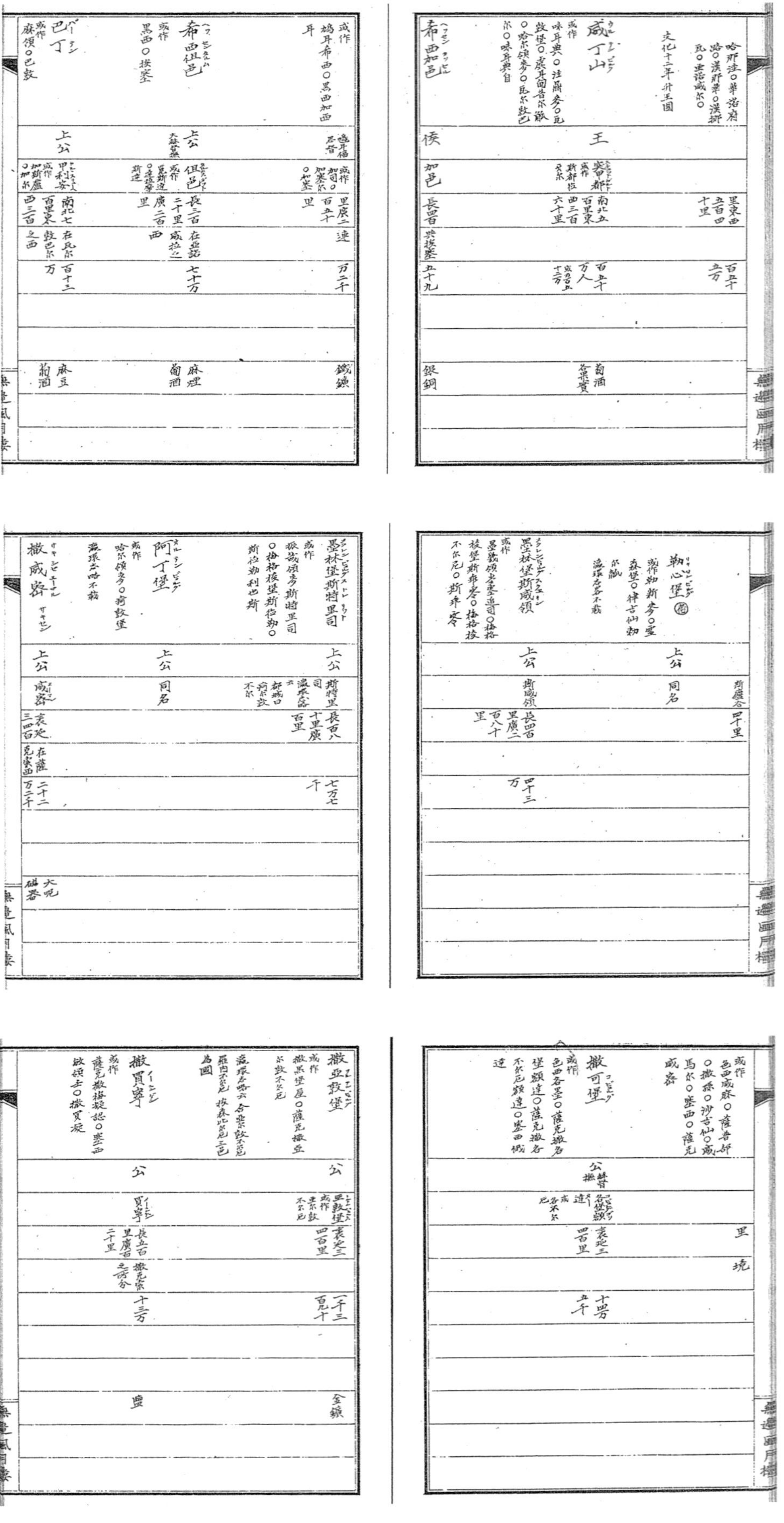

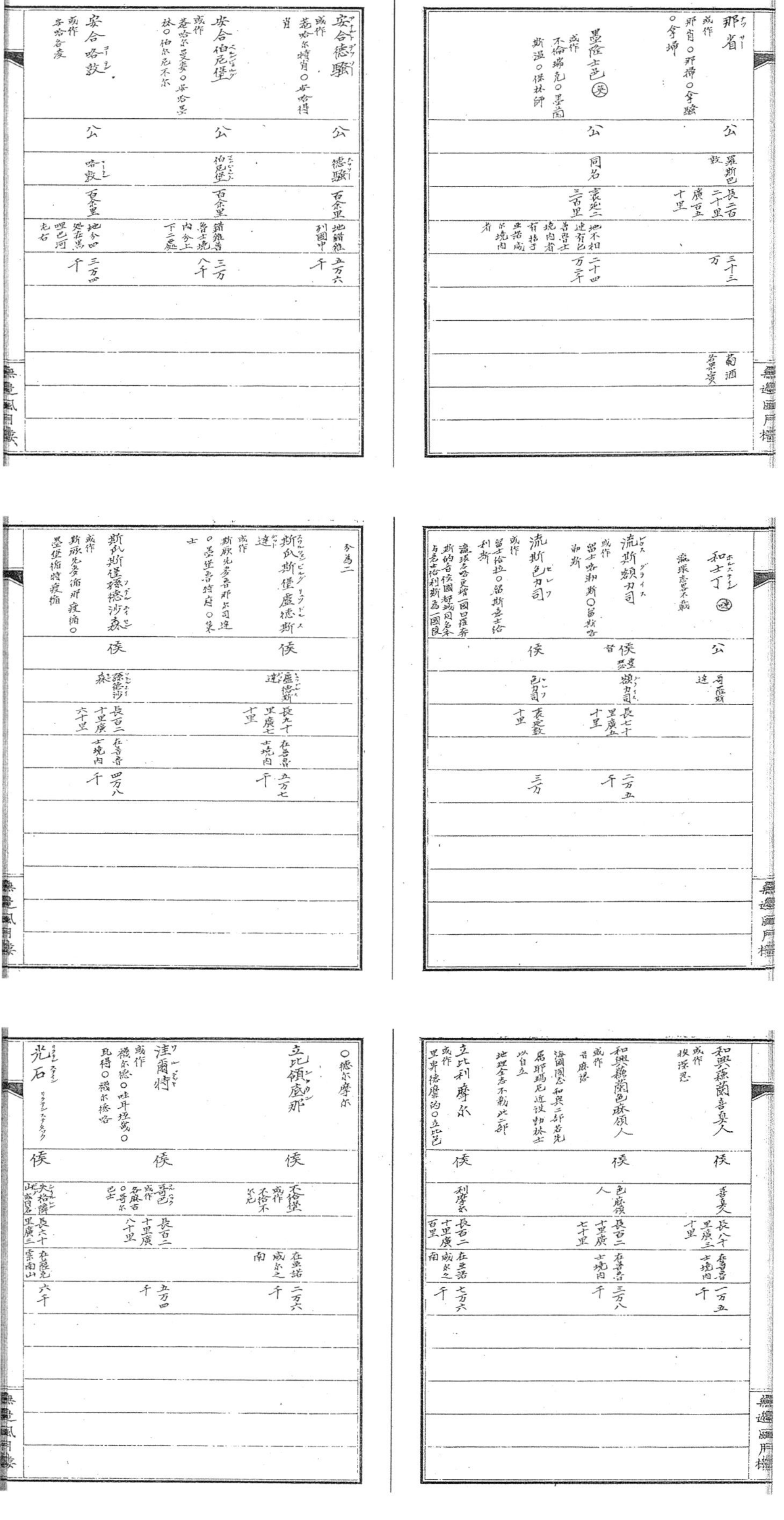

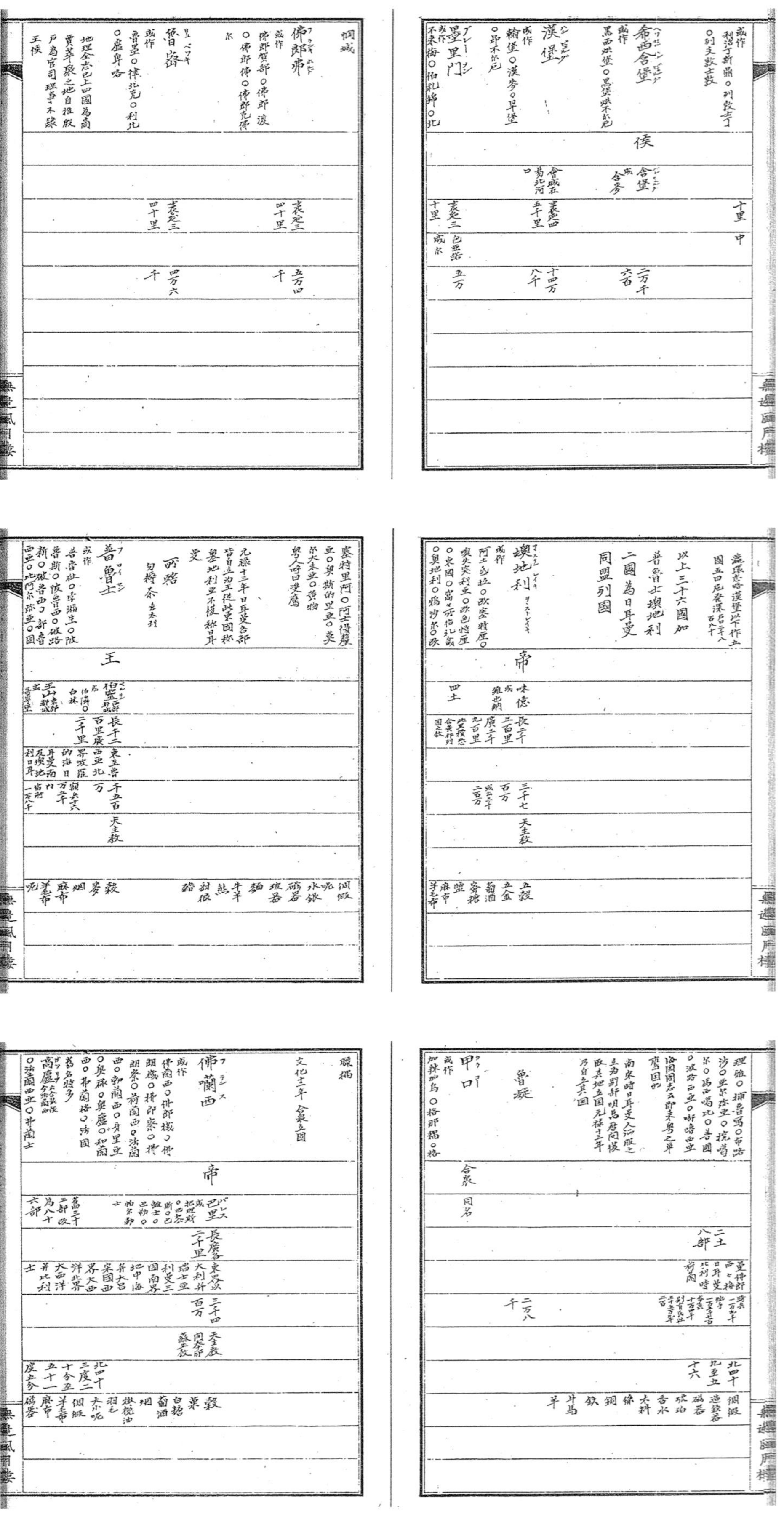

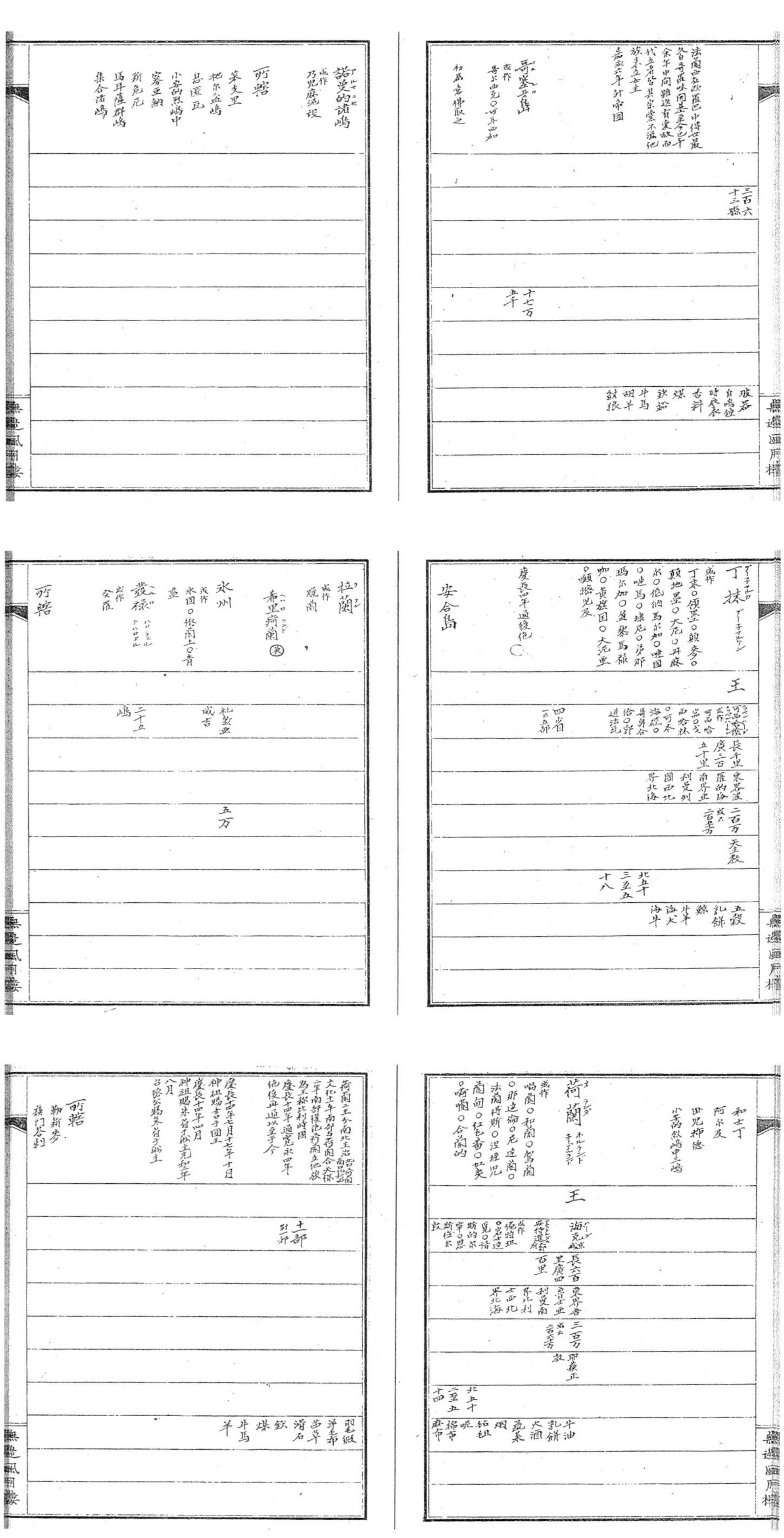

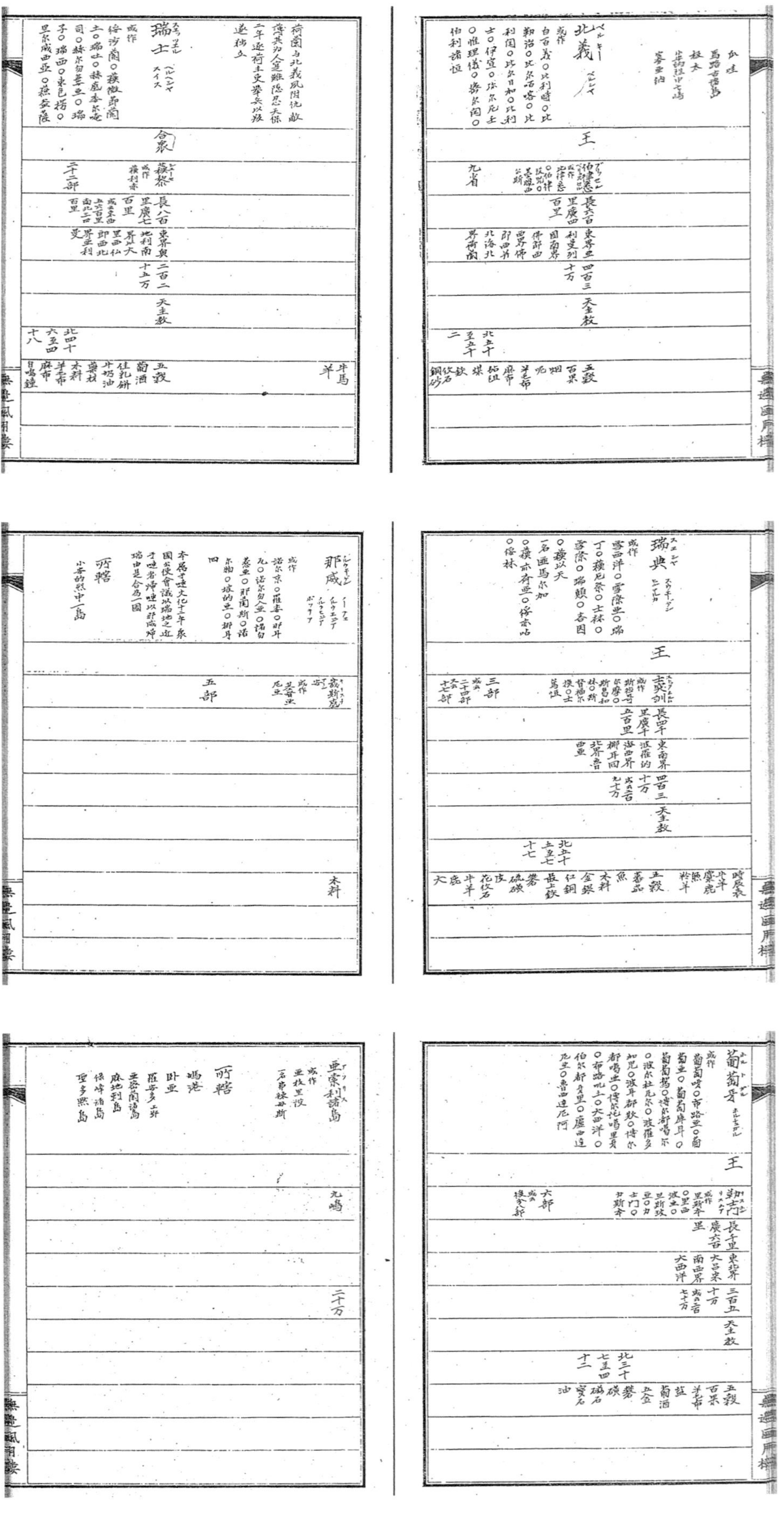

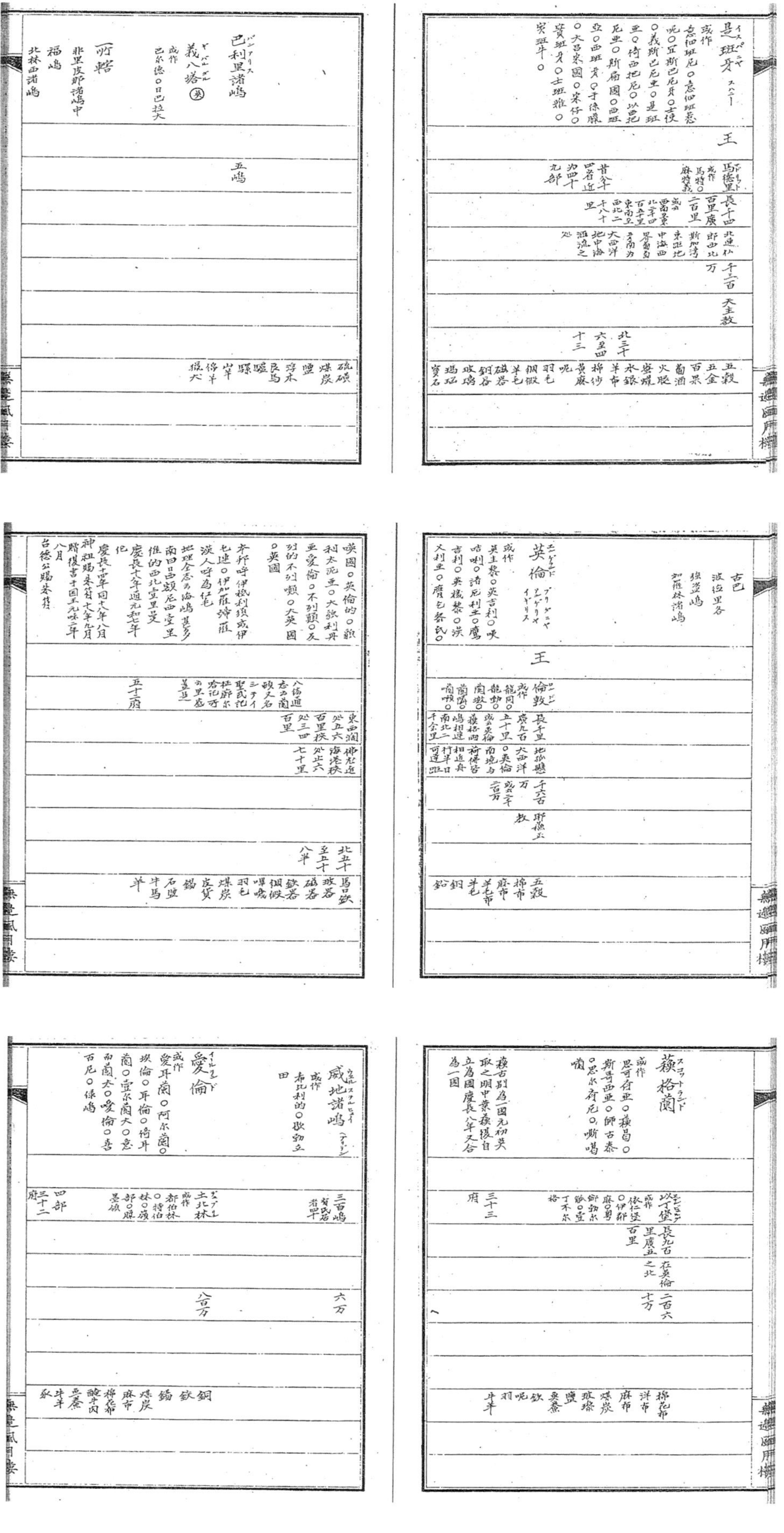

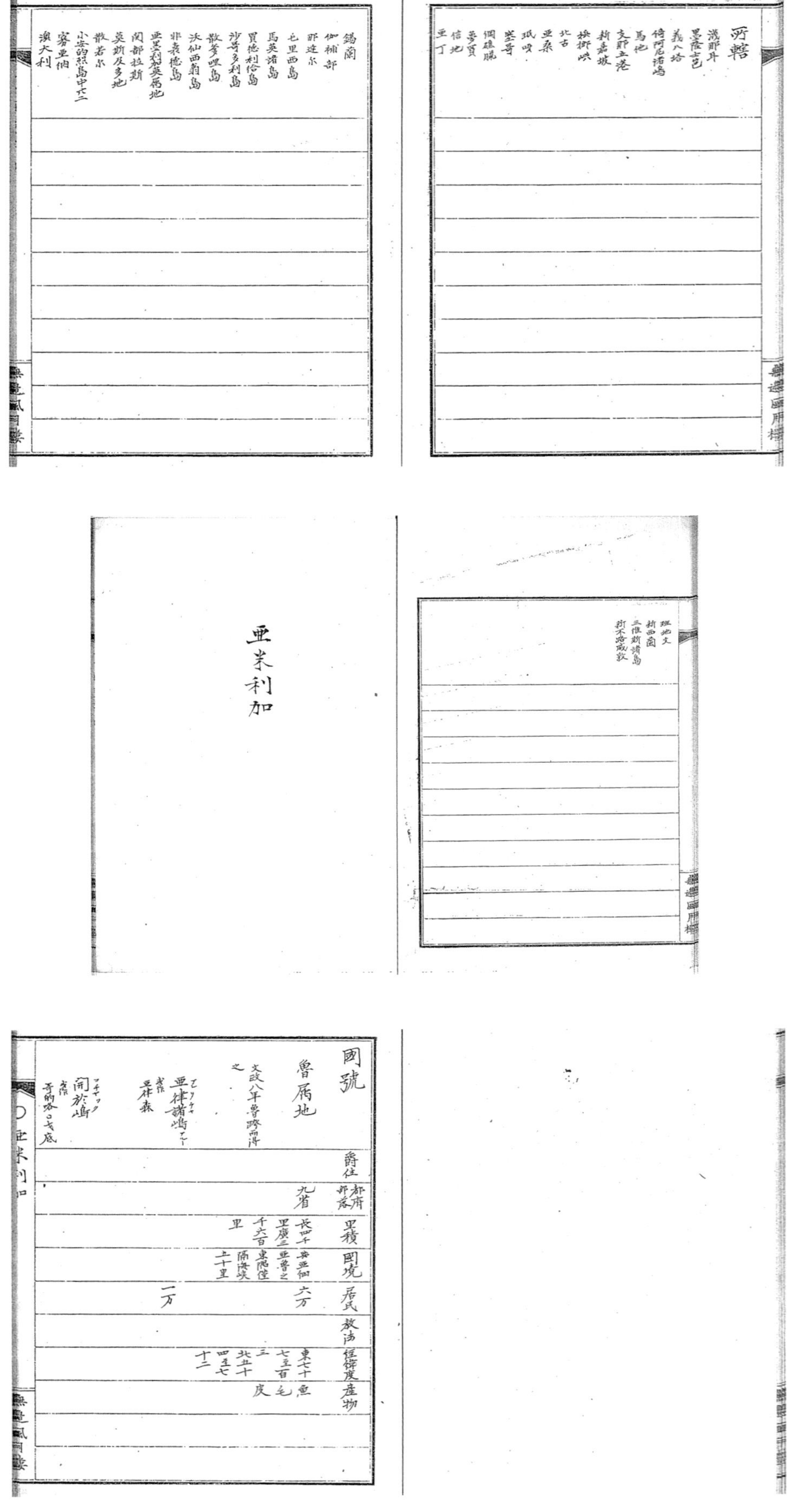

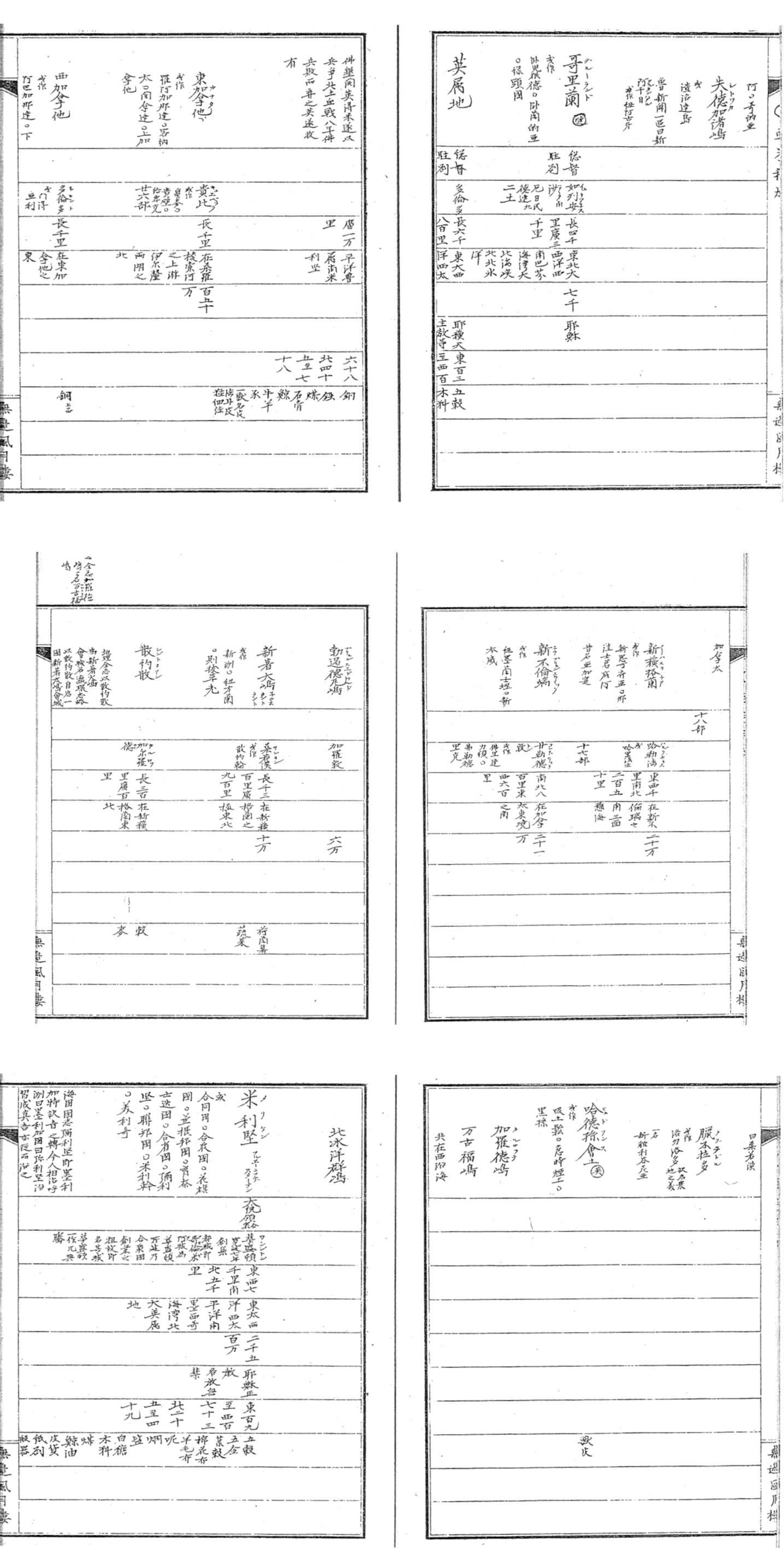

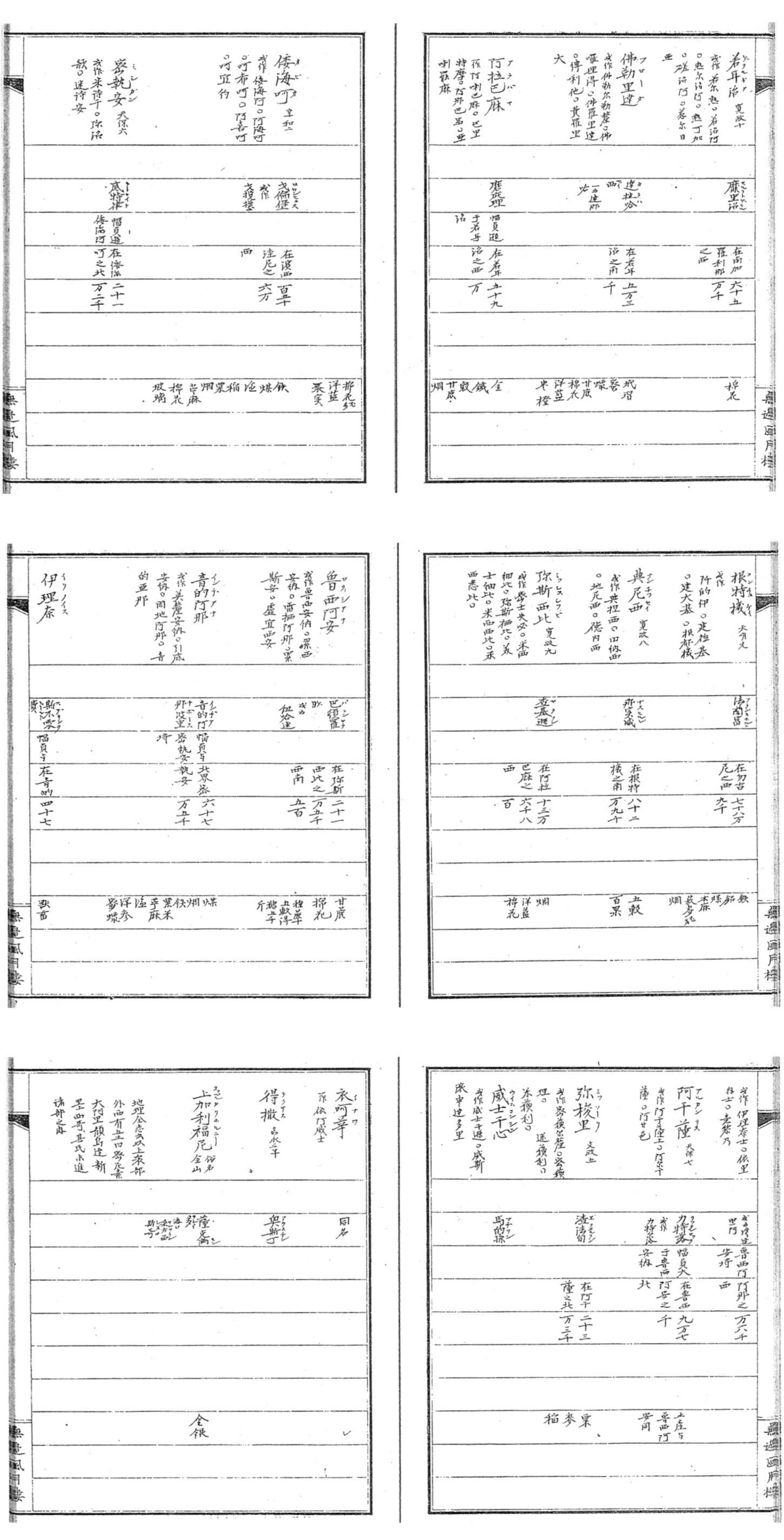

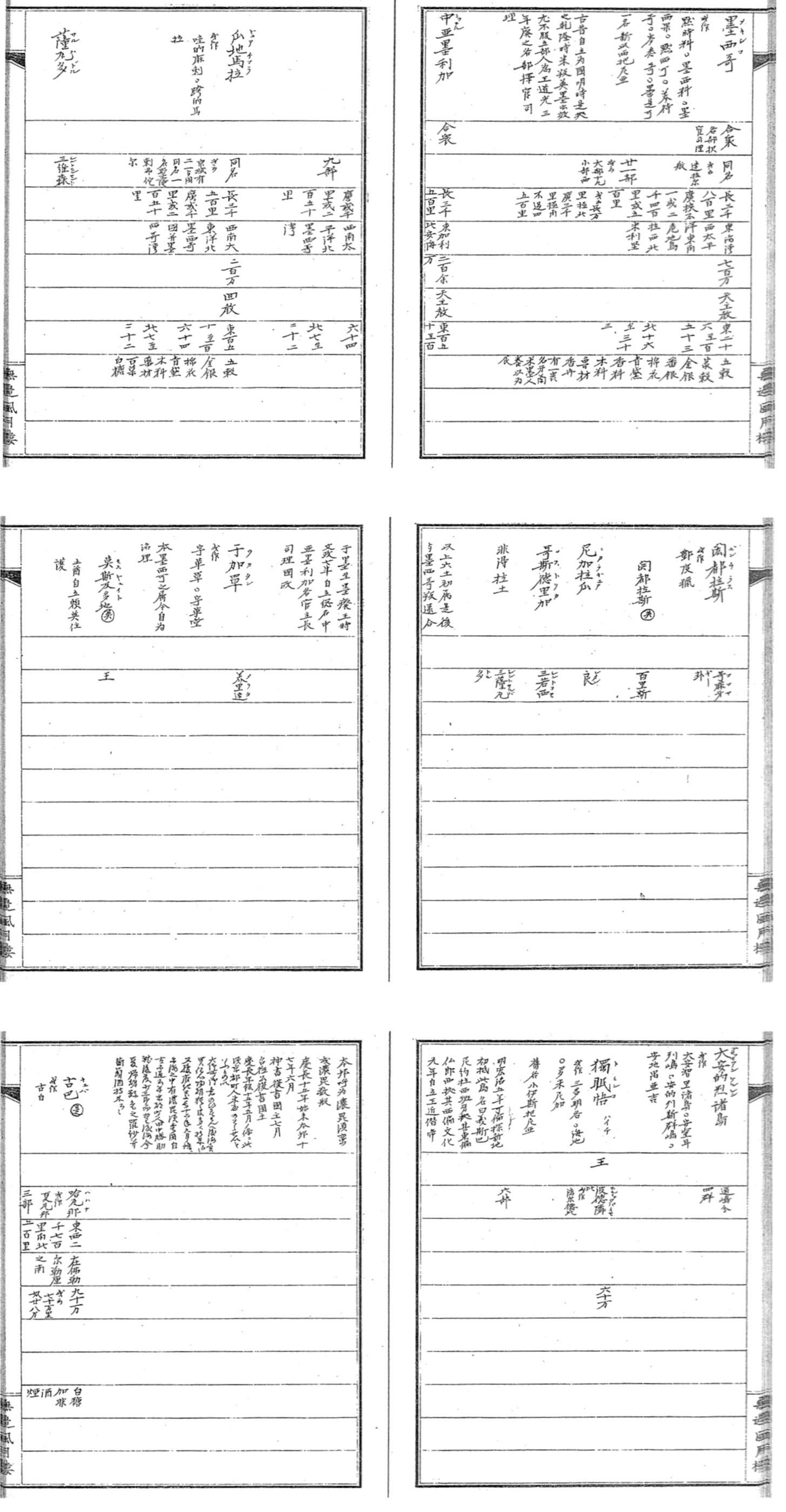

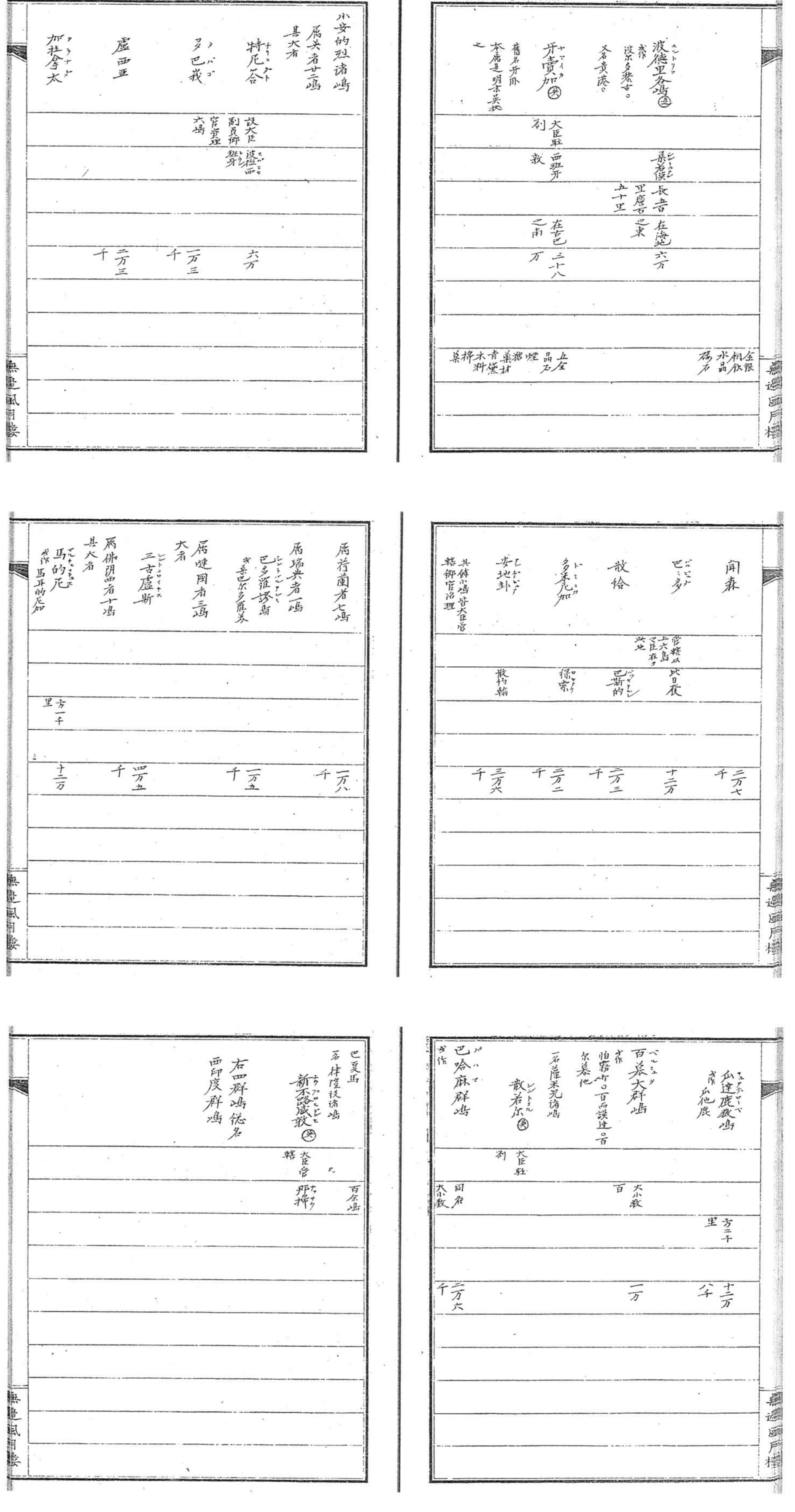

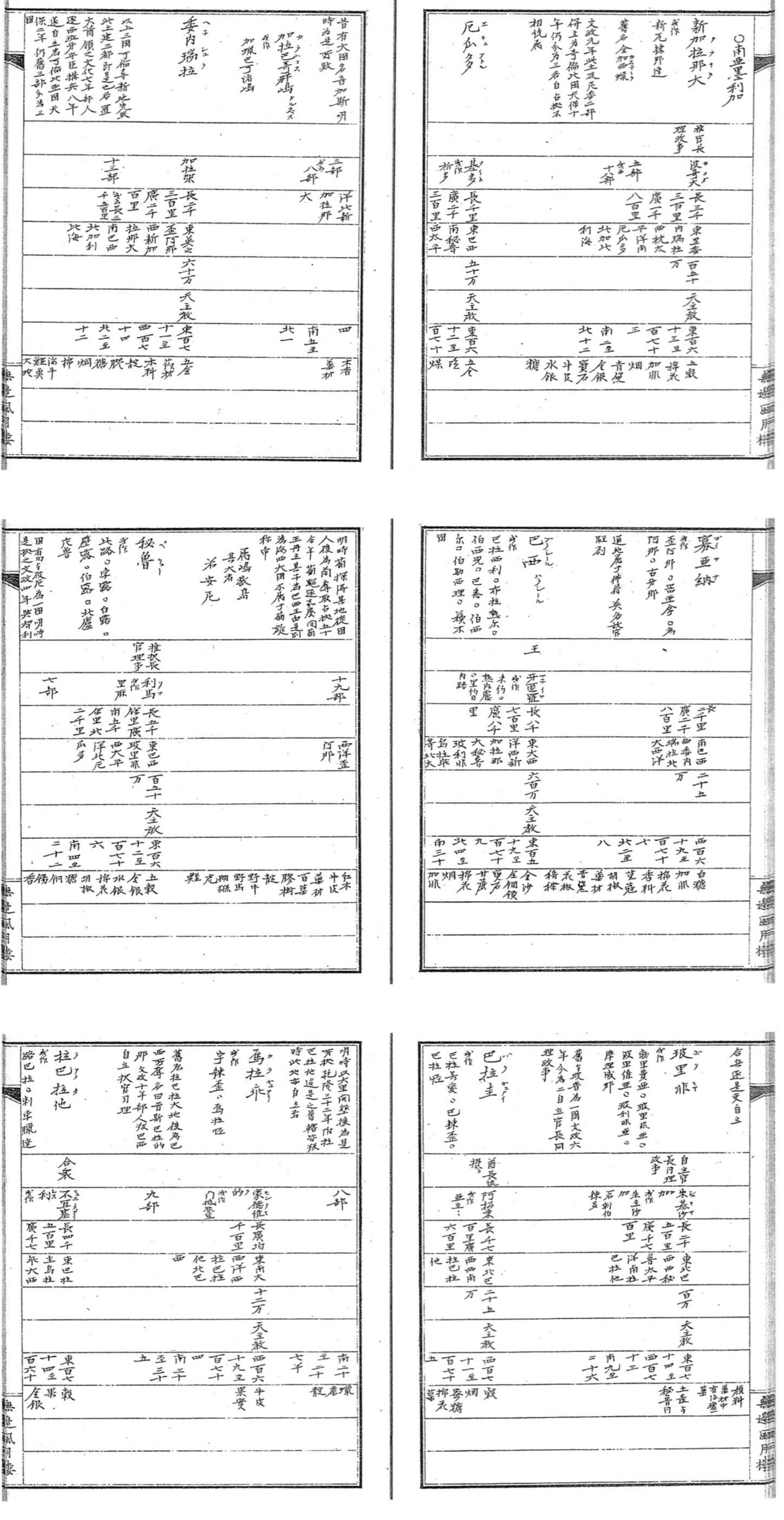

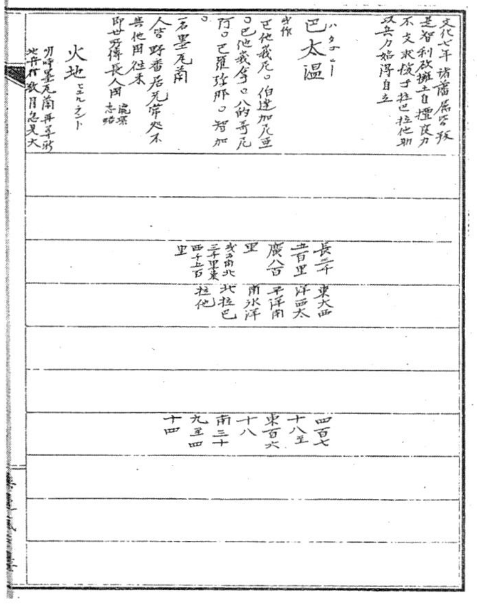

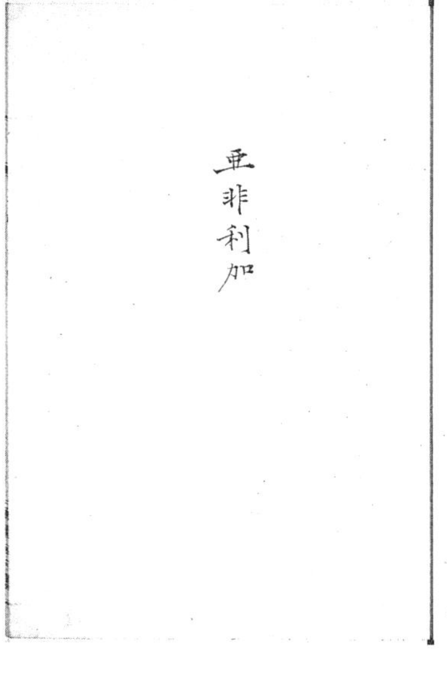
亜非利加

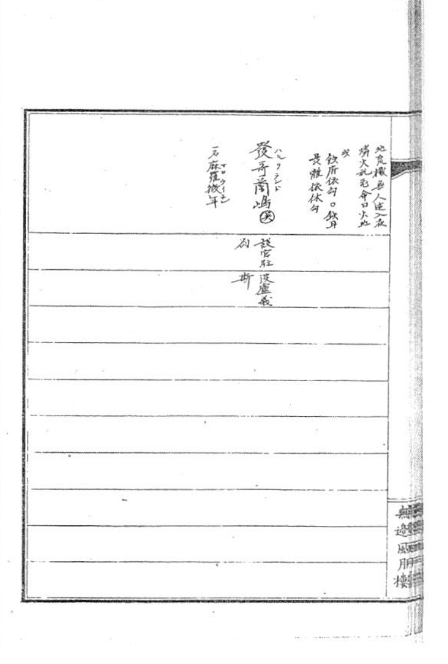

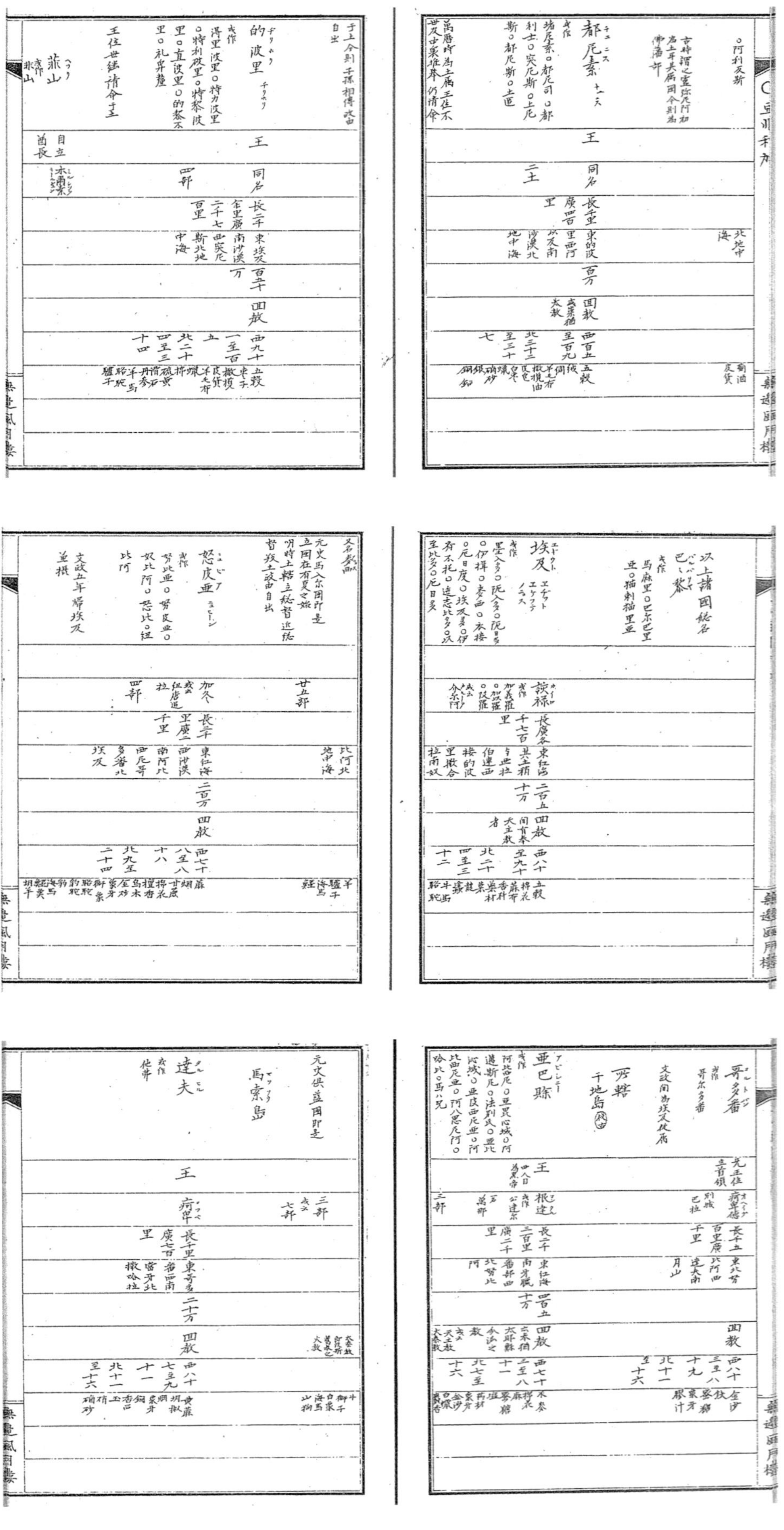

沙拉

蘇丹

息匿尼

盧義斯島

哥里島

烏阿羅島

北薩諸島

巴黒尔斯

危尼

塞暮安濱

禾濱

表比里

東方濱

金濱

厄迷那

奴濱

給斯的望

非利丁望

工鄂

羅安濘

亜徳

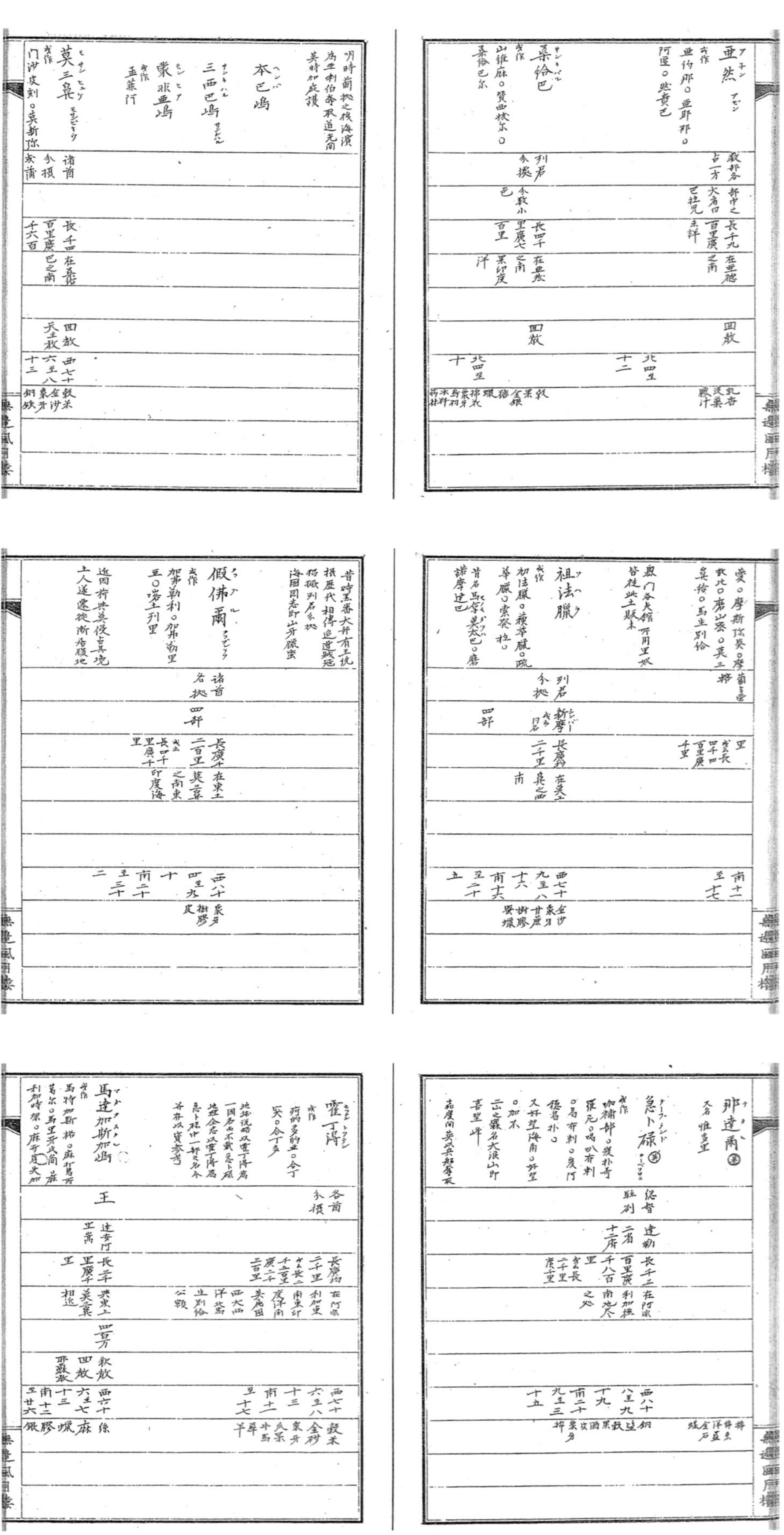

尓ロ馬大押甲の巫勒河士塢の聖克抗得大嶋

王位歴代相傳

挖爾盃嶋　不尓斉　総督　駐劄

毛里西嶋　総督　並摂　在馬達加斯加之東　十万尓　十二万

銅　錫　鐵　穀　果　押　香　木料　糖

無邊圖所標

哥摩羅嶋　四嶋

馬英諸嶋　総督　並摂　三十嶋

亜歹闍諸嶋　総督　並摂　十二嶋

羅徳倫嶋　総督　並摂

香　品　烏木

無邊圖所標

索于徳拉嶋

散多理嶋

周二十二里　六十　一　二百十　南十六

沈香　並渇

無邊圖所標

北林西嶋

亜森嶋　総督　並摂

非蒙徳嶋　総督　並摂

聖多默嶋　総督　並摂

無邊圖所標

緑峰諸嶋　総督　並摂　十嶋

麻地剌嶋　総督　並摂　周百二十里

福嶋　設首　帝轄　十三嶋　廿万　十二万

穀　果　押　柳　葉材　酒　果　穀

無邊圖所標

亜墨利諸嶋　九嶋

無邊圖所標

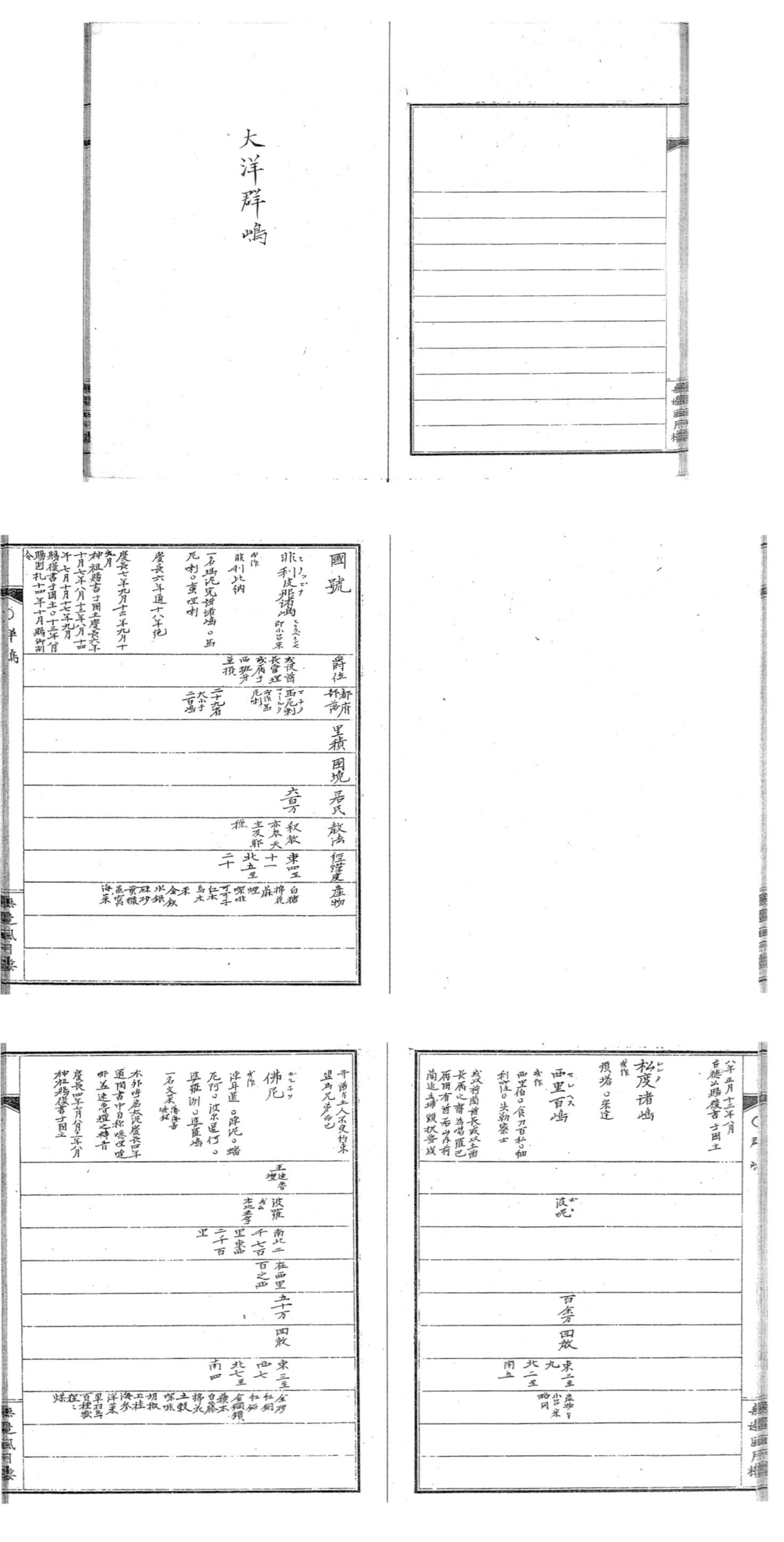
大洋群嶋
國號
爵位
都府
里積
国境
居民
教法
経緯度
産物

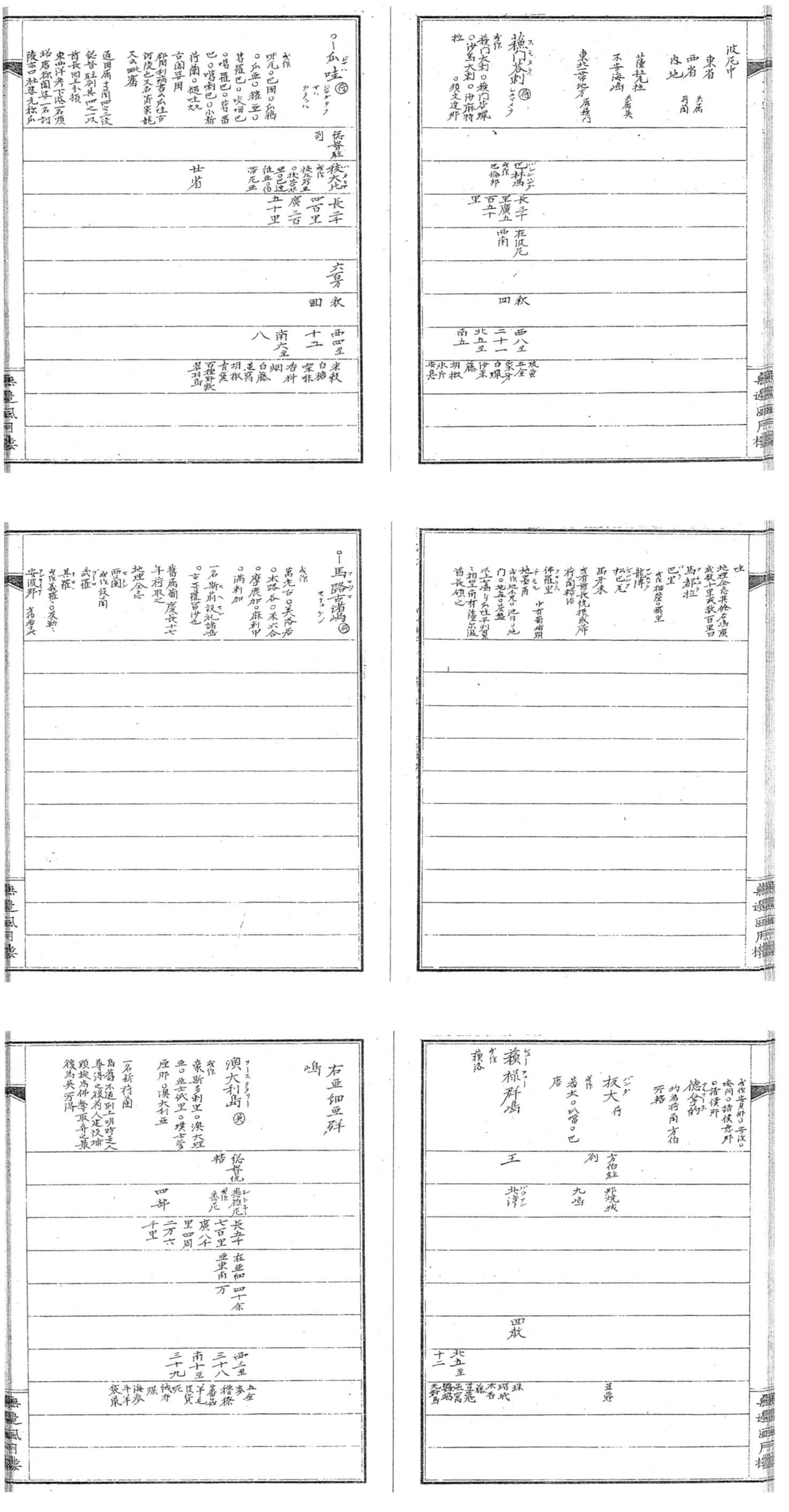

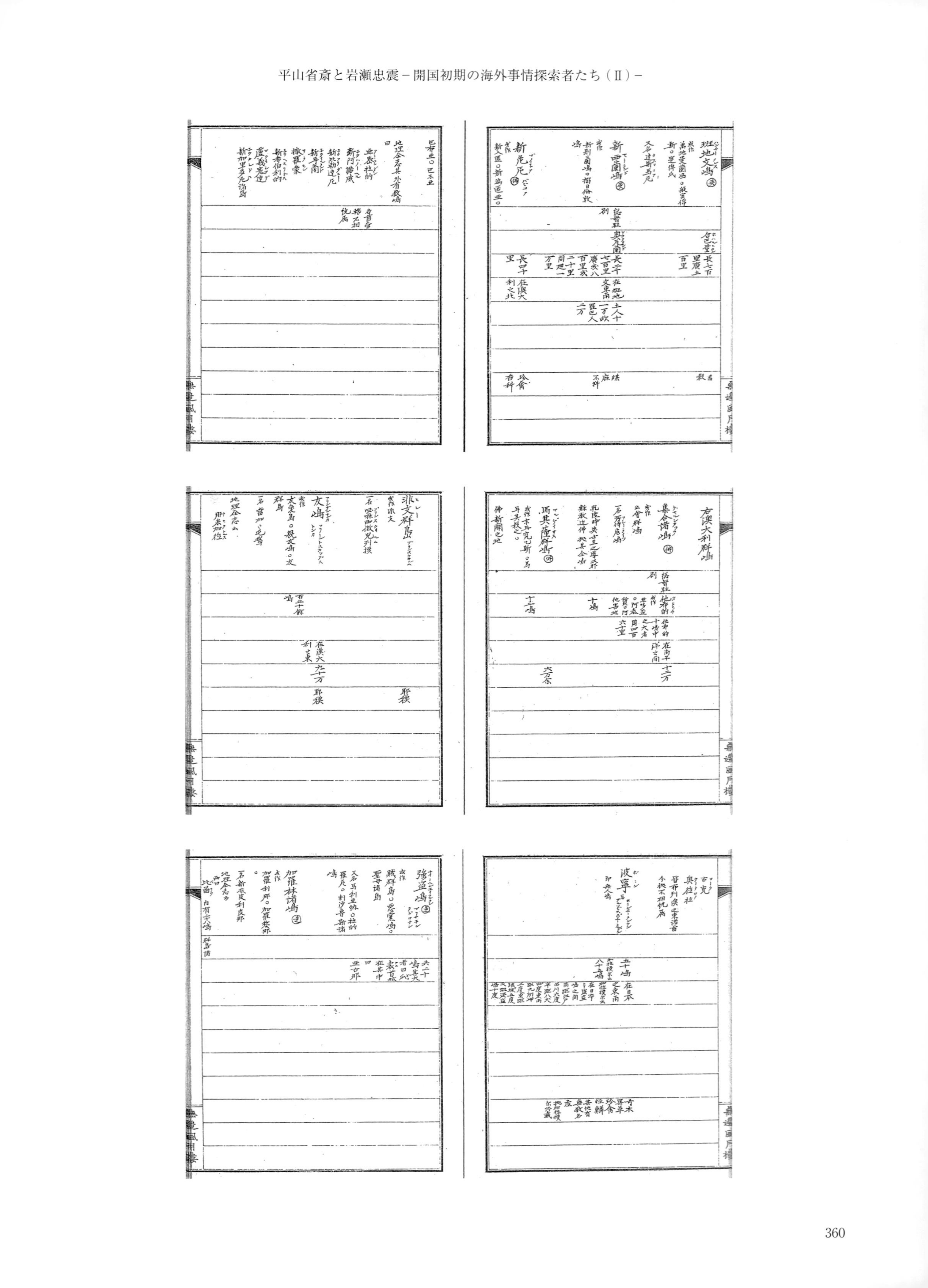

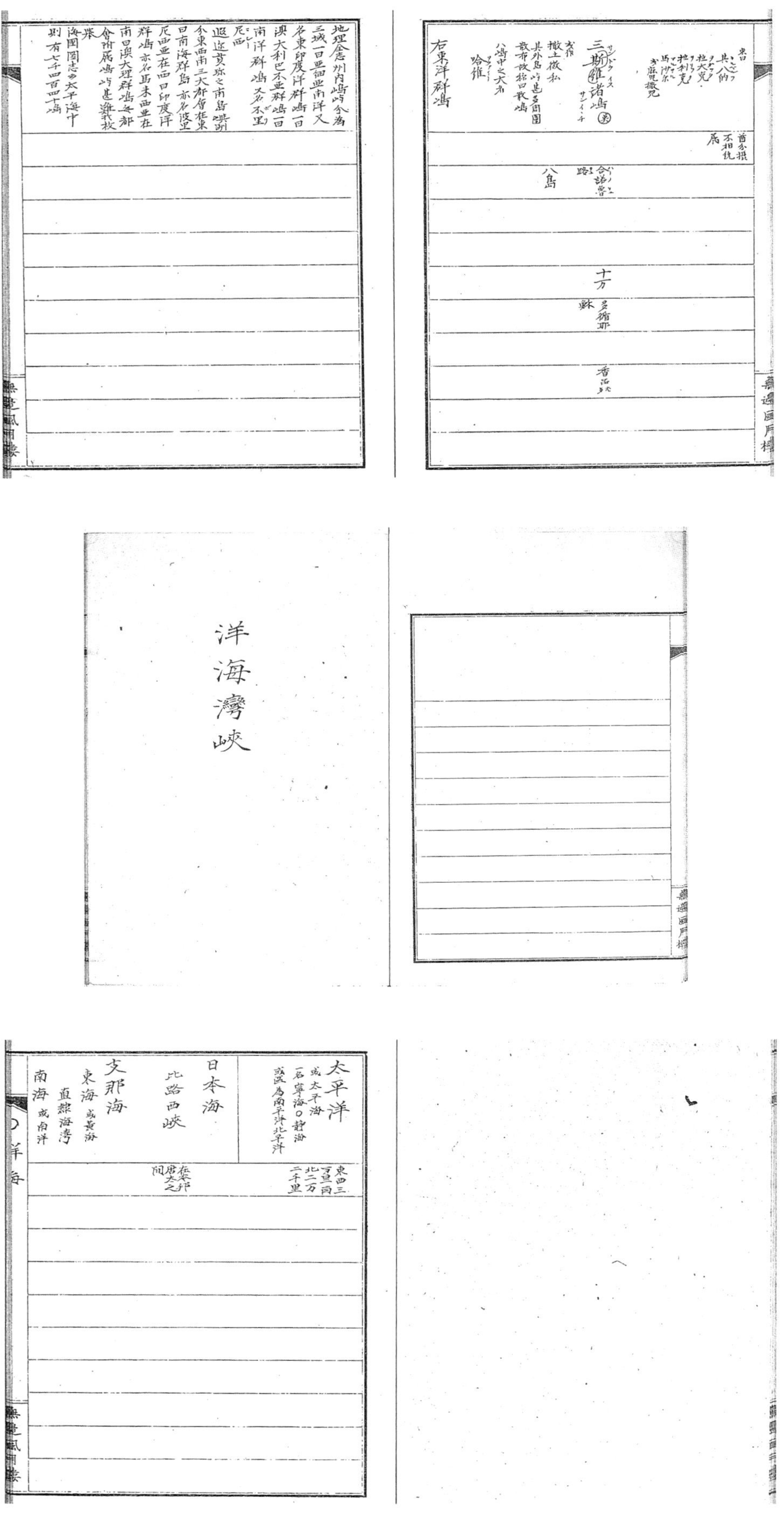
洋海灣峡

太平洋 或太平海 一名寧海○静海 或区為南平洋北平洋

日本海

北路西峡

支那海

東海 或黄海

直隷海湾

南海 或南洋

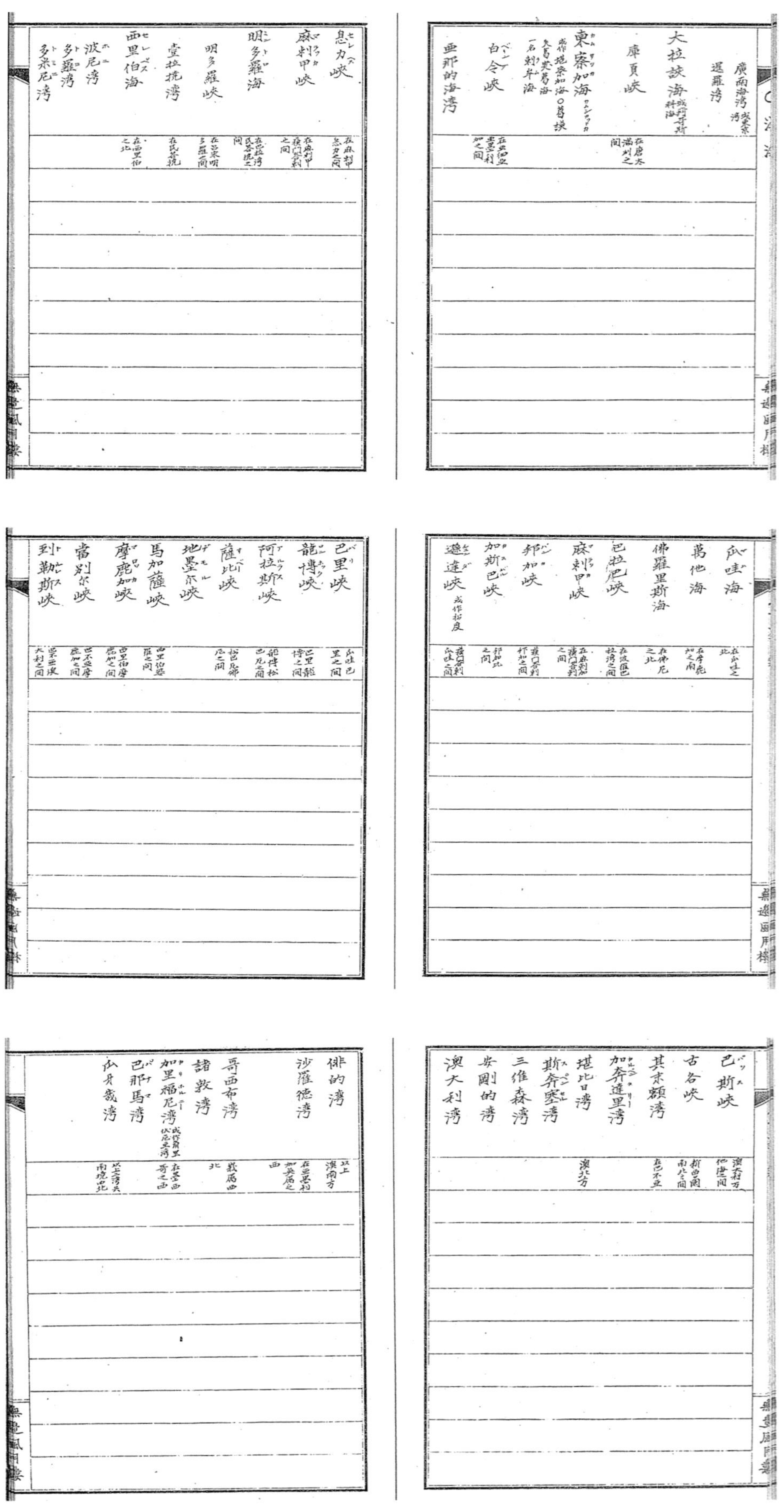

廣南海湾
暹羅湾
大拉読海
庫頁峡
東察加海
白令峡
亜那的海湾

息力峡
麻剌甲峡
明多羅海
明多羅峡
亶拉挽湾
西里伯海
波尼湾
多羅湾
多米尼湾

瓜哇海
萬他海
佛羅里斯海
巴拉巴峡
麻剌甲峡
邦加峡
加斯巴峡
邏達峡

巴里峡
龍博峡
阿拉斯峡
薩比峡
地墨尓峡
馬加薩峡
摩鹿加峡
當別尓峡
到勒斯峡

巴斯峡
古名峡
其末類湾
加奔達里湾
堪北日湾
斯奔塞湾
三維森湾
安剛的湾
澳大利湾

俳的湾
沙羅徳湾
哥西布湾
諸敦湾
加里福尼湾
巴那馬湾
瓜亰嵗湾

大西洋　一名亜太蠟海
比斯加湾
巴尔徳峡
黒地兀比亜海
為匿亜海湾
北穿湾
比発拉湾

喜望峰海
門沙皮剋海峡
大利他湾
馬拉挟波湾
荷勒諾哥河口湾
亜馬孫河口
拉不拉他河口
安多尼湾
加里比海

墨西哥湾
堪北支湾
巴芬湾
蘭加斯的湾
普地亜湾
黒孫湾
留棱京湾
佛勒里達湾
閣都拉湾

大比峡
哈徳孫峡
北勒利峡
佛勒里達峡
麥哲論峡
印度洋　或印度海

巴尚克峡
亜喇伯海
堪北湾
波斯湾
忽魯謨斯峡
紅海

巴白曼徳峡
瑪噠海
瑪噠湾
馬大板湾
拔別兒搦兒峡
徳拉哥湾
南氷洋　或南氷海

北氷洋 或北氷海　四周二万五千里
加拉湾
澤加弁湾
白海
阿尼弁湾
亜千日湾
美森湾

加里斯海
加里斯湾
苛比湾
富以尼特峡
地中海
熱奴亜湾 或熱那　在佛

尼越太湾　在納法里
達郎湾 或達蘭多　同上
納波里湾
多斯加納海
勒尼法史斯峡　在哥西加撒的尼亜之間
墨賓内峡　在西西里以大里之間
参兒列尼斯海　撒的尼亜納法里之間

王泥西海
利板多湾
把特剌私湾
格倫的湾
亜得亜海
威你斯湾
得利斯湾

希臘海 一名多嶋海
雷昂湾
西達拉湾
加弁斯湾
馬尓拉海 或馬尓摸剌海○馬木剌海○古名
烏兒北辺
仝上

他大尼里峡
里海 一名太海
君士但丁峡
阿藻海

一名墨阿的湖

以尼加利峡　一名傑耳都　在黒海亜速海之間
杜昔此峡亦名蛮斯息普斯

北高海
海国図志裏海即加士比唵海亦名鹹海亦名北高海一名騰吉思海一名裕騰墨海一名達里岡阿伯
地理全志亜細亜洲内之湖一名裏海在波斯北方一名鹹海在西域

阿喇海　即青海　在蒙古
死海　在土尓其
加利々海　仝上
耶麻尼海　即北海或北洋
一名諾尓土海
多非峡　或呼加邪亜尓即峡之義　在英佛之間
土兒剌兒時海　荷蘭

老會兒海
南海
八紘通志云宗以独兒海在波理耳蘭土之北即昔時弗列忍湖之地千二百年間依海嘯湖辺環之地悉陥没為海広袤六十里
貌利丹海
英倫岔
三若岔　在英国西南

愛倫海　或阿尓蘭海○意而海
愛倫峡
慕来湾
加慈拉湾
加典牙岔　或加納牙
松度峡
波羅的海　或作巴尓底海○麻尓

底海○巴得海
一名窩所的海　即東海
八得海
或作被的○波的
波的尼湾　在尼海隅
洛蘭海　或肥良的湾又汾設湾
荷人呼哈苦
斉蘭峡　在英之北
利牙湾

大帯峡　在波羅的海北海之間
小帯峡

岩瀬忠震略年譜

元号	西暦	年齢	事蹟	社会事象
文政元年	一八一八	一	十一月二一日、三河国設楽六か村（現新城市）の領主旗本設楽市左衛門貞丈の三男として、江戸芝愛宕下西久保にて出生。母は林大学頭述斎の娘。	
六年	一八二三	六		一月三〇日、勝海舟生まれる。
七年	一八二四	七	五月七日、蒲桃の枝に蕾があることを発見し、父に告げる。	
八年	一八二五	八		二月、幕府異国船打払令を出す。
一一年	一八二八	一一	父設楽貞丈、『蒲桃図説』を著す。	一〇月、シーボルト事件が起きる。
天保元年	一八三〇	一三		
二年	一八三一	一四		六月一四日、孝明天皇生まれる。
八年	一八三七	二〇		二月、大塩平八郎の乱。九月二九日、徳川慶喜生まれる。
天保九年	一八三八	二一	一月二一日、父設楽貞丈没。	
一一年	一八四〇	二三	五月二三日、旗本岩瀬市兵衛忠正の養嗣子となり、その長女と結婚。	
一二年	一八四一	二四	七月二〇日、外祖父林述斎没（七四）。	一〇月一一日、渡辺崋山自刃。
一四年	一八四三	二六	三月二〇日、昌平黌大試乙科合格。二三日、学問が優秀であったので水野出羽守より褒美を受ける。 八月七日、長女詵子生まれる。	一一月一四日、谷文晁没（七八）。
弘化元年	一八四四	二七		七月、オランダが幕府に開国を勧告する。
三年	一八四六	二九		閏五月二四日、徳川家茂生まれる。
嘉永二年	一八四九	三二	二月三日、部屋住みより召し出されて西丸御小姓番士となり、切米三〇〇俵。 一一月一八日、甲府の徽典館学頭を命じられる。手当として三十人扶持。	

嘉永三年	一八五〇	三三	一月二二日、甲府へ出張。その際に阿部正弘より時服の拝領を受ける。	
四年	一八五一	三四	二月二八日、甲府より江戸に帰る。 三月一六日、徽典館学頭としての功績が認められ、松平伊賀守より白銀十五枚の拝領を受ける。 四月二三日、昌平黌教授となる。 一二月一三日、教授として優秀であったので、林大學頭より白銀五枚を拝領する。	
五年	一八五二	三五	一二月九日、前年同様に教授として優秀であったので、林大學頭より白銀五枚を拝領する。	九月二二日、明治天皇生まれる。
六年	一八五三	三六	六月三日、アメリカ東インド艦隊司令官ペリー、黒船四隻を率いて浦賀に来港。 一〇月八日、徒頭となる。 一一月七日、布衣となる。 一二月一六日、教授として優秀であったので、松平伊賀守より巻物三本を拝領する。	六月二二日、一二代将軍徳川家慶没（六一）。
嘉永七年（一一月二七日「安政」に改元）	一八五四	三七	一月一六日、ペリー、浦賀に再来。忠震の叔父である林復斎が応接にあたる。二二日、目付に抜擢され、海岸防禦用筋取扱（海防掛）となる。 三月三日、日米和親条約締結。 四月四日、御台場建設と大砲鋳造、大船製造を命ぜられる。 五月三日、老中らと御台場を見分。九日、下田表取締りのため出張命令がある。一九日、松前蝦夷地の御用を命ぜられる。 六月一七日、鳳凰丸の見分を行う。一八日、異国船渡来の際はいつでも応接に出張できるように阿部正弘より申し渡される。 七月二四日、御軍政改正の役を命ぜられる。 一一月二二日、大筒船上覧の功により阿部正弘より巻物を五本拝領。 一二月二日、講武所設立の役を命ぜられる。一八日　下田表取締役全権を委任され、下田へ赴く。	九月一〇日、椿椿山没（五四）。

安政二年	一八五五	三八	一月一八日、日露和親条約修正交渉のため下田への出張命令が阿部正弘より下る。 二月二日、下田出張について指示を受けるとともに内藤紀伊州より羽織などを拝領。一三日、下田に向けて江戸を出発。一八日、下田着。二四日、ロシア公使プチャーチンと応接。 三月一〇日、下田を出発。一二日、江戸着。二〇日、下田に向けて江戸を出発。二五日、下田着。 四月二七日、下田を出発。 五月二日、江戸着。四日、御台場普請などの功績より松平伊賀守より重などを拝領。 六月二〇日、西洋風の鉄砲製造を命ぜられる。 九月一〇日、下田での功績より牧野備前守より時服を拝領。一四日、木村喜毅の目付登用に尽力。 一二月一二日、安政の大地震により破損した上野御宮などの修復を命ぜられる。二四日、馬揃と行軍上覧の功により時服を拝領。	一月一六日、江川坦庵没（五五）。
三年	一八五六	三九	四月一六日、君沢船で品川を出発し、下田へ出張。	二月一一日、蕃書調所始まる。

安政三年	一八五六	三九	五月四日、講武所設立の功績が認められ、久世大和守より時服を拝領。 六月、蕃書翻訳御用掛兼務を命じられる。 八月二五日、ハリスと会談のため、下田に出張命令が堀田正睦より下りる。二八日、品川を下田に向けて出帆。二九日、下田着。 九月二日、オランダ館長ファビュースと会談。一五日、老中阿部正弘にハリスとの会談結果を報告。二三日、白書院にて将軍に下田での経緯を報告。 一〇月、ハリス出府承認の目付上申書を提出。二〇日、外国貿易取調掛の一人となる。 一一月五日、講武所設立の功績により将軍より八丈縞を拝領。一六日、これまでの功により諸太夫を仰せつけられ、従五位下伊賀守となる。二〇日、伊達宗城に海外渡航の夢を語る。 一二月一五日、長女誂子、池田政杲と婚約。二三日、黒書院にて官位を与えられたことに対する御礼を述べる。	一一月、吉田松陰、萩で松下村塾を主宰。

安政三年	一八五六	三九	一二月二五日、大砲製造などの功により時服を拝領。二七日、上野御宮などの修復の功により重などを拝領。	
四年	一八五七	四〇	四月一五日、長崎出張を堀田正睦より命じられる。二四日、長女誂子池田政杲に嫁ぐ。二八日、長崎へ赴くに当たり白書院にて指示を受け、将軍より金十枚を拝領する。五月二一日、江戸を出発。中山道、山陽道を経て長崎へ向かう。閏五月二九日、長崎へ到着。六月二一日、香港渡航要望の書簡を江戸の目付に送る。七月二三日、朝鮮通信使聘礼。八月二九日、日蘭和親条約追加条約調印。九月七日、日露和親条約追加条約調印。二三日、長崎発。一〇月二一日、肥後守となる。一一月四日、長崎からの帰途、三州吉田湊（現豊橋）に上陸、以後陸路江戸へ向かう。六日、遠州日坂にて江戸の老中に宛て、横浜開港の意見書を送る。一三日、アメリカ使節出府の準備を命ぜられる。一五日、白	六月一七日、老中阿部正弘没（三九）。
安政四年	一八五七	四〇	書院にて将軍に長崎出張の報告をする。一二月四日、アメリカ使節応接の役を命ぜられる。一一日、下田奉行井上清直と共にハリスと日米修好通商条約の審議にはいる。二二日、旭日丸製造の功により久世大和守より金五枚などを拝領。二八・二九日、両日大名総登城に当たって日米修好通商条約の説明役を務める。二九日、長崎での功績により金三枚などを拝領。	
五年	一八五八	四一	一月九日、老中堀田正睦の随行として京都派遣の命が下る。一二日、日米修好通商条約審議終了。一四日、深川調練所建設の功により内藤紀伊守より時服を拝領。一五日、京都出張に際して白書院にて将軍より指示を受け羽織などを拝領する。二一日、日米修好通商条約の勅許を得るため、老中堀田正睦に随行して江戸を出発。二五日、京都着。二月二六日、御勝手掛等を命ぜられる。	三月四日、ペリー没（六四）。七月一六日、薩摩藩主島津斉彬没（五〇）。八月六日、一三代将軍徳川家定没（三五）。九月六日、安藤廣重没（六二）。

安政五年	一八五八	四一	三月二四日、橋本左内と会談。二五日、条約の勅許成らず、京都を発つ。四月四日、江戸着。一四日、橋本左内に「松平慶永宰相」実現の夢を語る。一九日、再度橋本左内に「松平慶永宰相」実現と継嗣の決定を説く。二三日、井伊大老就任に関して老中に抗議。二六日、将軍に京都派遣の報告を行う。二七日、橋本左内に条約文の出版と国内配布計画を語る。五月八日、オランダ使節出府の応接役を命ぜられる。一一日、条約文の出版計画を老中に建言する。二二日、橋本左内に江戸城内の言論途絶を語り、左遷を覚悟する。二九日、御軍艦操練所御用などを命ぜられる。六月一八日、ハリスと会見し、条約調印の意を固める。一九日、日米修好通商条約に調印。七月八日、外国奉行となる。一〇日、日蘭修好通商条約に調印。一一日、日露修好通商条約に調印。一八日、日英修好通商条約に調印。	一〇月、福沢諭吉、江戸築地に蘭学塾を開く。
安政五年	一八五八	四一	九月三日、日仏修好通商条約に調印。五日、作事奉行となる。安政の大獄始まる。	
六年	一八五九	四二	五月二六日、神奈川・長崎・函館の三港を開き、米・蘭・露・英・仏の五カ国に貿易を許可する。六月二日、神奈川（横浜）が開港された。八月一六日、永蟄居の処罰をうける。以後、江戸向島の岐雲園にて書画の生活をおくる。九月一七日、叔父林復斎没（六〇）。九月前後、『地理全志』を出版する。一二月より翌年正月にかけて『輿地便覧』を補訂し、『瀛環表』を編製する。	一〇月七日、橋本左内刑死（二六）。一〇月二七日、吉田松陰刑死（三〇）。
七年	一八六〇	四三	一月一三日　軍艦奉行木村喜毅、軍艦操練所教授勝海舟ら咸臨丸でアメリカへ向かう	一月一八日、遣米特使として小栗忠順ら米艦で出航。

安政七年（三月一八日「万延」に改元）	一八六〇	四三	二月二六日、咸臨丸サンフランシスコ入港。 四月三日、遣米特使、条約批准書を交換。 五月六日、咸臨丸帰国。	三月三日、桜田門外の変、大老井伊直弼暗殺（四六）。 三月二八日、遣米特使、米大統領ブカナンと会見。 八月一五日、水戸藩主徳川斉昭没（六一）。 一一月五日、堀利熙自刃（四三）。 一一月二一日、安積艮斎没（七一）。
文久元年	一八六一	四四	五月二六日、忠震次女幸子山高信離に嫁ぐ。 六月一三日、嗣子忠病没（一六）。 七月一一日、忠震、江戸向島の岐雲園で病死（四四）。 九月二六日、忠震養父忠正没。	
文久元年	一八六一	四四	一一月一四日、忠震婿養子として岩瀬氏善二男忠升が認められる。	
三年	一八六三		二月二日、罪を許される。	六月一〇日、緒方洪庵没（五四）。
明治二年	一八六九		八月一六日、忠震母純没（七五）。	
一六年	一八八三		四月、忠震旧臣の白野夏雲が向島白鬚神社境内に「岩瀬鴎所君之墓碑」を建立。	
大正四年	一九一五		一一月一〇日、生存中の功績が認められ、正五位を贈られる。	
昭和五七年	一九八二		一一月、横浜本覚寺境内に「横浜開港の首唱者」の碑が建立される。	
六一年	一九八七		四月、新城市川路勝楽寺に「岩瀬肥後守忠震顕彰之碑」が建立される。	

新城市設楽原歴史資料館編『開国の星 岩瀬忠震』（二〇〇四年）より、一部の内容と表現について調整を行いました（編者）。

岩瀬忠震を中心とした家系

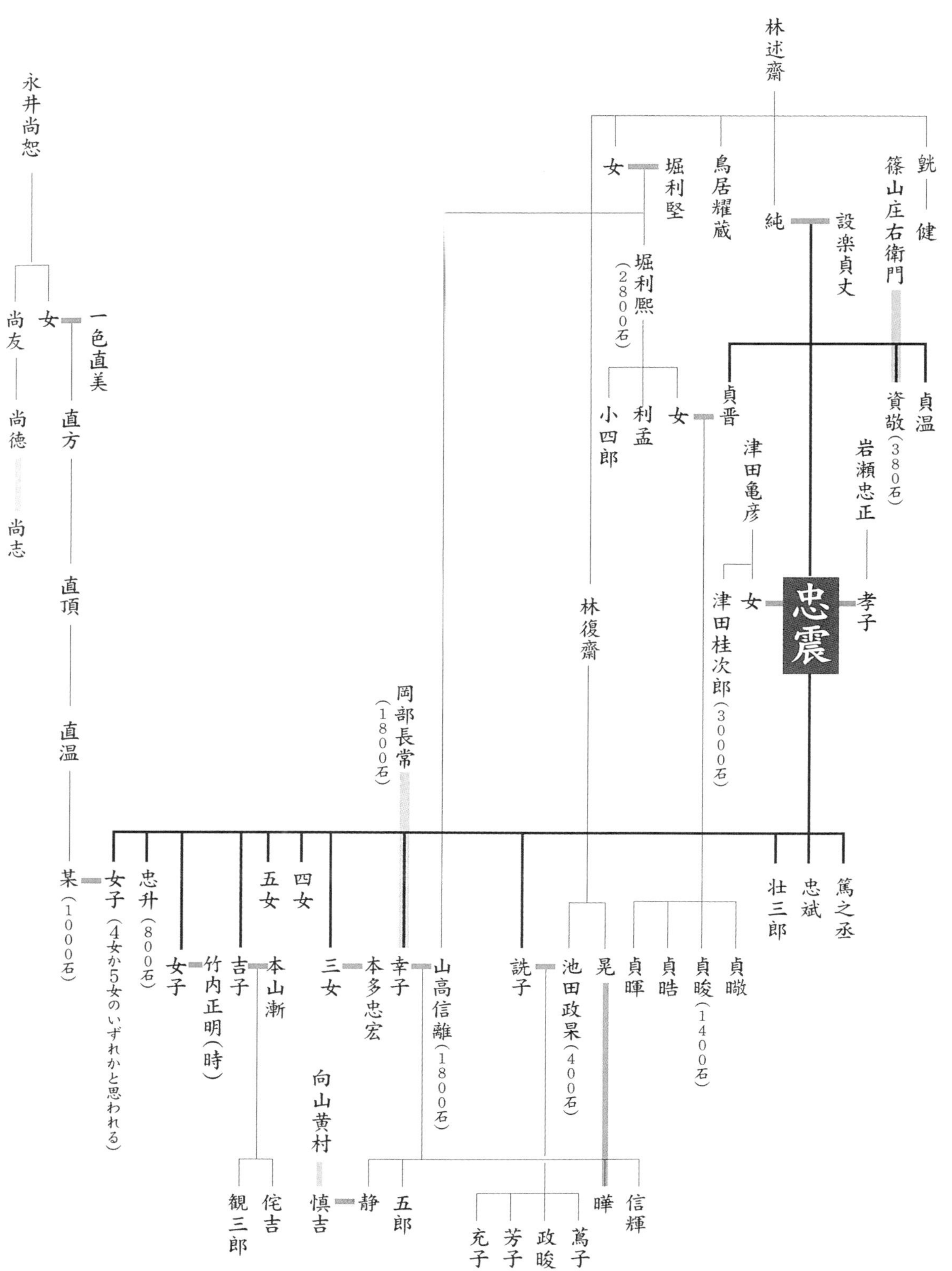

新城市設楽原歴史資料館編『開国の星 岩瀬忠震』（二〇〇四年）より

付録

NARRATIVE

OF

THE EXPEDITION OF AN AMERICAN SQUADRON

TO

THE CHINA SEAS AND JAPAN,

PERFORMED IN THE YEARS 1852, 1853, AND 1854,

UNDER THE COMMAND OF

COMMODORE M. C. PERRY, UNITED STATES NAVY,

BY ORDER OF THE GOVERNMENT OF THE UNITED STATES.

COMPILED FROM THE ORIGINAL NOTES AND JOURNALS OF COMMODORE PERRY AND HIS OFFICERS, AT HIS REQUEST, AND UNDER HIS SUPERVISION,

BY FRANCIS L. HAWKS, D. D. L. L. D.

WITH NUMEROUS ILLUSTRATIONS.

PUBLISHED BY ORDER OF THE CONGRESS OF THE UNITED STATES.

WASHINGTON:
A. O. P. NICHOLSON, PRINTER
1856.

吉田松陰・金子重之助
下田密航関連記録

関西大学図書館所蔵英語原版
『ペリー艦隊日本遠征記』第一巻（一八五六年）より

アメリカ艦隊による

中国海域および日本への

遠征記

合衆国政府の命を受け
合衆国海軍　M・C・ペリー提督によって
1852、1853、および1854年に実施された。

ペリー提督と、その要請による士官たちの原記録と日誌に基づき

神学博士、法学博士フランシス・L・ホークスの監督
のもとに編纂され多数の図版も収録した。

合衆国議会の命により出版

ワシントン
1856年

吉田松陰・金子重之助
下田密航関連記録

加藤祐三序・オフィス宮崎訳
『ペリー艦隊日本遠征記』第一巻
（栄光教育文化研究所、一九九七年）より

The Commodore, upon being made aware of this treatment of his officers, felt greatly indignant, as it was in violation of the stipulations of the treaty, and he determined to bring the authorities of Simoda, whom he held responsible, to account. He accordingly dispatched his flag lieutenant and his two interpreters on shore, to call upon the prefect and lay before him certain complaints, which were specified in a memorandum in which the Commodore expressed his dissatisfaction at the manner in which his officers were treated on going ashore, and protested against their being followed by soldiers, the dispersion of the people, and the closing of the shops. These, he declared, were at variance with the stipulations of the treaty; and threatened, if the annoyances should continue, that he would sail to Yedo with his whole squadron and demand an explanation. The Commodore also took occasion to insist upon a suitable place being set apart on shore for a resort for himself and officers; and as he proposed a visit to the island of Oho-sima, requested that proper provisions should be made for the journey, a junk be provided, and certain Japanese officials selected to accompany the American expedition.

The prefect, upon hearing this protest of the Commodore, replied, that the Dutch at Nagasak were always followed by twelve or fourteen Japanese soldiers, and seemed to think that such a precedent should be a rule of conduct for the Americans. He was, however, told, that the treatment of the Dutch was not to be taken for a moment as a criterion by which the Japanese authorities were to judge of what was proper in their relations with the Americans, who had a "treaty of amity and intercourse" with Japan; and coming, as they did, to Simoda as friends, they would insist upon being treated as such, and suffer no infringement of privileges which had been guarantied by a solemn compact. The prefect, moreover, was told that the Americans intended no harm to the people, but, on the contrary, desired the most friendly relations with them, and the freest intercourse, without being watched and restrained by soldiers, acting under the orders of their superiors. Such a surveillance as had hitherto been practised was what Americans were not accustomed to, and particularly as it would seem to indicate that they were intent upon the commission of some outrage.

This resolute language produced its desired effect upon the prefect, who excused his conduct upon the plea that he had left Yoku-hama before the signing of the treaty, and had, in consequence, not been aware that it contained the clause "free intercourse." He would be obliged, he continued, to refer to his superiors at Yedo for instructions on this point, and ascertain how they construed that article; but, in the meanwhile, he would give orders that the houses should not be closed, and try the experiment of allowing the officers to visit the shore without being followed by soldiers.

The prefect then readily acceded to the Commodore's demands in regard to a place of resort and the visit to Oho-sima, saying that any of the temples were at his disposition, where the best accommodation Simoda afforded would be prepared for him, and that a junk, two boats, and certain Japanese attendants would be immediately provided for those persons of the squadron the Commodore wished to send to Oho-sima. After an expression from the prefect of courtesy, and the hope that trifles would not be permitted to interrupt the friendly feeling subsisting between the Americans and the Japanese, the interview closed.

The various officers of the squadron now visited the shore daily, and for a time there was apparently less disposition to interfere with their movements, or watch their proceedings. On one of these occasions a party had passed out into the country beyond the suburbs, when they found two Japanese following them; but, as they were supposed to be a couple of spies on the

提督は旗艦付副官と2人の通訳を陸上に派遣して、監督官を訪問させ、苦情を明記した覚書を提出させた。提督はそのなかで、部下の士官が上陸した際の処遇のされ方について不満の意を表明し、兵士につきまとわれること、住民を追い散らし、店を閉めることに抗議した。これは条約の規定にもとるものであると断言し、いやがらせが続くのであれば、全艦隊を率いて江戸に向かい、釈明を求めるつもりだと脅した。また、提督はこの機会をとらえ、自分と部下の士官が休息する適当な場所を陸上に確保するよう強く主張し、さらに、大島を訪れる予定なので、この旅行に要するしかるべき食料および船1隻を提供すること、アメリカ遠征隊に同行する日本役人若干名を選ぶことを要求した。

監督官は、提督の抗議を聞くと、長崎のオランダ人には常に12人から14人の日本兵がつき従っていると答え、このような慣例はアメリカ人にも適用すべき規則だと考えているようだった。そこで、われわれは次のように言った。すなわち、オランダ人に対する処遇を、日本当局はすでに「和親条約」を結んだアメリカ人との関係においても適切な基準であると判断しているが、われわれはそのような基準を絶対に受け入れない。知ってのとおり、われわれは下田に友人として訪れているのであるから、友人として待遇されることを主張し、厳粛な協約によって保証されている特権に対する侵害を甘受するつもりはない。アメリカ人には住民に危害を加える意図はなく、むしろ住民ときわめて親しい関係を結び、上司の命によって行動する兵士から監視や束縛を受けることなく、まったく自由に交際することを望んでいるのだ。これまで行なわれてきたような監視は、アメリカ人の習慣にはないものであり、ことに、なんらかの違反行為を意図しているかのように監視されることは、かつてないことである、と。

この断固とした言葉は、望み通りの効果をあげ、監督官は、自分が横浜を発ったのは条約調印の前であり、したがって条約中に「自由な交際」という条項が含まれていることを知らなかったと言って、自分の行為を弁解した。さらに監督官は、この件について指令を受けるため江戸にいる上司に問い合わせ、上司たちがこの条項をどのように解釈しているのか確かめなければならないと思うが、とりあえず家屋を閉めないよう命令し、こころみに兵士の随伴なしに士官たちの陸上訪問を許可してみようと言った。

そして監督官は、休息所と大島訪問に関する提督の要求に快く応じ、どの寺院を使ってもよいし、そこでは下田でなしうる最善の便宜を提供しよう、また提督が大島に派遣しようとしている乗組員のために、ただちに船1艘、小舟2艘および若干の日本人従者を用意すると言った。監督官からの慇懃な挨拶と、つまらないことで日本人とアメリカ人の友情が傷ついてはいけないとの希望の表明があったのち、この会見は終了した。

こうして、艦隊のさまざまな士官たちが毎日上陸し、しばらくの間は行動を束縛されることも、一連の動きを監視されることもなくなったように見えた。ある日、このような上陸のさなか、一行が郊外を抜けて田舎を歩いていたところ、2人の日本人があとをつけてくるのに気づいた。はじめは2人組の密偵が監視しているのだろうと思い、ほとんど注意を払わなかった。ところが、この2人はひそかに近寄ってくるようだし、こちらと話す機会をうかがっているように見えるので、アメリカ士官たちは彼らがやってくるのを待った。近寄ってきた2人を見て、この日本人が地位と身分のある人物であることが分かった。いずれも高い身分を示す2本の刀を

watch, little notice was at first taken of them. Observing, however, that they seemed to be approaching as if stealthily, and as though desirous of seeking an opportunity of speaking, the American officers awaited their coming up. On being accosted, the Japanese were observed to be men of some position and rank, as each wore the two swords characteristic of distinction, and were dressed in the wide but short trowsers of rich silk brocade. Their manner showed the usual courtly refinement of the better classes, but they exhibited the embarrassment of men who evidently were not perfectly at their ease, and were about doing something of dubious propriety. They cast their eyes stealthily about as if to assure themselves that none of their countrymen were at hand to observe their proceedings, and then approaching one of the officers and pretending to admire his watch-chain, slipped within the breast of his coat a folded paper.* They now significantly, with the finger upon the lips, entreated secresy, and rapidly made off.

During the succeeding night, about two o'clock, a. m., (April 25th,) the officer of the mid-watch, on board the steamer Mississippi, was aroused by a voice from a boat alongside, and upon proceeding to the gangway, found a couple of Japanese, who had mounted the ladder at the ship's side, and upon being accosted, made signs expressive of a desire to be admitted on board.

They seemed very eager to be allowed to remain, and showed a very evident determination

---

* This paper proved to be a letter in Japanese, of which the following is a literal translation by Mr. Williams, the interpreter of the squadron:

"Two scholars from Yedo, in Japan, present this letter for the inspection of 'the high officers and those who manage affairs.' Our attainments are few and trifling, as we ourselves are small and unimportant, so that we are abashed in coming before you; we are neither skilled in the use of arms, nor are we able to discourse upon the rules of strategy and military discipline; in trifling pursuits and idle pastimes our years and months have slipped away. We have, however, read in books, and learned a little by hearsay, what are the customs and education in Europe and America, and we have been for many years desirous of going over the 'five great continents,' but the laws of our country in all maritime points are very strict; for foreigners to come into the country, and for natives to go abroad, are both immutably forbidden. Our wish to visit other regions has consequently only 'gone to and fro in our own breasts in continual agitation,' like one's breathing being impeded or his walking cramped. Happily, the arrival of so many of your ships in these waters, and stay for so many days, which has given us opportunity to make a pleasing acquaintance and careful examination, so that we are fully assured of the kindness and liberality of your excellencies, and your regard for others, has also revived the thoughts of many years, and they are urgent for an exit.

"This, then, is the time to carry the plan into execution, and we now secretly send you this private request, that you will take us on board your ships as they go out to sea; we can thus visit around in the five great continents, even if we do in this, slight the prohibitions of our own country. Lest those who have the management of affairs may feel some chagrin at this, in order to effect our desire, we are willing to serve in any way we can on board of the ships, and obey the orders given us. For doubtless it is, that when a lame man sees others walking he wishes to walk too; but how shall the pedestrian gratify his desires when he sees another one riding? We have all our lives been going hither to you, unable to get more than thirty degrees east and west, or twenty-five degrees north and south; but now when we see how you sail on the tempests and cleave the huge billows, going lightning speed thousands and myriads of miles, skirting along the five great continents, can it not be likened to the lame finding a plan for walking, and the pedestrian seeing a mode by which he can ride? If you who manage affairs will give our request your consideration, we will retain the sense of the favor; but the prohibitions of our country are still existent, and if this matter should become known we should uselessly see ourselves pursued and brought back for immediate execution without fail, and such a result would greatly grieve the deep humanity and kindness you all bear towards others. If you are willing to accede to this request, keep 'wrapped in silence our error in making it' until you are about to leave, in order to avoid all risk of such serious danger to life; for when, by-and-bye, we come back, our countrymen will never think it worth while to investigate bygone doings. Although our words have only loosely let our thoughts leak out, yet truly they are sincere; and if your excellencies are pleased to regard them kindly, do not doubt them nor oppose our wishes. We together pay our respects in handing this in. April 11."

A small note was enclosed, of which the following is a translation: "The enclosed letter contains the earnest request we have had for many days, and which we tried in many ways to get off to you at Yoku-hama, in a fishing boat, by night; but the cruisers were too thick, and none others were allowed to come alongside, so that we were in great uncertainty how to act. Hearing that the ships were coming to Simoda we have come to take our chance, intending to get a small boat and go off to the ships, but have not succeeded. Trusting your worships will agree, we will, to-morrow night, after all is quiet, be at Kakizaki in a small boat, near the shore, where there are no houses. There we greatly hope you to meet us and take us away, and thus bring our hopes to fruition. April 25."

帯び、幅広で短い立派な錦襴の袴をはいていた。彼らは上流階級に共通する礼儀正しく洗練された物腰をしていたが、明らかに落ち着きがなく、なにかやましいことをしているような、当惑の様子が見てとれた。自分たちの行動を見ている日本人が近くにいないかどうか確かめるように、ひそかに周囲に目配りしてから、士官のひとりに近づいて、時計の鎖をほめるような振りをしながら、畳んだ紙を士官の上着の胸に滑り込ませた。*2人は意味ありげに唇に指を押し当て、秘密にしてくれと懇願してから、足早に立ち去った［この2人こそ、吉田松陰と金子重之助である］。

---

*この紙は日本語で書いた手紙であることが判明した。艦隊の通訳ウィリアムズ氏がこの手紙を次のように逐語訳している。［原文は漢文。参考のため要所に原文を書き下した訳注を入れた。］

「日本国江戸府の2人の書生は、この書を『高位の士官および有司の方々』［原文は「貴大臣、各将官の執事」］の閲覧に供します。われらは微賤の身でありますから、その才芸は乏しく、取るに足らぬものであり、貴下らの前にまかりでるのを恥じております［もとより自ら士籍に列するを恥ず］。われらは武器の使用に習熟せず、兵法や軍隊を論じることもできず、些々たる用務と怠惰な逸楽のうちにいたずらに歳月を過ごしてきました。しかしながら、われらは書物を読み、風聞によりヨーロッパとアメリカにおける習慣と教育をいささか知りましたので［風教を聞知し］、長年の間『五大陸』［五大州］を周遊したいと願っておりました。しかし、わが国の法律はあらゆる海事上の問題についてはなはだ厳しく、外国人の入国と日本人の渡航とは、いずれも同様に禁じられております。そのため、他国を訪れたいとのわれわれの願いは、呼吸を妨げられ、歩行を束縛された者のごとく、ただ『たえざる衝動のうちに胸中を揺れ動く』［勃々然として心胸の間に往来し］ばかりでありました。幸いにも、多数の貴国の艦船がこの海上に到着し、久しく滞在しているので、われらは親しく接して［熟観］入念に調査する機会を与えられ、貴下らの親切と寛容、他者に対する貴下らの心遣い［仁厚愛物の意］を十分に確かめ、多年の思いをふたたび触発されました。それは活路を求めてやみません。

そこで、いまこそ計画を実行に移すときであり［今すなわち断然策を決し］、艦隊が出航する際には、われらを貴船中に同乗させてくださるよう、ひそかにこの私的な願いを貴下らに書き送るものであります。たとえそうすることが国禁を軽んじることになろうとも、かくしてわれらは五大陸を周遊できるのです［海外に潜出して、もって五大州を周遊せんとす、また国禁をも顧みざるなり］。有司の方々が、われらの願いを実現するにつき、なんらかの憂慮を覚えることのないよう［願わくは執事、辱くも鄙衷を察して、此の事成るを得しめられよ］、われらは船中においてなしうる限り喜んで使役に務め、命令に服従いたします。歩けない人間が他人の歩くのを見て、自分も歩きたいと願うのは疑いのないことです。しかし歩行者が他人の騎馬を見るとき、どうしてその願望を充たせばよいのでしょうか。われらは終生奔走しても、東西30度、南北25度の外に出ることはできませんでした。しかるに、いま貴下らが嵐に帆を掲げ、巨涛をしのいで、千万里を電光のごとく疾走し、五大州を周航するのを見るとき、それは歩けない者が歩行の方法を見いだし、歩行者が騎馬の方法を見ることにもたとえられるのではないでしょうか。もし有司の方々が、われらの願いを考慮してくださるならば、その御恩は生涯忘れません。ただし、わが国の禁令はいまなお存在し、このことが世の知るところとなれば、われらはいたずらに追捕され、連れ戻されてただちに処刑されることは間違いありません。このような結果は、貴下らがこの願いを聞き入れてくださるならば、貴下らが退去するときまで『われらが犯している過ちを沈黙のうちに包み隠し』て［まさに生等のために委曲包隠して］、このような深刻な生命の危険［刎斬の惨］を免れさせてくださるようお願いいたします。いつかわれらが帰国するころには、わが国の人々も、過去の行為を追及するに値するものとは考えなくなっているでしょう。われらの言葉は粗野で意中を吐露するに足りませんが、われらの心は真に誠実であります。［以下、原文通りに］執事、願わくは其の情を察し、其の意を憐れみ、疑うことを為すなかれ、拒むことを為すなかれ。万二［瓜内万二。吉田松陰の偽名］、公太［市木公太。金子重之助の偽名］同じく拝呈す。4月11日」

一通の短い添え書が同封してあった。それを翻訳すると次の通りである。［ここでは原文の書き下しを掲載する］

「本書内に開列、懇請するところは、生等これを思うこと累日、多方に策を求む。横浜に在りては、かつて商漁の船隻をやとい、暗夜に乗じて貴船に近づかんと欲す。しかれども地方の巡邏はなはだ密。官船を除くほかは一切近づき前むを許さず。これがためにゆきなやむ。貴船まさに此の地に来るべしと聞き、期に先んじて来り待ち、一小舟を掠めて、もって貴舟に近づかんと欲すれども、いまだ能わず。よって願わくは貴船の各大員合議して、請うところを許允せられなば、すなわち明夜人しずまる後、脚船一隻を発し、柿崎村海浜の人家なき処に至りて、生等を邀えられよ。生等もとより、まさに約に先んじて該地に至り相待つべし。切に約信たがうことなく、生等の望むところに副われんことを祈る。4月25日」

not to return to the shore, by the desire they expressed of casting off their boat, utterly regardless of its fate. The captain of the Mississippi directed them to the flag-ship, to which, on retiring to their boat, they pulled off at once. Having reached her with some difficulty, in consequence of the heavy swell in the harbor, they had hardly got upon the ladder and mounted to the gangway, when their boat got adrift, either by accident, or from being let go intentionally. On their reaching the deck, the officer informed the Commodore of their presence, who sent his interpreter to confer with them and learn the purpose of their untimely visit. They frankly confessed that their object was to be taken to the United States, where they might gratify their desire of travelling, and seeing the world. They were now recognised as the two men who had met the officers on shore and given one of them the letter. They seemed much fatigued by their boating excursion, and their clothes showed signs of being travel worn, although they proved to be Japanese gentlemen of good position. They both were entitled to wear the two swords, and one still retained a single one, but they had left the other three in the boat which had gone adrift with them. They were educated men, and wrote the mandarin Chinese with fluency and apparent elegance, and their manners were courteous and highly refined. The Commodore, on learning the purpose of their visit, sent word that he regretted that he was unable to receive them, as he would like very much to take some Japanese to America with him. He, however, was compelled to refuse them until they received permission from their government, for seeking which they would have ample opportunity, as the squadron would remain in the harbor of Simoda for some time longer. They were greatly disturbed by this answer of the Commodore, and declaring that if they returned to the land they would lose their heads, earnestly implored to be allowed to remain. The prayer was firmly but kindly refused. A long discussion ensued, in the course of which they urged every possible argument in their favor, and continued to appeal to the humanity of the Americans. A boat was now lowered, and after some mild resistance on their part to being sent off, they descended the gangway piteously deploring their fate, and were landed at a spot near where it was supposed their boat might have drifted.

On the afternoon of the next day, Yenoske, the chief interpreter, who had come to Simoda from Yedo for the express purpose of requesting the postponement of the expedition to Oho-sima, which was conditionally granted by the Commodore, came on board the Powhatan, and requested to see the flag-lieutenant, to whom he stated, that "last night a couple of demented Japanese had gone off to one of the American vessels," and wished to know if it had been the flag-ship; and if so, whether the men had been guilty of any impropriety. The flag-lieutenant replied, that it was difficult to retain any very precise recollection of those who visited the ships, as so many were constantly coming from the shore in the watering boats and on business, but he assured the interpreter that no misdemeanor could have been committed, or he would have been aware of the fact. The interpreter was then asked, whether the Japanese he referred to had reached the shore in safety, to which the very satisfactory answer that "they had" was received.

The Commodore, upon hearing of the visit of the interpreter and the apparent anxiety of the Japanese authorities in regard to the conduct of the two strange visitors to the ships, sent an officer on shore in order to quiet the excitement which had been created, and to interpose as far as possible in behalf of the poor fellows, who it was certain would be pursued with the utmost rigor of Japanese law. The authorities were thanked for the solicitude they had expressed lest the Americans should have been inconvenienced by any of their people, and assured that

翌日の夜、午後2時ごろ（4月25日）、蒸気艦ミシシッピ号の艦上で夜間当直をしていた士官は、舷側についた小舟から聞こえてくる人声に呼び起こされた。舷門にいって見ると、2人の日本人がすでに舷側の梯子を登ったところだった。話しかけると、乗艦させてほしいと身振りで示した。

彼らはなんとしても艦上にとどまることを許可してほしいと願っているらしく、乗ってきた小舟を惜し気もなく放棄する意志を表わして、海岸には戻らないとの決意をはっきりと示した。ミシシッピ号の艦長が旗艦に行くよう指示すると、彼らは小舟に引き返して、すぐさま旗艦に漕いでいった。港内の波が高かったため、いくぶん苦労しながら旗艦に達し、梯子にすがって舷門に登るやいなや、故意か偶然か、小舟は舷側を離れて漂い去った。甲板に着くと、士官が提督に2人の日本人が現われたことを報告した。提督は通訳を送り、2人と話し合い、不意の訪問の目的を聞き出させた。彼らは率直に、自分たちの目的は合衆国に連れていってもらうことであり、そこで世界を旅して、見聞したいという願望を果たしたいのだと打ち明けた。こうして、士官たちと陸上で出会い、そのひとりに手紙を渡したのは、この2人の人物だったことが分かった。舟を漕いできたため、2人ともひどく疲れているようだった。彼らが立派な地位にある日本の紳士であることは明らかだったが、その衣服はくたびれていた。2人とも2本の刀を帯びる資格があり、ひとりはまだ1本をさしていたが、残りの3本はすべて小舟の中に置いてきたので、舟とともに流されてしまっていた。彼らは教養ある人物であり、標準中国語を流暢かつ端麗に書き、物腰も丁重で非常に洗練されていた。提督は彼らの来艦の目的を知ると、自分としても何人かの日本人をアメリカに連れていきたいのはやまやまだが、残念ながら2人を迎え入れることはできない、と答えさせた。そして、2人が日本政府から許可を受けるまでは、受け入れを拒絶せざるをえないが、艦隊は下田港にしばらく滞在する予定だから、許可を求める機会は十分にあるだろうと言って聞かせた。提督の回答に2人は大変動揺して、陸に戻れば首を斬られることになると断言し、とどまることを許してもらいたいと熱心に懇願した。この願いはきっぱりと、しかし思いやりを込めて拒絶された。長い話し合いが続いた。彼らは自分たちを支持してくれるようあらん限りの議論をつくし、アメリカ人の人道心に訴え続けた。結局、1艘のボートが降ろされ、送り帰されることになった。2人は穏やかながら多少抵抗したあと、運命を嘆きながら悄然と舷門を下り、小舟が流れ着いたと思われる場所の近くに上陸させられた。

翌日の午後、大島遠征の延期を要請するため（提督は条件つきでこれを認めた）急遽江戸から下田にやってきた首席通訳［森山］栄之助がポーハタン号に来艦して、旗艦付副官に面会を求め、「昨夜、発狂した2人の日本人がアメリカ艦船の1隻に近づいていった」と話し、旗艦にやってきたかどうか、もしそうなら、その男たちがなにか不都合なことをしなかったかどうか教えてほしいと言った。副官は、まことに大勢の人々が給水や業務でたえず海岸からやってくるので、来艦した2人を正確に覚えているわけではないが、と答えてから、なんの悪行も犯されなかったし、そんな素振りも見えなかったと断言した。そして通訳に、いま話に出た日本人は、無事に海岸にたどり着いたかとたずね、「着いた」との答えに大いに安堵した。

提督は通訳の来艦を聞き、日本当局が2人の見知らぬ訪問者の行動に懸念を抱いているらしいと知り、ひと

they need not trouble themselves for a moment with the thought that so slight a matter had been considered otherwise than a mere trivial occurrence unworthy of any investigation. The Japanese were further informed that they need give themselves no anxiety for the future, as none of their countrymen should be received on board the American ships without the consent of the authorities, as the Commodore and his officers were not disposed to take advantage of their confidence or act in any way that would be inconsistent with the spirit of the treaty. If the Commodore had felt himself at liberty to indulge his feelings, he would have gladly given a refuge on board his ship to the poor Japanese, who apparently sought to escape from the country from the desire of gratifying a liberal curiosity, which had been stimulated by the presence of the Americans in Japan. There were other considerations which, however, had higher claims than an equivocal humanity. To connive at the flight of one of the people was to disobey the laws of the Empire, and it was the only true policy to conform, in all possible regards, to the institutions of a country by which so many important concessions had already been reluctantly granted. The Empire of Japan forbids the departure of any of its subjects for a foreign country under the penalty of death, and the two men who had fled on board the ships were criminals in the eye of their own laws, however innocent they might have appeared to the Americans. Moreover, although there was no reason to doubt the account the two Japanese gave of themselves, it was possible they were influenced by other and less worthy motives than those they professed. It might have been a stratagem to test American honor, and some believed it so to be. The Commodore, by his careful efforts to impress upon the authorities how trifling he esteemed the offence, hoped to mitigate the punishment to which it was amenable. The event was full of interest, as indicative of the intense desire for information on the part of two educated Japanese, who were ready to brave the rigid laws of the country, and to risk even death for the sake of adding to their knowledge. The Japanese are undoubtedly an inquiring people, and would gladly welcome an opportunity for the expansion of their moral and intellectual faculties. The conduct of the unfortunate two was, it is believed, characteristic of their countrymen, and nothing can better represent the intense curiosity of the people, while its exercise is only prevented by the most rigid laws and ceaseless watchfulness lest they should be disobeyed. In this disposition of the people of Japan, what a field of speculation, and, it may be added, what a prospect full of hope opens for the future of that interesting country!

Some days subsequently, as a party of officers were strolling in the suburbs, they came upon the prison of the town, where they recognized the two unfortunate Japanese immured in one of the usual places of confinement, a kind of cage, barred in front and very restricted in capacity. The poor fellows had been immediately pursued upon its being discovered that they had visited the ships, and after a few days they were pounced upon and lodged in prison. They seemed to bear their misfortune with great equanimity, and were greatly pleased apparently with the visit of the American officers, in whose eyes they evidently were desirous of appearing to advantage. On one of the visitors approaching the cage, the Japanese wrote on a piece of board that was handed to them the following, which, as a remarkable specimen of philosophical resignation under circumstances which would have tried the stoicism of Cato, deserves a record:

"When a hero fails in his purpose, his acts are then regarded as those of a villain and robber. In public have we been seized and pinioned and caged for many days. The village elders and head men treat us disdainfully, their oppressions being grievous indeed. Therefore, looking up while yet we have nothing wherewith to reproach ourselves, it must now be seen whether a hero

422

りの士官を陸に派遣して、引き起こされた騒ぎを鎮め、厳重きわまる日本の法律で追及されるに違いない哀れな2人のために、できる限り仲裁の労をとろうとした。提督の使者は、いかなる日本人にもアメリカ人に迷惑をかけさせないという当局の配慮に感謝の意を表わしつつ、調査するに足らないほんのささいな出来事を大げさに考えて心配する必要はまったくないと確言した。さらに提督とその士官は、信頼につけこんだり、条約の精神に反するような行為をするつもりはなく、当局の同意がない限り日本人はひとりもアメリカ船に迎え入れることはないので、今後も心配は無用であると伝えた。もし提督が、自分の感情のおもむくままに自由に事を進めてよいと思うのであれば、アメリカ人が日本に現われたために刺激され、自由な好奇心を満たしたいとの一心から、日本を脱出しようとしたらしい哀れな日本人を、喜んで艦内にかくまってやっただろう。しかし、曖昧な人道心より高度な考慮を必要とする問題があった。ひとりの人民の逃亡を黙認することは、日本帝国の法律に背くことであり、すでに多くの重要な譲歩を意に背いて行なった国の規範に、できる限り顧慮を払って従うことが、唯一の正しい政策だった。日本帝国では死罪をもって自国民が外国に赴くことを禁じている。艦隊内に逃れてきた2人の男は、アメリカ人には無実だと思われても、日本の法律に照らせば罪人なのだ。そのうえ、2人の日本人が自ら述べた説明を疑う理由はないにしても、彼らが主張する動機とは別の、もっと不純な動機がはたらいていた可能性もある。それはアメリカ人の節義を試す策略であったのかもしれず、そう思った者もいたのである。提督は、自分がこの事件をまったくささいなことと見なしていると役人に印象づけるよう注意深く努力して、この犯行に課される刑罰が軽減されるよう望んだ。この事件は、知識を増すためなら国の厳格な法律を無視することも、死の危険を冒すことも辞さなかった2人の教養ある日本人の激しい知識欲を示すものとして、実に興味深かった。日本人は間違いなく探求心のある国民であり、道徳的、知的能力を広げる機会を歓迎するだろう。あの不運な2人の行動は、同国人の特質であると思うし、国民の激しい好奇心をこれほどよく表わしているものはない。その実行がはばまれているのは、きわめて厳重な法律と、法に背かせまいとするたえまない監視のせいにすぎない。この日本人の性向を見れば、この興味深い国の前途はなんと可能性を秘めていることか、そして付言すれば、なんと有望であることか！

その数日後、士官の一行が郊外を散歩しているとき、たまたま町の牢獄にさしかかり、あの不幸な2人の日本人が、通常の拘禁所、すなわち前に閂(かんぬき)をかけられた、ひどく狭苦しい一種の檻の中に、監禁されているのが見えた。哀れな2人は、艦隊を訪れたことが発覚するとただちに追跡され、数日後には捕らえられて投獄されたのである。彼らは自分の不運を偉大な平静さで耐え忍んでいるようで、アメリカ士官の訪問を非常に喜んで、その目を引こうとしているのが明らかに見てとれた。訪れた士官の1人が檻に近寄ると、日本人は板切れに次のようなことを書いて渡した。この文章はカトー［ローマの政治家］にも比すべき冷徹さを試される状況での、哲学的な諦念の注目すべき見本として、ここに記載する価値がある。

「英雄ひとたびその企図を失すれば、彼の行為は悪漢や盗賊の所業と見なされる。われらは衆人の面前で捕らえられ、縛められ、多日にわたり投獄されている。村の長老や首長のわれらを遇するに、侮蔑的その抑圧は

will prove himself to be one indeed. Regarding the liberty of going through the sixty States as not enough for our desires, we wished to make the circuit of the five great continents. This was our hearts' wish for a long time. Suddenly our plans are defeated, and we find ourselves in a half sized house, where eating, resting, sitting, and sleeping are difficult; how can we find our exit from this place? Weeping, we seem as fools; laughing, as rogues. Alas! for us; silent we can only be.

"ISAGI KOODA,
"KWANSUCHI MANJI."

The Commodore, on being informed of the imprisonment of the two Japanese, sent his flag lieutenant on shore to ascertain unofficially whether they were the same who had visited the ships. The cage was found as described, but empty, and the guards of the prison declared that the men had been sent that morning to Yedo, in obedience to an order from the capital. They had been confined, it was stated, for going off to the American ships, and as the prefect had no authority to act in the matter, he had at once reported the case to the imperial government, which had sent for the prisoners, and then held them under its jurisdiction. The fate of the poor fellows was never ascertained, but it is hoped that the authorities were more merciful than to have awarded the severest penalty, which was the loss of their heads, for what appears to us only liberal and a highly commendable curiosity, however great the crime according to the eccentric and sanguinary code of Japanese law. It is a comfort to be able to add, that the Commodore received an assurance from the authorities, upon questioning them, that he need not apprehend a serious termination.

The large Buddhist temple, the Rio-shen-zhi, or great peace monastery, was the place appropriated by the authorities, in accordance with the demands of the Commodore, for his use, and another was provided for that of his officers. Most of the Japanese temples have apartments separate from the ecclesiastical part of the establishment, which are used for lodging and entertaining strangers and distinguished visitors. They are also employed occasionally for various public gatherings, on festival and market days; and bazaars, for buying and selling, are not unfrequently opened; thus converting the temple into a place for the free exercise of all the roguery of trade, if not literally into a "den of thieves." As the supply of furniture was scant in the lodging department of the Rio-shen-zhi, chairs and other appliances of comfort were brought from the ships, and the quarters were made tolerably luxurious. In order to familiarize the Japanese people with their presence, the Commodore and his officers frequently resorted to their apartments on shore, and found a walk in the pleasure grounds which surrounded them, and on the wooded hills at the back, a pleasant diversion from the routine of ship's duty.

There was, notwithstanding the promise of the prefect, very little improvement in the conduct of the authorities, and the Americans still found their liberty much restricted, and their privacy interrupted by the jealous watchfulness and intrusive officiousness of the soldiers and spies. The Commodore himself, on one occasion, when proceeding through the town in company with several of his officers, found that he was constantly preceded by two Japanese functionaries, who ordered all the people they met to retire within their houses and close the doors. The shopmen were evidently forbidden to sell their wares to the strangers, for the most trifling articles which they might desire to purchase could not be obtained on any terms. The Commodore found it necessary again to protest against this illiberal treatment, and sent his flag-lieutenant to the prefect to lay before him certain complaints and to insist upon their causes being immediately removed. The prefect was accordingly called upon, and informed that it appeared that he was

実に過酷である。しかし、顧みて身にやましいところはなく、いまこそ英雄の英雄たるゆえんが試されるときである。日本六十州を自由に踏破しても、わが大望満たされず、われらは五大州の周遊を希求した。これこそ、われら多年の心願であった。突如、わが企図はくじかれ、狭い檻に閉じ込められ、飲食も、休息も、安座も、睡眠もままならぬ。われらはこの窮境をいかにして脱しえようか。泣けば愚人と見られ、笑えば悪漢と見なされる。ああ、われらには沈黙あるのみだ。

市木公太
瓜中万二」

提督は、2人の日本人が投獄されているという報告を受けると、旗艦付副官を陸上に派遣して、2人が艦を訪れた者と同じ人物であるかどうかを非公式に確認させた。牢獄は前述のとおりだったが、囚人はいなかった。牢番の申し立てによると、その朝2人は首府からの命令によって江戸に送られたとのことだった。2人はアメリカ船に出向いたために拘禁されたが、監督官にはこの事件を処理する権限がないので、ただちにこの事件を帝国政府に報告し、政府から囚人を引き取りにきたので、2人は政府の司法管轄下に置かれることになったという。哀れな2人の運命がどうなったのか、確かめることはまったくできなかったが、当局者が寛大であり、斬首という最も重い刑に処すことのないように望む。なぜなら、並はずれて残忍な日本の法典によれば大罪であっても、われわれには自由で大いに賞賛すべき好奇心の発露としか見えないからである。ちなみに、提督からの問いに答えて、当局が深刻な結末を懸念する必要はないと保証したことは、せめてもの慰めであった。

大きな仏教寺院である了仙寺、すなわち大いなる平安の僧院は、当局が要求に応じて提督の使用に供した場所であり、部下の士官には別の寺があてられた。たいていの日本の寺院には、宗教上の施設とは別個の部屋があり、外来者および身分の高い来訪者の宿泊や接待に使われる。それはまた、祝祭や市の日などさまざまな公共の集まりにも利用されている。交易のための市はしばしば開かれるので、寺院は文字通り「泥棒の巣窟」ではないにしろ、商売上のあらゆるいかさまが自由に行なわれる場所にもなる。了仙寺の宿所には家具が不足していたので、艦から椅子その他の生活を快適にする家具を運び入れ、かなり豪勢に仕立て上げた。アメリカ人の存在を日本人になじませるため、提督と士官たちはしばしば陸上の宿所に出入りして、まわりの庭園や背後の樹木の茂った丘陵を散歩して、きまりきった艦上勤務の気晴らしを楽しんだ。

監督官との約束にもかかわらず、当局の態度はほとんど改善されなかった。アメリカ人は依然として自由をかなり拘束され、プライバシーは兵士や密偵の疑り深い監視と、差し出がましいおせっかいによって侵害された。提督自身、ある日士官数人を伴って町を歩いているとき、たえず2人の日本役人が先行していることに気づいた。役人は出会う住民をかたっぱしから家に追い戻して戸を閉めさせた。商人が外国人に品物を売ることを禁じられているのは明らかで、どんなささいな品物を買おうとしても、まったく手に入れることができなかった。提督はふたたびこの狭量な処遇に抗議しなければならないと思い、旗艦付副官を監督官のもとに派遣し、いくつか苦情を申し立て、即刻このような扱いをやめるよう要求させた。副官は監督官に対し、次のように通

記念会だより

No.100　平成27年2月

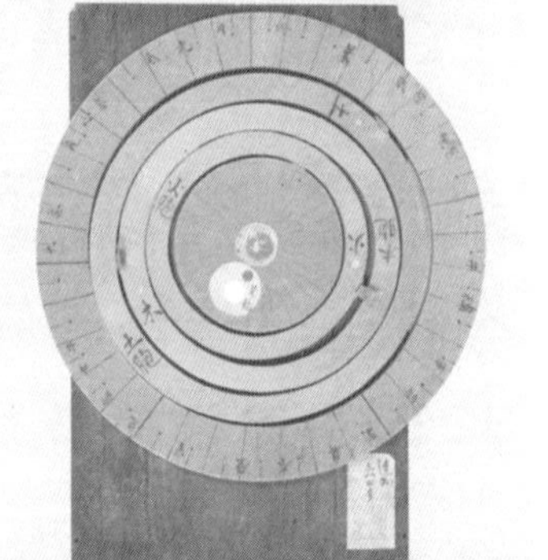

◆巻頭エッセイ
◆平成27年度 古典講座ご案内
◆第32回 懐徳忌のご案内

大坂町人学者の智慧に脱帽

関西大学文学部教授
陶　徳　民

約30年前の1986年春、当時上海復旦大学の若手教員であった私は、脇田修先生の受け入れで国費留学生として大阪大学大学院博士後期課程に入学した。2年後の懐徳堂記念国際シンポジウムで同じパネルのテツオ・ナジタ先生と知り合い、そのご推薦により米国の主要大学で「中国における日本史研究の現状」をテーマとするレクチャーツアーを実現した。学位論文を完成した1990年の秋より、坂本龍馬と明治維新の研究で有名なマリウス・ジャンセン先生の招請と推薦でプリンストン大学とハーバード大学でPD研究を行い、その後マサチューセッツ州立カレッジで教鞭を執った。このような恵まれた環境で中・日・米の諸大家の薫陶を受けた私は、20年来『懐徳堂朱子学の研究』、『日本漢学思想史論考－徂徠・仲基および近代－』、『明治の漢学者と中国－安繹・天囚・湖南の外交論策－』および*Cultural Interaction Studies in East Asia: New Methods and Perspectives*など十数冊の研究書と編著書を出版し、グローバルCOEプログラムである関西大学文化交渉学教育研究拠点のリーダーも務めた。還暦になった三年前に、自分の学問探求の心得をどのように現在の若手研究者に伝えるべきかと自問して、結局次の4句からなる「史海拾貝」の経験談が纏められた。

①就著碎影拼月亮、自圓其說。②大海撈針何處尋、巧思引路。
③兩個兔子輪番追、有心插柳。④問題意識勤磨練、點石成金。

研究者の仕事はある意味で入手・解読可能な様々な情報から道筋を見出して自説をうまく展開するという努力であり、まるで葉の間からこぼれた月の光という「碎影」の数々を繋ぎ合わせて天上の「満月」を完璧に再現しようとする「ジクソーパズル」の組立て作業のようなものである。

①は、森羅万象の大千世界の前で微々たる存在でしかない人間とその認知力の限界を説くものである。②、③と④はペリー来航と吉田松陰の下田密航に関する自分の発見と解読を念頭に書いた実践的調査研究の指南である。②は、浩瀚な情報の海からいかに最も必要な資料を見出せるかというのは研究者共通の悩みと言えるが、不断の努力で語学力、情報検索力および巧みな発想力を高めることが難関の突破につながるはずだ、ということを説く。米国立公文書館所蔵のペリー提督の旗艦ポーハタン号の航海日誌で松陰の乗船時間を突き止めたことがその一例である。③は、「二兎を追う者は一兎をも得ず」という諺を生かし、調査予定の対象資料を第1兎と、調査途中で現れてきた重要資料を第2兎と喩え、時間をずらし心掛けて追いつづければ、必ず収穫が得られる、ということを説く。最後の④は、問題意識を磨くことの重要性を強調するものであり、これまで見逃された肝心な史料を「人道主義」の視点から再発見・再解読できたことから得た教訓である。例えば、松陰は米側への「投夷書」で、国禁を犯しての密航を受け入れてくれないと、幕府による斬首刑が必至であり、その場合、ペリーなどの人道主義（原文は「仁厚愛物之意」）も傷つけられてしまうと訴えた。一方、旗艦での滞留を拒否したペリーが下田監禁中の松陰の惨状と嘆願書（イェール大学図書館所蔵）を知り、日本側に松陰を殺さないように働きかけ、その確約を得たため、心を慰められたと米国会文書『ペリー提督日本遠征記』に記載されている。また、幕府側の交渉記録『墨夷応接録』に、ペリーが米国の国政は人命尊重を優先すると誇示し、米国人難破捕鯨船員の救助問題や日本人漂流民の祖国帰還問題に現れた幕府の非人道的扱い方を糾弾した発言も見られる。幸いに、これらの新しい発見と解読は季刊『環』や『毎日新聞』等に続いて、年初にスタートしたNHK大河ドラマ「花燃ゆ」の背景紹介番組「新春スペシャル世界へGO! まるわかり幕末長州」でも取り上げられた。

しかし、よく考えてみれば、私の経験談は、「歳差」（恒星年と太陽年との差）問題の認識可能性をめぐる荻生徂徠の所論に対する中井履軒のコメントに示された次のような高い次元の認識論の敷衍に過ぎないと思う。それは、「天は知ることが可能なものであると同時に、知り尽くせないものでもあり、人間には認識の能力がある反面、限界もあり、天の運行の規則を絶えず再検討・再認識し、より精密に把握していくことが人間に課せられた使命である」という弁証法的な見解である。『天経或問離題』で邂逅したこの大阪町人学者の智慧が学位論文執筆当時の私の心に大きな衝撃と震撼を与えた。いまでもなおその「余震」が続いていると言える。

特別寄稿

アーネスト・サトウ『英国策論』物語

陶徳民
De-min Tao

法政大学市ヶ谷キャンパスの図書館は、同大創立百周年にあたる一九八〇年に建てられたことから、「八〇年館」とも呼ばれる。同館の裏門が面している富士見坂の路上に、館の立地の由来を記する銘板をはめ込んだ石碑があり、その銘文の内容は次のようである。

> この地は明治開國の立役者であり日本近代化の恩人である英國人アーネスト・サトウゆかりの一隅であって、その夫人武田兼のために購入した旗本屋敷跡である。ここは英國公使館に近く、その後、息である植物學者武田久吉博士が引續いて居住されていたところである。サトウ公使は一八四三年ロンドンに生れ、日本語通譯官として江戸に赴任し、ひろくアジア各地に英國の外交使節として活躍しその著「外交慣行入門」は東西外交官の指針とされている。また日本研究数十篇に及び欧州における日本學研究の先覺者である。本學は同公使の功績を讃え、その庭園跡にこれを銘記する。
>
> 一九八一年三月
> 法政大學

法政大学図書館
立地の銘板

時の中村哲総長によって書かれたこの銘文は、サトウが倒幕維新の過程で果たした役割に対する多くの日本人の共通認識を反映していると言える。

アーネスト・サトウ（Sir Ernest Mason Satow 一八四三—一九二九）は、佐藤愛之助（または薩道愛之助）という日本名をもつ親日家であった。一八六二年一月一六日にイギリス外務省の通訳研修生として上海到着、半年余りの漢文修行のあと、九月八日に横浜から任地国の日本に入国した。三年後は通訳官に昇進し、一八八三年まで約二〇年間滞日した。もし一八九五年から一九〇〇年までの駐日公使期間を含むと、ほぼ二十五年間を日本で過ごしたことになる。このほか、シャム駐在総領事代理、ウルグアイ駐在領事、およびモロッコ駐在領事なども歴任し、一九〇〇年から一九〇六年にかけては清国駐在公使として北京に滞在した。一九〇〇年、諸外国が義和団事件の善後処理で北京議定書をめぐって清国代表の慶親王奕劻および李鴻章と交渉する際に、サトウは長年の外交経験を買われ、諸外国代表の座長を務めていたという。

アーネスト・サトウ肖像画 五姓田芳柳画

サトウはその回想録『一外交官の見た明治維新』（原題：A Diplomat in Japan）の序文に、本書は長い外交官生涯のうち「私が関わった最も興味深いエピソードだけを述べるのが目的」で、「このエピソードというのは、六百年以上も政権から離れていた日本の古代からの君主の系統が、直接の統治権を取り戻した時まで相次いで起こった、幾多の大事件に関したものである。」「これらの事件の末に、王政復古の変革が行なわれたのであるが、その結果として、それまで割合に近代的な都市の様相をおびていた江戸が東京と改称されるに至り、これが、日本がまだ西洋に知られなかった時分からの古い首都—京都に取って代るようになったのである。」と書いている。

この名著とその背景については、すでに訳者・坂田精一氏および研究者・萩原延壽氏、楠家重敏氏などによって詳しく紹介されている。ここでは、幕末期におけるサトウの名声を著しく高めた『英国策論』をめぐる二、三のエピソードを取り上げ、当時および後日のイギリスの対日政策の影響力を裏付けたいと思う。

一八六六年前半、サトウは知人の経営する英誌『ジャパン・タイムズ』に寄稿しはじめたが、その中の一つは次のようなきっかけで書かれた政治評論である。横浜湾内に入ってきた薩摩藩の貿易船が神奈川寄りの遥か遠くに碇泊するように幕府に命じられたが、その目的は外国人との貿易や交渉を大君（＝将軍）の直轄地の住民だけに許し、それ以外の地域の人々の参入を防ぐことにあった。サトウの主張は、現行の条約は大君とだけ結ばれたものであるが、「大君を本来の地位に引き下げて、これを大領主の一人となし、天皇（ミカド）を元首とする諸大名の連合体が大君に代わって支配的勢力となるべきである、というものである。『英国策論』と和訳されたこの主張は多数印刷され、大坂や京都の全ての書店で発売されるようになった。これは、勤皇・佐幕の両党から、イギリス公使館の意見を代表するものと思われた。あたかも二年後の政治革命を予言したものであるため、内外に大きな波紋を呼んだ。

当時、幕府と薩長などとの対立関係があっただけでなく、フランス駐日公使ロッシュとイギリス駐日公使パークスのライバル関係もあった。将軍に明確な支持を約束したロッシュに対して、パークスは内政不干渉を建前としていたが、事実上、将軍を天皇の代理以上のものではないとしていた。パークスは、幕府との公式通信文書には「大君」という主権者扱いの用語をやめ、サトウの案出した「殿下」という用語で将軍のことを呼ぶことによってイギリス女王と同格ではないことを明示した。このようなパークスの姿勢は、王政復古を各国公使に布告した維新政府にとって、深い感謝に値するものであった。

一八六八年三月下旬、サトウはパークスを伴い、倒幕維新のキーパーソンである岩倉具視を訪問した。岩倉は、皇居の西側の公卿門から入って、ちょうど門の向かいに当たる所に仮宅をもっていた。当時の岩倉は、「天皇や公卿はこれまで外国人を忌みきらい、幕府が「開国」に賛成している際に「夷狄排斥」（攘夷）を唱えてきたことは事実であるが、これも今や全く一変した。イギリスは列国に先んじて天皇が主権者であることを承認したが、これに対しては特に感謝しなければならぬ」と語ったという。

そして、二十七年後の一八九五年七月二十八日に、サトウ自身が駐日特命全権公使として再び来日した。その翌日に、フランス留学の経験をもつ西園寺公望外務大臣（文相兼任）と会見したが、当日の日記に、西園寺から「フランス語で一八六八年の維新に貢献したことを称賛された」と書かれている。

また、数日後の八月一日の日記に、サトウは伊藤博文首相との面談内容を次のように記している。「私は日本の陸と海における軍事の躍進と、和平交渉の成功を祝った。我々は遼東半島についてしばし話し合い、会談後、私は日本がその譲渡を認める条件についての報告を打電した」。サトウは三国干渉を受け、難局に立たされていた伊藤首相に有益な助言を与えたようである。

『英国策論』などの関連文献の調査は、一九八四年十二月に上海の復旦大学で幕末・明治初期の日英関係に関する修士論文を執筆していた私が、大庭脩教授（一九八六年に日本学士院賞受賞）の受け入れで、関西大学大学院交換留学生として初来日した主な目的であった。

最近、宮澤真一氏が転写し、活字で出版されたサトウの自筆日記と旅行記『Diaries and Travel Journals of Ernest Satow 1861—1926』(Singapore: Gengage Learning Asia Pte Ltd. 2014)のために私が序文を執筆した。

サトウの自筆日記と旅行記（続刊中）

（関西大学文学部教授、東アジア文化交渉学会所属）

特別寄稿

松陰と象山――開国初期の海外事情探索者たちへの追慕

陶 徳民 (De-min Tao)

昨年三月、関西大学出版部より『吉田松陰と佐久間象山―開国初期の海外事情探索者たち（Ⅰ）』（画像①）を上梓した。来年三月に同じ副題で「平山省斎と岩瀬忠震」に関する一冊を（Ⅱ）として出版する予定である。米国大統領の親書の受理と日米和親条約の締結から横浜開港・咸臨丸の渡米までを開国初期と見なす場合、その間大勢の志士たちが活躍していたが、なぜこの四人を選んだのか。蘭学教師の佐久間象山（画像②）に慫慂された脱藩志士吉田松陰の「下田密航」や、平山省斎など有能な幕臣に支えられた岩瀬忠震の「横濱開港首唱」と「瀛環表」（世界地理便覧）編纂などが、当時の壮絶な海外事情探索活動をよく象徴していると考えたからである。

画像①『吉田松陰と佐久間象山―開国初期の海外事情探索者たち（Ⅰ）』（関西大学出版部）より

画像② 佐久間象山　肖像写真（霊山歴史館蔵）

既刊の（Ⅰ）の主な狙いは、松陰・象山の思想と行動および当時の内外環境を具体的に跡付けすることにあった。「ペリー来航関係資料」「吉田松陰関係資料」「佐久間象山関係資料」という三部構成で、それぞれ図版と文献を含んでいるが、各部の図版中の目玉や重要なもの、計六十三点は巻頭のカラー「扉絵集」に纏め、一次史料をできるだけ原色で提示するように心がけた。最後の付録は筆者の関連論文と新聞記事を収載している。

第一部に、アメリカ国立公文書館に保存されている一八五四年「日米和親条約」の日本語版、英文版、漢文版・オランダ文版という四バージョンを合せて掲載した。国内外初の快挙といえるかもしれない。ペリーの対日交渉は一八四四年「米中望厦条約」をベースとしていたため、S.W.ウィリアムズ（一八一二―一八八四中国名は衛三畏）という二〇年の中国（香港・澳門）滞在歴をもち、漢文に精通する聖書印刷所長を首席通訳官として頼りにした（使命完成後、ペリーの推薦で中国駐在外交官となり、天津条約交渉に貢献、北京駐在二〇年後にイェール大学の初代中国文学教授となる。拙編資料集『衛三畏在東亜』参照、中国・大象出版社）。

日本側の応接掛五人はほとんど漢学の総本山・昌平黌の出身者で、その筆頭は林大学頭、林復斎であった。漢文は東アジアのラテン語として当時諸国間の意思疎通や外交交渉に重要な役割を果たしていたからである。ところで、加藤祐三氏がかつて、「日米和親条約」四バージョンのうち、漢文版・オランダ語版は双方の通訳のみの署名で、日本語版には林ほか幕府応接掛の署名しかなく、英語版にはペリーの署名しかない。双方の全権が揃って署名したものは一つもないという問題を指摘したことがある。このような事態になったのは、同時期の『琉米条約』にペリーと揃って署名した琉球王府の全権はダミーの「総理大臣」尚宏勲と「布政大夫」馬良才であったことを合わせて考えれば、日本側による別の形での賢い抵抗の結果だとも考えられよう。

そして、ウィリアムズが雇った漢文書記、広東人羅森の『日本日記』も四バージョンを合わせて掲載した。香港の月刊誌『遐邇貫珍』に初出の漢文版およびそれを収録した『大日本古文書・幕末外国関係文書』版、英語原版の『ペリー艦隊日本遠征記』中の英語版と「オフィス宮崎」が訳した同遠征記の日本語版という四つで、しかも英語版と日本語版を見開きで対照して読むことができるように配置した（画像③）。このような「ユーザ・フレンドリー」な工夫は、宮崎壽子氏の暖かい理解により実現できたものである。

画像③ 英語版と日本語版を見開きで掲載

第二、第三部において、象山の海外認識を反映する『省𠍱録』（画像④）と松陰の海外認識を反映する『外蕃通略』の刊本とともに、二人の認識に大きな影響を及ぼした『海國圖志』の「墨利加洲部」と「籌海篇」（海防論）の松陰神社所蔵抄本中の松陰自筆の部分を掲載している。そして、和親条約をめぐる日米間のやりとりの詳細を記録した『墨夷応接録』も収載している。米国の難破捕鯨船員の救助義務や日本人漂流民の帰国権利など人道主義の問題をめぐる双方の主張を振り返ることが、今日の国際紛争と対策を考える上でもある程度参考にすることができるだろうと思う。

さて、下田密航時の松陰は二十五歳であったが、従来、その実年齢より老けて見えるという様な絵が多かった（画像⑤）。そのため、今回は特別に、山種美術館所蔵の「蓮台寺の松陰」（前田青邨画）を収録することにした。下田密航の直前に蓮台寺村で過した夜、明かりに照らされ『唐詩選』を読書する若々しい姿が描かれているからである（この絵はインターネットで検索しても見ることができる）。密航時の行嚢中に4冊の本（唐詩選、古文孝経および蘭日辞典二冊）が入っていたとの記録とも合致している絵画である。また、下田密航から監禁・釈放までの全行程を細部にこだわって再現しようとするために集めた画像の数々を載せた。その中の一点は、二〇〇三年イェール大学の『ウィリアムズ家族文書』から見つけた下田獄中の嘆願書（漢文、羅森による写し）。もう一点は、二〇〇九年アメリカ国立公文書館が保存している旗艦ポーハタン号の航海日誌から見つけた「二人の日本人」の艦上滞在時間（午前二時四十五分に上船、四十五分後にペリーの指示で送還）に関する記録である。『ペリーの白旗』を著した毎日新聞社の岸俊光氏がこの二つの発見を報道する時に、それぞれ田中彰氏、梅渓昇氏のコメントを付けた（残念ながら、お二人の先生はともに故人になられている）。

また、二〇一五年の大河ドラマ「花燃ゆ」の放送が開始される前夜に放映されたNHK新春スペシャル「世界へGO まるわかり幕末長州」で、二つの発見は取材者の現地調査の形で再現された。

画像④ 省𠍱録
（冒頭には勝海舟自筆の序文がついている。関西大学図書館　泊園文庫蔵）

ペリー艦隊は、アメリカ海軍省の派遣により膨大な予算を使って来航したため、国会に報告する義務があった。その報告書『ペリー艦隊日本遠征記』には、「二人の日本人」若者（松陰とその従者金子）に、最悪の処罰を避けるように極めて求め、日本側の当局者から極刑は加えないという確約をとりつけたため、安心したという、ペリーの人道主義的介入を誇示する記述があった（"It is a comfort to be able to add that Commodore received an assurance from the authorities upon questioning them that he need not apprehend a serious termination."）。

事実、松陰が事前にアメリカ側に渡した密航目的を説明する「投夷書」には「仁厚愛物の意」という儒教的な人道主義の語句を二度も使っていた。そして、もし船に乗り込んだ私達をアメリカに連れていかなければ、私達は間違いなく捕縛され、斬首されることになる。そうなった場合、「貴大臣」の「仁厚愛物の意」にも傷つくだろうと警告していたことも関係があると、私は指摘したことがある。幸に、この分析も上記のNHK番組に取り上げられた。

功を奏したこの「投夷書」における事前の警告文句は象山の添削によるものであったかどうか確かめる由がないが、象山は松陰より二十歳年上ということから推測すれば、その可能性が十分あるだろうと思う。開国初期の海外事情探索者たちの智慧に深く魅了されたわけである。

（関西大学文学部 教授）

画像⑤ 吉田松陰　肖像画（複製・霊山歴史館蔵）

あとがき

一九九四年、ハーバード大学で「五世代の研究者が一堂に集まる」といわれる明治研究会議が盛大に開かれ、当時マサチューセッツ州立ブリッジウォーター大学（現在、関西大学の協定校）で教えていた私も参加して、明治期の「徂徠風」シノロジーと近代的実証史学の代表として重野安繹を取り上げ、研究発表を行いました。五世代中の最長老はいうまでもなく、『坂本龍馬と明治維新』（時事通信社、一九六五年。英語原書は一九六一年）を著したプリンストン大学教授マリウス・ジャンセン先生でありました。その三年後、七八二頁にわたる会議論文集『明治日本研究の新しい方向』（*New Directions in the Study of Meiji Japan*. Helen Hardacre & Adam Lewis Kern が編集）がオランダの名高い BRILL 社から出版されたが、それより早くも二〇年の歳月が流れました。重野ファンである私は、二〇〇七年に『明治の漢学者と中国―安繹・天囚・湖南の外交論策』、二〇一五年に『重野安繹における外交・漢文と国史―大阪大学懐徳堂文庫西村天囚旧蔵写本三種―』を出版しましたが、ここにきて、「自序」にも触れたように、平山省斎・岩瀬忠震のような有能な幕僚の功績を無視した「薩長史観」の限界を感じました。

しかし、本書の編輯を完成した後、歴史叙述におけるあらゆる「筋立て」や「文脈化」が、かならず一部の歴史事象を捨象してしまうという結果をもたらすということを悟りました。それはまるで人の目は通常、前方と左右しか見えず、頭を回さないと後方を見ることができないという宿命的な事情と同じことのようです。私のこの一冊は、日本史の文脈では「薩長史観」からの脱却がある程度達成しえたかもしれませんが、反面、世界史の文脈から見れば、「英米中心史観」に陥る結果になったかもしれません。「解説」にも述べたように、岩瀬は先にロシア艦長プチャーチンやオランダ船長ファビユスと対話する経験があったからこそ、アメリカのハリス総領事との交渉をよりスムーズに行うことができたわけです。歴史叙述は、「現在の世界」に身を置かれている話者が行うものである以上、話者の視野と見方はその世界に影響されやすいことは決まっていると言えます。したがって、自覚的に立場と視角を転換して世界像の見直しなどの「知的冒険」を行うことは、たいへん重要だろうと思います。たとえば、松陰は下田密航の前に長崎入港のロシア艦船に乗り込む密航計画を立てていましたが、仮にその計画が実現していた場合、その後の彼の人生と長州藩の運命はどんなふうに変わったでしょう。そしてまた、もし幕末最終期に若年寄兼外国総奉行となっていた平山省斎などの支えによって、将軍慶喜のフランスとの提携策や徳川

「大君制」創設の努力が成功した場合、歴史は違う局面が展開されたかもしれません。とにかく、「日の沈まぬ」大英帝国、およびその後継として「明白な天命」を自任し制覇してきた米国の主導する世界に染まった我々は、英米に比べれば「見劣る」とも言えるオランダやフランスなどのマイナー・プレーヤーへの言及があまりにも少なかったのではないでしょうか。これが、編輯完了後の私の自問であり、自省でもあります。

さて、本書の資料蒐集にあたり、次に記名する多くの所蔵機関のご協力を得ました。関西大学図書館、香川大学図書館、静嘉堂文庫、東京大学史料編纂所、新城市設楽原歴史資料館、東京白鬚神社、天照山神社、横浜開港資料館、鍋島報效会、江戸東京博物館、明治神宮、渋沢史料館、外務省外交史料館、松前町郷土資料館、函館市中央図書館、もりおか歴史文化館、今治市河野美術館、津山郷土博物館、早稲田大学出版部、京都霊山歴史館、懐徳堂記念会、黒船館、山口県文書館、横浜市立中央図書館、下田市玉泉寺、下田開国博物館、慶應義塾大学福澤研究セーター、東京都大田区立郷土博物館、日本英学史学会、オフィス宮崎、春秋社、米国国立公文書館、イェール大学図書館、リンカーン大統領記念図書館・博物館、リンカーン生誕地国立史跡公園、ラトガース大学図書館、ニューヨーク市立大学シテイカレッジ図書館、ヴィクトリア&アルバード美術館、北京外国語大学海外漢学研究センターなど。

その中で、新城市設楽原歴史資料館の湯浅大司様、東京白鬚神社の今井均様、東京大学史料編纂所の近藤成一先生、香川大学図書館の河原佳子様、横浜開港資料館の上田由美様、霊山歴史館の木村武仁様、下田開国博物館の尾形征己館長、玉泉寺住職の村上文樹様、オフィス宮崎の宮崎壽子様、関西大学図書館の芝谷秀司様、北京外国語大学海外漢学研究センターの顧鈞先生、および東京都谷中霊園の平山省斎墓所を管理しておられるご遺族の平山浩一郎氏などに特別なご配慮をいただきましたので、記して御礼を申し上げたいと思います。なお、紙幅の関係上、やむをえず、収録資料の形態を一部変更し、収蔵機関の名称を略式で表現した場合があり、どうかご寛恕下さいますようお願い致します。

この場を借りて、ご教示をいただいた鎌田東二、加藤祐三、宮地正人、木村幸比古、木村昌人、印藤和寛および桐原健真諸先生、大変幸いな序文を賜りました福井出身の内田慶市所長、編輯業務について温かいアドバイスをいただいた研究所事務グループの奈須智子様とNPCコーポレーションの小川聖志様、画像修正や資料整理で手伝っていただいた「カメラの大学堂」の山田昌右様および東アジア文化研究科博士課程学生の孫東芳などに感謝を申し上げたいと思います。

最後に、この一冊を大阪大学大学院時代以降三十数年間絶えずご親切なご指導とご助言を賜った恩師、故脇田修先生に捧げたいと思います。五日前の三月七日に大阪大学の村田路人教授より訃報を知らされた時、驚きと悲しみでいっぱいでした。

わずか三か月前の昨年十一月八日、脇田先生のもう一人の教え子で米国タフツ大学のゲーリー・ループ教授（今回は、英国のルートリッジ出版社から出す予定の『徳川世界』（*The Tokugawa World*）の共同編集作業のために来日）、村田教授と一緒に六甲で脇田先生と昼食をともにし、至福のひと時を過ごせたのですが、その時の先生はとてもお元気でいらっしゃいました。ここに謹んで先生のご冥福をお祈りいたします。

二〇一八年三月一二日

陶　徳　民

〔編著者紹介〕

陶　徳民（とう・とくみん）

1951年上海生まれ。復旦大学歴史学修士、大阪大学文学博士。近世近代日本漢学思想史・近代東アジア文化交渉史専攻。上海社会科学院歴史研究所助手、復旦大学歴史学部講師、マサチューセッツ州立ブリッジウォーター大学歴史学部助教授、関西大学文学部助教授などを経て、1999年４月より同大教授。2007年－2012年、文部科学省 G-COE プログラム・関西大学文化交渉学教育研究拠点（ICIS）リーダーをつとめた。ハーバード大学 E.O. ライシャワー日本研究所ポスト・ドクトラル・フェロー（1991－1992）、渋沢栄一記念財団渋沢フェロー（2004－2006）。2009年に発足した東アジア文化交渉学会（SCIEA）の初代会長（2009－2010）。

主な著書に『懐徳堂朱子学の研究』（大阪大学出版会）、『日本漢学思想史論考—徂徠・仲基および近代』、『明治の漢学者と中国—安繹・天囚・湖南の外交論策』および『日本における近代中国学の始まり—漢学の革新と同時代文化交渉』（以上、関西大学出版部）；編著に『内藤湖南と清人書画—関西大学図書館内藤文庫所蔵品集』（関西大学東西学術研究所資料集刊26）、『大正癸丑蘭亭会への懐古と継承—関西大学内藤文庫所蔵品を中心に』（同33）、『重野安繹における外交・漢文と国史—大阪大学懐徳堂文庫西村天囚旧蔵写本三種』（同37）、『吉田松陰と佐久間象山—開国初期の海外事情探索者たち（Ⅰ）』（同39）、および『内藤文庫蔵鈔本章氏遺書』（台湾大学人文社会高等研究院）；共編著に『近代日中人物史研究の新しい地平』（雄山閣出版）、『東アジアにおける公益思想の変容—近世から近代へ—』・『近代東アジアの経済倫理とその実践—渋沢栄一と張謇を中心に—』（日本経済評論社）、『東亜的王権与政治思想』（復旦大学出版社）、『東アジアの過去、現在と未来』（関西大学文学研究科）、『近代日中関係史人名辞典』（東京堂出版）、『世博会与东亚的参与』（上海人民出版社）、『朱子学と近世・近代の東アジア』（台湾大学出版センター）、『衛三畏文集』（大象出版社）、『内藤湖南漢詩酬唱墨迹輯釋』（中国国家図書館出版社）、『泊園書院と大正蘭亭会百周年』（関西大学出版部）、*Culture Interaction Studies in East Asia: New Methods and Perspectives*（ICIS）、*Trans-Pacific Relations in the Late 19th and Early 20th Centuries: Cultural, Commerce, and Religion*（SCIEA）など。

関西大学東西学術研究所
資料集刊三十九—二

平山省斎と岩瀬忠震
—開国初期の海外事情探索者たち（Ⅱ）—

二〇一八（平成三十）年三月三十一日発行

編著者　陶　徳　民
発行者　関西大学東西学術研究所
吹田市山手町三丁目三番三五号
発行所　関　西　大　学　出　版　部
吹田市山手町三丁目三番三五号
ＴＥＬ　〇六—六三六八—一一二一
ＦＡＸ　〇六—六三八九—五一六二
印刷所　株式会社ＮＰＣコーポレーション
大阪市北区天満一丁目九番一九号

ISBN 978-4-87354-676-6 C3021